汪同塵文集

周有光

WANGTONGCHEN
WENJI

汪同塵⊙著　鄭宇健⊙總籌劃　趙燦鵬⊙主編

國家圖書館出版社

圖書在版編目（CIP）數據

汪同塵文集 / 汪同塵著；鄭宇健總籌劃；趙燦鵬主編.
—北京：國家圖書館出版社，2013.12

ISBN 978-7-5013-5131-2

Ⅰ.①汪… Ⅱ.①汪… ②鄭… ③趙… Ⅲ.①汪同塵（1891~1941）-文集 Ⅳ.①C52

中國版本圖書館 CIP 數據核字（2013）第 138471 號

書　　名　汪同塵文集

著　　者　汪同塵 著　鄭宇健 總籌劃　趙燦鵬 主編

責任編輯　許海燕

出版　國家圖書館出版社（100034　北京市西城區文津街 7 號）

（原書目文獻出版社，北京圖書館出版社）

發行　010-66114536　66126153　66151313　66175620

66121706（傳真），66126156（門市部）

E-mail　btsfxb@nlc.gov.cn（郵購）

Website　www.nlcpress.com→投稿中心

經銷　新華書店

印裝　北京華藝齋印務有限公司

版次　2013 年 12 月第 1 版　2013 年 12 月第 1 次印刷

開本　787×1092（毫米）　1/16

印張　44

字數　700 千字

書號　ISBN 978-7-5013-5131-2

定價　180.00 元

汪同塵（1891—1941）

親子留影

任職《民蘇報》主筆時期

卒業證

優等第一名汪家材 東臺縣籍年十五歲

各學科程度如左表

畢業考驗

修身五十分
經學八十四分
國文七十分
算術七十九分
歷史六十八分
地理八十四分
格致八十六分
圖畫八十二分
英文八十五分
體操八十分
合計七百六十八分
平均七十六分八

歷年考驗
合計四百十三分五
平均八十二分七

總平均七十九分八
應如表予優等證

東臺高等小學堂總理夏寅官
校長楊冰
教員旋鞠生
徐銘鑒
楊琬
周之楨

光……十二月　日

東臺縣高等小學堂卒業證

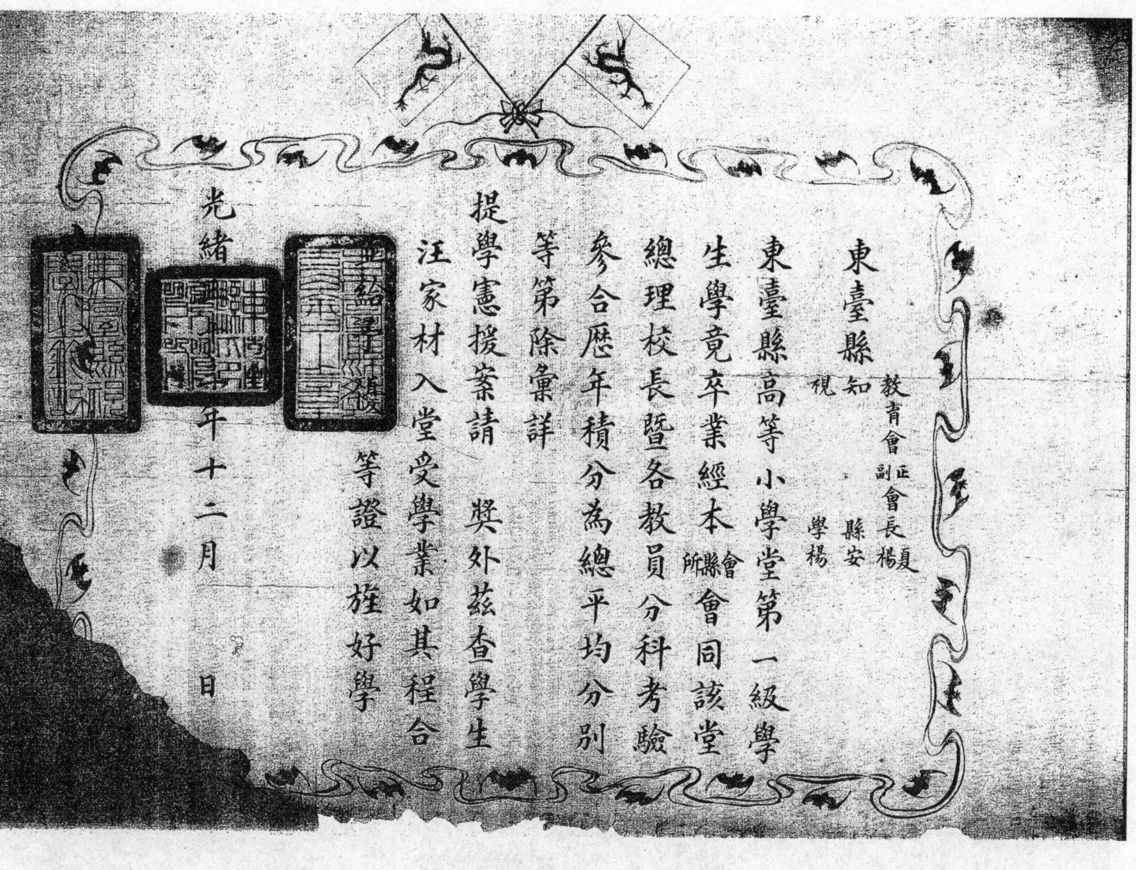

東臺縣知
　　　視
教育會正副會長楊夏
　　　縣安
　　　學楊

東臺縣高等小學堂第一級學
生學竟卒業經本會縣所會同該堂
總理校長暨各教員分科考驗
參合歷年積分為總平均分別
等第除彙詳
提學憲援案請　獎外茲查學生
汪家材入堂受學業如其程合
等證以旌好學

光緒　年十二月　日

東臺縣高等小學堂優等證

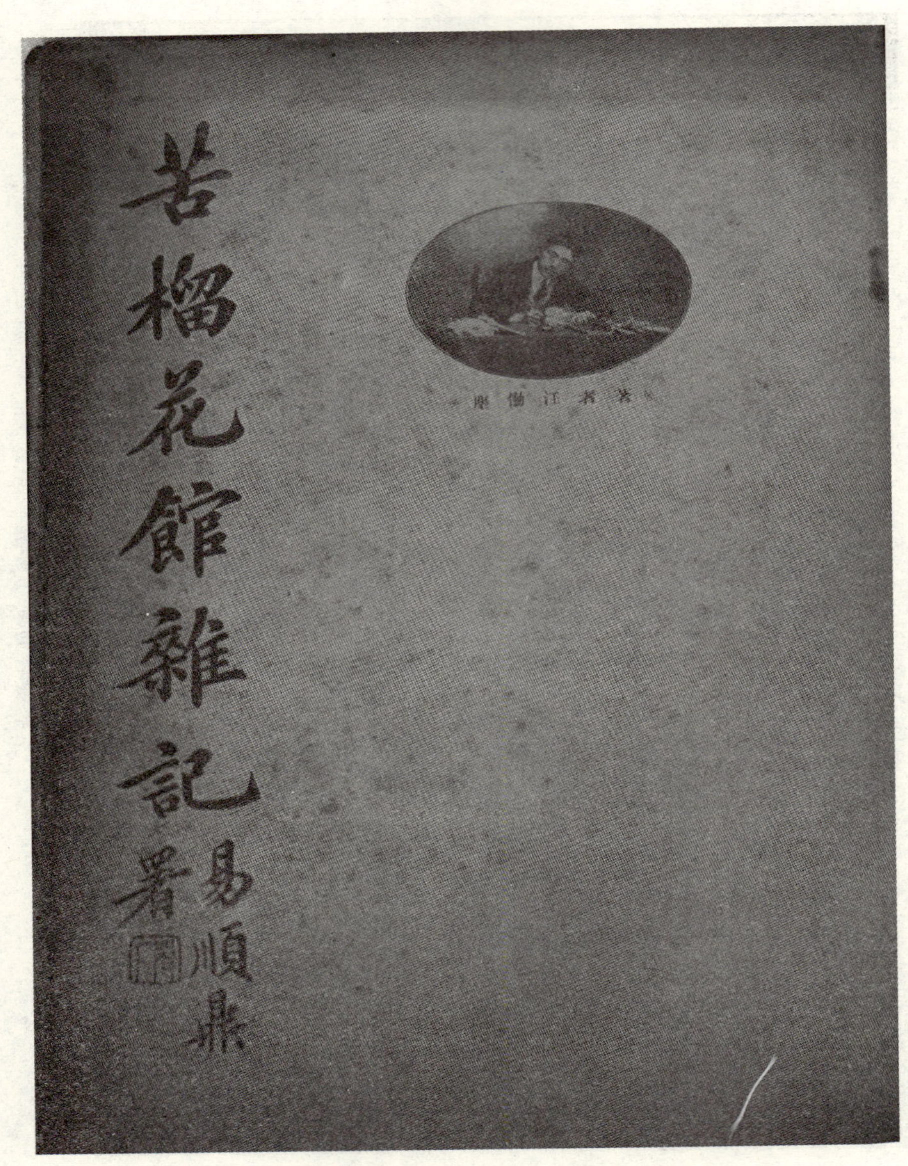

著作《苦榴花館雜記》書影

手稿《帝京詞》

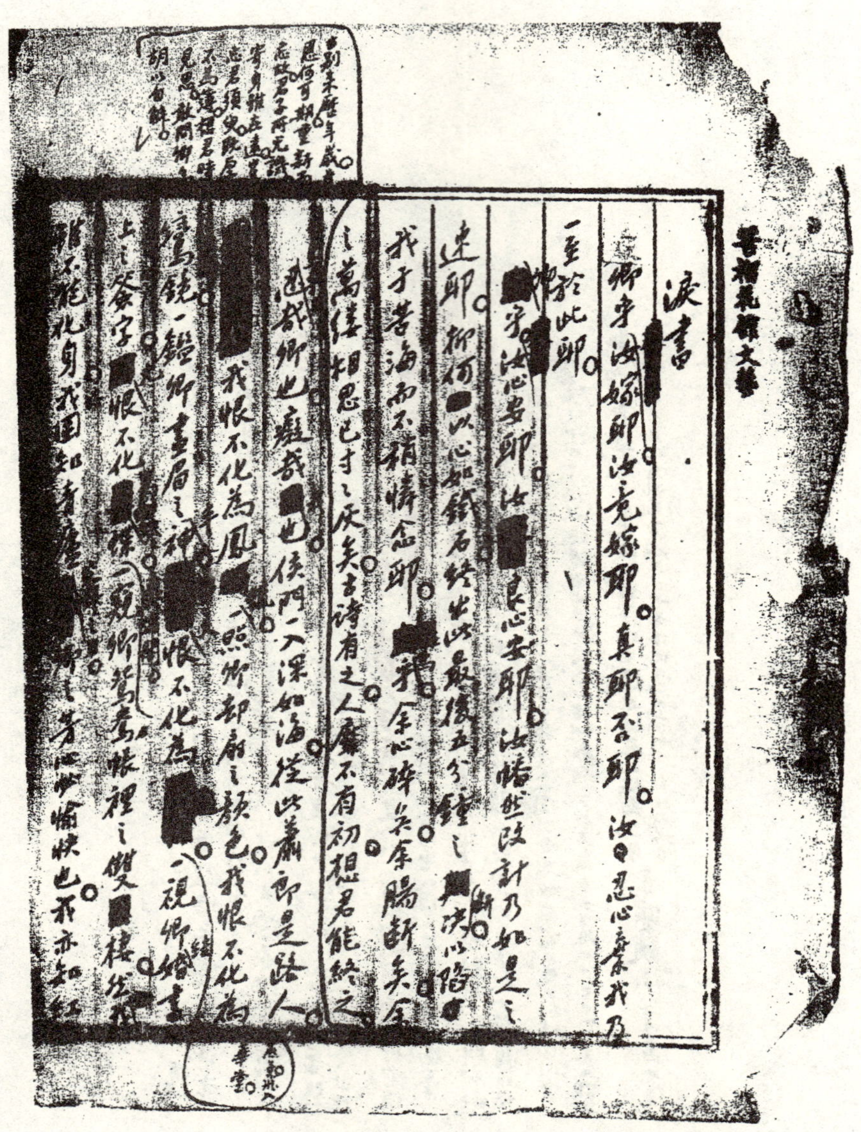

手稿《淚書》

手稿《"碚黄"痛憶與"復大"哀聲》

一〇八　甲骨文琴條

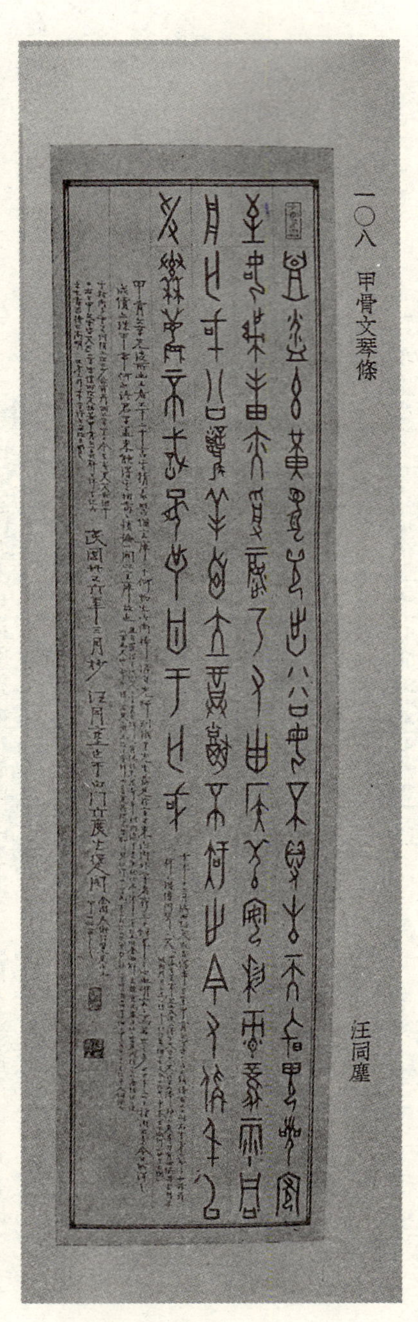

汪同塵

甲骨文琴條集詩［原載教育部第二次全國美術展覽會管理委員會編：《現代書畫集》（《教育部第二次全國美術展覽會專集》第 2 種），上海：商務印書館，1937 年］

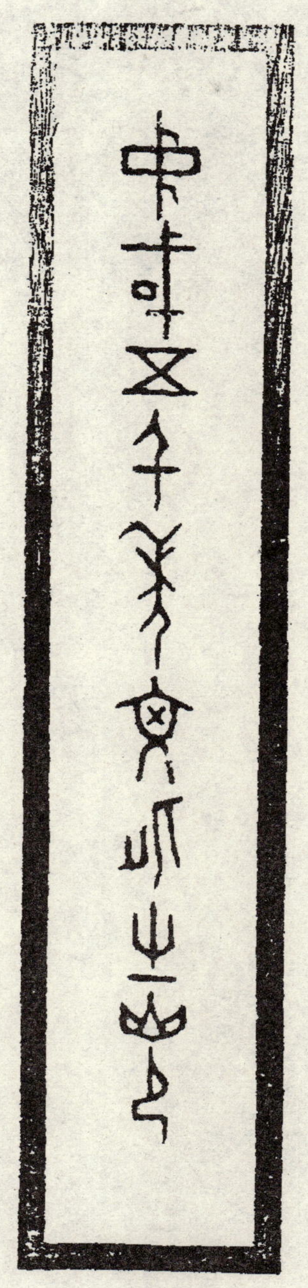

手稿《中國五千年文化之光》甲骨文題簽

時事漫畫《碧雞一聲天下白》（原載《民蘇報》1916 年 12 月 25 號第七版）

時事漫畫《拜年之面面觀》（原載《民蘇報》1917年1月1號第七版）

汪同塵文集工作委員會

總籌劃： 鄭宇健

委　員： 汪涵光　汪　華　汪齊正　汪齊和

汪重光　王　寧　汪　强　汪　雷

汪保衛　鄭宇健　汪國璠

汪同塵文集編輯委員會

主　編： 趙燦鵬

副主編： 劉　佳　岳拯士

委　員：（以姓氏筆畫爲序）

王其良　田　翼　李善磊　李耀國

汪保衛　尚小康　岳拯士　林　澤

胡中凱　楊玉秋　趙燦鵬　劉　佳

編纂説明

一、本書收入《苦榴花館雜記》之外的同塵先生已刊和未刊著作。

二、《苦榴花館雜記》是同塵先生生前出版的一部筆記，該書的增補校注本，已收入北京中華書局《清代史料筆記叢刊》，即將出版行世。

三、本書儘量收錄同塵先生所有已刊著作，但同塵先生著作散佚頗多，如所著《南洋華僑與教育》（亦名《爪哇華僑與教育》）[①]《爪哇志》[②] 等書，似未見公私藏書機構目錄有載。又陳玉堂編著《中國近現代人物名號大辭典》（杭州：浙江古籍出版社，1993 年，第 404 頁）云："汪家材（1891—1941），江蘇東臺人。字同塵，又字慟塵……别署慟生（見 1921《民國日報·覺悟》，存考），室名苦榴花館……"按《覺悟》爲《民國日報》副刊的一種，據本書副主編岳拯士檢核，《覺

① 汪同塵《扶助海外華僑教育計畫書》云："……拙著《苦海中之爪哇華僑與教育》，可供參考（按海外僑胞之感受痛苦者，以在荷、英兩屬之南洋爲最。此書數十萬言，所述雖似以爪島爲限，然其大部分之事實，足以概括數百萬方里之南洋島羣而有餘。且南洋華僑爲數特衆，又以種種關係，對於祖國之情愫較深，彼此之間，往來亦密。故就拙著觀之，大可舉一反三，從一斑而窺全豹也）。"汪同塵《南天雜感詩序》亦有"余所著《爪哇華僑與教育》一書，記其事甚詳"云云。汪倪世英《先夫汪君同塵事略》："己未九月，南遊爪哇，任泗水華僑中華學校校長，對於華僑狀況及教育事業，時加注意，因著有《南洋華僑與教育》一書，以記其實……丁卯春，大學院長蔡元培先生，組織華僑教育委員會於首都，閲夫所著之《南洋華僑與教育》一書，深爲歎賞。"汪涵光、汪定華《汪同塵先生傳略》（中國人民政治協商會議江蘇省東臺縣委員會文史資料研究委員會編輯出版：《東臺文史資料》第一輯，1984 年，第 66 頁）："先生在南洋教學之餘，對我國在彼土之教育事業曾作過一番調查研究，著有《南洋華僑與教育》一書，至今仍可供從事僑教工作者之參考。"

② 汪同塵《扶助海外華僑教育計畫書》云："余在南洋編輯《爪哇志》，因其有世界第二大植物園之稱；欲調查所有植物以實吾志，而苦於無從參考。"

悟》1921 年 6 月 17、19、20、21 日間，連載有慟生譯《俄國婚姻律全文》，内容爲：

第一章　婚姻成立底方式

第二章　婚姻成立底要件

第三章　婚姻底無效

第四章　婚姻底解消

第五章　夫妻底權利及義務

在第五章全文之後，譯者寫有這樣一段話：

譯者堂妹珠華爲婚姻問題嘗了無限的痛苦，最後竟被伊底繼母逼得嘔血而死。此中經歷，余嘗對朋友說述，情感深的沒有不淚下如雨。我□親屬，不必說了！我想：制度與伊底繼母原可咒詛，我底無能——不能將伊從苦難中救出——也該譴責。因於吾妹死後第二月的忌日，譯此以當慟哭，且誌吾過。唉！淚又湧來，我不能再寫了！

一九二一年六月十七日　慟生

此處所述情事，與同塵先生《淚書》《寧爲溤花死》等著作的内容依稀有相似之處。然慟生之名，未見於同塵先生傳記資料，且慟生《〈俄國婚姻律〉譯者底答覆》一文（載《民國日報·覺悟》1921 年 6 月 20 日，第三、四版），中有"我們浙江章太炎先生"云云，可以推測慟生爲浙江人，當非同塵先生之别名。陳氏謂汪同塵别署慟生，不知有何根據，故本書第六"譯作"部分不收錄此篇。

四、本書儘量收錄同塵先生所有未刊著作，但限於目前的機緣條件，收集發現的未刊手稿數量有限，希望將來能有機會彌補此一缺憾。

五、本書收錄同塵先生著作，正編分爲詩詞、文論、筆記、小說、書啓、譯作六類，其中篇目，大略以發表或寫作時間先後爲序。

六、同塵先生編輯校改作品，作爲本書外編，篇目以發表或寫作時間先後爲序。

七、同塵先生著作中的重要誤字、衍脱及異文，適當出校，明顯的版刻與書寫譌誤，則予徑改。

八、同塵先生著作中的俗體字，一般改用正體字；除文字學著作之外，其中異體字亦酌情改爲通用字。

九、本書另外收入同塵先生之父作舟先生撰《震齋雜説》《震齋集》二種著作。

目　錄

編纂說明

汪同塵文集

一、詩詞

二、文論

三、筆記

四、小説

五、書啓

六、譯作

七、外编

八、附錄

一、詩　詞

帝 京 詞

(四十首，集元遺山句)

民國五年，都門政變。有所謂六君子者創籌安會，假借民意，以勸進項城袁氏。時都肅政史爲武進莊公蘊寬(字思緘)，頗有皂雕之致。顧君憲救國之說，如火燎原，非一二有心人所能抑遏。莊公以節氣聞於世，稱疾而去。項城以瘋漢目之。(注：時肅政廳與平政院爲並立機關，一司行政檢察，一掌審判也。廳置肅政史十七人，莊公領袖，蓋彷彿前清都察院設御史也。其制始於《周官》，不廢於秦漢，秦漢以降，歷代因之。其曰御史臺、南臺、蘭臺者皆是，亦名曰烏臺。惟唐武后取名肅政，置左右二臺，左以察朝廷，右以澄郡縣，二臺迭相糾正也。項城蓋取制於此。說者謂廳院與武后二臺徵似。項城稱帝，冠裳之制，首用冕旒，服華袞，持笏。六君子中，楊度又以周公自居，乃風霜之任，不取法於《周官》，而獨襲名於女子。女子禍政，遜清亦亡於慈禧太后。項城身敗名裂，爲天下後世笑也，於此可見其機焉。莊公掛冠去未久，項城果稱帝，改元洪憲。繼莊公後者爲張元奇，其他肅政史十六人無一去者。項城帝八十三日而卒，肅政廳亦亡。)余珥筆烏臺，位卑祿薄，終歲未晝一諾，亦不見重於人。焦卒冠蓋中，五斗折腰，無所分於榮辱。幸眼明舌在，尚能於寒蟬之後，秋蟲一鳴，自寫其心事也。新華宮朝拜之日，曾伏居斗室，爲《帝京詞》四十章，爲下酒之物。今偶一披讀，猶覺元龍豪氣，咄咄逼人。詩集元遺山句，當時曾刊載上海《時報》，幸不爲項城及六君子、十三太保輩所見，否則汪某之頭，焉得不殺。

當項城竊國之秋，衣冠病狂之日，董狐不作，威鳳不鳴。寄食蘭臺，冷眼欲倦，信手拈句，聊寫我憂。

戎馬何時道路清，干戈滿眼若爲情。窮途老阮無奇策，暗數興亡衹自驚。

何物能澆磊塊平①，壯懷空擬漫崢嶸。褐衣擾擾皆三窟，依樣葫蘆畫不成。

慘談龍蛇日鬬爭，虛名不值一錢輕。傷時賈誼頻流涕，半夜悲歌意未平。

富貴浮雲世態新，弈棋翻覆見來頻。西南遙望腸堪斷，風雨塵埃惜此身。

百感中來衹慨然②，空將衰淚灑吳天。蒼生此日知誰誤，慷慨歌謠絕不傳。

一束空書不療饑，半生歌笑幾伸眉。雌雄自決已無策，滄海橫流卻是誰。

蟣蝨空悲地上臣，古來何物是經綸。英威未覺消沈盡，金人洪鑪不厭頻。

秋水鳴蛙自一天，殘生何意有今年。清風明月懷元度③，說看浮名夢亦嫌④。

寂寞相求有幾人，服膺先就楚靈均。哀歌不盡平生意，酒榼書囊浩蕩春。

暮虢朝虞衹眼前，暗中人事忽推遷。圍棋場上豬奴戲⑤，作計千年復萬年。

碌碌翻隨十九人，素衣空染洛陽塵。窮途自覺無多淚，哀樂中年語最真。

---

① “磊”，《民蘇報》本作“壘”。

② “百感”，《民蘇報》本作“百歲”。

③ “明月”，原作“明元”，當係涉下而誤，據《民蘇報》本改。

④ “說看”，原作“說著”，據《民蘇報》本改。

⑤ “場上”，《民蘇報》本作“場局”。

朱門食客自三千，獨恨無人作鄭箋。狗盜雞鳴俱有用，衣冠今日是何年。

去去《南華》有内篇，名場馳逐亦徒然。兵塵浩蕩乾坤滿，不到柴煙糞火邊。

桃花臨水弄妍姿，深谷高陵萬事非。落落久知難合在，殷勤留看歲寒枝。

空門名理孔門禪，熱惱消除佛作緣。流水浮塵幾今昔①，考槃人去亦堪憐。

亂來歌吹失歡聲，欲賦窮愁竟不成②。潦倒本無明日計，酒尊聊喜似承平。

心遠由來地自偏③，華亭清唳世空憐。長門有賦誰人買，飲啄暫隨塵土緣。

污潔難將一理推，百年人事不勝悲。憑誰細向蒼蒼問，秋水無言物自齊④。

擁被寒窗夜不眠，歸心長與雁相先。并州倦客初投跡，擊缶嗚嗚頗自憐。

黄金浮世等閑休，萬里雲山一敝裘。衣上風沙歎焦卒，神龍失水困蜉蝣。

爭信中原有禁囚，亂來無涙可供愁。歡悰已向杯中減，夢裏華胥憶舊遊。

焦卒京華苜蓿盤，夢中煙火憶團圞⑤。離愁鬱鬱理還亂，憶著分明

① “浮塵”，《民蘇報》本作“浮生”。

② “竟”，原作“意”，據《民蘇報》本改。

③ “心遠由來地自偏”至“風裏秋蓬不自由”八首，原在“辛苦淩煙閣上人”至“亂來人事轉悠悠”八首之下，今據《民蘇報》本改。

④ “秋水”，《民蘇報》本作“秋月”。

⑤ “煙火”，《民蘇報》本作“燈火”。

下筆難。

世事今歸袖手看，江山獨恨酒腸乾。成名豎子知誰謂，造物何嘗戲鼠肝。

風裏秋蓬不自由，高天厚地一詩囚。麤疏潦倒今如此，客子何心歎滯留。

辛苦淩煙閣上人，定知誰妄復誰真。功名富貴成何物，滿紙清風月旦評。

空街塵土霧中天①，卻望西山一泫然。花柳得時俱作態，果誰烈燄與寒煙。

萬古書生蹭蹬中，人間無路問天公。頻年但覺貂裘敝，客夢悠悠信轉蓬。

富貴榮華一歎嗟，曾將心事許煙霞。淹留歲月無餘物，賸著新詩到處誇。

折除時命是才華，世路悠悠殊未涯。萬事自知因懶癖，迴旋我亦笑長沙。

一寸名場心已灰，病中聊得避喧埃。折腰真有陶潛興，更向何鄉養不才。

鬱鬱羈懷不易開，更堪寥落動淒哀。生涯若被旁人問，料理塵埃有此杯。

亂來人事轉悠悠，物色無端生暮愁。滿眼旌旗驚世路，且看渠待幾時休②。

一錢不值是儒冠，出處殊途聽所安。寄食且依嚴尹幕，微官枉負半生閑。

一尊聊得散羈愁，人物休評第幾流。芳臭百年隨變滅，眼明今日見

---

① “空街”，《民蘇報》本作“官街”。

② “幾時”，《民蘇報》本作“歲時”。

并州。

落日欄杆有所思，棲遲零落竟安之。書空咄咄知誰解，洗眼雲霄看後期。

煮茶聲裏獨支頤，恰到湘君淚盡時。人世難逢開口笑，貞松唯有歲寒知。

飄零何物慰天涯，此日孤生足罵譏。臧獲古來多鼎食，鼠肝蟲臂亦何辭。

萬古騷人嘔肺肝，亂來史筆亦燒殘。黃金鍊出相思句，拋向深山掩淚看。

一片傷心畫不成，此身雖在亦堪驚。風光流轉何多態，瘦殺寒梅枉自清。

世路羊腸乃爾難，悔隨塵土出青山。詩成一歎無人會，寄與同聲別後看。

（原題《雜感四十首集元遺山句（丙辰春日作）》，載《民蘇報》1916年8月15、16、18、19、20號第七版，署名慟塵，無詩序。又載南京師範大學圖書館、中文系資料室編：《文教資料簡報》，1984年7、8期合刊，第142—147頁。今據後者整理）

寄二兄琤琥

折腰何與戀微官，十丈紅塵久厭看。鎩羽已知韜晦好，閉門風雨度長安。

（原載《民蘇報》1916年9月1號第七版，署名慟塵）

有懷集孫天真句（舊作）

風格天然是大家，月輪心事鏡年華。常緣養病兼鋤藥，孤負芙蓉臉際花。

絕不相思思轉深，驚魂無淚更傷心。古人絕少癡於我，病過荷花直到今。

（原載《民蘇報》1916年9月10號第七版，署名慟塵）

莊思緘世伯領蘭臺時以五十初度詩見示謹步原玉奉和

橫覽中原寥落甚，幾人知命復知微。文章日月騷情在，涕淚江山直道希。謾說野狐能惑衆，爭誇鳴鳳敢彈非。矜嚴標格心如水，忍負蒼生獨罷歸。（原唱有“獨上天津橋上聽，聲聲都道不如歸”之句。）

（原載《民蘇報》1916年9月20號第七版，署名慟塵）

乙卯寒食陶然亭題壁二首

獨上江亭縱目賒，長天聳堞雁行斜。蓬蒿處處埋荒塚，蘆荻蕭蕭起暮鴉。斷碣殘碑高士跡，竹籬茅舍野人家。登臨不減茱萸思，喜得山僧舊事誇。（昔先子及先姑母常集名士詞媛，吟詠於此。）

塵世煙花悲蛺蝶，江山無語夕陽紅。雞鳴未醒莊周夢，兔窟爭輸崔烈銅。擾攘何妨參色相，囂張胡必策雌雄。百年人事如相問，六代興亡古刹中。

（原載《民蘇報》1916年10月8號第七版，署名慟塵）

自　嘲

春寒料峭筆猶耕，笑我勞勞作麼生。賣賦鐙殘眠未得，推窗月白已三更。

（原載《民蘇報》1916年11月30號第七版，署名慟塵）

閨　意

儂自癡情不採桑，採桑都爲養蠶忙。憐他寸寸相思苦，一吐柔絲一斷腸。

（原載《民蘇報》1917 年 1 月 19 號第七版，署名慟塵）

除夕醉後耿耿不寐枕上口占十絕聊誌雜感錄呈仲宜老友琤琥二哥兼博天石南邨詩家一粲

如此京華又一年，百無聊賴更逃禪。愁中歲月牽人老，酌罷屠蘇醉欲顛。

一夢浮生廿五春，天涯剩有苦吟身。滄桑瞥眼成兒戲，笑煞名場逐鹿人。

回首韶華百事哀，聰明誤我不羈才。雄心別有銷磨處，半在情場半酒杯。

一局殘棋不可收，枉抛熱淚付東流。鼠肝蟲臂休罵競，京兆能官五日不。（用亡友杜鳳樓句。）

莫羨封侯汗馬功，莫須更作滑稽雄。淒涼時局堪歌哭，涕淚江山血染紅。

怪底分曹得失攻，一拳打破總虛空。狂生萬丈豪情減，都付羅愁綺思中。

太息中原有楚囚，誰將大錯鑄神州。相逢莫話興亡恨，爲問蒼生慰也不。

年來漂泊逐飛蓬，劍膽琴心淡欲空。看透世情江上水，滔滔都似耳邊風。

俠骨空餘別恨牽，落花飛絮總宜憐。無端惹得相思苦，曲曲迴腸寸寸煎。

玉尺誰量太瘦生，青衫依舊若爲情。風塵京洛君休惱，多少騷人怨不平。

（原載《民蘇報》1917年1月28號第七版，署名慟塵）

題東園先生印存

桃花紙上試新油，姜趙楊王孰與儔。此物不同黃土化，敢誇神筆又千秋。

（原載《民蘇報》1917年2月8號第七版，署名慟塵）

南天雜感詩

（十首選五）

民國八年夏，余應爪哇華僑之聘將去國，爲詩示詞友臨川李君仲乾曰：“太息中原不可居，江山寥落走城狐。是何名士紛於鯽，說甚雄才濫似竽。皮裏陽秋空慷慨，眼中青白久模糊。逃秦且向天涯去，別探驪龍項下珠。”時仲乾亦執教國立暨南學校也。詩爲胡君小石光煒所見，笑曰：“同塵此作，抑何悲壯蒼涼。”余此行志氣如虹，以爲吾道南行，大可做一番事業，而孰意此芸芸寄人籬下者，亦蠢不可教（余所著《爪哇華僑與教育》一書，記其事甚詳，茲不贅）。瘡痍滿目，荆棘縱横。百感紛紜，又苦病祟。時值中秋，病榻無俚，藥爐茶灶，相對孤淒，萬里家山，十年飄泊，朱顏綠鬢，漸就衰零，劍膽琴心，已歸寂寥，春華不在，何以爲情，壯志銷磨，誰能慰我。對窗前月色，聽簾外鸚歌。涼風忽來，蕉聲如訴，夜深人靜，奴子倦眠，鼻息齁齁，若忘卻家亡國破者。爲此情況，能不摧肝。因賦七律十章，用寫南天雜感，並錄於後，以見憂懷。序曰：

僕馬齒二十有八矣。一夢浮生，十年爲客。風塵歲月，無非蜀道之嗟；擾攘山河，詎少秦庭之哭。聰明誤我，遑問天公；文字有靈，偏驚鬼物。況乃中郎不作，焦頭盡座上之賓；江總早孤，鎩羽厄河東之風。于斯酷已，復何言哉！……是以燈炧酒闌，撫膺長歎；迴腸盈氣，捉鼻狂吟。敢云幼婦之詞，聊灑騷人之淚。

民國八年中秋苦榴花館主識於南洋爪哇泗水客次

十年客淚未曾乾，一度蟾圓一俯歎。衹爲少孤淪落早，卻憐今日笑啼難。功名漸向愁中淡，骨肉徒懷別後酸。無限傷心誰與慰，且教珍重力加餐。

十年辛苦爲聰明，安得清流濯我纓。投筆枉教清夜起，寶刀空作不平鳴。也曾草檄遭狼噬，肯把微官博狗烹。想見當年韓刺史，茫茫心緒衆如兵。

十年沉陸鬥蛟鼉，倒柄真成握太阿。我欲問天恨無路，亂來何計可降魔。生憎瞥眼皆三窟，誰解招魂弔《九歌》。況是腥風傳野哭，人人孤注死馮河。

十年滄海幾横流，烽火連天又此秋。衣上征塵助焦卒，耳邊消思倍煩憂。操戈是否除三害，鑄錯居然聚九州。怎怪中原同板蕩，鼠肝蟲臂亦封侯。

十年蹤跡似敲枰，世網纔知不可攖。故國山河滿腥血，異邦荆棘亦縱横。更從何處求三徑，況有牢愁寄兩京。底事飄零仍未厭，曉風殘月又滄瀛。

(原載南京師範大學圖書館、中文系資料室編：《文教資料簡報》，1984年7、8期合刊，第151—152頁)

元旦都門竹枝詞

冠蓋京華，斯人焦卒。光陰彈指，又屆新年。感時勢之滄桑，慨風雲之變幻。圍爐無俚，握管言懷。學唱竹枝，寧計工拙①。

鼙鼓聲中逼歲除，家家遑計酌屠蘇。迎眸五色旗招展，警察頻催換舊符。（滇氛大作，正值新年。人心惶惶，憂形於色。警察爲刷新計，遍令閭閻題符，以誌慶祝。然瞥眼一觀，惟五色國旗依稀搖曳耳。）

孤負香衾事早朝，新華宮外五更迢。朔風不與臣方便，燕尾何如舊紫袍。（元旦黎明，百官著燕尾服，趨朝賀祝，天寒風冷，瑟縮不堪，雖前代老臣，亦不免翠袖之感也。）

開放上林點綴鮮，紅男綠女興油然。皇恩浩蕩春如許，底事還須索券錢。（中央公園，爲粉飾新年計，特開放數日，與民同樂。馬龍車水，遊人絡繹，蓋欲一覽上林之勝也。惟司閽處仍售入場券，索銅子十一枚，不知何故。或謂此次開放，與慶祝君憲時不同。其然與，豈其然與。）

回首新年感舊年，良辰美景奈何天。茶樓酒肆難消遣，爭覩新聞紙一篇。（天晴氣朗，萬象更新。追昔撫今，倍增感慨。新年休息，無以遣懷。偶逛東安市場青雲閣、勸業場等處，入肆小酌，座客如雲，咸各手報章一紙，默然鬱鬱，冷覩靜察，悵惘奚如。）

籌備聲中景色怱，勤勞須讓叔孫通。引經據典參今古，又見衣冠拜九重。（新皇登極，爲期已迫。大典籌備處，夙夜經營，幾無暇晷，即元旦亦進行如恒，可謂勤勞王事矣。）

---

① 按《民蘇報》本詩序作："近檢賸稿，得舊著竹枝詞六章，蓋去年今日記實之作也。學巴唱之遺音，寫燕雲之變態。明日黃花之誚，予何敢辭。"

白羽華盔萬戶封，金鞍寶劍氣如虹。辭闕沐得君王寵，大將南征咤叱中。（國體既定，神武軍人，多膺爵賞。朝賀時，金章燦爛，鞭指馬馳，氣宇豪雄，令人敬畏。近以滇事發生，叩闕後多有奉命進剿者。男兒取功，此其時耶①。）

（原載《民蘇報》1917年1月1號第七版，署名慟塵。又載《餘興》第24期，1917年，署名汪慟塵。今據後者整理）

---

① “此其”，《民蘇報》本作“其此”。

廠甸竹枝詞（十四首）

舊曆新年，琉璃廠有臨時市集焉，俗所謂逛廠甸是也。曠地數畝，向之荒涼一片者，至是則百貨紛陳，萬人空巷，生花妙筆，無以形容，繁華可得而想矣。然自余觀之，勞民傷財，亦莫此爲甚。心有所感，爰作竹枝詞十四章，以誌都門習俗之一班云爾。

卻信春明景物奢，椒花獻罷走鈿車。海王村裏香塵滿，浪子無心訪狹斜。

又見繁華一片春，一年人事一年新。彩樓高聳花如錦，蝶舞蜂狂過眼頻。

畫徑勾欄曲曲通，露天茶館不遮篷。男紅女綠團團坐，密意偷傳眼角中。

雜戲紛陳五色光，喧闐鞺鞳耳邊忙。花花絮絮今如此，一剎依然瓦礫場。

翠羽明璫百合香，誰家少婦鬥新妝。回頭一笑羞還媚，低向檀奴說短長。

骨董彝尊列滿攤，奇珍贋品辨渾難。涼珠火玉誰曾見，惹得西人碧眼看。

攜手嫣然結隊來，羣雌粥粥故徘徊。相逢若是儂恩客，阿姐娘姨笑口開。

商品搜來博覽場，人人爭靚腳偏忙。攔門警察從頭喝，銅子二枚券一張。

入耳無非鉢鉢燈，迎眸又見汽球昇。兒童拍手哈哈笑，愛買何妨價倍增。

吝佛求仙信有之，鄉儺遺意倍堪嗤。財神廟裏燒香罷，禳福又來呂祖祠。

破板橫陳肆舊書，殘篇翻刻混魚珠。之無不辨譌三豕，打價居然對客呿。

罷課誰荒小學生，誤人真個不文明。傷心教育同兒戲，況更青年別有情。

一角斜陽掛遠山，晚風吹處覓車還。鶯飛燕倦絲鞭杳，盼殺狂奴立兩班。

似此紛紜煞費思，官家提倡更堪奇。不知半月風流夢，耗盡民間幾許貲。

（原載《民蘇報》1917年1月31號第七版，署名慟塵）

都門清明竹枝詞

真個銷魂是帝京，喜逢上巳恰清明。城隍廟裏南謨拜，一炷馨香玉手擎。（丙辰三月三日，值清明節，都門舊俗，例往邑廟拈香，求神庇佑，頗極一時之盛①，而婦女尤誠。）

十分春色上眉梢，粉面油頭賣弄嬌。跪罷也如西子捧，目成羨煞踏歌曹。（粉白黛綠，豔抹濃粧，大有顧影自憐之態。一般登徒子，蜂狂蝶逐，佇俟途旁，逆目横波，不自知其醜也。）

紅袖輕盈奠酒漿，迎神何幸近堂皇。張牙舞爪金吾子，不護閭閻護粉妝。（進香多良家女子，戎裝叱咤者，保護不遑。緣廟內即警察署，故取締頗甚，登殿禮像，鬚眉無分焉。）

車走雷聲馬似龍，相逢一笑興忽忽。陶然亭上蕭條甚，不及閻羅廟食豐。（香車寶馬，絡繹如雲，少艾王孫，多情送盼。而陶然亭相距咫尺，獨無命駕一覽者，俗可知焉。）

舞蝶紛飛化紙錢，誰家少婦哭墳前。行人輕薄爭相謔，笑謂嚶嚶似杜鵑。（時有青年女子，縞裳淡服，泣弔於白楊黄土間者。狂奴見而嘲之，謂爲嚦嚦鶯聲，煞可動聽。）

老衲南摩貌亦恭，歡迎都爲子孫銅。千聲太太萬聲福，故獻殷懃近玉容。（寺僧好貨，見大家婦女至，則合十而前，力求佈施，猥瑣齷齪之狀，令人齒冷，而鼠目灼灼，尤可怪焉。子孫銅，即迷信家所謂香火資，或周濟貧寒，爲兒孫祈福者也。）

荒塚纍纍觸眼驚，生芻一束淚盈盈。臨風弔鬼兒何解，翻問阿爺作

---

① “之盛”二字原脱，據《民蘇報》1917年4月13號載慟塵《京華珥筆錄》補。

麽生。（邑廟一帶，荒涼寂寞，爲城外義葬之所。斷碣殘碑，臥沒於荆棘泥壤間，在在引人悲邑，而兒童無知，反於此嬉笑跳舞，致掃墓者爲之破涕。）

香廠蟠桃莫慢誇，黑窰遊屐鬬紛華。誰知芳艸香妃墓，卻在荒涼南下窪。（邑廟在南下窪，與陶然亭畔之香妃塚，相去密邇。踏青於此者，竟不知有古跡，良堪浩歎。黑窰廠亦與該處毗連，蟠桃宫在東便門内，近日亦點綴佳節，猶新年之白雲觀也。至於香廠，亦爲城外賽集之所。）

茶棚香市競喧囂，亦有露天棹幾條。最是令人捧腹處，西洋景於擔頭挑。（南下洼曠野一片，每值清明節，遍搭蘆棚，以供茗食。編氓愚陋，爭售香燭玩物之屬，毫無文明氣象，而唱演洋畫者，比比皆然。①）

社會休教說改良，破除迷信費平章。蒼生不問親神鬼，畢竟春明五色光。（京師爲國之首都，種種陋俗，反甚他處。有司漫不加禁，豈改良社會之道耶。）

（原載《餘興》第27期，1917年4月，署名慟塵；又錄於慟塵《京華珥筆錄》，載《民蘇報》1917年4月13號第七版，文字略異。又收入大雷獻公編《都門趣話續編》（北京：擷華印書局，1917年）、李家瑞編纂《北平風俗類徵》（上海：商務印書館，1937年，上册，第50—51頁）、丘良任等編《中華竹枝詞全編》（北京：北京出版社，2007年，第213—214頁）。兹據《餘興》本整理）

① “茶棚香市競喧囂”一首及小注原脱，據《民蘇報》1917年4月13號載慟塵《京華珥筆錄》補。

沙蟲回夢詞

一覺南柯夢已差，不堪回首舊京華。浮雲陳跡空餘恨，贏得哀黎怨盜夸。（舊日都門，如籠慘霧。恣睢暴厲，流毒人間。）

太息英雄付逝波，畢生心力竟如何。由來棋局同兒戲，覆雨翻雲做什麽。（專權攬政，惟務愚民。竊國未能，終乃鬱死。）

勸進文章似羽飛，中原鼎沸卻爲誰。新華宮外今蕭瑟，剩有啼鴉弔夕暉。（古井生瀾，謬倡君憲。輿情怨憤，晝餅徒忍。）

霸業依稀刹那中，何如垓下一重瞳。劇憐末路無長策，三電傳來撒手空。（秦中不守，湘蜀崩離。警耗疊傳，病乃繇慪。）

北馬南船宇內騷，舞文遊說亦徒勞。碧雞金馬干戈急，大義堂堂勝筆刀。（蠅營狗苟，奪理強詞。誰料滇池，伸師舉義。）

杜宇聲聲泣落花，東風無力重咨嗟。千紅萬紫須臾杳，九十春光感物華。（戴帝稱臣，加官進爵。八旬春夢，徒恨杜鵑。）

卻笑當時景色匆，九閽忙煞叩頭蟲。黃袍未暖魂先斷，辜負臣僚點綴工。（洪憲期中，百官朝拜。籌備大典，如火如荼。）

鼙鼓紛紜五月中，窮兵黷武又何功。金沙江上孤魂哭，骨肉流離殉此公。（北軍南下，死者萬人。無定河邊，當無此慘。）

春蠶到死絲方盡，也有相思一寸灰。世上何人空色相，王侯富貴總塵埃。（退位不甘，始終戀棧。一朝千古，豪氣何存。）

五載經營千載臭，萬家歡喜一家愁。黃泉料有知音者，操莽逢君慰也不。（一念之差，雖死猶臭。子孫被辱，何以爲情。）

（原載《餘興》第29期，1917年6月，署名慟塵）

望帝夢彈詞（帝制時代作）

邈唐虞　遠夏殷　卷宗周　入暴秦　爭雄七國相兼并　文章兩漢空陳迹　金粉南朝總廢塵　李唐趙宋慌忙盡　最可歎龍盤虎踞儘銷磨燕子春燈

咳！功名富貴皆芻狗，學術文章等水漚。上壽百年，浮生一夢，英雄老去，勳業玄虛。說什麼叱咤風雲，帝王卿相，看起來紛爭蠻觸，泡影曇花。有酒當歌，俗子不知高臥好；無心問世，隱居還讓古人賢。巢父許由，的是遺芳萬古；操奸莽賊，可憐遺臭千秋。滿眼叢荆，一抔黃土。善惡到頭終有報，梟雄末路豈容逃。朗朗乾坤，悠悠天地。既往之興衰隆替，史冊先書；而今之光怪陸離，農樵未了。茶餘飯罷，斗室無聊；讀報聆音，孤懷多感。才愧生花之筆，慕董狐而竊比東施；明同燭怪之犀，思屈子而憂傷南服。回首黃花之役，酸心碧血之魂。涕淚江山，罵不盡蛇神牛鬼；波濤風雨，煞可恨附鳳攀龍。今日天氣清和，待我高歌譜曲；胸懷憤懣，諸君細聽彈詞。

弦兒急　調兒高　一切閒文不表　興亡且莫話前朝　武昌起義人都曉　革命號呼爲我曹　奠定共和謀幸福　河山光復賴英豪　三百年衣冠漢室淪亡盡　好容易滿清專制筆句銷　男兒報國疆場死　志士功成各隱韜　五族一家南北合　也衹得且推袁氏挽狂濤　同舟共濟非兒戲　生死存亡繫髮毫　官制改　法令昭　杜漸防微召國會　伸張民意慎科條　彬彬濟濟人才盛　泄泄融融宇宙調　就是列強爭染指　表面上亦皆承認結新交　十分春色萬方祝　四海歡騰一致褒　革面洗心謀進步　怎教圖治慰同胞

誰知變幻難預料　古井生波湧惡濤　覆雨翻雲利祿好　蠅營狗

苟暗雠挑　異己排除嗛掣肘　摧殘鷩鳳逞鴟鴞　可憐最是犧牲者宋氏（教仁）居然慘死遭　山川草木齊流淚　天地人神總憤號　湘水有情悲屈賈　申江無語弔由巢　豺狼當道薰蕕雜　虎倀盈途涇渭淆　哲士本來奸宄忌　英才自古怨尤招　公理滅　小人驕　民憲奚能容霸主　輿情畢竟疾雄梟　吾輩呀　吞聲飲恨寧堪辱　如許乾坤又安忍拋

民國成立，轉瞬已有二年，念當初清帝退位，南北調和，推讓項城，無非一番美意。加之民生疾苦，詎忍見其塗炭；功成不競，實亦仁者之心。至於掃除專制，博得共和，雖云一舉而成，却犧牲了無量鐵血。孰料開門揖盜，復乃受制於人。漁父何辜，竟罹毒手，以怨報德，喪盡天良。剝奪自由，摧殘志士，天怒人怨，不得不討此元凶。於是奔走號呼，再圖革令，一剎時：

洶洶北伐旌旗舉　滾滾南師羽蓋飄　獨立聲中爭討賊　多祇爲共和真諦等皮毛　壯矣哉黃浦江頭槍砲震　雨花臺畔鼓鼙敲　秋風秋雨兵戎急　民立民權報紙嘲　海外華僑輸巨款　毀家抒難不辭勞　指天但欲擒元寇　誓日須教殺此獠　論民黨鐵血何妨屍裹革　在政府金錢運動筆如刀　雙方形勢旁觀切　兩月干戈一室操

堪歎名場皆犬馬　徒悲香餌釣金鼇　興亡家國誰趨義　諂媚私忠枉立朝　最可恨助紂忘公鳴得意　怎能殺同仇戮力殲無逃　那一般庸庸將帥勤操莽　沓沓軍騎効醜么　一剎時鍾阜秦淮新鬼哭　彭城漢水義旂燒　趨腥逐臭樓船鄙　鼓棹揚帆戰艦囂　我民軍砲壘吳淞悲瓦解　龍華志士慨冰消　曇花一現如春夢　波月空圓似水泡　力弗敵　志何撓　英雄不必論成敗　專制終難縛俊髦

話說那癸丑之役，獨立未成，英雄奔走天涯，豪傑韜潛海外。中央勢力勃勃蓬蓬，政府淫威騰騰沸沸。始而國會解散，繼乃憲法重頒。內閣更張，由超然而人才，由人才而下流複雜；典章改革，因厭今而復古，因復古而僭大稱尊。暮楚朝秦，顛三倒四。如荼如火，非馬非驢。

文虎嘉禾，亦使男兒氣短；寶光金鶴，竟教利祿情長。國既共和，官偏卿相。朝無骾士，野有遺賢。偶語未能，爲畏偵探喋血；真言何敢，端因胥吏尋仇。周内苛煩，年少動罹三字獄；冤誣羅織，心寒惟似一條冰。四海九州，多餘鬱鬼；五光十色，盡是野狐。檮杌難書，堪比巴黎之恐怖；淒涼滿目，幾同露國之兇殘。變相如斯，這也不在話下，輕敲檀板，待我慢慢唱來。

自從漁父悲先逝①　屈死之人若亂麻　有的是敗露嘉謀遭賊忌　有的是不甘阿附殉杯蛇　個中真相言難盡　幕裏奇文說也差　朝捕殺　暮擒拿　大小民情都膜視　國家政令務虛誇　内憂未醒黃粱夢　外患又分青島瓜　那袁賊是昏憒不知交涉警　那官僚又顢頇惟取順從嘉　東鄰條款要求甚　衮衮諸公噤齒牙　這時節呀

在下剛到北京，眼見得每逢交涉會議之日，天昏地暗，走石揚沙，白晝之間，亦如深夜，正是：黃塵撲面，慘劇驚心。如此情形，尤以五月七日爲甚，一般都門父老，皆云天哭之徵。蓋自前清天理教撞襲紫府以來，久未有此異象。咳！談將起來，好不傷感人也。

常言道一家大小敦和睦　半夜開門臥不驚　兄弟鬩牆外禦侮　古人明訓足當心　我中華自相傾軋如天性　以致那蠶食鯨呑有比鄰　斑斑國恥皆淒涼史　愧煞貍奴鼠也侵　這三年共和果使能維持　衆志成城屈自伸　而今衹顧防家亂　于是乎滄海横流到此身　儲金救國雖堪尚　怎奈他已允要求枉茹辛　可憐見同胞熱血徒懷恨　焉曉得波起扶桑別有因

諸君乎！吾人不幸丁兹亂世，又不幸生於中國。慨從清代以降，水深火熱，滿目瘡痍，實衹望共和肇建，重整河山，又安料奸憝陰謀，復

① 上文“堪歎名場皆犬馬”至“待我慢慢唱來”，載《民蘇報》1916年8月20號；“自從漁父悲先逝”至“波起扶桑別有因”，載《民蘇報》1916年8月22號；《民蘇報》1916年8月21號未見，疑“自從漁父悲先逝”之上，文字有闕佚。

圖專制。這正是：

一番風雨一番涼　橫覽中原五色光　交涉纔萌亡國恨　無端又欲說勤王　鼠肝蟲臂陳奇計　狗黨狐羣具別腸　朝陽鳴鳳嗟零落　畏露寒蟬總暗傷　祇覺得　寒來暑往如駒逝　無非是　秋月春花弔國殤　茹苦含辛多隱痛　轉瞬間時逢乙卯又端陽　朱總長（啓鈐）競奔忙　一線開端無別事　前門修改務輝煌　飄搖時局嗟如此　行見那　禹貢山川作戰場

在下唱到這裏，已是帝制醞釀時代，熱腸如沸，悲不成聲。且把那民國四年中，袁世凱圖謀專制，一切可指的確證，細細表述一番便了。

元旦節　興重重　總統賜書頒福壽　居然清制一般同　最得意楊度小兒交幸運　日逢初九被恩隆（王闓運回湘，任命楊度代理國史館長）　增翼衛（三月二日，仿前清舊制，于公府內設翼衛處，由駐京蒙古王公中，派都翼衛使一員，翼衛使四員，副使八員）　羽毛豐　明哲保身先引退　南通張謇去如鴻（六月五日，辭農商總長職，周自齊代之）　議員資格嚴規定　那學生何能被選充（九日，頒布《立法院議員選舉法》，規定學生資格，非由小學中學升入專門大學畢業者不合。如許限制，似未受十四年之完全教育者，不得被選）　又布國民會議法　荒唐組織迫人從（十二日，頒布《國民會議組織法》，須使行政、立法、司法三機關，各選議員十二人，實爲從來未有之特例）　清和四月司農歎　公債強行欲補庫空　都因運動虧消巨　剝削何妨到庶農　防秘密　禁交通　電信本來無限制　怪哉也列法條中（十八日，頒布《電信條例》二十二條）　陸軍總長悲時勢　段氏芝泉作隱公（五月十一日，稱辭職，姑准給假，暫以王士珍代之）　西子湖頭金發死　可憐他早知如此悔投從（六月九日①，浙督朱瑞得中央袁賊電，鎗斃自首革黨王金發）　又誰料　扶桑敷衍方纔罷　條約又簽中露蒙（《中俄蒙條約》二十二款，不得已於七日簽字。密於內而疏於外，言

① “日”字原誤植於“早知”上，今乙正。

之慨然）　呵呀

這六個月中，花花絮絮，雨雨風風，那一件是興邦氣象？然當時鬼鬼祟祟，尚未明目張膽，果無後來現象，還可以欺掩世人。無如這天良喪盡的袁世凱，雄心不死，慾壑難填，步步逼人，着着違法，愈演愈厲，遂至一塌糊塗。此事自有後文，這且慢表。卻說那：

各省將軍召覲見　人言嘖嘖謗紛紛　祇因帝制謀恢復　故所以意見徵求賄重臣　更憲法　造前因　起草人員推墨客　那皇皇參政也展經綸（七月六日，特派參政施愚、楊度、嚴復等十人，爲憲法起草委員會委員）　原文敝屣輿情賤　約法共和等廢塵　衰草斜陽悲往代　子規無語泣殘春　乾坤此日成何物①　東倒西扶似病人　更況是

灾荒迭見，飢饉頻仍。那廣東三江一帶，水勢暴漲，汜濫奔騰，赤子何辜，罹此浩劫。七月十三日，省城不慎又遭大火，焚燒兩晝夜，居戶毀者，殆二千餘處。同時桂、贛、豫、浙、奉五省，亦患巨水，淹沒者或三五縣，或十數邑不等。加以江蘇有颶風，京兆生蝗蝻，而滾滾濮陽河，忽又決口。以致九州四海，都是哀鴻，燕北江南，偏多苦鬼。屍骸遍野，骨肉流離，父泣子啼，母號兄哭。可憐見，數百萬生靈，因爲袁賊作惡過多，亦膺天譴，雖非妖孽，豈是興國之兆哉。咳！可歎呀。

惡忤天和淪慘劫　未始非蒼蒼警示虐民人　昏昏朝士難知悔反假託籌安報紫宸　說什麽學理問題談政治　說什麽庶幾君憲漢儀新　楊孫劉李胡嚴等　利祿薰心鼓吹真　朝拍電　暮搖唇　如火如荼蓬勃甚　無肝無肺惑蒼生　一刹時馬龍車水增豪氣　朱履蒲輪款衆賓　臧獲古來多鼎食　欺人何物是經綸　羣奸仗有通天手　覆雨翻雲種孽因　舉國何曾欣帝制　徵求民意總虛文　窮措大　志難伸　紛紛乃都向京華發　附鳳攀龍要顯身　推代表　醜稱臣　濟濟也同

① “此日”，原作“次日”，按明陳佐才撰《陳翼叔詩集》卷五《明末時作》詩云“乾坤此日成何物，東倒西扶似病人”，此用前人陳句，今據改。

匡社稷　自家廉恥付霄雲　人皆一紙吹噓簡　幹事頭銜受寵驚

自從八月十三日，楊度等六大君子曲承意旨，發起籌安於京師石駙馬大街以來，始則假託論學，繼則倡説君憲，終則函電紛馳，徵求各省同意。威權赫赫，勢力澎澎，贊成也要行，反對也要行。上自疆臣大吏，下至偏邑寒儒，值此時機，油然興起。於是蛇神牛鬼，宵小流氓，凡希望帝制，圖遂封侯者，日夕奔走號呼，同赴都門勸進。或理事，或幹事，或會員，或招待，沓沓滔滔，如雲而集，三日一小宴，五日一華筵，供養周勤，如尊父母。那東安飯店偏走好運，一時香車寶馬，應接不暇。旨酒嘉餚，珍饈羅列，説不盡如許繁華，話不完者番榮盛。民心如燭，怒弗敢言，表面情形，大有舉國若狂之概。妙哉，妙哉！豈不熱鬧人也。

這驚天動地的偷梁計　誰想道變幻離奇到眼前　辜負武昌諸烈士　枉拋鐵血實堪憐　亡人飄泊寧甘忍　民黨議員反對堅　谷子(鍾秀)倡言宜討賊　螳螂力薄喚徒然　黃花時節蕭條候　參政任公警告先　皇皇文字聲譽貴　國體問題撰一篇　無奈羣僚皆醉夢　也袛得悵然南下避安全　裝聾推啞嗤雄主　維持共和一紙傳　人言道掩耳盜鈴徒騙鬼　又何必含羞脈脈假纏綿　沈雲沛　善周旋　老而不死斯爲賊　妄把那各省公民姓字填　封呈請願是何謂　無非想一席交通總長權　江蘇出此大奸慝　遺臭何須等萬年

可笑，可笑！那各家御用報紙，受了夏壽田、梁士詒、袁乃寬、張鎮芳等人的運動，袛愛金錢，不知廉恥，一個個舞文弄筆，恣意亂吹，竟能穀無中生有，巧言粉飾，無理居然有理，天良却是昧良。獨有那《天民報》反對帝政，不幸於九月間被警廳封禁，總算是骾直男兒，書生本色也。其時最出風頭的，就是那《亞細亞報》領袖薛大可，得了數十萬巨欵，特往上海創設分部。那知道：

南方革命焚如火　一彈飛來印刷房　出版辛勤剛兩日　禍生那得不驚狂　然而是黃金有力情難禁　依舊荒唐説短長　消息惡　衆

慌張　袁賊不知宮外事　彌縫掩飾有孫楊　偏遇著蘭臺鐵面莊思老　苦口婆心立論皇　吁嗟直道難當路　耿耿孤懷歎望洋　同時却有張機要（一麐）　逆耳忠言不可匡　湯濟武　意彷徨　高情罷職蕭然去　從此京華事事傷

如此看來，衹帝制問題是積極進行的了。吾儕小子，冷眼旁觀，頗覺有趣。到了十月八日，那《國民代表大會組織法》十六條，忽然頒布，表面上是君主國體，尚待各省代表投票取決，其實生米煮成熟飯，不過再加些薪火罷呢。衹時候，棋局紛紜，已是不成。話說那平政院長周樹模，國務卿徐世昌，教育次長梁善濟，高風亮節，何忍甘冒不韙，一肚皮不合時宜，那容戀棧誤民，自取罪戾，所以慷慨浩然，紛紛辭職。到是衹位溫文儒雅、嬌小斌媚的劉師培呀

參政院居然寵命加　多才善蠱運偏嘉　雖然革命推原子　自受那端督陶鎔理想差　書生誤國憑力筆　引古參今謬論賒　真好笑亦堪嗟　楊氏本來精翰墨　於是乎一篇君憲大言誇　稱功頌德是非亂　奪理強詞太肉麻　雞鳴狗盜甘罵兢　蟣蝨芻蕘門粉華　優待重孔方奢　胸無點墨惟趨臭　日食三餐夜狹斜　攘攘熙熙諸代表　大家總是癩蝦蟇

哈哈！這許多逐臭之夫，書難罄竹，轟轟烈烈，闖下衹一場大禍，真個還以爲得意呢。光陰荏苒，又到十一月中，那素稱穩健的進步黨重要人物，忽由孫洪伊領袖，從上海通電各省，力排帝政，詞旨激昂可歎。冠蓋京華，如籠重霧。總檢察長羅君文幹，至是亦掛冠免職。淒風苦雨，險象環生，民怨沸騰，足與這帝政進行，同一比例。你謀狙擊，我會偵拿，畢竟那虎吏狼差，尋仇善殺，這時節燕門慘獄，簡直兒是俄羅斯的西比尼亞哩。唉！此中真相，將來自有史書，在下又何必多說，今且將那鄭汝成被刺一節，表述便了。

初十日　景忽忽　黃浦江頭軍隊滿　大旗旭日舞長空　皇皇鼓樂齊鳴奏　原來是天子扶桑加冕榮　中西官吏同趨賀　鎮守將軍亦

在中　儀從赫赫經虹口　猛可裹摩托如飛博浪轟　可憐他隨員舒子同罹禍　鄭氏無辜亦飲彈終　尋刺客　王小峯　供認含糊等捉風　海內忽驚星宿隕　反嫌疑革命衆英雄　要知道傳聞指使非民黨　屈死原因逆大風　悲耗至　慰私衷　追贈彰威優撫䘏　封侯如此泣沙蟲　那袁賊十分春色眉梢上　假意惺惺有虎公　書輓句　頌精忠　説什麽男兒報國爭先死　聖主開基第一功　可歎呀可歎

提起衹位鄭老夫子，雖説二次獨立的時候，搜捕黨人，不遺餘力，然而此次過渡，却還有點良心。咳！良心二字，就把他害死了。撫今追昔，又令人想起趙秉鈞慘死的情形，曖曖昧昧，衹好付之一哭。這也不在話下。卻説籌安會發生以來，險象迭見，那有不驚之理。帝政派各大人物，因爲十月二十八日，日、英、俄、法、義五國，聯名勸告，又兼人心不靖，所以鄭汝成死後之第二日，外交總長陸徵祥，遂向列國公使正式聲明，改張帝政之事，暫行緩議。到了十八日，肅政史費樹庥慨然辭職。二十二日，梁任公先生又稱病而行。從此大好神州，干戈紛起，那各省獨立，要求退位的結局，也就醞釀於斯。在下啾啾嘛嘛，唱了衹一大篇，也覺有些煩碎，諸君不要生厭，要知道果必有因，因必有果，小可這山歌野曲，并不是信口胡談，漫無可考。哈哈！今日天氣已晚，且收拾漁鼓檀板，獨酌良宵。後事如何，請聽下回分解。

話説民國四年，十一月二十四日，那參政兼經界局督辦蔡鍔先生，忽然的潛蹤而逃，一葉扁舟，人不知，鬼不覺，逍遥自在的到了雲南省會，真個手段高強，心謀微妙。要曉得，松坡在京，四面都有人偵探，十目所視，十手所指，那裏就會逃哩。談起來很有興味，先是家人骨肉，無端大起衝突，勃谿了幾日，鬧得里巷皆知。夫婦兩口，不但爭喧詬誶，而且披髮掄拳，那衣箱呀，飾物呀，一古腦兒，撕的撕，燒的燒，擲的擲，碎的碎，簡直兒天翻地覆。後來經人調勸，始將眷屬送回，蔡先生還不滿意，非要休妻不可。這纔是：

爲防宵小先施計　反目何妨假勃谿　孔明妙策安天下　那及松坡秘畫奇　家室去　衆遷移　佯狂獨自貪杯酒　問柳尋花信步之　八大胡同消艷福　三緘金口不傷時　餘情彈子頻排遣　市廠流連智若癡　堪笑偵探人四個　相隨跬步不能離　前門後户巡邏緊　舞榭歌臺監視危　爭教猛虎樊籠脱　日夕躊躇煞費思　卻值球房擎拍罷　夕陽西下月升時　悤悤易服潛逃遁　闊帽垂眉孰見疑　汽笛一聲飆忽駛　且聽那天津橋上子規啼　茫茫大海潮澎湃　衹一位起義男兒賦壯歸　正是

正是：猛虎歸林，蛟龍入海。三十六着，黄鶴杳如。蔡松坡乃是第一贊成帝政，首先勸進之人，誰料道老算深謀，卻别有肝膽呢。這且按下慢表。再説那十二月五日，停泊上海的肇和兵輪，忽於夜間，被革黨數十人冒險奪據，碚讋投奔，遥向製造局攻擊，陸地上亦有同志接應。衹一場惡戰呀：

槍似雨　彈如林　海陸交鋒天地變　江潮湧沸角聲侵　無如革黨悲棉薄　鏖戰終宵力不禁　爭竄逸　跡難尋　紛紛鳥獸東西散　卻少了見習軍官王北辰　艦長（黄鳴球）被擒交訊問　同牢還有姓陳（名作梅）人　嫌疑犯首嗟鎗斃　也是樓船候補生　蒼狗白雲奚畏死　不多時一波甫起一波平　二區警署真無幸　翌夜倉皇又戰爭　這時節

政府聞變，特派多數北軍，調駐上海，時機孔迫，更不堪設想了。十一日，中央所選之國民代表溥倫等一千九百十三人，一致贊成帝政，上表袁總統，推爲中華帝國皇帝，於是就宣布君憲，實行專制，皇皇申令之文，也不必細述。但是總統做了皇帝，衹位黎元洪先生，如何籠絡呢？有了，有了，正的爲君，副的爲王，就冊封他武義親王罷。那曉得黄陂鯁直，三番兩次，辭而不受，並且還懇辭参政院長及参謀長二職。憑你如何布置，他却是：

閉門自埽堂前雪　不管他人瓦上霜　深居杜客攻梵典　朗朗孤

懷有主張　明知陷穽難邀免　早製就一具生棺誓國殤　中原鼎沸如殘局　五國宣言監視慌　六君子醉心君憲毫無悔　祇希冀獻進黃袍鼎鼐嘗　雖然勸進情難恕　總算是漢室人才不反常　獨有溥倫人一個　貳臣傳上夢流芳

咳！前清貝子，民國功臣，勸進之勛，舍君誰屬。但是承認共和，乃五族一家之義；贊成君憲，豈矢忠滿室之行。禾黍離離，隆裕未寒死骨；銅駝寂寂，雛皇尚在紫垣。回首故宮，非忠非孝；忘懷民國，不義不廉。在昔洪承疇五十初度，有人壽以文曰："公以爲殺吾君者，吾仇也；殺吾仇者，吾君也。"洪氏賞之，以爲幼婦。我想溥倫所藉以自解者，大約也是此意了。然而君固未殺，宣統尚猶在焉。哈哈！簡直是可恥之甚了。

這可算笑罵由他何損我　天生賤骨復何言　且將大勢徐徐表　說到那革命男兒淚欲吞　曉風殘月天涯走　戴日披星海外奔　張良有志無從擊　一片傷心不可論　中央帝制如狂熱　寸念陰殘北斗昏　籌大典　飾天閽　參今酌古議袍冕　未御龍牀妄自尊　稱臣先有朱家寶　奏摺卑詞筆下翻　內務操權朱總長　偏勒令商民慶賀僞皇恩　新華宮外山呼響　一派威言度紫垣　前門燈彩如霞火　點綴公園笑語軒　提起了石家金谷難爭美　鄧氏銅山不算繁

其時燕京春色，如此之深，那一般綢緞店、繡貨莊、骨董市、水木匠，人人想發財，個個要爭利。因爲朝臣禮服，有團章之別；文僚笏板，有牙木之分。而粉飾宮垣，修繕闕宇，無不務意更新，力求壯美，繁華氣象，又豈筆墨能罄。及至十二月二十一日，遂又大封世爵，徧賞羣員，公侯伯子男，以及輕車都尉等等。世職拜命者，凡數百餘人，聊算謝媒之禮。哼哼！好事靡常，悲來興盡。衹一下子，乾坤顛倒，雲雨更翻，總以爲四海歸心，萬方同軌了。

怎知道人心不足蛇吞象　莽莽神州豈可私　上漏罔知下已曉　蒼生無語愧癡兒　自從蔡鍔來滇省　聯絡了紛紛豪傑據邊陲　任唐

劉戴咸通電　維持共和告世知　宣言反對排君憲　要殺那楊度諸魁化險夷　廿四時中限答復　須教政府莫遲疑　中央恍惑尚縈夢　還問那此電傳來是否非　如此荒唐真齒冷　欺人怎不怨尤滋　看官們記取義旗三次舉　日逢念六建雄師　滇南獨立潮流急　從此干戈又一時　宣罪狀　誓貔貅　金馬碧雞風拂纛　昆彌洱海日輝旂　蒼龍白虎山川泣　振旅興師羽檄飛

此次獨立，早在理想之中，然不料蕞爾滇南，竟首先發難。可笑那中央政府，威信難加，素來依畀之人，居然離棄，衹又是誰之過哩。此次舉義，譬如疽發背間，毒深莫治，蓄之久，而發之暴，此之謂也。要知天下事變，豈容臆度，滿招損，謙受益，聖人良訓，戒之於微，無如當局者，昏不能憬悟，咎由自取，這也不必可惜。閑話少敘，書入正文。

雲亂黃麾一鼓氣①　日搖紅旆五兵威　金戈鐵馬聲聲討　西國東鄰個個譽　驚天謦欬傳燕市　嚇壞了勸進之徒若木鷄　者番舉義休輕視　武力安容癸丑期　堪憐朝士無長策　誹謗空餘燕雀嗤　有的說小醜跳梁焉可恕　有的說大張撻伐決雄雌　有的說何妨撫慰圖懷德　有的說烏合行看瓦解時　紛紛聚議茫無見　飯桶文官等拙醫　却有軍人陳敵愾　項城決計動鑾師　夜郎自大多豪氣　滾滾旌旗道路馳　戎馬倉皇勤帝室　舟車絡繹指滇池　干城南下空畿輔　兵總以爲韜略精深一出奇②　白羽華盔辭紫禁　沙場效死報君知　一方面點兵晝計揚威武　一方面預備新年典盛儀

韶光易駛，早又民國五年了。像這君憲問題，既算通過，則共和二字，當然取消，且見蔡、唐反對，心中雖想挽回，但是騎虎勢成，焉容

---

① 上文“怎知道人心不足蛇吞象”至“書入正文”，載《民蘇報》1916年9月3號；“雲亂黃麾一鼓氣”至“故所以辛苦慇懃不惜身”，載《民蘇報》1916年9月5號；《民蘇報》1916年9月4號未見，疑“雲亂黃麾一鼓氣”之上，文字有闕佚。

② 按“兵”字疑爲衍文。

團轉。加以金錢大王梁士詒，帝室宗親袁乃寬，以及楊度、孫猴二大君子，巧言蠱惑，力主進行，一不做，二不休，也衹得索性做去。于是第一要務，就從建元入手邦，一般讀聖賢書的咬文嚼字之徒，如內史阮斗瞻等，興致怱怱，大有自命劉歆之雅。因此上：

分門別類忙籌備　首事無非論建元　中華帝國號洪憲　已死的共和不可名　元旦黎明趨紫禁　百官濟濟競朝閽　宵寒未減風如吼　燕尾輕衫冷煞人　都緣欲上淩煙閣　故所以辛苦慇懃不惜身

自此以後，舞臺開幕，那愁雲慘霧，也就一天一天的籠罩下來了。若說到南方呀：

經文緯武人才衆　戮力同心士氣豪　西征北剿爭先死　蜀道崎嶇莫可撓　縱有堅籓湯靖武　湘南難禦北軍逃　識時俊傑多歸順　一致鋤奸黨見調　亡何黔省同情表　兩地聯盟似漆膠　曹錕拜把中央命　不量螳螂逞小么　虎頭蛇尾慚司令　南戰何能動髮毫　諱敗爲功傳捷報　那都門報紙頌歌堯　天良喪盡欺京國　狂吠惟知亂造謠　沉沉消息官中說　誇謂王師勇敢鐃　《順天時報》宣真相　惡耗令人耳目昭　氣煞壽田夏小子　也衹得重刊僞報進當朝　民心自有然犀見　咸悉臣僚妄解嘲　久之陳宧來驚電　那敘州勢如破竹未能操　共和兵隊同狙狡　個個熊飛沸若潮　更兼有川中將士難親睦　主客奚融水火交

若論到革命健兒，多半乃陸軍巨子，山川之險要，攻守之方針，三略六韜，瞭如指掌。加以此次獨立，委實是名正言順，天與人歸，偉偉堂堂，焉有不勝之理。

這時節中央焦灼如蒸蟻　深恐怕各省投戈附和之　登極祇容從緩議　紛紛遊說復何爲　南船北馬匆忙甚　奉使還囊運動貲　行蹤鬼祟渾難測　籠絡無非鬼計施　堪笑海軍劉總長　長途僕僕效奔馳　須知道蘇張倘使生今日　合從連横枉費辭　竊國本來非戲事　深仇不共怎能移　癡愚莫解開誠意　離間陰謀好用奇　咳　一言斷論惟

欺詐　揭破幽懷反恨滋　如問那

請願代表，籌安人物，此時好夢方回，望成畫餅。雜遝數百人，流寄京華，旅囊羞澀。楊、孫諸子，亦恐前途難料，各自爲謀。對於如許公民，惟有令之回籍，遂於東安飯店，杯酒相邀，人贈川資百餅，車券一張，姑請先行返梓。因此上：

紛紛代表爭譁恨　望帝徒悲託杜鵑　此行欲遂封侯志　誰受戔戔送別錢　招我至　貌何妍　而今君憲成功矣　行賞酬勛理所然　無端冷面忘情甚　當初何必苦相延　諸公負義圖私己　飲水思源見太偏　領袖已邀天子寵　吾儕蕭索怎言旋　最恥是江東父老如相問　誰諒高懷息仔肩　衣錦還鄉原壯事　飄零似此忿難蠲　非起訴定施拳　不錫一官安衆望　大家惟有叩閽前

話雖如此，爭也沒法，到了衹步田地，漫說腰纏十萬，亦已空空，就是紈袴多財，何顔返去。而況數百人中，多係寒酸之士，等是有家歸不得，行不得也哥哥，情既可憐，亦復可笑。此時窮途末路，見了燦然黄白，誰不動心，所以搶白了幾句，衹好憒憒收納。那《珠砂痣》一齣說道："銀子是好東西，好寶貝。"哈哈！皇皇代表，大約也是這麽想呀。

笑柄爭傳且置之　蕭墻禍起話新奇　小春二月燕塵亂　謀變嫌疑到沈祖彝　身居内史原親信　廿載追隨故主知　衹爲無端宣秘密　以致乎緹騎四出夜拘提　新華宫内句都尉（克明）　鐵練郎當亦縶羈　居然搜出同盟冊　宗室袁英竟列茲　父望帝　（英爲乃寬之子）子圖危　分道揚鑣天性背　不忠無孝理如斯　根尋證據層層實　廿萬金錢運動貲　先籌撲滅宫中電　炸毁須乘黑夜時　股肱懷貳奚容料　足見得君憲問題太謬非　大獄忽興嚴治罪　宣傳醜狀道途譏　株連既衆關全局　把柄又虞革黨持　更有令人驚駭處　京畿兵變恐由茲

論起來衹件事體，發生得也太奇怪，其中真相，惟有《順天時報》

登載最詳。據云宫中搜出炸彈，并於某處獲有同謀黨冊，首領既是親信，附從者可想而知。先以軍機密勿，時時敗露，而祇位袁家乳母的兒子，就是現任公府內尉的句克明，忽然大肆揮霍，故外間頗起疑議。偏偏步軍統領部下的偵探，尋出證據，於是江朝宗先生就昏夜入宫，俯伏呈奏，龍顔大怒，發交軍政執法處嚴鞠。那處長雷大將軍呀：

無端奉詔推全案　真覺得左右爲難怕惱人　況內史皇皇西席陪天子　袁公子　不是同宗也是親　句克明母子二人稱舊僕　還有那許多人物棟梁臣　官卑豈敢施三木　執法無非問小民　果真水落浮全石　怎樣朝闈子細陳　掩耳盗鈴皆紙虎　自家穿破亦驚聞　倘若是公言宣布伸刑法　罪狀班班不可文　料弗定南方藉口人心散　激勸何能動遠軍　況加主座無詞解　九仞功虧枉苦辛　因此上滿朝文武私商推　主見齊憑朱桂莘　籌備處中茶話會　力求粉飾莫追因　步軍統領深滋悔　憤恨尤推雷震春　大呼江氏誠多事　令我如何辨假真　伸巨掌　怒如焚　洶洶一擊披江頰　忙壞了濟濟名公急解紛

祇一場笑話轟傳出來，南北報紙爭相嘲謔。後來羣衆開釋，反苦了袁英公子，飽受貔犴之苦。那警察廳科長一席，自然也拋去了，至於報告此事的偵探，富貴没有想到，僅乎得了幾文，奉命遠避。於是雲消雨霽，洗刷無瑕，鑿鑿昭昭，反以誣告了結，倒也有趣的很啦。若談到戰事如何，請君再聽：

大將南征膽氣豪　腰横秋水雁翎刀　不知多少同胞血　來爲將軍染戰袍　毋弔古　論今朝　鼙鼓聲中新鬼哭　金沙灘上北軍號　踰山過嶺奔馳苦　險要未能據一毫　怎當得護國健兒爭赴義　隆隆大砲漫荒郊　飛血肉　死難逃　幽燕勇士傷亡慘　滚滚江流逆櫓篙　有的是暴骨疆埸遺永痛　有的是葬身水窟恨難消　巫猿啼斷征人淚　蜀鳥悲深戰士刁　青海戍頭哀月管　黄沙磧裏飲腥刀　誰無父母與妻子　生我何恩死我蹈

烏乎！可憐無定河邊骨，猶是春歸夢裏人。祇一班屈死孤魂，何辜應劫，同顛同趾，禍福不齊，作俑殃民，我不忍再說。這時節，唐繼堯督理滇務，蔡松坡司令六軍，餘如李烈鈞、戴堪等革命領袖，不下數十百人，真是勇將如雲，謀臣似雨。加以梁任公、岑西林諸大人物，運籌帷幄，益發煥炳輝煌，聲威播溢。所以義旗所指，無堅不摧，豪卒所驅，無攻不克。然而北軍南下，分馳湘蜀者，浩浩蕩蕩，到也不少。無如天時、地利、人和三者，獨有所鍾，因此百餘日中，各省惶惶，大有獨立之概。大局至此，於是那：

無情偏說是民情① 禍到臨頭事不成 勒馬懸崖無別法 也祇得取消帝制慰邦人 三月裏 杏花春 桃紅柳綠江南路 草艷葩芳燕北塵 輕裘緩帶人人樂 日麗風和個個欣 惟有獨夫愁紫禁 更多朝士泣春明 傷心罪己頒申令 千舛萬差我悖昏 帝政原非余本意 那害人的洪憲不須論 皇皇民國重新五 捧腹文章笑得疼 誰想到已死共和能復活 白衣蒼狗慶更生 八十餘天空望帝 七旬老叟可憐身 歡喜假 恨慚真 子孫萬世空餘幻 豪氣英名一旦傾 急煞籌安諸巨子 封侯未得枉勞神 曇花一現難回首 杜宇啼殘弔帝京 倉皇好比喪家犬 板蕩方能識鯁臣 垂老淚 話酸辛 無奈央求徐菊老 勉支內閣繫千鈞 重修舊好頻敦請 總長參謀賴段君 明言道兩公同出維殘局 實則是藉彼威風冀掃氛 依然獨攬乾坤軸 一切機權不肯分 僞托大名通電告 欺心故技怎欺人 誰知老段仍恬淡 南省高明辨假真 一紙空文雖發表 談何容易解糾紛 燕幽士卒從軍疲 敗北聲聲有急文 離間何妨兼泣訴 人材寥落祇張勛 內史阮兒陳密計 好比那申公七日哭求秦 奉使徐州蹤跡秘 居然博得老張欣 布告一篇如旱雨 於是那御前報紙又搖唇

① 上文“祇一場笑話轟傳出來”至“於是那”，載《民蘇報》1916年9月10號；“無情偏說是民情”至“於是那御前報紙又搖唇”，載《民蘇報》1916年9月14號；《民蘇報》1916年9月11—13號未見，疑“無情偏說是民情”之上，文字有闕佚。

話雖如此，誰再見信。衹一方據《亞細亞報》宣言，將有捲土重來，死灰復然之勢；那一方據護國軍人露布，自非犂庭掃穴，復仇問罪不行。所以提議調和時，南省第一條件，就是要求退位，所有十三太保，梁士詒、朱啓鈐、張鎮芳、袁乃寬、顧鼇、施愚、吳某等人，以及六君子、四金剛，又非分別殺懲，以謝國人不可，而且還要賠償損失。試問袁家僞政府，怎麽能彀下臺，故惟有取消洪憲，仍做總統，以爲挽回地步。那曉得暫請停戰，還沒有幾天，廣東、浙江二處，又相繼獨立。咳！提起來呀：

廣東獨立非容易　待我從頭敍短長　珠江鎖鑰推南粵　控扼滇黔賴此方　癸丑未能搖動也　輸忠政府有海龍王　龍家兄弟皆驍將　喋血元凶讓濟光　赫赫威名傾禹域　洶洶辣手掩蠻荒　深居常憾共和黨　因在那觀音山上設堅防　增障礙　掘壕塘　四面八方銅鋼布　千軍萬馬寶戈芒　敵樓高聳沖雲表　飛艇翱翔瞰下方　七十餘尊槍炮壘　最驚奇　絲棉坭砌小營房　外軟內剛多鞏固　那將軍王爵坐中央　牛馬驢羊糧食足　金銀銅鐵庫儲藏　森嚴完密難詳述　好一比地網天羅處處張　歐美士人爭拜服　總說到半年攻擊故始能降　燕京政府干城寄　南有龍君北有張　蔡陸苦爲時局計　忠言勸說屢商量　無奈將軍心叵測　猶疑莫決具深腸　雖有黨人爭運動　捉將宮裏命殘喪　偵察有如臨大敵　戒嚴防亂費平章　惶惶居户相遷徙　又誰敢犧牲飽虎狼　衹時間危卵覆巢悲赤子　風聲鶴唳慨紅羊　人生禍福誠難料　慘劇無端大恐慌

這一場慘劇①，煞是可憫，後果前因，豈筆墨所能罄述。茲據各報所載，待我細細道來：

① 上文"話雖如此"至"慘劇無端大恐慌"，載《民蘇報》1916年9月15號；"這一場慘劇"至"受創者則不計其數"，載《民蘇報》1916年9月17號；《民蘇報》1916年9月16號未見，疑"這一場慘劇"之上，文字有闕佚。

（一）龍氏既然獨立，理當暫行解職，而所統軍隊，自必須另行編制，隸屬於滇黔護國軍，以期統一。然此説果行，則一經奪帥，部下將失其依據，是以顏啓漢、賀文彪等人，特於某日邀集各將佐，在觀音山會議，殺鷄設誓，歃血聯盟，聲明惟龍氏是從，生死與共。而顏、賀、潘、梁（永燊）、蔡等五統領，又各畫地自謀，开設聯合機關，以便互相接洽。

（二）龍氏宣布獨立時，曾在都督府召集社團會議，藉詞於辛亥之禍，阻止民軍入城。迨至十號，革黨王和順、關仁甫等，已率護國軍三千餘人，駕船來省，駐紮石井、高塘一帶。龍氏下令戒嚴，閉城不納，各統領亦深恨之，蓋恐其奪權也。

（三）十三日午後三時，海珠之變，原因極爲複雜。先以徐君勉首論各路護國軍，與原有本省軍警，意見紛歧，兹須合併爲一之故，而湯覺頓又聲稱陸、梁二公，不日當可東下，籌畫進行。於是顏啓漢乃邀徐入室，以手鎗擊之未中，而八角亭外，槍聲遂起。或謂賀文彪爲此案首禍，未知確否，總之皆龍派反對所致也。

（四）此次死難者，爲譚學夔、湯覺頓、王廣玲、呂仲銘、賀文彪等人，受創者則不計其數。

同室操戈總可傷①　燎原野火拂崑崗　堪憐玉石同歸盡　底事蠻爭快霸王　歡烈士壯志未酬身已死②　酸心慘目太荒唐　甘施毒手天良盡　賊子們遺臭千年有史章　權利本來如敝屣　囂張何必助豺狼　黄花碧血悲猶熱　又見男兒殉會殤　鬼蜮戕人人有耳　恨他指使怨難忘　或説道啓漢由來受賄囑　金錢卅萬匯銀莊　或云是從中

① 上文“這一場慘劇”至“受創者則不計其數”，載《民蘇報》1916年9月17號；“同室操戈總可傷”至“於是乎”，載《民蘇報》1916年9月19號；《民蘇報》1916年9月18號未見，疑“同室操戈總可傷”之上，文字有闕佚。

② “歡”，疑當作“歎”。

挑撥非無故　大半皆緣蔡乃煌　咳　總而言之　海珠真相言難罄　讀者何妨問菊莊（通信記者）

海珠之變，實爲民黨中第一挫失，幸虧陸、梁、岑、蔡等，處以鎮靜，不念私仇，那海龍王悔愧於中，不得不暫且附和。可笑四金剛、六君子、十三太保，一條離間計施用不成，反加了層層罪狀，窮途末路，遂又別開生面，思以責任內閣，收效桑榆，費盡心機，始得段芝泉同意。於是乎：

東海徐公又罷職　滑稽內閣建新猷　一私教禍首皆先退　選擇人才第二流　僞託共和重立說　依舊是山精木魅戴獼猴　都中報紙民難信　另派私人巧轉喉　舊日功臣推主筆　而今鳥盡泣弓收　三餐日食何從仰　不得不反戈相向報私仇　洋洋社論齊鳴怨　醜狀奸謀毀未休　利始惡終堪齒冷　陰謀揭破亦增羞　衆說道孫楊梁夏皆宜殺　又將那勸進文章露九州　僞造民情通國曉　何妨順水競推舟　知難而退先楊度　一紙陳情謬比周　可歎他憂心惙惙神魂失　還有個鼠竄天津的孫少侯　枉讀佛經參色相　祇落得種因結果獲愆尤

這時節，停戰之期行將完滿，議和之事尚乏端倪，而各處函電交馳，力請退位者，日必數起，如康南海、唐紹儀、伍廷芳等，皆有警告。昔日國會議員，聚議上海，亦復激昂慷慨，孫逸仙、董克強本有意見，至是亦與護國軍深表同情，誓言北伐。那南方政府聲勢既廣，遂由岑春煊領袖，泣告天下，公舉黎元洪先生，爲繼任大總統，組織軍務院，通知各國，以示恢復共和。於是滇督唐繼堯，黔督劉顯世，桂督陸榮廷，浙督呂公望，還有一個態度不明瞭的粵督龍濟光：

枕戈待旦驅民賊　誓日同盟俟北征　停戰展期非素願　多祇爲籌精蓄鋭固軍心　斯時燕北如針毯　坐臥何嘗一刻寧　警報傳來如絡繹　祇靠那馮倪畫策囿張勛　誰知秦省興戎急　陸氏（建章）逃亡又棄城　更有山東烽火起　已驚數邑義旂伸　并州亦復如危卵　陳宧旁觀守蜀營　聞説湖南湯薌武　投誠又與北軍爭　歎老夫四年深

策全喪敗　衆叛親離剩此身　回首陳橋皆我誤　黄袍袞袞枉耽名　金龍八八未加體　玉冕珠旒亦染塵　寶座檀香同史臭　偷摩玉璽泣霑巾　金錢百萬從虛擲　空製就輝煌袍笏笑優伶　從前赫赫多榮耀　到如今冷冷清清做寡人　那許多鷹狐豺犬惟長歎　一線生機望段君　但有令人疑慮處　窮途果報豈無因　滿清禪讓良悽慘　寡婦孤兒託項城　今日自家蹈覆轍　將來篡代倍傷情　莫道天公真夢夢　古來奸憝幾人存　當知克定兒尤苦　壯志難期李世明　然而是騎虎勢成貪戀棧　若教退位且休論　常言道止謗莫如修己德　解鈴還是繫鈴人

如此江山，尚有何說。現在方且停戰，斟酌議和，前路茫茫，焉能逆料。在下搜盡枯腸，也覺無言可說。諸公聽到這裏，大約也自傷心，不如尋些餘興，略唱幾句罷了：

南軍倡義興師討　誤國之人皆匿蹤　獨有乃煌交否運　犧牲洪憲可憐蟲　禍惡總緣鴉片起　臨刑還以黑膏終　孫楊一去如黄鶴　梁氏依然以貨雄　夏子壽田仍弄筆　金剛太保亦從容　皇皇內閣嗟財政　第一新猷又發蒙　紙幣不須圖兑换　銀行出票有交通　一般闊老盈囊橐　涓滴何嘗肯報公

最妙某公辭總長　刮盡了民膏民血做封翁　看起來作俑之徒無惡果　那知道此君報應最精工　掌上明珠三小姐　傾城傾國妨玲瓏　花引蝶　蕊招蜂　油壁香車馳輿足　目成眼語道途中　横波一轉潘安醉　最喜西裝美少馮　公園遊罷青年會　操幾句英語如鶯一笑通　握手殷勤含百媚　登徒好色總親儂　羅敷得隴還思蜀　濮上桑間異味濃　中冓如斯何足道　行雲行雨鬧轟轟　老父大度能容忍　卻故意裝做無聞耳似聾　穢迹何堪傳筆墨　風流盡在不言中

咳！罷了罷了。皇皇內務部，乃是國家重要機關，化人心，正風俗，雖有聖賢，尚難敷教。這位總長先生，對於家庭，猶且不修帷薄，對於內政，更可知焉。在下說到這裏，不覺爲之浩歎，衹篇《望帝夢》，洋洋洒洒的唱了一大套，深覺感慨不盡。《管子》道："禮義廉恥，國之四維，四維不張，國乃滅亡。"時局如此，復何可言。橫覽中原，瘡痍滿目，遙思外海，風雨驚心。莽莽神州，衹落得干戈攪擾；芸芸黔首，總無非憂患流離。哲士幽囚，當痛章黎之遇；豪強角競，還欽□□之雄。水竭山窮，胡爲戀棧；鐘鳴漏盡，終致夷墟。正是：

苦海茫茫，蝴蝶應悲萬里夢；
浮生鹿鹿，杜鵑枉作五更啼。

按：斯篇乃袁項城竊國時代所作，客窗無俚，寫來多悲憤之詞，其時此憝未亡，故此曲亦藏之書簏。茲以勉任《民蘇報》編輯職務，因亟付之手民，以博讀者一粲，或他日引爲信史之助，未可知焉。汪慟塵附識。

（原載《民蘇報》1916年8月18、19、20、22、23、24、25、26、27、29、30、31號，9月1、2、3、5、6、7、8、9、10、14、15、17、19、20、21、22、23號第七版，署名慟塵）

寃魂淚

（一）

孤館淒涼，低徊舊夢，酒闌燈灺，蕩氣回腸。細想此六百五十餘日中，作客京華，不知所爲何事。一天到夜，握著三寸毛錐，之乎也者，咬文嚼字的，又不知所爲何事。總而言之，什麽時局啊，大勢啊，外交啊，內政啊，光怪陸離，不值一笑。咱們書獃子紙上談兵，空言奚補，良心也用不著，熱血也灑不得，滿肚皮牢騷也洗不盡。一杯在手，萬恨縈胸，種種傷心，正如一部十七史，究從何處說起呢。哈哈！罷休，罷休。今且搜尋一段慘史，譜入彈詞，胡亂價高唱數聲便了。

宵深人静渾無奈　說道蛾眉倍可傷　民國六年剛四月　北京城內鬧洋洋　新聞傳播堪驚歎　慘案偏逢那女學堂　既不是濮上桑間流穢德　又不是頹風敗俗悖綱常　原來此事真奇突　細故居然把命戕　因此上報紙紛紛伸直筆　人言嘖嘖費平章　前因後果如相問待小子而今道短長　校裏佳媛三百許　就中單表一令孃　這位女士啊名蘭姓鄧天津住　賢淑聰明又大方

（二）

雖不比道韞才高吟柳絮　也算得掌珠能慰蔡中郎　從來守禮明閨訓　但解溫柔不解狂　所以鄰里之中問字執柯誰也羨　都緣志在鳳求凰　似這般人間美玉無雙品　直苦殺媒妁盈門口腳忙

一年三百六十天，天天有人撮合。張家奶奶，李家太太，以及婆婆媽媽們，幾乎人人愛慕，個個想戀，異口同聲，皆說道：“既有佳兒，必求佳婦，欲求佳婦，必娶蘭姑。”二字①，還比那天津三不管地方著名些呢。然我看自古以來：

女子多才原不易　多才有德更難尋　才全德備偏無福　談起蘭姑淚欲傾　世上紅顔都薄命　又怎知如他薄命更酸辛　咳　罷了罷了　曇花一現悲塵夢　祇落得兩字流芳是令名　一縷香魂何處寄　恐歸恨海化冤禽　傷心點點殷紅血　都祇爲受屈難伸濺帝京　那一般辦學人員真可殺　如何黑白不分明

（三）

此是大大的後文，今且慢表。列位休要性急，聽在下從頭唱來：

蘭姑是　天津求學已多時　夕惕朝乾信有之　苦志欲求慈母範　婆心惟冀作人師　荏苒間　辭親負笈來都下　不似那　閨閣尋常惜别離　進校後　瑣瑣各科何足重　習成保姆最相宜　埋頭伏案孜孜甚　終日裏　寡語無言下董帷　課罷綠窗無個事　一篇猶自手翻披　除用功而外啊　秋月怎關儂意緒　春風奚許寄相思　守身如玉冰心潔　不管他　花落花開蝶夢癡

因此之故，硯友皆重其爲人，一般女教員亦復垂青以視。然而桀犬吠堯，道高魔重，校中侶伴，竟有嫉忌之者。

（未完）②

（原載《民蘇報》1917年5月26、27、29號第七版，署名苦榴花館主）

① “二字”上，疑脱“蘭姑”二字。

② 按《民蘇報》1917年5月29號之後，不見刊載《冤魂淚》續篇，疑未寫完。《民蘇報》1917年5月30號第七版有《慟塵啓事》云：“鄙人近日病腦，所著《冤魂淚》彈詞暫停數天，以資休息，閲者諒之。”

二、文　論

論　文　二

十三省

十三省攻守同盟之說，近且喧豗於耳鼓矣，果此議而竟成事實也，則前途之慘劇，又詎忍言哉！要知國會既開，省議會亦已恢復，凡所以平章國是，而維持統一之政局者，吾民代表自有嘉猷，又焉待各省一武人越俎代謀，徒駭天下人之聞聽？吾知稍明時勢者，必不出此擾亂大局之下策焉。

（原載《民蘇報》1916年8月16號第三版，署名慟塵）

忠告帝制餘孽

翻手爲雲，覆手爲雨，此諸公在項城時代，興妖作怪之斑斑成績也。彼時功名惑志，利祿熏心，固以爲富貴王侯，取如拾芥，初安料冰山渙潰，竟如斯之速耶。

今者共和恢復，日月重光，在稍具良知者，方將閉門思過，洗心革面之不暇，而奈何狗苟蠅營，復作祟於津門各處。

噫嘻！天做孽，猶可違，自作孽，不可逭。爾等其猛省之。

（原載《民蘇報》1916 年 8 月 20 號第三版，署名慟塵）

今日之大患

龍濟光一日不去，粤省一日不安，而人民之受其荼毒者，亦日增無已。由此觀之，則影響所及，又豈一隅而已哉。

咄咄！龍氏何人，而當局者竟不惜行李紛紜，調停若此，其亦有投鼠忌器之感耶。

要知共和再建，全賴民黨志士，犧牲無量之鐵血得之。而龍氏之摧殘民黨志士，正不知凡幾，是其爲共和巨憝也，毫無可疑。

吾故曰：今日之大患，不在其他方面之意見問題，乃在龍氏之去否。養癰莫治，能不慨然。

（原載《民蘇報》1916年8月24號第三版，署名慟塵）

對於社會改良會之感言

改良社會問題，在今日風教陵夷之都門，誠當務之急也。顧就發起人如雍濤，而論其道德，其學術，果足爲世俗之表率，而能促進社會於改良之地位與否，有識者不敢信也。

蓋雍濤在帝制時代，乃奔走於朱啓鈐門下，首先以公民名義代表勸進之人。今茲日暮途窮，不得不別開生面，慫恿負有時望之王某而利用之，可謂狡矣。

要之，社會改良會，吾人所贊成者也，而以此無道德學術之雍濤任之，豈直無功，且辜負此好名詞矣。質之當世，以爲如何。

（原載《民蘇報》1916年8月26號第三版，署名慟）

餘　墨

(一)[①]

生計艱難，達於此極，而吾人猶章臺走馬，此不可解者一。

河山風雨，外患頻驚，而吾人猶爭慕歌娃，此不解者二。

雖然，尋芳樂事也，顧曲亦樂事也，但苟能於娛心賞目中，毋忘乎國步之崎嶇，斯幸矣。

(原載《民蘇報》1916 年 10 月 24 號第七版，署名慟)

(二)

前晚譚叫天演劇於第一舞臺，臺下數千人，屏息凝神，無敢咳嗽者。崇拜名伶之心理，於此可知，然吾乃深有感矣。

試推此以論學子，其對於師長之禮貌何如；彼朝野士大夫，對於犧牲鐵血，恢復共和之革命志士，其敬愛又何如。

且今茲江皖水災，田園淹沒，誰願解囊以一元錢，而賑此無量數流離罔告之哀鴻者。

世道人心，一至於此。

(原載《民蘇報》1916 年 10 月 25 號第七版，署名慟)

① 本篇各節編號，爲整理者所加。

（三）

今日顧曲家，往往分黨筆戰，攻訐評擊，其詞非不工也，然而以有用之文字，而乃耗之於無用之地，良可惜矣。

試觀張勳之舉動，囂張狂悖，一至於斯，果何人揭其罪狀，而聲討之者，豈畏其蠻橫，而不敢爲文耶。

或曰：月旦坤伶，乃風流之趣事，婦人醇酒，聊以澆愁。彼搗亂時局者，與我輩如風馬牛之不相及，罵之無益，寧姑忍哉。

噫嘻！斯而可忍，孰不可忍。

（原載《民蘇報》1916年10月26號第七版）

（四）

但令在家相對貧，不向天涯金繞身。熱場中最易惱人，蓋不自今日始也。故書生之稍有骨氣者，與其仰人鼻息，奔走侯門，毋寧澹泊自甘，清心寡欲。知恥近乎勇，且不見辱於人。此之謂矣。

然縱觀今之寒士，舍少數宿儒而外，彼青年新進之輩，其能不趨炎干祿，而以道德爲歸者，有幾人哉。

或謂：提倡實業，政府未能，囂競希榮，迫於生計。斯言也，豈其然乎。

（原載《民蘇報》1916年10月27號第七版，署名慟）

（五）

去歲，某部員窮極無聊，購儲蓄票一紙，日供大頭菜於案，而禱拜之。或有詢之者，乃答曰：此大頭彩（菜與彩同音故）耳。

予聞此，殊覺捧腹不置。蓋中國人多想發財，而又昧於生財之道，非分者既不可得，遂乃希望做官，此政海之所以有人滿之憂，而益視飯碗問題爲重。

然一旦置身富貴，則又婦人醇酒，華屋軒車，頓易本來之面目矣。

忘廉趨利，又豈社會上之好現象哉。

（原載《民蘇報》1916年10月28號第七版，署名慟）

（六）

人生在世，無異於優伶演劇。

故聲藝佳者，顧曲家必讚美之，而粉墨登場，亦必獻其生平絕技，以副臺下之雅意。且優伶雖不學無術，猶能知全戲園之成敗，與己有切膚之關係。彼負有時望者，又當何如?

（原載《民蘇報》1916年10月29號第七版，署名慟）

（七）

日昨選舉副總統，張勳竟得一票。

唱名至此，議員乃大笑而譁，甚且嗤之以鼻者。烏乎！宜矣。

時有一西人坐余側，詢爲何故，余對不知。西人微哂曰：“張勳耶?”此語頗冷俏。

諸君思之，彼崇拜辮子大帥者，心肝何如，然幸而一分子耳。

（原載《民蘇報》1916年10月31號第七版，署名慟）

(八)

趙伯先死於義憤，宋遯初死於奸渠，棟折梁摧，匪獨民黨之不幸也。今者黃克強又病逝海上。奈何天禍中國，迺並此二三喆士，而不相耶。

然克強婆心一片，手造共和，不歿於袁賊竊國之時，而乃令終於日月重光之後，志雖未竟，又豈憾哉。

顧值此飄搖時局，強鄰偪迫之秋，所能同心戮力，挽此風雨河山於鞏固之地位者，則又後死者之責任。

吾人其勉之，吾人其勉之。

(原載《民蘇報》1916年11月1號第七版，署名慟)

(九)

可　畏

東洋商店徧中國，小者多冷落異常，然且有增無已，其何以支持耶？思之可畏。

無業遊民徧社會，窮者多生活艱難，然且徵逐無已，其何以取財耶？思之可畏。

然而同一可畏，此中竟大有分別。

(原載《民蘇報》1916年11月2號第七版，署名慟)

(一〇)

功名富貴，本身外物，屬之於軀殼者，僅爲靈魂，而靈魂之升天堂也，入地獄也，全在一念之動機。

然善與惡之結果，不獨於死後有精神上之區別，如一生之褒貶榮辱，亦猶是焉。

知乎此，始可與言道德，即一舉一動，亦不致喪昧天良，若彼恣睢暴厲，專横跋扈於一隅之梟徒，焉能了解。

（原載《民蘇報》1916年11月3號第七版，署名慟）

(一一)

京師有三多，曰娼寮，曰酒館，曰戲園。

上而士大夫，下而無業之遊民，浪擲其大好之光陰，有用之金錢於此者，不勝僂指，因是而不務道德，不思進取，不知所以立身，不知所以愛國。

誰云居未易，直爲慾情牽。此之謂矣。

（原載《民蘇報》1916年11月4號第七版，署名慟）

(一二)

保定督署有差丁某，老而無子，月得十餘金，窮如故也。一日忽病死，人多憫之，繼檢其篋，則燦然盈封者皆銀幣，計之得四百餘枚，蓋十數年之積蓄也。

聞者多奇之，余則及滋感矣。

試觀今之宦海人物，所入俸祿匪不厚也，然往往患不給，果何故耶。

或曰有以使之……

（原載《民蘇報》1916年11月5號第七版，署名慟）

（一三）

三　笑

頭戴瓜皮小帽，而與人相見時，竟脱之爲禮，此普通流行病之可笑者。

家有糟糠老妻，而一朝富貴時，竟别營金屋，此官僚流行病之可笑者。

胸無絲毫實學，而開口談話時，竟動操西語，此士子流行病之可笑者。

一笑肉麻……二笑氣索……三笑則感慨深焉。

（原載《民蘇報》1916年11月7號第七版，署名慟）

（一四）

不畏北風寒，祇愁吹餅冷。昨晨入宣武門，見有一賣餅兒，年纔十餘歲，著敗絮襖，瑟縮於塗泥中，大有此狀。

誰家無兒，而此子獨可憐。若此天之生人，尚平等耶？雖然，顱同圓，趾同方，墮地一聲呱，所異者貧富耳。富者衣錦繡，飫肥甘，貧者則爲奴爲隸，此社會主義之所以蓬勃於今日之歐洲，而岌岌有燎原之勢。

即以此賣餅兒而論，在有婆心者見之，允宜令其得養，否則，長而爲生計所迫，其不流爲盜賊者幾希。非余之苛論也。

（原載《民蘇報》1916年11月8號第七版，署名慟）

（一五）

美哉中國之婦德

余嘗謂友人，吾國四千餘年以來之婦德，爲世界各邦所不及。曷以言之，曰：吾國女子，在家能順從父母，對於一己之昏因良與否，不敢有所主張，一也。于歸後克相夫子，對於家庭之生計貧與否，不敢辭其勤苦，二也。小家碧玉，固已耐勞知儉，恒給役如竈下傭，即出自名門，亦復甘於澹泊，三也。撫育子女，匪獨教養兼備，事無待乎良人，即偶或不肖，亦復葆其慈愛，四也。遇人不淑，罕有因怨而離婚，五也。早賦柏舟，鮮聞因寡而再醮，六也。至若多疑善妒，乃人人之天性，不足苛咎。反之以觀歐美，果何如耶。

（原載《民蘇報》1916年11月9號第七版，署名慟）

（一六）

黃克強病逝海上，吾人之悼未捐；而蔡松坡又以勞瘁故，仙遊蓬島。天之厄我蓓蕾初放之民國，何其酷耶。

此一旬中，誠可謂共和復活後最大不幸之時期，亦吾人最足傷心之紀念日也。

然而死者已矣，生者當如何。

（原載《民蘇報》1916 年 11 月 10 號第七版，署名慟）

（一七）

昨與一高麗學者談甚㤗。

繼論及大勢，不勝蕭瑟之悲。渠亦愴然無語，久之，乃勉余曰：幸仍從樂觀著想，而尤貴奮發精神，思所以挽此危局。

余然之。

渠復太息，謂波蘭有哥修士孤①，生氣猶凜凜也。

試味此一席話，感慨何如。

（原載《民蘇報》1916 年 11 月 11 號第七版，署名慟）

（一八）

吾國數千年來，女子生活多仰給於男人，以天職論，固宜如此。

但處此民窮財竭之秋，爲女子者，亦應減輕男人之擔負。

然而人浮於事，無業之遊民尚多，斯亦不易解決之問題也。

所幸交通部有見於此，擬將電話、司機者改用婦人，未始非社會良好之消息。

然而此策果行，又有無量數之賦閒者矣。

奈何！

（原載《民蘇報》1916 年 11 月 12 號第七版，署名慟）

---

① 按清末薛俠龍著有小説《離恨天》，寫波蘭愛國志士哥修士孤反抗俄國殖民統治的故事。

（一九）

哀鴻語

朔風凜冽，摧折心肝，御人力車者，著敗絮觳觫於途，饑不得食，疲莫能行。每至夜分，雖知柴門破屋中，父若母，妻若子，凍餒延頸以待，然而所入弗給，安敢歸耶。可憐哉！此苦非豪富兒所能知也。

牀頭金盡，旅況蕭條，覓衣食者，焦卒於如此京華，彈鋏無門，綈袍莫贈。雖知故園骨肉，懸念良殷，然而行不得也哥哥，奚顏返去。可憐哉！此苦非闊政客所能知也。

餘若青衫落拓，紅袖飄零，名士美人，亦莫不同此苦況。然則有福者，非庸人而何。

（原載《民蘇報》1916年11月13號第三版，署名慟）

（二〇）

亡國奴之劣性

友人某頃自美利堅遊學歸來，爲言航行於太平洋時，舟中有傭者爲廣東人，給役於碧眼兒，猶鳴得意，每見華客，多以驕態向之。余友乘二等艙，經船主許可，得入優待室，傭獨難之曰：“此非汝所下榻者，速去，休且犯之。”至再。余友笑詰曰：“若非中國人耶?”傭猶聒絮不已，友怒，白諸執事之西人。西人謝之，遂招傭至，叱謂：“奴子殊唐突，如許狂慢，安想保飯碗耶?”傭觳觫悚懼而退。天賦亡國奴之劣性，真寡恥極矣。

然而吾同胞之類是者，且不知凡幾。一念及此，殊覺惶然。

（原載《民蘇報》1916年11月14號第七版，署名慟）

（二一）

淚　語

“乾坤此日成何物，東倒西扶似病人。”此明遺老陳翼叔先生句也。余謂近日時局，似乎近之。然吾儕小民之旁觀者，精神所注，僅有慨於波雲詭譎之海潮流，殊不知風雨飄搖，乃隱伏極大之險象。此種險象，亦即亡國之危機，危機所生，獨在鄰國。鄰國以同文同種，久施其偵察迎合之手段，時飲吾輩以醇醪，醇醪中固藏有酖毒在也。要知自乙卯五月七日以來，所啓交涉，不過恫喝之先聲，其勃勃雄心，固將由彈丸島國，一變而爲東北大陸之主人翁，然後徐窺良機，再謀吞我。然吾人醉生夢死，縱使明白，亦衹以五分鐘之熱度籌之，蓋未親受奴隸之苦況者，絕不知國破家亡，作何慘狀。然則欲振聾啓聵，宜時與亡國志士常親談之，蓋非此不足以藉資警惕也。

（原載《民蘇報》1916年11月15號第七版，署名老慟）

（二二）

金錢的壓制

貧富隔，階級殊，則勢力不齊，必至弱肉強食。於是在上者，常施其壓制，而於共和時代爲尤甚。蓋金錢的壓制，出自天然，所謂富能驕人是也。

此種事實，乃關於生活上之現象，亦即此後社會上之危機。蓋反動力常較原動力爲大，無量數窮苦罔告之人，埋怨既深，終必有暴亂，而起以爭衣食之一日。

故目前最善之策，莫若實行減政主義，節其餘而爲吾儕小民，一謀久安之生計可也。

（原載《民蘇報》1916 年 11 月 16 號第七版，署名慟）

（二三）

梅 毒

近兩日來，都門一隅，忽有伶人梅蘭芳在上海被刺之說。

此種謠傳，不知嚇殺若干人，又不知有幾許之中於梅毒者爲之傷心，爲之落淚。而電話局司事，尤覺手忙耳亂之不遑，蓋一般戲迷，無不亟亟於電線中，一訊玉人之消息也。

猶憶金玉蘭逝世，甚且有通電至上海，以弔此惑人之尤物者。以此相較，如出一轍。士大夫何如許之不憚煩耶，抑又何如許之關懷切意於歌臺舞榭間也。

噫！吾知之矣，斯殆熱血傷心所致。

然而黃、蔡二公之死，此等顧曲家之血……奚若，其心……又奚若。

（原載《民蘇報》1916 年 11 月 17 號第七版，署名慟）

（二四）

今日下流之學生

今日下流學生之所長者有五：

不專心於國粹，日惟西文是務，一也。

不從事於運動，日惟飽食安居，二也。

不致敬於師長，日惟趾高氣揚，三也。

不埋首於窗前，日惟歌臺顧曲，四也。

不壹志於所學，日惟盼望速成，五也。

以私費論，徒耗父母之金錢，而不知所以奮勉，此之謂不孝。

以官費論，孤負國家之培植，而不知所以圖強，此之謂不忠。

噫嘻！不孝不忠，是直社會之罪人，害羣之馬耳。

（原載《民蘇報》1916年11月18號第七版，署名慟）

（二五）

歐戰既開，住居美國新倫敦納登海爾街之某戶，有一子甚壯，決意歸里從戎，以報祖國，蓋此家固愛爾蘭人也。

父若母聞狀泣下，咸環而尼其行，遂止。

於以見兵凶戰危，人皆畏死。孰謂文明國之程度較高於我，而盡以從軍爲樂事耶。

（原載《民蘇報》1916年11月19號第七版，署名慟）

（二六）

北京新舞臺開幕，班頭挑選南中名角，鼓舞登場。

曲高尚寡，知音者絕稀。故雖高歌嘹亮，響遏行雲，而臺下人偏不喝彩。

然且有無數初到之票友，欲一獻其技藝而不可得。

於是諸名角以掃興故，羣相太息曰："不如歸去。"

而票友則以未露頭角，亦羣相太息謂："行不得也哥哥。"

（原載《民蘇報》1916年11月20號第三版，署名慟塵）

（二七）

兵

吾國不徵兵則已，徵則一呼而萬人集，蓋亦迫於生活之艱難，非好意也。

以此與新大陸相較，迥然不同。近如墨西哥之戰爭，雖美政府以重餉招募，而健兒無應之者，則又人民習於安樂，有以致之。

然而同一共和國民，彼果投筆而起者，吾知必能犧牲鉄血，爲國家博光榮。蓋非若一部分腦經薄弱，野蠻無道之支那軍人，反能自殺其戰鬭力者可比。

是何故？曰：維持飯碗耳。

（原載《民蘇報》1916年11月21號第七版，署名慟）

（二八）

今日光怪陸離之都門，無往而不有可笑之事，人品複雜，尤足令旁觀者爲之寒心。即如改良社會，本極好之問題，而一經素無道德之市儈爲之，反增種種醜狀。

蓋此市儈者，在昔爲帝制罪魁朱啓鈐門下之走狗，曾代表公民全體上書勸進之人，今茲日暮途窮，居然又作祟於世。

問其一己，尚不能洗心革面，而況欲改良社會耶。

（原載《民蘇報》1916年11月22號第七版，署名慟）

（二九）

最易發財者，莫如縣知事。

蓋貪贓少，自能巧意彌縫，果不幸以吞沒多，而被人告發者，尤不妨渡海逃亡，逍遙乎萬象包羅之日本。

然而官盡如此，吾民其何以堪。

然而好貨者甚多，又寧止知事先生而已。

（原載《民蘇報》1916年11月23號第七版，署名慟）

（三〇）

吾國多守財奴，且自奉殊刻苦，以故愈積愈富，鄉人之膏血，半入其橐中。

然而生子不肖，幾與乃父成反比例，一方面操籌握算，剝削無寧時，一方面狂賭浪嫖，揮霍無吝色。此種因果，見於吾鄉者，不勝僂指數。

一日家產蕩析，貧無立錐，始知錢之爲物，足以害人，抑尤啓社會之譏笑。

夫果能出其儲蓄，以謀地方之公益，而爲貧民圖生計者，不亦善耶。

（原載《民蘇報》1916年11月24號第七版，署名慟）

（三一）

或謂歐洲奢侈生活程度最高，余不信也，蓋旅居彼邦者，每月有六十金，足自給矣。試觀今日之都門未必繁華，而士大夫杯酒交酬，一席飯乃至數十金之貴，其他可知。

夫值此司農仰屋之秋，節流不可，開源無從，而一般人猶且揮霍如此，豈非自殺之道哉。

（原載《民蘇報》1916 年 11 月 25 號第七版，署名慟）

（三二）

人人想做官，鮮有苦心勤志於實業者，國家安得不窮。

故欲希望富強，必先從減政入手，蓋俸薄則干祿無味，人且不樂做官，而後農也，工也，商也，路也，礦也，遂視爲衣食之途，囂競之風，或亦可以稍戢矣。

（原載《民蘇報》1916 年 11 月 26 號第七版，署名慟）

（三三）

日前先農壇公祭蔡松坡，突有一雄赳赳之兵士，指所設遺像曰："這就是蔡鍔麼？我瞧他幹兒并不大啊。"其腦筋如此，吾不知軀體魁偉，有何用耶。

（原載《民蘇報》1916 年 11 月 27 號第三版，署名慟）

(三四)

時局紛紜吾民望治久矣

當軸者苦心擘畫，未嘗不力圖刷新，無如種種問題依然轇轕，是豈國家之好現象哉。

然果能抱定毅力，憑良心上之主張，安得有如許困難。

（原載《民蘇報》1916年11月28號第七版，署名慟）

(三五)

作大事者，須抱定宗旨做去，成敗不必計，但問毅力何如。此趙子龍之所以一身是膽，拿破崙不知有難字也。

即如癸丑失利，丙辰奏功，雖所收之結果不同，然而起義者之苦心則一也。

（原載《民蘇報》1916年11月30號第七版，署名慟）

(三六)

薄於生而厚於死……吾不知中國人所受何種教育，而乃養成此劣性。

余言果謬乎？試觀黃、蔡二公之從事革命也，一般舊官僚、惡紳士，以及寡聞陋學之腐儒，孰不疾之如讐，妄肆譏罵。

洎乎二公逝世，此輩喪心病狂之夫，曩日恨之詬之者，似忽感發天良，則又羣相哀悼矣。

余知今日中央公園内之追悼大會，芸芸弔客中，雖當時列名勸進之徒，必有假惺惺爲之下一掬傷心淚者。

噫嘻！吾悲二公之死，吾尤悲此等惡人。

（原載《民蘇報》1916年12月1號第七版，署名慟）

（三七）

胡爲乎來哉

昨日之中央公園，男女以千萬計，人各佩黄花於襟，是其爲追悼黄、蔡兩公而來也可知。

然有戚容者頗少，甚至衣冠楚楚之士，一若遊蜂浪蝶，競逐於羣雌中，似表示其毫無心肝者。

現象如此……

（原載《民蘇報》1916年12月2號第七版，署名慟）

（三八）

今之保存國粹者，舍少數宿學外，蓋已寥若晨星。學校生徒，衹讀得幾本教科書，安能用世，數典忘祖，教育家盍注意及之。

因是而念規模完善之存古學堂，不知何以僅曇花一現也。

（原載《民蘇報》1916年12月3號第七版，署名慟）

（三九）

宣講所林立，每晚聚聽者，多市井之徒，然能聞之不倦，是亦社會可喜之現象。

但人心澆薄，風俗日偷，安得我佛現身，普爲衆生說法也。

（原載《民蘇報》1916年12月5號第七版，署名慟）

（四〇）

京師市政，殊無樂觀之可言。以街道論，夏則污穢觸鼻，冬則塵土撲人，風則沙石如飛，雨則泥濘沒膝。

然非無經費以修築也，而何以敗壞至此？最可怪者，無論何事，一經外人著手，便覺煥然有新氣象。試觀東交民巷一帶，能毋天堂地獄之感想耶。

（原載《民蘇報》1916年12月6號第七版，署名慟）

（四一）

吾友張子……〇[①]："今之最負責任，而勿顢頇將事者，獨有新聞家。蓋無論如何，必不使文字缺乏，且無時不關心於國家之前途。"余頗韙之，因念各機關人員，苟對於分內應盡之義務，亦能如是之不懈

---

① "……〇"，爲"言"字之誤植。按《民蘇報》次日刊載《餘墨》云"蓋手民太慧，竟以原文之'言'字，誤而刊此"。

者，則紛紜轇轕之政局，庶免晦盲否塞之弊乎。

（原載《民蘇報》1916年12月7號第七版，署名慟）

（四二）

昨日《餘墨》第一行，忽發見一奇妙莫測之符號，即……〇是也，匪獨閱者不知，記者亦瞠目失笑。

於是乃檢校原稿矣。

蓋手民太慧，竟以原文之“言”字，誤而刊此，未始非破天荒之趣事，然而記者則感其惠我以餘墨中之餘墨資料也。

（原載《民蘇報》1916年12月8號第七版，署名慟）

（四三）

昔人詩云：“書灰未冷江東亂，劉項原來不讀書。”因以知能亂天下者，不在書生，而在武夫矣。

噫嘻！武夫可畏哉。

（原載《民蘇報》1916年12月9號第七版，署名慟）

（四四）

伍廷芳過徐州，以茹素對，於是張勳以山芋五百斤餽之。

孰謂大帥頑固，不善於迎合者耶。

惟是禮尚往來，《詩》貴投報，博士爲外交家，乃竟啖之，不答否。

或曰：此亦小敵之竹杠耳。一笑。

（原載《民蘇報》1916 年 12 月 10 號第七版，署名慟）

（四五）

同一營業，不知所以互相提攜，而反彼此攻訐，一若黑幕中之狡詐伎倆，非此不足以揭櫫於社會者，今之眼鏡公司是也。

夫以商戰之道德，尚且如此，其他又安忍道哉。

（原載《民蘇報》1916 年 12 月 11 號第三版，署名慟）

（四六）

朔風起矣，天地變色，吾人羈旅都門，惟日惟有把酒圍爐，度此消寒之生活。

然而閉關不得，囂塵自戶外飛來，似故擾室中人之清興者。

噫嘻！此非近日國會搗亂之決鬬聲浪乎。

（原載《民蘇報》1916 年 12 月 12 號第七版，署名慟）

（四七）

貪夫殉財，生命且不惜，何況名譽，此文官不要錢之所以難也。

然而果有財可殉乎，尚不妨犧牲其人格，獨是徒悲作嫁，而未染五十萬員中之一絲銅臭者，其愚誠不可及焉。

諺云："羊肉不曾喫，落得滿身羶。"冷眼旁觀，殊覺發噱。

（原載《民蘇報》1916年12月13號第七版，署名慟）

（四八）

扶箕之事，有可信有不可信者。近如濟顛僧降壇，竟於乩中謂蔡松坡公案未了。豈袁世凱死而猶厲，居然在閻羅殿上興訟耶？此一奇也。

昨某報竟喧傳李烈鈞在上海有病歿之說，未知何所據而云然。此又一奇也。

雖然，鬼神之惑人也爲害小……

（原載《民蘇報》1916年12月14號第七版，署名慟）

（四九）

一局殘棊，殆已不可收拾，而弈者猶興高采烈，果有何真趣味耶。

且也車馬相士，又已零零落落，老將軍亦孤守無援，祇賸得卒子縱橫，互相蹂躪。旁觀了了，那能不爲之急殺哉。

（原載《民蘇報》1916年12月15號第七版，署名慟）

（五〇）

余每自球房歸，必見有二三乞兒，哀鳴於豪客後，一文錢不可得，始悻悻然去，曰："若輩作狹邪遊，揮金如土，奈何獨吝此戔戔者，毫無惻隱於吾儕嗷嗷之苦人耶！"

噫嘻！丐何知今豈堯舜之世。

（原載《民蘇報》1916 年 12 月 16 號第七版，署名慟）

（五一）

吾國創辦海軍，垂數十年，雖甲午一役，元氣大喪，而南北洋海軍堂，則未有一日停輟也。

但培植至今，何以無一二專書，譯行於世，是誠不可解矣。

（原載《民蘇報》1916 年 12 月 17 號第七版，署名慟）

（五二）

鴉片流毒，夫人盡知之矣。

禁絕之期在邇，而何以各處之吸食者如故，而何以官中人之吸食者又如故。

第此輩黑籍中人，日雖吞雲吐霧，尚係國內社會上之秘密行動，未若某部所派之監督，公然於美國新倫敦，旦夕與芙蓉城主結不解緣也。

噫嘻！吾欲無言，言之徒醜耳。

（原載《民蘇報》1916 年 12 月 18 號第三版，署名慟）

（五三）

影戲能增長智識，而揆諸大多數之心理，不甚歡迎也。

蓋今之萬惡社會，咸趨向梨園，梨園猶狹義也，明言之，即人皆以坤伶爲審美的目的耳。

然而卓卓有聲之二三名士，尚且如此，其他又安足怪哉。

（原載《民蘇報》1916年12月19號第七版，署名慟）

（五四）

議員打架，各國常有之事，不足奇也。蓋爲政見而爭，所以謀國家之幸福，故雖飛拳流血，以至於死，仍不減其一鬥之價值焉。否則，果懷有別項作用，而乃出之以非禮者，又豈吾人所敢希望乎？

（原載《民蘇報》1916年12月20號第七版，署名慟）

（五五）

袁簡齋曰："做官要在清濁之間。"其言頗含有至理。

"不癡不聾，不作阿家翁"，"水清無魚"，古人所歎也。

宵小詐譎，國法莫能繩縛，有藉人情動之，而或可以濟事者，非貪之謂焉。

（原載《民蘇報》1916年12月21號第七版，署名慟）

（五六）

政客不能執干戈以衛家國，責任所繫，惟在討論政見，以謀治安之幸福已焉。顧嘉猷偉畫，不必相侔，而又不能彼此干涉，於是有政黨發生，亦猶海陸軍之教練雖殊，終不外作人民之保障耳。

夫以同爲政客，尚且不能越俎，況軍人乎？此大總統所以有十九日之告令也。

（原載《民蘇報》1916年12月22號第七版，署名慟）

（五七）

“萬點瑤臺雪，飛來錦帳前。”① 置酒圍爐，人生之樂事也。

然而推窗一望，水晶世界中，片片鵝毛，已深三尺，彼衣衫襤褸者，猶且瑟縮道旁。天地不仁，殊覺掃人興趣。

第吾輩揮毫弗輟，呵凍而耕，日伏案頭，歡悰亦殺耳。

（原載《民蘇報》1916年12月23號第七版，署名慟）

（五八）

今日蓋無往而不有公司也，據余所知，保險、股票、煙草、路礦、輪船、轉運、製造而外，雖以一商店之微，如眼鏡，如染織，如牛奶，亦莫不曰公司。公司之爲用，大矣哉。

然而公司者，關於營業上之名稱也，遍覽各國，未聞以選舉議員，而乃設立賣票公司，悍然如吾蘇之毫無顧忌者，真可怪焉。

（原載《民蘇報》1916年12月24號第七版，署名慟）

① 按此唐錢起《省中對雪寄判官拾遺昆季》詩句，見宋李昉等編《文苑英華》卷一五四。

（五九）

或問：十二月二十五號之紀念，以之與雙十節相較，有以異乎？曰：無異也。曷言之？曰：滿清專制，毒焰逼人，志士攖其鋒，遂乃光復，是能人所不能也，故革命之價值可貴。袁氏竊國，威尤過之，而滇軍攘臂一呼，終不惜灑其鐵血，此又能人所不能也，故革命之價值亦可貴。

然而所差在毫釐之間，所謂人心與時勢之不同耳。

（原載《民蘇報》1916 年 12 月 25 號第七版，署名慟）

（六〇）

二十五號中央公園雲南倡義紀念演說會，所以志共和再造之難，兼以與吾民同慶也。

臺上演説家，口講指畫，娓娓動人。而蒞會者，長若幼，老若少，亦莫不色舞眉飛，聽之不倦，朔風奇寒，弗顧也，漪歟盛哉。

（原載《民蘇報》1916 年 12 月 27 號第七版，署名慟）

（六一）

今之研究骨董者，寥若晨星，即有之，每易爲贋鼎所誤。端午橋督兩江時，頗好金石，然以八千金購一漢缸，試以水，始知爲紙漆所製，此亦受紿之笑事也。

曩者余友吉通士，竟於無意中得紹熙殘甎一方，洵寶物也。近以拓本見示，殊愛之，惜未撫摩其真蹟耳。

（原載《民蘇報》1916 年 12 月 28 號第七版，署名慟）

（六二）

王公子弟屋社後，迫於生計艱難，多有淪而爲賤役者，而閨秀之從師學戲，以期謀升斗於梨園者尤多，回首繁華，曷勝滄桑之感。

烏乎！“可憐一樣階前種，流落人間當草看。”① 興念及茲，幾欲下一掬傷心淚矣。

（原載《民蘇報》1916 年 12 月 29 號第七版，署名慟）

（六三）

宋馬廷鸞之去國也，奏度宗曰：“今天下安危，人主不知；國家利害，羣臣不知；軍前勝負，列閫不知。”忍庵謂此三不知者，讀之令人慟哭。

然方之今日，哭已哭不得，何妨一笑付之。蓋用兵無論矣，即以安危與利害而論，人非不知也，知之而不能爲計，況傾軋乎。

（原載《民蘇報》1916 年 12 月 30 號第七版，署名慟）

---

① 據清道光十七年（1837）蕊珠舊史（楊懋建）撰《長安看花記》，此清代北京伶人俞小霞詠蘭詩句（參見清孫橒撰《餘墨偶談》初集卷二“伶人詩”條，及汪慟塵撰《苦榴花館雜記》一五八“伶人詩”條）。

（六四）

吾蘇選舉，竟敢組織賣票團，以漁其利。此固破天荒之創聞，亦醜事也。

然以厲階所生，遂有人起而反對，於是議員產不出，而團頭復興趣掃然。

一場空歡喜，兩眼望青天。發財者行不得也哥哥，運動者不如歸去。

（原載《民蘇報》1916年12月31號第七版，署名慟）

（六五）

去年今日，勸進方殷，錦繡山河，如籠慘霧。即以都門而論，稍有良心之士，莫不噤若寒蟬，而商民一夕數驚，亦大有鶴唳風聲之慨。

蓋袁氏爪牙，固皆以尋仇喋血爲事，犯之且斷首，安望自由。論者謂法國恐怖時代，實有此況，專制之爲毒烈哉。

然而“望帝魂歸蜀道難”①，梟雄死矣，沙蟲一夢，依舊共和。回首前塵，正不知驚喜何似也。

（原載《民蘇報》1917年1月1號第七版，署名慟）

① 按明人徐渭題安徽蕪湖蟂磯孫夫人祠聯云：“思親淚落吳江冷，望帝魂歸蜀道難。”（參見清梁章鉅編撰《楹聯叢話》卷六）

(六六)

已往者不可追，未來者實寓有無窮之希望，生機固在，國人其勉之。

第是翹首南天，憂心正熾。吾不忍金戈鐵馬，蹂躪山河，致令此一片錢塘，點點作腥風血雨也。

(原載《民蘇報》1917年1月6號第七版，署名慟)

(六七)

朱子曰："大抵事衹是一個是非。"然余謂今日之事，愈大者愈無是非可言，十色五光，已成爲一種黑白莫分之世界。諺云："力大爲王。"信乎權勢之可畏也。

(原載《民蘇報》1917年1月7號第七版，署名慟)

(六八)

近人詩曰："今日種種生，昨日種種死。衹此一寸心，波瀾日夜起。"其旨深矣。因此而逆料未來之民國前途，波詭雲奇，將不知作何變態。某要人近又大踏步懷有政見而來，苟從此再發生問題，其休咎正不可測也。袖手旁觀，憂心如擣矣。

(原載《民蘇報》1917年1月8號第三版，署名慟)

(六九)

鷦鷯巢於深林，不過一枝；偃鼠飲河，不過滿腹。即人生於世，亦不過衣食住三者，求足而已。足則優遊自得，退而可以善其身，進而當思善天下，又奚必貪多務得，切切爲兒孫作馬牛哉。

權乎，利乎，身外物耳。

（原載《民蘇報》1917年1月9號第七版，署名慟）

(七〇)

或有問納妾事者，余謂悖於禮而合乎人情，有是有不是也。蓋所謂是者，爲無後故；所謂不是者，則登徒子之目的耳。要而言之，無非昏因不良之結果，亦人生至不幸，至可悲，而又至無可如何事也。然女子遇人不淑，應否改醮，應否自由，我國法律上尚未研究及此，是誠人道主義中大有價值之問題，不可不子細商榷者。

（原載《民蘇報》1917年1月10號第七版，署名慟）

(七一)

燦燦五萬金，置良田十頃，足矣。否則設一貧民工藝廠，哀鴻且感其賜，豈非仁者之婆心耶。而今乃浪擲於賣票團，終未當選，抑尤啓邦人之嘲笑，真難堪哉。諺云：“來得不明去得快。”此言頗耐人尋味。

（原載《民蘇報》1917年1月11號第七版，署名慟）

（七二）

浙事定否，尚在撲朔迷離間，此吾人所憂心也。而值此局勢紛紜之候，某大政客來京，又將有所建白，舞臺上真有聲有色矣。

（原載《民蘇報》1917 年 1 月 12 號第七版，署名慟）

（七三）

吾國公家事業，無往而不顛頇。最近如日前之午礮，竟較早十分鐘。當夕，余聞浴堂中人言嘖嘖，爲之竊歎不已。此真所謂糊裏糊塗過光陰矣，一笑。

（原載《民蘇報》1917 年 1 月 13 號第七版，署名慟）

（七四）

老杜詩曰："白鳥去邊明。"余幼疑之。及航海，煙波浩淼中，一望無垠，惟見飛鳥翱翔，點點與銀濤相接，迎眸一色眼皆明，近舟視之，羽黑如故，始恍然。

（原載《民蘇報》1917 年 1 月 14 號第七版，署名慟）

（七五）

兵符在握，久則驕生。武人跋扈之禍，史冊可考。一旦尾大不掉，爲患如洪水猛獸，思之足令人寒心。此唐代之所以有藩鎮之害也。

（原載《民蘇報》1917年1月15號第三版，署名慟）

（七六）

今之青年子弟，多喜閲哀情小説，春花秋月之感，印入腦經，同病相憐，每自淪於苦境。余曩頗癖此，久之始知爲不祥。愛《離騷》者亦然。佛經固不可不讀也。

（原載《民蘇報》1917年1月16號第七版，署名慟）

（七七）

小説非文也，所以供閲者茶餘酒後之消遣耳。言情之作宜尚質，《紅樓夢》是；紀實之作宜直敘，《三國志》是；詼諧滑稽之作宜活潑，《儒林外史》是；大刀闊斧之作宜雄勃，《水滸傳》是；詭誕離奇之作宜虚幻，《西遊記》《封神傳》是；俠義忠烈之作宜莊嚴，《七俠五義》《小五義》《岳傳》是。凡此皆以白話而膾炙於世者，讀之使人神往，使人入境，而又不厭其煩。以視今之説部，一味以詞藻勝者，相判若霄壤矣。

（原載《民蘇報》1917年1月17號第七版，署名慟）

（七八）

京師梨園，以坤伶之勢力爲盛，而顧曲者又以無賴子弟，爲最多捧角家。喉啞聲嘶，猶且揚脖叫好，既散則鵠立道旁，目灼灼若垂涎然，蓋欲一覩歌娃之顔色也。能文者，則又蜚譽評之，不能文者，遂乃從事抄襲，光怪陸離，足令人作三日嘔矣。

（原載《民蘇報》1917年1月18號第七版，署名慟）

（七九）

憤世嫉俗之流，鬱鬱不得志，而又不甘於澹泊，偶或折腰，在有骨氣者處之，宜若可以韜隱，而此輩戀棧，終兢兢乎飯碗問題。且猶矯情務高，似表示其不能一日居者，於是“不如歸去”四字，乃成爲一種流行之口頭禪矣。釋靈徹答韋丹詩：“相逢盡道休官好，林下何曾見一人。”細味之，真覺軒渠不置。

（原載《民蘇報》1917年1月19號第七版，署名慟）

（八〇）

氣發於無形，因也；變生於不測，果也。天地不仁，萬物爲芻狗。因所種，果所結也，而亦今日世事之現象也。

然天地無知，禍福皆自取耳，所以致其休咎者，此心實主宰之。蓋一念之動，善則可以感天和，惡則可以觸天怒，因果本無定，故我佛慈悲。

（原載《民蘇報》1917年1月20號第七版，署名慟）

（八一）

政治宜新，新則有振作之精神，所以應世界之大勢也。至於文字一道，反宜求古，其與立國之關係，猶人身之血脈然。而徒尚皮毛之士，醉心歐化，乃并文字與政治二者，一味皆主張革命，真可謂不通之至，又何怪老儒宿學，嗤之以鼻耶。

（原載《民蘇報》1917年1月21號第七版，署名慟）

（八二）

爆竹一聲，歲云暮矣。回思此一年中，風風雨雨，國家之紛擾何如，吾人之憂慮何如，舊夢分明，真有不忍追述者。但願屠蘇奠後，凡百更新，而尤願四萬萬同胞，相與奮勉也可。

（原載《民蘇報》1917年1月22號第三版，署名慟）

（八三）

京師風俗，迥與外省異，廠甸之市集一也。羣雌粥粥，流盼於稠人廣衆中，無賴子且從而佻倢之，似不知人間有羞恥事者，而露天茶館之設，尤非所宜。獨怪夫球房、戲館等地，反有男女分別之禁，真不可思議哉。

（原載《民蘇報》1917年1月28號第七版，署名慟）

（八四）

余昨論廠甸市集之敗俗，友人見而狂笑曰：“子謬矣！彼露天茶館者，小則出租八元，大則且倍之，其餘亦有所課稅。是公家一年僅取之利藪也，又安得而不持開放主義哉。”

咄咄！錢可通神。

（原載《民蘇報》1917 年 1 月 29 號第三版，署名慟）

（八五）

明呂叔簡曰：“今之用人，每恨無去處，而不知其病根在來處。今之理財，每恨無來處，而不知其病根在去處。”斯二語者，梁紹壬孝廉謂可爲居官居家者座右銘。余則以爲天下之所以危亡，弊皆坐此。

（原載《民蘇報》1917 年 1 月 30 號第七版，署名慟）

（八六）

禮曰：“敖不可長，欲不可從，志不可滿，樂不可極。”先哲之所以戒人者深矣。

今之士大夫，孰非讀聖賢書者，而何以十九皆驕縱淫佚，一至於是耶。

嗟乎！予欲無言。

（原載《民蘇報》1917 年 1 月 31 號第七版，署名慟）

(八七)

學而不已，闔棺乃止。學問深邃如此，古人之惕勵也又如此。

余且謂寒士讀書難，能毋以生計貧困，而輟其所業也尤難。獨慨夫紈袴子弟，翻因聰明自誤，真社會之廢物，不孝之尤哉。

（原載《民蘇報》1917年2月1號第七版，署名慟）

(八八)

淵古曰："天下無論何事，但人所能爲者，則我自無不能之理。"言誠是矣，第亦有所分别。盜跖之行無論，即若沽名釣譽，亦不宜以其能爲而爲之，立身者不可不察也。

（原載《民蘇報》1917年2月2號第七版，署名慟）

(八九)

"要想喫飯，必有靠山。"吾鄉古諺也。一念今日人士，凡置身於政治舞臺上者，比比皆然，而自猶美其名曰統系。統系何物，殊覺費解，自余觀之，直是吹牛拍馬得來之成績耳。一笑。

（原載《民蘇報》1917年2月3號第七版，署名慟）

(九〇)

以本國人辦本國事，知與否，無往而不用其調查，調查所得，不盡皆瞭如指掌也。

蓋調查農業者，未必親其田；調查礦務者，未必親其產；調查煙苗者，未必親其地；調查貪吏者，未必親其案。大端如此，終乃以顢頇了之，非搗鬼而何。一歎。

（原載《民蘇報》1917年2月4號第七版，署名慟）

（九一）

小說之在今日，幾於家弦戶誦，言情之作，人尤歡迎。最近出版者，汗牛充棟，車載斗量，偶一閱之，誨淫居半。以故青年學子，紅粉佳媛，往往蒙其害矣。雖然，春花秋月，思婦勞人，描而狀之，未始不可，但著者於落筆時，須從良知作想耳。

（原載《民蘇報》1917年2月6號第七版，署名慟）

（九二）

不能制己，而欲制人，愚也。制己者，毋矜毋伐之謂，狹言之，忠恕淡泊而已。今試問政局之所以紛擾，彼此之所以傾軋者，其故何在，曰：徒欲制人耳。

（原載《民蘇報》1917年2月7號第七版，署名慟）

（九三）

人心澆薄，世俗日偷，安分守己之流，不可多得。而工於躁競者，尤以得寸進尺爲心，真不值智者一笑，第與此等人相與，卻頗不易。申涵光曰：“遇詭詐人，變幻百端，以誠待之，彼術自窮。”是吾輩之座右銘，是接物之良法也。

（原載《民蘇報》1917年2月8號第七版，署名慟）

（九四）

政團二十一行省之數如之，言讖緯者，目爲分裂之象，斯固奇矣。但戊戌、洪憲兩大政變，前後皆六人尤奇。

（原載《民蘇報》1917年2月9號第七版，署名慟）

（九五）

《談助》引許魯齋之言云：“古人設學校，今人亦設學校，但今人不知古人設學校之義爲何。”

慟塵笑答曰：非不知也，無如飯碗爲重耳。

（原載《民蘇報》1917年2月10號第七版，署名慟）

（九六）

“古之官人也，以天下爲己累，故己憂之。今之官人也，以己爲天下累，故人憂之。”“君子不爲其所不爲，小人爲其所不爲。”此王崇簡語也①。未知我中華民國之官吏，累己乎，抑累人乎？

（原載《民蘇報》1917 年 2 月 11 號第七版，署名慟）

（九七）

人類不幸，乃丁此世界風雲變幻之秋，真覺驚心動魄矣。然安料素守和平主義之美利堅，亦迫而與德國決裂耶，然又安料吾……

噫！慘哉。

（原載《民蘇報》1917 年 2 月 12 號第三版，署名慟）

（九八）

宋黃洽嘗言：“居家不欺親，仕不欺君，仰不欺天，俯不欺人，幽不欺鬼神，何用求福祿哉。”是則人能不欺，自有福祿矣。但如袁世凱之流，生平以詐譎爲心，福祿固未嘗減也，此又何故？

或答曰：死後遺臭，以視生前虛勢，孰重？余笑頷之。

（原載《民蘇報》1917 年 2 月 14 號第七版，署名慟）

（九九）

明嘉靖時，宜興萬訓導名吉，二子士亨、士和，舉進士。每遺言，

① 見清王崇簡撰《談助》。按此二語原出唐人皮日休，見《皮子文藪》卷九《鹿門隱書》。

必曰："願若輩爲好人，不願若輩爲好官①。"官之不重於道德之士也，於此可見。

（原載《民蘇報》1917年2月15號第七版，署名慟）

（一〇〇）

客中苦無書，窘極，小說非大言，藉以破悶則可，終日把玩，反覺無聊。因憶去歲逛小市時，曾於書攤中得王漁洋手批朱秋厓遺詩一冊，蓋三百年之真跡也，珍而藏之。久欲付諸石印，惟以窮困故，未如願焉，真辜負前輩矣。

（原載《民蘇報》1917年2月16號第七版，署名慟）

（一〇一）

鴉片禁絕之期逼矣，外省不論，即就余所知而觀，京師一處，士夫吸食者，實繁有徒。將不知執政諸公，何以自解也。一歎。

（原載《民蘇報》1917年2月17號第七版，署名慟）

（一〇二）

寒士要讀書而又不能，生計所迫耳。至於紈袴子弟，有書可讀矣，

① "官"下原衍一"人"字，據清王崇簡撰《談助》及明唐順之撰《荆川先生文集》卷一六《萬古齋公傳》删。

而又甘自暴棄，父兄且溺愛之，惟恐其戕於勞苦者，此中國人之所以爲中國人歟。

（原載《民蘇報》1917 年 2 月 18 號第七版，署名慟）

（一〇三）

都門一隅，大半爲南人衣食之淵藪，自古已然，不自今日始也。故每值休沐，茶樓酒肆等處，幾無往而非此輩消遣之地。然衹作無聊之應酬，未聞以此一日之大好光陰，從事於有益身心者，金錢消耗，尚其次焉。

（原載《民蘇報》1917 年 2 月 19 號第三版，署名慟）

（一〇四）

寒夜漫漫，挑鐙不寐，正襟危坐，忽忽若忘，旅思羈愁，紛如蝟集，此非人生之苦況耶。然而未也，更柝一聲，四郊犬吠，欲眠不得，輟筆不能，偶或傷懷，尤增窘澀，中酒而病，猶索枯腸，此況也，真天下之苦況矣。

或笑曰：誰教你做新聞記者來。

（原載《民蘇報》1917 年 2 月 20 號第七版，署名慟）

（一〇五）

西儒霍苓布克有言：愛國心必基於大義，本於大德。

余以爲，義與德之養成，全恃乎良善之家庭教育。雖二者乃人之天賦，然社會惡習，薰染既深，終必昧其良知而後已。

故父兄訓誨子弟，宜從愛國作想，而尤以修身爲第一要義焉。

（原載《民蘇報》1917年2月21號第七版，署名慟）

（一〇六）

京師市政之惡，余嘗慨乎言之矣。乃不謂近來電燈之忽明忽滅，竟亦敗壞如此，於以見中國人辦事，毫無進步，抑且毫無精神。然而類此者甚多，真覺歎不勝歎。聖人曰：“朽木不可雕也。”然……然……然。

（原載《民蘇報》1917年2月22號第七版，署名慟）

（一〇七）

餘墨猶隨筆也，可以上下古今，縱横一切，可以褒貶月旦，指論萬端。蓋不僅記者之發揮，亦社會所欲道也。然而善善惡惡，是其本旨，又豈以文字重耶？

（原載《民蘇報》1917年2月23號第七版，署名慟）

（一〇八）

士大夫所貴乎讀聖賢書者，在能無欺耳。某詩人久當要津，腰纏之富，雖不必遠埒石崇，而清貧淡泊之詞，屢形諸吟詠。偶於報端，見其所作，初甚重之，老友醒告，莞爾曰：“咄！矯情哉若人。”余慨然，相與一歎。

（原載《民蘇報》1917年2月24號第七版，署名慟）

（一〇九）

宇宙間最足害人者，惟一欲字。利與名，皆誘欲之媒介爾。故儒曰："無欲則剛。"釋曰："六根清淨。"道曰："知白守黑，知雄守雌。"

（原載《民蘇報》1917年2月25號第七版，署名慟）

（一一〇）

天晴氣朗，春意融融，冠蓋京華，正不乏賞心樂事也。顧是外交現象，騎虎勢成，一念前途，歡悰頓減。而羣生憒憒，依舊漠然，紙醉金迷，似不管興亡恨者，安得警鐘千萬，喚醒黄粱。

（原載《民蘇報》1917年2月26號第三版，署名慟）

（一一一）

對德抗議，吾人幾無從置喙。惟從此多事之秋，武裝政策，實爲立國之要素。陸軍無論矣，即觀此老弱殘兵之南北洋戰艦，果否有自衛之能力耶？

（原載《民蘇報》1917年2月27號第七版，署名慟）

（一一二）

亂世多人才，多英雄，而多女傑，徵之史冊，莫不斑斑可考焉。然如高麗李瓊花，其人匪獨巾幗中罕與比儔，即鬚眉且愧對矣。

（原載《民蘇報》1917年2月28號第七版，署名慟）

（一一三）

開門七件事，如何籌措，婚喪教養，如何布置，當家且不可忽，矧爲政乎？須知人雖至愚，未有不稍能支持門戶者，而胡以我五載又半之中華民國，迄今仍紛亂若麻耶？

（原載《民蘇報》1917年3月1號第七版，署名慟）

（一一四）

紙幣充斥，又不兌現，雖有申令，奸商之漁利如故也。而近日者，銅子票復公然九扣矣。烏乎！其如窮民何？

（原載《民蘇報》1917年3月2號第七版，署名慟）

（一一五）

少年作事，偏於浮躁，老者又嫌有暮氣。處世立身，此兩種人，皆不合宜，畀以重任，尤非計之得也。

雖然，苟對於良心無愧，而能掃滌其權利思想者，又何害乎！

（原載《民蘇報》1917年3月3號第七版，署名慟）

（一一六）

近數月來，風風雨雨，欲求一光明朗豁之現象，而不可得也。成都、泉州、興山、濰縣等處，且又有兵變滋擾情事。內訌未已，外患繼之，一片瘡痍，如何洗滌。回首既不堪設想，安忍復瞻望前途。思之思之，友覺失笑。

（原載《民蘇報》1917年3月4號第七版，署名慟）

（一一七）

人生在世，上壽不過百年，尋常僅半之。即以此五十寒暑而論，十年就養，十年求學，十年涉世，夢夢碌碌，徒悲消磨。及至而立以後，苟得意而致身青雲也，則大好春光，業已辜負，韶華不再，回首何堪。一念及茲，功名利祿之心，渙然冰釋，彼爭逐於富貴場中者，又何其愚耶。

噫嘻！勸君莫惜金縷衣，勸君須惜少年時。行樂爲得耳，曷取乎競哉。

（原載《民蘇報》1917年3月6號第七版，署名慟）

（一一八）

時局現象，至今已毫髮畢露矣。揆諸半身不遂之老大中國，此等怪劇，本不足奇，第偏巧於外交亟迫時觀之，又豈吾小民之幸福，抑又豈諸巨公之幸福?

（原載《民蘇報》1917年3月7號第七版，署名慟）

（一一九）

目前怪狀，吾儕也氣無可氣，鬧到這步田地，孰是孰非，大約人心之中，自然明白，拿腔做勢，究竟爲甚麼來。可笑各派口吻，公說公有理，婆說婆有理，竟弄得黑白不分。良知二字，恐怕已抛到爪哇國裏去了。一歎。

（原載《民蘇報》1917年3月8號第七版，署名慟）

（一二〇）

人之生也，不如意事，十常八九。

然而非事之不如意也，仍視乎定力何如耳。

故一言以蔽之，曰：毋貪可矣。

（原載《民蘇報》1917年3月9號第七版，署名慟）

（一二一）

德人自青島失敗後，東方勢力久已消滅，而我國海軍司令，仍命此四千餘噸，自以爲雄之海籌巡洋艦，駛往吳淞口外，偵察其蹤跡。微論德艦不容於耽耽虎視之日本，即此時而果有數艘也，寧懼我乎？抑假使而果有潛行艇密伺不去，試問此朽弱無用之海籌，將挾何種能力以防衛乎？

噫嘻！余不忍戰事之發見也。

（原載《民蘇報》1917 年 3 月 10 號第七版，署名慟）

（一二二）

人事休咎，關於氣數，氣數否泰，則又蒼生之動念，有以感之。

然則萬物之賤如芻狗者，非天地不仁，實自取耳。

聖人曰：“自作孽，不可活。”吾民今日盍一懺悔耶！

（原載《民蘇報》1917 年 3 月 11 號第七版，署名慟）

（一二三）

同一女子，而生長於吾國者，僅徒坐食，飽暖足，則又奢侈有加，婉淑固難，縱見，亦祇知家字耳。至能爲祖邦生色，放巾幗之異彩，以博世界人民之交譽者，蓋寥如鱗角矣。

故吾觀於史亭生女士之絕技，不禁深有感焉。

（原載《民蘇報》1917 年 3 月 12 號第三版，署名慟）

（一二四）

格言有之：“君子當官任職，不計難易，而志在濟人，故動輒成功；小人苟祿營私，祇任便安，而意在利己，故動多敗事。”由此以觀，避害未必免，趨利而利未必得，曷勝慨哉。然則今之日望去官，而又躊躇莫捨者，非小人之結果耶。

（原載《民蘇報》1917 年 3 月 13 號第七版，署名慟）

（一二五）

天久不雨，昨夜忽雪，乾燥之苦，於焉稍殺。惟冬暖而春寒，是氣候之變，豈佳兆歟。

吾友退僧曰：“苟非長安有故人可念者，孰樂遊此。”觸目無一可，宜其有此言也。

（原載《民蘇報》1917 年 3 月 14 號第七版，署名慟）

（一二六）

收買煙土一事，余何人，安敢斥而非之。但同胞撫心長思，究竟有何良策，以期禁絕。然此無量數之黑籍中人，猶且聞而狂詈曰：“吾輩食鴉片，固不愛國，試問彼薰心利祿，日夕以爭權爲能，而不顧及外交之亟迫者，愛國否乎？彼以書生拙見，大言不慚，徒肆煽惑於政局中，藉售其詐者，愛國否乎？”

悲哉！民之不易愚也。如此，余於鴉片鬼之呼愬，又安敢斥而非之。

（原載《民蘇報》1917 年 3 月 15 號第七版，署名慟）

(一二七)

人生不得志，則當尋樂飲酒，一也；爲文，二也；遊覽，三也。舍此則匪徒無益，而且自誤矣。

至於吟詠一道，不可不知，然又不可太好。蓋不知則俗，太好則窮，但能享天下之清名者，似非此莫屬也。

(原載《民蘇報》1917年3月16號第七版，署名慟)

(一二八)

可慨哉！今日之難爲直言也。然即有東方、淳于之流，恐且箝口默默，又豈獨直言之不行乎？

雖然，國家興亡，匹夫有責，三寸之舌，寧忍卷藏。果言之而當也，庸何傷。

(原載《民蘇報》1917年3月17號第七版，署名慟)

(一二九)

天地間真滋味，惟靜者能嘗得出；天地間真機括，惟靜者能看得透。故燈動不能照物，水動不能鑑物。性情亦然，動則萬理皆昏，靜則萬理皆澈。斯言也，吾人當懸之座右。

(原載《民蘇報》1917年3月18號第七版，署名慟)

（一三〇）

京諺有“絕德”一語，詈人之甚也，而今者中德絕交，似其言之驗矣。斯猶兒童抓滿戲之符於前清屋社也。讖緯之説，可不信耶！

（原載《民蘇報》1917年3月20號第七版，署名慟）

（一三一）

《寸心雜誌》，何君一雁所撰輯也，搜羅博雅，不愧爲宣南文藝之明星。惜京師乃不學之地，徒負此苦心一片耳，奈何！

《道德雜誌》，亦不可傳誦[①]，但苟能研究社會心理，再益以極有趣味之文字者，是完璧矣。

（原載《民蘇報》1917年3月21號第七版，署名慟）

（一三二）

人道何解，吾不知也。或詰之，余答謂：耶穌之教旨，曰博愛，曰和平，曰仁慈。白人既崇拜之矣，又何以今日有歐戰發生，而同種以兵刃相見也。怪哉！感化之結果，竟如是乎？

（原載《民蘇報》1917年3月22號第七版，署名慟）

---

① “不”字疑衍。

（一三三）

吾江蘇之候補叅議院議員，真難產矣。然而非選舉之不易也，金錢魔祟耳。寄語諸逐鹿者，富家翁大可爲，何苦乃自尋煩惱，而甘作他日毫無建白之寒蟬哉。

（原載《民蘇報》1917 年 3 月 23 號第七版，署名慟）

（一三四）

曾文正曰："吾兄弟報國之道，總求實浮於名，勞浮於賞，才浮於事。從此三句做去，或者免于大戾。"嘉哉言乎！

今余觀皇皇當軸之士，未施一澤於民，而稱功頌德之聲，不絕於耳。至於嘉禾、文虎之章，或一日而濫錫數十，焦頭爛額之輩，或僥倖而直上青雲。此所謂名實不符，勞賞不公，才事不稱矣。

噫嘻！禍不降又安得，國不亡又安得。

（原載《民蘇報》1917 年 3 月 24 號第七版，署名慟）

（一三五）

昨有同學友自美利堅歸來者，爲言吾國振興海軍之道，無他，但能得潛行艇二十艘，海疆可鞏固矣。每隻之價值以百萬計，即需兩千萬元，至於頭等無畏艦，每隻非四千萬元不辦。但以今日財政之困難一至於此，此事又安易言哉。

（原載《民蘇報》1917 年 3 月 25 號第七版，署名慟）

（一三六）

養女子，處小人，交朋友，皆難事也。舍是，則噉飯立身，亦不易之問題耳。

或謂：愛國如何？余無以答。

（原載《民蘇報》1917年3月26號第三版，署名慟）

（一三七）

紅顔薄命，墮入平康，紈袴子蹂躪摧殘，似不解天下有人道者。嗚乎！慘哉。然而書生潦倒，作嫁依人，仰面之嗟，奚殊賣笑。此美人名士之所以自古相憐，而亦大千世界中，我佛慈悲所莫能拯拔者也。

（原載《民蘇報》1917年3月27號第七版，署名慟）

（一三八）

甲午挫後，國人於閉關主義，泥舊不改。清末士夫，鑒世界大勢所趨，始有以振興海軍，爲圖強之要素者矣。然政府昏憒，此事乃委之載洵，載洵一門外漢耳，滌弊且不可，況整頓乎？然當時所派出洋學生若干人，今茲已聯袂返國，如徐君燕謀等，皆深邃於造船術者，潛行艇之組織，尤爲八年來所潛心研究而條分縷析者焉。正丁此多事之秋，外交問題漸難解決，則所謂干城之重寄，挽亡之後盾者，當然以創設船廠，提爲急務。果爾，徐君等或能展其抱負，不致有望洋之歎乎！顧言雖如斯，吾又視當道之輕重人材何似耳。

（原載《民蘇報》1917年3月28號第七版，署名慟）

（一三九）

梁卓如致國際政務評議會一書，登諸各報，有人題兩絕於其後。一曰："毛錐竟抵長鎗用，侈口高談袖手觀。我記當年張學士，鼓山星月走宵寒。"其二曰："外交財政兩蹉跎，長夜悠悠好夢多。何必前驅執殳去，墨痕盾鼻夠消磨。"卓如見之，毋亦失笑。

（原載《民蘇報》1917年3月29號第七版，署名慟）

（一四〇）

昨與老友退僧、仲宜閒談，謂近數年來，各處之競於立會者，其唯一之目的，在斂財耳。

至於以金錢誘人者，則有袁世凱之籌安會而已。余聆此，爲之粲然。

（原載《民蘇報》1917年3月30號第七版，署名慟）

（一四一）

古之君子有三畏，今之小人有三不畏，一曰不畏公論，二曰不畏羞辱，三曰不畏危亡。夫如斯，而廉恥之道喪，囂競之風熾矣。

（原載《民蘇報》1917年3月31號第七版，署名慟）

（一四二）

如此京華，除倡寮伎館，茶樓酒肆供人徵逐外，幾無大好名勝，足够流連。中央公園固佳，惜乏邱壑耳，而所謂西山農事試驗場，以及一二古刹，或相距大遠，或景物蕭條，以故士大夫於休沐之餘，每憎落寞矣。

（原載《民蘇報》1917年4月2號第三版，署名慟）

（一四三）

美人何如？

自古美人全福少……可憐！

才子何如？

由來才子别愁多……可哀！

政客何如？

商女不知亡國恨……可恥！

官吏何如？

殃民但解宦囊充……可殺！

汪子恍然曰：美人才子，不可爲而可爲也；政客官吏，可爲而不可爲也，明矣。

（原載《民蘇報》1917年4月3號第七版，署名慟）

（一四四）

春光乍展，日暖風和，遥念江南，愁生陌上。況乎遊子浪跡頻年，思美人兮，倍堪腸斷。

然而九十韶華，等閒易度，子規聲裏，又不如歸。

又亡何而秋氣蕭條，梧桐葉落，寸心明月，尤足愴懷。

噫嘻！一夢浮生，事皆可歎。

（原載《民蘇報》1917年4月4號第七版，署名慟）

（一四五）

酒非佳物也，而人多嗜之，意其能澆愁遣興爾。

然雖品貴葡萄，光呈琥珀，一觥在手，悲樂不同。或浮白而陶然，對美人兮傾訴；或舉梧而棖觸，邀明月以傷懷。個中之滋味如何，似又非屠沽兒所能領略矣。

（原載《民蘇報》1917年4月5號第七版，署名慟）

（一四六）

放開冷眼，但覺此大千世界中，色色聲聲，信如我佛所謂，電露幻泡耳，即此恒河沙數之一切衆生，亦無非可憐蟲也。豪雄之角逐，官吏之僥競，窮措大之希冀，貧家子之勞動，下而至於倡妓之賣笑，優伶之演劇，熙熙攘攘，僕僕碌碌，目的所在，不外名利，名利何物，又何可貴，蓋棺而後，撒手歸元。一念及玆，啞然失笑。

（原載《民蘇報》1917年4月6號第七版，署名慟）

(一四七)

預備消夏之中央公園，今者又開幕矣。一般奇裝異服之女樂，則又粥粥然，以徜徉其間，若似乎商標之廣告者。噫嘻！彼亦人也，而何以不知恥乎？曰：同一迫於生計耳，要當諒之。

（原載《民蘇報》1917 年 4 月 7 號第七版，署名慟）

(一四八)

今我中華民國莊嚴燦爛之國會，竟能有此一日，以供吾人之紀念，幸矣。然而同胞於額手欣忭之中，毋忘此大好良辰，乃在中德絕交後之危險時期，尤願執政諸公，毋忘此神聖不可侵犯之最高立法機關，居然有醉心帝制之袁世凱者，摧殘而蹂躪之，致使天下生靈，受其荼毒也。

（原載《民蘇報》1917 年 4 月 8 號第七版，署名慟）

(一四九)

天然豐富之礦產弗開，人民固見不及此，而何以當道之仕，亦從勿提倡之耶？所可笑者，一旦外人越俎代謀，則雖起而爭拒，又無自行採辦之資本，而喪心賣國之輩，爲一己之小賄，故且竟斷送其權利，拱手讓之，此誠最可痛恨之事也。

（原載《民蘇報》1917 年 4 月 10 號第七版，署名慟）

（一五〇）

諺云：“千等人，萬等人，等等不同。”是以有富貴貧賤，即有喜怒哀樂，而所謂喜怒哀樂者，又無非情之作用。然因此情能主宰一切，遂又發生天然之欲望，欲望所注，順則可以致幸福，逆則可以致憂患。但畢生經營，大都順境少，而逆境多，愁之一事，殆居十八。聰明才智之士，尤以感觸靈敏，故易增痛苦。譬諸奴隸，志在暖飽，功名之榮辱無分也，家國之興亡無責也，世態之炎涼，聽之而無所動於中也，時勢之滄桑，歷之而無所切於意也，第此輩舍飽暖外，尚知有利之可趨，似亦不踰乎情之範圍矣。然則芸芸衆生，其能屏除欲望，淡然自得，而不爲天下之虛幻所誤，因以滅其喜怒哀樂者，果誰何哉？曰：愚騃是已。烏乎！莫笑癡人徒醉夢，一拳打破總虛空。

（原載《民蘇報》1917年4月11號第七版，署名慟）

（一五一）

近日少年之傅粉者，十居六七，而婦女之裝飾，亦復詭異離奇。風氣之偷，一至於是，吾恐道學先生見之，將掩目疾去矣。

（原載《民蘇報》1917年4月12號第七版，署名慟）

（一五二）

有始無終，中國人之特性也，故畏難而退者，比比皆然。然無論誰何，一入官場中，便又有進步矣。

西人之諷刺曰：支那民族，不翅一虎頭蛇尾之民族也，白種堅忍，所以能制之耳。其言如此，同胞盍志之。

（原載《民蘇報》1917 年 4 月 13 號第七版，署名慟）

（一五三）

中德絕交後之困難問題，日漸發生，北美既預備作戰，吾國將如何？士大夫試靜心察之，似此腐敗不堪之海軍，是否能破浪一戰也？

（原載《民蘇報》1917 年 4 月 14 號第七版，署名慟）

（一五四）

肅政廳雖爲袁政府時代之機關，然官吏有所凜懾，作奸犯科，無敢貪賄至五百金者。今也對於縣知事之彈劾，不聞久矣。據余所知，攝篆於魯省之某甲，半年中居然置良田數頃，而堂上一呼，擅作威福如故也，平政院其奈之何哉。

（原載《民蘇報》1917 年 4 月 15 號第七版，署名慟）

（一五五）

兵凶戰危，西人忘其凶與危，製造火器，精益求精，不知經若干年月，耗幾何物質，費學者多少心，工人多少力，以有此成績，以之爲試驗品。而其試驗之成績，則又不知流幾萬萬里血，暴幾萬萬人骨，傾蕩幾萬萬家財產，製造幾萬萬孤兒寡婦，乞丐流氓。或曰：此中有天理存焉。其然，豈其然乎？

（原載《民蘇報》1917 年 4 月 16 號第三版，署名慟）

（一五六）

京師電燈，未有於每星期中，不損滅至兩三度者。居戶苦之，其次也；商民苦之，尤其次也。但如許怪狀，實貽西人以笑柄耳，奈何！

（原載《民蘇報》1917 年 4 月 17 號第七版，署名慟）

（一五七）

中國人之第一件大病，曰狂。是己而非人，自矜也；厚於己而薄於人，自尊也；知有己而不知有人，自私也。凡此皆病狂所致。抑尤足怪者，即俗諺所謂“水纔到腳便想浮”耳。噫嘻！鄙哉。

（原載《民蘇報》1917 年 4 月 18 號第七版，署名慟）

（一五八）

橫覽中原，瘡痍滿目，天時人事，色色清涼。而喪心病狂之徒，猶復僥競紛紜，以圖自利，真亡國之氣象哉。

（原載《民蘇報》1917 年 4 月 19 號第七版，署名慟）

（一五九）

愚而安愚，大智也，即所謂恬淡是也。故非聰明絕頂，而能參透一切者，必不甘如斯。余嘗云人生遊戲耳，衣食足便是幸福，當自愛之，衣食不足，亦天之所以礪勉也，尤當自愛。

語曰："知足不辱，知恥常樂。"士大夫其深味之。

（原載《民蘇報》1917 年 4 月 20 號第七版，署名慟）

（一六〇）

今之學校如林，顧未聞有所以獎勵之道者。自余觀之，曷若舉行月試，以察同等學校之程度耶？譬如京師，集所有中學生徒，按期考驗一次，大學、小學亦然，優者褒之，劣者迪之，如是則青年子弟，知所奮勉。海內教育家，想不以斯言爲悖謬也。

（原載《民蘇報》1917 年 4 月 21 號第七版，署名慟）

（一六一）

聖人云："無欲則剛。"吾人不可不銘諸胸次也。因憶某新劇之趣譃曰：乞兒怕丐頭，丐頭怕警察，警察怕官，官怕議員，議員怕百姓，百姓怕乞兒。於是劇中之乞兒，乃狂笑曰："我無欲，大可自由，雖有法律，則又奚畏哉。"言頗雋永，殆生公說法耶。

（原載《民蘇報》1917 年 4 月 22 號第七版，署名慟）

（一六二）

連日大風，殊敗人意，益以政治潮流中，澎澎湃湃，又示人以無限噩兆。長安居不易，今乃信之。然而都外各處，“婪婪羣狄，豺虎競逐”①，又無往而非可悲之現象，傷已！

（原載《民蘇報》1917年4月24號第七版，署名慟）

（一六三）

禹甸一枰，已成殘局。因憶朱君鴛雛之論云：“余謂今日之中國，未始不可變共和爲君主，惟朝臨一國者，必須得一至高無上之婦人，如英之維多利亞女皇然，臉霞肌雪，暎盡錦繡山河，使之盡成奇彩。袁氏竊國，有人反對，若易一金玉美人，人且伏地迎之不暇，安敢取其嬌嗔哉。蓋我國人，上自公卿，下逮販卒，大率具有媚內之美德。此政而行，行見舉國融然，安處於裙帶之下，誰復擾攘不休哉。”言雖滑稽，然未始非傷心語也。但余將進一解曰：果真有胡然而天之美人，以君臨於上者，則婪婪官吏，雖使捐其俸廉，出其私囊，以解國家倒懸之困苦者，孰不踴躍輸助，藉博美人之顔色耶？一笑。

（原載《民蘇報》1917年4月25號第七版，署名慟）

（一六四）

今日中央公園之宜改良者二事，即減少遊資，取締倡伎是也。蓋公

① 晉潘岳《馬汧督誄》句，見《文選》卷五七。

園者，公共之場所，凡屬人民，皆應同樂，今乃索費至小洋一角之多，是直限制貧苦力作之小百姓，不欲與以賞心瀏覽之幸福耳，共和時代，豈宜如斯。至於賣笑薦枕之輩，雖曰迫不得已，而業此生涯，在理固弗當賤視，但奇裝異服，粥粥然以佻撻於稠人廣衆中，匪獨敗風俗，導淫侈，礙觀瞻，而啓外人之譏刺已也。吾恐良家婦女，行將裹足不前，目此爲濮上桑間之可畏避矣。

雖然，都門一隅，無往而不有階級之判，亦無往而不有邪穢之行。若官場，若市場，比比皆是，又豈僅中央公園爲然哉。噫！可慨已。

（原載《民蘇報》1917年4月26號第七版，署名慟）

（一六五）

吾國母教之廢馳也久矣。然科舉以後，政府能并重女學而提倡之，是亦當務之急。但迄今守舊派之人物，而猶力詆女學之不善者，何哉？豈女子之程度不高歟，抑溺於平等自由之說，不知所以檢束歟？曰：非也。是蓋用人一道，漫不加察耳。士大夫謂余言謬乎，盍一證北京女師範之慘案。

（原載《民蘇報》1917年4月28號第七版，署名慟）

（一六六）

北京女師範不幸而有此慘案（事見近日本報），吾人殊爲之扼腕。乃該校居然函請更正，似記者耳食之不確矣，但果無其事，何以他報亦言之鑿鑿耶？雖然，學生服毒，是家庭中之惡因，有以使之也，初與學校名譽，無所損礙，亟白胡爲。

（原載《民蘇報》1917年5月1號第七版，署名慟）

（一六七）

溫柔敦厚，詩之正旨。天真閣豔體，頗病不莊即老；斲輪如王次回者，鄞縣張震初猶貶之云："藉口清狂總不狂，性情風教墮微茫。生憎綺語王疑雨，衹向紅閨學女郎。"

（原載《民蘇報》1917年5月2號第七版，署名慟）

（一六八）

男兒所貴爲軍人者，在具有審察世界之眼光，判別利害之能力，不僅以服從爲天職已也。抑尤以道德爲前提，勇敢爲歸宿，否則是直腦經薄弱，愚蠢笨拙之噉飯漢耳。余亦軍人，深信吾國武士之程度不足齒也，干城云乎哉？

（原載《民蘇報》1917年5月3號第七版，署名慟）

（一六九）

外間喧傳海軍部之賄案，余不願其有此事也，但人言嘖嘖，果從何處得悉耶？因憶劉冠雄爲袁氏走狗時，種種貪婪，書難罄竹，冰山潰渙，今且面團團作富家翁矣。烏乎！中國人之所以希望做官者，在此在此。

（原載《民蘇報》1917年5月4號第七版，署名慟）

（一七〇）

吾生無他好，煙酒而已，蓋有煙則若置身於五里霧中，有酒則可酣睡於黑甜鄉裏，余既不知自爲何等人，遑問世事。且也余之文非煙莫能就，余之愁非酒莫能澆，箇中真趣，可爲知者道，不足與俗物言矣。然友人勸余曰："煙傷腦，酒病肺，盍稍節制?"余韙之，但不幸而丁茲亂世，在在傷心，死且不惜，況傷腦，況病肺耶。

（原載《民蘇報》1917年5月5號第七版，署名慟）

（一七一）

政局現象，日漸危險，人心世道，亦復陵夷。而吾儕窮書生，猶以滿腔熱血，希望前途，不自知其作麽生也。烏乎！萬種傷心酒一巵，不如醉耳，否則寧速死，奚忍見神州之陸沈哉。

（原載《民蘇報》1917年5月6號第七版，署名慟）

（一七二）

對德宣戰問題，可否解決，匪但吾儕小民不得而知，即代表吾儕小民者，想亦在五里霧中也。旬日以來，外間之種種謠傳，可驚可駭，可恐可怖。稍有熱血之士，莫不憂心如擣，惶惶然若大難之將至者。慨念加入之初，記者早顧慮及此，然既成事實，又豈一介書生所能挽回。今也四面楚歌，皆所謂自作之孽，果此時而不發現其天良，亟亟以平章國是爲要，且仍喪心病狂，各挾一己之私見，以圖傾軋者，狗彘尚食其肉耶。

（原載《民蘇報》1917年5月8號第七版，署名慟）

（一七三）

近數日來，氣候大變，盲風吼吼，走石揚沙。乙卯五月七日而後，斯爲第二次之天哭矣。

烏乎！天哭……

烏乎！吾民何如？

（原載《民蘇報》1917年5月9號第七版，署名慟）

（一七四）

世界立憲國，以政爭而進步。吾國則不然，挑撥以外無手段，傾陷以外無目的，喧呶擾攘，惴惴焉惟攻擊防守之是務。不見夫陰謀派乎？捕風捉影，含沙射人，聊以快心，寧復計及人格。嗚呼！如是而曰政爭，吾不知其所爭何事也，退步而已矣。

（原載《民蘇報》1917年5月10號第七版，署名慟）

（一七五）

烏乎！亡國而已矣。何言之？曰：袁世凱以不規則之勢力，加諸個人之帝制問題，而亡其身。今者此種勢力之餘毒，又復加諸必須贊同之外交問題，焉得而不亡其國。余言果謬乎？試觀日昨衆議院窘困之情形，可以知矣。雖然，苟真以大局爲懷，必不得已而出之以打架者，猶不失其愛國之熱性，否則受人愚弄，而又盲從以蠱禍者，是之謂傀儡。夫以數千人鼓噪而進，竟未釀成巨變，幸也，設於昏夜之中，洶洶然揮拳狂擊，則火炎崑岡，玉石俱焚。吾知兔死狐悲，不免令人心寒而氣沮矣。蠢哉，笨哉！造意者徒僨事耳，其愚又安可及耶。

（原載《民蘇報》1917年5月11號第七版，署名痛沉）

（一七六）

可慮之政局，可悲之現象，可恥之人心，可驚之外患，紛乘疊至，變幻無窮，觸目傷懷，奈何徒喚。夫仕不仕，則國不國，而數千年中華之百姓，亦將爲奴爲隸，爲牛爲馬，奚復身家富貴之可言哉。噫嘻！大難臨前，楚歌四面，病狂之輩，猶且猜忌攘奪，狼狽作奸，勇於私鬥，怯於公敵，趨利則如蠅逐臭，赴義則如鼠遇貓。故吾觀於日昨女子師範運動會，不禁深有感焉。蓋以我國婦女，體質非不強也，德行非不備也，知識非盡薄也，思想非盡卑也，而何以所生男子，多半皆弱種相承，竟無一不具有亡國敗家之劣根性者，豈天意耶。

（原載《民蘇報》1917年5月12號第七版，署名慟塵）

（一七七）

吾常言，支那之青年學生，非亡國之學生也，支那之青年女子，非亡國之女子也。試觀北京高等師範運動之勇敢嚴肅，培華高等女校遊藝之聰明活潑，可見一斑。然一旦而投身社會，則男也爲利欲所薰染，便人人想做官，想發財，良心喪失矣，亡國不顧矣；至女子一旦而嫁作人婦，又爲懶惰所誤，穿綢喫油，母訓不講矣，相夫不能矣，亡國亦不顧矣。此等事十居八九，果何術以挽回耶。

（原載《民蘇報》1917年5月13號第七版，署名慟塵）

（一七八）

慨自光怪陸離之公民團，騷擾衆議院以來，轉瞬又四日矣。此四日中，政局狀況，似頗岑寂，其實黑幕内，鬼鬼祟祟之活劇，又不知如何排演也。

（原載《民蘇報》1917年5月14號第三版，署名慟塵）

（一七九）

昨與友人着九子棋，五子皆紛紛出境，三子則散布半途，坐守大本營之主子，未能越雷池一步，而四面楚歌，羣敵包圍若襲，余無法行，見失敗矣。二三子旁觀，笑不可仰，且從而揶揄之曰："問天天不應，入地地無門。老算深謀，竟如是否?" 然余猶留戀不休，勢將孤注一擲，許久始赧顔曰："悔之已晚，奈何!"

（原載《民蘇報》1917年5月15號第七版，署名慟塵）

（一八〇）

世界民族性情之最難捉摸，而又最難思議者，莫吾國人若。蓋吾國人作事，毫無軌道，彷彿有神經病使然。即如憲法會議問題，一部分之議員，近忽變其審慎周詳之態度，而猛進之，或亦特別熱度所感觸也。且此種現象，卻發生於公民團騷擾衆議院以後，不亦奇耶。

（原載《民蘇報》1917年5月16號第七版，署名慟塵）

（一八一）

此次遠東運動會之結果，綜計各國所得成績，日本百十五點，菲律賓七十五點，中國四十五點，相形之下，未免令人減色。顧吾國競技家，蒙此失敗，正可圖雄而砥礪之，最後五分鐘尚能振作，所謂致之死地而後生也，勝負常事，幸毋自餒，可乎？

（原載《民蘇報》1917年5月17號第七版，署名慟塵）

（一八二）

程德全披緇入山，參禪於毘陵之天寧寺，殆厭世耶？然余則以謂不可，蓋天下興亡，匹夫有責，苟人人灰心喪志，蹈跡林泉，恐一旦亡國後，雖欲尺土以安其身，豈可得也。

今之請求報紙更正者，其愚不可及，其妄尤不可及也。諺云："坐得正，行得正，道士和尚共板凳。"謬則改之，善則加勉。況報紙對於人民有指導之天職，對於社會有改良之希望，去取褒貶，是正繆誤，豈能盡說好話，自損其神聖莊嚴之價值哉。

（原載《民蘇報》1917年5月18號第七版，署名慟塵）

（一八三）

“不癡不聾，不作阿家翁”，今日之閣老是已。但所謂家庭主人翁者，既不能自炊自爨，自縫自綴，亦不能自灑自掃，自存自活，必也有主婦焉，有子女焉，有僮僕焉，以襄其政，否則直一看守孤屋之怪物耳，雖蓄貓犬，奚啻與禽獸伍哉。果如是，曷若遁跡囂塵，徜徉於山水間之爲得也。

（原載《民蘇報》1917 年 5 月 19 號第七版，署名慟塵）

（一八四）

告青年（一）

吾青年之同胞乎，吾青年之好友乎，今年何年，諸君亦知之乎？甲午海戰之挫敗，有此險象乎；庚子聯軍之蹂躪，有此險象乎；乙卯中日之交涉，有此險象乎；洪憲帝制之紕繆，有此險象乎？吾思之，吾重思之，吾清夜思之，蓋不勝大陸將沈之警懼矣。夫以近況而觀，萬惡之社會如是，人心之澆薄如是，工商之凋敝如是，政客之囂競如是，互相傾軋又如是，武夫之跋扈如是，妄越軌道又如是，内幕之半明半暗如是，議院之不生不死如是，上下之交怨如是，黨派之猜忌如是，宣戰問題之懸而未決也如是，協約諸國之狡焉欲逞也如是，瘡痍滿目，風雨頻侵，禍患相尋，荆榛遍地。挽狂瀾於既倒，作砥柱於中流，凡我青年，興亡有責。彼儕憑高位，握大權，飫肥甘，御輕煖，置田廬，長子孫，聲歌酒色，夢死醉生，而又喪心病狂，以賣此四千餘年之支那古國者，願與吾青年共棄之，撲殺可也。

（原載《民蘇報》1917 年 5 月 20 號第七版，署名慟塵）

(一八五)

告青年(二)

嫖與賭，不足以玷辱品行也，雖云失德，猶可諒也。惟所作所爲，須對於良心上無絲毫之愧怍。莊子曰："可以葆真，可以全生。"諸君其深味之。

(原載《民蘇報》1917年5月21號第三版，署名慟)

(一八六)

告青年(三)

今日有兩等人，皆不可學，一官僚，二政客。蓋我國之所謂官僚者，目的在好貨貪財，一旦賦閒，身無片長，以資生活，目爲遊民可焉。而所謂政客者，性質尤劣，沽名釣譽，靦不知恥，狂言惑世，淆亂聽聞，盜虛聲以干利祿，握刁筆以蠱庸愚，紙上談兵，徒矜管見，朝秦暮楚，薦枕奚殊，是直遊民中之下流，社會上之蟊賊，安足齒哉，安足齒哉。

(原載《民蘇報》1917年5月22號第七版，署名慟塵)

(一八七)

告青年(四)

夫官僚與政客兩種人物，諸君既不應學，不必學，且亦不屑學矣，然則果以何者爲表率耶？曰：皇皇士大夫，十九皆糊塗褦襶之輩，己之人格尚未完備，烏足以爲青年之表率哉。自余言之，毅力與鐵血二者，乃諸君所當抱守之正義，循此做去，而再以良心主宰之，則英雄肝膽，菩薩心腸，匪獨爲他人之表率，亦以救中國之危亡。

（原載《民蘇報》1917年5月23號第七版，署名慟塵）

（一八八）

告青年（五）

今之爲人師者，衹知有束脩，不知有訓誨；今之爲人友者，衹知有酒肉，不知有道義。芸芸學子，腳跟未定，既無良師以成其材，復無益友以匡其過，而耳所聞，目所見，又無非驕奢淫佚，腐敗齷齪之事物。故□□濁世，苟弗自愛自惕，自警自立，則種種舉動，必受此萬惡社會之流毒浸漸，久之，於是膽大妄爲，損人利己，忘廉寡恥，欺世詐財，甚且賣國求榮，排賢嫉善。彼大多數之官僚與政客，何嘗不如是耶，然則官僚與政客，之所以不值一錢者，即因其無良師之教育，益友之砥礪，而又不能自愛自惕，自警自立耳。諸君當何如，諸君當何如？

（原載《民蘇報》1917年5月24號第七版，署名慟塵）

（一八九）

告青年（六）

不問窮不窮，但問學不學。學而不專，不貴也；專而不精，不貴也。既專矣，既貴矣，雖窮無害也。窮乃書生之本色，不必以爲恥也，富不讀書，其恥尤甚也。然無論窮富，祇知讀書，不知葆德，祇知葆德，不知愛國，又君子所不取也。故曰：窮則獨善其身，達則兼善天下。

（原載《民蘇報》1917年5月25號第七版，署名慟塵）

（一九〇）

告青年（七）

進取之心不可無，僥競之心不可有。求學時代固宜如此，謀生時代亦宜如此。語云"當仁不讓"，又云"安分守己"，其斯之謂乎？

（原載《民蘇報》1917年5月26號第七版，署名慟塵）

（一九一）

告青年（八）

吾友徐君燕謀之言曰："今日我國之所以危弱不振，在於多數人之心理，皆料其必亡，於是羣相以喟歎了之。其實天下無易事，亦無難事，圖治則治，言亡則亡耳。"余極韙之，亦願諸君勿河漢斯言可也。

（原載《民蘇報》1917年5月27號第七版，署名慟塵）

（一九二）

近來一部分之野心家，所作所爲，直不若婦人女子，無理取鬧是其慣技，搗鬼搗亂，衹曉説旁人短長，殊堪發噱。吾謂要鬧就鬧，要反就反，如此雖不能爲豪傑，然亦不失爲健兒。俗諺有之：“好漢幹事好漢當。”何必忸忸怩怩，故裝許多醜態哉。而且同是中國人，強弱興亡，孰云無責，即有意見，不妨表示，又何必拖人下水，暗中捉弄哉。嗚呼！死到臨頭不自知，此輩皆做夢耳。

（原載《民蘇報》1917 年 5 月 28 號第三版，署名慟塵）

（一九三）

謠諑紛紜，驚人耳鼓，無端造謗，作俑奚爲，然此其小焉者也。彼天良喪盡之輩，時至今日，猶不思以國是爲前提，鬼蜮陰謀，必欲排除異己，而表面上則堂堂正正，以危言聳聽，以刀筆力爭。此所謂滿臉天官賜福，一肚男盜女倡，真詐險極矣。於是吾悲之，吾惡之，吾痛恨之，吾欲與天下人共起伐之，一一執而殺之。顧吾儕小民，何敢出此，是所望於兵符在握者，勿爲其利用可焉。

（原載《民蘇報》1917 年 5 月 29 號第七版，署名慟塵）

（一九四）

長安非樂土，衹合小人居。蓋熱血之士，萬不能與鬼蜮爲伍，然而同一鬼蜮，有因爭利而離畔者矣，則君子居之，仍不失爲君子耳。友人以黨派相問，故舉此言答之，未知謬乎否也。

（原載《民蘇報》1917 年 5 月 30 號第七版，署名慟塵）

（一九五）

大局紛擾至此，吾恐終不可收拾。蓋一般人之心理，絕無有厭亂者，是真噩兆。敢問爭得權利，究竟能爲子孫計否？今觀鬧來鬧去，直欲速中國之亡耳。國亡則家且不保，於是所謂政客也，官僚也，督軍也，謀士也，個個皆牛馬矣，奴隸矣，相率而墮入地獄矣。烏乎！自作孽，不可活，曷若猛省之爲得耶。

（原載《民蘇報》1917 年 5 月 31 號第七版，署名慟塵）

對於華僑教育之感言

數十百萬之華僑，別祖國，適異邦，遠涉重洋，飄零海外。吾人衹見其經商創業，逍搖作富家翁，又安知芸芸雁戶之得有今日者，固從千辛萬苦中來也。

然而富則富矣，吾內地士大夫，素稟天然頑固之遺傳性，且羣以自私自利爲不二之主義，微論無國家思想，即間有世界之眼光，而能以同胞爲念，又奚問此輩僑子，是否爲發展中國商業勢力之可敬可愛之人，而應施以高尚純粹之教育者。

滿清末葉，政尚皮毛，一旦府庫空虛，即數數遣一介星使，耑赴南洋各屬，搜括僑民之金錢，以供其揮霍，然而平日間對於僑民之痛癢，之疾苦，之呼籲，之慘狀，相視若秦越人，絕不顧也，教育一道，更無論焉。

幸也，近十五年間，僅旅居爪哇島巴達維亞之僑民，竟能熱心以祖國爲懷，創設一空前絕後之中華學校，雖未必受普及之效果，然其有益於華僑子弟也，功豈淺哉。乃經營至今，新校長陸某辦理不善，以致規模完備之女學部，忽有全體解散之事。吾讀趙君厚生所述，不禁深有感焉。

（原載《民蘇報》1916年11月29號第七版，署名慟塵）

扶助海外華僑教育計畫書

竊案我中華民國之威信，宜及於海外，準是則教育之幸福，先宜及於海外之華僑。據二十年前農商部及各方面不甚精確之調查，海外華僑散處世界各邦島者，爲數約八百萬人。就人口生殖率言之，今當不止此數。前清視海外僑民，不啻異類。就荷領東印度言之，乾隆五年，爪哇巴達維亞埠之華人八萬，反抗人頭稅，因清廷答荷政府曰：此輩皆亡命無賴，免脱法網之徒，任憑貴政府格殺勿論。遂盡遇害，流血之多，河水爲赤，至今有紅河之稱。清廷所締中荷條約，尤不啻斷送僑民之生命，殺之且不恤，存問云乎哉？故海外僑民，爲數究竟幾何，迄無精確之統計。(即如華僑在馬來半島者，其人數之統計不同有四：㈠爲九〇三·〇〇〇，見第一回《中國年鑑》五三頁第一表；㈡爲五〇〇·〇〇〇，見同上第二表；㈢爲七一五·一七七，見《中國與南洋》第二期；㈣爲一·一六〇·〇〇〇，見中華書局《常識叢書》第二十八種。雖調查有先後之分，當不應相差如此之巨。接近者統計尚舛，遠殖者如南斐洲、西印度等處，天涯海角，雁杳魚沈，生死不明，來去莫悉，國人高枕，如羈鴻何①！）農商部雖嘗從事於此，亦不過敷衍塞責。民國以來内訌弗戢，我政府亦未遑切實調查，誠憾事也。就南洋羣島言，今則不止五百餘萬。此芸芸哉富有冒險進取精神，因而千百年來，寄人籬下之哀鴻，忍垢含辛，不爲異族俎上之肉，有國弗振，而莫能爲之保障；不學無術，故難以競其生存，加之久背宗邦，數典忘祖，荆天棘地，呼籲無門，内嚮之忱，如何能固？其中雖不少惓念神州，聞難興起之輩，慷慨仗義，期救危亡。然以輸忠而失望者屢，解囊而見紿者多，一片熱腸，亦如灰死！烏乎！僑不我附，柔遠云何？今革命尚未成功，保護僑胞，力雖未逮，然憐其疾苦，啓其蒙昧，扶之興學，俾克有教，助之育士，俾免淘汰。案之先總

① “鴻”字原闕，據《中華民國史檔案資料滙編》本補。

理《建國大綱》第四條扶植弱小民族，及本黨政綱對內政策第十三條“勵行教育普及”之意義，是乃我中華民國國民政府應盡之義務也。同塵嘗濫竽國立暨南學校講席，亡命之日，遊於海外，辦理僑學，觀感尤多。深知若輩寄人籬下之艱，而其種種教育，胥有積極扶助之必要也。惜綿力所限，莫能爲謀，八載於茲，徒然扼腕！今幸我國民政府大學院有華僑教育委員會之組織，同塵寡陋，又見聘爲本會委員，夙願之償，或在此日，職責所在，敢不貢其芻蕘。爰謹根據本會組織大綱第二條所定之任務，並參以個人之經驗及認定之事實，雖爲有系統之計畫，而成此篇。其目的在對於海外華僑教育，予以充分之扶助，即一方面積極提倡，一方面須切實改善也。其希望在此項計畫書提出於本會後，能得到全體委員之同情及修正，再陳請大學院長核准施行。至所擬進行辦法，爲便於審查起見，提綱挈領，力避繁辭，其弗加以較詳之說明者：一則拙著《苦海中之爪哇華僑與教育》，可供參考；（按海外僑胞之感受痛苦者，以在荷、英兩屬之南洋爲最。此書數十萬言，所述雖似以爪島爲限，然其大部分之事實，足以概括數百萬方里之南洋島羣而有餘。且南洋華僑爲數特衆，又以種種關係，對於祖國之情愫較深，彼此之間，往來亦密。故就拙著觀之，大可舉一反三，從一斑而窺全豹也。）二則本會委員諸君，莫不蜚聲海外，熟悉僑情，拂弦知音，當無所需乎喋喋也。惟閉戶造車，屬草倉卒，黨國同志，幸並教之！

（一）宜先調查並視察海外華僑教育概況及其他

不明情況，則無從設施；不有統計，則無從著手。故對於海外華僑教育，非先行調查及視察不可。

一、調查方法：

1. 經費足則派員分赴各地調查。按此事責任重大，且因各國取締及限制華人甚嚴，故非派大員不可；本會委員能直接負責辦理尤佳。但此項使命，因須乘此機會，兼負調查其他僑務及重要事件之責，歸而制爲報告，用備政府所屬其他各部（如農、商、外交、財政等部是）行政及中央黨務之參考。故實行不妨斟酌情形，與上述各機關商榷辦法，並接洽經費之補助；

2. 經費不足，則分别委託駐外使領館，能負責任之僑民團體，留學生機關，或海外黨部，切實調查之；但須津貼被委託者相當之手續費，俾專責成，而免敷衍之弊；

3. 確定調查事項，製印空白調查表，以備逐項填注。

二、應調查事項約略如下：

1. 居留地概況　分别地名，國屬，方言及所用文字，重要出產及工商業，交通，風俗，土人及外僑人數與狀況，土人及外僑對於華僑之感情，居留政府待遇華僑之態度，有無中國國民黨機關；

2. 華僑人數　分别籍貫，男女，土生者，入外籍者，已未成年者，已未受教育者，能否操華語識華文者，土生曾回國者，與土人通婚者及其情形；

3. 職業　分别種類及男女人數，無職業者之男女人數，並調查操何種職業爲最優；

4. 資產　分别種類價額及人數，並調查：（一）普通操何術致富，（二）有現金者如何儲蓄，及居留政府對於此點之態度，與若何取締；

5. 對於祖國之觀念　分别新客，土生，中年以上者及青年；

6. 教育概況；

甲、以區域爲單位者（如在荷屬南洋以爪哇爲一區，蘇門答蠟又爲一區是）

一、學校教育　依等級（如初等中等是）科類（如普通專門師範職業或補習是）性質（如公私立男女校或男女同校是）分别學校數，男女學生數，現任男女教員及資格國籍，男女畢業生狀況（如人數升學及其他），學則，各科採用之教本教材，是否實施黨化教育，教授，管理，訓練，衛生等項，並調查有無障礙；

二、社會教育　海外華僑界之社會教育當然無活動之自由（?），但如有近似斯項性質之設施如：講演會，通俗夜校，通俗圖書館，通俗教育館，公共體育場，遊戲場或遊藝會等須切實調查之，並調查有無提倡之可能及障礙；

三、義務教育　曾否試辦，已辦者須分別調查學齡兒童總數，已入學兒童，未入學兒童（以上三項注意性別）及區域；

四、教育經費　分別總數，來源及籌集方法，支配（行政及各種教育）現況（足或不足）；

五、教育機關　分別辦理與研究二種；

六、辦學歷史　分別創辦時期，事實，及重要經過情形；

七、辦學人物與精神；

八、國語之趨勢；

九、兒童狀況　分別體格，精神，習慣，及其讀書興趣，尤須注意性別；

十、青年狀況　分別體格，精神，習慣，思想，志願，及其讀書興趣，尤須注意性別；

十一、一般家庭心理　分別其對於子女之求學謀生婚姻三者及對於教育；

十二、向學之比較　男女學生對於下列三點之傾向及人數分別比較之：（一）回國求学，（二）留学外國，（三）肄業當地外人所設之學校；

十三、教育上所希望於祖國政府者何如；

十四、居留地政府對於華僑教育之態度與感情　分別政府，土人，外僑三者；

十五、居留地教育狀況　分別政府，土人，及外僑所經營者。

乙、以團體或機關爲單位者：

一、學校　分別校名，等級，科類，性質，成立年月，所在地，校舍狀況，創辦人校長及校董姓名履歷籍貫（均須注意性別，如係團體或機關所創須詳細調查其性質內容及主要辦事人）男女教職員人數及履歷籍貫，男女學生級數，男女學生人數，歷屆男女畢業生人數與狀況，經費總數及其來源與分配，編制及分科狀況，教育注重之點等項，此外如學則，各科採用之教本教材，是否實施黨化教育，教授，管理，訓練，衛生，學生之校內外活動，其他設備設施組織等事均須一一注意。教員由何人何處或用何種方法介紹尤須特別調查明白；

二、其他　如甲類二三兩項是，即按其性質內容分別細目而調查之，並注意經費總數及其來源與支配；

三、視察與調查，皆本會最急之任務，進行之始，即應爲之，惟調查可委託他人，視察則不可。故視察員須負調查之責，尤須於觀察之便，隨時注意本會組織大綱第二條甲乙丙戊四項規定之任務。

注意：本計畫書第六條所附按語兼供此參考。

（二）宜召集海外各地華僑教育代表會議

此事爲本會進行上之大關鍵，蓋非如此者，不足以聯絡感情，免除隔閡。且利用會期，導遊内地名勝，並介紹參觀國民政府下之各大行政機關各部分，正式海陸軍隊，各工廠商店學校；並示以黨國精神，教育成績，俾其明瞭祖國之實在情況，及國人對於華僑之熱忱，與夫對於華僑教育之工作，非一舉而數得乎？

此事於調查手續完畢後，舉行最宜；蓋就我調查所得，並參以各代表之意見，然後提出方案，共同研究而酌定之，則提倡易而改善速矣。但各地調查，非一年不能竣事，則先行召集代表會議，作感情上之一度聯絡，然後乘代表歸去之便，派員偕往調查，亦可免種種周折，蓋代表等當然樂於招待，並隨時供給調查員之材料也。倘二事須同時進行，即一方面派員調查，一方面召集會議，竊恐本會職員，固不敷支配，而事實上亦覺有未周；然如託人調查，則無論何時，皆可召集此會議也。

（三）宜對於海外華僑教育注意提倡小學及普通中等農工商業專科，並制定適用之特殊學制，又對於已有職業而不能回國求學並不能入當地僑校者之補習教育尤須設法助之

一、數近千萬之海外華僑，假定其十之一爲學齡兒童，則對於此百萬天真爛漫，而造就未可限量之孺子，至少須設有能容百人之小學一萬所以教育之。然華僑教育，本不發達，雖以爪哇學務，得祖國提倡之力爲最，而兒童失學者，自最小限度計之，尚有三十分之二。即二萬人，按民國七年熊衡三視學之調查報告：爪哇華僑小學百二十所，男女學生共九千三百八十八人。據余所知，此二十校中之規模完備，能各容納百人者，實不多見。且爪島華僑三十萬，亦假定其十之一爲學齡兒童，則三萬孺子中失學者已二萬矣。故曰三十分之二。但熱帶華僑發育極速，生殖力亦最強，自余觀之，其學齡兒童，至少佔十之三四也。準此推測：全世界之華僑中，豈不至少有七十萬之失學兒童乎？況嚴格查之，尚不止此。故對於海外華僑教育，有積極提倡小學之必要也；

二、華僑中稍有資產者因華人所辦理教育，大都限於不甚完備之初等而止，遂多以子弟得入外人所設之中學爲榮。愚以爲如能縮短華僑小學畢業期限爲四年，並速設多數三年程度之中學以饜其欲，則實際上僅增加一年，而在不甚了解教育真義之華僑方面，已欣然滿其志曰：我子若女從茲可得於最短期，同受中等教育矣。此種辦法，頗似不合於現代教育之原理；然海外僑界有特殊情形，實非此不可也。以下各節當論列之，況此乃華僑教育幼稚期中一時權宜之計，因人因地，不得不如是誘之。試辦而果有成績可言，俾人皆傾向教育，則進其程度，宏其範圍，循序而升，自非難事。二十年前，國內各種教育，何嘗不因陋就簡，事事求速成乎？且現時海外僑界所需之智識，在應付環境適用於謀生致利之農工商業，而不在文哲政法等科，故對於海外華僑教育，有多設三年程之普通小學，及中等農工商業專科之必要也；

三、華僑在海外之生活與環境，及其大多數所具之希望與感想，完全與國內不同；就荷屬南洋言之，人人子弟渴於謀生，能勉強畢業於高級小學，已屬富有耐心。蓋在若輩視之，在小學讀書六年，其時期已不爲短矣。中年以上之華僑，不識字便能立業，不讀書亦能致富，無怪其有此觀念也。故對於海外華僑教育，有縮短小學畢業年限之必要也；

四、僑童之性質，慣好動而不好静，復不肯多用腦力；見易思遷，尤無耐性；文化幼稚，觀感遂乖；讀書之年，又欲求速；故對於海外華僑教育，有減少學科與教材分量之必要也；

五、根據上述二、三、四節情形，加以其他種種特殊原因，均不可與國内教育同日而語；故總括言之，對於海外華僑教育，有制定適宜之特殊學制之必要也。

此外，如本條末段所舉補習教育一事，本會組織大綱第二條丙項已明白規定，不再説明。

（四）宜搜集合於海外華僑教育之教材，編制適用教科書，並須用相當之外國文譯注，尤須注意於：一主義之灌輸，二偉人言行之傳播，三歷史上有價值光榮事物之介紹，四及國家與個人人格之尊重

教科書與學校教育之關係，其重要自不待言，教科書以教材爲命脈，尤教育家所公認也，今就題斷之：

一、華僑教育非有適用之教科書不可；上海商務書館，中華書局及其他各書坊，所編教科書，多不適用。余於所著《爪哇華僑與教育》一書，已明暢言之，不再贅；蓋此非短少篇幅所能詳盡也。

二、華僑教育所用教科書，非有適合之教材不可；注如上。○兹就國内通用教科書中之教材約略證之，例如歷史則上中古事實繁瑣而寡味，徒取厭也。又如度量衡及其他種種事物，在國内數見而不鮮者，海外卻未嘗夢見也。又遇有文字艱深，過於抽象，或白話太俗無從訓詁處，教師雖舌敝唇焦，生徒仍瞠目欲睡，而小學教科書印刷之不美，圖畫之不多，或不盡施以彩色，更不足引起兒童之興趣。況華僑方面，種種風俗習慣不同，人情物理又多隔閡乎？其他缺點甚多不備述。

就上述兩點言，今當延聘富有華僑教育經驗之專家，爲之編輯各種教科書，由政府通令海外僑學一律採用。但國内通用之教科書，經此項專家審查認爲適合者，亦得由政府酌量介紹於海外華僑教育界。至於教材之選擇，尤宜審慎，並須向海外華僑所在地，從嚴搜集，俾僑生於就近之善知識，廣吸無遺，而後可用以應世。但國內事物之屬於常識，或具有價值及歷史關係，而爲海外僑胞所未嘗聞見者，亦須斟酌分量注意採入；否則數典忘祖，殊非教育之本意也。

三、華僑教育所用教科書，非儘量以相當之外國文譯注不可；此點理由如下：就荷屬南洋言，華僑多不識華文，不諳華語。（不解普通話者尤比比皆是。）教師自國內往者，又不通巫語，不解巫文。（巫者巫來由也，即馬來由或簡稱馬來。）一旦以漢文教科書授之，豈不困難，尤其是抽象或形容的文辭，無從解釋；例如“弱”“惰”“以爲”“將來”“本不知”“無誤者”之類，如不以意義相當之馬來語 LESOE, MALES，KIRA，KAMOEDIAN，MEMMANG TIDA TAOE，TIDA ALAS，TOE NJANG SALAH 譯之，雖仲尼復生，恐亦無所施其教也。南洋如此，其他各地又何獨不然。故非於教科書中，儘量以相當之外國文譯注不可，如是則學生持此以歸，其父兄亦可課之，或相與研究也。

四、此外如本條（即標題）後列四點，尤爲關係至大萬不可忽之教材。

（五）宜負介紹良教師於海外華僑學校之全責，並速附設師範科於海外相當之僑校，專收僑生之家貧力學者，助以膏火，俾造就多數師資

此舉之關係尤重於上述三、四兩條，蓋不如斯者，不足以祛流弊而資改善，其理由略述如下：

就荷屬南洋言，二百萬華僑之社會，一無法無天之社會也，其黑暗情實，不啻人間地獄；份子複雜，教師流品不齊。余於民八辦學爪哇，僑中父老恒語我所受於教員之痛苦，垂涕而道，足令人扼腕不置。蓋若干年前，教員由內往者，大都算命，看相，測字，賣卜，鑲牙，失業，投親，訪友以及冬烘頭腦，或江湖之無賴流。迨稍稍察其伎倆，則若輩此遷彼徙，僞造種種畢業文憑以紿之。又或發見此弊，則若輩敗於甲埠者，隨至乙埠而售其奸。厥後雖不少黨國之英，明哲之士，抱救僑興學之宏願而來；然鶴立雞羣，蚊蟲交毁，華亭清唳，不敵吠聲；終於賢者潔身，知難而退，或聞風裹足而不前。至於國内後起之秀，南遊執教者，雖亦有人；然往往年少氣盛，將事操切，居奇好動，服務無恒。具此種種因原，乃發生種種不可思議之罪惡，落筆至此，不忍多言。最足使僑界灰心者：一則此輩稍不遂意，即逕自中途卸職，或聚衆罷課，以致絃誦輒輟，無人代替；海外僑界向國内聘請教員，均限於所需缺額，故學期中講席要人，即無從物色代者，加以百十萬里，往返需時，求師之難，比於竭澤。二則居留政府，樂禍性成，縱受欺愚，莫能請助，對於此輩無法可繩，雖雙方嚴約於前，而事實上終視如廢紙；加以自祖國或他邦學成而歸之青年，大多數復不屑委身僑界利此蠅頭，故求師之難，羣以爲苦。此外則女教師之不易延致，尤爲最感恐慌之問題。環境太惡，故女師裹足；此中情事，尤不忍深言。南洋如斯，其他各地恐亦相與伯仲。國内暨南學校恢復後，對於上述種種流弊，雖力求免之，所派往海外服務之畢業學生，及介紹之教員雖稱職而勇於革命；然而人少勢孤，心長何補？職是之故，竊以爲大學院對於華僑教育，須負介紹教師之全責也。惟介紹此項教師，關係至巨，應如何考核遴選，及嚴與約定條件以示限制處；俟實行時，再提出意見以備公決。延師之難，及所致之痛苦與流弊，既如上述；而暨南學校因病下藥之師範科，復不易徧愈羣疾。一以僑生入此科務不多。二以家境貧苦之僑生，水遠山長，旅資難措，欲求學而未能。三以此科學生，大半係國内者，平心論之，其與海外哀黎，究竟有一層隔閡也。余故以爲祛此流弊，卻此痛苦，非酌於海外相當之僑校，速附設師範科不可。所謂家有良醫，雖病無害，其效益不待明言。我政府能助以經費，俾促其成；行見《菁莪》之章，謳歌海外；衣被多士，多士懷歸；衆志成城，國其固矣。

（六）宜選派海外華僑教育督學（或視學），並令隨時調查報告其他重要事件，以供政府參考而備採擇

何以選派督學？顧名思義可知，不贅述。惟其任務僅囿於教育，似尚未善也。我國駐外使官，大抵不負責任，雖海水所及必有華僑，而亦視若無覩。彼日本人手提包而佯售仁丹者，皆爲其政府“南進”之耳目；雖一草一木之微，亦必調查而報告焉。余在南洋編輯《爪哇志》，因其有世界第二大植物園之稱；欲調查所有植物以實吾志，而苦於無從參考。迨廣搜日人關於南洋事情之出版物，則爲書百數十種，有聞必錄，無事不詳；如數家珍，如紋呈掌。是以日人今日在南洋之地位，幾駕白人原有勢力而上之。我中華民國不欲高掌遠蹠，揚其青天白日之旗於海水所及則已；而果欲之，不可不先以耳目寄諸所派華僑教育之督學，使隨時調查報告其他重要事件，以供我政府之考鑑也。

督學除遵守大學院指定之任務，及隨時調查報告其他重要事項外；對於殖民教育政策之積極進行，應負之責有五：（一）設法謀教育之推廣；（二）鼓勵及指導海外華僑子弟回國求學；（三）宣傳本國文化；（四）注意補習教育之提倡；尤其是對於已有職業而不能回國求學，並不能入該地僑校者。（五）隨時利用機會聯絡僑界感情，並多與所在地之本國使領館及留學生團體，交換意見，以資互助。

按此事並非刱舉，自前清光緒三十年至民國六七年間，先後由政府及粵、閩、蘇、浙等省所派海外華僑教育之視學，頗不乏人奉命。或以相當名義與資格，前往海外各地，撫慰僑胞，調查僑務，考察僑學者，亦嘗有之。惟就若干次所派視學之範圍而言，大抵限於南洋一帶，且多常駐其間。今此事如果實行，宜更及於歐美暨向少注意處；而第一條所舉之點，亦當普遍行之。

（七）宜對於海外華僑教育制定獎學條例，用資鼓勵，兼示政府熱心扶助之意

學而有獎宜也。獎之以名譽，常爲海外華僑所歡迎；此事在清末及民國五、六年間，亦嘗行之。惜爾時名義如斯，用意卻別有所在；而某某教育家又擇其肥者而潤飾之，欠公允也。南島僑胞嘗爲余言如此。愚見以爲今日應切實行之，尤須酌定獎金若干，五萬至十萬元已足。專用於華僑教育。僑胞好義，且多小康，雖無所望於祖國政府之解囊，然一朋之頒，亦多士所樂爲鼓舞也。

（八）宜纂彙出版物，爲海外華僑教育之指導，及本國文化之宣傳，並宜多用各國文字以廣流傳，而收普及之速效（此條不須説明）。

（九）宜就近諮詢國立暨南學校，對於海外華僑教育之意見，並酌量採納之（此條不須説明）。

（十）宜遵照先總理遺囑，《建國大綱》第四條扶植弱小民族，及本黨政綱對内政策第十三條勵行教育普及之意義，由大學院建議國民政府，謀與各國協定保護華僑教育事業之特殊條約，以期先行取得華僑在海外教育上之平等自由（此條不須説明）。

以上所陳各條，自狹義言之，固可增進八百萬海外華僑教育之幸福；而在廣義方面，則文化所及，人才勃興，出其所學，用資建樹；懷邦者踴躍輸忠，同紓國難，皈依本黨，革命成功；闢土者拓殖縱横，高掌遠蹠，競爭海外，揚我國威。若不此之圖，則雖設千百暨南學校，膏火費無數金錢，終非謀國救僑之根本策略也。爰抒管見十事，敬候公裁。

十六，十一，九日，夜二時，於南京。

（原載《大學院公報》第一年第一期，1928年1月，署名中華民國大學院華僑教育委員會委員汪同塵；又載中國第二歷史檔案館編《中華民國史檔案資料滙編》第五輯第一編《教育》，南京：江蘇古籍出版社，1994年，第938—949頁。今據前者整理）

悲哉　吾小民勞働之不幸

嗚乎！天地不仁，萬物芻狗。今不意天地不仁，乃及於吾儕小民，偏又及於吾儕小民之勞働者。嗚乎苦矣！然而天地本無情之物，渾渾噩噩，終古如斯，獨怪彼同爲圓頭方趾之少數操有勢力者，竟亦不仁，竟亦以刀兵水火而殃我小民，而殃我小民之勞働者。嗚乎冤矣！

吾小民勞働之事業不一，以農論，其春耕夏耘，秋收冬藏，櫛風沐雨，胼手胝足，日夕卒卒於禾稼，而不遑享人生絲毫之幸福者，非爲吾人製“麵包”耶？語云：“一粥一飯，當思來處不易。”又云：“誰知盤中餐，粒粒皆辛苦。”吾人之得以不死，直賴此辛苦而得之麵包。麵包之主人翁爲農夫，而麵包之精粹，又即農夫之血汗，然則吾人直吸此農夫之血汗以生焉已耳。爲士然，爲商然，爲軍人然，彼堂堂皇皇之操有勢力，而所謂做大官者，又何獨不然。

吾小民之勞働於農業者，在四萬萬人中，殆佔有三分之二，此輩固自食其力，其餘舍士商外，則遊手好閑之上中下三等流氓而已。烏乎！弱國之內，乃有興許多流氓，吾小民又何從而取其勞働之代價者。勞働之代價既不易得，縱有所獲，亦必至微之蠅頭。烏乎！斯可悲已。

雖然，似此猶不足悲也。吾小民之不惜血汗，而供此麵包於大多數之軍人與大官者，爲求其保護故耳。然而今之軍人，果何如者？今之大官，又何如者？大官逞爭權奪利之忿，動遣大兵，大兵所至，廬墓爲墟，生命不保。而其饞牙巨爪，所謂爲虎作倀之小吏者，又視此可憐蟲由勞働而獲之區區金錢，固不啻任我攫取之利藪也。於是橫征暴斂，以吸其脂膏，立稅抽捐，以枯其骨髓。噫嘻！麵包乎，金錢乎，血汗乎，直飽彼大蟲之慾壑而已。吾小民勞働之不幸，竟如是耶。

其尤足悲者，則吾儕小民之饑苦無告，升斗所迫，妻子所驅，既不幸而操此人力車之生涯，以供奔走，勞働代價之微賤，可想而知。然在彼大官與小官視之，亦似爲任我攫取之利藪也，又加以剝削，而車捐之名目立焉。據余所知，又某省有所謂驢頭捐者，剝削尤甚。總之販夫走卒輿臺舟子之流，即或衣食不週，勢亦不能不分其勞働所得之血汗的金錢，而供彼大蟲之勒索。吾小民勞働之不幸，竟如是耶。

夫吾儕小民爲力謀衣食之故，不得不勞働自贍，彼豪富無一片仁慈，憐吾小民，更不得不勞働自給。幸而立業，吾小民勞働之好代價耳，所希望也，即不幸而終至窮餓以死，亦不過勞働之失敗，無所恨於中，亦無所怨於人也。今操有權勢之徒，如前之所謂大官者，其生我無恩，而更攫我千辛萬苦之代價，以轉虐吾民，吾民又何能忍者。烏乎！吾小民雖愚，然頗知納税乃我之義務，但義務之盡於政府，政府宜如何而予我義務之代價，即如何而予我以幸福乎？此吾儕小民所急欲聞問，而亦大惑不解者也。

且也，彼堂堂皇皇大官，憑高位，握重權，飫肥甘，御輕暖，置田盧，長子孫，聲歐酒色，一擲萬金，其對於納税之義務，當無所吝惜，而何以慳囊不破，獨攫我小民勞働之代價，而不加憐哉？烏乎！彼大官也，地主也，富豪也，在在以金錢之勢力，而吸收我小民之血汗，牛之馬之，牛馬之代價既微，不旋踵又爲所剝削。吾小民勞働之不幸，竟如是耶。

烏乎！勞働之結果，既無非餓死，而在此生活草賤之社會，既不許勞働者有享受幸福之自由，則吾儕小民，又曷爲而生此不幸之中國也。悲哉悲哉！

抑猶有不能已於言者，即吾儕小民之分此勞働之代價於官中也。果孰用者，彼大官之千捐百税而剝削吾小民也。果何爲者，將以積腋成裘用於政治之改良耶？則今日光怪陸離，已失其國家之資格矣。抑或用於實業之振興耶，則今日腐敗凋零，已失其發展之能力矣。至於種種教育，更無論矣。總而言之，彼大官之對於小民，志在金錢，金錢既得，則用以養兵。養兵何爲，則以鞏固私人之地位，維持個人之權利。地位與權利既岌岌焉有所搖動，遂不得不擅作干戈，干戈既興，吾小民仍受其塗炭。然則吾勞働家之承認捐税也，適足以助紂爲虐，資敵以糧，自殺而已。吾惠彼以金錢，彼加吾以禍患。烏乎！吾小民勞働之不幸，竟如是耶。

悲哉！吾可憐之勞働家乎，時至今日，而何以仍無所覺悟也。

巴黎某軍務會館，一日方舉行歡樂會，與會者甚衆。有工人魏理者，出手鎗向衆轟擊，且呼曰："平民艱困若何，爾民賊乃喜歡如此！"

（原載《勞働雜誌》第一卷第五號，1918 年 7 月 20 日，署名働塵）

中國五千年文化之光

提　綱

1. 個人研究小學之經過與懷疑
2. 三千年來一切文字與小學方面之缺點
3. 個人研究甲骨文之動機
4. 四十年來各方學者研究甲骨之缺憾
5. 甲骨學上之疑問
6. 甲骨文出土之總數及四十年來各方學者認識之幾何
7. 甲骨文學個人著述研究之成績與全部損失之元因
8. 文化方面日趨夷化之危機及其因果與夫今後補救之方法
9. 甲骨文體用之偉大及其對於中華民族與文化之關係
10. 個人著述全部損失後之補救與希望
11. 小學及甲骨學方面種種缺憾今後將如何補救
12. 結論——個人未竟之志及有所希望於邦人士者
13. 特注一：甲骨文體用精弘之略證
14. 特注二：各方面研究舛誤之一斑

（一）羅振玉氏之誤

（二）郭沫若氏之誤

（三）葉玉森氏之誤

（四）各家考據之通病

（五）其它及中央研究院

謹案：是篇所論，皆先君子及先師劉先生鐵雲（鍔）培植教誨所得，不才三十年小心治學之區區愚見也，向在東南，未嘗以一言一字，與世人相見，即書坊屢屢索稿，卒亦未能應之。今茲獻與先生，以先生爲斲輪老手，亦所謂寶劍贈與烈士耳。未是之處，還乞匡而教之。同又拜言。

在發揚本位文化與加強民族精神之下

論甲骨文體用之偉大以及研究成績與意見

1. 個人研究小學之經過與懷疑

僕自束髮受書，先君子即授以許書部首五百餘字，童子無知，僅能誦讀。旋經先師丹徒劉先生鐵雲切實之指導，於是先後二十餘年間，對於先秦文字以及金石、許氏之學，既有心得，復有所疑。疑問愈多，久益難決，舉以問世，世亦難知，雖有羣儒，又何用者。職是之故，僕於小學一道，在“廣集衆知”之先決條件之下，寔已認爲大有“嚴格探討”之必要也。繼而研究愈深，範圍愈廣，由文而史，由縱而橫，慨念興亡，要求元委。於是一得之愚，對於：

2. 三千年來一切文字與小學方面之缺點

——“三千年來一切文字及與小學有關方面留予吾人之缺憾”發見愈夥，歸納愈嚴，約略言之，可分三事：

第一、演變之奇

例如：標準不明，是非不定，形聲譌亂，訓詁支離……因此而小學不振。

第二、景響之害

例如：真理日晦，古義日非，認識既難，說解彌謬……因此而文化不昌。

第三、考正之難

例如：經傳多訛，史料多闕，鼎彝難信，匡訂無資……因此而整理不易。

斯種種者，念之可悲，邦本動搖，豈無關係，職是之故，僕於小學一道，在“另求資證”之先決條件之下，則又認爲大有“積極補救”之必要也。

3. 個人研究甲骨文之動機

顧天下事，言之匪艱，行之維艱。廣集衆知，已似殘星之近曉；另求資證，豈殊合浦之還珠。況當爾許期間，吾黨多憂，匹夫有責。教育之暇，既常須奔走於西南；革命無功，又應付艱難於社會。支持至苦，奮鬥且貧，安有餘閒，用事此學。及至功成北伐，鼎定南都，賢者登龍，庸者附驥，幸逢此會，益少閒情。因之小學方面，向者殷勤致力，常思補救之種種問題，至是乃終爲人事所羈，心有餘而力難顧矣。繼而二十年春，冠掛蘭臺，蟄居桃里，苦嘗宦味，淡盡名心，自春徂秋，多閒不事。“九一八”滿洲猝變，而後傷時有淚，終日無懽，由國而家，因人及己，忽有感於：

——委身革命之不爲功，仗義輕財之不爲德，書生弄筆之不足奇，小技雕蟲之不足立。解紛排難爲人忙，曲突徙薪又誰念。平生奮鬥竟何如，廿載奔波又何爲。名山事業今猶虚，兩袖清風亦徒愧。幸有青箱萬卷書，又有殘龜若干片。似憶先君道此奇，奇中必有真奇味。又憶先師蓄此珍，珍多竟獲懷珍罪。因提往事傷我心，爰奉兹殘爲紀念。小學由來缺憾多，補救還須資料備。寢兮饋兮不敢忘，念兹在兹安可廢。既以斯文當吾師，又假斯文資考驗。敢負千秋不朽資，終信其中有奇味——

於是關門養晦，安貧學圃之餘，僕乃拋棄其它一切姬周以後，不可深信之紀載之工具而置之不問。同時且對於殷虚出土之古代書契，亦即三十年來，海内學人所目爲殷契，卜辭，貞卜文字，殷虚文字，殷商文字，以及龜甲獸骨文字……或又簡稱爲甲骨文字也者，稍一涉獵之下，乃復更進一步，毅然與之結不解緣焉。蓋僕之勉爲肆力於此事也，始焉而若爲夙契，繼焉而忽啓奇知，終則私中折服，五體投地之餘，廢寢忘飧，樂此不倦，拾遺補闕，收穫彌豐，此真夢想不到之意外奇緣，抑亦生平於讀書治學方面，得未曾有之絕大成績，絕大成功，以及妙不可言，樂不可支之非常幸事也。參閲特注（篇末）。

本篇所舉一切事實，篇末特注略可證明。

4. 四十年來各方研究甲骨之缺點

慨自先師劉鐵雲先生發見兹寶，辛苦保藏，堅拒淫胡，富貴弗易，因此而匹夫褢寶，終致不祥。萬里黄沙，孤身遣戍，而卒乃以身殉學，客死於烏魯木齊。此中元委，知者不多言，念及兹，心猶奇痛。胡指端方，而袁世凱亦與其事也。總之先生此案，牽涉頗繁，紅袖青衫，名流學士，交遊南北，多有分焉。曾於白下稍記其詳，惜今亦爲倭所得矣，暇當追筆表之。而後羅振玉既先盗其寶，藉以斂財，王國維以與有因緣，亦攻此學，以至葉玉森，郭沫若，商承祚……諸子彼此又見獵心喜，相從研究已來，此山川異寶，層出不絕之二三十年之間，海内學士大夫，以及專門考古之流，從事於甲骨文學者，其人雖先後輩出，著述紛紜，然自虚心有識之士之眼光觀之，其實皆向壁談天，如出一轍，以今證古，靡不支離，愈解愈奇，誤人不淺，字多不識，尤可慨焉。（參閲特注。）於是僕嘗思之，四十年來，研究斯學之士，留予吾人之缺憾，較之前此所舉三千年來小學方面之舛誤，雖種種問題與性質，彼此不同，然而結果之須要吾人之補救，其事固均已顯然。吾於是無以名之，名之曰——

5. 甲骨學上之疑問

甲骨學上研究方面之疑問，試爲歸納可分四耑：

第一、對於名稱　則究竟目此爲文，目此爲字，如何定義，如何定名？

第二、對於刱制　則究竟始於何代，刱自何人？

第三、對於內容　則究竟孕何精神，具何物質，比較大篆，彼此何如，比較六書，彼此何似？

第四、對於意義　則究竟此爲初起之文，抑係諧聲之字，空間方面如何體察，時間方面如何推尋，始而稽研本何方法，繼而認識用何眼光，由是說明有無標準，互相引證能否貫通？

右舉四端，皆爲疑問，類如此者，均似盲然——

一言蔽之，所謂閟藏已久之寶山巨庫，如甲骨文學者，四十年來，自羅、葉、郭、商……諸君子以下，固皆戶外旁皇，而未能知其鎖鑰之所在也。惜哉，惜哉！（特注。）

6. 甲骨文出土之總數及學者認識之幾何

案甲骨文字之先後出土者，僅據羅、商師弟二人所撰《殷虛文字類編》（?）甲骨所刊，即書契也，考其意義，僅能名之曰文，不當并稱爲字。僕南都所成舊稿，題曰《倉沮遺文正解》，曾附敍所以命名如此之由，惜難中均已失矣。至本篇僕亦沿稱甲骨文字者，蓋求其通俗了解耳，閱者諒之。及附刊《待問編》所載，自承未能認識之七百餘文（?），其數已千又五百。加以各方陸續探求，時有增益，約略思考，殆又近千，雖未盡觀，諒必不誤。何也？巴山流寓中，雖然四顧蕭條，無書可讀，此中碻數，無據可稽。然頃於荒市冷攤所得蔣善國君《中國文字之原始及其搆造》一書，關於此事之統計，固亦指明其文總數，已達於二千又八九百故也。漪與盛哉！神靈呵護中，安陽片土之留以嘉惠於吾人者可觀，如此謂非三千年來，中華文化及考古方面最大之資料也哉。然而此皇皇巨數之文，當世所知，不過小半，小半之內，誤解尤多。成績如斯，能毋愧死，家珍不識，何以自容。由此觀之：

——斯前人不解之文，固待考知其義。而學者相承之誤，尤須校正其非——

7. 個人研究之成績與全部損失之元因

如許問題，所關至巨，包羅偉大，彌可驚人，僕本無才，敢攻絕學。惟於此事特有奇緣，補闕匡謬，每疑天助，忍饑不仕，良有以焉。總之僕於斯學，雖未敢詡爲必是，實不無一得之愚。而前此三十餘年，自童時束髮受書，以至服務黨國之日，對於三千年來一切有關文字之學，私中所具種種褱疑之問題，向所認爲絕無解決之希望者，至是則甲骨書契研究之結果，居然如剝蕉抽繭，庖丁解牛，無一不豁然貫通，令人有深入寶山，步步光明之樂也。（特注。）顧乃書生薄命，文字不祥。二十又六年初秋，全部問題，方幸已謬爲解決，鈔胥繕稿，相期亦可望觀成。是年夏，日人參觀全國美術展覽會，見不才所書琴條及所爲題跋後，曾由其外交人員展轉託某某二公介紹來見，并請觀桃潭小築所藏圖書，終乃示意願聘往彼邦主講甲骨文學。然僕以所爲《倉沮遺文正解》一書，行將脫稿，攜至海外，鈔寫無人，又虞朱儒詭詐，不可信。前輩諸公亦以時局不利，力阻此行，果然不轉瞬間而蘆溝之難作矣。回念玆事，感慨繫之。豈知寇燄然眉，竟與家山同劫，二萬卷之圖書既失，廿餘年之著述皆亡。烏乎！天喪斯文，止堪狂哭，功虧一簣，無可奈何。從玆兩袖郎當，孤身寄旅，徒呼負負，直到而今。言念及玆，方寸猶頗滋餘痛也。

8. 文字與民族之關係及文化方面日趨夷化之危機與其因果

夫此爲中華文化方面五千年來之絕學，賈直之巨，識者猶稀。另有專論，暇再錄陳。孕毓之弘，厥爲史料，炎黃偉蹟，十九在玆，經傳所無，彌資補闕，望文知義，妙不可言，必信必真，儼然良史。次則中華文字，世本無雙，周篆改觀，忽焉亂古，隸興楷變，彌失其真，益以諧聲，彌多僞字，字多而僞，標準乃亡，民苦其難，愈畏識字，舞文之輩，更售其欺，民族不強，莫非無故。拙著有《三千年來中國文字之變亂及其流弊》一篇，其文甚長，不能摘錄，稍俟當印爲小冊以公諸學術界也。迨夫晚近，夷學亂學，淺妄之徒中其流毒，數典忘祖，舍己耘人，獵異矜奇，謬爲新體，託詞美術，直效夷風，不古不今，不倫不類，非驢非馬，自作自師，繁簡方員，一惟所欲，魯魚虚虎，毫不知羞。衮衮圖書，封面之題簽如此；皇皇都市，大書之懸額亦然。而際此舉國艱難抗戰之時期，尤爲吾民族辛苦自尊之機會，乃上自國門，下逮商戶，内如學府，外及彊埸，以至一切服務之機關，大小之報帋，凡有公開性質，與夫宣傳作用之露布、廣告、標語、畫圖……吾人試隨時稍一留心以觀其文字，則所題眉目十之七八竟亦如是焉。烏乎！國於天地，必有與立，民德而外，文化尚焉。迺今文不保真，又從夷俗，民奴化矣，國能立乎？四維不張，此尤甚也。雖然，不自信者，不知自尊，欲令自尊，必教自信，誠如前述：

——中華文字自周用六書已後，籀篆既支離而亂古，隸楷又雜僞而亂真。即如許書（即許氏《説文解字》）九千餘字之紛紜，以及其它字書，均書所收破體別書之複雜——

兩三千載以來，業已令人難置信矣。其中又羼入：

——六書之假藉，喧賓敓主，弊等諧聲——

雖欲不疑，豈能得者。而況我祖邦真正文字之美，如吾人今日見諸龜甲獸骨者，秦火而後，民間早不可見乎？兩千年來，邦人既未能獲見如此妙文而審其美也。時至今日，益以：

——歐風之東漸，夷教之紛來，國勢之不張，學政之久失，取才之重外，遊士之投機——

片片頹風，傾靡一世久之，相沿成習之下，吾人雖欲其對於祖邦通行之文字，力自信而深自尊焉，其勢又豈能得者。凡斯種種，則又不才攻研甲骨文學，而後時梗心頭之感想，抑且認爲三民主義之教育之下，黨國同志所不容忽視者焉。

9. 甲骨文體用之偉大及其對於民族與文化之關係

或問：甲骨文體用之偉大，以及對於中華民族與其文化之關係果何如乎？

曰：總而言之，此秦火已後之絕學，如吾人所攻之龜甲獸骨文字，或名之曰殷虛書契也者，代遠年淹，雖難盡識，望文生義，大旨可思，蘊育之弘，直無涯涘。炎黃偉烈，誠邁宣尼，倉沮神功，彌綸天地，天驚鬼哭，神僊可知。觀感之餘，令人興起，僅云書契，毋乃小之。爰就探討所知，分述體用如次：

一曰內容：

既有羣生，乃興萬事，各具其象，各異其情，芸芸紛紛，豈能盡憶，勞勞役役，或有難通，一一須傳，一一須紀。如是有畫，如是有文，生物日緐，事機日雜，文愈需要，制愈改良，時愈久長，文愈精美。倉沮所作，寔集大成，甲骨所刊，端爲厥品，包羅既廣，興感無窮，探討之餘，可觀有四：

1）可以觀祖宗奮鬥之艱難，以及戰勝環境之能力。

2）可以觀先民知慧之偉大，以及建設事業之天才。

3）可以觀太初文化之精神，以及各種刱造之成績。

4）可以觀上古社會之現象，以及一切生活之源泉。

二曰賈直：

寓事於圖，寓教於畫，傳情欲活，抽象如生，文各一形，形各一義，義無弗正，形無弗尊，無怨無傷，無褻無譃，俗而不陋，莊而不淫，緐而能疏，簡而能信，獨體固玅，合體亦精，標準既嚴，結構斯謹，難則諫果，易則明星，遠於六書，先於篆字，同案：大小篆皆不得名之爲文。文者何？書契肇始之制也。許書自敍亦略言之，姬周已後，失其誼矣。有經有史，可鑒可師，撮要提綱，可珍有八：

1）事物之菁華。

2）精神之表見。

3）生活之意義。

4）教育之功能。

5）社會之規模。

6）法治之成績。

7）歷史之資料。

7）科學之發明。

三曰功用：

六合之中，萬幾一理。有其體者，有其用焉。美矣欺文，豈能獨異。偉哉厥體，況復英奇。取精用弘，自然之勢。致力於此，其益可知。太古文明，沈淪百世。本位文化，光大何期。天不負人，地不愛寶。終存碩果，復啓生機。書契重光，精神不死。起衰振廢，於此何疑。不朽之功，可資有六：

1）動吾人之觀感，振民族之精神。

2）補歷史之闕遺，證古今之風俗。

3）正小學之舛誤，解訓詁之糾紛。

4）清文字之源流，明篆隸之變亂。

5）稽典籍之譌謬，俾真理之發明。

6）減識字之疑難，促教育之普及。

自右觀之，斯文體用之偉大，以及對於中華民族與文化之關係，可徵信已。惜以篇幅所限，舉凡“僕所增釋及校正前人舛誤之一千餘文”中，足以證明如斯，種種之“豐美之資料”未能一一提述於此，備參考焉，亦無可奈何事也。姑舉若干則附注於後，聊資證明。

由前之說反觀吾敵，彼東瀛之島中紛紛考古之徒，耆此奇文，重於邦寶，殘龜片骨，競務搜羅，青出於藍，頗多著述，雖研究仍多舛誤，而用心畢竟可嘉。四十年來，我邦人從事此學者，拘虛舊說，泥古師心，牽就六書，謬爲解說，管窺妄測，成績既微，孤負弘文，彌堪自愧。（特注。）總之，時至今日，吾人如能以“科學之方法”嚴密整理，而亟謀所以提倡補救之道焉。俾兹大寶光華，一線不墜之下，徐焉如幽蘭之扇發，忽焉如明珠之開瑩。由是而一掃重霾，吐爲異彩，則殷虚故都一片土，雖仍不幸而淪陷於人，然如先哲之所喻“亡羊補牢”，匡救尚不爲晚也。凡斯種種，則又不才逃亡入蜀以來，時梗心頭之大感想也。

10. 個人全部著述損失後之如何補救

(此客中思索所得之稿，暇當呈教。)

至於個人已往數年間，先後考釋及校正前人舛誤之一二千字，固皆十載已來，滴滴腦血，苦辛抽索之結晶，心印既深，尚能默記，故全藁雖淪於浩劫，而腦中尚賸有殘痕。入蜀以來，身無長物，茶餘酒後，偶一擂思，隨記隨書，居然過半——顧終以圖書盡失，參考毫無，遺漏尚多，未能全憶，種種資料，尤待賡求，此又今日，個人對於斯學未了之心願也。雖然，僕嘗聞之先儒之訓已：“學不至聖，死不休焉。”學有斯文，聖之至矣，此身不死，敢或忘之，抱璧西來，豈無故者。東南淪陷之後，僕之所以拋棄室家，輕違骨肉，聽其生死，忍我心腸，揮淚無言，含悲就道，單攜長子，奔脱寇圍，冒險衝危，間關入蜀，雖固由於“三十年委身革命關係，不甘奴辱，不肯瓦全，可生則赴難宜先，期盡匹夫之責，必死則保貞完節，毋貽黨國之羞”。而要之“耿耿此心，對於生平所治籀篆金石甲骨之學，不忍因其全藁喪失之故，而遽然廢業，益以傷心發憤之後，猶欲將此不死之身，有用之腦，願天假以清閒之歲月，俾能於西遷抗戰之政府之下，卜得一片乾淨土，重行搜集幾部書，然後從容不迫，聚精會神于已□之業，積極整理而賡其志焉”，則固亦者番蒙難入川之又一心願也。豈知戎馬之秋，斯文亦賤，家山久破，人事猶非，環境愈乖，因緣愈淺，望大江之東去，念妻子之辛危，艱難竟做到黔婁，慙愧更甚於臣朔。益以蒼涼作客，風雀頻興，憂患餘生，水土不服，公私慘迫，情緒紛紜，積久難支，因恒小極，雖年齒尚未知天命，而文思已欲盡江郎，多病不才，至於此極，立言之志，又復蹉跎。萬一天不假年，而萬里無聊以死，則生平所治之學，豈不與區區朽骨，並埋沒哉。嗟嗟！絕學不昌，艸木同腐，區區個人之不幸，姑置弗論，國家文化之損失，爲何如乎?！興念及茲，曷勝危思。

11. 小學及甲骨學上種種研究之缺點如何補救

總之，甲骨所栞乃太古書契之遺制，亦周秦已下一切文字之源泉，關係如何，毋須再說。茲且就前此所述文字學上種種之缺憾，綜爲兩點觀之，并爲此篇之結論。

——甲：姬周作俑而後三千年來“一切文字僞亂之流弊”——類如：A. 演變之奇；B. 景響之害；C. 考正之難。以致：a. 小學因此而不振；b. 文化因此而不昌；c. 整理因此而不易——

種種缺憾，固須從甲骨尋補救之資。

——乙：甲骨出土而後，四十年來“所有書契研究之淺陋”——類如：A. 考據之失；B. 解釋之譌；C. 認識之少。以致：a. 內容雖富不能見；b. 賈直雖偉不能知；c. 功用雖大不能致——

種種缺憾，又須賴吾人謀補救之實。

由此推論，吾人之號爲知識分子，或於文化教育事業，負有相當之責任與關係者，對於如此書契之妙文——所謂五千年來，碩果僅存之至寶，若不廣爲提倡，切實磋研，匡正羣譌，務求真義，俾天下讀書者古之士，不致再爲人所誤。即後生淺學，喜新獵異之輩，復亦了然于此，一一皆明其體而致其用焉，則誠如甲點所賅“一切僞亂之流弊”，豈徒不可掃除，即前此所言“不能自信，不知自尊，化我爲夷，呼人爲父之禍”，或將亦不久而繼茲抗戰存亡之後，洶洶如洪水猛獸，以危我中華民族矣。思維及此，思悚尤深，謂爲杞憂，僕又何說。

12. 個人對於各方之希望

烏乎！哀我命乖，哀我厄重，天忌其業，復喪其文。二十年獨得之菁華，恍親倉史，無量數可珍之資料，足傲鄰君。前者誠獲若寶山，而南都失陷之餘，全部竟淪爲板蕩，後者亦奇於禹鼎，而烽火逃亡之日，滿筐又同付陸沈。由茲萬里漂遊，一身焦卒，家愁國難，意亂神紛，環境不安，生機不鬯。所藏腹稿，雖然尚可成書，因少閒情，終感難於下筆。益以空言莫補，精采已亡，資證孔繁，物色須備，個人於此，綿力豈勝，無可奈何，終難自已。慨茲大業，敢爲無病之呻；貢我愚言，實有非常之望。邦多賢達，士多高明，凡我同文，或我同志，及此"艱難抗戰，加強民族精神，辛苦自尊，恢復本位文化"之日，其亦可以於聲應氣求之下，匡我玉我，俾對於中華五千年來，如此非常，如此不朽之文獻，稍能竟其所志，庶幾於光大發揚之後，毋負我民族祖宗刱造文明，嘉惠子孫之至意，并我先師保存邦寶，以身殉學之志乎！

13. 特注一：甲骨文體用精弘之略證

曩所考知及校正各方舛誤，重爲解釋之一千餘文，雖辯認頗多困難，而內容無不精奇，茲就觸憶所得，擇其較有趣味者，略舉數事於次，以資證明：避難期間，無書可考，即小學生所用字典，并亦無之。身心不定中，率爾抽思，恐難無誤。以下所舉，容有未是之處，它日再補正之，閱者高明，當能見諒。

一、臧　此即臧字，從臣從戈，義當訓爲"臣服于干戈之下，或爲武力所屈服"。

A. 《前漢書》不用藏字，即以臧字代之。換言之，班固固以臧爲藏之正字也。

B. 許氏《說文》則訓曰："臧，善也。"——如臧否人物是焉。

C. 一切經傳又多以爲奴也。——如臧獲是焉。

自右觀之，是一字已兼三義，而"Noun 名詞"、"Verb 動詞"、"Adjective 形容詞"皆可用之，矛盾紛歧，一至於此。倉史造字，有是理乎？平民以識字爲難，非無故矣。試再分別解釋於下：

1）此文即“傖”之母也。——傖之從倉，注音也，亦諧聲制度之下之僞字也。如言傖夫當以用臧夫爲是。

2）此文又具有動義，亦即“搶”、“戧”之母也。——字皆从倉，亦注音也。——故經傳所謂“臧獲”，實即俗語之所謂“搶獲”也。如以英文文法例之，此文之用，蓋與 Verbal-Noun 等耳。

3）夫人既不幸爲俘爲奴，而身賤則處於威權壓迫之下，必恭順矣。於是因其服從惟謹之故，而主人善之，乃又引申爲“臧否”用也。

4）篆書之所以多加一爿而改，如吾人今日所書之隸楷者，實以是爲注音，蓋“爿”即牀床之初起字也。

準斯四解，《前漢書》之用以爲“藏”，誤之至矣。甲骨文之不可不學，及其有功於考據，于此見之。

二、𦬸葬　此即藏字。从人从林，人在林中，不可見也。試略分解如下：

1）藏爲此文之本義。

2）“葬”亦此文後起之變形。

3）篆書作从艸从臧之藏，則以臧爲注音，而略茻爲艸，並渻去人也。（案此在六書變制之下，殊不足奇。）

4）篆書另有葬字，以示與此異，形作葬。其从茻从人者，即𦬸（藏）之變相，亦即以藏之初文爲注音。又从歺，殆表示：A. 歺爲屍骸；B. 歺與人合，又即大小篆之死字（金文死字亦作从歺从人）。意謂死屍在叢艸中也。其實篆書作葬，僅於茻中多加一歺以別之耳。論理藏、葬二字，不可分制，音同義近，□別爲難。試以經典證之，恒多以藏代葬，又常以藏爲去聲。人死而藏，與葬又何以異也。（或曰：篆書葬字，乃以爿爲注音，爿乃甲文莊字，篆誤爲死耳。此言亦粗可信也。）

自右觀之，班君乃真不識字矣。大抵班史誤用之字，類如此者，爲數尚多。韓愈所謂士人作文，須略識字，豈不然乎。

三、舞　此即舞字。从文，示人身著采衣也。从，雙足也。文上之，即右手所持武器矛棒之屬也。（甲文豫字即从象从。）一言蔽之，舞雖作樂，實寓尚武之意也。篆書除所从之“舛”，可以知其爲雙足之誤外，餘皆注音之變，古義幾不可見矣。（案此文之發見，乃余十年已來所考一千餘文中，一得之愚，所認爲最可寶貴之收穫之一也。等於此者，實頗不多，即如“𪆿”字，亦其一耳。右舉臧字，猶其次焉。）

自右觀之，不有此文，何能證知古代民族以舞以樂，不忘武悳之真義乎？（唐代軍中樂舞者，亦須持武器，唐太宗似嘗爲之。客中無書可考，略記如此，其詳則不能憶矣。）

四、冠　此即冠字，从网从人及二手，示舉手加網於頂也。可見先民之冠，不過網巾一類之物事而已，後人奢侈，更爲種種變相，失初誼矣。

自右觀之，不有此文，又何能證知古人之所謂束髮，及其冠禮之所由來乎？

五、它如：

1）不識甲骨文之（𪆿），即不知上古之尚有火山。

2）不識甲骨文之，即不知穠、睦二字之孰真孰僞。

3）不識甲骨文之，即不知古人祈禱之真義如何。

4）不識甲骨文之，即不知“襄”字爲助產工作之表示，及吾人對於婦女時或稱“孃”之起原。

5）不識甲骨文之，即不知“牲”之僅爲太牢與少牢，及苗人大祭止用牛羊，不用豚豕意義之深遠。

6）不識甲骨文之，即不知“亟”之所由變誤，及《大學》“苟日新”之苟，朱注訓解之荒唐。

14. 特注二：各方面研究舛誤之一斑

姑就考釋一事言之，海内學者，除王君國維忠實不欺，及吾友丹徒陳君保之（邦褱）昆季淵源有自外，其餘則穿鑿附會，説解支離，認識不清，荒謬百出，於是閉戶造車，指鹿爲馬之弊，比比皆然。所惜客中無書，不能稽考，僅就記憶所及，略舉數事如次，以資證明：

（一）羅氏（振玉）之誤（其門人商承祚君附之）

四十年來，甲骨學上研究方面之缺點，多不可言，最荒謬者，莫如羅氏，及其高足弟子漢軍旗籍人之商君（承祚）。茲僅據所著《殷虚文字類編》（如此書契，而亦稱之曰字，已大誤矣。本篇已另詳注，茲不再述）已經考釋之七八百文（?）觀之，誤解之多，固屬可怪，左列諸點，尤極荒唐：

1）一字一形，一形一義，古文剏制之定律也。《類編》不知其誼，往往以多數形體不同之文歸内一條，并誤認爲一字，真不可思議之狂變也。舉證如下：

A. 女字條下，又并收入□也。（案此文□下从□。□从二手（許書訓曰：“竦，手也。”實即拱抱扶持之象），形既顯然不同，且非獨體，當然别具一義。據余所考，殆愛字耳。）

B. 御字條下，又并收入□、□、□……□（馭）也。

C. 逐字條下，又并收入□、□……也。

D. 雞字條下，又并收入□、□也。

E. □下，又并收入□也。

F. ? 下，又并收入□、□、□……也。（? 似爲育字□，不甚記憶矣。）

G.《待問編》中，又復□、□不分，□、□并列……是也。

諸如此類，不勝枚舉。

2）以今證古，舉理或可，舉事則相差遠矣。《類編》對於甲文之□，固已認舛，而又目/爲玉環旁視之形，謂古（似指周代）天子不能與臣下直接握手，必以環爲介也。（其言大致如此。）

其寔[illegible]从二手，各在一方，/爲兵杖，即爭字也。大小篆形皆近似，甲文貴字，亦以此爲合體（作[illegible]，亦余所考定），尤可證也。而羅、商二君，竟目此爲爰字，真怪極矣。（如果真是爰字，試問在吾所考定之貴字中，此又作何解說？然而羅氏乃以此爲鍰字，謂[illegible]爲注音，且謂古代罰鍰以貝，後改爲金，故甲文从貝，篆書从金云云。若輩之附會牽強，大率如此，令人爲之一歎。）

右舉諸事，聊志一斑，即此類推，餘可見矣。

（二）郭氏（沫若）之誤

郭君所考，未嘗無取，第自信太過，滋誤亦多。下述數事，可以證也。

1）鬼神怪異之事，孔子且不肎論及，何況樸實如先民者乎？又何況太古文明刱作，如書契文者，對於荒誕不經之事，又絕不取乎？然而郭君竟乃不然。即如[illegible]文，不才數年苦思博考之下，以爲即冕字也，而郭乃釋爲"䫏"（倛）字，似謂此爲鬼頭面具一類物也。（案[illegible]乃冠形，雙口即冠玉，此左右如□□□下垂者。正如許書"冕"下，大徐所云纊紞，或所繫瑱珥之屬耳。此文與甲文之"冠"同閱，妙不可言，蓋人皆作[illegible]，不作[illegible]，一貴一賤，顯然如畫象也。）

2）又如甲文之[illegible]，火、冂、玉、由、干、[illegible]六事之合體也，示火炎出屋，其下子女玉帛，已罹於干戈劫火之灾矣。據余所知，此即毀字，亦燬字也。而郭乃釋爲燔字，說解雖多，其實止左旁从火可信，其他六分之五□無可證也。余之認爲毀或燬者，即以形言之，亦衹有六分之一（即火下之冂）不可證耳。

3）郭氏喜談男女下部私處之事，如以丄、[illegible]爲陽具，并云先民且加以供奉崇祀之類，真可畏之論也。

（三）葉氏（玉森）之誤

蕻漁淺陋，尤復令人齒冷，凖諸賈值，則等諸自鄶已下，本可置之不論。第以此君對於甲骨之學，著書立說，亦不讓人，爰亦略舉其弊如下：

1）葉君所釋之文，謌舛尤夥，往往豪無根據，即下斷言，真如俗諺所謂好大膽也。即如某年爲其友人所書琴條（上海《晶報》曾景印之，似集甲文五言詩一首，寫贈斯報主人余大雄者），文僅八十餘，而誤解竟不下十數（?）。例如以 [glyph] 爲煙，以 [glyph] 爲雞……之類，荒謬無稽，不能盡憶，世有見者，當能言之。（同塵案：[glyph] 即也字，亦即匜之初文，而厠字亦此文第四階段之變相也。又 [glyph] 乃雄字，冠挺岠張，雄姿勃勃。篆書以厷爲注音，亦有所據，蓋厷之甲文作 [glyph]，篆亦略似，作 [glyph]①，總因从 [glyph] 或 [glyph] 之故，取其形近雞爪，庶幾於諧聲之中，猶可略存真跡，藉以明其初誼耳。然而各方學者，至今猶等於葉氏，不能知焉。）總之，區區一事之微，尚且如此，其它全部著作之不足令人徵信，推想可知。

2）鄉曲迷信之說，高人雅坐，尚且不談，何況千秋考據之學乎？而葉君居然引以考證斯文，尤可異也。即如某字（客中無書可證，不能碻憶!），竟謂雷爲神之斧戉，考釋之謬，尤復匪夷所思。

（四）各家考據之通病

1）諧聲之作，久爲厲階，亂古蒙真，誤人不淺，另有專論，茲不贅言。總之，周代以前，有無六書，是爲疑案。據余觀察，并不難知，所謂諧聲，初無此制，斯而弗察，必不能通。然而四十年來，海內甲骨學者，依然奉此爲金科玉律，用證古文，是以研究至今，皇皇書契之妙文，仍多不能識耳。此爲甲骨文學方面，固入膏肓之一般通病也。羅振玉氏之誤以 [glyph] 爲鍰字，即其例焉。

2）洨長許君，生於東漢，尉律早經不課，隸書久已通行，豈徒不見真正之古文，即所謂山川鼎彝之屬，亦未嘗覩其萬萬之一也。（許書所引多秦刻石，是以知之，往儒亦有言及此者。）故其參考既少，所爲《說文解

① 按：據《說文》，“厷”之篆書作 [glyph]。

字》，遂亦因此遺予吾人以不少之缺憾焉。蓋自所收九千餘字觀之，十之七八，胥屬諧聲，是一弊也。（南宋鄭樵傲睨一世，其於儒先，斥之爲顛沛淪沒，如受魅然。自《春秋傳》《禮記》，以至韓非、揚雄，皆斥爲不識六書之義。對於許氏更不謂然，甚且詆爲“多虛言死說，僅知象形、諧聲二書，以成《說文》云云”。惟自同塵觀之，許書之失，非洨長本身之過也。假使洨長生當此日，山川鼎彝而外，又益以如許殷虛甲骨之資料，許君治學之成績，又何可限量也哉！而況《說文》一書，嘉惠吾人，不爲少已。一言蔽之，吾人如不因此書而認龤篆字，即一切鼎彝，亦且無從考辨，何況五千年來，如此可貴之書契也乎？區區個人之誠意如斯，飲水思源，吾終不敢謂許書之弊，即許君學問才力之淺薄也。）字多且雜，真僞不分，是二弊也。有此二弊，於是許書一切說解，與夫種種資料，在今日情況之下，大都乃不可依據。然而各方學者，猶復拘泥此書，始終迷信而不化，於是對於一切古文之研究考證與解釋，輒又牽就其言以爲斷。此亦四十年來，甲骨文學方面，滋訛不悟之大病根也。

3）甲骨文學四十年來，成績之寥寥，誠可歎矣。顧吾尚不能已於言者，即斯學第一之要義，必須一一考證其文，碻能知其爲何字。易言之，欲知書契意義之偉大，與其體用之精弘，必“先識其字”是也。然而研究至今，二三千文之中，各方所知，不及小半，小半之內，誤解尤多。加之凡所認龤之文，胥係易知之字，龤篆字者皆能辨之，所謂“避重就輕，舍難趨易”，殆又成爲斯學方面之一般病態矣。世人或尚有疑吾之言爲失實者乎？則請將各方學者所有已成之著作，及不才十年已來苦辛所獲之成績，互相比較而觀之，即可知其槩矣。

（五）其它及中央研究院

1）甲骨學者，匪止一人，前所指陳，無非舉例。一一解剖，愧有未能；一一抹煞，且亦未敢。賢明君子，盍亦於此少留意乎？

2）或問：國立中央研究院，對於此事固負有責矣，此中成績，未知亦可得聞乎？答曰：唯唯，否否。總而言之，吾輩門外漢，除僅知其若干年來，歲須巨金，從事安陽一帶之發掘，並且延致不少之專家，與夫所謂研究之士，從事戶内探討工作外，其它又何敢問乎？惟記於三載已前，僕以社會熱心之士注意於此之故，曾向斯院賢主政約略詢之，似乎當時并不見喜耳。噫！吾何敢言。

（據手稿及汪保衛抄本整理）

劉鐵雲先生遺札

《老殘遊記》一書，劉鐵雲先生鍔所著也。預言北拳南革，後皆驗。今編輯學校教科書者，錄其“桃花山”一節爲國語文範，尚淺平也。先生文章氣節海內所知。余聞其遺著頗多，深以不獲一一拜讀爲恨。癸亥夏南遊返里，偶檢家傳墨寶，得鐵雲先生與先君論道書一通，寫作雙絕，蓋不啻吉光片羽也。裝池既盡，前輩爭題，其可貴如此。茲錄其原書云：

先生足下：捧讀大著，拜服拜服。僕俗慮淆魂，塵勞溷魄，精消亡矣，故其中微奥之蘊，未能盡達。然蒙兩次辱訪，問道於盲，敢不貢知以報伯樂。古人云：人患才少，君患才多。僕則曰：人患經術少，公患經術多。夫著書立説，所以明道也。書説果可以明道矣乎？六經所以明道，箋注所以明經，何六經出而聖人少，箋注多而通儒絕，則箋注之不能明經，六經之不能明道顯矣。蓋六經可爲道鑑，而不可以爲道範，後世範經，所以道晦；經可釋訓詁，不可釋義理，後世釋義理，所以經晦。莊子曰：“夫跡，屨之所出，而迹豈屨哉?”龍川夫子曰：“六經，聖人所作；聖人，非六經所作。”足下天姿琦異，超羣絕倫，惜乎與經先相處之日太多。僕深慕足下之才過僕百倍，而尤惜其將墮經生小道也。臨別贈言，不嫌其直，願足下少存意焉。珍重。

按：《老殘遊記》所指黄龍子其人，即龍川先生。先生姓李氏，字晴峯，又號平山，揚州儀徵人。清道咸間，石埭周太谷先生星垣，講學揚州，晴峯同邑張石琴、福建韓子愈、安徽陳子華，並爲高弟。太谷病急，使人召晴峯，曰："必斯人至，我方可以死。"晴峯至，侍藥百日而歿。由是太谷之道，一傳於晴峯，時晴峯年二十餘耳。嗣後遊四方，以傳道自任。石琴亦講學於山東，聚徒日衆，男女門弟子及四方人士，攜室家相從者，多至萬人。祭孔子必用古衣冠，禮節多復古。巡撫閻敬銘檄石琴至，曰："不則以炮洗其居。"石琴乃與其徒闔戶自焚，死者千餘人，絃誦之聲不絕。此同治五年事也。太谷之學，尊良知，尚實行，於陸、王爲近，又旁通佛老諸說，不事著作，遺言爲弟子所記者，號《太谷經》。晴峯著書亦不多，其學再傳於泰州黄隰朋葆年①。黄爲泗水縣十年，被薦入都，非所願，遂棄官而歸。歸則屏絕名利，授徒於蘇州，記述稍富，然皆一本晴峯。其門弟子多士林敦品者，世稱爲黄門云。鐵雲先生與黄爲葭莩親，而與先君尤莫逆也。偶閱《大獄記》，附載山東學禍事至悉，爰錄其大概如此。

說　明

汪涵光

劉鐵雲先生與先祖作舟先生爲同年舉人。作舟公善治《易》，鐵雲先生曾與之書疏往還。所寫親筆信札，曾被先君攜至南京，抗戰軍興，悉散失矣。今整理先君遺作，得《劉鐵雲先生遺札》一文，乃先君記述檢閱家傳墨寶，得鐵雲先生與先祖論道書札一事，並錄其原書。頃閱劉蕙孫先生標注之《鐵雲詩存》，其中《述懷一首》中有"余年始弱冠②，束脩事龍川。雖未明道義，灑掃函丈前"之句。適先君在《劉鐵雲先生遺札》中，對龍川及其同邑張石琴傳太谷之道及山東學禍事記之較詳；且劉蕙孫先生在《鐵雲詩存》跋中有"海內同志儻見有未收遺詩抄示，尤爲感激"等語，故特將

---

① "其學"，原作"其書"，據清虞山黄人輯《大獄記》附《龍川先生詩鈔跋》改。

② "始"，《鐵雲詩存》卷一作"初"。

《劉鐵雲先生遺札》一文抄錄，公之於世，以饗讀者，並獻與鐵雲先生後人劉蕙孫先生。

1984 年 4 月

（原載南京師範大學圖書館、中文系資料室編：《文教資料簡報》，1984 年 7、8 期合刊，第 140—143 頁）

遊靈谷寺記

乙卯二月，白門鍾英中學□有靈谷寺之旅行①，屆春假也。是日，諸生濟濟，軍樂洋洋，魚貫雁行，列隊而去。予則於午後一時許，策馬往焉。惟時風和日暖，芳草怡人，野色迎眸，春光明媚。經皇城，過史公祠，出朝陽門，蕭蕭急駛，直指鍾山，隱約雲峯，感人壯志。行數里，漸入羊腸小道，屈曲崎嶇，層巒起伏，痡瘏委頓，我馬不前，不得已徒步挽之。途遇樵子二人，一老一少，顧予而告曰："先生誤矣，由此而往，紆迴且三里許。"因是而知斬關拔寨，臨水登高，固非鄉導莫可。既至，則萬松蒼翠，環抱紅垣，溪水淙淙，鳥聲啁啾，始信塵囂俗惡，粟六可憐，競逐名場，無非一夢。亡何，履聲橐橐，諸生已逝罷歸來②。余以上人招待之殷，姑入禪堂小憩。時有碧眼兒數人，偕婦女三五輩，聯袂而至，蓋美國傳教者也。山僧好貨，苦於言語莫通，笑態溶溶，浼余款客，遂爲之作舌人焉。𠷎談既久，天垂暮矣，顧佛前香火猶虛，乃出一金爲壽，僧虛辭，而燦燦二者，已納之入袋，西人亦一笑付之。既別，趁此夕陽，加鞭遄返。歸後，汗透春衫，倦極而臥。回思此行，乃走馬耳，時間匆促，孤負名山古蹟，殘碑未能寓目，豈不恨哉。

惟據方丈語余云："寺於明洪武十四年，自蔣山移來。"其源肇於開善，創造之初，規模宏闊③，後以屢被火災，迥非舊制。歷代帝王卿

---

① "鍾英中學"下字，原本漫漶不清，疑作"校"。

② "逝"，疑當作"遊"。

③ "闊"，疑當作"闊"。

相，詞人名士，遊斯山者，多有吟詠。按舊有寶珠峯，上爲翠微寺，天氣晴朗，可眺廣陵。一人泉在北高峯絕頂，古法雲寺之側。餘如宋熙泉、應潮井、彈琴臺、九日臺（按《南齊書·武帝紀》："九月九日，出商飆館，登高宴羣臣。館在孫陵崗，世呼爲'九日臺'者也。"）、招賢館，皆名跡也。而尤足令人景慕者，爲昭明讀書臺。然此皆靈谷寺未遷時之陳跡耳。今茲所存者，乃無量殿、寶公塔、屏風嶺、琵琶街、景陽鐘諸勝。其最奇者，則說法臺旁之八功德水，一清，二冷，三香，四柔，五甘，六淨，七不噎，八除疴之謂（《法苑珠林》云：佛經言須彌山下大海中，有八功德水。八功德者，一甘，二冷，三軟，四輕，五清淨，六不臭，七飲時不損喉，八飲已不傷腹。其說與此稍異。又《清一統志》云：八功德水，在雲南賓川州雞足山巔[①]。水出飛崖下[②]，僅容一瓢，四時不竭。是八功德水，當共有三處矣）。昔寺僧法喜，以居無泉，禱求西域阿耨池七日，掘地得之。梁以前取以給御。或云梁有胡僧寓錫山中，乏水，山龍爲溢水，以成是池。池故在峭壁寺東，自遷誌公塔，水從之而湧，舊地遂涸，人多異之。然今則榛荊蒙茸，無復涓滴矣。聞寺有三絕碑，今亦無存，云燬於火也。三絕者，張僧繇畫誌公像（考《南史·隱逸傳》，寶誌禪師，金陵東陽民朱氏之婦，上巳日聞兒啼鷹巢中，梯樹得之，舉以爲子。其後出家，專修禪，披髮徒跣，著袍往來皖山劍水之下，以翦尺拂子掛杖頭，負之而行[③]。又考鄒平醴泉寺有誌公碑，碑陰鐫誌公像，文爲瑯琊王筠所作行書也），李太白贊，顏魯公書也。且舊有誌公法衣革履，吳道子繪折蘆渡江、烏巢佛印、三教畫壁，今皆不見。桑田劫火，能不憮然。又考《靈谷寺記》所載，斯

① "山"字原闕，據《大清一統志》卷三七八補。

② "下"字原闕，據《大清一統志》卷三七八補。

③ 按此處所述釋寶誌事，見於宋釋普濟撰《五燈會元》卷二等書，《南史》卷七六《隱逸傳》無載，疑爲誤記。

寺原爲開善，開善原爲寶公塔而建，自梁迄明初，已達八百六十餘年，則靈谷寺之源流，當綿衍千餘載矣。故研究茲寺之掌故者，先必求之鍾山。鍾山多名人志述，與寺之肇基固大有關係，余之所記，不過一斑云爾。

（原載《民蘇報》1916年11月8、9號第七版，署名慟塵）

雍和宮遊記

余耳雍和宮之勝也久矣，而三客京華，未遑一覽，豈吾人之遊名山古刹也，亦有緣法耶。民國四年夏，復有都門之行，晝暖天長，索居無俚，雖與淩子翼支等高歌狂飲，日夕過從，而回首白門，終不勝天上人間之慨。八月十九日，亞山丁子（學潛航艇於美利堅），萬里書來，詢以登臨之樂，因會清世宗舊邸，固亦渠所心慕，而欲遊未果者，則吾又安能不一瞻其跡，報我故人以鴻爪乎？雖然，吾嘗聞之稗史家之言矣，雍和宮者，固一莊華燦爛之區，玉宇玲瓏，非尋常寺觀所能與之媲美，而何以舊朝屋社，竟亦頹敗至於是哉？烏乎！禾黍離離，不堪憑弔，興亡家國，誰羨帝王。此吾之所以傷心，而每讀煙雨樓臺之句，不禁黯然而長歎者，然則余之記此，豈僅文人之餘興也歟。乙卯秋日慟塵志於宣南客舍。

雍和宮居京城之北，附近爲國子監，非繁盛地也。八月十九日午後一時，予與淩子翼支，聯袂而往。惟時炎日逼人，淫汗如雨，途經北海，頓覺暢懷。瞥眼則綠荷點水，翠柳迎眸，畫閣依稀，紅橋隱約，不獨風涼氣爽，秀色怡人，一片狂然，賴茲洗滌，而遙望十刹海之佳景，尤令人低徊神往，莫忍釋焉。過北海，經鐘鼓樓，出後門，則撲面黃塵，又增煩悶。車轔轔，馬蕭蕭，行行復行行，幾有一步一卻之概，回念江南天上，能弗慨然。

既至，則就草地而坐，略事休憩。其時已有廟祝數輩，佇俟於斯，蓋欲藉引道之勞，冀博逝資也①。坐少頃，乃入內參覽。宮外牌坊三座，屹然矗立。東坊之額曰“四衢淨闢”，曰“慈隆寶口”；西坊之額曰“福衍金河”，曰“十地圓通”；其向陽者，尤較爲壯皃，所題之匾，一爲“羣生仁春”，一爲“寰海尊親”。吾儕由西坊入，蒼松蔽日，碧草抱途，就表面觀之，不過一尋常古刹耳。進朝陽之牌樓，甬道甚闊，惟綠槐古柏，雜植不齊，未知斯宮者，何以弗事修飾也。

正門凡三，高不逾丈，門作半弧形，剝落之狀，殆如白下明陵，滋人悲邑也。進此爲昭東門，匾書漢、滿、蒙、藏文字，分四列。過昭東門則有四亭，依隅而建，方者二，八角形者亦二，詢之寺人，蓋鳴鐘擊鼓處也。再後乃爲正殿，殿上之額題曰雍和門，亦書以四種文字。殿外狻猊一對，高約丈餘，色青碧，係古銅所錢②，較之頤和園中所鑄者，其寶貴殆尤過之。

循西垣入爲第二殿，曰雍和宮。殿前寶鼎一尊，左右有石獅各一，方亭位於中央，蓋建碑處也。碑高二丈餘，爲高宗所撰，字微難辨，特費半小時□之③，以見清代崇奉喇嘛之原始也（碑文附後）。殿基甚高，幾與吾肩相埒。兩旁階欄，僉係黃瓦碧磚所砌，美觀已極。東西兩廊爲樓房，每處約七八間，一誦經室，一講經堂也。講經堂外，有經盒一對，位於廊之兩端，殆類農家所用轆轤，可依軸而轉，惟盒作六角形，非圓柱體耳，色紫黝，上書“唵”、“嘛”、“呢”、“叭”、“咪”、“吽”六字，梵文也。

第三進號永佑殿，殿中塑金身巨像三尊，詢之，名長壽佛殿，高數丈，陰森可怖。其內所設者，不過長幡大幔，以及僧家一切應用之鐘鼓磬鉢等事而已。惟足有令人駭目者，則神座之下，兩旁有長凳，凳上有物，

① “逝”，疑當作“遊”。

② “所錢”，原文如此，“錢”字疑誤。

③ “小時”下字，原文漫漶不清。

長約一尺五寸，黄緣赭結，形若巨蝦，依次而列，不下數十，撫而察之，始知爲喇嘛僧冠。夫以如許既大且重之帽，覆之於首，不亦大可奇耶?

由殿西入至法輪殿，殿宇高聳，迥出恒常。屋顛建三小塔，咸作尖形，較之天主教堂，相差無幾。殿前有方亭二。東西兩廊，各有偏殿五間，亦祀佛處也。

過此再前，爲大樓，樓三層，額曰大佛殿，第五進也。殿上之匾曰“淨域慧因”，再上者曰“圓觀寶應”，聯文爲:“慧日麗璇霄光明萬象，法雲垂玉宇安隱諸方。”殿内陰沉幽暗，寒氣徹人，雖時值盛暑，亦覺凜凜也。兩壁張錦幕，多繡以種種神怪、金剛、天女、鳩婆、魔鬼之屬，凡爲内典所載者，無不栩栩如生。殿中塑金身如來一尊，魁然岸立，右手持長旛，翹首望之，不見其頂。至是，道者遂告予曰:“先生亦知此佛係獨木所彫成乎?”予聆言，始恍然悟。蓋昔嘗聞之於人矣，雍和宮有大佛焉，其高也七丈，其廣亦十餘步，即乾隆時，雲貴總督某公所貢之沉香木，所爲上之梓宫，後乃施捨於此，因其材以建者，故世俗呼曰“沉香佛”焉。今觀巍巍寶相，始知傳聞匪誤，而益信天生良材，竟有如是之茂者，則刻木爲舟之語，又豈誣耶。

大佛殿之後，乃綏成殿。殿爲樓凡七楹，至是則止步矣。蓋宫内正殿，不過六進，前後貫通，並無所謂曲折玲瓏，可以目爲鉤心鬬角者也。且歷年既久，粉堊模糊，衰草殘垣，荒涼可慨，余之躬臨此境，又奚信二百年前，固亦石家金谷也（昔世宗在位時，常聚滿、蒙、回、藏各部妖妃，及番僧活佛等於此，作天魔舞，以獻色相，□燭高燒，萬燈齊耀，肉身裸體，備極穢邪淫蕩之態）。或謂世宗登極後，煌煌私邸，既崇奉喇嘛，則玉宇瓊樓，舊觀當改，吾儕今之所見，其非王家之真氣象，可斷言焉。斯説也，當非無稽之論。惟余嘗一登太和殿，而人覽大内之勝矣，目擊乎幽房曲戶，畫閣崇樓，無非棟宇崔巍，龐然廓大耳，何曾得雅人風趣，而知所以點綴之道哉。即以滑稽之語論之，當夫朔風凜冽，氣冷天寒，似此巨廈，初與冰窖何異，而況庸工拙匠，所能粉而飾之者，又無非等於廟剎耶。故吾之觀於今日之雍和宮，而知皇皇貴胄之知識，亦不過如斯爾爾。

當吾儕未來之先，固久欲一窮此中特别之怪相，怪相爲何，即稗史爭傳之偶像，所謂歡喜佛者是焉。夫菩薩慈悲，對於一切衆生，皆大歡喜，初無足怪也，而何以雍和宮之有歡喜佛，獨能啓人譏諷耶。於今觀之，始知淫態穢形，本不當舉而述之，以污筆墨，第以遊記乃誌實之作，似弗應删略不書，代諱其過也。

法輪殿之東，不有偏殿五楹乎？其中所建者，即歡喜佛也。按宮内諸殿，平時均嚴扃，遊客至，必察其爲上流人物，始啓而納之。每殿司以番僧一人，專掌鎖鑰，各有職守，故欲入内禮佛者，必先予以遊資，否則不納。吾儕來時，囊中錢固纍纍甚富者，孰意一路揮來，已不覺羞澀，而瞻觀歡喜佛，尤賂給不貲，蓋彼輩亦視此爲奇貨可居也。兹試述之。

斯殿偶像，最爲離奇。吾儕所見，初僅爲豺虎熊豹之屬，而青面獠牙，持叉握劍，猙獰兇惡之四將軍者，亦建塑於兹。繼而仰觀神座，并無所謂歡喜佛，現歡喜身，呈歡喜象，而足引人歡喜者。蓋金像五尊，固與尋常菩薩無異。翼支曰："否，子不見佛之下部，裹以黄綾耶？試令啓之，當得歡喜之證。"余曰："然。"乃命蕃僧解而示之，渠不聽，強之不行，賄以資亦不行，最後金錢與權力並進，始允一洩春光，爲吾儕開歡喜眼也。然該僧至是，亦已悚懼失狀，蓋此中秘密，固不欲輕示於人，且教律綦嚴，義僧奉之如法故，吾迫之爲此，毋怪其惴然滋畏焉。籠紗既揭，依舊莊嚴，余幾爲之失望，而該僧催促，急欲掩而藏之，尚以爲一枝紅杏，固已出牆來者。余不遑顧念，乃一躍登□，於是大放光明，風情畢露，而余詳察之餘，亦幾掩目而去。君子覩於斯，不禁喟然歎曰：善哉，善哉！歡喜禪豈作如是參乎。佛法廣大，不知衍其正恉，普渡慈航，而乃變本加厲，以媚昏主，反善爲惡，斯誠不可赦矣。蓋巍巍寶相，雖曰纓絡珠垂，而足下所踐，則雙雙歡喜佛，裸體相偎，備極不堪之態。且尤足令人奇詫者，一則玉腕冰肌，明眸皓齒，一則魚形獸狀，膚黑軀斑，美惡不齊，妍蚩莫敵，陸離光怪，想入非非。即以人情論之，似此亦不應歡喜，而況我佛如來，本空色相，六根清淨，五蘊胡存，邪像誨淫，社會所禁，奈何皇皇潛邸，竟容有如許之醜事耶。吾觀斯，吾知當日禁掖中，殆尤有甚於此者矣。噫嘻！驕奢淫佚，酒色聲歌，又何怪革命一呼，於茲屋社也。

覽畢則又觸念一事，蓋雍和宮之特色，除沉香佛、歡喜佛外，其膾炙人口者尚有金鑲玉佛。急覓僧道觀，僅一旁殿（大佛殿東）中所供之小佛耳，佛號長壽，高尺許，置玻璃匣中，純係真金製成，並嵌以美玉，故世俗以金鑲玉呼之。於此驗鄉諺“有眼不識金鑲玉，錯把黃金作廢銅”，非無本也。

遊賞殆遍，又於偏殿中（即藥王殿），一覩藥王城之模型矣。城名載於內典，天竺之聖境也，藥王亦千佛之一，其歷史如何，茲不贅述，余之所志，僅就形狀而言。按城作四方形，仿佛吾人所居之水閣，巍峨之頂，又如西式曬臺，上下二層，周圍有闌干，玲瓏入妙，其下爲池，池中芰荷，作盛開狀，固恍若衆香國也。模型爲銅製，神工鬼斧，頗驚其能，高尺許，廣亦如之，其外則罩以玻璃巨匣。覩於斯，而知真跡之勝，當不止此。

惟時夕陽在山，天垂暮矣，乃急偕翼支出。行經誦經堂，則喇嘛數十人，方暮課也，遂又破數分鐘之光陰，一察其狀。堂中有方座，施以長旛繡墊者，教主之位也，羣僧則分行趺跏，各就膝前矮几，揚聲梵唱，鐘磬鐃鈸之屬，罔不備具。經卷所載，係蒙藏文，喃喃之聲，彷佛夏蚊之嗡嗡，溪蛙之嘓嘓，倘宵深人靜之候，隔垣聽之，鮮有不驚爲怪吼者。且當梵誦之時，不見其唇之張，齒之動，惟見其目灼灼，笑團團，盼顧頻仍，呵欠屢作耳。長者年近四十，幼者不及成童，面目黧黑，齷齪不堪，而裸體著紅氅毿，尤屬可笑。其本來皮膚，固非如此，不過天生污穢，不知所以修潔之要耳。誦經之頃，胡笳亦有時而作，其聲嗚嗚，如驢鳴，殊令人捧腹不置。至於老喇嘛（或謂教主），裝束亦如之，惟足著緞靴，頗饒有官氣，觀其蹀躞堂中，一若塾師之課徒然，且時時與羣僧耳語，或孳孳而笑，初莫明其何故，或者見予輩歐服，而反引爲怪異耶。

日人辱我之紀功塔　既出於牌樓之左，忽覩一巋然石座，似塔而非塔焉。舉眸矚之，則一金裝之佛，固塑於其中也，座高約三丈，石質亦潔白可愛，初不知屹然建於此者，果係何故。詎吾儕正佇視揣測之際，一御人力車者，忽趨前告余曰："先生亦欲知此中之歷史耶?"余聆其詞之修，而言之不俗也，訝甚，遂施以禮貌，而詳詢之。則御人乃答曰："庚子之役，局勢飄搖，各國聯軍驅京騷掠，日軍大隊既入，首先即達斯宮。迨條約定，和議成，日人遂於此立塔塑佛，延僧建醮，名曰都門屠戮之慘，爲我華民造福，實則誌其功績，以垂不朽，斯誠吾人之國恥紀念哉。"余曰："彼又胡爲塑佛，勒碑於此，不更佳乎?"曰："先生謬矣。東瀛崇佛教，亦取同流之義耳，志我之辱則一，又奚碑塔之分耶?且建石於此，轉足滋我敵愾，日人狡獪甚，實不願爲之。"余聞言太息不已，不謂厮臺走卒中，竟有此洞達掌故，深懷國恥之人。彼高車駟馬，狗苟蠅營，日徵逐於利祿之途者，能不對之媿色。且斯人儀表不陋，吾知其必曾讀書識字，而明於大義者也，吾又安能以其貧，而並亦賤之耶。惜當時倉卒，未及一詳其姓氏，故至今思之，猶以爲恨。噫嘻！英雄生草莽，大陸起龍蛇。千古才人，半皆潦倒，彼猴而冠者①，又烏足道哉。

附録雍和宮碑志（注略）

佛法始自天竺，東流而至西番②，其番僧又相傳稱爲喇嘛③。喇嘛

① "猴"上疑脱一"沐"字。

② "至"，原作"自"，據清高宗撰《御製文集》三集卷四《喇嘛説》改。

③ "其番"二字原闕，據清高宗撰《御製文集》三集卷四《喇嘛説》補。

之字，《漢書》不載，元明史中，或訛書爲剌馬[①]。予細思其義，蓋西番語謂上曰喇，謂無曰嘛，喇嘛者爲無上[②]，即漢語稱僧人爲上人之意耳[③]。喇嘛又稱黄教，蓋自西番高僧帕克巴，始盛於元，沿及於明，封帝師、國師者皆有之。我朝惟康熙年間，祇封一章嘉國師，相襲至今。其達賴喇嘛[④]、班禪額爾德尼之號，不過沿元明之舊，換其襲勑耳。蓋中外黄教總司以此二人，各部蒙古一心歸之[⑤]，興黄教即所以安衆蒙古，所繫非小，故不可不保護之，而非若元朝之曲庇諂敬番僧也。其呼土克圖之相襲，乃以僧家無子，授之徒與子何異，故覓一聰慧有福相者[⑥]，俾爲呼必勒罕（即漢語轉世化生人之義），幼而習之，長成乃稱呼土克圖，此亦無可如何中之權巧方便耳，其來已久，不可殫述。孰意近世其風日下，所生之呼必勒罕，率出一族，斯則與世襲爵祿何異，予意以爲大不然。蓋佛本無生，豈有轉世，但使今無轉世之呼土克圖，則數萬番僧，無所皈依，不得不如此耳。去歲廓爾喀之聽沙馬爾巴之語[⑦]，刼掠藏地[⑧]，已其明驗。雖興師進剿[⑨]，彼即畏罪請降，藏地以安，然轉生之呼必勒罕，出於一族，是乃爲私，佛豈有私，故不可不禁。兹予製一金瓶，送往西藏，於凡轉世之呼必勒罕，衆所舉數人，各書其名置瓶中，掣籤以定，雖不能盡去其弊，較之從前一人之授意者，

① “書”，原作“尚”，據清高宗撰《御製文集》三集卷四《喇嘛説》改。
② “爲”，清高宗撰《御製文集》三集卷四《喇嘛説》作“謂”。
③ “僧人”，清高宗撰《御製文集》三集卷四《喇嘛説》無“人”字。
④ “其”，原作“我”，據清高宗撰《御製文集》三集卷四《喇嘛説》改。
⑤ “一心”，原作“正”，據清高宗撰《御製文集》三集卷四《喇嘛説》改。
⑥ “覓”，清高宗撰《御製文集》三集卷四《喇嘛説》作“必覓”。
⑦ “馬”，清高宗撰《御製文集》三集卷四《喇嘛説》作“瑪”。
⑧ “地”，原作“生”，據清高宗撰《御製文集》三集卷四《喇嘛説》改。
⑨ “師”，清高宗撰《御製文集》三集卷四《喇嘛説》作“兵”。

或略公矣[①]。夫定其事之是非者，必習其事而明其理[②]，然後可。予若不習番經，不能爲此言。始習之時，或有議爲過興黄教者，使予徒泥沙汰之虚譽，則今之新舊蒙古，畏威懷德，太平數十年可得乎？且後藏煽亂之喇嘛，即正以法，元朝曾有是乎？蓋舉大事者，必有其時與會[③]，而更在乎公與明。時會至，而無公與明以斷之，不能也；有公明之斷，而非其時與會，亦望洋而不能成。茲之降廓爾喀，定呼必勒罕，適逢時會，不動聲色以成之，去轉生一族之私，合内外蒙古之願。當耄近歸政之年，復成此事，安藏輯藩，定國家清平之基於永久，予幸在茲，予敬亦在茲矣[④]。

乾隆五十有七年歲次壬子孟冬月之澣御筆

（原載《民蘇報》1916 年 11 月 18、19、21、22、23、24、25 號第七版，署名慟塵）

---

① “矣”，原作“若”，據清高宗撰《御製文集》三集卷四《喇嘛説》改。
② “而”，清高宗撰《御製文集》三集卷四《喇嘛説》作“而又”。
③ “會”，清高宗撰《御製文集》三集卷四《喇嘛説》作“其會”。
④ “亦”，清高宗撰《御製文集》三集卷四《喇嘛説》作“益”。

登陶然亭記

京師爲歷代帝王之都，匪獨冠蓋紛紜，人文薈萃已也，而名山勝蹟，亦有足稱者焉。至於陶然亭，尤爲黄花時節，騷人詞客吟咏流連之所，讀《花月痕》之豔史，可知大概。余髫年時，先子會試歸，嘗言其盛，心羨慕之，爲之神往者久矣。光復後，風塵浪迹，三客京華，人事忽忽，登臨未果，而每讀先姑母題壁之作，未始不悵然於衷，引爲恨事。去夏寄食斯邦，以炎暑故，欲遊屢輟。寒食日，天晴氣朗，日暖風和，夕陽殆墜之候，攜酒扶笻，蕭然獨往。一片願心，於茲始了。歸後遐想，觸景傷懷，追昔撫今，不勝有塵海滄桑之概。此余之所以有記，而不忍虛負此行也。

亭居京城西南，其地爲黑窰廠，與先農壇相去匪遠，附近則有龍泉孤兒院在焉。言其景色，不過茫茫一荒野中，憑邱而築之慈悲古刹耳。淒涼荆棘，寂寞蓬蒿，者番登臨，既不能慰十年來之夢想，抑且引人愁思，於以見文人墨士寫情於字裏行間者，無非虛藻浮辭，爲點綴佳作計耳。然或者白雲蒼狗，繁華代謝，留此陳跡，未始非後人眼福，轉念及此，似又不足悲焉。考斯亭之沿革，由來已久。余譾陋，未敢歷溯其跡，姑錄其碑志，以實吾記。

碑文爲清光緒二十三年邑人步青雲氏所撰，敍述甚詳，蓋時方重修也。文曰：

宣武城南慈悲院，供奉大士像，院内石幢，署遼壽昌五年建。此廟創於遼道宗時，修葺於金天會九年，至國朝康熙間，又重修之，皆有碑記，以志其始末。夫人事代謝，俛仰之間，已爲陳跡。昔之棟宇崔巍，丹黝輝煌者，不數紀而轉爲敗瓦頽垣。獨此廟自遼而金，而元而明，以逮我朝，兵燹迭經，而屹立獨存，巋然如魯靈光，蓋神之廟食久矣。同治間，欒楶廡庩窳且圮，住持昌榮宏修淨業，前後兩殿，頓復舊觀。其内陶然亭，康熙間部郎江藻所逮建，取白香山"更待菊黄家釀熟，與君一醉一陶然"之句以名之。又名江亭。地舊卑陷，周甃以石，乃聳然高出。上建文昌閣，高二十尺有奇。並構南西北三廳，爲觴詠所，均經昌榮重修，益以後廊八間，更覺寬敞。間嘗於春秋佳日，登樓縱目。近則陂澤替演，菰蘆所繁，遠則窰臺對峙，抱勢爭高。其南則周牆繚繞，古樹雲平，雉堞森列，實地之奥區神皋也。其西則積山萬狀，爽氣豁眸，又天然一幅圖畫焉。景非一端，狀乃萬族。凡四時之開闔，雨晴之晦明，風月之清美，隨時流覽，無不見所見以去，信乎其陶然也。余居距斯亭約半里許，與昌榮時相過從，落成而求序于余，爰走筆而爲之記云云。

其他一碑，亦所以誌觀音庵之肇基也，剝落模糊，不可辨識，僅讀其署款，爲"賜進士第文林郎内弘文院侍讀北平田種玉時康熙二年癸卯春也"二十七字耳。由斯而觀，區區此刹，屹立於天地間，歷覽興亡，固不知幾經刦火矣。噫嘻！圍棋場上，逐鹿爭長，色色空空，寧知幻夢，慨英雄之不再，覩風景之依然，横覽中原，不免有山河之感，此元遺山之所以傷心而哀中年之登覽也。

距亭約數百武，有小邱焉。其上瓦屋數楹，隱沒於楓林古樹間者，鄉人所謂花神廟也。推窗遠眺，方慕其點綴之佳，山僧忽指而告余曰："先生亦知此豔跡之歷史耶？斯即數百年來名士爭賞之鸚鵡塚，或傳爲香妃塚者是也。"余聆言，俯仰低徊，爲之浩歎不置。美人遺恨，供黄鳥之悲鳴；豔質成塵，伴青山之不朽。後之過其墓者，誰復欷歔憑弔，而知此中枯骨，固一代之傷心人耶。佇覽移時，忽忽若失。天垂暮，乃復遊他處。壁間淋漓墨蹟，多係過客題句，讀之惜乏佳作，而益歎風流雲散，古今固不可同日語也。惟古閩陳某所題之一律曰："一雁横天落葉空，蕭蕭鐵馬起西東。邯鄲歌舞浮生外，黄漢江山夕照中。淚墮殘碑徒（原詩爲空字，似嫌重複）寄恨，魂銷秋草歎飄蓬。謝公此日多惆悵，繼續殘煙萬里同。”感慨流露，尚得詩境。其最足令人噴飯者，不妨錄之以供一笑。詩曰：“我本公璞王姓郎，少年失怙守父喪。生平志高不得地，致使雲遊歷四方。”其下則署曰：“昔日充差，曾到此亭，一望四野，甚爲嘉暢。今日辭差，復來此遊，偶思其身事，故作此詩以訂云云。”讀此益捧腹不置。禮佛畢，入禪堂小憩，沙彌煮茗至，品之，如飲甘露。亡何方丈出，遂又與之攀談。寒暄之餘，漸言及先人舊事，不禁爲之淚下。蓋曩昔先姑母隨宦都門，常集詞媛登亭題咏。（張人駿制軍之冢媳，吳敬修太史之夫人，皆當時同社也。）一時名姝閨秀，聯袂過從，冠蓋京華，稱羨弗置。值滸岑家姑丈修史翰院，先子又遊歷斯邦，此荒涼寂寞之陶然亭，向之車馬稀疎，人跡罕至者，遂一旦而爲文人雅社。今者先子及先姑母謝世已久，十八年之往事，亦恍若雲煙，而老僧念舊，尤歷歷言之，此余之所以驚喜交集也。寺中聯額甚多，要皆名人手筆。門端“陶然亭”三字，氣勢雄古，即江藻所書。聯句之佳者，則以“小玉雙成連環珮，寒山拾得舊松枝”爲最。同鄉吳心穀先生亦特賞之，故附誌於此。遊畢，御人駕車至，因留詩兩章而別。閱三月，復與胡子品三日暮往遊，亦得詩二首，茲並存之，聊博一粲。

乙卯寒食陶然亭題壁

獨上江亭縱目賒，長天聳堞雁行斜。蓬蒿處處埋荒塚，蘆荻蕭蕭起暮鴉。斷碣殘碑高士跡，竹籬茅舍野人家。登臨不減茱萸思，喜得山僧舊事誇。

塵世煙花悲蛺蝶，江山無語夕陽紅。雞鳴未醒莊周夢，兔窟爭輸崔烈銅。擾擾何妨參色相，兢兢胡必計雌雄。百年人事如相問，六代興亡古刹中。

日暮偕胡品三復登陶然亭有感

爲話滄桑倍惆悵，浮生憂樂古今殊。美人香草哀鸚鵡，楚客天涯唱鷓鴣。題壁應慚塵拂面，登樓安得雁傳書。蒼茫別有豪情在，辨徑歸來莫笑愚。

恨到無聊擊唾壺，何妨攜手訪禪居。忽聞長嘯驚山鳥，頓悟忘機造野鳧。縷縷炊煙籠遠樹，悠悠明月伴歸途。騷人多慕黄花節，縱少黄花我亦娱。

（原載《餘興》25 號，1917 年，署名汪慟塵）

《評九尾龜》附誌

《九尾龜》一書，海内風行久矣。然以誨淫故，致士林有譏之者。茲見田蓬君與上海《民國日報》記者成舍我君評論一篇，頗足爲小説家棒喝①。爰亟錄其全文如右，閱者其細味之。慟塵附誌。

（原載《民蘇報》1917年2月7號第七版“棒喝”專欄
田蓬投稿《評〈九尾龜〉：敬告張春帆先生》文後）

［附錄］評《九尾龜》：敬告張春帆先生

田蓬投稿

“推襟送抱”四字，舍我先生以爲當作“别解”，春帆先生以爲應作“正解”，雙方辨論，據鄙見觀之，均屬辭費。蓋春帆先生承認，此四字應作兩心相許解，則試問素昧生平之男女二人，忽在影戲場中兩心相許，此爲何等事乎？況此“兩個人在這稠人廣衆的影戲報中，居然的惺惺惜惜推襟送抱，依春帆先生解作兩心相許起來”一句之上下文，又作何語？我更問春帆先生，此段文字所敘述者，究爲何等事樣，非俗所謂弔膀子乎？若春帆先生而不肯認所述爲弔膀子事，吾復何言，否則此段文字之爲誨淫，豈非鐵案如山哉。然春帆先生則以爲人各有見解，不能強同，則吾敢作一大膽之語，曰：“凡解識文義，讀此段文字，而不認爲誨淫者，必其人别有肺腸者也。”春帆先生則又曰：“吾之爲此，

① “家”，原作“家家”，疑衍一“家”字，今删。

原以‘描摹靡俗，切實發揮’，意在‘醒世’也。”然醒世之文，儘可含蓄出之，何必如此顯露？若意在戒淫，而將淫之狀況，一一描摹，淋漓盡致，則作者不必有誨淫之心，讀者必得誨淫之結果。彼《金瓶梅》《肉蒲團》《燈草和尚》等書，作者何嘗不以醒世爲標幟，卒之其結果，爲導淫乎，抑否乎？想此等理論，春帆先生亦豈有不知，必誏誏辨論者，所謂箭在弦上，不得不發耳。然此種描摹靡俗之小說，實足使風俗因而益靡。想春帆先生家中，亦有佳子弟，清夜捫心，必不願其爲《九尾龜》之章秋谷，則此後下筆時，僕亦望先生之“審慎以思”也。抑僕更有不能已於言者，從前《大共和報》因登載誨淫之《情海歸槎記》，被捕房傳訊，今《神州報》亦載此等小說，吾甚爲《神州報》惜之，深望主其事者，幡然改圖，勿蹈以往覆轍，則不僅《神州》之幸矣。忠告之言，自比於藥石，不知春帆先生與《神州》主者，以爲何如?①

① 冥飛等著《古今小說評林》（上海：民權出版部，1919年，第8頁）：“《九尾龜》與《海天鴻雪記》《海上繁華夢》是一類記嫖之小說，但以書名而論，不知作者命意所在。據其自述，《九尾龜》之所以命名，乃係形容康中丞之盛德，則是書中主人翁，當然爲康中丞矣。乃統觀全書，其主人翁實爲章秋谷，然則章秋谷殆即冒名頂替之九尾龜歟。昨年某報記者曾摘《九尾龜》中之‘推襟送抱’四字，指之爲淫書，曾由作者在某報反唇相稽，筆戰久之。其實《九尾龜》實夠不上淫書之資格，而‘推襟送抱’四字，卻又實在不淫。以作者遇此記者，可謂合之兩美，離之損傷者矣。”

《梟叔》附識

閱者諸君，尚憶敝報所載小說《猴刺客》一章之著者姓氏乎？其人爲新會黃翠凝女士①，而此篇又其文郎張其訒所譯述也。其訒幼失怙，賴寡母以十指育之。暑假中，苦續學無費，焚膏撰此，求鬻於人，時年僅十三齡耳。不文嘉其志，而並重其才，故亟錄付手民，以示海內，幸毋以言小忽之。慟塵附識。

（原載《民蘇報》1917年2月28號第七版“説林”專欄短篇小說《梟叔》（童子張其訒著）卷首）

① 按小說《猴刺客》原載《月月小說》第21號（1908年9月），署名番禺女士黃翠凝著，此處“新會”二字疑誤。

致大公報——“碚黄”痛憶與“復大”哀聲

▲附函

政之先生撰席：

民國十六年初，作客漢皋，楚滄先生邀小酌，時當午刻，記曾與先生同席。爾後人事變遷，行踪不一，彼此遂雲乖雨絕，忽忽又十四載矣。比客巴市，日誦大報一章，正義讜論，至佩，至佩。頃自北碚歸，見所載復旦大學師生遇難及何浩若先生受傷事，簡而未盡，猶待補充，身受如愚，敢無報告。

先生於此，或不以爲多事也乎。噫嘻！家山劫後，又厄碚黄；弦誦西來，復遭陽九。鵾鵬既成爲鐵鳥，島夷遂藉作屠刀。於斯空際禍來，無辜見戮；餘生命健，四死猶存。惟各方朋好之關情，於誼固不能不答；而同難死傷之慘目，問心尤不忍不言。蓋此雖明日黄花，要亦神州痛史。爰述所知於此，寄與同聲。儻非一病相纏，早成數日，大報能以之補白，固所願焉。又大報主筆先生，不知誰氏，素乖訪問，未敢通辭，藉此先容，並希裁定。

碚者何？重慶上遊，嘉陵江畔，蜀人所試行模範制治之北碚鎮也。黄者何？小小山村，幽幽淨土，而僅與北碚相隔一江，望衡對宇之黄葛鎮也。（一稱黄桷樹鎮，未知孰舊，待考。）前者有風景雄秀之溫泉，時代都市之建設，而後者無之，故碚享名而黄沒沒也。雖然，人傑地靈，古今一理，黄雖寂寞已久，顧終以際會之盛，其名乃由微而著，至於今日，居然亦與碚埒焉。何者，則東南陷敵而後，我卅年辛苦，一旦摧殘，展轉避戎，艱難入蜀之復旦大學，即重建基礎於此，備當代名儒講學育才用也。如斯學府，竟託山鄉，譬彼荒原，忽生春艸。蓋復大（復旦大學之簡稱，下同此）既與時孟晉，努力經營，開拓農場，徵收土地，期弘舍宇，俾具規模，孜孜於篳路藍褸之中，亟亟爲生產教育之計。而向之伏處封建制度之下，亦昧亦貧，了無生氣之社會，如黄葛鎮者，至是亦因此而人事日廣，交通日繁，需要日多，食貨日盛，農商倍集，土木咸興，一切已如慶昭蘇，一切又顯呈活潑，是黄葛戰時之遭際，誠乎盛矣。況復大師生，復大朋友，蹤跡徧於海內外，海內外知有復大，亦必知有黄葛鎮焉。是區區一壤之名，又不僅與碚相埒已也。總之，復大與黄葛之關係，以及二者一時之見況，既如是焉，說者遂以爲今後數年間，復大如循此經營，更無災害，則蕞爾山村一片土，前途發展，正未可量哉。然而邦運不昌，誰能獨免，盛名之下，竟被鬼猜。於是此相隔一江，望衡對宇之一碚一黄，與我艱難再造，而已有三十年歷史之復大也者，終乃不幸而演一空前未有之慘劫，致死傷枕藉之下，婦人孺子亦流血殉焉。時爲我中華民國二十九年五月二十又七日午刻，其事則倭寇飛機八九十，特於我文化之區，和平之鎮，濫施暴力，且肆行轟炸我無辜赤子是也。

按者番碚黄二鎮區以及我復大之慘遭空襲一事，報章刊布，海內關情，親友探詢，頗繁郵電，余亦幸免於難之一分子也。事變之夕，初擬假時鈔一角地，述其情況，爲邦人告焉。旋因心緒弗寧，言之又恐違時律，不得已而悽然爲一歎了之。次早反渝，幾又遇難而不免，如是乃病臥多日不能興，念此横災，心常悢悢。比見渝報，已略紀其事而未盡，我校及“重慶”、“中央”三大學，又據以通電美邦，申述敵人之殘暴，於是彭兹餘勇，不嫌詞費而紀其詳，庶幾海內外同學、同文、同仇、同志，切切關懷其事者，閱此而稍可解乎？力疾揮毫，語多無次，事經數日，雖似殘花，腥血猶存，或堪尋味，遲遲報道，何妨作小說讀乎？此下則兹如是，我遭與夫如是，我聞幕幕動人之悲劇已。於此如但以本人爲主角者，則題爲“四死記”可也。

先是四月已來，天氣晴朗後，寇機之飛入巫山，偷襲且窺於蜀境者，先後已如干度矣。五月二十六日，霖雨初霽，忽焉警笛聲中，彼又飛繞北碚左右，若有所圖然。因念四月下旬，余自渝蒞校授課時，寇機於碚黄兩岸間，即已徘回至久，而未忍去。余因舉以語同事李炳煥先生曰："據余經驗，此間恐不能免矣。今不發彈，殆尚在偵察之中，目標未即得爾。"言猶在耳，豈知未及一月，而斯語竟不幸中乎？是日（即五月二十七日也）星期一，按之往例，余早當返渝，著書寫字享清福矣（余所教古文字學，因體弱不能常跋涉，規定每月止一往，往則句留一周以了之。此番之課，二十五日已畢其事，故應於昨日星期返渝市也），乃因副校長吳南軒先生見推爲正，是日既正式就職，午間又公讌歡迎，遂爲留二日，而尚未去也。惟是晨校長視事之儀式，以及紀念周會之舉行，余均以病疝未赴。比聞事畢，而隔岸氣笛嗚嗚然，警報之聲至矣。如是又可一炊許，時當午已，余方倚枕靜息間，而門外鑼聲又狂作，蓋山村以此傳警，亦古代鳴金之遺意。茲已二度，聞者知其爲緊急信號也。俄而敵機果三五一羣，七八一隊，相繼分批而至，見於太空，稍一回翔，即行引去，繼則愈來愈夥，絡繹無休，往復盤桓，如尋目的。如是遷延至午後一時許，羣聯隊合，密集雲霄，自眼光鋭利之僕人觀之，其數蓋不下七八十也。是時茫茫宇宙中，除爲此雷霆萬鈞之陣陣機聲所充塞而外，環顧四周，殆如死市，羣生屏息，鍼墜可聞，其氣象之嚴肅緊張，銷沈寂寞，身臨此境，不可形容，而心領神會之餘，亦以斷定今日隔江之必無幸矣。何也？第××軍方假北碚公共體育場舉行檢閱及運動大會，事先籌備既久，臨時且搭蓋高臺，敷設棚坐，規模點綴，胥屬堂皇。而旌麾畢舉，健兒雲集之中，附近居民亦早虞如此目標，如此盛事，風聲易播，號召必多，因而去者，紛紛相率，若不可終日也。時余方佇足王家花園教職員宿舍中，紫藤花架下，與少年二人，殷殷以此事爲念。而果焉暴炸一聲，其難作矣，又不旋踵間，此千百年太平無事之混沌山村，與彼千餘戶老幼無辜之赤子，亦併我萬里西來，辛苦建設中之復旦大學，因此而同遭浩劫矣。

慨自十六年北伐成功，余又徼幸而六度生還白下後，名心漸淡，早焉達觀。加之國難發生，身處白門危城中，百十有四日，日受倭寇之空襲，始終無恙。繼而逃難，舉家流徙若干地，以至父子二人，又自重重寇圍中，冒險脱身而入蜀，其間則時閲一年，路徑萬里，復遇匪遇寇，虞難虞災，刀兵水火之餘，而卒亦無恙，是以死生二字，更置度外。又自問生平，對人對國，宅心處事，無不光明，即宗教信仰之未深，亦自覺藐躬之難死。因是客居渝市，先後近兩年之久，所遭空襲先後又數十次焉，而藐藐此躬，對於所謂地下室或防空洞也者，自始即以爲地獄，卒與無緣。斯固所寓青年會内外辦事員工，以及同舍諸公所深悉者也。本先輩“明哲保身”之旨，未嘗不自笑其愚，然而浩劫餘生，尚何情味，家山破碎而後，儻不因辛苦所成之甲骨文稿，亡於邦難，傷哉此著，尚待重賡，則此汪踦不死之身，固早向疆場尋馬革去矣。是以五月二十七日之難，吾仍抱定不入地獄之旨，始終未嘗跬步離王園宿舍耳。

復大教務長孫寒冰先生，強項不屈，知命不逡，聞變不驚，當難不怯。一言蔽之，寒冰之賦性慨慷，忘情壽夭，不獨爲吾之同志，抑且爲邦難發生，西遊入蜀，天涯流徙，重行刮目已來，新映眼中之又一佳士也。（吾生平所知第一高士，爲江蘇海陵袁烈士康侯先生，先生十五年殉革命之難，爲軍閥孫傳芳部下旅長某所殺，海内哀之。）是日情勢緊急中，余初爲疝痛所迫未甚，離牀而外出，既而如廁，遇寒冰，略談午間公讌事，即問余弈否，余因戲謂：“公不畏死乎？”寒冰以英語答曰：“男子漢生有主宰，如此好春光，何必舍光天化日，鼠竄局促於昏如地獄之巖穴間乎？”彼此遂一笑而別。繼而情勢愈嚴，全校師生皆紛紛散矣。余以枯守至無聊，擬往視寒冰，究成局未。迨入其所居之院落，距渠室衹八九武耳，乃略一回顧，忽聞院門之側，飄來一片鬧蟲聲，蓋主人於此廊下一角地，置有釀蜜之蜂窠故也。窠爲水門泥木桶所改製，而蜂乃近千。於是營營嗡嗡中，吾之視覺、聽覺皆爲所誘，初則以延以佇，以玩以觀，神往之餘，竟忘此身固正在天空無數殺人之利器下也。留連少頃，忽焉而心動足移，竟又轉身反余之宿舍。舍凡三室，在同門之內，僅隔一垣之另一院落中。右爲閻百舉先生主僕所居，左爲余輩兼任教授下榻處，中則所謂堂屋也。余既入室，吸水煙，方寸忽怦然大動，因取篋中所藏，流亡已來重行編撰之甲骨文稿（舊稿全亡，此則客中隨時追憶所記之小冊子也，浩劫曾經，心猶餘痛，故視此區區一篇爲第二生命，朝夕不忍離焉），移置衣袋中，用防不測。亡何，果聞一片轟炸聲，自遠而近，窗外小僕二人，則戲指天上敵機，絮絮數二十、三十……以至七八十也。即在此嚴重期間，余之雙足，竟無端而引余出室，乃乍及堂屋，四方轟炸之聲，如千萬迅雷，如波濤嘯海，於是天崩地塌，山搖嶽撼之中，屋上槍彈，業已累累如雨下矣。而當此一刹那間，余之雙足，復又無端而引余急退，退方三兩步，余亟自袋中出甲骨文稿，高捧而默祝之曰："天乎，天乎！吾可死，此中華五千年偉大文明之碩果，係竭我餘生之心血腦力，二度培植而成，殘喘苟延，誠萬萬不可再令其死也。"如是呼籲之下，事後思之，亦自可笑。乃當此間不容髮之頃，又忽聞暴震一聲，而前不半仞之頂上承塵，倏焉已裂爲巨洞，即先此所立處也。險哉，險哉！此又平生肝膽光明，因果報施之下，天予吾人之又一獎厲，而回雇當年，六度生還而不死，此中又豈無數哉。斯時此間除余外，平日服務之張姓校役者，則首蒙棉絮被，往復奔舞堂屋中，惶惶若喪家之狗。既而景象稍平，危機漸逝，忽覺身後牆角間，尚有蠕蠕而動者，視之，固仍此僕也，低眉苦臉，觳觫成團，至是猶嗚嗚啼泣若小兒狀。余一笑置之，先返臥室觀究竟，仰視，則正當寢榻之承塵，已被彈穿若干洞，俯視，則地枰之上亦如之。私中竊幸之餘，又忽聞太息一聲，出諸牀下，默計同舍銀先生似曾它去，白日無鬼，此又何人也哉。乃正疑訝間，而甫於今晨自渝來此之胡××先生，已自其牀下，探首出矣，神色之異，不問可知。斯時余所最爲關心者，與余同志而亦不肯入洞之孫寒冰先生也。屬思及此，遂亟匆匆出室，至隔院探之，明知警報固尚未解除，非所計已。

天乎！余甫出宿舍，院中一架紫藤花，已似秋風掃落葉，再逾重門，登走道，則斷垣殘瓦，滿目皆非，及入彼闥，造彼院，迎眸景物，更復可驚。蓋向之廣廈四周，儼然世家氣象者，至是除一座正廳，孤立如魯靈光殿外，餘皆屋稞櫟崩，一敗塗地，真個所謂化作一片瓦礫場矣。總之，吾念寒冰，吾念一切之同事，彼照廳三間屋，寒冰不佔其一乎？今所居殘若稞巢，稞巢之下，有完卵否？天乎，天乎！寒冰究何似者，其幸無恙耶，果真未出耶，或曾與它人對弈而留于此耶，抑棋局未終，而亦偕它人往山中去者？於是心驚肉戰之下，轉又喃喃自慰，是，是，此間固寓有不少同事者，今不聞人聲，不見動靜，寒冰吉人，寒冰必不至無辜。又寒冰對室，訓導長鄭若谷先生居焉，其鄰則文學院長伍蠡甫先生讀書室也。又校長吳先生南軒，以及教授顧先生惕生，沙先生學浚輩，并連帶相當之眷屬，亦都於正廳之後，各居一室，或三五室焉。如許大同堂，亦主亦賓，若男若女，其數固不在少矣，未知此際亦都已出乎，抑尚有膽大如我，而竟乃遭逢不測者乎？推此及餘，益懷良友，則所知教職員中，王園之前爲李先生炳煥，王園之後爲白先生季眉，一則商學名家，僅屬一牆之隔，一則金陵舊雨，偕來十口之家。它如中文學系主任陳子展先生，潘岳悼亡，鰥愁正苦，高岡獨處，地峻堪虞。凡此諸賢，胥縈鄙抱。此外則男女生徒八百人，以至山村無數之赤子，或遠或近，或避或不避。茲逢此難，敢信蒼蒼能一一保佑之耶？如許大問題，又靡不因此眼前一片瓦礫場，而句起無窮之憂慮也。

果然，亂世無情，天心亦變。感慨關懷之頃，忽見一身著黃色制服者，現於眼簾，吾亦不知其從何方而來，惟見其神色倉皇，呼吸急促，自髮至踵，滿污灰塵，額汗亦涔涔欲下。凝眸細察，始辨爲鄭若谷先生，先生覩余，遂亟張其兩手，呼且愬曰："速來，寒冰已不得了矣。"言際，已嗚咽不能成聲。余亦急詢之曰："室中尚有何人？"答曰："何浩若先生亦壓在屋梁下也，奈何，奈何？"余自信更事多，又屢經大險，至是則力持鎮靜，而提示之曰："無它，急呼人往救可也。"惟四顧無人，彼此八隻手，何能爲計，因不暇更入照廳，探視其狀，即與鄭先生分途出而覓人。時警報尚未解除，内外一切皆靜寂如虛墓，如是奔走若干度，始於門外見三五土著，及十四五歲之童子一人。余召之不前，呼之不應，鄭先生則餌之利曰："隨我來，抬救受傷者，每名給予一元錢。"如是言之，若輩依然不即應，終則示以顏色，亦僅此天真童子，及另一面目和善，肩荷繩擔之中年"苦力"，從我入也。既而少數校友相繼至，女生亦有二三人，聞變之餘，罔不驚震，其中居然有失聲哭者。鄭先生尤手忙足亂，奔走出入，無所措焉。余感物力尚未備，復返宿舍召工役至，並以余之竹榻爲擔架，俾舁寒冰。顧尚有何浩若先生，又本校之客也，一架不能兩用，可奈何？於是一方語鄭先生曰："公勿過急，此時第一大事，除舁送傷者至本校醫院外（按醫院在另一處所，距王園不過二百步耳），公宜設法通知北碚江蘇醫學院，或紅十字會，急派醫士、看護生來，施以相當之救治。"鄭先生果如言而去。其實余爲此言時，始終尚未暇探視寒冰，意者，何先生既僅爲巨木所壓，寒冰或亦可無它。總之，自余入斯院，遇鄭先生，以至人手皆有，入室施救，最久亦不過十餘分鐘，斯時情勢緊張，自信固未嘗誤事也。亡何，校友校工先自照廳中間舁何先生出，但無牀，同人僅用手作架抬之。余觀何先生神智尚清，但肢體已軟弱無力，如此舁法，在勢當多所不便，且亦徒增傷者之苦痛耳。於是舍遠就近，暫送先生至余之宿舍，俾少休焉，蓋渠亦自承，所傷似僅在腰間，目下毋須進醫院耳。至於何先生事前如何，而竟與寒冰相偕，臨時又究因何故，而不與寒冰同在一室，下再詳之。

余既與同人安頓何先生畢，復入視寒冰，則校友多人，已以竹榻舁之出矣。余短視，心房震盪之下，亟近而觀之，則寒冰四肢伸張，仰臥榻上不稍動，所衣黑色西裝，黃革履，雖似整飭，而滿身泥污，已然狼藉不堪，又寒冰平時雅善修飾，至是髮蓬蓬，亦多泥污。然此皆觀察之小事，最重要者，面色已灰敗如紙，目微閉，口亦如之。一覽之餘，心房尤跳躍不已，就余經驗，業已知其必無幸矣。追趨前驗其鼻息，則呼吸已若有若無，環顧同人，多非所識。意者校長吳先生，以至其它各部負責人員，刻下殆尚在山間防空洞耳。余憂思不敢直說，但促同人速移寒冰至本校醫院，并令遣專足渡河，分別向救護機關告急，且渴望彼方醫生，能攜其所需一切藥品，迅然傅翼而來，並咸具倉公、扁鵲之術，以拯此多才之同志耳。

未久，時計雙鍼，又直指兩句鐘矣，警報尚未解除。余以清晨至今，尚未進飲食，於是親視寒冰。入醫院後，值總務長李先生亦至，人手已多，自覺飢腸轆轆之餘，疝氣又作，因獨赴此間舊知張世兄家，謀一小食，並略事休息也。顧主人眷屬均已外出，不得已而入室稍憩，進冷茶一甌，亦聊以止其渴耳。坐未久，又頻聞嚶嚶啜泣聲，起於窗後之田舍。而如訴如呼，若斷若續之際，吾又從嘈嘈唧唧之男女聲中，聞有婦人相勸語曰："日本鬼誠皆可殺哉，顧人死不可復生，它日兒輩長成，亦令渠當兵，固仍有報仇之日也……"此下則另一女子聲曰："顧一家衣食，今後又望誰助者？況生活程度如此高貴，前面張老太爺家，身後遺若大產業，而茲僅小夫婦，猶時爲家用相勃谿，何況我輩耕人家地者。今渠又死矣，即目前棺葬，又教我何處想法耶……"噫！吾不忍聽，吾不忍卒聞。悲夫，悲夫！天地不仁，偏生彼寇，今茲片刻劫，區區一隅之間，已經如此，未知整個巴中，又流卻幾多血也。興念及此，愁緒紛紜。家山破碎之餘生，妻子流離之今日，既憐我孤身作客，又代人如此擔憂，老矣汪踦，偏教不死，舌耕至此，何補於時。如是思維，五中彌沸。顧終以近來屢遭空襲，睡眠少，勞動多，頃自渝來，又增此痛，於是既飢且憊，狼狽不堪，久焉竟不覺臥倒。及醒，時鐘所示，又近黃昏，警戒猶嚴，主人亦尚未歸也。家家不舉火，處處已成虛，頗如昔日危都，依然不得食也。余終以寒冰及校友爲念，體憊腹餓非所計，乃復匆匆至醫院探之。院在王園附近昌灣裏，地勢幽靜，環境殊佳。余方行而前，藥味已衝入鼻觀，迨近其處，門外一片地，已横陳不少病牀，其中有本校學生，有山村百姓，有□貧之孺子，有流寓之婦人，色色形形，悽悽慘慘，凡兹血肉，盡屬瘡痍。於是創者呻吟，觀者歎息，死者抱恨，生者含悲。羣醫栗六中，一年事較輕，似亦江淮產者，雙手血污之下，顧兹種種，愀然對余作長歎曰："斯蓋彼獸性倭奴，如梟反噬之下，賊我宗邦，摧我文化，仇我多士，戕我無辜之又一成績耳。"余目擊心傷，不遑多問，方擬入内觀究竟，而瞥見溪旁柳樹下，吾校三五女學生，一一皆面呈慘色，因亟就而詢之，則諸生答我之言，恍如霹靂一聲，令人震懾。蓋我復大教務長孫寒冰先生，我所認爲亦不怕死之同志，果焉竟從此犧牲，撒手棄娑婆世界去矣。烏乎！強項不屈，知命不移，聞變不驚，當難不怯，非有至勇，孰能爲之？寒冰以少儁之才，長太學之教，邦難而後，即以兹四事，主講主筆，律己律人，知無不行，行無不力，楷模多士，洵足美焉。豈知無妄之災，徒辜至勇，顔殤跖壽，竟敓斯人，倘教號令疆場，運籌戎幕，則光天化日之下，先生如虹之氣，豈不克轟轟烈烈，重令倭寇見戚少保哉。嗟夫！人之大事，無過死生，哀我故人，淚下如雨。亟趨入室内弔之，則蕭條四壁之中，素帕一方，揜君俊表，白衾一襲，章此遺骸。悽然默念之餘，亟就醫生問如何死狀，則依據檢查報告，致命之處，不屬槍傷，猝死之由，尤非彈中。蓋敵機轟炸之下，居比猆巢，屋傾解體，上下交震，土木難支，石凷飛來，頭顱被擊，偏當腦部，不比餘肢，戕及神經，尤爲要害，矧因壓力，迫及心房，用腦之人，彌多脆弱，受創於此，安可幸全，是寒冰致死之由，大略如此。而狂獸暴行之下，寒冰竟自始至終，不流一血，以膏彼殺人之利器，殆亦天心厭寇，不肯容其於作惡之後，而更污我教育同志純潔之體耶？

亡何，暮色蒼茫，天垂墨矣，成羣倦鳥，相率還巢。環境當前，低回欲絕，枝上則宛然極樂，室中則如此悽涼。哀我故人，長眠一榻，身罹此劫，是否心甘。又不知萬里孤魂，此時曾飛往東南，依傍故鄉之妻子，抑仍在區區黄葛鎮，而冀於冥冥中，長此呵護我復大同仁，辛苦培才之學府也。傷哉，傷哉！寒冰質美才豐，思清筆健，泰西文學，造詣殊弘，教育之餘，尤多著述，所編雜誌，海內風行，聲滿士林，毋須贅述。可憐命嗇，竟殞中年，玉樹凋零，可爲一哭，人生到此，天道寧論。於時警報解除，校長輩雖聞耗較遲，然已都先後弔臨，倉卒致哀而去。蓋寒冰身後之事，與夫全校師生，頃因空襲所受之景響，並其它種種關係連帶發生之問題，一一有處理調查，安頓籌謀之必要也。如是之類，端緒至繁，負責有人，無須我問。顧余尚不能無慮者，又爲何浩若先生，於是又亟返所居，探視其狀。既歸，見同人看護之下，何先生已經醫士檢查，施以臨時之救治矣。旋問儕輩，知先生已無危險，惟背後腰部左右，因爲屋梁所壓，已受內傷。乃於先生呻吟聲中，趨前慰問，亦兼欲明瞭渠與寒冰，當時何以同在一室，何以又一內一外，一幸而一不幸也。於時堂屋中，別設一榻，先生仰臥其上，腰部以重衾擁之，其痛楚可想見已，惟細察之下，神氣尚佳，私中又竊爲吾校之嘉賓幸也。先生見余至，體雖不便移動，而禮貌猶存，既而爲余述所遭經過，情詞俊爽，娓娓動人，尤證我先哲“死生有命”之言，爲至可信也。先是紀念周會上，舉行典禮並演講後，校中同人有爲先生所素契者，共邀往寒冰所居作棋戲，即三間照廳中之左首一室也。亡何，空襲緊急，餘子已紛紛散矣，先生方與寒冰弈，尚未爲動也。繼而敵機已盤旋空際不即去，先生經驗所示，度眼前必不樂觀，乃徐語寒冰，宜就院中小立，蓋非畏死也，所謂千金之子，坐不垂堂，君子亦不立巖牆下也。無如寒冰不見聽，先生亦不便強之，如是更庥數分鐘，隔岸一片轟炸聲，已開惡兆，先生遂不俟終局，即亟推枰而外出。乃方逾戶限，及堂屋之上，槍聲已大震，於是間不容髮之中，隨即俯身而伏，小說家所謂“說時遲，彼時快”，先生身甫及地，而土木灰石，狂飛亂舞之下，先生之背，已因棟折梁崩，而遽爲所壓矣……述至此，余謂先生雖幸未中彈，但自覺所傷究何似者，先生答曰：“內痛難堪，即愈，至少亦須時一兩月耳。”

言際，雙眉緊蹙，先生又頻頻呻喟矣。少頃，吳南軒先生亦來視，頗申歉仄之忱。良以何先生爲熱心校事而來，遠道下車，即遭此厄，校中防護，誠愧未周。何先生遜謝之餘，力促其去。蓋謂眼前諸事如麻，學子安全，尤須顧慮，個人殊不足珍視也。最後決定，翌朝設法以紅十字救護汽車，迎接先生反渝市耳。

浩若先生幸無恙已，余以奔走過度，又飢火中燒，不得已而姑令僕人購花生米少許，及所謂油炸麻花者，聊以充飢，並稍飲瓶中餘釀，用鼓其氣耳。既畢，復從事本校師生與同人眷屬，以及當地民衆被災概況之調查。顧時已初鼓，不及周知，除親見男生二人早因流血不救外，斯時一切報告，約可歸納如下：

一、復大方面 （A）死傷：死者三人——寒冰先生及男生某某——傷者幾許，尚未能詳。（B）房屋：除男生第二宿舍及王家花園（校長及重要同人與眷屬，大半居之）之前部已都殘毀外，其餘校舍，損失尚微。

附注：案復大死傷損失之實況，尚不止此。此僅倉卒見聞，與臨時所得之報告，敍事章法，亦僅能如此書之，其詳當備述於後。

二、民衆方面 （A）死傷：死約百人（?），傷則未悉，中多婦孺，慘痛尤殷。（B）房屋：此係山村，建築殊陋，高樓華屋，厥數尤稀，此次被災，都爲平舍，三三兩兩，震毀頗多，但所謂正街，尚無恙耳。

三、北碚方面 相隔一江，尚無詳報，惟據彼方來茲救護之醫生所述，警報未解除期間，市上民衆一部分經臨時冒險急救者，效與不效，所知已二三十人，事後全部之死傷，必尤嚴重。至於房屋，則除公共體育場，因××軍舉行運動與檢閲之故，敵機狂燄，於此開端，建築摧殘，當然不免，其餘各處，此時尚未及詳知。

次日天氣又晴朗如故，復大爲師生臨時安全計，不得不暫停課矣。臨茲慘境，尚復何懽，乃於淩晨五時許渡江返也。蓋風傳渝市昨亦被災，長途電話不通，謠言更甚，正宜歸去一探望耳。於時曉風微拂，□

艇徐泛中，舟子王少安且前且歔，并遥指左右兩岸若干處，一一舉以相告曰：“昨日之事，動魄驚心，誠此間千百年來，空前未有之慘劫已，而河邊之難尤奇。”余問何如，少安乃述其事曰：“此一灘也，某婦及所生小兒女七人死焉；此一洞也，某姓兄弟四人，各避一區，皆遇難，其季則死於此焉。”又前，少安又益其說曰：“公試左顧，彼纍纍沙石之上，斑斑紫赤一片土，豈非被殺之血跡乎？吾宗某老，鰥且貧，三十年藜藿苟延，惟恃操舟之獨子。子年三十五，勤且孝，終歲所入，僅此區區之渡資。昨於空襲危急中，祇貪它人一元錢，爲渡運箱篋，事畢經此，不知何故，舍舟而岸，竟喪於茲焉。倭寇凶，而天亦無眼，如是慘死中，至今棺殮尚無錢辦也。又公試右顧，此即復大所建之新校舍，舍側森森叢樹中，又不見炊煙所起之一排低矮破篷屋乎？此間曾寓下江人，今已重歸舊主。主爲少婦，自承萬縣作油商，家已小康，並堪久住，祇因夫是壯丁，被調征戍，上有翁姑，由茲病故，伯不成人，流亡客路，因念故鄉，仍歸此戶。子女二人，一垂髫，一方識數，夫雖不歸，操守尚可稱賢婦。豈知佛亦不仁，天尤不恕，此婦因夫在前方，朝夕拜神茹素，而昨日之災，小兒之足，竟折其一也，豈非奇怪事哉。菩薩不靈，天又何物。一方之難它不管，徒耗費許多香火，所以從來我不進廟也。”少安爲余述至此，氣愈盛而聲亦愈弘。惟時波急潮高，舟行至緩，感事傷懷之頃，忽覺此身於左右簸動之下，搖搖不定，頭目亦昏眩難堪，同時則洶洶狂溜中，此區區一葉之舟，忽焉又勢若螺旋，漸移向漩渦深處去也。駭然回顧，始知舟子以過於興奮，神經已大失其常。蓋此間駕艇，例僅一人，右掌舵而左持篙，固一身二手之責也。至是則舵横艇尾，篙沒水中，人不御舟，舟不聽命，情形之險如斯，而渠猶兩臂交揮，頻向空際作狂舞，再察其色，則睚眥欲裂之下，額上青筋，且條條暴露矣。余急倚舷叩杖，警戒之曰：“少安，若不畏死乎？此何時，此何地，而若猶疏忽乃爾。”少安不俟余言終，居然乃報以冷笑。余亦以戲言反挑之曰：“勿爾，余固非日本人也。”答曰：“然，幸賴此爾，否則，隨手一篙，當已請君入甕矣。”余以斯人尚壯直可喜，於是取篙正舵，行行復進之中，試就所知前方數百萬英勇將士死生抗戰中，最有光榮，最爲悲壯之事蹟，以及余“八一三”後，患難所經之種種慘況，一一爲少安言之。又數十年來，自甲午之役而後，以迄於今，彼倭夷之如何負恩，如何反噬，如何險惡，如何凶殘，如何而必寇中華，如何而必赤我族，以及此番抗戰，應用何等精神，一國興亡，究有何等關係……凡斯種種，余亦刪繁就簡，約略爲少安言之。閱者於兹，或且以余爲多事矣，其實不然。蓋山村土著，多不讀書，民族精神，卻還存在，顧當此自力更生，艱難抗戰之日，此數十年如許傷心痛史，此間民衆未必咸知，文字宣傳，又非易事，因時演說，必有其人，河上之談，適逢良會，如是舟子，實獲我心。則它日者，此人於月白風清，渡頭閒泊，天晴氣朗，江上往來，或偶於鄉飲社遊，茶寮酒肆，興隨情發，話觸機來，因而據我之言，引爲資料，又轉向村中父老兄弟，婦女兒童，以及江頭兩岸，問津買渡之徒，隨意而談，以彰故實，俾聞者心領神會之下，以驚以戒，以泣以歌，於是相與了然於民族興亡，抗戰爭存之必要，則豈非今日好事多話之良效果哉。少安既備耳余言，意殊感動。時舟傍左岸而前，試觀已距步非遠，顧風起流急，行尚緩遲。少安於聲和氣平中，復就眼前事實，即日昨寇機暴行之下，留予此間之遺跡，且行且顧，一一以真相示余。余隨所指觀之，則如許廣闊一片灘，灘上一片鵝卵石，向之光潔成一色白者，今則每隔若干步，必有相當焦土痕。於是斑斑點點，深深淺淺之中，所謂洞也，穴也，沙之灰也，血之跡也，創痍滿目，仿佛猶腥，間見死屍，至今未殮，血污狼藉，尤不忍觀。再顧江邊，頗多木筏（吾蘇皖一帶，謂之木排，蓋皆採自山中，商人貨之，備營造也），榜人於此，結有篷廬，終歲勤勞，生涯原苦。目下則千百巨材之上，如穿如鑿，如灼如戕，或作麟傷，或類膚剝，此焦彼削，百孔千瘡。加之索斷篷乖，廬摧楫折，筏多解體，人不及防，中有死傷，尤增慘惻。悲夫！死焉誰恤，傷者誰依，一例無辜，豈徒不幸。

凡斯種種，一一皆觸目可驚，一一皆倭寇窮凶之罪狀。而人類宇宙間，天演學家向所認爲弱肉强食之理，於此尤得一證明。

逆水而渡，急不得也，灘横溜阻，恒失自由。行行復行行，又相與絮絮閒話，如是遷延可食頃，方抵步焉，即余所指定之大碼頭也。蓋碚渝水陸之交通，經驗示人，汽車尤苦，乘客於此，曾不若囚，輪舶下行，較舒且速，渝城泊所，又近余居，故初擬附此去也。及登岸，向船局詢之，則昨爲空襲所阻，航路今日仍斷絶也。於是臨時變計，改乘公務人員特約之專車，且因行李在身，時間急迫，此距車站又至遠。如是匆促之下，力夫乃爲余嚮導，別循街後小徑往焉。是以始終未及假道公共體育場，一察其間昨日轟炸之實況也。然而倉卒所經，已見道旁有一二殘蹟，及陳而未殮之棺木，而救護所用之三五擔架，方亦履行職務，匆匆舁所載而前。死耶，傷耶，抑普通情況之病者，不忍問，亦但願天相吾人，不如此耳。既至車站，時間竟從容有餘，因於其鄰一新設茶棚中，命茗小憩。時有身挾小衣包，口操土音，而自承預備避空襲者一人，坐於余側，似亦者番驚弓鳥。問之果然，及詢以昨日之事，則頻頻搖首歎曰："慘矣！吾固亦幸而免也。"更詢究竟，足補所聞茶棚主人之言，似亦新聞家採訪必須之資料，可信與否，姑妄聞之，並記於兹，聊充痛史。蓋所謂公共體育場，與某種臨時大會者，果爲敵人第一大目標，轟炸殆始於此也。如是暴行之結果，則××軍與會之衆，一方則勇不示弱，一方則猝不及防。於是臨時散居附近矮棚及小茶肆者，大都遇難，傳聞高級某副長官，殘其一足，某×××及某某之輩，亦都殉焉。至於北碚市區，表面雖若弗嚴重，但據親友互相訪問之結果，民衆方面，哀痛實深。人物傷殘，尚難統計，徒以三間兩瓦，各别犧牲，死傷既不聚一區，推度遂以爲細害。於是此間昨日之一切損失，除卻局中人，至今猶談虎色變外，自餘觀之，似乎尚未足動人心魄耳。既而登車，車中一客，若商人狀者，似殊面善，問之，果復旦大學鄰街之土著也。至是此人又補述黄葛鎮中事，余方以離去匆匆，未及周訪彼間劫後災情爲遺憾，而今乃釋然。蓋無論死傷，無論損失，兹雖調查未畢，而僅就事後所知而言，則數之比例方面，人與屋較，前者二而後者一也。又民間與復大相較，則彼爲五十，而此則一焉。嘗聞黄葛領袖王爾昌先生之次公子言，鎮之居戶，初不盈千，今復大師生數埒其戶。雖客之報告，多於昨夕所知，然而自大學本身之關係言之，此番之劫大害微，誠可謂爲不幸事中之大幸事也。落筆至此，屈指已六月十日矣，校中忽遣專足來，索學生試卷與成績，因亟就詢此次兵烖之究竟。則死者方面，除已知有孫寒冰先生及學生二人外，尚有三焉，一爲文摘社職員汪恒先生，其二則參與北碚運動會之學生某某也（據云尚有其它學生某，與此二人本同在一處，因臨時如廁，竟免於難，不得謂之非死生無命也）。傷者方面，除已知有何浩若先生外，職員則賈開濟先生已斷其一臂，學生及其它關係之輩，輕若重，大約亦不下十也。至於房屋，則向所租借，以及自行建築，甫經落成之宿舍，亦胥以暴力凶殘之故，石頂石壁，大都已蹂躪不堪，而王家花園之前部，則尤甚也。是以目下須提前散學，俾爲修理，與一切安全計焉。又若民間，所遭尤慘，貧多富少，善後難言。父老相傳，蜀中自闖賊已來，久無大劫，有之，即前此軍閥之亂，與者番被禍是已。烏乎！死者何辜，傷者何午，文化分子，詎敬狂屠。彼倭乃如此凶殘，戕兹赤手，比之禽獸，比之梟獍，又何遜乎。嗟夫！先哲有言，斯而可忍，孰不可忍。吾寒冰先生輩，雖不幸而死，浩若先生輩，雖不幸而傷，此莘莘學子，與熙熙民衆中，又雖有不幸之士，而被戕忍痛，流血捐軀。然而死者不忘，當爲厲鬼，傷者復壯，必報此仇，我輩猶存，豈輸三戶，後生可畏，終戻暴秦。然則所謂“多受一重傷，多壯一分氣”者，吾人於此，不當更吞聲咬齒，再接再厲，以湔此辱耶？況彼方盛極而衰，我則剝極而復，抗戰三載，事實昭然，光復神州，指顧間耳，乃天敓其魄之下，日暮途遠不知愁，倒行逆施尚如此。吾於是證以今歲已來，彼昏昏羣醜之愈弄愈乖，愈戰愈敗，遂益知其來愈數而心愈亂，外愈強而中愈乾，而虎頭蛇尾之餘，亦徒見其利令智昏，心勞日拙而已，吾人又何必苦哉。

凡右所言，皆此番碚黄慘劫之真相也。追記至茲，論理似亦可止已，顧尚有區區一事，未妨附述於斯，一以答各方朋好之關情，一以示君子死生之有命。蓋浩劫當前，天下大亂如此，吾人身體固無時不近危機，儻能清白持躬，光明處世，信於朋友，忠於國家，一朝横難之來，冥冥中未嘗不轉禍爲福也。閲者或疑吾言乎？則此番不才先後三度之幸免於難，胥可證已。而次日之事尤奇，茲再贅陳如下。蓋二十八日之晨……余既於昧爽渡江，六時又三刻之餘，抵北碚車站，並與它人候之於其鄰小茶室矣。如是茗談又未幾，忽一轉念，車以八時開，是日天氣太晴，途中或又遭空襲，果爾，進退維谷，爲之奈何。遂亟商之稽查員劉節光先生，破例提前於七時出發，果也車至牛角沱，而初次警報作矣。如是匆匆至兩路口總站下車後，初以行李累重，人力車少而且緩，進城又須一小時，擬即在車站或附近金城别墅稍避之，不然，即移至×××× 學校以内之××部，從容坐待亦可。顧又一轉念，均覺不安，於是勉强以二元錢僱人力車一，載余及行李入城，行李者一箱一籐包也，人物加重，又一路上坡，如此兩難中，御者雖汗下如雨，竟一步一蹭蹬也。天乎！此時急殺又有何用者？比及黄家埡口，不得已又出相當代價，再僱一車，分任行李二事，如是御者於此得少舒。途中雖已無人行，軍警又頻頻干涉，顧力已充，道已半，路且漸降而平坦，又終以御者要錢兼要命，余又加以獎勵，而催促之焉。於是雙車競步之中，而武庫街，而牛皮凼，而夫子池，而蒼坪街，而陟而登，而終乃太太平平，居然以達於下大梁子中，我所視爲第二家庭之青年會矣。於是車夫甲笑，車夫乙亦笑，卸行李下車，均幸敵機竟尚未至也。余私衷竊念，天豈有心故留茲暇晷，俾余小子從容無恙返乎？果焉，此身甫闊步入門，而嗚嗚然，二次警報又挾空氣而來，以示其緊急矣。前曾言之，余素不下地入防空洞者，今茲入室，洗塵，更衣，煮茗，又一一整理雜事及寢具畢，依然假臥榻待之。既而敵機轟轟然來，巨彈之聲轟轟然作，如是天崩地塌，窗搖屋震之中，高射炮彈亦隨之轟轟然向空而發，如是未幾，而一切又都歸平靜，久之而解除警報，又久之而一切不祥之消息，或由人口，或由電話，紛紛向此間而來。結果則所謂汽車總站也，金城銀行別墅也，××××學校以内之××部××府××機關與其附近之×園及××宅也，凡斯種種，又皆與“碚”、“黄”、“復大”同一不幸，而未許免於劫也。而厥狀之慘，金城别墅則爲尤甚焉。何也？蓋此中地下室已一震而崩，於是紛紛華貴之流，男若女，長若幼，可憐竟畢葬其中，直至而今猶未能出也。噫！寒冰之所謂 UNDER-GROUND PRISON 者，真個又成一讖矣。今征塵乍息之後，喘未定，心未安，空襲隨來，方回味當年“八一三”後，困處首都危城中，百十又四日，吾夫婦兒女一家，骨肉所遭之慘況，與夫去歲九月三四日中，余復於此間歷歷飽經之危險，大難不死，感觸方殷，碚黄歸，心尤餘痛，而今又聞兹種種，此身乃不覺全冰。於時默坐之餘，痛定思痛，終乃憮然自問，吾果生乎，抑已爲鬼也？自昨午至今，初不過三十小時之久耳，而此身命健，居然已四世爲人。計在黄葛鎮復大教授宿舍中，吾儻應寒冰之約，而與之弈者，吾死矣。敵機既來，情勢險迫之下，吾往視寒冰，爾時咫尺之間，身在彼院中，儻不貪玩羣蜂，而竟入其室，作局外觀者，吾亦死矣。及返吾宿舍之後，儻仍癡坐室中，枯守不出，又或句留紫藤花架下，不入堂屋，屋中小立，復不肯移向後壁退二步者，吾又死矣。又今日歸來，初聞警報之後，吾儻於汽車總站，或××××××以内之××部，任何一處小作句留，仍守初衷，不入地室，又或至金城别墅，須遵其約，而亦入彼間防空洞者，吾又安可免乎？由此觀之，是吾於三十小時中，若許危險之下，論理此身固早當死，死且四矣。然而天竟使之出於死而入於生，則並吾往日革命成功而後，所謂“六度生還”之紀念計之，區區半世人，鬼籙幸逃，先後居然已十次矣。一言蔽之，誠乎可謂命長而十不死也。吾不知如此臭皮囊，老天之一再相留，果何意者。彼殆因其不賊而存之，資爲世人勸耶，抑或因其小慧而存之，資爲治學用耶？不然，冥冥之中，當有黠鬼，審余無畏，忌余超然，因而故欲使之依然忍痛於如此娑婆世界中，勢非俟其能如此周旋，如此同化，又能效它人如此如此之道，不肯令其得解脫也。總之，吾之多難，吾之不死，其幸耶，其不幸耶？吾亦不暇計也，惟念古人於命，有二說焉，一曰“十全”，一曰“九死”，如是志福，如是志危，哀我窮儒，全何敢望，惟教論死，差可自豪，十死猶生，古人有幾，謂余無辜，而誰信乎？況人之畏死者多矣，皇皇衣冠，粥粥粉黛，既好其貨，又要長生，邦難已來，此風尤甚，因是而聞警先懼，捷足爭逃，身已臨危，猶懷重寶，而終乃人財兩失，相與粉身於刀兵水火下者，徵之近事，比比皆然，社會所知，徒資冷笑，彼此相較，禍福顯然。四死猶生，今人有幾，謂余無辜，又誰信乎？然則蒼蒼自始即令我長窮，令我多難，而終又令我抱殘守缺，垂老猶自食其力者，今證以者番之事，何莫非天算厚余之下，折其種種，而加於此乎？昔者，韓魏公有言：“如琦孤忠，每賴神道相助，幸而多有成”云云。魏公勳華，余何敢及，惟已往三十年間，以至此番入蜀，逢凶化吉，奇遇已多，冥冥之中，皆若有爲之呵護者矣。乃自洪憲稱君，羣凶亂政，寖假而干戈擾攘，年年多事已來，功利誘人，死生兒戲，滔天罪惡，習見如常，因果重重，反譏迷信，類於此事，多笑偶然。豈知天命之言，誨人進德，孔子至聖，猶且遵之，耶穌示地獄天堂，亦即因果，彼物質文明中，歐美人士崇奉斯教，又何謂哉。至於不才，初豈彼新人目中，頭腦冬烘，未出國門之腐士者，心有所懼，不敢不言。經驗示余，已多實事，臨危知命，況更有人。先總理孫公中山，今委員長蔣公介石，皆篤信宗教之大人物也。二公先後之難，一在倫敦使館之中，一在西安事變之日，不皆以此種信念，堅其定力，而終乃化險爲夷也乎？總之，寄語青年：“學術思想宜新，精神修養宜舊。”當代碩人領袖，已詔示吾人屢矣，附志於此，願共勉之。

贅 言

此稿原可早成十二日也，乃以歸後即病，病後執筆，又日日遭遇四、五小時之空襲，晷不閒而心不一，枝枝節節爲之，前夕始粗畢其事也。昨爲六月十二日，重閲一過，將付郵筒，了茲願矣，而彼凶肆虐，又賡以碚黄慘劇，移演於此焉，結果則蕞爾山城，幾無完土，五月三四之劫，未足比焉，斯稿遂遲至今午，始能發也。大痛之餘，又有一事須贅述者，即昨日之劫，余又當死而不死，而向所視爲苦如地獄之防空穴者，居然竟破例而入，復亦居然以此而免余於難故也。蓋自六月十日始，不知何故，居然對此生戒心，午餐薄醉，居然又亟向居停主人辦事處，索取余素所鄙夷之防空地室出入證，次日未用，但心理已不復如前。又次日，十二矣，緊急警報之後，心乃怦然而大動，坐臥亦大爲不安，因僅取所著甲骨文稿，及一差可墊坐之木板，趨下地室入口處十步以降之階段坐焉。顧天熱人多，穴長風滯，萬千呼吸，與四周潮濕相融化，於是汗蒸流臭，氣惡難名，竟不可須臾耐也。方弗敵機已過，因復出焉，如是上下往復者三，仍歸臥室，即僕夫亦深以爲異，且笑問：“先生何前倨而後恭也?”余深惡此言，又因連夜失眠，不勝勞倦，決意關門不復出已。余每日常課，必焚香禮佛一次，如是已畢，即横身就榻，假寐以待之，無如氣不能舒，神不能聚，愈欲静，愈益難安。如是苦持又久之，恍恍惚惚中，目方强合，而區區方寸地，忽焉如小鹿相撞，此身亦如卧針氈，蓋總疑大禍臨頭，非去不可也已。於是乃不假思索，匆匆一躍而起，仍挾我第二生命之文稿，匆匆出舍，匆匆入地下室焉。果然一轉晌間，轟然一片暴雷聲，不堪問矣，狂震之下，穴中人亦紛紛駭仆，類鼓之滚焉，如是者二度，皆不啻千萬重山，崩於左右，余意所居，亦皆成齏粉必矣。既而事定觀之，青年會全部宿舍雖幸未傾覆，然而若頂若壁，若窗戶之屬，十之七八，已身無完膚，不忍目矣。

更覩余室，雖大體如魯靈光殿，劫後仍全，但遭此蹂躪之餘，一切硬性物質，如磚瓦木石，如磁鐵玻璃，種種殘餘，種種破片，至是已并雜沙塵，布滿區區斗室中矣。說者謂處茲危況之下，余如固執不移，依然不去，區區血肉之體，又安有幸乎。然則並五月二十七、八兩日所遭之險計之，老矣汪踦，蓋已當死五次，而天并佑之矣。嗟夫！老當益壯，窮且益堅，馬援之戒也，如此艱難國步中，蒼蒼既如此厚余，余又焉敢妄自菲薄，不思所以爲國家民族計哉！如是贅言，用資自勉，青年有志，盍更勉旃。

二十九年六月十三日於重慶青年會劫後殘餘之宿舍

（整理者按：卷輝《汪同塵先生傳略》，汪涵光、汪定華《汪同塵先生傳略》，並謂此文曾載當時之《大公報》。經文集副主編岳拯士仔細檢核《大公報》1940 年 5 月底至 1941 年 5 月間期號，不見此文，疑未刊出。今據手稿及汪保衛抄本整理）

三、筆　記

辛丑兩宫回鑾記

庚子義和團作亂，蔓延數省，時余纔九齡耳，然熟聞先子言聯軍之禍，未嘗不切記於衷，引爲大辱，但惜未悉其詳。數年來天匯奔走①，耳食頗多，而每讀舊報中，必擇其有關於清德宗及孝欽后之回鑾情□者，走筆錄之，不期已裒然成册矣。是則斯篇所志，詎非一代之掌故耶。民國五年秋，慟塵識於都門客次。

拳匪煽惑八國聯軍入都，破碎山河，幾難收拾，於今回首，能不有餘哀耶。然幸禍首伏誅，議和及早，雖賠款四百五十兆，元氣大傷，而終能免於瓜分，未始非吾人之僥倖也。但孝欽后以婦人之見，偏信庸臣，遂乃釀此大變，避走西安，而德宗懦弱無能，遽遭蒙塵之難，山川險阻，跋涉頻年。慨王氣之銷沈，歎繁華之頓息，憂生於樂，豈非星社之朕兆哉。

辛丑八月二十四日辰刻，兩宫以臣庶之請，由陝西西安啓鑾出南門，至東關八仙庵，拈香頂禮畢，起蹕就道，儀從簡略，稍勝於出奔時。途次，孝欽后居前，德宗隨之，其後則皇后瑾妃、大阿哥、軍機大臣，以及一切之扈從是已。當晚住臨潼縣，供張頗豐。

其時豫垣大吏，久聞兩宫有回鑾之説，事前特鳩工庀材，爲建行宫一所。計孝欽后所住者十一間，德宗十間，皇后九間，大阿哥九間，燦爛輝煌，洵一時之傑構也。而種種陳設，尤以古董玩器爲多，地毯厚軟，其上置花瓶香鑪等物，尺寸高大，幾與几案相埒，金鑲玉嵌，半屬

① “天匯”，疑爲“天涯”之誤。

奇珍。蓋孝欽素喜此，不得不投其好也。

啓蹕之先，陝西營務處需用長桿銅矛五千餘根，特於東城文昌廟開廠鑄造，爲保護鑾駕故也。督撫并撥銀三百萬兩，交河南藩庫支用，總計行在政府籌款，約一千三百萬兩有奇，皆回鑾之臨時經費也。患難中尚且如此，平素之驕奢侈汰，更可知焉。

直隸總督李鴻章，奉旨爲議和全權大臣，以兩宮返京，在即需財孔殷，遂奏明朝廷，分向蘇、皖、贛、浙、桂、粵、湘、鄂、川、魯等省，籌借巨款，限期解京應用，陸續湊集，共有六十八萬兩之多。府藏一空，民不堪命矣。獨鄂督張之洞，除聚斂本省捐税補助中央外，並願報效銀十萬兩，以答上意。於是札飭各府州縣，按缺分之繁簡，量力輸納，自一千兩以至三千兩不等，而怨聲起焉。

時河南巡撫爲旗人松壽，一切佈置，務極堂皇。以此次兩宮蒙塵，艱辛備歷，聖躬蒞境，自應仰慰天心，故不惜浪擲金錢，點綴其盛。而扈從官員，以及太監人等，久耳豫省富庶，匪彼僻陋窮苦之陝西可比，亦欲乘此機會而搜刮之，以填其慾壑，可勝慨哉。

據承辦皇差之某藩司云，者番回鑾，較之上年出奔情形，大有霄壤之别。蓋昔則風塵勞頓，寢饋難安，今則舊夢雲煙，繁華不改。而朝臣阿媚，粉飾太平，一若風雨乾坤，依然錦繡者，鋪張揚厲，又豈臥薪嘗膽之日，所宜見乎？試以食飲而論，嚮者倉皇去國，幾並麥飯一盂而不可得，抵秦後，亦祗以一鼎了之，而此日歸來，則每餐非盛讌不可。於此見孝欽后之侈佚，德宗褦襶，初不足咎焉。

御輦所經，必有一番勒索。每駐蹕，須用五開間正房，以隨行人員計之，自非廣廈百餘楹不足容駕，然沿途村落，得如許巨第。辦差者惟有糞除會館，或以公所代之，甚至廟宇寺觀，亦無隙地，倘或士紳之家可以留宿者，無不借而用之。遷徙紛紛，騷擾幾不堪名狀，而土木之盛，亦莫過於斯時。蓋西北一帶，人民多穴居，蓽戶茅廬，在在皆是，縱有房屋，烏及天子門高，兩宮既不屑屈尊，勢必至另行建築。一朝復國，遽忘卻患難時耶。

古人云“死於安樂”①，清祚之□，以不數年而絕也，即此原因。蓋孝欽垂簾時，好貨貪財，實爲歷代人君中所罕見者，而庚子以後，爲尤甚焉。回鑾之初，以臨潼縣令夏良材辦差不善，遽輕信親側言，二十六日降上諭一道，嚴令交部議處。其實夏良材固一誠篤之良吏，位卑俸薄，不足以供閹宦之苛求，其見讒於宵人也，良堪浩歎。夫以朝廷命官，且不免此輩之屈辱，則小民之爲魚爲肉，又不知凡幾哉。

孝欽意旨，擬於十月上旬蒞豫，即在省垣舉行壽典，蓋藉此稍以自娛，而侍從亦極力慫恿之，以冀重賂。第外間傳說不一，有謂皇上冬至節前返京，太后仍留居開封者；有謂兩宮須同時於年內入都者；有謂嚴冬將屆，非待至明歲不行；即隨輦諸臣，亦殊無確實之消息。但聯軍客燕久，各國公使急盼兩宮旋駕，以便迅速解決一切。疊次由李鴻章催請，勢難羈遲，且外人嚴詞要求，僅許在開封駐蹕十日，於是北渡之期，乃不可緩矣。說者謂清政府見辱，亦即吾民之深恥，念之惶然。

保定府密邇京師，爲回鑾必經之路。雖省垣寥落，城市蕭條，然以舊係疆吏駐節之地，非尋常治邑可比，故此次歡迎聖駕，供應更周。並設臨時大差局一所，專司其事，委員之屬，多至二百餘人。各種應用物件，分別向他處採辦，一律以市價購取，尚無擾亂商民之弊。聞磁盆一項，竟置備二萬餘隻，皆係定製於唐縣磁窯者，真足令人咋舌矣。時清河道潘梅園觀察，特於八月十九日，親自到省，搜買各色玻璃、牛角花燈，異樣玲瓏，新奇巧妙，而尤以地上所用之牡丹、海棠諸式者，爲最美觀。想錦屏華屋中，翠羽明璫，雜以珠光寶氣，高燒銀燭，正不

① 上文“御輦所經”至“遽忘卻患難時耶”，載《民蘇報》1916 年 10 月 22 號；“古人云死於安樂”至“念之惶然”，載《民蘇報》1916 年 10 月 24 號；《民蘇報》1916 年 10 月 23 號未見，疑“古人云死於安樂”之上，文字有闕佚。

知春色幾重也。行宫陳設，即已點綴完全，於是大差支應局總辦，旋派督標武弁十二人，率領轎夫六十餘名，遄往豫直交界處，恭迓鑾輦。附近各府州縣，馬龍車水，絡繹喧闐，星夜趲程，如雲而集。蓋欲親承天宇，以慰宸懷，九五尊嚴，於兹可見。

兩宫疲於風塵之苦，由正定府改乘火車晉京。督辦鐵路大臣盛宣懷，聞命之餘，立備花車五輛，其他王公大臣暨隨駕人員，則以普通車二百餘輛供之。汽笛嗚嗚，輪聲轆轆，蜿蜒於軌道中者可里許，誠一時之盛況焉。有親見當日之情形者，謂太后所御之車，極爲華美。臥室中有西式鐵牀一張，金碧交輝，殆值數千金之鉅。餘若自鳴鐘、穿衣鏡、珊瑚樹等各種陳設，以及壁衣、窗幃、氍毹、廁幕之屬，凡所以博太后之歡心，而使之逸樂者，無微不至。餐每進菓碟十九，大簋四，小□四，并佐以一品鍋，暨名酒數事，然有時猶苦無下箸處。又安知此一席飯者，竟抵民家半歲之衣食耶。但有一事，足令此貪得無厭之老婦愉悦，即車中所用器皿，如茶盞面盂之類，一一均繪以團龍，并刻有"小臣盛宣懷恭進"七字，匪僅精巧已也。故孝欽回鑾後，常語人曰："途中能使余安適，而稍慰僕僕之委頓者，惟盛某耳。"此盛宣懷之所以得邀寵眷，不旋踵而直上青雲歟。然而阿諛之妙，迎合之工，則無怪世人譏議也。

鑾駕蒞正定，即坐火車至馬家堡。稍事句留，乃換乘輿輦進城，由永定門而正陽門，而大清門入宫。時正陽門城樓爲外兵攻毁，雉堞傾圮，滿目荒凉，一片瓦礫場，似猶示人以劫餘之慘狀者。倉卒間從事修葺，匪獨乏此巨款，抑且興作艱難。然以兩宫觸景，不免傷懷，於是籌銀五萬餘千兩，搭蓋彩棚二座，金輝奪目，絢爛炫人，蓋迪非舊年七月二十一日之悲象矣。

兩宫此日歸來，大有衣錦旋鄉之概。出秦關後，長途寥闊，本多崎嶇，顧以聖駕所經，不得不披荆築道，於是沿途官吏，徧令附近農人，修掃平坦，且間以黄土鋪之，"狀元歸去馬蹄香"，不斯過矣。據《同文滬報》所載，河南人民遭殃最烈，緣凡係行宮所在，其鄰近居戶，稍與界址毗連者，苟不從速遷徙而迴避之，則官中辦差人員，立付以一炬，以是而財產損失者，實繁有徒。彼孝欽后恣情快意，又胡從得而知耶。

斯篇所記，本專指兩宮而言，但尚有一專權跋扈之嬖倖，不可不注意焉。其人爲何，即當時翻覆雲雨，炙手可熱之奄豎李蓮英是也。李之惡史，知者頗多，兹亦不復贅述。但就庚子出奔而論，隨駕人員孰不共同患難，流離顛沛之際，民間進苜蓿，兩宮尚忍而食之，其餘扈從，亦爭以一飽爲幸，迺李獨屏而弗受，潛至附近，索鷄子以充其饑腹，果猶向孝欽作餓色。一夕宿某鎮上，曰："汝盍少餐？"李故愀然曰："餘糧無多，奴才不敢進，留以供老佛爺及皇上途中之需可也。"實則李已從他處醉來，其奸詐有如此者。入秦後，欺罔不法，罄竹難書，人民銜之深，官吏亦苦其苛勒。世之譏清室者，動謂政以賄成，蓋非無故。洎乎回鑾，各省辦差者，趨承於李之左右，爭先恐後，惟患不恭，偶拂之，禍乃立至，此夏良材之所以見斥也。官吏狡黠，多密遣心腹，以巨金賂之，或先迓諸途，藉探上意，而李則頤指氣使，旁若無人，蓋驕縱極矣。每駐蹕，除兩宮外，惟李獨尊，一切供帳，幾與上相埒，但不用黄色耳。

河南行宮落成時，巡撫松壽，特偕藩臬兩司，躬往驗視。并派員於大校場，挑選轎夫若干名，操演步法，虚肩黄轎於前，各大吏則隨乘於後，左右進退徐疾自如。松壽大喜，立按名犒賞之，洵忠於王事者矣。然以是之故，耗費頗不貲，中秋節前，藩庫僅存銀□萬餘兩，各府縣既無從籌撥，又不可不藻飾堂皇，焦灼情形，幾難言喻。尚幸陝西行在戶部，儲有三百七十餘萬元，預知豫省財政支絀，除存留數十萬隨駕應用外，餘均解往接濟。於是供支局遂從事鋪張，承辦火食委員專赴山東，招募著名庖丁多人，製備各色果點，極精巧玲瓏之妙，以視京師所作之大八件，彷彿相同。至於承辦花草委員，則以時屆秋令，煞費躊躇，竭盡心機，竟採有菊花盆景一千餘事，奇英異種，五色繽紛，冷豔幽香，真不減春光三月。第僅此點綴，恐不足以博西太后之賞悅也。復築花房數處，其下開煖窖，聚羣卉而烘薰之，若牡丹，若海棠、玫瑰，若芍藥，以及其他之花草，收羅殆盡，一時千紅萬紫，爛縵芬芳，怪蕊名葩，嬌開怒發，益以朱闌作圃，白玉爲盆，秀絕人寰，恍如香國。噫嘻！“四時佳節恒春樹，一派祥光聚景園。”（頤和園聯句）富貴繁華，無逾於此，帝王之福，誠不淺哉。

（此篇中輟久矣，歉甚。以後當逐日刊載，以副愛讀者之雅意，幸諒之。慟塵謹白。）

八月二十四日，慶王眷屬已到河南。蒞境之始，戈什哈逕赴供支局，需索下馬費，爲數甚鉅。局員以各項度支，均已列入預算，一時委決不下，頗覺爲難，蓋亦實在情形也。戈什哈遂怒詈曰：“裏面有二品頂戴姓朱的，代我拖他出來。難道他想做官，竟不懂規矩麼？”局員無奈，且因其爲親王家丁，未便拂戾，勉強敷衍，慇懃以婉詞慰之，終乃償其所欲。然經此一番吵鬧，所有局中備辦之錫器，大半爲此輩搶掠而去，三日後始相率回京。抑尤有甚於此者，則太監百餘人路過閿鄉縣時，以爭奪車馬，故知縣幾飽受老拳騷擾，情形不堪細述。匪獨承辦車馬委員，因此記大過三次，即以松壽辦差之慎，猶不免記過一次焉。總之，人生不幸處於專制政府之下，上而士大夫，下而農工商賈，水深火熱，何嘗稍享自由。數百年爲馬爲牛，爲奴爲隸，毋論矣，且一任其鞭撻剝削，無敢起而抗之，吾不知果何罪者。

李蓮英以昏椓之賤，專橫於禁掖中，朝臣之仰其鼻息者，奉之若神聖不可侵犯，然以視明之魏瑺，尚較遜耳。兩宮出奔後，李之種種劣史，不僅如以前所書已也。應知臨潼縣知縣夏良材之所以見斥，個中實大有原因。據《中外日報》云：起鑾之前一日，忽有太監數人，蜂擁至臨潼縣衙門，勒索宮門費銀一千二百兩，並謂如數以給，可免無意外之虞，否則不敢保也。夏以缺分清苦，該縣錢糧不富爲辭，衆不信，命以内眷首飾質之。顧夏之服官於此，一身外別無長物，署中僅幕友作伴，途長道遠，所親仍留居故鄉，職小官貧，安得有所餽獻。衆忿忿去，瀕行，猶指辱曰："可惜一個知縣，一千二百銀子卻買不到手。"翌日午後，遂來口操京音之大漢五、六十人，自稱爲王大臣侍者，奔赴皇差公所，將廚中所置盛饌，舉凡備以進御者，搶劫一空，其勢洶洶，鼓噪如流寇。時夏已出境迎駕，未知也，比兩宮入城，晚餐竟供設不及。

各王公大臣枵腹而來，其狀殊窘，而爪牙之慣於藉端滋事者，又復交譖於旁。事爲西太后所聞，勃然欲拿問夏良材，治以重律。尚幸德宗在側，不忍罪及無辜，因進詞曰："該縣官想必再辦晚膳，王大臣便是沒有飯喫，也都帶有點心，不妨暫時充飢，何苦爲難到這步田地呢?"太后默然。及饌具，太監人等，竟陰以醬鹽生水調入之，因是反不能下箸。太后大怒，宦者遂乘間唆之曰："夏知縣在外邊說，老佛爺（當時宮中，稱皇帝曰佛爺，稱皇太后曰老佛爺）去年鬧出了亂子，是自家作的罪孽，還有甚麼臉面，來要地方上供給，他現在也不願辦這個差丫。"太后聆說，立命速拿夏良材正法，並傳旨著王大臣行刑。又幸德宗仁厚，極力爲之緩頰，且謂知縣雖愚，焉敢荒唐如此，想其中必有别故，或者太監需索不遂，羣小銜恨使然。太后答曰："就是沒有這句話，論他辦差不善，也應當正法。倘若寬恕不殺，各州縣怕不要學他的模樣嗎?"上諫曰："今爲啓蹕後之第一站，苟以區區細故，而乃殺一民間父母官，豈是朝廷崇儉之德，且令天下人聞之，將引起不平之輿論矣。況去年七月二十一日，忽忽出京，患難流離中，尚並此一席飯而不可得也。該知縣懈於王事，敢乞憐而諒之。讀書人迂腐性成，往往昧瞀，願太后三思之，以赦其罪。"

太后一歎而罷，始降諭交部議處，此上之聖德也。後知兩次與夏良材爲難之人，皆李蓮英暗中所使，而搶刼餚饌者，聞即虎神營兵，李結之，無非役其作倀耳，狼狽如此，謂非滿清亡國史上之一污點哉。且沿途自陝西而東，各地方之受其塗炭者，寧止臨潼縣而已，即如陝州會興鎮釐局總辦黃太守，亦曾爲太監所撻。此真所謂天高皇帝遠，有冤無處伸，然咫尺天顔，猶且無從呼籲，而況浮雲蔽日，深拱禁中，蔽塞聰明，又安察民間疾苦也。據說開封府知府文悌，獨能與李蓮英周旋無忤，其人頗工於媚術，且極有幹才，密遣親信以一萬金餽之，因得趨承左右，手持煙袋，常出入李厲中，猥瑣極矣。事爲巡撫松壽所悉，甚鄙之，爰傳諭辦差人員，凡非在宫門供職者，不準擅自敂闕，且語僚屬曰："今日豫垣中，竟有躁進之夫，而思所以僥競者，諸君其知之乎?"聞者喻其旨，頗覺軒渠，是亦官場中之笑柄也。

然文悌靦不知恥，猶請兩宫留幸河南，藉資休養。慶親王頗反對之，力主早日回鑾，以慰衆望，諍諫許久，爲之舌敝脣焦，太后始從其說。有人云，幸而駐蹕未久，否則民間財帛搜刮一空，將不知何以卒歲也。蓋當時宫門費之奢，幾令聞者咋舌，原議每日二千四百兩者，竟增至四千餘金，一切飲食供應等費，尚在額外。試思民生凋敝之秋，烽燧初平，瘡痍未已，微論芸芸，黔首交怨方殷，即值海内承平，亦不應如斯紕繆，而況懲前毖後，尚且不遑，更何心於風塵奔走之中，苟安亡慮也。烏乎！臨深履薄，聖訓昭然，何物老嫗，放恣乃爾。

夫以每日宫門費而論，蓋不僅四千餘金已也。太后出陝西後，途次住宿，非高臥至十時不起，盥櫛畢，當地官吏必先進以燕湯，隨時獻三百金爲壽，於是太監始入白曰："此某某所孝敬也。"否則不爲報，苞苴之途廣哉。故松壽致某藩司電云："聖駕到河南一切平順，皆宫門費得力之故。"余述此，不禁慨然。然豫省之得以布置裕如，不致爲宦輩所掣肘者，實以松壽機警，事前曾照會各州縣，乘兩宫未至時，務亟妥派幹員，遄赴行在，先期與總管太監李蓮英親信之人，賄託完密，所有各項費用，一並交納清楚，因此鑾駕入境，尚無意外之虞。

（原載《民蘇報》1916 年 10 月 19、20、21、22、24、25、26、29、31 號，11 月 3 號，12 月 20、21、23、27 號第七版，署名慟塵）

諧　藪

捐軀報國

清末雜稅苛煩，政府之於人民，無往而不剝削。某省多貪吏，賭博稅外，更勒令倡伎納捐，此花捐之所由始也，而時人遂爲之語曰“捐軀報國”。

遺傳性

某婦美而豔，于歸後，夫以事遠適，乃翁涎其色，私誘之。婦強拒，走而告諸姑，姑怒呼翁至前，且披其頰曰：“噫！老殺才，胡不知恥，如許荒謬，豈爾家有遺傳性耶?”聞者絕倒。

諧　簡

江都俞某，應試於保定陸軍學校，拔取後，致函於吾友黃子炳華，略謂“身體檢查極嚴，下部亦非醫檢視不可，故前與後，惟聽其翻弄”云云。炳華素滑稽，言出必令人捧腹，至是乃作書答之云：“前陰之翻，猶可說也；後陰之弄，不可道也。所可道也，言之醜也。”數語寥寥，謔而虐矣。

妙　文

髫年肄業於邑中，小學硯友吳某，素喜用新名詞，通與不通弗計也。一日，屆作文期，題爲《相鼠刺無禮干旄美好善説》。吳大快，不假思索，揮筆立就，呈於師。師讀畢，狂笑不已，衆傳觀，亦皆哄堂。蓋起首二句，即曰"以《相鼠》刺無禮爲目的，以《干旄》美好善爲宗旨"，其下不及百字，而"也"字已數十，至今思之，猶覺軒渠不置。然爾時方在童年，文境未深，亦不應遽誚之也。

趣　詩

某雜誌載某君戲改唐詩一首，嘲婢子春梅云："春梅脚不小，處處聞他跑。夜來雲雨聲，攀落知多少。"真足絶倒。

犬知四聲

宋有一狂士，亦冬烘之流亞也。好大言，嘗謂蘇東坡何人，乃今天下士欽仰如此。因偕二三友造訪，冀與辯難。既至，以掌叩關，徐徐擊四下。甫止，一犬突奔躍而出，狀猙獰，向之怒吠者四。士色變，急返身而遁。衆隨之，詢以何故，答曰："余之敲門也，聲爲'烹捧碰拍'，即隱以平上去入示之。孰知犬嗷嗷，以'哇瓦凹（讀去聲）喔'作答，夫以守門之犬尚解韻學，則坡公之才，更可知焉。鄭氏有詩婢，自不足專美於前。余幸而見機早去，否則登堂被駁，將不知窘況何如。"

（原載《民蘇報》1916年10月30號，11月6、20號第七版，署名慟）

遺民泣血錄

癸丑三月，記者渡太平洋，忽與一歐服少年，解后於道，舟中正苦寥寂，遂相與周旋，接談之餘，始知爲朝鮮義士安重根之黨人，以日人搜捕綦嚴，亡命去國。茲編所述，即同舟一夕話，筆之於書者。比來偶檢舊簏，忽得此紙，傷懷觸景，不勝唇齒之悲。蓋目下日人對我，純係亡韓政策，或者國人誦閲斯章，而知所警惕也。乙卯正月識於白門旅次。

韓遺民曰："嗚乎！銅駝荆棘，禾黍故宫，芳草斜陽，離離可慨，生逢死别，孰有甚於吾韓亡國之慘耶！竊念貴國亦我之祖邦，子爲華人，或者聆吾所言，而興山河之慨也。西曆一千九百六年之紀念，姑置勿論，惟有一事，足以滋予痛恨，而引爲深恥者，即芸芸黔首，不復見峨峨之冠，而示其爲古國之遺民，曾秉中華之禮教者也。雖然，往事已矣，言之痛心，國破家亡，山河易色，三十年之割裂分崩，想世界猶存公論。兹請述余一人之慘史，何如？余漢城人，年十七，留學扶桑，彼時國步飄搖，已有岌岌之勢。先子惜華公，方供職於禮部，目擊政綱之紊亂，國事之日非，久懷去志，徒以家貧丁衆，薄産幾微，戀棧之心，勢所難免。洎乎閔妃與大院君構釁，内官外吏，日事黨爭，蛇影杯弓，互相傾軋。吾父天性剛直，無所阿從，慨涇渭之混淆，痛上下之冰炭，不得已蕭然退隱，遽賦歸來。日則躬耕於野，夜則課子讀書，吾母亦督率吾妹，勤操紡績，閉關絶仕，儉以養廉，早韭晚菘，不復問人間事矣。

"余負笈三年，學成歸國，吾父以頻年饑饉，生計艱難，挽老友之介紹，薦余於戶部。惟時值中日開戰，王爲日人所迫，脫離中國關係，朝野士庶，咸在木屐兒勢力範圍之中，要政亦歸其掌握，吾王含羞忍垢，無異馬牛。未幾，日使三浦大將率兵警圍宮禁，囚吾王，戮閔妃（證之歷史，斑斑可考），暴厲恣睢，任意淩辱，國事遂不堪聞問。益以朝臣猜忌，內政不修，府庫空虛，横征苛斂，上下交惡，四海騷然。若乃論及外交，中國既受挫於東瀛，我遂無從呼籲。近觀中華之現狀，能毋感於吾國昔日之情形乎？

“漢城郊外有平原焉，日人涎其利，思據爲己有。日軍大佐小田氏，以武力主義，逼令韓氏避讓。願者畏其威，奉命惟謹，稍有知識之士，亦復舉室而行，默然引去。吾家居漢城中，而於此固營有別墅者，小田貪亭園之勝，必欲吾父遷適，吾父怒，出而與之理論。日人始猶謙讓，出以婉詞，終則肆其野心，加以恫喝。吾父勃然，一任其所爲，誓不移地。倭奴智拙，乃白之吾王，王懼，面諭吾父。吾父叩頭而哭曰：‘臣耄矣，不忍見祖宗神器，一朝顛覆也。陛下天予聰明，獨不念局勢淩夷，力圖振作（一失足成千古恨，鳥乎晚矣）。至臣之基業，咸受自先人之賜，今乃拱手與人，是謂不孝。且普天之下，莫非王土，臣若甘心捐棄，是謂不忠（痛心語，吾人其反省之）。陛下果欲臣他徙者，是陷臣於不忠不孝之列，臣恐先皇帝於九原之下，不能瞑目也（是乃謂之人臣）。’王感言，欷然淚下。日人嗛之深，而禍機遂由此潛伏。

“亡荷，伊藤博文奉日皇命，統監朝鮮。廷臣爲兵力所迫，不敢拒，傅相矢志不貳，又爲日兵所殺。惟時內自宮禁，外至市衢，無不有日軍駐守，以防變亂。天昏地暗，時日色陰沉，滿城無犬吠之聲，道路絕行人之跡，淒涼景象，愁慘可憐。吾父聞亡國之耗，因口絕粒者已兩日矣，至是乃狂步趨朝，撫屍痛哭。日使至，揮之不去，乃厲聲大罵朝臣，有挽之使出者，則唾其面而詈之，指爲國賊（凜凜有生氣，吾讀此，想見其人。未知誤國之徒，其亦對此赧愧否）。俄頃小田至，吾父不幸，遂於以殉難（此君非亡國之臣）。嗟夫！吾父一歸田之臣耳，國亡之日，尚不失臣子之節，較之李完用、樸齊純、大院君等賣國之流，其香臭爲何如耶！

“當吾父出後，旋有日憲兵百餘人，挾鎗持劍，圍困吾家。禍既作，吾知不免，乃投身廁所，吾母畏辱，仰藥自盡，吾妹亦墮井以死。至於吾弟，則一十四齡之幼子耳，見萱親之遭難，痛乃姊之沉亡，張手掩請，頻呼‘阿哥救我’。時予心肝摧折，恨不克奮身趨護。憲兵入，破壁搜索，飽掠而去。有數人者，見吾弟僵立不動，則以鎗尖刺其手足，舉於空際，而旋舞之，藉以爲樂（聞此而不感者鮮矣）。烏乎慘哉！吾弟乃不得不痛呼，而吾亦不得不出。予既躍出，則狂奔而前，日兵見人至，則轉以刺刀向予，而予亦旋仆。

“予既甦覺，身臥草田中，仰視天空，繁星密布，再撫吾體，觸手皆流質，臭之，腥穢刺鼻。自幸此身尚在，未飽豺狼，此恨此仇，終必有以相報。迨夫晨曦甫動，鷄唱曉風，予遂奮身而起，視夜來僵臥處，乃殷殷血泊也。環顧屍體纍纍，慘不忍覩，回念一家骨肉，惟我獨存，未始非昊昊蒼天，暗中默佑也。田旁有小溪，予趨而濯血，細察吾躬，創勢尚弗沉重，惟遍體青痕，想係被撻所致。滌畢，踉蹌徐行，忽聞背後履聲槖槖，接踵而來，駭極，知日兵追蹤而至，乃捨命力奔，狂步十餘里始免。既脱，乃毀容潛遁，蓋知日軍以吾父之故，必欲得吾而甘心也。且彼儕聽大院君之言，知吾爲維新派自由黨（當時自由黨人，聲勢頗大，然曇花一現，終等於波蘭之社會黨耳，惜哉）之健將，縱虎出山，終不免爲心患。顧吾既脱離漢城，斷無見囚之可慮，時維千九百五年冬十二月，嚴寒逼體，瑟縮莫禁，孑然一身，別無長物。回念吾儕學子，已不免淪爲乞丐，蚩蚩黎庶，不更大可憐憫。再念吾王，幽囚於內，其憂傷惴懼，當不知又如何也。噫嘻！悲哉，亡國奴之慘狀，竟如是耶！

“曉風殘月，跋涉關山，嘗膽臥薪，邂逅故友。於是召集志士，組織義師，揭竿而呼，四方響應。旋謀根據之地，咸謂啓昌爲宜，蓋斯處多山嶺，攻守皆可。時則南自釜山，北至漢城，莫不有愛國男兒，同仇敵愾，人心憤激，熱血沸騰，聲勢之豪，誠可以感鬼神，動山川，而泣天地也。無如軍餉匱乏，槍械不精，慚愧螳螂，終歸失敗（英雄不以成敗論，大丈夫一死，要在泰山鴻毛之別）。從此藐躬飄忽，悲若飛蓬，南北奔馳，屢謀恢復。或則深山窮谷，聚豪傑以待時；或則運動號呼，遣死士而殺賊。惜乎大局已去，劫後餘灰，滿目瘡痍，干戈寥落。覩山河之破碎，骨枕荒邱；感風景之依然，血殷芳草。天涯浪跡，何處爲家，此恨綿綿，此心不死。烏乎！海風泱泱，海水茫茫，孤身去國，遠涉重洋，回首故宮，弗知能有日憑弔否也。”

（原載《民蘇報》1916年11月11、12、14、15號第七版，署名慟塵）

不如鷗齋叢錄[1]

兔　園

畢秋帆沅開府秦中，幕下多時彥，各挾龍陽，多負寵而驕，時與皂隸齟，僕從遂動輒得咎。公聞之，不勝其擾，而無如何。諸食客知公之同所好也（說部《品花寶鑑》中之田春航與蘇蕙芳，即敘畢公與李伶事也），各縱所癖之□，爭而不問，且陰觀其賭勝以爲樂。一日，公怒甚，於座上正色曰："快傳中軍兵將來。"衆不知其故，鄭重以請，公曰："署中兔子太多，喚中軍與我全行打出，爲諸君圖清淨也。"衆默然，斷袖之爭，因以少戢。後公移鎮汴梁，幕下男風復競，公怒如前。有老宿在座，徐曰："是間恐非大帥兵威，所能奏凱也。"公問何故。客曰："此處本梁孝王兔園也。"語未終，舉坐譁然，公怒亦霽。上有好者，下必甚焉，是故居高位者，不可以不慎。

（原載《民蘇報》1916年11月26號第七版，未署名）

杭堇浦

杭堇浦，嗜聲色，尤好博。其主粵秀書院也，夏月嘗裸身袒褻衣，入茶肆，與諸遊蕩子謔叫招張，各不道姓名。適學使前麾至，杭躍起，

---

① 按題目原作《不如鷗齋瑣錄》，《民蘇報》1916年12月13號起改作《不如鷗齋叢錄》。

諸少年強曳之，不得已，乃①：“此大人我小門生也，見之不善。”同博者相顧愕眙，不知所措。又嘗過一顯者寓，升堂直奔入内室，主人追詢之，無以答，狂笑而出。其通脱類如此。然觀其負謝山於死後，是又市井不若也。蓋康乾以降，文人橫有高名者，類多局促，其衝決網羅，高視闊步者恒鮮。董浦輩稍稍近之，然其初心，非真能憤世嫉俗，故爲不仁之行，以芻狗一世，不過反其脅肩諂笑，舐癰吮痔之行，利用跅弛不羈之名，以濟昏夜乞憐之術而已。謬種流傳，及於今而其風愈甚，其技愈神，非工於此，則不能一朝以立於磬折周旋之地，而入於縱橫捭闔之場也，可嘅也夫。

（原載《民蘇報》1916年12月13號第七版，未署名）

贖命詞

吳漢槎之遠徙也，一時名人，哭以送之，悲之極也。梅村《季子》之歌，尤令人熱耳酸心，不忍卒讀。後鬱伊寧古塔者二十餘載，以故人顧貞觀百方營救放歸，及其還也，一時名人，哭以迎之，幸之深也。先是，納蘭太傅當國，世子成德雅慕詞華，昵近諸時彦，顧與之遊，乘間以吳事請，世子許之，期以十年，方可爲力。顧爲泫然，因譜《金縷曲》二闋寄吳，蓋傷其遇之不終，而思所以慰藉之也。成德見之泣下，曰：“山陽《思舊》之作，都尉《河梁》之什，並此而三矣。不玉成此舉者，非人也。”遂力言於内，而吳得生還，一時傳誦梅爲贖命詞云。詞如下：

季子平安否？便歸來，平生萬事，那堪回首。行路悠悠誰慰

① “乃”下，疑脱一“曰”字。

藉，母老家貧子幼，記不起，從前杯酒。魑魅捉人應見慣①，總輸他，覆雨翻雲手。冰與雪，周旋久。淚痕莫滴牛衣透。數天涯，依然骨肉②，幾家能彀。比視紅顔多薄命③，更不如今還有。祇絕塞，苦寒難受。廿載包胥承一諾，盼烏頭馬角終相救。置此札，兄懷袖④。

又：

我亦飄零久。十年來，深恩負盡，死生師友。宿昔齊名非忝竊，祇看杜陵窮瘦，曾不減，夜郎僝僽。薄命長辭知己別，問人生，到此淒涼否。千萬恨，爲兄剖。兄生辛未吾丁丑。共些時，冰霜摧折，早衰蒲柳。詞賦從今須少作，留取心魂相守。但願得，河清人壽。歸日急繙行戍稿，把空名料理傳家後⑤。言不盡，觀頓首。

哀歌苦語，至今讀之，淒然欲絕，文人因以贖如絲之命，宜哉。

（原載《民蘇報》1916年12月20號第七版，署名慟）

吴郡王

宋吴郡王及韓平原郡王，皆豪貴，以奢侈相尚，爭華競靡，有石崇、王愷之風。吴府後翠堂七楹，全以石青爲飾，故名，專爲諸姬教習聲伎之所。一時伶官樂師，皆梨園名工，吹彈舞拍，各有總之者，號爲部頭。每遇節序生辰，則於旬日外，依月律按試，名曰小排當。祇笙一

① “捉”，清顧貞觀撰《彈指詞》卷下《金縷曲》作“擇”。
② “依然”二字原闕，據清顧貞觀撰《彈指詞》卷下《金縷曲》補。
③ “視”，清顧貞觀撰《彈指詞》卷下《金縷曲》作“似”，“薄命”作“命薄”。
④ “兄”，原作“胸”，據清顧貞觀撰《彈指詞》卷下《金縷曲》改。
⑤ “家後”，清顧貞觀撰《彈指詞》卷下《金縷曲》作“身後”。

部，已是二十餘人。自十月旦至二月終，日給焙笙炭五十斤，用錦薰籠藉笙於上①，復以四和香薰之。蓋笙簧必用高麗銅爲之，艶以綠蠟，簧煖則字正而聲清越②，故必須焙而後可③。陸天隨詩云："妾思冷如簧，時時望君煖。"樂府亦有簧煖笙清之句④。舉此一事，餘可想見也。

松壽諂媚

韓侂胄有愛姬，小故被譴，錢塘令程松壽亟招女儈，以八百千市之，舍之中堂，旦夕夫妻上食，事之甚謹，姬惶恐莫知所由。居數日，侂胄意解，復召之，知爲松壽所市，大怒。松壽聞之，亟上謁獻之，曰："頃有郡守辭闕者，將挾市去外郡，某忝首縣⑤，恐忤鈞顔，故爲王匿之舍中耳。"侂胄意猶未平，姬既入，具言松壽謹待禮，侂胄大喜，即日躐除太府寺丞。自監察御史⑥，踰年進右諫議大夫，猶怏怏不滿，乃更市一美人獻之，名曰松壽。侂胄追問之曰："奈何與大諫同名？"答曰："欲使賤名常達鈞聽耳。"侂胄憐之，即除同知樞密院事。

（原載《民蘇報》1916年12月21號第七版，署名慟）

可　師

吾邑之西偏，有豐登庵，僧名可師，以戒律自名。鄰村有一婦人，

① "錦"，宋周密撰《齊東野語》卷一七《笙炭》作"綿"。
② "聲"字原闕，據宋周密撰《齊東野語》卷一七《笙炭》補。
③ "須"，宋周密撰《齊東野語》卷一七《笙炭》作"用"。
④ "句"，宋周密撰《齊東野語》卷一七《笙炭》作"語"。
⑤ "首縣"，明田汝成撰《西湖遊覽志餘》卷四作"赤縣"。
⑥ "自"，明田汝成撰《西湖遊覽志餘》卷四作"旬遷"。

素與僧通。會值春社，婦濃妝艷抹，至寺中燒香，僧引入房與狎，事已，相抱而睡。適社長來問殿上緣事，小沙彌尋入，並不見僧，但見牀前繡履一雙，與僧鞋在地，遂趨前揭其帳呼之。僧驚悟，見沙彌大怒，急起擒之。沙彌泣訴其誤犯之由，僧轉益驚訝，顧謂鄰婦曰："汝善守之，勿聽其出也。"遂去。少頃復入，縛沙彌，以棉塞其口，笞死。是夕留婦宿庵中，人靜後，共舁屍，啓後扉出，投一廢井內，以瓦礫覆焉。次日，以沙彌爲母家所誘，竊物潛逃，控於官。官納僧賄，拘其父刑訊，責令交出沙彌。顧其父實無從尋訪，訟繫者逾兩月矣。時梅雨乍晴，有數小兒於庵後鬥草爲戲，忽見井上一小蛇蜿蜒，羣起逐之。蛇入於井，一兒趨窺之，帽落井中，兒即取稗竹一竿撩之[①]，帽已沉。再三掉之，則一足翹起水面，須臾屍首浮出，大懼，投竿奔告其父。即呼鄰保共往，相與撈起，其屍猶不腐，遍體傷痕，隱如刻劃，而面目宛然可辨，遂共鳴於官。邑令至，驗屍係笞死者，詢僧曾有控案在總捕房[②]，即飭役往取成案，反覆久之。呼二役往搜其寢，無所得，既至佛座後一套房，其中牀榻衾帳，皆極綺麗，顧亦無他物，惟抽屜中有辮髮一根。以呈，並縷述房中華縟狀。令呼僧，問以此處緣何而設，此物更何用處，僧對不知。令曰："然則汝亦知殺汝之徒者乎?"僧又言不知。令乾笑曰："汝雖不知，然兇首則有在矣[③]。"遂用夾訊，僧絕而復甦，猶堅不肯承。令怒，命再刑之。忽顧人叢中，一少婦低頭揾淚，趨喚至案前，詰之曰："此何地也，而汝卻來此垂淚?"對曰："妾本師之鄰家，見其不勝拷掠，故不覺慘然。"令曰："然則視僧之拷掠其徒何如，爾時汝何忍立視其死耶?"婦駭，立言[④]："此事與妾無干。"令大怒，命

① "撩"字原闕，據清朱梅叔撰《埋憂集》卷一《可師》補。

② "總捕房"，清朱梅叔撰《埋憂集》卷一《可師》作"總捕府"。

③ "首"，清朱梅叔撰《埋憂集》卷一《可師》作"手"。

④ 清朱梅叔撰《埋憂集》卷一《可師》無"立"字。

拶之。僧在旁睹其宛轉嬌啼，心痛如割，遂前承所以斃其徒者，且曰：“事雖由於奸情，但當斃命時，此婦實不在側，刀山劍樹，小僧一身當之足矣。”令笑曰：“今日汝可謂大發慈悲矣。”因并繫其婦去。案既定，斬僧於市，婦擬監候絞，年餘，瘐死獄中。相傳行刑時，砍至第七刀，僧首始殊云。

（原載《民蘇報》1916 年 2 月 15 號第七版，未署名）

鐵血餘談

去年今日，碧鷄金馬間，攘臂一呼，義旗高舉，不轉瞬而共和再造，日月重光，拯人民於水火之中，奠家國於苞桑之固。英雄肝膽①，四海咸欽；菩薩心腸，萬方同祝。爰就當時瑣事，編述成篇，拉雜不文，聊彰紀念。記者識。

蔡氏之出京

蔡君松坡，雲南倡義諸志士中之一分子也，當其爲經界局督辦時，困守都門，動輒見忌，微服出京一事，余於所□《望帝夢彈詞》曾記其略。兹□得極詳，且極詼詭，以袁之沈猜陰很，而松坡竟行□無事②，於以見英雄之自有真也。自帝制問題發生後，松坡日沈醉於八大胡同中，政局之變更，略無表見。袁夙知蔡極有膽略，常遣暗探尾其後，蔡益放蕩，不事邊幅。當離京半月前，公府要人以聯名請願事，速蔡與議，適有與某國密約之承認交換條件，遺置案上，爲蔡所見。蔡爲人深沈，然以條件太苛，不免動於辭色。事爲袁所聞，知蔡必不甘緘默，一經宣洩，帝制前途必大生阻礙，而蔡又非尋常官吏比，可以財羈勢禁，遂於翌日，突有檢驗家宅之舉，無所得乃去。於是蔡即面詰軍政執法處處長雷震春，叩詢檢查原因，雷詞窮，乃斬交。先是，蔡氏夫婦忽大反目，相詈不已，繼以互毆，松坡傷面部，夫人左手亦有爪傷痕，

① “雄”字原脱，據文義補。

② “行”下字漫漶不清，似作“所”。

家用什物撞毁不少，磁器陳飾等件狼藉滿地。一時松坡交好皆往勸慰，松坡意猶和平，而夫人盛怒不止，堅欲離婚，勸解者既窮，乃爲蔡氏夫婦作最後之離婚談判。夫人所提出附帶條件，爲貼費一萬元，及妝匳若干，蔡勉爲許可，而其夫人遂於翌日，摒擋器具，附車出都矣。蔡既經家庭之變，懊喪殊甚，益匿跡於所歡，日與狎友相處，和酒往還，略無虛日。斯時蔡氏不特厭談政治，即家務皆委諸僮僕之手，未一過問。追蹤蔡氏之暗探，見其行事如此，防閑漸疏。乃不三日，而花天酒地之蔡松坡，忽絕跡於八大胡同中，遍索都門不得，詢之□歡居宅①，則以偕遊未返對，實則松坡此時，已間關出都，安抵津門矣。京師偵者既失蔡氏蹤跡，猶冥搜不已，凡蔡氏宿昔交好各處，逐一探詢。嗣於某校書家（據云即今之韓家潭小鳳仙校書處也）得悉易服出都確耗，即於翌晨赴津。時蔡氏方寓津門某旅館，偕攜來校書，徵逐花叢戲院間，毫無他異。偵者之心始稍安，不知蔡氏方遲其契友某君，故作此落拓態以愚之。部署既竟，校書北返，蔡氏南行入滇，龍跳虎躍，未兼旬而雲南之事遂起。然抵滇時，唐蓂賡已布置就緒矣。

棒客之關係

川省向以遍地萑苻著聞，而尤□棒客爲可畏②，其來已素。自滇軍入川以後，撫以爲用，其勢始大，爲害北軍最巨。棒客精嫻拳術，強悍無比，其性質與馬賊、俠客、刀匪相類，到處嘯集，約近五、六萬人，平日專以刦掠爲事。凡其地有棒客，中資以上人家，苟不獻所有之一部份，終不免於擾累。擄人索贖，本所慣聞，究不若馬賊之兇殘，尤時有摧富濟貧之舉，對於貪官污吏，尤所痛惡。凡與小本營業貿易，未嘗有

① "之"下字漫漶不清，似作"所"。

② "尤"下字漫漶不清，似作"以"。

強索抑價之事，故貧者多樂而安之，且復暗中協助之。北軍入蜀，其行爲遠出棒客下，而棒客之聞譽乃益高，故川人有“不畏棒客畏北軍”之言。當熊克武之居重慶也，其部下士卒，多來自棒客，後失敗出亡，仍復還爲本業。且器械因以精良，戰略更形嫺熟，更復廣招黨羽，橫行於川南各州縣，其來也千百，其去也無蹤，官吏畏之如虎，莫敢誰何。自響應滇軍後，更明目張膽，所用旗幟，皆大書特書曰“熊”，凡有當之者，靡不摧折。先後佔據敘屬之隆昌，資屬之內江等縣，亦出示安民，勒助餉糈。沿途添募無數，遊民所用器械，土炮居多，而新式鎗彈，亦往往有之。其舉動在專擾袁軍後路，一則爭城略地，作滇軍之先鋒，一則刦糧奪械，遏北軍之生路。凡涪州、酆都、萬縣、歸州一帶，均布滿棒客，且與湘西佔領永順等地之黔軍，有互相呼應之勢。北軍死於其手者甚衆，故北軍一聞棒客之名，莫不心膽俱裂。

（原載《民蘇報》1916年12月25號第七版，署名慟塵編述）

此篇所記滇事瑣聞，前日登載未完，蓋限於篇幅也。茲續刊之，以示紀念云爾。

敘州之占領

滇軍於一月二十一日佔領敍城，二十二日，滇軍入敍城者約一二千人。司令官乃與父老約法，因之商民歡悅非常，各□金助餉，計商會五萬兩，銅鉛鹽購買局二萬兩，徵收局二萬兩，天順祥一萬兩，共十萬兩。雲南軍隊之維持費，概歸自任，在敍州新募軍隊約二萬之雜費，則由市民負擔。該地知事委任孫某司令，旗書熊字，告示上則有書呂姓者，不知何故。滇軍到宜賓，有帶春茶等土產出售者，與本地商人接洽頗睦。各城門均照常開啓，不過出入略爲稽查，商店皆如常開市，郵件亦通行無阻，惟函面蓋有滇軍查驗圖章，秩序一如平時。至軍隊則屯駐對河之真武山，此山俯瞰敘城，爲守敘之第一要地，上置大砲，可直對敘城故也。滇軍駐步兵一團，砲兵一連於此。嗣後來者，即分兵二道，一向瀘州，一向自流井。瀘州自川軍之二師調去後，正形極空虛，幸陳將軍派第十六混成旅旅長馮玉祥率兵前往。二十三日，瀘州已特別戒嚴，茶坊酒肆均經歇業，無通行證者，概不准入城。袁軍開掘壕溝，竭力防堵。

（原載《民蘇報》1916年12月27號第七版，署名慟塵編述）

自流井方面，二十四日，各機關辦事人員即已逃匿一空，鹽務稽查洋員紛紛電京。一月二十六號，川南鹽務分所協理德人柯納普君，接到鹽務署電飭，將重慶鹽款三百餘萬元紙幣全行焚燬。柯君已於二十八號起程，赴渝提燬。瀘州鹽連使亦奉到政事堂電轉飭各司須慎重，鹽款勿以資敵。二十六號，自流井中國銀行四川分行亦將所存兌換券焚燬，蓋是日謠傳滇軍即日必到井故也。查川省產鹽，首推自流井，其次爲犍爲境内之五通橋。計自流井地方，產鹽之井有三八二，另有火井一，爲川省利源，雙方均極注意。北兵除伍旅長退守外，尚有川軍第二師三旅十團。二十六日，又到有第二區清鄉軍第二支隊杜團長，率有川軍二師砲兵二團，及步兵兩營，駐南華宫防守。又有敘府之水警若干名，亦到井地。各銀行門首，均派有軍警守衛，井地稽查甚嚴，兵力亦厚。陳宧於一月二十二日失去敘州之後，一面嚴守自流井，一面力行三面包圍之策，以求恢復故敘州與自流井之通道，時時發生戰事，然均爲滇軍取勝。四日，馮玉祥率領所部，往攻在敘州北方白沙場，爲滇軍夾擊，幾致全滅。十一日，袁軍復進攻於永興場附近，又爲滇軍擊敗，分向富順、瀘州方面退走。據二十四日《每日新聞》報宜昌特電，出沒於四川樂昌、隆昌間之土兵，與劉存厚通款，擔任衝瀘州袁軍之背面，袁軍因之不敢攻擊敘州。

（原載《民蘇報》1916年12月28號第七版，署名慟塵編述）

二十七日，唐將軍親赴校場誓師，軍容極爲整肅。聞出征之將校，皆預戒家屬，此行期必死，勿望生還。其未編入出征軍者，多懇求出征，有泣求數次而不得者，有以去就爭者，亦足以覘士氣矣。此十日內，退伍兵之紛紛投到者，不下五六千人，後此尚源源而來。

記者薄遊廛市，雜稠人中，習聞此輩喁喁私語。甲曰："袁世凱爲猴子所投胎，不配做皇帝。"乙曰："四川陳宧爲袁世凱之假子。"丙曰："王氣鍾於吾滇，今景星慶雲，又復見矣，不知應於何人也（辛亥重九反正，是日正午，正蔡公在承華圃集將領，授方略之時，景星晝現，其大如斗，光芒四射，傍有五彩雲圍繞，居民皆見之。日來街談巷議，咸謂有五色彩雲現於西南云）。"丁則曰："昔吾隸某排長，其人實勇敢而溫和，今已升某營營長。援川之役，彼率弟兄十餘人，擊退川軍二百餘人，若再得編入其部下，則幸矣。"戊復曰："余新婚未久，動員令下，吾妻頗尼吾行，吾父暨叔伯則壯吾行，余亦謂行軍樂，遂絕裾而出。"於以見滇人之義勇敢戰，爲吾腹省人民所不及也。

外交之計畫

自廣西獨立後，護國軍聲勢更爲震赫。日本政府以廣西地位極居重要，決議派領事駐桂，簡舊充牛莊領事四年之太田喜平氏任之，駐在地即定爲南寧。及廣東獨立，滇黔桂粵四都督，於四月十九日聯銜電致駐京各國公使：依據約法，認袁世凱已失大總統資格，請副總統黎元洪代理（電文見對外文告）；復以此後外交一切，極關重要，各國公使還在北京，諸多隔閡，即由唐都督主張，推舉外交上素負聲望人員，在滬組織辦事處，與各外交團討論：（一）承認南軍爲中華民國政府；（一）所有交戰地點外人生命財産，在南軍管轄之下者，擔負責任；（一）黨人之托庇外人租界者，非有侵犯租界治權，妨礙治安者，應予特別保護，不得引渡；（一）所有辛亥以前條約，繼續有效或修改。種種要政，公推唐紹儀爲特任外交代表，以王寵惠、溫宗堯副之。及後軍務院成立，復遵軍務院組織條例第八條加以推任。而外交團亦有商略，承認南方爲交戰團體問題，並此後外交方針，擬由各使館派員往滬接洽之說。

（原載《民蘇報》1916年12月29號第七版，署名慟塵編述）

華僑之宣言

旅居墨西哥之華僑，聞滇軍起義後，遂宣言曰：

信報傳來，知祖國方生革命，其目的志在推倒現在之共和政府，而代以君政。吾人爲我祖國之國民，雖遠出在外，而國家觀念，未嘗因時間距離而消滅。查民主政治，乃近世文明之最上主義，不知耗幾許可貴之生命，乃能爭來，今竟因自利派之勢力，及少數野心家之慾望，而瀕於危殆。聞信之下，無限悲愁。既懷此心，用敢於此宣言書中，以吾人極力抵拒帝制之誠相告，並布諸世界。使吾人已有堅毅之決心，無論如何犧牲，當罄其所有，以保持此關於中華民國運命之優美制度。抑尤有言者，中華民國已爲世界列強所公認，吾人渴望其生存，亦甚望世界各國秉持道義，而加以贊助也。旅墨華僑自由黨安待劉司，國民主黨張佐司，共和黨蕭西門（皆譯音）等啓。

（原載《民蘇報》1916年12月30號第七版，署名慟塵編述）

心影閣叢録[1]

董福祥軼事

近有署名納川者，不知何許人，其記董福祥軼事一則，頗有類於淮陰侯遇漂母事，爰亟録之。

甘肅董星五提督福祥，少失怙恃，家極貧，嘗作小負販來往鄰境。一日，因細故與稅官忤，欲科罰之。董不服，語之官，官怒，命左右挾之。董舉手一揮，衆跌去，屢進屢仆，遂不敢近。董乃進前擒稅官，拳毆之，且詈且毆，稅官初猶哀呼乞命，後漸無聲，視之死矣。董見稅官死，始懼而逃去。事聞，闔郡大索十日，迄無蹤跡。蓋董匿大澤中，晝伏夜出，人無知者。惟澤畔居有老姆，時值之，嘗呼董曰："澤中卑濕，不宜久居。我家無外人，可投止也。"董懼洩露，謝之。無何，疥瘡大作，四肢委頓，呻吟待斃。老姆兩日未見董，心知有異，往澤中覓之，見董狀，驚曰："壯士一病至此乎！"因勸董往其家，董無奈，頷之。姆以杖授董，令扶之。董力疾從姆後，中途憩息數四，始達姆所。見母家無長物，衹孑然一身。母日爲其炊粥，敷藥，□□往來，雖慈母之撫愛子，不是過也。月餘，疾良已，董拜謝欲行。母曰："觀子相貌，非久於貧賤者。此好自爲之，勿蹈前日覆轍，辜負好身手也。"董敬諾而去。後遇回亂，董投身行伍，屢奇勳[2]，累功至提督。因覓老母，得之，迎養於任所，奉之如母。數年母死，厚葬之，哀痛毁服，若

① 按題目原作《心影樓叢録》，《民蘇報》1917年1月19號起改作《心影閣叢録》。

② "屢"下疑有脱字。

孝子焉。

村婦捉鬼

鬼之有無，聚訟久矣。然婦孺荒謬之談，亦竟有見諸事實，而不可以常理論者。近如泰興北區張家河發現一鬼物，其狀甚奇，一如世俗所謂焦木炭之鬼質也①。初是該莊有張姓婦，於陰曆八九月間，因拾禾遺穗，憩息河畔。忽來一五十餘歲之老婦，手持破衣，強婦代浣，婦力拒之而去。及歸，則老婦已在房中矣。婦驚號，家人咸集，則無所覩也，而婦見仍如故。由此鬼即不離婦左右，寢食亦必與共，有時鬼或他去。婦語人曰："鬼來時，高僅尺許，形狀如猴。所謂老婦者，實頃刻間之變態耳。"然人未之信也。久之，鬼益作祟，或器具無故傾倒，或窗戶自開，家人知其有異，屢請巫蠱驅之，無效。且鬼漸與婦爲仇，或於婦晨起時，將其下衣置之屋上；或於婦操作，將器具移置他所。婦恨甚，因聞鬼云"最怕魚網"，遂與家人密約，持網伏於門外以伺之，並乞靈於祖宗，以助其力。抵夜，婦忽大呼鬼至，家人羣起，張網於門，以防其遁。遍視室内，祇見婦滿室奔逐，並不知鬼何在，惟婦所向之處，所有之器具，即先自動搖，若有人趨避於前者。未幾，履舄雜沓②，轟然有聲，若婦之外，更有多人鬩爭者，惟所見祇一婦耳。然婦狀已狼狽不堪，猶復狂奔如故。久之，忽持一篾籮，猛力坎去③，急呼門外人蒙網於篾籮之上，籮中即有物撞動。婦以手從籮底探入，竟被咬破其指。及既拉出，則儼然一焦木炭也。細驗之，則又非炭質，略似未浸之海參，頭面手足，隱約可辨。於是即置一磁罐之内，用石板覆其上。據婦云，

① "所"字原脱，據汪慟塵著《苦榴花館雜記·村婦捉鬼》補。

② "舄"，原作"聽"，據汪慟塵著《苦榴花館雜記·村婦捉鬼》改。

③ "坎"，汪慟塵著《苦榴花館雜記·村婦捉鬼》作"擲"。

正在捕捉時，忽見其已故之翁姑，及村中已死之某某等，助其圍捕，以致滿室紛擾也。次日，往觀者絡繹不絕，均由婦籠中拉出，裹之以網，然後一一示之。越三日，縛置於積薪之上，以火燃之，猶能呼呼作聲。當衆人往觀時，記者亦派一誠實可靠者隨往，以察其異，果如所聞①。以平時認爲荒誕不經之言，至此已無可索解之餘地，姑錄之，以供博物家之研究也。滬上《民國日報》所記如此，余頗奇之。

鸚鵡媒

方瀛仙，揚州甘泉諸生。世擅鹽筴之利②，累貲鉅萬。至生不喜居積，一切盡委之人，惟日購書籍、字畫、金石、彝鼎以自娱。有別業在廣儲門，具泉石亭臺之勝，每遇盛夏，輒往銷暑。近園數十武，爲林氏居。林亦宦家，有女曰雙影，工詩詞，美容貌，才艷噪一時。時生亦未聘，頗屬意於女，特以未能一見爲憾事。林屋後亦有小圃數弓，正鄰生園，女常往散步。生因疊石爲山，築亭其上，名曰來影，於是林圃景物，悉在目中。女知其故，遂不復往遊。生雖望衡對宇，而窺影聞聲，竟不可得，銀河咫尺，有若天涯，生亦無如何也。先是，郡中大族求女者，日踵於門，而女父必面試以詩，然殊少當女意者，經年求者稍稀。生時思自通，屢浼同學友人言之，而女家或以紈袴子目之，置不答。一日適逢七夕，生在園閒眺，命僕婢輩灑掃閒庭，設香几瓜筵，爲乞巧戲，忽見一鳥瞥下，口銜片紙墜地。生視此鳥，綠毛紅爪，其足尚纏金鍊寸許，乃人家所豢鸚鵡也。甫欲掩執，而鸚鵡奮翼而起，翔集庭樹，呼曰："方秀才勿萌惡意，此吾家三姑子所作詞，但請速和，奴可代爲傳入閨中也。"生拾視之，上書《鵲橋仙》一闋，詞意纏綿，直闖花間

① "所"字原漫漶不清，據汪慟塵著《苦榴花館雜記·村婦捉鬼》補。

② "世"，原作"也"，據清王韜撰《遯窟讕言》卷一《鸚媒記》改。

之室。因振筆書寫，迅不停綴，鳥則在樹睨視。生筆甫擱，已疾下銜之去矣，生奇歎不已。

先是，女呼婢浴鸚鵡，既浴而鸚鵡亟請去練，婢如其言。既釋①，剔翎梳翮，飛翔檐際，意甚得也。婢以馴養已久，不之防閑，俄見其向生園飛去。方欲遣人往覓，而鸚鵡不知何時已回。女旋於几上得一詞云："空階亂葉，閒庭涼露，秋入離愁更苦。獨憑欄角暗傷心，看數到雙星無語。　蛛藏小盒，針拈繡綫，懶作兒時情緒。因緣拚已兩飄零，算多此今宵一聚②。"女吟諷數四，不解來自何處，後覩詞末有"雙影女史慧鑒，瀛仙謹和"數字，益爲疑訝。急覓己詞，則遍搜不得，默自驚異。然女自此知生之才，第未能白諸父也。迨中秋日，女欲往遊天寧寺，畫船已具。是日，生方在園讀書，瞥見鸚鵡飛墮其前，引吭言曰："吾家三姑子，今日將往天寧寺。方秀才欲一見玉容，可候於寺門，當無不遂意也。"言畢，展翅竟去。生深信其言，買棹急往，至則遊舫鱗集，士女如雲，不辨林氏船泊處。須臾，一舫衝波而至③，船頭懸鸚鵡一架④。生曰："是矣。"即呼篙工，與之相並繫纜，而佇立船頭。頃之，女扶婢出艙，玉肌花貌，曠世無儔。生正注眸凝視，忽聽鸚鵡疾呼曰："方秀才仔細著，吾家三姑子來矣。"女聞言舉首，見生四睛相射，不覺微渦暈頰。婢即呵止鸚鵡勿語，然後登岸。既而女歸，私詢婢曰："適間方秀才果何人?"婢曰："聞舟人言，即吾家園鄰方瀛仙公子也。"女默不語。自此女始知生容貌都雅，意頗動。而生自見女後，寢食俱忘，獨登來影亭，咄咄書空。久之，驚聞足下有膈膊聲⑤，

① "既"字原誤植於下文"不之"下，據清王韜撰《遯窟讕言》卷一《鸚媒記》乙正。

② "算"，原作"莫"，據清王韜撰《遯窟讕言》卷一《鸚媒記》改。

③ "而至"二字原脱，據清王韜撰《遯窟讕言》卷一《鸚媒記》補。

④ "船"字原脱，據清王韜撰《遯窟讕言》卷一《鸚媒記》補。

⑤ "膊"字原闕，據清王韜撰《遯窟讕言》卷一《鸚媒記》補。

俯視則鸚鵡正在亭角。生拱手謝曰：“仙禽來乎，何以教小生?”鸚鵡矯翼騰空，以咮叩石曰：“早遣冰人，以娶玉女，既遂爾緣，勿忘我語。”言已，翩然遽逝。生立浼媒往說，女父並無難詞，涓吉納聘。至期，生往親迎，迓輪而返，卻扇之夕，生向女緬述其異曰：“此鸚媒也，敢忘大德。”每晨，生必親飼，飫以珍異。後鸚鵡死，生葬之平山堂側，曰鸚鵡塚，樹碣其上，並徵名流歌詠其事。由此，鸚媒之名①，揚人今猶嘖嘖稱之。

碧　珊

北平胡秋史，清諸生也，家貧族小，生計無聊。時值大比，思欲束裝詣京，苦無資斧。適有同窗友李生，贈以金十笏爲旅費，遂得就試。榜發獲中，明年又捷南宮，散館得知縣，分發廣東，至省得補高州茂名縣缺。之官後，頗有廉直聲，然以孤立寡援，不能安於其任。罷官既久，宦囊愈空，留滯南中，無復北歸之望。後遇高州亂起，倉卒出行，遂及於難。僅遺一女，小字碧珊，年甫十歲，孑然無依，頗有曙後星孤之歎。有女之乳媼區氏者憐之，攜歸已家，與之裹足梳頭，教以針黹。閒時女每偷習書字，讀唐詩琅琅上口。稍長，風韻嫣媚，長身玉立，秀曼罕儔，鄰里多艷稱之。

區媼有子曰旺兒者，無賴子也。見女美，每謂媼曰：“此奇貨可居也，鬻入章臺中，何憂不立致千金耶?”媼斥之，乃不語。旺兒乃與其妻謀，令僞歸而病也者，遣使召媼。媼即拏舟奔視，甫行，而媼子旺兒返，紿謂女曰：“媼途中無伴，招汝偕行。”女年幼，未知其詐，遂同登舟，攜至羊城，居於素識李媼家，托其覓人鬻去。問媼何在②，則誑

① “鸚”字原闕，據清王韜撰《遯窟讕言》卷一《鸚媒記》補。

② “媼”，原作“湖”，據清王韜撰《遯窟讕言》卷一《碧珊小傳》改。

之曰："徐當自至，汝但居此，勿憂也。"適有仙湖街廖鸨母者，穗垣中之大勾欄也，來見女，啃曰："好一閨閣嬌羞女子，不殊珠宫玉天仙，平康里中，何能覓得?"急問價，索八百金①。廖婦曰："此等妖嬈，難道千金不能值得?但去作倚門賣笑，未免罪過。老身意見，欲令其將來爲一官人箧室，庶有著落②，不願其淪落風塵中，爲煙花賤骨頭也。"繼以四百金署券，輿歸廖舍。姊妹行羣來探視，嘖嘖羡曰："好姿首!"女自入此中，每啜泣竟夕，淚珠如雨，濕透枕函。鸨母雖復百方慰之③，不悦也，以其美，不忍加以箠撻。每有客至，但令之捧茗碗，調片芥而已。

一日，有山西大賈，見女艷之，願出六百金，爲之梳攏。媪利其貲，許之。女聞有成約④，痛欲覓死⑤，泣謂人曰："此賈自頂至踵，毫無雅骨，奴亦宦室女，安能爲此俗流侍巾櫛，奉衾裯哉?必欲相逼，惟有一死耳。"是夕，西賈席設畫堂，招女相侑，而女已闔户投繯。恍惚間，魂已離殼，見在前有一青袍白鬚老者，拄杖閒行，見女咤曰："汝何爲至此?"女哭訴顛末，並拜求脱離火坑之術⑥，曰："若蒙指示，此恩生死不忘。"老者曰："女今但歸，自有冠者木元虚來，爲汝解脱，汝其速赴良緣。"以杖擊其背，霍然而醒。則闔室人，方秉燭環立灌救，見女開眸微瞬，羣慶曰："碧珊姊回生矣。"先是廖媪呼女不至，

① "價索"，原作"索價"，據清王韜撰《遯窟讕言》卷一《碧珊小傳》乙正。"百"，原作"者"，據清王韜撰《遯窟讕言》卷一《碧珊小傳》改。

② "庶"，原作"府"，據清王韜撰《遯窟讕言》卷一《碧珊小傳》改。

③ "之"字原脱，據清王韜撰《遯窟讕言》卷一《碧珊小傳》補。

④ "願出六百金爲之梳攏媪利其貲許之女"十六字原脱，據清王韜撰《遯窟讕言》卷一《碧珊小傳》補。

⑤ "痛"，原作"聞"，據清王韜撰《遯窟讕言》卷一《碧珊小傳》改。

⑥ "火坑"二字原脱，據清王韜撰《遯窟讕言》卷一《碧珊小傳》補。

親往視之，則門已閉[①]，屢撻不啓[②]，知其有異。破扉而入，見女高懸梁際，繡履躡空，已作步虚仙子，驚號解救，喧嚷終夜，西賈亦敗興，踉蹌而遁。至是始甦，方相慰慶，自是不敢迫[③]，一切任由女意。

城東有宋君登瀛者，詞林名宿也，時告假歸籍，喜爲狎邪遊，訪艷尋香，殆無虚日。一見女，驚若素識，詢其家世，極爲憐惜，而女亦有宛轉相隨[④]，依依不捨之意。宋思納女備媵妾之列，恐其身價過奢，因以意諷廖媪。廖媪曰："此女極崛強，好人客都不肯就，自入門來，何曾爲老身赢得一錢，幾見有十八九女孩兒家，尚未破瓜者也。"宋曰："此女果尚完璧乎？"廖媪曰："老身何敢在貴客前打誑語，若肯貴手提攜，俾預金釵十二，老身亦不敢奢望，但得五百金，即已盈願。"宋即如數贖之，居之别院。女略能詩，解彈琵琶。每值月影侵簾，花香入牖，置酒對酌時，爲吟數曲，鼓數弄，伉儷之間，極相愛悦，雖神仙不啻也。

後宋同女入都，順道訪北平胡姓，則族中尚有侄讀書未成，急爲納粟入監，從師受業。期年選入國學肄業，三載後，循例得從九品職，謁選得粤東[⑤]，從此往來如親串焉。一夕，女與宋偶述舊事，因問："老者所云冠者木元虚，其隱語不知作何解？"宋沉思久久，笑曰："得之矣。木字加冠，非宋乎？木元虚曾作《海賦》，余固字登瀛也。子之終身，老者已先告之矣。"宋後官御史，女亦得授官誥云。

江遠香

蕭九芷鄰，武昌名士也。赭寇竄武昌，蕭以辦團練事，晝夜守城不

---

① "閉"字原脱，據清王韜撰《遯窟讕言》卷一《碧珊小傳》補。

② "撻"，清王韜撰《遯窟讕言》卷一《碧珊小傳》作"撾"。

③ "迫"，清王韜撰《遯窟讕言》卷一《碧珊小傳》作"復迫"。

④ "有"字原脱，據清王韜撰《遯窟讕言》卷一《碧珊小傳》補。

⑤ "謁"字原脱，據清王韜撰《遯窟讕言》卷一《碧珊小傳》補。

得去。城破，蕭身陷賊中，隸於賊目劉麾下，爲牧馬卒。劉僞指揮也，廣西梧州人，頗識字。一日偶出視馬，呼蕭飼芻豆①，蕭諾而前。劉賊見蕭貌文弱，知非傭販輩，問曰："汝習書算乎?"蕭曰："身固秀才也。"劉賊急起，拱手致敬曰："秀才何堪屈作圉人耶?"即令入内易衣，處之賓位，令司筆札事。顧蕭時思求出，苦未得間。賊繼陷江浙，勢大熾。劉賊職至僞王，其下悉擁佳麗，衣羅綺，而蕭布衾獨宿②，淡然無所營，封以僞職亦不受。劉賊賜以名姬數人，強納之其房，則終夜靜坐，並無所染，及晨盡遣之去，賊中呼爲蕭活佛。

一歲冬間，偶隨忠酋至杭垣。時甫經兵火，頹垣敗礫，觸目荒涼，民間男女殉節死者③，屍填衢巷。蕭所居一室獨閎敞，且僻在巷底，境極幽靜。蕭榜於門，毋許一人得入，室後兼有園亭池館之勝。時天氣嚴寒，同雲密雪，數日不止，平地積厚尺許④。蕭墐戶不出，圍爐煮酒，聊自取暖。園中有一閣頗高聳，登閣俯臨，則全城一望皆白，幾如銀世界，酣飲至夕，樂而忘醉。偶出閣小遺，忽聞園東有琵琶聲，悠揚不絕，細聆之，如泣如訴，音調悽惻，忽觸舊懷，愴然淚下，因尋聲蹤跡之。

先是，蕭婦江遠香亦世族也⑤，工詩識曲，尤善琵琶，伉儷間極相得。每當花香入牖，鬢影蕭疏，輒置酒唱和，時鼓數弄，以爲笑樂。今聞此聲，酷肖其婦所彈，遂冒寒踏雪徧覓。繼而聲愈低怨⑥，忽聞一絃崩然迸裂，彈亦頓止。蕭遥望小亭中，隱隱有火光，急趨而往，則雙扉悄閉，伏窗窺之，則見一女子憑几撫弦，淚痕滿頰⑦，雖香消粉黯，而

① "豆"，原作"定"，據清王韜撰《遯窟讕言》卷一《江遠香》改。

② "衾"，原作"衣"，據清王韜撰《遯窟讕言》卷一《江遠香》改。

③ "民"，清王韜撰《遯窟讕言》卷一《江遠香》作"江"。

④ "積"字原脱，據清王韜撰《遯窟讕言》卷一《江遠香》補。

⑤ "也"，清王韜撰《遯窟讕言》卷一《江遠香》作"女"。

⑥ "愈"字原脱，據清王韜撰《遯窟讕言》卷一《江遠香》補。

⑦ "淚"，清王韜撰《遯窟讕言》卷一《江遠香》作"啼"。

媚態猶存。審視之，果其妻也，悲痛填胸，不覺隕於雪中。婦在內聞有人聲，啓戶出視，見生衣履，知爲文士，前詰其故。蕭急問曰：“卿非江遠香乎?”婦聞，嗚咽不能成聲，久之曰：“君從何來，奚以識妾?”蕭曰①：“我即九郎也。”婦驚諦視，始知非謬，遂掖之起，入亭相向而哭。婦遂述：“昔年城陷之後，倉皇出走，至蕪湖即爲匪人掠賣，鬻於吳門娼家，不願入平康，朝夕悲啼，遭鴇母笞撻，身無完膚，妾志不移。後有杭人欲謀納簉室者，遂以妾應，入門大婦不容，屏居於此，閉置一室，幾如狴犴，長齋繡佛，已閱三年。日昨聞有寇警，侍婢不來饋食者七日矣，惟啖果餌，今不知如何，未識君何能來?”蕭爲緬述顛末②，自幸夫婦重見，額手以稱天賜。婦曰：“賊中何可久居？宜急謀脫身之計。”蕭然其言③，輾轉終夜，計無所出。天明，婦蹴蕭起曰④：“妾有策矣，可安然脫虎口也。妾在此幸無人識，可毀容作男子裝，隨君俱去。但得劉目印信，則事當諧。”蕭曰⑤：“幸攜得空白數帋於此。”時劉目適攻湖州，乃詐爲致札忠酋，調蕭至營⑥。忠酋信之，立即遣往。蕭與婦既至鄉間⑦，薙髮易服，佯作偕妻避難者，附舟至上海，遂得出險，爲夫婦如初。

（原載《民蘇報》1917年1月17、19、30、31號，2月1、2、7號第七版，署名慟）

---

① “蕭”字原闕，據清王韜撰《遯窟讕言》卷一《江遠香》補。

② “蕭”字原闕，據清王韜撰《遯窟讕言》卷一《江遠香》補。

③ “蕭”字原闕，據清王韜撰《遯窟讕言》卷一《江遠香》補。

④ “蹴”，清王韜撰《遯窟讕言》卷一《江遠香》作“忽蹴”。又“蕭”字原闕，據清王韜撰《遯窟讕言》卷一《江遠香》補。

⑤ “蕭”字原闕，據清王韜撰《遯窟讕言》卷一《江遠香》補。

⑥ “蕭”字原闕，據清王韜撰《遯窟讕言》卷一《江遠香》補。

⑦ “蕭”字原闕，據清王韜撰《遯窟讕言》卷一《江遠香》補。

京華珥筆錄

僕自民國四年夏七月作客都門，於茲近兩載矣。慨念此六百四十餘日中，風風雨雨，色色聲聲，無一不使人浩歎。浮生若夢，珥筆傷懷，聊志見聞，以抒抑鬱，紛云拉雜，所弗計焉。丁巳閏二月國會展幕紀念日，東臺汪慟塵識於都門之苦榴花館。

名伶梅蘭芳，自髫年歌舞以來，色藝才情，交譽於士大夫之口者久矣。然余客斯邦，以積懶故，未嘗一聆其妙曲也。此兩載中，僅知樊雲門、易哭庵之流，愛慕之私，莫不形諸吟詠。近者福建火災賑捐義務戲，在東城吉祥園開演，譚鑫培、王鳳卿諸伶皆與其列，梅郎亦預焉。聞事前有人約梅，許以百金爲餽，辭弗受，但向來者曰："如諸君能懇閩中名宿林琴南先生見賜畫箑者，則惠寵多矣。"琴南笑頷之，即爲繪團扇一柄，並題以七絕云："自寫冰紈贈畹華，盈盈比玉更無瑕。最憐寶月珠燈下，吹徹銀笙演葬花①（按梅郎所編林黛玉葬花一齣，海內盛誇之）。"韻人韻事，不可不傳。

去歲丙辰，余曾作《清明》十章，以記斯邦之風俗云：

真個銷魂是帝京，喜逢上巳恰清明。城隍廟裏南謨拜，一瓣馨香玉掌擎。（三月三日，值清明節，都門舊俗，例往城隍廟拈香，頗極一時之盛，而婦女尤多。）

---

① "笙"字原脱，據車吉心主編《民國軼事》第九卷《梅蘭芳》引《民國趣史》補。

十分春色上眉梢，粉面①油頭顧影嬌。跪罷也如西子捧，目成羡煞踏歌曹。（粉白黛綠，艷抹濃裝，大有顧影自憐之態。一般登徒子，如蜂狂蝶逐，佇俟途旁，逆目横波，不自知其醜。）

紅袖輕盈奠酒漿，迎神何幸近堂皇。張牙舞爪金吾子，不護閭閻護粉妝。（進香者多半良家女子，戎裝叱咤之輩，保護不遑。廟内即警察署，故取締頗甚，登殿禮像，鬚眉無分焉。）

車走雷聲馬似龍，相逢一笑興重重。陶然亭上蕭條甚，不及閻羅廟食豐。（香車寶馬，絡繹如雲，少艾王孫，多情送盼。而陶然亭相距咫尺，獨無命駕一覽者，俗可知矣。）

舞蝶紛飛化紙錢，誰家少婦哭墳前。行人輕薄爭相謔，笑謂嚶嚶似杜鵑。（時有少婦弔於白楊黄土間者，狂奴見而嘲之，謂此嚦嚦鶯聲，煞可動聽。）

老衲南摩貌亦恭，歡迎都爲子孫銅。千聲太太萬聲福，故獻殷懃近玉容。（寺僧好貨，見大家婦女至，則合十而前，力求佈施，猥瑣齷齪之狀，令人齒冷。子孫銅，即迷信家所謂香火貲，或周濟貧寒，爲兒輩祈祿者也。）

荒塚纍纍觸眼驚，生芻一束淚盈盈。臨風弔鬼兒何解，翻問阿爺作麽生。（城隍廟一帶，荒涼寂寞，爲城外義葬之所。殘碑斷碣，卧沒於荆棘泥壤間，在在引人悲悒，而童子無知，反於此嬉笑跳舞，致掃墓者爲之愴然。）

香廠蟠桃莫慢誇，黑窰遊屐鬧紛華。誰知芳草香妃塚，却在荒涼南下窪。（城隍廟在南下窪，與陶然亭側之香塚，或云即香妃塚，相去密邇。土著之踏青者，竟不知有此古跡，良堪浩歎。黑窰廠與該處毗連，蟠桃宫在東便門内，近日亦點綴佳節，猶新年之白

---

① “面”字原脱，據《餘興》第27期（1917年4月）載慟塵《都門清明竹枝詞》補。

雲觀是已。至于香廠，則城外賽集之所也。）

茶棚香市競喧囂，亦有露天棹幾條。最是令人捧腹處，西洋景於擔頭挑。（南下窪曠野一片，每值清明節，遍搭蘆棚，以供茗食。編氓愚陋，爭售香燭玩物之屬，毫無文明氣象，而唱演洋畫者，比比皆然。）

社會休教說改良①，破除迷信費平章。蒼生不問親神鬼，畢竟春明五色光。（京師爲國之首都，種種迷信，較甚各處。有司漫不加禁，豈改良末俗之道耶。）

韓家潭西某妓館，客歲有春聯云："忠厚傳家久，詩書繼世家。"長讀之，不覺失笑。

東安市場，素爲私娼誘客之處，然多由茶博士介紹。每至休沐日，雌粥粥，狐綏綏，濮上桑間，不斯過也。風氣之偷如是，可勝慨哉。

相傳王廣福斜街舊名王寡婦斜街，爛縵胡同舊名爛麪胡同，取璧胡同舊名臭口胡同。

旗俗以閨閣爲貴，所謂姑奶奶是已。無論貧富，十七八之好女子，長衫垂辮，常親至市間購物。或有濃裝盛飾，攜酒榼菜籃之屬，行於道者，而登徒子莫敢犯焉。故舊諺曰："鷄不啼，狗不咬，十八歲大姑娘滿街跑。"

蘿蔔以青者爲佳，大江南北，無此妙品也。味甘，能解煤毒，患喉

① "社會"，原作"社服"，據《餘興》第27期（1917年4月）載慟塵《都門清明竹枝詞》改。

痛者，常購食之。巨如碗，作橢圓形，每個重可半斤，至二三斤不等，其價甚廉。

麵食又非南方所及，用鹹少而易消化故也。

油條俗呼曰油炸檜，宋人詛秦檜也。糖山楂俗呼葫蘆，不知何所取義。

魯人名山芋曰地瓜，而此地則通稱白菽。

錢之數目以十倍，如青蚨百文曰一弔，小錢則曰崩（讀去聲）子，殆□之轉音耶？其曰一個大者，即崩子二枚是也。

宣武門外西草場胡同之仙鹿齋，售餛飩、湯圓著名。座有一聯曰：“宇內江山，如是包括；人間骨肉，同此團圓。”大氣磅礴，都人士頗傳誦之，惜不知誰何所作。

西直門外花之寺，海棠最盛。半塘、漚尹、忍盦諸老迭賞，以見於《春蟄吟》。今訪之，則寺圮矣。吳眉孫謂：花之寺磚瓦，已移築公園之來今雨軒，更何處燒高燭，照紅妝耶。陳匪石云。

匪石又曰：民國二年春，予在廠甸，見一壽山石章，方半寸，文爲“萬幾餘暇”四字，篆刻有鄧石如風味，雖係贋鼎，亦頗可玩。予未及購，次日往，則烏有矣，豈洹上羅爲受命符耶？

古物陳列所有雞血石章數方，絕佳，去年雖長見之，今不知何處去矣。或曰：古物之不翼而飛者，尚不止此石。

北京有一絕笨事，一人擔水，一人持杓，當道而灑之，一分鐘灑不了一丈路，何不改用灑水車耶？或曰：此爲貧民生活計也。

（原載《民蘇報》1917 年 4 月 12、13、14、15、17 號第七版，署名慟塵）

帝夢殘痕錄

我中華民國紀元六年之七月一日，亡清忽宣佈復辟，斯吾人之永遠紀念也。僞詔之下，迅如疾風，雷雨不及掩耳。說者謂厲階所生，肇於武人跋扈，要求解散國會之故。烏乎！屋漏下知，自有公論，千人所指，何待諱言。及至妖氛掃蕩，巨憝潛蹤，春夢一場，空啼杜宇，銅駝荆棘，徒供欷歔。閱史者則亦大可鑒矣。時余方作客都門，備嘗艱險。津沽避難，韜晦彌深。亂後舊地重遊，劫灰滿目。車中曾口占一絕云："江南此日不須哀，燕北河山已劫灰。一派淒涼堪隕涕，京華何忍賦重來。"情況之慘，可想而得。遂就耳目所及記其事，載諸南北各報。茲錄存之，用昭信史，想亦後世留心掌故者所樂聞歟。

一、溥儀

禁掖幽秘，探訪無從，沖子睿明，知者絕鮮。吾友袁君教讀也，其居停志某，與清室有葭莩誼，蓋瑾妃之母家，旗人中之親貴也。此次復辟事起，吾友乃告余瑣事種種，聞諸內官，覼縷至詳，而關於個人，與報紙所傳尤異，亟記之。其言曰：七月一號午前三時許，張勛率衛隊若干人闌入禁垣，叩關至急。閽者謂，深更半夜，詰旦再來不遲。張語有要事求見皇上，閽者拒之。張怒云，苟不啓關者，當以重炮轟之，或越牆入也。遂凶凶而進。溥儀及太妃等聞耗，自夢中驚起。張詢知所在，亟奔入。三跪九叩畢，抱之而出。時梁鼎芬及某師傅在側，溥儀臨殿大哭，掩面詈之曰："先生係教我讀書者，何以迫我幹此等事，萬不可行！"梁等叩首無算，但呼"皇上放心"而已。時王大臣世續追至，垂泣諫阻，跪伏張逆前，碰頭流血，然終無法挽回，始忿忿曰：“但要保得住脖子，你就幹吧！”張冷笑曰：“衹要你們好好的幹就是了。”是時，太妃等哭聲震外，卒亦未如之何。志某有女公子，年才總角，某妃納爲義女，處宮中久，纖屑皆知。此事發生之先，回家祝壽時，曾告人云：“十三那一天（此指陰曆，即七月一日也），宮內大事，聽說頗要熱鬧一番。”父母以孺稚所語，何足注意，初不料其言中而驗也。然則清室殆預謀耶？余昨於西城舍飯寺胡同御醫石大夫處，見溥儀十歲時（乙卯）所書橫匾“含清暉”三字挺秀絕倫，可見帝王子孫之身丁亡國者，非愚呆也。又一說云，主張實行復辟者，不僅張勛一人。事前載醇入宮請諭，瑜太妃流涕曰：“今年皇上多病，淚中常有血漬，恐是不祥之兆，何苦殃及孺子，自取滅亡。”諸王公貝勒皆非笑之。迨討逆軍圍逼京師，竟有僞上諭命載洵率警衛軍，抵禦清室叛國之罪，於此證之。

二、張勛

張逆之咎，罄竹難書，然平心論之，不能流芳百世，遂乃遺臭萬年，其志始終不移，似非朝秦暮楚、狗苟蠅營之三五政客，可同日語矣。者番政變，其蠻強頑固、愍不畏死之愚，尤非他人所及。其妻曹氏，江西宦族女也。對於復辟之舉，初不謂然。六月三十日，張之部下某某二人（云有李慶璋在列）勸阻不克，遂白諸曹。曹曰：“我亦說過他幾次，終不肯信，奈何？”時已夜間十一時許，張在江西會館觀劇。曹托詞有變，急以電話促歸，婉轉諫阻，某某亦在側。張狂跳，戟指痛詈，顧左右曰：“他們再多說者，不如砍之。”其手段之辣、決心之堅如此。夫以親愛如妻，心腹如部下，亦已反對，則一旦走漏風聲，密勿泄露，畫虎不成，禍且立作，豈非虚此一行，故張乃既夜入宮，遽成大錯。否則靜俟徐州軍隊陸續入都，厚集兵力，徐圖著手，又豈晚乎。

三、康氏

康有爲亦此次主謀復辟之人，秘密來都，真吾儕所夢想不及。七月一日之僞上諭，誣指黎元洪、陸榮廷等十三人奏請復辟云云，一若真有其事。實則胥屬贋鼎，亦是夜康氏捉刀而成者。以奏摺十三通，皇皇千萬言，竟能於燈光帷影間，片刻而就，神速敏捷，洵不愧一代文豪。又渠至三貝子花園，向農事試驗場場長劉春霖殿撰借用朝服時，啜茗於園内之豳風堂，揮扇高談。席次曾口號一絕云："六年四亂已堪悲，明主中興萬物熙。雞犬不驚金鼓靜，馳驅九陌看龍旗。"甘心爲奴，殆生有臣癖也。

四、辮兵

辮兵（即張勛部下，張未去辮，故其士卒如之）人都，種種舉動，人多知之，不贅述。亂後，聞中央公園内之商人云，十二日共和軍圍攻甚急。園中辮兵不過百餘人，皆散佈於牆之四周，及土山各處，隨意回擊，狀至暇適，多憩而吸煙者。外間不察，遂疑重兵困此，徒使大好炮丸虛擲於無用之地，惜哉。且辮兵於荷槍奔馳之際，猶拍胸笑慰商人曰："勿怕，有俺保護你。"其悍不怕死如此。聞是役也，共和軍損失甚巨，所謂勞不敵逸者然歟。至辮兵屯紮園中，始終未嘗掠劫。間有至有正書局分店，索美術畫片者，尚不恣睢。敗潰之日，渴不得飲，春明館、上林春等市獻所有汽水供之，別無他患也。

五、難客

遷徙之民紛紛如鲫，復辟後之兩日，京奉、京漢兩車站，收入至七十五萬元之多。迨鐵路不通，於是旅京人士及土著之小康者，多避居東交民巷之六國飯店。久之，店主人乃大書告白一紙，懸諸壁上云：“中國人士爲難計，僦寓敝處，敝處在外國使館境内，自當勉盡保護之責。但數日以來，各國旅客不堪羣衆之紛擾，屢向本主人詰問。爲此通告中國人士，苟欲保全生命財産於危險者，請勿任意吐痰，及喧嘩吵鬧可也。”此事足堪發噱。然吾人不講衛生，遂蒙此辱，念之無限悲慚。

六、旗民

京師旗人數十萬，其腦筋簡單、遊手好閒者強半。光復後，此輩無以爲生，男若女多操賤業。朱門燕子，墮溷沾泥；末路王孫，青衣進酒。撫今追昔，我亦憐之。至民國政府優待清室之歲費四百萬金，乃徒供二三親貴及溥儀一家之揮霍耳，式微者固不得一天①錢焉。迨張勛入都，擁兒復辟，八旗子弟，喜極欲狂。或一瓣馨香，禱天祝福；或廣開尊宴，共慶龍飛。而每日結伴成羣，徜徉於三貝子花園中者，竟多至四五百人，其樂誠不可及也。然稍識時勢之士，未嘗不笑其愚焉。辛亥武漢起義，都中旗人有搜殺漢人之議，故此番復辟，倉皇逃避者孔多。蓋深懼三百年前，揚州十日之屠，復演於今日也。曾幾何時，而欃槍掃滅，日月重光，還我河山，共和再造，此中蓋亦有天意存焉。

（原載南京師範大學圖書館、中文系資料室編：《文教資料簡報》，1984年7、8期合刊，第147—151頁）

①“天”字疑當作“文”。

四、小　说

可 憐 語

甲：咳，這種日子再也挨不下去了。

乙：媽呀，你回來了麽，又是什麽事煩惱？

甲：現在自來火總要賣七個銅錢一盒子，不是要窮人的命麽！我衹兩年也過厭了，從前的日子不要說起，就是光復以前，住家的人還沒有衹樣苦呢。米珠薪桂，米珠薪桂！

乙：不要再提罷。沒有去年那一次跑反。我們還可以多過活幾年，誰知道那些喪盡天良的兇神，搶起來還比頭一次利害。可憐我的……

甲：該死！該死！你又哭什麽呢。難道你守寡還要比我老年無子苦麽？兒呀！我也不久了！我瞧你衹樣，什得不傷心……

丙：屋裏有人麽？

乙：誰呀？

丙：咦！我的喉嚨他們也忘了，笑話，笑話！

乙：喔唷！原來是李爹。

丙：是我呀！你們婆媳兩口兒眼淚汪汪的，又是什麽回事？

甲：咳，可憐……

丙：不要說！你窮也好，富也好，挖到金子也好，我都不管。衹些話我久已聽慣了，也聽厭了！拿來罷。

甲：今天請你老再方便……

丙：哼！奇怪！我教你不要說衹些窮話，但問你，我們放印子錢（即放債而受重利者，山西人多業此），還有隔三天不收利息的道理麽？要知道，衹五弔錢是隔壁王二先生的面子，纔放把你的！一五如五！五五念五！一天二十五文。二三如六，三五十五！三天共計七十五文。

乙：媽！媽！媽呀！你不要向他嚷罷，横豎是拖不下去的，還是去求王二先生擔代兩天好。

甲：你也太糊塗了，你還不曉得他是很心。你公公在世的時候，茶呀！水呀！酒呀！飯呀！那一天他不來喫白大。你看衹五弔印子錢，請他做保，他起初還不肯。何況再找他擔代利息呢！咳，過不成了！過不成了！不如死罷……

記者聆至此，爲之愴然者久之，不得已遽入茅廬，一覩其究竟。時則燈光掩黯，斗室陰沉，白髮紅顔，相對涕泣。而所謂盤剝利債之李某者，至是亦呆若木雞，不作一語。噫！人生到此，天道寧論。遍地哀鴻，當不斯過也。予以步月至此，懷中所有者，惟墨餅一番，銅幣十餘枚而已。乃强而與之，拂袖遥返。歸後，觸景傷懷，悲不成夢，挑燈危坐，記其事實如此。世之守財虜未盡良知全滅，曷讀此而自省耶？

（原載《餘興》第8期，1915年5月，署名慟塵）

寧爲薄花死

噫嘻！菡娘，余悮汝矣，然今且諒汝矣。曇花一現，波月空圓，已往之事，譬如昨日死，胡爲自尋煩惱。玆事卿初告余，誠無怪余滋疑怒。惟卿之心迹，既已大白，從此蕭郎是路人，吾儕曷樂此蜜月。且汝躬瘦弱，怯不禁風，焦卒自傷，令予如何消受。菡娘勾轉粉面，嚶嚶啜泣，曰："儂恨人耳，不幸而幼失怙恃，弱絮伶仃，苦雨淒風，初不解夢夢塵寰，有何生趣。多情如彼，洵天地間之可人，紅豆拈來，方幸此生有託，詎意天磨人妒，無辜而誤於酖媒耶。烏呼！筱郎慰儂，亦徒施其愛情耳。郎果憐其皎潔，諒其幽怨，固不若聽之梵修，以期懺悔。要之三生石上，五百年前，早注定此種孽債，復何言哉！"筱郎曰："卿多情人，僕不才，何福得此。玆後歲月綿綿，爾我愛情，當臻美滿，無端悲邑，又何爲耶?"言際，搴幃慰之曰："藥冷矣，何妨少飲。"菡娘點首不語，筱郎立捧而進之，且親其頰。斯時一對璧人，咸不禁汎瀾淚下矣。

野土千年怨不平，千年燒作鴛鴦瓦。菡娘心事，固如斯乎？蓋此傾國佳人，本係江州弱息，椿萱凋謝，即依姑氏而居。曩年肄業江南，早織同心之錦，花晨月夕，雖未膩語纏綿，絮果蘭因，固已兩心相印。郎才倚馬，挾瑟何慚；妾貌沉魚，當爐奚惜。一則青衫落落，一則翠袖煢煢。儂本癡情，君非薄倖。美人名士，自古相憐。此一縷情絲，所以春蠶自縛也。未幾，驪駒悲唱，勞燕分飛，意中人負笈他方，菡娘亦隨宦北上。簪纓連絡，冠蓋往還。利祿貪求，朱陳易結。於是蜂分香蕊，蝶戀名花。姑氏無知，徒慕金鞍寶劍；冰人作伐，祇憑信口開河。錦上添花，屏開中雀。絲蘿附締，怨耦以成。婚期雖可自由[1]，而保護人之摧殘，則莫能抵禦也。厥後六禮既備，將賦于歸，九曲回腸，芳心如碎。閨中風暖，望檀奴而秋水爲穿；陌上草薰，盼玉郎而春山常鎖。黄姑信去，青鳥音沉。觸景傷懷，悽悽楚楚；新愁舊恨，暮暮朝朝。言死則孤負容華，偷生則牽縈怨緒。於是而玉顔懨懨，亡何而病勢沉沉。個裏淒涼，豈局外人所能解喻。

惟是筱郎者，魁然修偉，豪邁不群，磊落英奇，亦無媿男兒本色。潘楊修誼，閥閱相衡。雖非兩小無猜，詎謂齊大弗偶。無如美人心性，比金石而堅；傲骨孤貞，并芝蘭而茂。桃夭新賦，辜負良宵，帶雨梨花，徒名卻扇。藥鐺代合卺之杯，丹竈伴齊眉之案。未呈笑靨，先拭啼痕。夫壻翁姑，亦惟有同聲太息耳。光陰荏苒，萬種淒涼，彈指穿梭，行將半月。在菡娘惟期一死，遑計其他，而蜚白雌黄，漸啓四知之隱。然筱郎天真坦率，氣短情長，玉瘦花啼，護之倍切。人非草木，又焉能而不感耶？惟菡娘之意，蓋以爲金龜夫壻，兒時無竹馬之情；玉貌檀郎，髫齒有雞碑之譽。此則英雄肝膽，難言文采風流；彼則兒女心腸，亡愧才情綺麗。且堂皇爵士，知邀勳而不解畫眉；倜儻書生，既多藝而復嫻偎翠。縱有鄧銅買筆，烏能江夢生花。而況從一而終，古有明訓也。嗟乎！菡娘之情癡，菡娘之心苦矣。

白雲蒼狗，人事靡常，變幻之來，豈能臆度。菡娘于歸後之念日，郵人剝啄，忽傳一紙書來，天外奇禍，驀然飛降。司閽夢夢，奚知六六之鱗；婢子茫茫，何解雙雙之鳥。值菡娘繇慨，正瑤札頒臨，而不意催命之符，竟落筱郎之手也。因即展而讀之，文曰：

菡娘吾愛鑒：僕書此，腸寸寸斷矣。茲敢問於卿曰：言猶在耳，何遽忘情。彗黠如卿，或能追憶。今茲新昏燕爾，旖旎綢繆，天上神仙，寧有此樂。然燈紅酒綠，回首前盟，其亦知天下負心

---

① “婚期”，《民蘇報》本作“昏因”。

人，有如卿者否？要之，僕一日不死，卿亦一日不安。卿果死者，僕亦相從地下。否則，僕不才，誠弗惜嘔心泣血，作一篇痛快文章，以警世之癡情者。且長途跋涉，不遠千里而來，所爲何事，卿當知之。餘不白。某某揮淚。

筱郎閲畢，證以種種謠傳，顔色立變，妒念如熾，憤愧交并。白璧無瑕，乃不見諒，且以爲昔之所語，洵係飾詞，息氏無言，餘情未斷，病之由起，殆以此歟。余不幸而耦此倡傺，恨未能充耳抉眸，以警我謬，醜揚中冓，尚何愛情韻協言哉。狂怒之餘，立趨榻伴，辭嚴色厲，擲而示之。菡娘接讀未終，一慟而絕。悲夫！不作浮萍生，寧爲漪花死。吾述此，能不憮然！

（原載《小説時報》，第26期，1916年1月1日，署名汪慟塵。又載《民蘇報》1916年10月14、15號第七版，署名慟塵。今據前者整理）

毛 丫 頭

（一）

咳！說也奇怪，自從那位玲瓏嬌小、怪可憐人兒的朱家三小姐去後，咱們北京城裹，竟冷靜了許多啦。因爲社會上既沒有這枝粉團團的花，那一般浪蝶狂蜂，也就無從採吸，所以中央公園內的遊魂，都牽繫到嫣紅姹紫般的歌娃舞伎身上去呢。哈哈！照這樣看起來，這“改良社會”四字，可就要出風頭了。誰知不然，好像天公狡猾，不忍這冠蓋紛紜的都會長此寥落，人不知鬼不覺的，又放出兩個老狐狸來炫耀耳目，眼見得興妖作祟，又不知要鬧到什麼田地哩。

閒話少敍，書歸正文。卻說有一天下午，五、六點鐘的時候，公園馬路上，驀然間來了一人，白衣素裙，履聲橐橐，挺著大肚子，一步一步的向前而行。胖胖兒的面龐，黑黑兒的皮膚，英風抖抖，相貌魁梧，兩隻檀紫兒的肉膀子，或左或右的擺動起來，煞是活潑。猛可裹瞧將去，倒還有點架子，及至近前一看，簡直兒要嚇死人，分明是白晝裹夜叉出現。在下覺得異怪，不由得兩隻腳回轉過來，慢慢的跟住他走。一會兒到了大樹底下，他就一屁股坐在路旁椅子上，氣喘喘的四下一瞧，嘴裹嘰哩咕嚕的，也不知說些什麼。還有一隻小線袋子，差不多裝了幾十個銅子兒，衹聽得丁當一聲，拋在椅上，隨手掏出一塊手絹，當扇子般亂搖不已，大約也熱極了。

過了一刻，就有一位三十多歲長鬍子的男人，帶了一頂巴拿馬軟邊草帽，走近來與他攀談。於是這位肥奶奶，就指天畫地，一五一十的，背誦他這幾年以來的歷史：如何早年守寡，貧無所依；如何投奔奉天，孤身訪戚；如何武漢光復，身被疑嫌；如何流落北京，再進學校；如何因二次革命的關係，又被拘捕；如何受軍政執法處之強迫，充當偵探。這一番話，傾筐倒篋，源源滾滾的吐將出來，真要令人咋舌。況且他那條嗓子，天生的如洪鐘般大，也不顧旁人聽見不聽見，衹管亂嚷亂叫，幾忘卻自己是個女人。這時候，那位男子好像也很不耐煩，至於在下，已經笑得肚子疼。其餘遊玩的人，本來腳下如澆了油，正跑得起煙，因爲看見他，也都立住了不走。那一般警察，不用說，更要細細打量打量的了。

（二）

當下這位胖奶奶，又操著他的湖廣口音，對那男子歎了一口氣道："罷了，罷了。我現在弄得這樣，可算是上天無路，人地無門。像我孤單獨自的一個人，還有誰來……"那男子答道："晏先生（原來姓晏，失敬，失敬），你幹麼不去找找那一般女朋友呢？大家幫幫忙，湊合湊合，也就混過去啦。聽說有位姓林的，蹊境還好，不是住在李鐵拐斜街附近，叫做外什麼營的地方嗎？"晏奶奶道："哼！這壞心眼兒的丫頭，簡直是太不要臉，難道我晏青士，還仰他鼻息不成。他那兒牛鬼蛇神，魑魅魍魎，一天到夜的，鬧得一蹋糊塗，我實在看不下去。什麼電燈呀，風扇呀，包車呀，電話呀，看起來似乎闊綽得很，其實街談巷議，誰不知道是弔膀子來的錢。咳！得啦，不要說罷。"

男子又問道："這位姑娘，究竟是甚麼一回事？"晏青士道："你問他呵，談起來倒也可笑。他在光復時候，隨著女子北伐隊，也混過一趟，有人說曾經在那兒學堂裏，讀過幾天書。後來不知怎麼會到了北京，同一個軍界中人，慕那文明國的風俗，自由結了婚。起初你貪我愛，說不盡許多海誓山盟，甜言蜜語，真是在天願爲比翼鳥，在地願爲連理枝呢。那曉得使君有婦，竟被這位林姑娘，訪得清清楚楚，明明白白，於是彼此就翻了臉，反了目。一個說男子二妻，也是常有的事；一個說自由戀愛，我們女人家，又何獨不能。呵呀，這一雙露水鴛鴦，可算是棋逢對手，將遇良材，八兩抵半斤，誰也管不了誰，所以吵了一晌時，就掩旗歇鼓的分離了。

（三）

少停又接著說道："女人家的陰私，我本來不應該說，但是這小妖精，也太嫌放蕩了。像我這樣爲人，雖說上了幾歲年紀，難道就不會幹那勾當嗎？無如名譽寶貴，似乎要顧點體面纔是，蕭柏先生你瞧對不對？"蕭柏撚著髫子，笑了一笑道："是呀，他那兒還可以坐坐麽。"青士搖搖頭，哼了一下道："得啦罷。他所歡迎的，總是一班小白臉兒，而且凡是去的人，非用打麻雀的名義不行。我久已與他斷絕來往，現在也不便去。"蕭柏道："既然如此，你同他們鬧翻了，還想倚靠誰呢。聽說陳沛貞（注意）又到了北京，何不再找他談談？"

當下晏青士聽了這話，横豎柳葉，怪眼圓睜的答道："呵呀，你真要氣死我也。不提這老騷狐還衹罷了，提起他來，截直教人可恨。自從二次革命以來，假使他不設計陷我，我那裏會蹭蹋到這步地位。"說到這兒，益發揚著腰子，狂呼亂喊的道："賤貨……陳沛貞……害人精呀……"看官們想一想，中央公園是何等地方，豈有一個潑辣辣的女人高談闊論的，不惹人疑哩。況且這天晚上，天氣怪熱，遊玩的人偏又來得多，雖說他們倆，坐在荷花池邊，松林底下，自以爲僻靜得很，其實黑越越地，更教人注意。加以他老臉皮厚，不怕醜，愈說愈起勁，一條老母豬似的喉嚨，趁著順風吹過去，幾乎那一班茶客，都要兜攏來聽聽。其時小子離得很近，衹管閉著眼，聽他們談，肚子裏饑腸轆轆，本來餓得慌，然既遇見這麽回事，遂不覺動了一個偵探的念頭，要不然，看官們那裏會知道呢。

閑文休敍，且說晏青士又往下說道："當初陳沛貞受了人愚，無因無故的，糾合了一班小么兒去打報館，還要找我做先鋒去幫忙。幸虧我有見識，曉得是陸軍中一個姓黃的暗中指使，要借此題目，把陳沛貞拉倒了。所以我得了這信，就去拜這位黃先生，言道：'現在共和時代，比不得從前，凡事要依法律去做的。這種野蠻舉動，萬不敢贊成。'黃先生頗以爲然，並且還褒奬了幾句，因爲咱們女流之輩，往往不讀書不明理，仗著自己鬼頭聰明，便撒癡逞潑的遇事生波，逢人搗亂。我敢自誇一句，晏青士撫心自問，總算是極安分的了。"

(四)

蕭柏縐著眉毛，把帽子往下一拉，故意遮住了臉，輕輕的說道："請你低些講罷，人來多啦，不瞧見他們都捏手躡腳的，跑著竊聽嗎。"青士道："管他呢。咱們這番話，光明磊落得很，我一不爲非，二不作歹，三不偷漢子。難道陳沛貞這無恥的東西，我還說不得麽。可笑蔣三（久違了）又受了他的愚，當時冒失鬼似的，跟他去打老汪，偏偏運氣不好，劈頭就碰著那老郭。你想老郭是何等人，怎能彀讓他們胡鬧，所以乒乒乓乓的搗亂過後，說不得要請陳沛貞、蔣三這一干狐狸，同到法庭上去走一趟。總而言之，女人家非自愛不可，就是報紙上譏諷幾句，也祗好裝聾推啞的不理。果真忍不下去，不妨平心靜氣，婉婉的辯白，實在不行，就提起質問也可。何犯著掄拳舞掌去打架，罵一頓子，已太嫌利害了，何況再摔毁人家器具。"晏青士正拉東扯西的說得高興，忽從樹林裏頭，跳出一個人來，大聲吆喝道："哦……原來你們談的是這許多文章，好極了，分些給我聽聽罷。"

其時二人都嚇了一跳，青士尤喫驚不小，抬起頭來一看，卻是二十餘歲的一位少年，穿著外國裝，極其華麗。倒是蕭柏眼睛快，當下就招呼著道："我道是誰呢，坐一會兒罷。"晏青士也不問長短，仍接著說道："陳沛貞闖下了這一場大禍，老郭自然要起訴的了。於是檢察廳就出票提人，倒還好並沒用拘攝的字面，因爲陳沛貞與那一班大人先生們，究竟有點兒關係，仗著他的姿首，總算迷得住人。其時總統府內，每月還津貼他三百塊錢，局外人猜不著底細，少不得要特別看待些。加以他這幾年來很會出風頭，所以不知道他的人，都摸不清頭緒，其實他肚子裏所認識的幾個字，還不及小孩子多呢。說到天亮，凡是不顧羞恥的，總混得過去。"說著，就問那少年道："先生，我這話是不是？"

（五）

那少年點點頭，從衣袋裏掏出火柴來，燃上一枝雪茄，慢慢吸著，笑嘻嘻的對蕭柏道："你真是包羅萬象，這公園裏頭，現在太鬧得不成句話了。新入京的一班人物，高尚的固屬不少，那不知檢束的，亦復頗多，白天辛苦了，晚上到八大胡同逛逛，還說得下去。因爲英雄好色，名士風流，青衫憐紅袖，自古是有的，而且倚紅偎翠，紙醉金迷，本是幃幕閨闥裏的事，隨便怎樣顛鸞倒鳳，都沒有人曉得。若是在大庭廣衆之下，幹那佻㒓的買賣，似乎有點齷齪。要知道這種行爲，不獨有礙觀瞻，並且還自卑價值呢。"誰知話未講完，這位晏青士女士，又岔著說道："對呀，那陳沛貞不是這樣嗎？檢察廳傳他的那一天，居然也膽小了，先教那劉媒婆上堂代表，偏又法官不承認，沒法子又來請我，我說這件事關係刑事範圍，我去也無可辯護，所以後來親自到庭，衹好用那苦肉計，哭哭罷哪。"

蕭柏衹管低著頭，一言不發，停了好一會，纔沒精打采的問道："你還住在那兒麼？"青士道："唉，提起來可真難受，不怕這位先生笑我，賃了人家一間小房子，連伙食都辦不了，成天價苦混，衹好混亂買點喫喫。晚間悶極了，不得不出來溜溜，好在離不多遠，還走得動，不然這車費也就可觀了。蕭先生，不瞞你說，這條白綢裙子，還是天大人情借得來的哩。”

（六）

那少年倒似乎很熱心的問道：“如此看來，終非了局。”蕭柏遂趁著答道：“是呀，本來是件難問題。現在此時候也不早了，咱們再會罷。”青士很作急的說道：“哦唷，時髦得很哩。我們輕易不見，難得今天碰著，多坐一會兒，要什麽緊。”蕭柏道：“上次我去訪你，你並不在家。”青士道：“怪道咱們同居的街坊說，曾有客來瞧我。不過凡是找我的人，須預先約定一個時候，或午前，或午後，我一定要等候的。大約你因爲我出去了，也沒有進去。唉，我那兒也太污穢了。一個人，弄得行李蕭條，身無長物，所有衣服都典當一空，提起來真有點難受，飽一餐，餓一頓的……”蕭柏道：“現在究竟作何打算呢？”青士道：“祇好往下挨，前幾天好容易遇見一個山東議員，承他情借給我五塊洋錢，要不然這兩天就支持不下去了。”

（七）

看官們，小可寫了這許多，也覺太瑣碎了，但是此等小說，比不得那些旖旎風光、溫柔斌媚的佳話，又比不得銅琶鐵板、悲歌慷慨的壯事。既非英雄兒女，又非名士美人，提起筆來，祇好直截了當的敘述。而且關係這幾年以來北京的社會，揭開這條黑幕，不是曖曖昧昧，光怪陸離，就是是是非非，妖邪淫蕩。有一句說一句，毫無半點虛情，應算一篇信史。這班毛丫頭們，各有出色的趣事，所以用不著粉飾，自然是一段興味濃厚、五花八門的好小說。如果做書的人，故意撒謊，又何必白費光陰，談這種齷齪事兒呢。

在下正寫到這兒，有一個朋友問道：“小說名字多得很，幹麽叫他做《毛丫頭》呢?”我笑道：“這毛丫頭三字，也是有來歷的嘘。”從前那位夢想做皇帝的袁世凱，被這些狐狸精鬧够了，三番五次的闖到總統府去，要求什麽權呀，利呀，幾乎難以對付，一時麻煩極了，就撚著鬍子駡道：“這班毛丫頭，懂得麽事，也來到這兒請願，叫他們滚罷。”看官們想想，既撰這篇滑稽而兼紀實的小說，除了“毛丫頭”三字，還有比他得當的名目沒有？由此看來，恰巧是名實相符，表裹如一哩，哈哈。

(八)

以上所說的，是晏青士在公園談心一節。做書的一枝筆不能分開，衹好暫且擱起，如今要尋點熱鬧文章，以博一粲。話說陳沛貞自從打毁報館，哭鬧法庭，坐了三個月黑獄，釋放出來以後，雖說討了沒趣，丢了臉面，倒了架子，受了挫折，然而雌心不死，仍舊要發奮爲雄，但是三百元的津貼既然取消，也就無聊得很。平常與那班風流女友，如某奶奶，某小姐等，喫大菜，坐馬車，遊公園，逛戲館，再陪著許多沒頭腦子的闊官豪客，整天價燈紅酒綠，尋樂賞心，總算是人生艷福，此生消受不盡。誰料到無端風雨逼人來，弄得一敗塗地，可憐滿懷心腹事，傾訴無從，撫昔思今，真不勝門巷枇杷、車馬稀疏之感。

咳！在咱們中國社會上，一個娘兒們，要想轟轟烈烈的教人家知道，卻很不容易。像陳沛貞這樣聰明的人，能够出大風頭，真是一時難得，然而聰明反被聰明誤，自己走錯了路，竟出怪露醜的，奚落得如帶雨梨花，豈不令人可歎，這也不必去管他。且說他出獄之後，冷冷清清的一個人，寂寞之至，終日裹長吁短歎，顧影凄涼。幸虧半老徐娘，未同秋扇，窮愁抑鬱之際，忽遇著一個行醫的姜先生，彼此一見傾心，兩情如漆，琵琶别抱，也出於不得而已。至於姜先生竭力報效，亦無非惜玉憐香，怎知道郎無鄧氏之銅，妾有丁娘之索。一個是青衫情重，一個是翠袖心高，久而久之，也就漸漸兒的冷淡了。

（九）

若説到這位姜先生，卻也是巨公之弟，在北京醫界上，亦復小有聲名，開了一所藥房，局面還可以敷衍。及至姘識了陳沛貞之後，禁不起種種花費，勉強揮霍了一晌，遂覺得難以支持，於是挪東補西，很虧空不少。恰值雲南起義，不知因爲何故，就一溜煙的跑了，有人説是欠了好幾千塊洋錢的債，祇好桃之夭夭。然而陳沛貞已經急得如喪家之犬，四面八方打聽，毫無下落，問張張不理，問李李不知。到了後來，忽然想起一個人家，那兒老姜是常去的，或者可以曉得些蹤跡，也未可知，主意打定，隨即氣洶洶的登門求索。這可算一波未平，一波又起，自尋煩惱，也就無味得很啦。這一家是誰呢？談起來，又是一段笑話。原來主人姓成，曾經到過跨越歐亞兩洲的某國，他父親在前清時代，亦復是紅頂花翎的一位封疆闊官，光復之際，也混得很好。至於他本人的名字，可毋庸宣布，咱們就叫他小成得啦。小成爲人倒也很好，娶了一房媳婦，生得眼如秋水，眉似春山，面若芙蓉，腰同楊柳，説不盡風流綽約，婿媚輕盈，這小成的艷福也就不淺呢。但是天下沒有稱心事，夫婦之間，尤屬如斯，十之八九，大都是怨耦。往往無鹽醜婦，嫁傅粉之何郎；沒字傖夫，娶羞花之少艾。小則家庭詬誶，伉儷不合；大則中冓流言，偷香解珮。還有才貌雙全，珠聯璧合的夫婦，因爲些許小事，終身反目，以致由怨而恨，反恨爲憎，因憎而愛情移變。講到這層道理，可就明白小成先生的……唉！可歎，可歎。

（十）

咦……真怪得很啦，就是在諸位瞧起來，也要有些疑惑，怎麽這皇皇的公子，赫赫的大少，竟會琴瑟不調呢？原來這等事情，在下本不曉得，因爲有陳沛貞一頓吵鬧，所以東城一帶，滿街滿巷的，幾乎作爲笑談。常言説得好，好事人不知，醜事傳千里。像這般名門巨第，既演出如此風流妙事，豈有瞞得住人的道理。且以忠厚而論，咱們讀書明理的人，本應該隱惡揚善，但是社會風俗，已經壞到這步田地，推原追始，無非是那些帷簿不修的上等人家誨淫所致，“飽暖思淫慾”這句話，何嘗不然。所以在下提筆寫來，譬如禹鼎溫犀，使人警懼，看官們如誤會了用意，那可就不成啦。

如今且説這位花枝招展的成夫人，出落得很爲不錯，論他服飾，最愛的是西洋裝，平時打扮起來，風頭十足。聽説朱家三小姐，卻與他常常往來，除了喫喝遊逛不算，每天還要打幾圈麻雀。因爲有了這種種開心愜意的嗜好，以致座客常滿，樽酒不空，小成爲迎合起見，落得眉開眼笑的小心奉承。總而言之，夫人要怎樣便怎樣，沒有不贊成的道理。然而細君心事，卻別有不同，究不知爲了何故，嫌起他當家的來，表面上一唱一隨，似乎和睦得很，但是家花不及野花香，總覺百難遂意。説到這裏，真教人太息不置。

（十一）

夫婦反目，本是常有的事，然而他們兩口子，卻口和心不和。此中緣由甚長，真是一言難盡，因爲他們在外國的時候，很鬧了一件大事。原來這位成夫人，羨慕那贾女偷香的佳話，暗地裏勾上了一個中國留學生，後來洩漏風聲，不知什麽樣，就把這位溫存體貼的情郎，送到閻羅地府，烏乎一命，談起來真個可憐，所以他們伉儷之間，也就從此不睦。這段駭人聽聞的慘事，居然能幹得出，可算得毫無心肝。及至回國以後，雖演了些滑稽把戲，祇好彼此心照，若問在北京的情形，不外以上所述。姜先生素來活動，常常到他們那兒打麻雀，呼朋引類，也不知迷惑了多少人。此時陳沛貞要去尋找，就是這個原因。在下說了這一大篇，大約看官們也明白了。

再說陳沛貞怒衝衝的走到成宅，氣色很不好看，老臉皮厚的，一定要人。始而婉言，繼而強索，終則巧詞，恫喝威詐，並施嚷了許久，依然沒法子想，且又說不出道理，自己問心，也覺有點無趣，祇好搭訕了幾句，弄了一個軟下場。其實老姜之走，大半是爲的他店關了，貨賣了，房基讓給別人，好容易變了一兩千元，再不遠走高飛，恐怕就要典當過活呢。

（十二）

當時陳沛貞既在成府上，鬧不出所以然來，祇好敗興而返。歸後越想越氣，一時竟無法可施，歇了幾天，究竟放心不下，遂又老板老腔的，走到姜先生的哥哥家去。那一天晚上，在下正在敞寓請客，席上有人談越陳沛貞的歷史①，隨有一位朋友說道："哼！咱們在這兒樂呢，諸位還知道姜家已吵得不堪麽？我現在剛打那兒來，看見陳沛貞氣呼呼的，要他們交人。許多話也不能聽，總而言之，是三個字——不害臊，大約此刻也嚷完了。咳！這改良的年頭兒，可謂無奇不有。"

說到這兒，就有一個姓麥的朋友答道："豈僅這一件事，還有一段最新的妙聞呢。"於是大家就凝神靜息的放下盃子，細聽說道："目下大同旅館內，住著一個姑娘，身材不高不矮，面龐不肥不瘦，談起他的

① "越"，疑當作"起"。

歷史來，真個要教人酸鼻。”我道：“哦……是了，莫非是女學……”老麥點頭道：“對呀，你別忙，不要岔嘴，待我細細告訴你們。”大家也同聲附和道：“妙，妙，咱們且喝一盅酒。”當下老麥就接著道：“這位姑娘，本是好人家閨秀，在南方的時候，同一個俊俏後生結了婚，蜜月之中，說不盡十分恩愛。那曉得妾是真情，郎卻假意，以致名花焦卒，墮落到這步田地，豈不大可傷心。”

（十三）

（闕）①

（十四）

諸如此類的事，也談不了許多。單說陳沛貞又在姜府上鬧了一頓以後，假使安分守己，銷聲匿跡的再不現形，豈不省我一番筆墨，就是這篇小說，也未見得有這些好材料。無奈他素來是出風頭慣了的，一時那能够束身自愛，正如俗語所謂“江山易改，稟性難移”，故談起他，後來的文章，亦復興味濃厚得很咧。

光陰荏苒，忽又民國五年，自從陳沛貞離了京城，一般好事者，酒後茶餘，仍舊要談談他的趣事。然而模糊影響，紛紛傳說不一：有的道已到雲南去了；有的道，又去經營紅十字會看護婦隊；或又說，袁項城未死的時候，他一個子依舊運動革命。然在小可瞧來，都不可盡信。因爲去年冬天，他在某一家報紙上，曾登了一段啓事，略謂：近來有人損壞他的名譽，勢非起訴不可。如今避處天津，已算閉門養靜，何從有不道德的行爲呢。由此而觀，足見他并未南下。然而，像他這樣人，斷不

① 《民蘇報》1916年9月16號未見，《毛丫頭》之十三節闕。

會淡泊寡欲，此中有無變幻，似乎還要調查調查。

（十五）

話雖如此，但小可寓在北京，相隔三百多里，卻從何處調查咧。然而，踏破鐵鞋無覓處，得來全不費工夫。偏偏無意之中，竟會發現秘密，可不是這篇小說應該要出世嗎。如今閒話休表，且說袁世凱臨死的那一天，我有一個姓冷的朋友，剛打天津來，舊雨重逢，不勝欣慰之至。因爲他不久要到歐洲去留學，於是就沽了些酒，辦了幾樣菜，咱們倆遂淺斟低酌，慢慢飲起來。你一杯，我一盞，東說一件故事，西講一段新聞，不知不覺之間，已經天黑了。談到後來，忽然提起這位大名鼎鼎的陳沛貞，我那冷老兄登時狂笑不已。萬想不到，久欲調查而不可得的趣事，竟由他口中合盤托出。列位且把神定一定，聽我慢慢道來。

（十六）

有一個德國人，名叫拉沙的，在天津開了一爿小小藥房。藥房裏經理姓甄，爲人很不老實，恰好拉沙的學生金子化，在北京賦閑，遂把他找了去充當經理。那姓甄的，一定是辭退不用了，誰知他滿肚皮不願意，偏要同拉沙爲難，不知賬目上有了什麽糾葛，兩方面就打起官司來了。拉沙做原告，就教金子化代表到庭，檢察廳因爲是財産關係，那敢怠慢，審問之下，隨將老甄拘押，委實是他無理，本不算稀罕。那曉得陳沛貞聞此消息，直急得不亦樂乎。看官，他們倆風馬牛不相及，這句話說出來，豈不奇怪得很嗎。但其中卻有一段隱情，並非在下造謠撒謊。原來這位甄大爺，人很漂亮，無意間在一個公共場所，瞧見了陳沛貞，彼此眼語目成，居然又姘在一起。哈哈！有狐綏綏，吉士遂從而誘之。一部大好的葩經，他們竟當作躬行實踐的講義。像陳沛貞這等人物，可謂無往而不有耦哉。

（十七）

因爲其中有這段秘密，所以老甄喫了官司，陳沛貞就忙得很啦。但是原告乃外國人，若說到情面二字，是頗不容易。思前想後，祇好去找金子化商量商量，或者用點美人計，可以籠絡住他。那曉得金子化也是個小滑頭，明知陳沛貞尋到這兒，求就爲那事，然卻故意裝做不知，反上前問道："女士要買些什麽呢？小號化裝品，色色俱全，雪花粉、生髮油、擦牙水、鏡面散，以及香水、肥皂等類，都是德國舶來的，而且價廉物美，比不得別家所售的嘘。"看官，這番話可算問得妙極哪。誰知道陳沛貞也是老奸巨猾，不獨不理他的賬，反突然的問道："金先生……咱們還有要話談呢。"說著輕輕兒一笑，似乎媚趣得很呢。

（十八）

其實金子化年紀雖輕，卻也很有點閱歷，而且說得一口的德國話，爲人又俊秀，又聰明，小小身材，生得非常跳脱。刻下陳沛貞既親自相就，遂提起全副精神來對付。陳沛貞開誠布公的說明了來意，無非想代老甄轉圜，金子化偏不買這筆賬，一古魯兒都推到拉沙身上去。彼此商量了半天，約定第二天一同去訪拉沙。在陳沛貞的意思，一半要借他在拉沙前吹嘘，一半是請他做個繙譯。到了次日，金子化把這番話告訴了拉沙，於是兩個人反先坐著汽車去回訪。驀地裏生客降臨，陳沛貞那有不極力歡迎、殷勤款待的道理呢。然而談了許久，依舊沒有頭緒。拉沙的脾氣非常執拗，一定要老甄交賬，但據老甄所說，款項上毫無不清之處，此次遽行卸職，究竟爲了麽事，倒要問個水落石出，方纔罷休。金子化自北京來，本是頂替老甄缺的，毋庸說斷不會幫著他了。至於陳沛貞出來干涉此事，純粹是一團愛情的關係，眼見得老甄委屈，又安能袖手旁觀，所以出怪露醜的，又與外國人交涉起來，也真算得個女鬧星了。

（十九）

小可一枝筆，天花亂墜的，胡說了這許多，不知能夠引人興味不能，衹好姑妄言之，姑妄聽之罷了。如今有話即長，無話即短。陳沛貞一方面，先且擱下不表，再把那晏青士在公園中的一段文章，做個結束。卻說當時他們三人，坐在一張椅子上，東一句西一句的，正說得高興，不防我小區區猛可裏走上前去，拍著手哈哈一笑，幾乎叫他們嚇了說不出話來。這種行爲並非荒唐孟浪，因爲那西裝的少年，卻與我相識，所以纔趁此機會，實行我偵探的手段。於是少年就站起來，同我握手，彼此謙遜了幾句，遂重復大開會議。這一場露天小集，有了四個人，可算不寂寞了。

（二十）

咱們三個男子，不衫不履的，和一個碩大無朋的女人，坐在一起唧唧咕咕，似乎有點不便。幸虧一陣狂風，夾著拳頭大的雨點子打將下來，這纔抱頭鼠竄的東奔西散。可憐晏青士一件白洋紗褂子，早濕淋淋的浸得如剝皮田雞一般。我也無暇客氣，一溜煙跑到來今雨軒去獨酌。其時喫西餐的人倒也不少，坐在天井裏的酒客，因爲這場大雨，一塌刮子都聚到屋内來。一股人肉氣，帶著那酒味、菜味、煙味，蒸蒸騰騰的，好不難受。小可眼快，好容易搶了一個座位，不管三七二十一，且先坐下來。那一班茶房夥計們，連忙嚷著道："先生，這兒已經有人預定啦。"話還沒說完，果然來了一位嬝嬝婀婀的婦人，大約就是他了。

我也不理，閉著眼衹管吸煙，但聽那婦人道：“不妨。好在這張棹子，衹有我一個人，横豎也白佔了。”

(二十一)

其時那殺風景的大雨，越下越大，衹聽得劈劈拍拍的一陣腳步子響，好像有了什麽大事。從窗子裏往外一瞧，可真了不得，那四圍迴廊上，男的、女的、老的、小的，差不多已擠滿了。有幾個塗脂抹粉的窑姐兒，早淋得滿頭是水，一滴一滴的，從鬢髮上流下來，以致那臉上和唱戲的小丑兒一般。自家不知醜，還拿著雪白白的絹頭，掩住口兒笑，等到擦了一下，黑的黑，紅的紅，已污得像塊抹布。這一下子，連站在旁邊的人，都看了發起笑來。他們也覺得無趣，連忙從懷裏掏出一面小鏡子，背著人低下頭來照了一照，於是手攜手兒的，身子一扭，纔搭赸著跑了。

一會兒我剛要回過頭來叫菜，忽覺肩頭上有人拍了一下，隨聽見鶯聲嬝嬝的笑道：“阿吴……耐一個子坐浪格搭……阿慄意得嚏。”登時我嚇了一跳，一看不是别人，原來就是那兩個窑姐兒，彼此素未謀面，好像冒失鬼似的，倒叫起我阿吴來，豈不笑話，當下就板著臉問道：“哦……你知道我姓吴呀。”他們也曉得認錯了，仍舊嬉皮涎臉的笑了一笑道：“真是熱昏，因爲耐格面孔慢有點像俚，故此……呵唷，對勿住呀。”説著也就去了。然而同桌子的這位女士，已經瞧出了神啦。

(二十二)

壁上自鳴鐘丁丁當當的，已經十下。我便胡亂點了幾樣菜，開了一瓶白蘭地，淺斟低酌，慢慢而飲。恰好旁邊一桌空了，這位女士遂移將過去。隔了一會，外面又進來一個十八九歲的姑娘，裝束得十分素雅，一望而知是大家閨秀。他們倆也就對酌起來，彼此低著頭，唧唧噥噥的，不知商議怎麽回事。後來聲音漸漸高了，纔一句一句的聽著說道：

甲：咳，罷了。咱們學堂開辦了好幾年，名譽總算不錯，誰知他來做校長，竟弄得一團糟。

乙：這也難怪，他本來配不上做校長。

甲：是呀，有人說他是馬班出身。

乙：還有人說，他是花船上的么兒呢。

甲：總之，他姘上了這位金鞍寶劍、華盔白羽的黨次長，要算是畢生幸福。

乙：哼……他還不知足呢。常聽人言，他對於丈夫，大有鄙夷不屑之態，有一天，冷峭峭的罵道："你還抖什麽啦。像你們東洋留學生，車載斗量，要多少有多少。得了罷，别犯著對我擺架子。"

甲：這且不要管他。如今學堂裏，眼見得不成事體了，所有傢俱，當初也是公款置辦的，怎能夠讓他一塌刮子都搬了走。

乙：好在報紙上，把他這種卑劣行爲，已經登載出來，事咱們自當設法對待。

甲：但是以前一切帳目，也要清查清查。

乙：那慢自然，我料他膽子小，不見得沾惹那陳沛貞的習氣。

（二十三）

哈哈！在下又聽見這段奇事，可算聞所未聞得咧。大約列位看到這裏，也就自然而然的會明白啦。這時候雨也止了，遊人也大半散了。我喝完半瓶酒，已有幾分醉意，因爲夜間還有點事，隨即三步兩跨的踉蹌而歸。筆墨辦妥了，差不多快要天亮，等到上牀睡覺，還沒做一個夢，又被朋友吵醒了。起身後忽見書桌上放著一封信，拆開來一瞧，截直摸不著頭腦。那信內寫道：

今午十二點鐘，請到敝處一談。並有我的兩位女朋友，候某君打牌，祈約同來可也。

咦，真奇怪得很哪。這信上面，既不署名，又不注明地址，真教人難以捉摸。後來還是那看門房的，進來告訴道，是一個胖胖兒的女人，親自送來的，這纔曉得晏青士舞的鬼。因此一想，所謂某君其人，一定是那西裝朋友了。好笑，初次纔認識，便用起美人計來相誘，豈不荒唐，豈不可怪。總之，他雖預備香餌，我卻非比金鰲，這種把子戲，可不是用錯了麽。

（二十四）

偏偏那天又下大雨，子細一想，還是去好，不去好呢。正在心中打算，壁上電話，忽然滴鈴鈴的亂響，側耳一聽，就是那西裝朋友打來的，因爲他也接到一封信，不知是什麽回事，故此來同我商議。我覺得很有點爲難，又不能不理，當時眉頭一皺，計上心來，隨就告訴他如此如此，這般這般一條妙策。出去拜訪了幾位南來的朋友，喫過午飯，一看手錶，已經兩點多鐘，遂叫車子拉到晏青士的寓處。那條胡同偏不好走，雨又下得急，地上同泥溝一般，找了半天，好容易纔尋著門牌號數。車夫在門外嚷了幾聲，許久不見人出來，候了一會，方聽見那老母豬似的嗓子問道："是誰?"我從車篷子裏一張，可不是他嗎，隨即答應著，就走將進去。門兒又矮，巷子又窄，地下泥水淋漓，又防滑足，衹好低著頭，側著身子，輕步而入。不上五六步，有一帶小籬笆，把那一小巷又佔去了大半。再看柴圍以內，另是一家破落戶，牆上開了一個小門，門內大約衹有一半間兒罷。其餘什麽鍋呀，竈呀，卻都安在外面，直截了當一句話，就是露天廚房罷呢。

(二十五)

再走幾步，前面便是一座小院子，朝南一帶三開間，倒還整齊。及至走進去一瞧，卻空空洞洞的，惟餘四壁。西邊是臥房，房裏一陣子笑語聲，因爲有客到來，登時就停住了。青士招呼我入內，我遂脱下雨衣，大踏步而進。兩個醜陋不堪的女人，約莫有二十三四歲，塗了一臉胭脂粉，隨即走將出來，似乎廻避的意思。那身上衣服，說大又不大，說小又不小，雖然也是綾綢緞帛，看將出卻很不稱體。一個掩住口兒巧笑，一個噙了枝紙煙，愈裝腔愈拿勢，反愈顯得難看，恐怕那上海小東門的貨色，還要比他們強得多呢。還有一位三四十歲的男人，穿著一身西裝，既舊且張，上下全是皺紋，大約在核桃箱子裏疊久了，不然什麽會這般污糟。至于那一條白領子，和黑皮靴的顏色，幾乎成了個反比例。一副面孔又粗又紫，憑誰見了，總要以爲是《西遊記》上豬八戒出現。再加上晏青士這樣臉色，真可謂物以類聚，配搭均匀。如果這屋子裏衹有兩人，倒可以上臺去唱一齣丑表功，教大家開開胃咧。

(二十六)

像這一男二女，經我打量一番，早就明白是那種勾當了。再瞧房内陳設，卻很簡單，靠牆有一張朱漆書桌，兩頭擺了兩把椅子。憑窗一面，就是本京人家所用的土炕，炕上鋪了幾條蘆席，被褥等物，一概都沒有，僅放著兩個西式白枕頭，還有一隻舊皮箱，也放在上面，倒是那窗櫺頂壁，反裱糊得雪亮亮地潔白。我看了這種情形，不免有點感慨，一個孤零零的婦人，衹落得舉目無親，身無長物，秋風乍起，旅況何堪。想他幹這種生涯，無非爲饑寒所迫，仁者見此，當亦憐而諒之，然據外間所傳，似又不足惜矣。當下青士就歎了口氣道："先生可不要見笑，我現在景況蕭條，一至於此，真覺得混不過去了。回想在奉天時，因爲與民党中人稍通聲氣，幾乎不免，費盡無限力量，好容易纔逃到北京。正值二次革命，那湯春英女士，忽從上海寄來一份報紙，不知怎麽會走漏了消息，於是警察廳就派人來拘捕。正是：纔離虎窟，復入狼窩。一波未平，一波又起呢。”

（二十七）

我道：“這也沒有什麽了不得，一份報紙，那能够就爲憑呢。”青士道：“是呀。當時不由人辯白，又把我傳到軍政執法處。平心而論，咱們婦女，怎麽會革命，豈不笑話。無如這般天殺的狗狼，一定要同我作對，我在堂上氣極了，說不得與他們抗辯，鬧到後來，他們惱羞變成怒，居然就將我看管起來，可不是草菅人命嗎？咳！如此暗無天日，真要令人髮指。三四個兵警，猶如捉強盜一般，連推帶拉的，把我朝牢裏送。到監門口，我不肯進去，這班助紂爲虐的爪牙，偏押著我不放，一時性子急了，拼命同他們打了一頓（氣力也算不小）。忽然又來了十幾個兵丁，雄抖抖的拿著鎗柄子亂打我，經不起這番虐待，祇好垂頭喪氣，聽他們擺佈。那時黑獄中的苦況，真是一言難罄，種種凶殘横暴，莫說身體孱弱的人挨不了，就是筋強力壯的鐵漢子，也要磨折得不堪。所以至今回想起來，還覺有點心悸咧。這且不表。當時圈在那兒，連一個探望的人都沒有，內外消息，隔絕不通，苦雨淒風，毫無生望，整天價眼巴巴的候不著救星，大有朝不保暮之概。一到夜裏，祇聽得拍拍拍的鎗聲響，大約慘死之人，也就不計其數了。”

（二十八）

我聽到這兒，低頭不語。他又接著說道：“總而言之，因爲袁世凱要做皇帝，那手下一班走狗，想在淩煙閣上，博一個開國功臣的頭銜，少不得要犧牲人民無量數之鐵血，以爲邀寵地步，那裏還清夜捫心嗎。可憐我囚了幾天，幸虧有個相識的日本女人，託他丈夫運動，方纔保釋出來。然而執法處仍不放心，一定強迫我當偵探，拗他不過，祇好允許下來。每月祇給我二十四元津貼，並指定中西旅館作爲寓處，一切房飯零用，都在這二十四元内開銷。你想偌大一個客棧，少不過去，每天也要一兩塊錢花費，如此限制，可不是故意坑人麼。其時天氣大涼，一件棉衣服都沒有，終日走頭無路，也說不盡許多苦處，不知前世作了甚麼孽，罰到今生來受難。天津那兒，卻有幾位朋友，偏偏離不了北京，一動一靜，毫不自由。因爲雖充了偵探，依舊被官中利用，他們教我去捉拿革命黨，暗中反派人監察我的蹤跡，你想這等魔煞，還能算人嗎？簡直兒殺人不眨眼，還比江洋大盜，凶惡得十分哩。”

（二十九）

“我遇著他們，總算不幸之極，漫說革命黨本與我志同道合，就是沒有關係，彼此風馬牛不相及，素來又無讐無恨，何犯著幹這種喋血生涯，忍同他們作對呢。委實我心中不情願，無非迫於不得已，人家罵我，祇好聽之。”在下聽到這兒，肚裏早明白一大半了，於是鄭鄭重重的問道：“晏先生，難道那揑造僞證，誣陷某君下獄，你也是不得而已嗎？要知此種毒手，可真辣得很啦，我想死鬼在九泉之下，一定不能瞑目，就是他的白髮高堂、紅顔少婦，憂傷愁慘之中提起了你，也要切齒痛恨哩。”青士不防我說了這一番話，登時臉色一變，剎那間漲得通紅，俄而又泛成灰白，因爲心中隱事，被我揭破出來，禁不起天良要發現呢。我裝做不見，仍加緊一句道：“咳！冤枉死了的，且不必去管他。但是杭辛齋依然無恙，這就有點……”青士不待我說完，立刻如瘋狗似的，跳了起來道：“呵呀！可就恨殺我啦。今天你既問我，我也不能不說。要曉得拘捕杭辛齋的那一天，我事前毫不知道。執法處派了幾個人，給我一張像片，指明此人住在某某地方，教我先去暗察，倘若面貌不錯，就通知門外偵探進內捕捉，既不告訴我名姓，又不說是什麽回事。我一個女流之輩，身不由主，怎能够不聽他們驅使。況我自己的地位，也十分危險得很，當時在執法處勢力範圍之下，還想有什麽自由。咳！先生你不可輕信人言，悮會了其中苦況。”

（三十）

其時同坐在房裏的那個人，衹管斜倚著吸煙，一言不發。在下很覺得好笑，遂與他謙虚幾句，通問了姓名，然而現在早已忘記了，因爲此等人，本無什麽價值，故此乃付之九霄雲外，但他那副可怪的面目，至今仍深印腦海。這且不表。當時我又問青士道：“這樣看來，你卻交遊廣博呢。即如禁在武昌獄裏的武墨蘭女士，大約你也認識了？”青士答道：“平素卻知道，但與他沒有來往。”談到此地，那男子就站起來，踱了兩趟，外邊兩個妖精，也斜著眼兒向他笑，他遂走了出去。於是晏青士就低聲道：“陳沛貞這騷貨，也住在西單牌樓沒有多遠，聽說是跟一個南方軍界代表來的。前幾天他運動了幾家報館，常常攻訐我造謠胡謅，毀壞我晏青士的名譽，許是那般記者甘受他蠱惑。”我道：“他素來會狐猸，本不足奇，但你的手段也不弱，難道就吞聲忍氣不成？”青士道：“是呀，還要請先生代我表白表白纔行，現在他還預備同我打架呢！昨天有人來告訴說，陳沛貞已雇了十幾個惡棍，不日就來挑戰，老實不客氣，少不得與他試一試，瞧瞧還是黃牛力大，水牛力大。”在下心中一想，假使這一對害人精開起仗來，倒也有趣得很。以前出了醜不够，目下還要在社會上現形，可真把他們祖宗的臉，都丟盡了咧。將來是是非非，不知要鬧翻到什麽田地，這般女光蛋，截直惹不得。如果我不因爲調查底細，誰還願意去理他，豈不是自尋煩惱嗎？

（三十一）

隔了幾天，書中所述的那位金子化，忽然到北京來。我以前卻與他相熟，彼此很要好，這番再見，真是舊雨重逢，欣慰之至了。　談之下，遂問他別後情形。果然陳沛貞在天津一段交涉，確有其事，並且告訴我許多聞所未聞的妙語，可不是這部小說的幸福嗎？不然，局外人那裏會曉得這麼清楚，做書的又從何處去訪求這種然犀燭怪的好材料呢。且說陳沛貞自離了北京，就寓在天津界某某里第九號門牌，家中雇了一個老媽子，排場很闊綽。因爲與那姓甄的姘識，常常到藥房去，故又認得拉沙。拉沙本來是個滑頭，在中國許多年，卻也沾惹了些氣習，站起來一豎，睡下去一直，光棍漢子，據說沒有老婆，講幾句中國話很爲圓熟，因此於天津社會上情形極其明白。素聞人言陳沛貞在中國女界中頗有名氣，革命時代也曾幹了點事業，目下又充袁政府偵探，雖說沒有會過，料想爲人甚妙。及至由甄夥計介紹①，見面之下，果然又靈俐又活潑，又老練又大氣，且住宅陳設又好，交際手段又高，於是拉沙遂鼓舞精神，灌起那外國米湯來了。

（三十二）

及至訴訟發生以後，陳沛貞出來干涉，在拉沙視之，毫不足奇。因爲男女平等，交際自由，西洋風俗本來如此，所以拉沙見陳沛貞相約，很爲高興。不意金子化在摩托□上，告訴他此中底細，這纔明白陳沛貞不是好人。然而既到了那裏，少不得要與他敷衍敷衍。陳沛貞的意思，無非想代那二十四五歲的小甄兒洗刷，所以當時放出全副媚工，來招待他們兩人。桌上有的是雪茄，碟中盛的是水菓，並且還預備著咖啡茶。

---

①“介”字，原誤植於下文“鼓舞精神”之下，今移正。

一見拉沙進門，連忙湊上去握手。拉沙一面走著，一面那翹翹兒的外國八字鬚，早笑得和兩枝蟹螯子一般。彼此謙虛了幾句，就歸到正文。拉沙仍舊説他的德國話，嘰哩咕嚕的，全是金子化翻譯。偏生他滿肚子不高興，凡是陳沛貞所言，衹代述個大略。因此這位女偉人頗爲嘔氣，隨即掉過臉去，吩咐那女媽子道："同我請少爺來。"一會兒，走進一個十五六歲的後生，長的倒也清楚，對客鞠了一躬，就坐在旁邊聽。原來他是陳沛貞的姪子，現在天津某外國學堂讀書，雖學了幾年德文，程度卻還淺得很。陳沛貞喊他出來，以爲金子化故意舞鬼，好叫自家人聽個明白。其實這小子並懂不了，白翻著兩眼，終出不成風頭，可就好笑極啦。當下談了許久，依舊沒有頭緒，前次書中，不是已經説過了嗎？過了幾日，金子化在藥房裏，忽然接到一封信，拆開一看，卻是老甄寫來的，因爲被押在獄，莫名一錢，受不起種種苦況，故請他代爲設法。其時金子化的蹊境也不甚好，立刻就打了一個電話，告知陳沛貞。陳沛貞得信之下，那有不心疼的道理，隨即滿口應允，無非幫助幾文，送到監裏去接濟接濟。至於拉沙一方面，起先的用意，很想討陳沛貞做老婆，兩個人鬼鬼祟祟的有談有笑，或去喫番菜，或去坐汽車，雙雙比肩，大有出乎朋友之感情，入於夫婦之愛情的況味。若問有無兜搭，有無糾葛，在下既未曾親見，也不敢妄加一詞。就是金子化，亦復茫然不解，但曉得官司完結後，也就斷絕往來。其餘情形，看官們如要領悉，衹好問他們自己罷。

(未完)①

（原載《民蘇報》1916 年 8 月 29、30、31 號，9 月 1、2、3、5、6、7、9、10、14、17、19、20、21、24、26、28 號，10 月 3、5、6、7、10、13、18、19、21、24、31 號，11 月 3 號第七版，署名慟）

① 按《民蘇報》1916 年 11 月 3 號之後，不見刊載《毛丫頭》續篇，疑未寫完。

主筆房之小么

噫！余觀天下之至苦者，莫若從事於筆墨生涯，而報館中之主筆先生，其苦尤甚，此中況味，衹可爲知者道，不忍對他人言也。然主筆雖苦，亦有主筆之樂。以余論余，案之上則有政府牌之香煙，白蘭地之美酒，往往搖頭□目，百思而莫得一字之時，連盡三斛，枯腸即油然而潤；苟再然淡巴菰一捲，狂吞而徐吸之，則雙肩一聳間，洋洋乎大文就矣。即不然，取壁上聽筒，與我可親可愛之他者，溫存數語，則德律風中之嫋嫋珠喉，亦足助余之文興。故此等況味，尤不欲對他人言也。

夫以余之苦如此，余之樂如此，而此苦此樂之不容他人領略也又如此，則此等生活，純粹爲獨苦獨樂之生活，安有所謂小么者以嬲余哉？曰：有之，余處之短僮是已。短僮者，京師人，自一旬前供職以來，初頗頑鈍，黃髮覆額，蓬蓬如亂麻，襤褸情形，一望而疑爲小丑。每伸手接物，即覺穢氣觸人，蓋十個指甲中垢層層，不啻深墨也。然作事頗勤謹，使之東者不敢西。簡言之，實一徒具呼吸之機械，或木偶耳。

詎意此子易變，日與彼油腔滑調之狡僕處，遂乃受其完全下流之教育。而所謂髮也，指也，衣也，履也，一旦忽煥然而新，余目之不覺眙愕，竊慮自今以往，主筆房恐多事矣。果然，短僮真作祟，短僮竟作祟，奈何，奈何。然余亦無法處之，惟付之一歎而已。

諸君乎，要知余之業此生涯，所恃爲無上之好友，而藉遣編輯之煩悶者，惟煙與酒耳。斯二物者，在衛生家視之，僉曰傷腦，而余則以爲振作精神之良方，活潑志趣之妙藥，殆舍此莫屬。故余之酷愛煙與酒也，不翅第二生命。苟主筆房今日缺此者，明日之報紙則無異彩，而社論、時評、文藝、小說之類，亦復因之減色。

乃天下事，無獨有偶，不謂此短僮者，竟與予有同好。奇矣怪哉，此三日中，瓶中之白蘭地，罐中之淡巴菰，恒形加倍之減少。蓋余之吸也，飲也，每有預算，向之可以支持兩日者，今則反斯。然余量之消耗，初未改其常度，心異之，遂又於編輯之餘，從事偵探。

咄咄！似此滋余痛恨之竊案，居然於昨晚破獲，而余理想中之毛賊，果即短僮。其人先是一句鐘時，余以客來過訪，不得不出而招待。談少頃，忽覺有所感觸，遂潛行至主筆房，從窗隙中向內窺探，則此可惡之奴子，方據案高坐，傾瓶狂飲，而其右手兩指中，雲霧蒸騰，又係余之上品的煙捲也。余覩此，爲之髮指，爲之肉疼，蓋此等行爲，直不啻奪我之好友與生命以去，憤極之際，不禁大呼曰："可殺……賊……"僮駭絕，鼠鼠而奔，酒瓶亦傾碎於地。余氣索，惟有逐此小么。

（原載《民蘇報》1916年9月22號第七版，署名慟塵）

天長地久

一輪紅日，光被萬方，枝頭小鳥和鳴，穿舞於翠葉綠葩間，似報道今歲秋聲，固不減春光九十者。於時小樓一角中，歌調悠揚，嫋嫋如流鶯巧囀，琴聲幽韻，傾耳銷魂。俄焉，玻窗乍啓，則有一二十許之麗人，嫣然凝睇，容華絕代，直不啻天上安琪兒，而修髮如雲，尤復顯其嬌媚。沉思有頃，忽肩上有輕拍者笑謂："（共和）吾愛，胡不終曲，低回於此，得毋有去年今日之感耶?"女回顧，垂淚不語，久之始答曰："（鐵血）吾哥乎……猶憶黃鶴樓上，爾我結褵之初，彼參觀婚禮者，誰不謂此一對璧人，後福無量。詎意無情風雨，吹散鴛鴦，中道流離，幾罹魔劫，以故節逢雙十，輒斷柔腸，而每念釵鈿零落，故舊蕭條，尤不勝滄海桑田之慨。今者花展並蒂，鏡破重圓，其亦知作伐冰人，半已物化否？然儂以葑菲之質，終得持巾櫛於吾哥之旁，又不禁感極涕零，反悲爲喜。假使強梁不死，墮溷終身，則儂之一片冰心，將抱恨千古矣。"鐵血遂摟而慰之曰："從此月圓花好，璧合珠聯，地久天長，此情不滅。試聽途間，軍樂入耳，洋洋五色旗飛，莊華燦爛。值此良辰美景，其偕往商苑中，一覩我大總統閱兵之典禮，藉以誌吾輩伉儷之紀念，何如?"

（原載《民蘇報》1916年10月10號第七版，署名慟塵）

炸

洪憲時代，京師某胡同有小屋數椽，一夕夜半，室中甚喧囂，警察三五輩巡哨至此，乃側耳聽曰：

甲：讓開……炸……炸！

乙：不要緊啦。

甲：呵呀……滾……滾，快走傷了面孔。

丙：街坊都睡著呢，嚷什麼呀？

乙：還有五個沒拿得來哪。

甲：得了罷，由我來動手。

丙：火力太大，這股氣味真難聞得很。

乙：管他哩，橫豎沒有壞。

甲：咳！上次弄糟了，幾乎把房子燒掉。你們安靜些罷。

亡何，劃拉一聲，諸人乃狂叫，警察大喜，立推扉入，初以爲製造炸彈之秘密所也。及視之，則一四十許之窮漢，方與其二子煎糰，竈下火熊熊，油上沸濺及面部，故不禁痛極而號。

（原載《民蘇報》1916年10月30號第三版，署名慟）

美金之諷語

快活……快活……在下生長美國，小名叫做一元錢的便是。

我的價值，那中國銀幣，是萬萬比不上的了。所以咱們國家，很在我身上發了一大宗洋財。

中國政府，每年滙若干留學費，到咱們美利堅來，非依我的價值不行。

小子一人，要抵華幣兩元三毛，及至中國留學生返國，雖然把咱們同夥帶了回去，但兌換起來，僅得華幣一元七角。

小子如此一算，就我一個人，衹要在中國往返一次，至少我賺他小洋六角不可。

倘若再用中國交通票子作大洋給他們，小子的身價，又加上百分之二十五，可不是以我一個人，就能獲八角五分的利益麼。

哈哈！咱們同伴真有本領，可惜那死心兒的中國，一點都不知道呢。

（原載《民蘇報》1916年11月17號第七版，署名慟）

真耶梦耶

話說一千九百十六年十二月二十五號，那世界上最著名，最繁華的巴黎京城內，有一位貴族先生在他爵邸中大開跳舞會。一時華燈似晝，明燭如星。畫閣春生，錦堂夜永。千門萬戶，履舄紛紜；七貴五侯，冠裳濟濟。青年吉士，握手以言歡；玉貌名姝，摟腰而接吻。或則金尊滿滿，齊來琥珀之光；或則玉笛歌濃，妙作霓裳之舞。映著那衣香鬢影，寶氣珠光，燦爛輝煌，憑誰瞧見了，也疑是人間的天上呢。若說到這一班賓客，老老少少，男男女女，沒有一個不喜氣重重，面帶幾分笑色。小孩子們跳的跳，鬧的鬧，都聚在一堆兒爭那糖果子喫。其餘豪興的人，竟有戴上五顏六色、奇形怪狀的面具，夾在大衆裏面湊趣。又有許多王孫公子，風流文士，捧著一大把花花絮絮的紙片子，沒頭沒腦的逢人亂灑，迎風飄蕩，好似滿天蝴蝶紛紛飛舞一般。還有那岸然道貌的教士，此時也笑迷迷的撚著胸前所掛的十字架兒，陪著大家遊戲。然而老脾氣不改，三句離不了本行，嘴裏咕哩嚕嗦的，仍在那兒祈禱呢，或者《聖經》已忘得乾乾淨淨，故意裝做這種模樣也未可知。屋內裝飾卻也細說不盡，就是松柏紮成的花圈兒，大大小小，莫不精巧玲瓏，令人可愛。一股清香氣味，陣陣透來，也辨不出是美人兒的粉香、肌香、油香，或是瓶中花香呢。幾十個鞠躬如命的僕人，亦復身穿禮服，鵠立堂前。大餐桌子上，什麽刀呀，叉呀，匙呀，都是黃澄澄，白亮亮的斜籤兒放著。至於所飲的酒，黑的，黃的，綠的，紅的，無非是啤兒、香檳、白蘭地、可尼沙、威士克等類。大廳兩旁也有風琴，也有鋼琴，也有手拉的凡俄令，也有口吹的帕亦布。地毯有三寸來厚，那灣灣曲曲，賽銀似的煤汽管子，暖烘烘的，幾乎要熱得發昏，所以一百幾十位來賓，手舞足蹈，毫不覺一點冷。最是那輕盈窈窕之二八女郎，祇穿著一兩件白色裯衫，還露出雪白白柔嫩嫩的光膀子，恐怕走到大街上，就要凍得個半僵不死。

哈哈，閑話少敘。列位看官們，要知道今天是怎麽回事，原來就是耶穌救世主降生的紀念節啊。當初猶太教徒，期望基督降生，救援其人，耶穌毅然以基督自信，三十歲時宣傳福音，改革猶太教，凡三年，不幸爲猶太教徒所惡，控之羅馬官吏，被釘死於十字架上。至今基督教徒追念其德，每逢降生日，都要行一番紀念禮，以誌不朽呢。可憐耶穌先生，以英雄肝膽，具菩薩心腸，無非欲救民於水火之中，以期感化，誰料到結果如此，豈不令人歎息嗎？然而歐美各國一千餘年來，能把這十二月二十五號當做大大的節日，可算是人心不死，聖道猶存。這且慢表。再說今夜跳舞會中，正在喧闐熱鬧之時，忽有一位老教士，揚著脖子向大衆說道："諸君，今日今夕，可不是咱們歐洲宗教中最有榮幸的佳節麽？我想東方諸國，除了咱們同胞僑民在那兒慶祝以外，簡直沒有人能知道這二十五號的幸福呢。由此看來，世界之上，倘若無耶穌降生，可就孤負了這一天啦。"

話未講完，陡聽得大聲嚷道："得了罷，怎麽你但讀《聖經》①，竟連報紙都不瞧呢。要曉得這十二月二十五號不能獨自標美，去年今日，難道不是那支那第三次革命，雲南起義的頭一天麽？今年今日，難道不是那支那四萬萬人民，再享共和幸福的紀念節麽？又難道不是那位大英雄、大豪傑蔡鍔將軍，推翻袁世凱，隻手挽狂瀾的紀念日麽？又難道不是那一般革命志士，灑鐵血，斷頭顱，犧牲救國的紀念日麽？哼哼！汗馬功勞，終不及文乎文乎的道學，軍人當不得了。"大家回頭一看，原來是剛打凡爾登戰場中受傷回來的陸軍少將，英風颯颯，相貌堂堂，兀自坐在椅上冷笑。於是主人翁連忙招呼大家道："將軍之言有理，支那

① "經"字原脱，據文義補。

共和卻頗創建不易，何妨各浮一白，藉此代咱們法蘭西表表親愛呢。”教士沒有口開，祇好搭赸著跑出去了。衆客齊聲附和道：“對，對，對。”人人舉著酒杯，高呼“支那萬歲”，“東方共和國萬歲”，“法蘭西萬歲”，轟轟烈烈的一飲而盡。

其時來賓之中，竟有兩個俄國虚無黨員，目見此種情形，不免暗稱慚愧。彼此丢了個眼色，走到廳外一間休息室内，歎道：“真覺難受得很，咱們俄羅斯要算天地間獨一無二之特别帝國呢。那般萬惡無赦的專制爪牙，究不知是何心肝，竟會殘殺同胞，一至於此。試想支那首屈一指的梟雄袁世凱，手段何等辣，計謀何等毒，然一旦夢想做皇帝，終不免身敗名裂。咱們同志流了百餘年的血，死了幾千萬的人，依舊望如畫餅，真可傷心。畢竟支那無愧，孫文、黄興而外，尚有蔡鍔其人。”

正説到這兒，突然進來幾個英國公使館的隨員，各人吸上紙煙，漸漸又談到剛纔教士説的話。内中有一位陸軍士官道：“今晚之聚，很有興趣。猶記得去年今日，全球之上沒有一國不打仗，總想不到支那革命就會成功，現在他們高枕而臥，反比咱們歐洲快活得多呢。像這樣大冷天，疆場之中，一般枕戈待旦的兵士，拋父母，别妻子，忍飢挨凍，嘗膽臥薪。鐵馬金戈，畫角聲聲驚好夢；朔風苦雨，寒星點點照征魂。説什麽武裝和平，説什麽人道主義，看起來無非互相喋血，彼此尋仇，遥望支那，真叫人羨慕不置。”又一個穿燕尾服的答道：“是呀，我那時尚在香港。有一次因爲支那護國軍牒請中立，曾到雲南去過一趟，就知道蔡鍔利害，其餘岑春煊、陸榮廷、唐繼堯、李烈鈞等人，也都很好。真是謀臣似雨，勇將如林，個個精明，人人熱血，可笑袁世凱死不知悔，還利用咱們敵國代他幫忙啦。”

登時呀的一聲，忽有一位娉娉嫚嬝、長身玉立的貴爵夫人推門而入，一手挽著黄金似的絲髮，碧溜溜一雙秋波對直，顯出無限嫵媚，略略點了點頭，瓠犀微露的笑道：“諸君談鋒甚利，儂卻欽佩得很呢。但是支那革命不過遊戲文章，胡亂打了幾仗，那裏比得上咱們法蘭西大革命的價值啊。況且咱們恐怖時代，還有許多女豪傑奔走國事，別的不要說，單單以瑪利濃而論，也就使人崇拜了。”那穿燕尾服的答道：“羅蘭夫人嗎，那自是流芳千古呢。總之，支那人民向來沒有團體，前後三次革命，居然能同心協力的做上前去，百折不回，夫人休要藐視。”又有一個英國人說道：“但願自今而後，支那能保得住這十二月二十五號纔好，假使再產出第二個迭克太透，像袁世凱那樣熱昏暖，咱們戰事完結，少不得要……”那陸軍士官登時就鼓掌道：“妙呀，越俎代謀，正是吾輩很盼望呢。雖然咱們大不列顛之同盟友國，就是那居心叵測的矮鬼，很想趁火打劫，乘著咱們歐洲戰事未了，備鯨預吞啦，咱們可要提防提防纔是。”

在下（記者自稱）聽了此言，猛可裏一個寒噤，驚出渾身冷汗，凝神一看，案上燈光如豆，卻乃南柯一夢也。壁間自鳴鐘丁當十下，遂亟披衣而起，盥櫛畢，忽忽入編輯室，敘其所夢如此。因念大千世界中，色色聲聲，曇花一現耳。鏡花水月，泡影浮雲，富貴功名，是真亦夢，前塵一刹，是夢非真。以前之種種，渺渺茫茫，夢也；未來之種種，蓬蓬勃勃，真也。真耶夢耶，作如是觀，如是我聞可也。然而共和再造，日月重光，偉績昭然，夢之可貴也，孰謂非真。時局飄搖，外患隱伏，大難將至，意所能料也，亦莫不真。爰撰斯篇，以彰紀念。書訖，敢以芻言，告同胞曰：

家國興亡，匹夫有責。

共和不死，鐵血如之。

（原載《民蘇報》1916年12月25號第七版，署名慟塵）

花花世界

朋友……去年十二月二十五號，雲南倡義紀念日，小可不是著了一篇夢遊巴黎的小說嗎，那一篇之中所說的，不都是些夢話嗎？要曉得人生在世，喜怒哀樂，悲歡離合，本來同做夢一般，然而能像在下做那一個錦繡繁華之夢，卻也很不容易啦。誰知道一夢初了，一夢又來。昨天多喝了幾杯酒，朦朦朧朧的，忽然坐在飛行機上，淩霄駕霧般，嗚的一聲，如箭而矢。耳邊廂衹聽得風聲吼吼，冷氣颼颼，瞬息之間，也不知走了多少道路。朝下一望，什麽山林呀，邱壑呀，城郭呀，樓臺呀，一點一點的，猶如那滿盤棊子，密布紛紜。身子亂搖亂幌，心裏好像有一百八十個弔桶，在那兒上上下下的，和搗蒜一樣。看官們，我乘晴冒險御空的飛行機，簡直是破題兒第一遭，那有不駭怕的道理。

正在胡思亂想之際，猛可裏嬌嬌滴滴的一聲巧笑，飛入耳鼓中，不覺嚇了一跳。定睛一看，原來前邊司機的人，卻是一位如花似玉、傾城絕色的女郎，於是這一快活，直樂得手舞足蹈，心花怒放。女郎掉轉頭來，嫣然斌媚的說道："先生不要動，子細些啊，防著跌下去，那可不是兒戲呢。"我也來不及與他周旋，急問道："姑娘，你把我帶到那兒去?"女郎將機輪一捩，登時緩了速度，伸出那雪白白的柔荑，指著下面，答道："今天不是正月一號，咱們中華民國第六個元旦麽？你瞧……"說也奇怪，飛機漸漸下降，雖地面上已相距不遠，一刹時，機也縮小了，人也變細了，差不多和蜜蜂兒一般，已鑽到一處熱鬧所在。但見那康莊大道之上，人山人海，熙來攘往價，高興得非凡，粉白黛綠，光怪陸離，女女男男，穿花舞蝶，華房比櫛，甲第連雲，商店洋行，金輝耀目，一片一片的五色國旗，飄飄蕩蕩，煞是好看。還有那電車，汽車，馬車，人力車，追風掣電，如水如龍。凝神一瞧，不覺詫異道：“這是上海，啊咳啊咳，什麽就到了這兒呢。”女郎笑道：“齷齪極了，咱們走罷。”說時遲，那時快，眼光一亂，早又到了獅子山，進了南京城啦。砲臺之上，也懸著五色國旗，守望的兵士，個個已喫得酩酊大醉，斜著眼兒，枕著槍兒躺在地下，高唱什麽“男兒要自強”的國歌呢。一會兒又飛到秦淮河上，桃葉渡頭，一灣碧水之中，百十來隻畫舫，優遊自在的打槳而行。從窗子裏看下去，那油頭粉面的妓女，花枝招展般，淺斟低唱呢。兩岸水閣，家家都捲起珠簾，推開繡戶。正是：“歌管樓臺聲細細，鞦韆院落夜沉沉。”金粉繁華，依然六朝氣象。貢院前面，有的是茶船，幾個靚粧麗服的粉頭，巧掩香腮，輕敲檀板，唱幾枝新年小調，倒也可聽。空場中百般遊戲，鬧得個不亦樂乎，耍賣拳的，演洋畫的，變戲法的，跑馬走索的，以及醫卜星相之流，無一不備。一時間，鑼鼓喧天，歡呼動地。夫子廟前，更加點綴得花花絮絮，令人目不暇接。新年之樂樂無涯，天氣又好，誰也知道，這民國六年元旦的幸福不淺呢。於是女郎又對我說道：“何不到江北去遊玩遊玩?”我道：“妙呀，走罷。”果然心裏纔想，飛機就開到揚州。這揚州地方，也算是自古以來的樂土呀。翻看前人詩集，吟詠很多，如什麽“二十四橋明月夜，玉人何處教吹簫”，“腰纏十萬貫，騎鶴上揚州”，“十年一覺揚州夢”，“二分明月是揚州”，“煙花三月下揚州”，“綠楊城郭好”等句，可不是繁華的證據嗎。這且慢表。再說咱們賞過了平山堂，遊完了小金山，便往城内而去。滿街之上，亦復新鮮得很，許多小孩子成羣結隊，跳跳舞舞的嚷道：“恭喜大發財，斗大元寶滾進來。”走呀，走呀，哈哈，在下這一番旅行，真個眼福不薄。總之，這一枝筆，寫也寫不盡許多。

頃刻之間，東西南北的道路，著實走得不少。下而姑蘇錢塘，上而廬山漢水，以及其他名勝之區，幾乎都兜了一個圈子。一言以蔽之，曰：無一處不是花花世界，無一處不是錦繡乾坤。喫酒的喫酒，打牌的打牌，唱的唱，笑的笑。那拜年的，更是灣腰曲背，鞠躬如也的，拱拱手，脱脱帽。士農工商，老少男女，好像都忘了那個四千餘年的舊元旦，歡迎這產生未久的新元旦哩。文明人遇見了，便說幾聲“共和萬歲”，“民國千秋”的客套話；古董人遇見了，也道這鐵血鑄成的國家頗不容易，少不得彼此都要慶祝幾句。那鄉下老兒，啣著旱煙袋兒，穿一身新藍布衣服，繫一條黄色腰帶，亦去笑嘻嘻的，請一位村學究先生，寫上幾副春聯，“共和新世界，稼穡舊家聲”，堂堂皇皇糊貼起來，倒也講得過去。爆竹店裏，一年發兩起財，更加高興。五色國旗，家家戶戶是務要張掛的，所以各處布店，也都眉開眼笑，格外殷勤。至於那書坊印局，尤其發達，因爲刷新洗舊，社會開通，人人都買些月份牌、賀年帖，以及大總統和革命偉人的照相片留個紀念。就是沒有見過一面，也好藉此識荆，當作絲繡平原的崇拜了。而且各家報館，以後營業發達，不問可知。因爲去年，袁世凱這糊塗蛋夢想做皇帝，一切秘密消息，百姓截直不很明白，加以雲南起義，又是驚天動地的豐功偉烈，目下許多豪傑躍上政治舞臺，必有一番針膏肓、起廢疾的經世宏猷，表示天下。人民住在家裏，既沒有千里眼，又沒有千里耳，怎能够不買幾份北京新聞紙，長長見識呢。但是那帝制餘孽的言論出版物，可並不歡迎啦。學堂裏學生，自今天起，益發焚膏繼晷，埋頭苦誦。因爲共和時代，全憑學術競爭，非比從前老官僚，祇要有金銀運動，學上了吹牛拍馬，就會青雲直上。就是商界中人，誰也知改良貨品，代咱們這莊嚴燦爛、神聖不可侵犯的中華民國，與環球列邦爭一口氣呢。

小可這麼一想，不覺大笑起來，連呼道：“花花世界，花花世界！畢竟共和二字，能彀鼓勵咱們以前醉生夢死的同胞啊。”女郎被我一叫，柳眉顰鎖的歎道：“委實不錯，現在民國可算是花花世界。請你回首一想，去年今是什麽情形，四萬萬同胞，誰不在水深火熱中。先生僅想到後來的幸福，已往之痛苦難道就抛向九霄雲外，都送到爪哇國去了麽？洪憲時代一班喪心病狂的走狗，翻手爲雲，覆手作雨，民國五年的元旦，早已變做慶賀君憲的良辰。倘非革命志士再造共和，這以前所度的四個新年，豈非如幻影□花，徒留吾人之想像嗎？咳！提起去年今日事，教人又喜又悲傷。”

我聽了這番痛語，不禁肅然起敬。於是說說談談，仍回舊路。遠望見北京城上，煙雲繚繞，不啻紫氣霞光，一輪紅日，照耀得如火炭一般，加以天氣晴朗，和風煦𢝊，心中非常得意。及至飛到城內，那六街三市，格外比平常繁華，花球，彩燈，國旗，以及松柏牌樓等類，五光十色，如火如荼，點綴得爛縵輝煌，又莊嚴，又富麗。稠人廣衆之中，那郵政差役穿著綠衣裳，擎著紅紙帖，頭上汗涔涔的，忙得起勁得很，腳下如澆了油般，似表示這元旦佳節，賀年的正紛紛不少呢。又得聽賣報的呼道：“一百四十九號……《民蘇報》……材料豐富……大家來買呀。”

在下正看得出神，那女郎忽大叫道：“呵呀！不好……”話未說完，小可連人帶機，一個倒栽葱，陡從半空中掉將下去，落到一處屋頂上。因爲身量太重，瓦也碎了，梁也折了，滴溜溜兒打天窗裏滾入。“呵呀”一聲，以爲這一遭性命可保不住哪，那曉得底下軟棉棉的，並沒有受傷，反聽見有人狂喊道：“不得了，不得了，毀啦，壓壞啦。”在下爬起來一瞧，牀上正睡著咱們老朋友周大先生。他向來高臥慣了的，每天一覺早則十二點，遲則午後三四點方可起身，此時好夢竟被我壓醒了。這纔知道，這一個空心觔斗，卻跌在咱們《民蘇報》館裏面。列位，好笑不好笑呢？其時餐室之內，大家正預備喫酒，猛聽見這段奇聞，個個都一轟而來，不覺拍手大笑。小可整了整衣服，隨著大衆入席，猜拳行令，直鬧得不亦樂乎。我又將此番旅行，細細的告訴也，他們益發高興狂飲。筵散以後，咱們鶴公先生，已經醺醺大醉，登時文乎文乎的，發了老脾氣，東倒西歪的提起筆來，填了兩首詞。那鏡宙兄接了一個鶯聲燕語的電話，戴上帽子，披了外氅，一閃就溜出去了。天石老哥笑迷迷兒的，吟著溫柔旖旎詩，陪著一位朋友別號一粟的，在那兒訴他的艷史，娓娓不倦，也有幾分醉意了。南邨先生握著尺把長的巨筆，揮毫寫字，那漢隸八分，真有神氣。心濂兄還抱住酒瓶不放。老虬先生撚著一部飄然修美的長鬚，唱一齣大江東去，慷慨淋漓，大有餘音繞梁、響遏行雲之雅，可惜曲高和寡，小可僅知道妙而已矣。然而他尚武精神依然不減，還要去打包林（地球）呢。逸可兄彬彬爾雅，興趣亦復不淺。獨有那墨龍老弟，嬉皮涎臉的，拿著這一班醉漢開心。若論到小可，爲人毫不足道，生平無他長，惟酷好杯中物，今天元旦，自然要多喝幾盅，一澆磊磈。偏是墨龍反對，竟把我氣醉了，昏昏沉沉的，似有人叫道："那女郎來找你啦。"睜開眼一看，那裹有什麽美人，竟是一個青面撩牙的夜叉，張著血盆大的口，似非吞人不可。在下"呵"一聲，原來華胥一覺也，哈哈！

（原載《民蘇報》1917年1月1號第七版，署名慟塵）

春明一夢（集錦體）

（一）[①]

有一位張大哥，大約是南方人，且不必去問他的籍貫。據小可所知，確係面團團之富家翁，既不讀書，又不習武，但是他家門上，每年所貼的春聯卻寫道："忠厚傳家久，詩書繼世長。"名實不符，倒也發笑得很。有人說他的祖太爺出身微賤，先是替人家做工，謹小慎微，幹事頗勤力，又和氣，又老實，又不會撒謊。生平無他好，最愛的是錢，衹要多給他些薪水，就眉開眼笑的了不得啦。教他東不敢向西，平常在主人面前鞠躬如也的，總令人可憐他。僕婢丫鬟們所做的事情，如什麽洗衣服呀，刷馬桶呀，以及帶領著小孩們玩玩耍耍，他都會得，別人忙的時候沒有空，他就殷殷勤勤的，搶上去幫閒。以此之故，誰也歡喜，他真個討人樂意呢。從小兒跟著村裹學究先生，念過幾本《論語》，竟能彀寫寫草紙帳兒，然而主人問到他，他卻故意恭恭敬敬的搖著頭，裝做不識字的模樣，像這種術道，可真利害得很哪。

有話即長，無話即短。不上幾年功夫，居然置了幾畝田，造起幾間房屋，也不幹那跑腿兒聽使喚的生活了。逢時過節，穿兩件新布衣，啣一枝短煙袋，一搖三擺，漸漸拿腔做勢，與那班鄉約地保，往還往還，手內有百十來弔錢，放點利債，這慢一混，焉有不富之理。果然三十年中，眼見他良田千頃，華屋百楹，使女成行，安童作隊，財發精神長，

① 按原章節號有訛誤，今依次重編。

愈過愈聰明。皇天不負苦心人，好像天上福星，特前照臨一樣。而且他自定儉嗇，不敢浪費一文去，因爲待人刻薄，遂享受了一個切當不誣的綽號，所謂“張剝皮”是也。生下一個兒子，又獃又弱，娶了媳婦，不到二十號，竟一命嗚呼，哀哉尚饗了。幸虧有遺腹子，就是這位張大哥呢。張大哥嬌生慣養的，當做寶貝看待，偏偏身體也弱，簡直離不了大夫，好容易長到十九歲，還是一字不識。

（慟塵）

（二）

所交結的朋友，也是物以類聚，每天成群羣結隊的，上那三家村裏去聽說書。起初還是什麼《三國志》咧，《水滸》咧，《七俠五義》咧，到後來漸漸聽厭了，又聽什麼《倭袍》咧，《三笑》咧，《文武香毬》咧，倒是無書不聽。這沒字碑上，鐫了許多淫詞艷曲，正如蛀蟲鑽入朽木，一天壞似一天。好在他母親疼他，仗著祖大爺奴顏婢膝、抽筋剝皮掙下來的一份家私，儘他受用。他卻異想天開，以爲祖太爺是做工出身，當過了主人的奴隸，自然應該做兒孫的馬牛。老太爺沒有福氣，早年去世，我再不享受，豈不辜負了祖太爺的盛意嗎。於是放僻邪侈，無所不爲，加上那一夥徵逐酒肉的朋友，如蠅逐臭，鬼混了好幾年。他有的是錢，那見錢眼開的，倒是無人不恭維他。書場酒館，一見張大哥來了，忙的笑逐顔開，招呼得十二分週到，就是有幾位知道張大哥身世，心非目笑，張大哥大度包容，卻也不曾理會。然而鄉僻地方，終非張大哥用武之地。恰巧來了一個朋友，這人姓曾，因爲他從小兒刁鑽古怪，尖巧伶俐，人都叫他做曾小鬼，年紀雖比張大哥大些，稱呼還是依照習慣法。一個是大哥，一個是小鬼，小鬼看上大哥的金錢，大哥賞識小鬼的乖巧，兩人情投意合，如漆和膠。論小鬼的家世，比大哥清白多哩。他父親是一個未入流，他又是一個不第秀才，略識之無，自號博通，並且前幾年跟他親戚，南辦粤閩，北走幽燕，倒是一個老江湖了。那一天，同張大哥談起，北京爲最繁華之所，又是一個大運動場，什麽捐官咧，逛胡同咧，聽戲咧，掉三寸不爛之舌，説得天花亂墜。大哥不聽猶可，一聽就遊興、官興，併發起來，那裏禁得起小鬼再四攛掇，就此决定了方針，和他母親要錢，巴不得立刻動身。他母親先還不允，後來聽見他兒子説的是捐官運動，也就允了。揀了一個黄道吉日，給了三千兩銀子，切切實實叮囑了一番，又重重拜托小鬼照應，一路輪船、火車，到了北京。

（天石）

（三）

著書的寫到這裏，卻又要補敘一筆了。據以上所説，張大哥可不是面團團之富家翁麽，又可不是一字不識麽。然而他十九歲以後，胡混的那幾年，仗著鬼頭聰明，一知半識的，竟讀了幾部閑書。先是家裏一位管賬先生，連説帶講的，念給他聽，慢慢指點，好容易把一本《秦雪梅弔孝》的鼓兒詞教會了。通篇七字句，記得混瓜爛熟，如什麽“紫金爐裏把香焚，表起金童玉女星，金童就是商公子，玉女雪梅二千金”等等，大有口誦心唯之雅。滿瓶不動半瓶搖，居然以斯文自命，有時做幾句歪詩，寫著半正不草，黑墨團兒的字，貼將起來，還得意很哩。“天上一隻鳥，鳥兒吱吱叫。遇見貓頭鷹，拍翅嚇一跳。”算是詠物之作。光陰荏苒，歲月如流。及至天緣湊合，認識了曾小鬼時候，張大哥已經二十七歲，相貌既醜陋不堪，偏又于思于思的，長著幾根黄鬍子，愈剃愈生得快，衹好索性把他留長啦。猛可裏看將去，倒好像四五十歲的人。因此東鄰西舍，以及一般牛鬼蛇神，因爲他又有錢又揮霍，誰都尊稱他一聲太爺。鄉裏鼓兒鄉下敲，張大哥在家之時，真個頤指氣使，頗有貴氣，那知道跟著小鬼進京，開宗明義第一章，就在火車上出了亂子。

（慟塵）

（四）

原來張大哥、曾小鬼上車時，倒買了兩張頭等車票。揀定座兒，看看時候還早，張大哥拽起車窗，探出頭去張望，男男女女，往往來來，煞是好看。須臾，汽笛嗚嗚，車上的汽管嗤的一聲，車就開行，張大哥倒嚇了一跳，急欲縮頭進來。不料窗上的機關，本來沒有捩得緊，一經震動，這扇窗子就落下來，壓住張大哥的頸子，伸又伸不出，縮又縮不進，拚命搖著頭嚷，越是搖頭，越是壓得緊緊兒的。月臺上看的人，一齊拍手笑將起來，好像和張大哥送行。其時曾小鬼正在車門外，依著鐵欄杆，吸他的三炮臺香煙，忽然聽見掌聲四起，就往外一瞧，瞧見張大哥還在搖頭，臉上的顏色漲得如豬肺一般紅，額上的筋一根一根都跳起來，亂蓬蓬的黃鬍子隨風飄舞，嘴裏又嚷"小鬼快來"。小鬼跑進車去，張大哥一雙手正在身後亂舞，一條腿使勁往車上亂撐。小鬼笑得肚子也痛，連忙把窗拽上，張大哥的頭方纔縮了進來，摸著頭頸，連呼晦氣不迭。所幸頭等車裏，坐的客人不多，有幾位女眷們抿著嘴笑，還有幾個外國人，嘴裏咕哩咕嚕，不曉得說些什麼。張大哥自己也覺得好笑，就打著扠，和曾小鬼談談別事，老著面皮就算過去。這是張大哥自己給自己鬧亂子，倒還沒有什麼大不了的事。那曉得張大哥的亂子，和車行的路程作一個正比例，路走的愈多，他亂子也鬧的愈多，並且愈鬧愈大。看官們不要性急，聽在下慢慢道來。

（天石）

(五)

輪聲嗚嗚，汽笛嗚嗚，早又到了一站，大約是滄州罷。因爲貨多客衆，總要停好幾分鐘。曾小鬼回頭一瞧，張大哥已不知走到那裏去了，四處尋找，簡直毫無蹤跡。連忙跳下車子，徧問月臺上的巡警，誰也不理會一句，還是那賣餑餑的小子，指著前邊道："可不是他麽?"小鬼奔上去仔細一看，果然是他，正蹲在草田心裏出野恭呢。隔著一道柵欄，不知他什麽會爬得過去，真覺又好笑又好氣，急喊道："快開啦！車子上有大小便的地方，你幹麽跑到那兒去咧?"話未説完，忽聽哨子一吹，旅客紛紛而入。張大哥這一急非同小可，慌慌張張，提著褲子，也來不及穿紮，三腳兩跨，和做賊一般，飛也似的，又從柵欄上爬進來，氣喘如①，小鬼反有點難以爲情。過了一會，張大哥鬼頭鬼胸的，連呼倒痗，低低説道："我那根黄綢子的腰帶，又失掉了。"小鬼撲嗤一笑，幾乎把茶都噴出來。張大哥忙摇著手道："不要做聲罷。"停了片刻，又歎氣道："咳！可惜可惜。這根腰帶，還是我娶親時，老娘從箱子裏檢出，親手交給我的。説是傳家之物，當先祖太爺跟人到上海販貨，特地買回來，預備我爸爸討老婆用的，總值得一兩塊洋錢呢。"小鬼就拿他開心道："得啦罷。你這套寶藍洋緞袍子和絳紫馬褂兒，也太嫌顯眼了，再配上那根鵝黄腰帶，益發漂亮得十分。恐怕到了北京城，那胡同裏窰姐兒，必定要把我從前……""上府裏逛的那年，府東有位姚大姐，真長得不錯，待我也很好，盤桓了一個多月，衹花去百十弔錢。什麽，他現在又搬家到北京去住哪?"

(慟塵)

---

① "如"下疑有脱字。

（六）

小鬼道："不是啊，你不要東扯西拉，驢頭不對馬嘴的胡鬧罷。我說的是胡同裏窰姐兒，什麽姚大姐、府東街，我卻不懂呢。"張大哥也知道話弄錯了，衹好翻著白眼兒，獨自亂想，大約這胡同兩字，從來還沒有聽見過啦。其時車已過了數站，一同到大餐車，吩咐細崽預備大餐，又要了酒。細崽問要什麽酒，小鬼道："你們車上有幾麥什麽酒，你且報來。"細崽就報說："白蘭地，韋史克，啤酒，種酒，葡萄酒。"張大哥搶著喝道："什麽囉哩嚕嗦，有紹興酒沒有？"細崽陪笑道："沒有預備。"張大哥就放出那三家村裏的威風，沉著臉道："什麽，連紹興酒都沒有，可不是笑話麽？"細崽聽了口風，知是初出門的鄉下土老兒，也不去理會他，依舊陪笑站著。小鬼就攔道："大哥，還是洋酒好喫，力道利害，你試一試罷。"張大哥道："白蘭地是怎樣的？"細崽連忙取了一瓶來，小鬼接到手中，先倒一杯，叫張大哥嘗一嘗。張大哥道："倒還不錯，就是這個罷。"兩人一邊喝，一邊閒談，滿嘴裏都是村言俚語。聽的那旁坐客人，都皺著眉頭笑，連對面兩位女眷們，看見張大哥這副嘴臉，妖形怪狀，也吃吃的笑個不住。張大哥有了三分酒意，以爲女人看中了他，心中得意非常，連連乾杯，一瓶不够，還要第二瓶。上來的大餐，他也不知道什麽喫法，看見小鬼左手用刀，右手用叉，他就照樣辦理。誰知道這一刀一叉，到了他的手中，很會作怪，老不聽他命令。他也覺得不順手，就丟開了，伸起兩隻蒲扇手，叫他代理刀叉，把大餐一塊一塊的，往嘴裏送，喫完時已經醺然大醉。細崽把杯盆都收了去，開帳是十二元一角。小鬼推說小便，就跑開了。張大哥接了帳單，睜圓了眼問道："要多少錢？"細崽道："十二元一角。"張大哥拍著桌子道："什麽，要這許多錢？"細崽道："大餐每客兩元，兩客是四元，白蘭地一瓶三元五角，兩瓶是七元，四加七是十一元，又加小帳一成，總共是十二元一角。先生請放心，不會錯的。”張大哥嚷道：“我又沒有教過你《三字經》《百家姓》，誰是你先生？我張太爺在家裏請一席菜，也不過化兩三塊錢。現在兩個人喫的菜，生不生熟不熟，就要這許多麼？那可不能給你。”細崽解說了好幾遍，他越使著性子發脾氣。細崽就去給夥計們商量，都說這個鄉下土老兒，不像是坐頭等車的，我們去請驗票的來，驗他的票。一會兒，果然有一個穿號衣的，同一個洋人來了，問張大哥要票。張大哥往身邊一摸，啊呀一聲，酒已醒了一半。原來張大哥買了票，就墓在那黃綢帶子裏①，一出野恭，帶子丟了，這張頭等車票也沒有了。驗票的催著要票，看他拿不出來，就要他補票。旁邊站著的細崽，就連譏帶笑的說道：“他本來不像是頭等客人，倒坐在這裏喫大菜，還想白喫，照章是要加倍罰的。”正在不可開交，恰好曾小鬼跑過來了。

（天石）

（七）

當時張大哥就如見了親人一般，揚著脖子喊道：“小翁，請你快來，這是麼話，我簡直喫不了。”小鬼冷笑道：“這可賴不得，還是算清了好。我且查點查點，瞧不要也把車票掉倒了。”說著從口袋裏，拿出來一看。張大哥益發作急，瞪著眼兒不做聲，衹管歎氣。小鬼道：“咳！偏是我那隻皮包和衣箱網籃，都放在貨車上，不然可代你墊幾塊錢了。你肚兜裏不是還有錢嗎？老老實實給他們罷，白麻煩，也不中用。”張大哥無法，衹好從腰包裏，□出一封洋錢來，拆開皮紙，雪亮亮地，數了一數，衹有三十多塊本洋。小鬼道：“差得多咧。頭等票價

---

① “墓”，疑當作“塞”。

四十八元幾毛，再加上十二元一角大餐帳，通共六十多塊①，怎麽辦呢?”張大哥仍拗著古怪脾氣道：“算了罷，什麽頭等不頭等，我不會到三等車上去嗎?”那洋人同驗票的，已經候得不耐煩了，此時更板著臉子一定要罰。曾小鬼再三轉圜，張大哥反使起性子，捽著闊勁兒道：“啊唷，鬧到天亮，不過要的是錢，我張太爺還有銀子呢。”遂又掏出一個藍綾子包兒來②，果然是元寶錠兒。洋人反覺得稀奇，拿到手上試了一試，唧唧咕咕的，對著驗票的笑道：“歪耐葛得。”小鬼又看紅了眼睛，隨問道：“大哥，究竟每錠有多重啊?”張大哥答道：“一兩不足，九錢有餘，請你算下子罷。”小鬼卻故意二五得一，三七二十一的念了幾遍，道：“現洋七錢二分換銅子一百二十枚，每兩銀子照市價算，換銅子一百六十六枚，六十塊銀合銀子四十三兩二錢。你把那三十幾塊本洋給我，再拿出二十二兩銀子來，就得啦。”張大哥如命辦理，都交與小鬼。小鬼對驗票的商議了半天，也不知說些什麽，回頭向張大哥搗鬼道：“且存在我這兒罷。我到貨車上開箱子，不如給他們鈔票。”張大哥點了點頭，小鬼遂跟著他們一同出去。別的不用說，就是這三十來塊本洋，也要賺十幾塊錢到手。正是：畫龍畫虎難畫骨，知人知面不知心。世路崎嶇，到處嗟同蜀道；人情險詐，隨時薄比秋雲。張大哥初出茅廬，胸無閱歷；曾小鬼久經滄海，腹有機謀。在下寫到這裏，真不勝浩歎之至了。話休煩絮，轉瞬已安抵天津。當有旅館中接客的茶房，招呼住店，曾小鬼本想在此地勾留幾日，張大哥也極其贊成，這一盤桓，又鬧出許多笑話。

(八)

話說張大哥、曾小鬼兩人，到了天津，因路上辛苦，一進棧房，就

---

① “共”下，原衍一“共”字，據文義删。

② “子”下，原衍一“子”字，據文義删。

此休息睡下。第二天起來，吩咐茶房雇一馬車，兜了幾個圈子。回來喫飯，商量下午作何消遣，張大哥主張聽戲，小鬼要聽大鼓，討論一番，結果是張大哥佔優勝。小鬼喊聲套車，馬夫早已預備停當。兩人上了車，蹄聲得得，繞了幾個灣子，就到奧國租界上天仙茶園歇下，馬夫自去卸車溜馬不題。小鬼問張大哥："看過髦兒戲沒有?"大哥急道："真是貓兒戲麽，這有什麽好看呢。以前我在家鄉時候，常有那走江湖的，帶著猴兒串戲，叫做猢猻做把戲。一隻老猢猻，幾隻小猢猻，跳來跳去，跳上高竿，又跌下來，看的人大家拍手叫好，我早已看一個厭。可惜老猢猻跌死，小猢猻就星散了，倒沒有看過貓兒戲。小鬼，可有狗兒戲、豬兒戲沒有?"小鬼笑道："有，有，你等著瞧罷。我說的是髦兒戲，是坤角兒唱的，並且這兒是男女合演。什麽貓兒、狗兒、猴兒、豬兒，說了一大篇，留心給旁人聽見了，當笑話呢。"張大哥把頭一縮，舌一伸，跺足道："什麽?貓兒戲是坤角兒唱的，我越發糊塗了。坤角兒到底是什麽東西，男女又怎麽能在一起?你老實告訴我罷。"小鬼道："唉，連坤角兒都不知道，你進去瞧罷。"兩人一邊說，一邊由看座兒的，招呼到樓上包廂裹坐下。正在鑼鼓喧天，唱得異常熱鬧。小鬼留神一看，見戲臺上站的、坐的、歌的、舞的，混著許多女孩子們，就問："曾小鬼，坤角兒在那裹?"小鬼指道："這不是麽?"張大哥詫異道："原來這許多美人兒，就是坤角。你早說，我早明白了。那幾個合唱的男戲子，大約是他們丈夫嗎?"小鬼正色道："那裹是他們丈夫呢。你也知道坤角多是美人兒，剛纔又將他比做猴兒、貓兒、豬兒、狗兒的，又說是什麽東西，你可不要嚼碎舌頭麽。老實告訴你罷，現在坤班盛行，什麽著名的男角兒，都趕不上他們。我聽見京城裹一班大老官，都喜歡聽坤角兒戲，個個張開嘴想喫天鵝肉，鬧的笑話正多著哩。"張大哥道："什麽笑話，你快說罷。"小鬼斟了一杯茶，一邊喝，一邊說道："有一個老頭兒，自號神童的，最愛聽坤角戲，連命都不要，臉子更不必說了。前年死了一個女戲子，他哭得如喪考妣，幾乎殉葬。還有一位大官兒，他愛上一個女戲子，化一千塊錢，想爽爽脾胃。那女戲子睬都不睬，賞了一個白眼。他卻逢人說項，榮幸非常。還有一個什麽員外，娶了一個女戲子，給人告狀，丟了臉子，倒也毫不抱怨。最可憐是一個知法犯法的人，他丟了差使，拐了一個女戲子，逃出京城，後來拿住了，至今還在喫官司，坐監牢哩。唉，大哥，世界上什麽事都有。我還聽見人說，有一個色鬼，愛上一個坤角兒，他天天聽戲，饞涎滴了不少，到了情急無奈，就在散戲時候，攔住去路，咬了一個，乖乖給人拿住，罰去五十塊洋錢，他還說便宜。”張大哥搶說道：“真便宜，真便宜。我一到京城，定規照辦。”小鬼道：“呸！你做夢哩。”張大哥道：“五十塊錢，一個乖乖，他不是有定價麽？”小鬼道：“你好臉子！像這種坤角兒，人家尊重他似仙神一般，肯給你蹧蹋麽？我還記得一個朋友說，京城裏有一家報館，報館裏兩位先生，一天同到賽柳莊處看相。賽柳莊就說一個是官發財發，內而尚書侍郎，外而總督巡撫，貴不可言；一個是官運不行，財星不現，但一定有一個大名鼎鼎的女戲子嫁給他。朋友評論起來，倒說是做官發財的命，沒有娶女戲子的好。你道不是一件怪事麽？”張大哥聽的高興，手足舞蹈起來，把曾小鬼手裏的茶杯，連杯帶茶，一同□下樓去，剛剛打在池子裏一個客人身上。

（天石）

（九）

這種亂子，這種行爲，可真非同兒戲。若照法律講起來，定逃不了那騷擾秩序，侵犯自由的罪名，喫官司還是小事，無端在公共地方毆人，誰都要作氣的呢。哈哈！在下此言，又未免太重了，張大哥樂而忘形，並非有意如此。當時那池子裏坐的客人，驀然間覺得從半空中，飛下一隻東西來，水淋淋的澆了一頭，渾身衣服幾乎都灑濕了。那隻茶杯叮噹一聲，早跌得個粉碎，□抬起頭來，向上一瞧，不知是誰擲的。因爲張大哥早一溜煙嚇走了，小鬼更狡猾，也跟他桃之夭夭。那曉得纔跑到門口，忽跳出一個人來，抓住他嚷道："好小子！望那裏去啊，咱衣服不是錢做的麼?"張大哥更嚇得魂不附體，不管三七二十一，沒命就奔，一口氣竟走了好幾里地。又記不得客棧名字，路又不熟，電車又不敢坐，剛巧有輛人力車兜攬生意，連忙跳上去，吩咐往火車站去。那車夫也不問清楚，放開腳，就一直拉到新車站，氣呼呼的，一定要四毛錢。張大哥來不及多說，東張西望的，衹管發愣，原來客棧在老站附近，撓腮抓耳，急得如熱鍋上螞蟻一般。車夫又扯著他要錢，直鬧得不得開交，那副鄉下老兒傻頭傻腦的面孔，連馬路上來往的人，都瞧著發笑。剛好巡撫過來，問明了情形，就對那車夫說道："你也太糊塗了，幹麼不預先講好呢？沒有別的法子，再拉他到老站那兒，去找找罷。"又對張大哥道："朋友，你也不必多說，如果尋到棧房，通共給他五毛錢得啦。"彼此講妥了，張大哥又跳上車子，這一次居然尋著了。當由夥計開了房間，泡上一壺茶來，此時神魂方定，暗稱慚愧不置。再向頭上一摸，那頂新瓜皮兒帽子，又不知到那裏去了，正是：福無雙至，禍不單行。小躺片刻，忽聽得樓梯上履聲槖槖，心內又一上一下的，和搗蒜價亂跳，以爲這一遭，必定是那位池子裏聽戲的，帶著警察來了。一時情急計生，連忙開了那又高又大的衣櫃，輕輕兒往起一躲，屏聲斂息，側著耳朵細聽。一會兒，進來幾個人，就有問那茶房的道："張先生呢?"原來是小鬼的聲音。方纔放了心，拍手呵呵，從櫃子裏一躍而出，正要對小鬼說話，回頭一看，那同來的，可不是池子裏客人麼。

（慟塵）

（十）

正是冤家碰著對頭人，張大哥一時無可躲避，要想縮回櫃子裏去，已來不及，衹好漲紅了臉，站著不動。小鬼拉他過來，指著那人道：

“這位是王九爺，彼此見個禮罷。”張大哥就叫一聲“九爺”，又道了歉。王九爺道：“不知者不罪。大哥，我們雖是初次見面，倒是一見如故。”小鬼又給他們拉攏了一回。列位知道這王九爺是誰，爲什麽和曾小鬼認識起來？原來他的老兄八爺，從前在京城裏，開一家清吟小班，很積蓄幾個錢，後來擺起松香架子，居然是一個小小富翁。逛道兒的人，倒沒有一個不知道他，又會巴結闊人，因此交遊甚廣。這位九爺，倚仗老兄的勢，專事遊蕩京津一帶，也有點小小名氣。小鬼前次到京時，曾和他弟兄們結識，現在已有幾年不見。恰好機緣湊合，張大哥一杯茶，澆了他一身，他追出來，正想找住張大哥問罪。小鬼在旁邊擋住，說道：“有話好說。”王九爺回過頭來，見是小鬼，反怒爲喜，彼此寒暄，問起住址，小鬼遂從頭到尾，細細告訴了一徧。那時王九爺身上的水慢慢乾了，拉住小鬼又聽一回戲，等等張大哥不來，就雇了車子同到棧房。小鬼介紹見了面，倒也莫逆起來。晚上遂由王九爺作東，在一家山東館子喫飯。這一頓飯喫下去，又鬧出一個笑話來了。

（天石）

（十一）

原來這座館子，名叫宴賓樓，就在旭街那兒，不遠不近，不前不後，恰巧巧靠住三不管東頭。這三不管地方，乃是天津最繁勝之處，上而王孫公子，下而倡優隸卒，大都聚集於此。耳所聞，目所見，無非衣香鬢影，車水馬龍，畫閣珠樓，聲歌酒色而已。當時王九爺邀著大哥、小鬼二人，出了棧房，上了電車，嗚的一聲，滴溜溜兒的，望前而進。張大哥這一開心，非同小可，那曉得鄉下人喫海參——頭一次，腳沒有站得穩，剛剛電車要停，一恍之間，猛覺頭□眼花的，一個倒栽葱，登時就跌下去了。也因爲搭坐的太多，偏又擠在門口，焉得而不喫大苦哉。幸虧已經到了，遂由九爺把他扶起，小鬼反代他粉飾道：“這也是常有的事，大約大哥午間，多飲了幾杯啦。”及至走進館子，跑堂的早嚎著道：“請……看座兒。”又迎上來招呼道：“你老來啦，就是三位罷？樓上有空。”三人遂跟著上樓，子細打量，收拾得很爲乾淨，所有□具都還可以。長几上陳設著一對花瓶，一個香櫞碟子，一架自鳴鐘。壁間字畫，卻毫無可取，雖然古色斑斕，一望而知是贋品。什麽板橋墨竹、復堂牡丹、小某仕女、南田山水，一古腦兒，沒有一樣真蹟，大哥卻故意揣摩了一番。古鏡框子裏，裱著幾幅翁相國的尺頁，又從而哼哼之看完了。又去摸摸那一對磁瓶，放下去，又將香櫞盤子拿在手上，細細把玩，翻來覆去，竟研究了好半天。王九爺衹管與小鬼喁談一切，並未留心他做什麽。及至點了菜，整上席，大哥纔坐下來大喫。口味很好，樣樣入胃，一刹時，如風捲殘雲，掃盤而罄。白玫瑰是天津出名的好酒，大哥更放量狂飲。末了一碗紅燒干貝，又鮮又美，他也不顧旁人，竟跳了一個加官。什麽叫跳加官呢？因爲捧碗喝的神情，好像那戲子跳加官，戴粉臉兒一般，可算是形容盡致了。九爺與小鬼兩人，談談說說，大哥也聽不出是什麽來。一面喫了喝，喝了喫，一面搖頭擺尾的笑笑，又時而去瞧瞧那香櫞盤子。一會兒，隔壁房間裏，豁拳行令，鬧得個不亦樂乎。王九爺喊了一聲道：“老二，你怎麽也來啦？”登時那邊就停歇了。隨後門簾一掀，走進一個白胖胖大肚皮的客人，滿面酒氣醺醺，略向大哥、小鬼點了點頭，就拍著九爺的肩膊道：“好極了！親乖乖，心肝肉，正四處打電話找你呢。”

（慟塵）

（十二）

王九爺就拉他坐下，先替張、曾二人通過名姓，又指著笑道：“這位是有名的胡大胖子。”那人搶著道：“不用你說，我自己來通名報姓罷。在下姓胡名說，字伯道，表字圖崇，排行第二，人都呼我胡老二。

因爲老天厚待於我，生得肥而又大，故綽號叫做胡大胖子，又叫做雙料胖子。”聽的大家都笑起來，他自己也捧著肚子哈哈大笑。衹聽撲通一聲，這位胡二先生，已倒在地下扒不起來，那個椅子兩隻脚，也已折斷在地。大家忍住笑，把他扶起來，叫堂倌換了一個椅子坐下。王九爺笑道：“倒底胡二先生老於官場，熟諳禮節。我給你介紹兩位新朋友，你就行一個見面大禮。”說罷，衆人又大笑起來。胡老二就立起身來，要撕王九爺的嘴，說道：“我打你這貧嘴兒，你還往下說罷。”王九爺連道：“不說了，不說了。”小鬼也過來解勸，罰了王九爺三杯酒完事。大家喫了一點菜，王九爺道：“頑笑是頑笑。要說正經話，我們這位胡二先生，真是一個好人，心地又忠厚，脾氣又溫和，交情又廣闊，待朋友是最熱心不過的。”曾小鬼接道：“是啊，我一見，就知道胡二哥是一個好朋友，將來還要仰攀哩。”胡老二道：“不敢當，彼此至好，何必說這些套話。我現在就行一個酒令，誰再客氣，誰喝一大杯。”王九爺道：“好，老二真爽快，還請你豁個通關罷。”胡老二道：“我的拳實在不行。”王九爺拿起酒壺，滿滿的斟了一大杯酒，說道：“你請罷。”胡老二道：“這是什麼一回事？要我喝酒。”王九爺道：“你自己出令，你自己先違令不喝酒，誰喝呢？”胡老二強不過，就先喝一大杯，豁了一個通關，沒有什麼輸贏。各人喫了幾杯，接連每人一個通關。酒已够了，叫堂倌來飯，胡老二就回到隔壁房間。王、張、曾三人喫完飯，算帳下樓。王九爺道：“二位且站一站，等我去約了胡老二，咱們一塊兒，往窰子裏去打牌罷。”張大哥自然願意，小鬼也應道：“好，好。”王九爺回身上樓不題。且說伺候他們的堂倌，正在收拾屋子，瞥見那四個琉璃磁的香橼，和那一隻碟子，早已不翼而飛，疑心是別個堂倌偷了去，先是吵嘴，後來就一同下樓告訴管事的。張大哥站在旁邊，聽他們爭論，那臉色就不知不覺的，青裏泛紅，紫而又白。正在勉強矜持，這四個香橼，早已貫珠似的，從小襟底下滾了出來。那管事的眼快先見，就冷笑道：“有了，是這位客人拿的。還嚷什麼？衣服裏面，也可要搜一搜了。”這時大家都已看見了。曾小鬼跺足道：“蹧了。”話未說完，堂倌就來拉住張大哥，一個說：“我們管房間的，都有責任。你拿了去，要我們賠不成?”一個說：“你偷了，人家賴我，虧的香櫞有靈，滾了出來。要不然，這大大的賊名，就輕輕地頂在我頭上。我們還是請巡捕來，評一評罷。”張大哥正在上天無路、入地無門之際，那王九爺在樓①聽得清楚，就急忙的跑下樓來，先喝住堂倌道：“張大老爺要偷你們東西麼？他不過心愛這個香櫞，拿去頑頑，沒有告訴你們，就算偷麼？你們如此欺侮人，這還了得!”一邊說著，一邊就拍起桌子來。

（天石）

(十三)

那掌櫃兒的笑道：“你老別作氣，有話好說。香櫞呢，並不值得什麼，但是那隻康熙窰的碟子，倒很……”曾小鬼忙攔住道：“不要胡講，誰瞧見你那隻碟子？張大爺愛頑意兒，你就這們亂嚷，這還了得!”掌櫃又冷笑道：“誰敢嚷啦，老爺們都是君子，小人還多說嗎?你老吩咐罷，怎麼辦，怎麼好。可憐這般夥計們，卻有點造化!”王九爺聽了這番不硬不軟、連譏帶諷的尖話，更拍著桌子罵道：“混帳，忘八旦！你知道張大爺是誰?”曾小鬼也故意道：“好，好，九爺，咱們不要同他多說，且打個電話給大帥去，看他怎樣?”卻好辮子大帥正在津寓，曾小鬼用了這條空城計，果然有效。掌櫃也摸不著底細，王九爺暗中又給了他十塊錢，方纔完事。於是約了胡大胖子和他兩個朋友去逛窰子，張大哥又羞又氣，走到門口時，推辭不舒服，先要回寓休息。曾小鬼、王九爺也不便相強，恐怕帶他去，又生出亂子來，大家不好看，

① “樓”後疑脫“上”字。

遂代他雇了一輛車子，送回客棧不題。這一夜，花天酒地，問柳尋芳，胡大胖子很爲高興，一直鬧到天亮，這纔分手而別。曾小鬼又拜訪了幾處朋友，談談說說，已經十一點多鐘。及至回到客棧，問起張大哥來，據茶房說，一早就攜著包袱走了。等到上燈時候，尚未轉來，曾小鬼頗爲焦急。晚間胡大胖子又邀請喫酒，混了半夜，究竟不很放心，胡亂跑了幾家班子，忽忽而返。張大哥仍未回寓，又無處探找。第二天更沒消息，當下與王九爺細細研究，終料不出所以然來。小鬼膽子小，恐怕大哥尋死，九爺說或者已經搭火車回家去了。疑三惑四，祇好暫且等候。果然第三天，送來一封電報，拆開一看，已經譯好了，上寫道：

天津富同棧曾小鬼鑒：弟住在西河沿中西旅館四十七號，請速來。還有他在此地。張。

小鬼看完，嗤的一聲，笑將起來。三十三個字，似通而非通，又想不出他字怎麼講。於是付清店帳，兩件行李，三四個箱子、網籃，收拾得停停當當，連忙運到車站。留了兩封信給王九爺、胡大胖子，約他們到京相會。汽笛一聲，春明在望矣。

（慟塵）

（十四）

曾小鬼離了天津，在火車上估量著，張大哥什麼一跑就跑到北京，什麼又住在中西旅館，什麼又會打起電報來，什麼又有一個他在那裏呢，眉頭一縐，心裏倒狐疑起來。再向身邊檢出那張電報一看，確是姓張的打來，可是沒有具名，不要又是一個姓張的麼，然而我姓張的朋友雖多，除了大哥，誰更知道我住在天津富同棧呢。曾小鬼正在納悶，火車已到北京正陽門車站歇下了，好在離中西旅館不遠，就雇了兩輛洋車，搬了行李過去。旅館中人出來招呼，曾小鬼就向水牌上一看，看來看去，沒有姓張的客人。走進帳房問道："有一位姓張的客人，住在這裏沒有?”帳房道:“可是南方人,帶一點兒揚州口音麼?”小鬼道:“正是。”帳房道:“昨天區官來請他去了,今天還不知怎樣呢。”小鬼詫異道:“這可奇了,難道區官和這位張姓客人,有什麼交情麼?”帳房搖手道:“不是,不是,大概凶多吉少了。現在風聲很緊,先生且不要管他,找一間房間住下,我們再細談罷。”小鬼點頭道:“好,好。”正要上樓,忽聽背後有人叫道:“小鬼,你也來了麼?”回身一看,不是張大哥是誰,連忙問道:“大哥,這麼樣了,你又鬧了什麼亂子了?”張大哥道:“沒有事,沒有事。”那時帳房夥計都來問訊,聽見張大哥無恙而回,倒又給他預備房間,上了水牌。張大哥拖了曾小鬼一同上樓,到房間坐下,一五一十的,告訴小鬼聽。原來張大哥因在天津,負氣上車,到了北京,就有中西旅館接客的,把他接來住下。人地生疏,頗形寂寞,到了晚上,就往馬路上去踱踱方宋。忽然想起來,以前聽小鬼說,北京逛窰子都在八大胡同,何妨去逛一逛呢。就又雇了洋車,說到八大胡同。車夫先拉到石頭胡同北口歇下,張大哥抬頭一看,說道:“錯了,我不是到石頭胡同。”車夫拉起來就跑,往西幾步,到了陝西巷口,張大哥一見牌樓上“陝西巷”三字,搖頭道:“不對,不對。”車夫往南一拐,又到了韓家潭,問道:“先生,是不是啊?”大哥道:“我說的是胡同,不是什麼巷,什麼潭。”車夫又拉到百順胡同,大哥道:“差不多了,數目倒有點近情了,一個是八大,一個是百順,你再拉罷。”又穿過皮條營,到了胭脂胡同,大哥道:“我是要逛大胡同,什麼你拉到我小胡同來了。”車夫縮回來,從萬佛寺灣,一直拉到王廣福斜街口,張大哥還說不對,車夫不肯再拉,說:“先生,你給我錢罷。”張大哥坐在車上不肯下來,雙眼一瞪,雙腳一蹬,跳起來道:“你沒有拉到地方,還要錢麼?”車夫冷笑道:“我拉了好幾年車,資格不算不深,路徑不算不熟。你說八大胡同,我連九大胡同都給你拉到了,還不快快給錢麼?”兩人爭論起來,看的人擠了一堆。巡警就跑過來,問明情由,知道張大哥是初次來京,著實可憐,告訴他,八大胡同是一個總名，剛纔走過的，都是八大胡同之一。張大哥似信非信的，衹好跑下車來，給過車錢，踱向東去，看見一家茶室，嘴裏正渴，心裏暗忖，不如進去，喝幾杯茶罷。搖搖擺擺的，踱了進去，就有跑廳的大喊一聲："客來……！"張大哥心裏想道："到底京城，局面闊大呢，喝茶地方，還有這種規矩。"一邊想，一邊跟了跑廳，跑進一間屋子坐下。跑廳問："有熟人沒有？"張大哥道："我就是一個人，沒有熟朋友，你泡茶來罷。"跑廳弄來不懂，衹好答應著，給他泡了一壺香片。張大哥獨坐喝茶，忽而聽見喊"到前面"，忽而聽見"到後面"，心裏好不明白。又看見許多粉紅黛綠的，跑來跑去，想道："是了，大概此地有女說書，所以格外熱鬧。"揭開門簾，東張西望。忽然有人叫他道："張大爺，幾時來的？"張大哥一看，是一個半老佳人，不長不短的身材，不肥不瘦的肌肉，不黑不白的臉皮，仔細一認，道："咦，姚大姐，你也在這裏？快來罷。"姚大姐就進來道："你在這裏招呼誰，你的人兒呢？"張大哥道："我沒有人兒，我一個人來喝茶，恰巧遇見你。聽見你叫我，我一看面熟，所以就招呼□。"姚大姐知道他誤會了，就把茶室的規矩，和自己現在茶室裏混混的話告訴他，兩人又說起別後情形。卻說這姚大姐，原是土娼出身，從前在家鄉時，和張大哥頗有交情，久旱逢甘，他鄉遇故，張大哥大有不亦樂乎之概，當晚就在姚大姐房住下。明天回到旅館，記起曾小鬼來，托帳房擬了一個電報，打去關照不題。其時京師正在暗中戒嚴，天天盤查旅館住客，張大哥來時沒有帶行李，昨天又一宵沒有回來，區裏就特別注意。又見他傻頭□腦，形跡可疑，就把他帶區問訊，又過了總廳，拘留一夜再放出來，回到棧房，剛剛碰到曾小鬼。訴明了原委，曾小鬼又氣又笑，急忙問道："□說還有他在此地，他都在那兒呢？"

（天石）

（十五）

大哥拍手笑道："騙你的啊，誰曾見什麽他來，因爲恐怕你不肯動身，所以我撒了個謊，這兒帳房也以爲希奇，果然你真上了當。"曾小鬼聽了，就揶揄他道："哦……想不到草把人兒上街三天，居然就會說話了，倒瞧不出大哥有這點滑稽，以後卻要留心呢。古人道得好：'今之愚也詐。'大哥竟會詐，然而詐來詐去，鬧了幾頓亂子不够。破題兒第一遭，纔下車，又在京城裏出這次大風頭，那警察廳衙門皇皇，大哥也見識過哪。"這番話滔滔滚滚，口若懸河，大哥被羞得面紅耳赤，祇好搭赸著道："算了罷，我一個人怪悶得很。你且喫點東西，然後再去逛逛何如？"小鬼道："也好。但是這間房子太小，且又在樓上，進進出出，可真不方便，還是搬到底下去罷？"大哥沒有不贊成的道理，當下吩咐茶房，如命辦理，按下不表。且說小鬼用過點心，就叫人拿了一張戲報來，偏偏今晚祇有廣德樓一家開演，登時遂帶著大哥步行而往。前幾排座兒都空著，大哥想坐下去，屁股還沒靠穩，早有一個凶神似的漢子，大聲麽喝道："喂！這兒沒有你坐的。"小鬼輕輕扯了一下，祇好擠到第四排當間。此時臺上已唱了三齣，忽聽衆人喝彩，門簾一揭，金鼓鞺鞳之中，一位戎裝小生，花枝招展般，箭步而出。買了戲目一瞧，原來是于紫雲的《挑華車》，打了幾蹚把子，很看得下去。接著就是鑫翠玉的《南天門》，嬝嬝亭亭，大有仙子淩波之雅，臉子又好，唱功又佳，大哥兩隻眼睛，幾乎看出了神。旁邊一位三十來歲的客人，白白兒面龐，瘦瘦兒身體，看得也很高興，漸漸與小鬼攀談起來，滿口裏"烏拉"、"吉個"、"黑哩"、"架架"，都是土話，大哥卻聽不懂。小鬼低低的告訴他道："這是浙江嘉興縣俗語啊，'烏拉'是我們，'吉個'是這個，'黑哩'是此處，'架架'是如此，鉤輈格磔，很古怪呢。還有什麽'肥完三'、'勿厭河'、'有里化'等等方言，且不要管他，聽戲罷。”大哥道：“明明瞧戲，怎麽説聽哪？”小鬼道：“你又外教了，北京話皆是這樣，你看……”話猶未了，衹聽那滿園子的客人都哈哈大笑，幾千百隻眼光，一齊兒射到第三排後一個老頭兒的身上，兀自用著手絹，揉他那幾根小鬍子呢。原來劉菊仙剛剛出臺，正演到勾魂攝魄之際，這位春心勃勃、騷興雄雄的老滑頭，一邊狂聲叫好，一邊擦著自來火燃那呂宋煙，不提防呼啦一聲，轟轟烈烈的，鬍子卻燒去一半，這般狐狸精似的坤角，登時也笑將起來。小鬼一打聽，方知是赫赫有名，從前做過廣東水師提督，現充總統府顧問，北京報紙所稱爲菊蠹的李將軍也。

（慟塵）

（十六）

談起這位李將軍來，到也有趣。他自從看中了劉菊仙，就無日不上廣德樓聽戲，把戲臺面前幾排桌子，滿都長包起來。先叫那提督任上，資格最深的一個護兵來看座，等到劉菊仙出場時，飛將軍纔從天而下，看到得意時，便是眉飛色舞，目不轉睛，嘴裏又喊著口令，喝起彩來。俗語説的好：“酒令嚴於軍令。”照在下看起來，這喝彩的口令，真個是嚴於軍令，何以見得呢？你看將軍一喝采，全場都行一注目禮，何等威風。不要説是旁人，就是將軍目中、心中的劉菊仙，也隨著喝彩地方飛一個眼。遇著湊巧時候，兩個眼風碰個正著，此情此景，就是古文大家韓退之先生一枝大筆，也形容不出來。何況在下是個剽竊大家，記得龔定盦有兩句話，叫做什麽“目招心挑，色授魂與”，在下就剽竊來，搪塞一回罷。北京人有個專門名詞，叫做戲迷，你道這位將軍真是戲迷麽？迷是沒有話説，那個戲字，恐怕還有斟酌呢。總之，也算是儒將風流。到後來，將軍怎樣把劉菊仙吸引到家，劉菊仙又怎樣嫁給將軍，在下一枝筆，不能説兩邊話，衹好暫且擱起不題。單説張大哥、曾小鬼聽完了戲，時候已經不早，回館休息，一宿無話。明天起來，張大哥因爲前天喫了車夫的虧，大大的北京城，常常雇車也不方便，和曾小鬼商量，各人包一輛皮車。就托帳房代辦，講好每天大洋一元，坐一天算一天。張大哥看見包車漂亮，自然比雇車不同，就想坐著出出風頭。瞞了小鬼，跳上去，吩咐車夫道，“你跑得快麽，試一試罷。”車夫奉到坐主兒，第一次命令不好拗他，就問上那兒，張大哥本來沒有目的地，就說進前門。車夫拉進前門，又問上那兒去，張大哥道：“出後門罷。”車夫心想不對，就撒謊道：“後門荒涼的很，沒有好玩兒。”張大哥道：“那你拉我兜一個圈子罷。”

（天石）

（十七）

於是由西交民巷，拐過灣拖到西長安街，又出絨線胡同，往順治門而去。正走之間，迎面一輛車子，如飛而來，不防有驢車經過，彼此一撞，到底人的氣力小，登時山崩塔倒，就一古魯兒都跌下去了。大哥“啊唷”一聲，連忙跳下來，奔上前去，扶起那花殘柳弱的女人道：“了不得，了不得，怎麽把你拉倒哪?”一面代她拂拂衣服，一面問道：“姚大姐，你現在到那兒頑耍?”姚大姐又羞又氣，用手按了按耳鬢，答道：“逛三貝子花園，你去不去?”大哥又瞪著眼睛道：“醃有什麽好看?”大姐笑道：“得，別要嘔人罷。這兒十字路口，人家已觀之不雅呢。”大哥道：“好，好，就同去溜溜。”誰知那拉散車的，縐著眉毛嚷道：“我也不拉了，給錢算罷。大腿皮已擦破一塊，可真晦氣不小咧。”姚大姐道：“張大爺，你的包車讓我坐，行不行?”大哥自沒有推辭之理。其時驢車，早加上一鞭，丁東而去，大哥重雇了車子，遂跟著姚大姐，一同往西直門前進。這且慢表。再題曾小鬼從勸業場買了信紙回來，一問張大哥，不知何往，心中很不高興。當即換了一套衣服，親往東城八條，拜訪那王九爺的老兄。剛巧八爺正在家裹，非常歡迎，恭恭敬敬的，招待到客廳裹坐下，寒暄幾句，就約往東安市場喫茶。後來談到本地風光，八爺遂告訴道：“這一兩年間，人情變更，卻與前大大不同了。就說窰子罷，去歲那八百幾十位議員中，很有喜歡逛的。偏是老官僚出身，偏會揮霍，反是那真正革命的新人物，倒還知點體統。不瞞你說，我在此地多年，滿想剩此機會①，活動活動，料不到國會解散，這位袁……”說到這裹，就四面張了一張，低聲歎道：“大好老已走得乾乾淨淨，雖說籌安會裹，並有幾位老斗，無如水不止渴，丘八有多，再加上許多慣敲竹槓的報館主筆，可就應酬不了呢。以此之故，我也洗手罷業，從前那十來個小尖兒，差不多都賣給人家，現在終日胡混。承那江蘇董麻先生的盛意，介紹在籌安會招待所內幫幫忙。雖說敷衍得過去，但是他們這班政客，無法無天，也嫌太不自愛。唉！小翁，再住幾天，你就明白啦。”

（慟塵）

（十八）

小鬼道：“我幾年不到北京，那知道局面大大變更，真是夢想不到的。前清呢，不必說他，到了中華民國，咱們大家都是共和了，爲什麽還是鬧得天翻地覆呢？那籌安會到底是什麽東西，老哥在裹面幫忙，當然知道，何不講給小弟聽聽。”八爺道：“不必說他，連我也不很明白。”說時又溜著眼珠，向四面一望，豎起大拇指頭，輕輕說道：“都爲是這個人呢。他本來做清朝臣子，革命那一年，一腳踢倒一個攝政王、兩個貝勒，逼著皇帝退位，皇太后守冷宮。”小鬼攔著道：“那是他的功勞，沒有他這一腳，恐怕革命還不得成功呢。”八爺道：“話是

① “剩”，疑當作“乘”。

這樣說法，不過他心裏，何嘗是爲著中華民國呢。你看他前年，把革命黨打一個落花流水，現在就自大起來，睡裏夢裏都想做皇帝。就有一班攀龍附鳳的，湊著他趣，立起這個會來，倒是牛溲馬勃，無所不收。小翁，咱們是多年老朋友，說一句知己話，我的出身你是知道的，也曾開過班子，現在混在裏面，出出風頭，爲的是喫飯，良心呢，早已置之不問了。”小鬼道：“這是老哥的高見。人言說得好：‘識時務者爲俊傑。’當班子的老板是爲掙錢，當籌安會的幹事，也爲的是掙錢，不管他成不成，反正老哥好處，總在後邊呢。”八爺道：“我也是這麽想。”兩人又談了一回，王八爺要請小鬼喫晚飯，小鬼推說還有朋友在棧房裏等住，明天我來奉邀罷。遂告辭分手，八爺入内不題。小鬼自回中西旅館，等等張大哥還沒有回來。豈知張大哥逛三貝子花園，又鬧了一個大大的笑話。

（天石）

（十九）

這且擱過一邊。再說小鬼獨在客棧，心内異常煩悶。這一蹚奉陪張大哥北上閑遊，本是無聊之事，加以所帶盤費甚少，東挪西借，祇湊集了七十餘元。平生落魄江湖，毫無積蓄，一家八口，全憑他一人支持，赤手空拳，大有力不勝任之況。無端又討了一房，小星蹊境，格外拮据。此次豪興進京，自比不得張大哥逍遙無慮，目的所在，恰有兩大問題，一則慷他人之慨，藉以資助；一則想謀些小事，藉以棲身。現在籌安會發生，各府州縣均有請願代表，贊成君憲，小鬼聞之已久，故已未雨綢繆，先在本縣衙門，運動了一角公文，居然以代表自命，所以到京之後，立刻拜訪黄八。當晚張大哥仍未回寓，遂即逕往石駙馬大街籌安會接洽。名片投進去，裏面庶務幹事果然叫請。這位庶務員姓金，名葆楨，號實齋，河南人也，前清孝廉。國史館成立後，以名譽纂修之清高資格，遂得奔走侯門，追隨於孫、楊、胡、劉、嚴、李六大君子之後，殷勤擘畫，巧肆流簧，籌安會庶務一席，乃竟唾手而得。彼時財雄力富，食客三千，金谷銅山，衣冠濟濟。於是四方志士，醉心於帝制者，引領聞風，趨之若鶩。窮措大攀龍附鳳，矢志輸忠，鼠臂蟲肝，大有指日青雲之感。此籌安會之內容，金葆楨之歷史，曾小鬼之所以來也。唉！花花絮絮無非夢，雨雨風風總惱人。冷眼旁觀，真覺言之不盡了。再表小鬼與金葆楨見面之際，一個是大口吹牛，居然也禮賢下士；一個是小心拍馬，竟慣會獻媚承顏。軟語殷殷，高談滾滾，𠷢敘數分鐘之久，非常投意。彼恨相見之晚，此欣得意可期。惜乎著書的不在旁邊，衹得諸耳食而已。當下小鬼拜辭出來，揚揚乎如被九錫。又到四處看了幾位朋友，預備明天請客，忙忙碌碌，直到夜間十二點鐘，纔返旅館。而張大哥仍未歸來，亦衹好置之不問。

（慟塵）

（二十）

且說張大哥路上碰到姚大姐，同去逛三貝子花園。到了裏邊，兩人隨便遊覽一回，覺得肚飢，就上咖啡館去喫點心。大哥是初次逛花園，本來不懂什麽，而且今天出門，原爲試驗車夫的腿勁，兼之出出自己風頭，忽忽上車，忘記帶錢，身邊衹有兩三塊英洋，預備零化。姚大姐自從到了北京，在那一家茶室掛了牌子，朝秦暮楚，送往迎來，見識自然比張大哥多些。一到咖啡館，就要香賓酒、雪茄煙，又是大菜，又是點心，胡亂喫了一頓，以爲張大哥是有錢的，不喫一個痛快，更待何時。張大哥挾妓遊園，非常得意，姚大姐要什麽就什麽，那裏敢說一個不字，陪著他喝，料想兩三塊錢也够化了，豈知帳單開來，超過預算幾倍。張大哥接了單子，雙手發顫，看了又看，問堂倌道："沒有錯麽?"堂倌答道："沒有錯。"姚大姐正在抹嘴，插言道："一共多少錢?"堂倌道："不過十元多錢。"姚大姐道："是要這些。"又望著張大哥看，堂倌也站在旁邊，恭候張大哥付帳。豈知張大哥罄其所有，還不敷多哩，又不好露出神氣，叫姚大姐看破，急極智生，衹好對堂倌道："你先記上帳，我明天送來罷。"堂倌微笑，指著那壁上掛著一個鏡框道："先生請看這個。"張大哥擡頭一看，見鏡框裏邊寫著八個大字："諸親好友，概不賒欠。"老著臉皮說道："我既不是你們親戚，又不是你們朋友，當然不在此例。而且我明天付帳，也不好就算賒欠。你倘不信我，你跟我到西河沿中西旅館去拿錢。"堂倌陪笑道："不是不信用，因爲小館規矩如此。我們當堂倌的，有事在身，也不便跟到客店去。還請先生擔待些，照單付給我罷。"張大哥逼得無可奈何，知道不付是不行，衹好和姚大姐商量道："我今天實在忘記帶錢，你帶了你先借給我，回去加倍奉還。"姚大姐到底有些閱歷，就叫堂倌先去沖茶，再來收錢，輕輕和張大哥說道："我錢是沒有帶，倒是手上金戒指，有三錢多重分量，你先交他們抵一抵罷。明兒你就給我買一副金鐲子，咱們好幾年交情，還論什麼加倍不加倍呢。"大哥連連答應，就拿去和掌櫃的說了，作爲暫時抵押，還算沒有出醜。其時夕陽西下，遊興闌珊，就和姚大姐並車而回。

（天石）

（二十一）

次日，曾小鬼假座陝西菴醉瓊林請客，白天無話不表。午後六點鐘，等候張大哥依然未歸，遂丢了個信給茶房，忽忽而出。到了醉瓊林，預先將酒席定好。一會兒，羣賢畢至，少長咸集，通共十五位客。五個江蘇人，是沈詠培、夏紉甫、鍾小仁、董麻子、孟耕田；兩個安徽人，是孫小侯、樊欣甘；三個浙江人，是荀子聖、袁家樸、洪顯魁；一個廣東人，是梁小燕；一個湖南人，是楊羨子；還有二位，是雷矩直、姜可珠；另外金實齋、黄八爺，均答應就到。一時衣冠濟濟，履舄紜紜，曾小鬼應接周旋，直忙得手慌腳亂。時候已經不早，大衆分兩桌而坐。酒過三巡，報道一聲“客到”，果然是金、黄二人。彼此招呼幾句，小鬼又斟上兩杯酒，相將入坐。原來這十七位來賓，素皆相識，且同係贊成帝制，列名於籌安會中的人物，高談闊論，興趣頗濃。曾小鬼雖非宦途出身，但因爲父親曾做過一任典史，南北各省，居然也有點聲氣。小鬼未動身之先，就打聽明白，知道這一班前輩都在京城，其中最稱知己的，就是董麻子、孟耕田、黄八爺三位。頭菜喫完，豁了幾踹拳，覺得很爲寂寞。於是八爺就開口道：“大家喝悶酒，也太嫌冷淡，咱們叫幾張條子罷。”夏紉甫、金實齋、董麻子等，都鼓掌附和道：“妙，妙，趕快寫起來，就請黄八兄做提調罷。”① 八爺也不推辭，樂得而爲之，藉此□摇勁兒，况乎三十年來，要算是風流場中的老手呢。轉瞬之間，那班窰姐兒，花枝招展般，陸續而來。（聚福）小樓，（永陞）良玉樓，（慶餘堂）潘第，（寶華）素秋，（聚仙園）紅鶯鶯，（春艷院）之第，（紅韻閣）紅芳館、賽金花，（長林）蘇厲，（四喜）吴蝶生，（濱湘）李蓮英，（武陞）杏林别墅、杜采秋，（雲吉）小鳳仙、蘇佩秋，（武林金）金巧玲、貴第，（慶陞）花雲閣，（富貴堂）龍厲，（富興）醉情樓、陳寓，（泉湘）張玉鳳，（四海②）洪梅仙，（春華）焦金花、李小順，（德順）黄文卿、趙玉卿，（聚美園）蘇寶寶，（怡春院）金麗紅，（艷春院）琴厲，不多不少，剛剛三十個條子。有叫兩個的，有叫三個的，一齊兒紛紛團坐，也有那南朝金粉，也有北地胭脂。但覺得酒緑燈紅，淺斟低酌，衣香鬢影，似玉如花，加以笑語紛紜，管絃雜奏，真不愧人間天上，美景良宵。誰知正鬧得高興，忽聽□訇一

---

① “八”，原作“九”，據上文改。下同。

② “四”，疑當作“山”。據陳蓮痕著《京華春夢錄》第一章《掌故》，清末民初北京清吟小班有名山海者。

聲，張大哥拍手哈哈，闖門而進。曾小鬼瞥眼瞧見，心內很不舒服，因爲衹教旅館裏茶房，告訴他在這兒請客，並沒有約他來的話。然而既來之，則安之，衹好邀他入坐。可憐大哥人地生疏，誰也認不得，幸虧小鬼代他招呼完畢，八爺遂乘機問道："張大兄，有什麼貴相知□?"大哥一言不發，衹管瞧著小鬼，小鬼卻來得機警，故意遞話給他道："沒有問津麽?"大哥反大聲答道："有有有有①，一刻就來，大約隨後可到。"衆人見他這副嘴臉，這身衣服，已經肚內發笑。不到片晌，茶房忽進來問道："那一位是張大老爺?"話未說完，一個半老徐娘，欲進故退的，掩口而入，倒也有幾分姿色。隨即坐在張大哥旁邊，唧唧咕咕，不知說些什麽。大家都不認得，就是那卓卓有名、閱人如海的龍廪，也不知他是那一家班子裏的。到底黃八爺見多識廣，當下笑著道："姚大姐，咱們久不見啦。聽說你要上班子，倒是很好的事兒，埋沒在那兒，也很可惜。"於是大家纔明白是二等茶室的貨，不覺鬨堂大笑起來，小鬼頗覺得難以爲情，又不好問。反是董麻子湊趣，問道："大姐，咱們還是唱一唱，還是喝一喝呢?"大哥自以爲得意，代回道："唱幾枝小曲兒罷。"姚大姐卻故意裝腔做勢的不理。八爺道："親乖乖，害羞做什麽來?"姚大姐沒得法，扭著頭兒，背著身子，又輕輕咳了一下，這纔唱道：

亮月子彎彎照九天，思想起情哥哥好不慘然。自從那去年分離後，山又長，水又遠，何日得團圓呀，奴的天爺爺。

衆人都拍手道："好極，好極，再唱一個罷。"於是大姐又唱道：

呵呀，奴的心肝，猶記得當初見了面，羞答答，就把手兒攙。青紗帳裏魚遊水，花心兒採破，咬緊了牙關。呵呀，蜜蜂子往裏鑽，恨殺你這短命鬼兒。

（慟塵）

---

① 首"有"字下，原有一"道"字，疑衍，當係涉上而誤，今删。

(二十二)

衆人聽到這裏，不覺目定神呆，涎著臉兒往下聽。姚大姐正在鼓著嗓子，接唱下去，忽聽隔壁房間有人拍桌大罵道："那兒來的一班混帳東西，胡喝胡鬧不夥，還要叫這種騷貨大唱特唱，唱的太不成樣子了，試問你們臉子都丟在那兒呢?"這一罵，胡琴也停了，姚大姐滿肚的曲子，也咽在喉嚨，出不出聲來了。大家面面相覷，董麻子雙脚一跳，也拍著桌子嚷道："你罵誰？好大膽！小子不打聽打聽，咱們是籌安會的重要人物，敢在這裏撒野麽?"那人接著嚷道："罵的就是你們籌安會一班狗東西，不要臉！你敢怎樣我?"董麻子正要還嚷時，聽見那邊又有人勸道："南翁，你醉了麽?"那人道："我何嘗醉呢？現在正氣消亡，公理泯滅，我不罵他們，還得了麽。"底下又有三四個人勸道："南翁不必了，還是喝酒痛快。"那人纔不開口。這邊曾小鬼、黄八爺諸人，也把董麻子勸住，說道："醉鬼，理他幹麽?"董麻子道："白白給他罵一頓，不是便宜了他麽?"梁小燕把鬍子一拉，道："慢慢兒想法子收拾他罷。"衆人都說道："是，是，他們是陽剛一派的人，我們以陰制陽，以柔克剛，終久逃不□我們法網的。"麻子纔不做聲。小鬼叫燙酒來，重復猜拳行令。這幾個姑娘們喫了驚嚇，彼此都埋怨姚大姐唱這小曲惹出事來，姚大姐自知沒趣，便先走□。張大哥身後蕭條，便又無精打采，倒是黄八爺善體人情，給他叫了一個條子，是聚美園林鳳仙。不一刻，鳳仙來了。八爺指著張大哥道："是這位張大爺叫的。"張大哥斜著身子打量一面，又是一個半老徐娘，丰韻態度，還比姚大姐強些，心裏很爲滿意。八爺問道："大哥，你看怎麽樣？這是著名十五盞電燈。"曾小鬼插嘴道："什麽講?"八爺道："這是他的商標，你問他罷。"

(天石)

(二十三)

那夏綗甫也是個色中餓鬼，花裏刁蟲，對於八埠情形非常熟悉，當時就呶著嘴兒，向小鬼說道："你還是問黄八兄，林鳳仙是他薦舉的，其中很有段歷史呢。"於是孟耕田翹著小鬍子，連忙嚷道："對啊，怪不道鳳仙纔走進來，就對八爺送了個眼風，大約定有别情。"夏綗甫道："我來告訴你們大家罷。"正要開口，那又老又騷的花雲閣，拿著手帕，從八爺身旁走過來，掩住夏綗甫的大嘴，笑道："耐弗要瞎三話四，嘘！耐勿聽奴格閒話，那說之末，奴要……"鍾筱仁忙推開他道："不要打岔，關你麽事?"其餘的人，也急於要聽，都一齊慫恿綗甫快說。綗甫喝了一杯酒，遂宣布道："諸位竟不知道咧，原來八爺與老花，已結了不解之緣。咱們鳳仙阿姐，當初不知怎麽樣鬧頑笑，就說是老花的乾女兒，八爺自以爲得意，居然承認做乾爸爸。其笑這門親，可算是風馬牛不相及，東扯西拉的，不過取笑罷啦。但是們八爺小而巧，平日研究有素，恨不得變做蝴蝶兒，飛到這班狐狸精的裙底下，去聞聞臊氣呢。"黄八爺經不起嘲笑，臉早紅了。曾小鬼遂揶揄道："果然如此，大哥……你不是八爺的乾女壻麽?"大哥正待發話，花雲閣乜著秋波，舉起酒杯來勸道："張老爺不要牛氣，我敬你一杯酒，晚間請到咱們那兒去坐坐，也好認認親。"綗甫又嘲笑道："大哥，老花弔你膀子呢。注意，不要忘記。"衆人都湊趣道："妙極，妙極，丈母娘看中了東牀坦腹，恐怕黄八爺蝴蝶夢不成，反要戴綠帽子了。"其時林鳳仙衹管與杜采秋、金麗紅細談家常，也不理他們說什麽。過了一會，三十來個姑娘轉局，告别的告别，差不多都散盡了。大家又胡鬧了一頓，喫完飯，車轔轔①，馬蕭蕭，各皆道謝而去。小鬼付過帳，覺得有點發寒，

① "車"字原脱，據文義補。

遂同張大哥坐車回寓。因爲這兩桌酒的緣故，居然發生效力，小鬼得了成績，竟加上籌安會幹事員的頭銜。張大哥識輕見寡，毫不知道鑽狗洞的作用，還以爲小鬼兄交遊廣博，聲氣可通，又覺得同席之人，皆是權勢顯赫之輩。人非草木，孰能無情，從此官心一動，除了遊玩而外，就特別巴結小鬼，也想弄一點事體幹幹。第二天，小鬼搬到東安飯店去住，張大哥是附屬品，一步總離不□他，衹好隨之而行。

（慟塵）

（二十四）

不題曾小鬼、張大哥移寓東安飯店，且說在醉瓊林使酒駡座的①，究是誰呢？原來此人姓余，單名一個德字，别號南山，爲人敦篤凝重，人都叫他做南山先生。早年博學能文，大有韓昌黎力振八代之概，後來又涉歷重洋，把歐美學問，著實領略一番。回國時，適值辛亥革命成功，南京政府羅致人才，余南山也進去幫忙。南北統一以後，又來北京當一部曹。癸丑那一年，因爲當道所忌，降官削秩。南山倒不在意，眼看著好好一個中華民國，漸漸給人弄壞，自己又英雄無用武之地，每日間悶悶不樂，除讀古文寫篆隸以外，也喝幾杯酒，壓壓他滿肚皮抑鬱不平之氣。這日他同了幾位至好朋友，在醉瓊林喫飯，剛巧碰到曾小鬼、董麻子一班人，他就借著酒興，駡一個痛快淋漓，正是骨鯁在喉，吐之爲快。他幾位朋友，一個是姓石，名亮，號天一，一個是姓成，名國棟，號痛公，一個是姓木，名翀，號子仲，一個是姓辛，名思義，號一鶴，都是志同道合，聲應氣求。石天一有不醉之量，余南山駡得高興時，他衹管痛飲。辛一鶴本來性急，也變了努目金剛。成痛公嬉皮笑臉，偷跑出座，往門縫裏一張，纔認識隔壁房裏幾位寶貝。所幸木子仲

① “瓊”字原脱，據上下文補。

心地老成，孰諳世故，知道明槍易躲，暗箭難防，現在籌安會勢焰薰天，給他們鬭嘴是不興的，因此把余南山勸住了。南山餘怒未息，還要□時，成病公跑過來，附著南山耳朵說道："得了罷，麗紅在那裏呢。"這纔無事，大家喫完飯。

（二十五）

就慫恿南山，到怡春院去坐坐。一到麗紅房間，照例瓜子、香煙，不必細敘。麗紅薄怒微嗔，低頭無語。痛公道："姑娘，爲什麼事啊?"麗紅就質問南山道："剛剛醉瓊林罵人，阿是耐介?"南山拈髯微笑道："你什麼知道?"麗紅道："奴聽聲氣像是耐噲，耐捨落罵倪介，奴是勿答應耐够。"南山道："誰罵你?我是罵他們一班混賬東西。"痛公也打著蘇白道："啊唷，麗紅阿姊，耐末勿要動氣唔篤，余老爺是交關歡喜耐篤，阿旨罵耐介。倘然真個罵耐，勿要說耐勿答應哩，我野勿旨答應啘。"麗紅道："啊呦，成老爺，捨落叫倪命薄，喫格格一碗斷命飯，隨便阿貓阿狗來叫條子，祇好去噲。本來格幾個斷命客人，奴一見就要光火，實在嘸不法子，祇好敷衍敷衍。怪勿得余老爺要罵俚篤，連奴野交關勿高興啘。"石天一站來道："好了好了，你們有賬回頭再算，我要失陪了。"成痛公道："天兄，你又要到慶陞去麽?花雲閣又老又騷，有其趣味呢。"石天一道："你近視眼，知道什麽?花雲閣年紀雖已不小，論他的丰韻神彩，恐怕北京還没有第二人呢。"木子仲接道："真不錯，我看北地胭脂，讓他獨步。二十多歲的人，未必就算老了，而且性情高傲，非他中意的人，雖鄧通之富，彌子之貴，怕不能得他一盼呢。這騷字是萬萬加不上的，老成不要小觑他。"① 痛公道："我是人云

① "成"下原有一"績"字，疑衍，今刪。

亦云，原當不得真的。”石天一道①：“曲高和寡，說什麽呢，我是要去了。”說罷揚長而去。

（天石）

（二十六）

又說張大哥同曾小鬼搬到東安飯店以後，當晚無事，就想出去玩耍。小鬼道：“休息兩天不遲，何苦這樣勞動。”大哥道：“我本來是遊玩的，悶坐在這兒，又什麽趣味咧。”小鬼躺在榻上，閉目不語。大哥作急道：“你幹麽不理我？”小鬼歎了一聲道：“不瞞你說，這一蹚胡混，經濟上已大受影響了。”大哥不懂，小鬼遂解釋道：“就是錢不敷用。現在承他們情，雖然一到此地，就得了這個差使，然而這二百來塊錢薪水，能彀花消幾時呢。況且剛纔就事，萬不好意思預先支付，真覺左右爲難，所以……”大哥道：“哦，原來如此。咱們好弟兄，也用不著什麽客氣，你說罷，差多少，我這裏還有呢。”小鬼反故意推卻道：“唉！不應該，不應該，那能教你破費，真笑話極了。”大哥不由分說，慷慷慨慨的從箱子裏，掏出一包洋錢，道：“數一數，看够不够。”小鬼詫異道：“你不是都帶的銀子麽，這許多現洋，那兒來的？”大哥笑道：“那裏……我僅僅帶了百十多兩，前幾天在中西旅館，已經化掉啦。”小鬼笑容滿面，拆開封來一點，整整一百塊。正是：財發精神長，窮來磕睡多。當下遂同到平安電影演②，演幾套滑稽趣片。大哥直樂得不知所云，正笑之間，一口痰哇將出來，不偏不倚，正吐在一個外國兵身上。那外國兵勃然大怒，伸出大拳頭，順手一個耳光，大哥幾嚇得發昏，旁邊人不由的哈哈大笑。張大哥也發了脾氣，張開巨靈之掌，

① “一”字原脱，據上文補。

② “演”字疑誤。

就想打架，其勢洶洶，外國兵也自覺孟浪，幸虧小鬼轉圜，方纔無事。看完了已是十二點多鐘，回寓後，茶房送來兩張名片，原來黄九爺、胡大胖子已一同到京，就住在八爺家裏。一宿無話。第二天用過早點，連忙前去拜望，遂由八爺做東，約到東安市場德昌飯店便酌，飯罷就在市場閑逛。大哥瞧見了一羣旗下婆子，又覺得希奇古怪，八爺拿胡胖子開心道①："你瞧見沒有？那個高高兒身材，團團兒面孔，倒很像尊嫂呢。"小鬼道："聲音底些，防著人家聽了要吵咧。"溜了一會，八爺發起去打球，小鬼是色色都精，件件皆會，極其贊成，胡胖子、張大哥衹好跟著同走。

（慟塵）

（二十七）

到了球房，尚不擁擠。黄八爺與曾小鬼先打地球，囑咐管球的人，擺上十根密的。黄八爺得心應手，接連打了五個特孛而，一個八，兩個新掰而，一個九，末了又是一個特孛而，加兩球，又是二個特孛而，總共是二百零三。小鬼究竟差些，衹打了一百五十七。第二次擺十根稀的，小鬼摸著了球路，倒打了一百七十五，黄八爺衹打了一百六十八，輸七根。接連又打了一次稀三根，一次斜五根，互有勝敗，彼此力也乏了。張大哥看得心癢，就拉著胡胖子比試。張大哥捲上袖子，拿起球來，覺得有十來斤重，照樣抛出去，衹在面前滾了幾滾，就滾倒槽裏去了，再打下去還是這樣。那個球很是作怪，一到張大哥手裏，不比從前踴躍前進，老是剝落刻落的滾，總打不倒一根球桿，引的大家都笑起來。胡胖子雖比張大哥好些，但是身體喫虧，打了幾球就喘不上氣來，衹好知難而退。其時黄八爺看不耐煩，拖了小鬼去打檯球，兩人角智鬬

---

① "子"字原脱，據下文補。

巧，倒還不相上下。張大哥漲紅了臉，又跑過來，站在看個出神，大有心領意會之概。看著黃、張兩人針鋒相對，應付自如，搶了小鬼手裏一根球捍要打。小鬼道："你怕不行嗎?"大哥道："地球太重，我是不行，這有什麽難呢?"一面說，一面灣著腰，歪著年子，拿了球杆直戳出去，這球碰不到那球，心裏著急，以爲戳得太輕，就很命使勁一戳，杆尖著處，檯面的綠呢就飛起一大塊來。那管球記數的人，過來仔細一看，說要賠錢，張大哥丟了杆子，摸出一張四弔錢銅元票，說道："哪，你拿去罷。"那人不肯收，說道："短的多哩。"大哥瞪著眼道："以前我們親戚家裏做喪事，送個呢幛，每尺不過兩角五分，現在不到一尺，給你四弔錢還少麽?"爭論半天，黄八爺出來調停，總算給了五塊錢完事。

（天石）

（二十八）

張大哥又喫了一頓大虧，真是啞子食黄連，說不出的苦。既殺風景，又討沒趣，大家也覺得掃興。倒是黄九爺漂亮，一面代他粉飾，一面就邀往城外白相。小鬼道："聽說中央公園很有意思，我久不到京，頗想去逛逛。"八爺道："得啦，現在天氣已冷，難不成喝西北風鳴①。"胡大胖子插嘴要去，衹好一同前往。剛剛這一天開什麽大會，遊人極多，門外車水馬龍，甚是熱鬧。買了票進去，但見得紅男綠女，結隊成行，豪客佳娃，如梭似織。□正走之間，迎面妖姿媚態的兩三個女人，忽對著張大哥笑了一笑。其實他那副鄉下老斗兒的相貌，本來叫人發噱，而大哥自鳴得意，及以爲被人看中了，有意弔他膀子呢。於是也不管三七二十一，猷頭猷腦的靠近著問道："上那兒去?"話猶未畢，實

① "鳴"字疑當作"嗎"。

然跳出一個三十多歲的漢子，往他肩上一拍，大聲□喝道："咦！你幹麼呀？不因爲有點□氣哼哼，怕喫不了官司，你當他們是誰，翻塗極了①，滾開！去洗洗眼睛再看。"其時小鬼等人已離開得遠遠的，早知道情形不妙。八爺機巧應變，隨喊著道："大哥，認錯啦，你怎麼不戴眼鏡兒出來？他們在那兒呢，你瞧，已經來了。"故意用手一指，那漢子以爲是真，領著娘兒們，一笑而去。大哥捏了一把汗，又覺慚愧。小鬼發急道："以後再這樣胡鬧，倘然弄出大事，我可擔不了。要曉得皇皇京城，不比咱們鄉下隨便鬼混。咳！罷了，罷了。"自此以後，大哥果然謹慎許多，因想偌大的京城，看起來不過如此，跟著他們出去，步步受拘束，殊覺不便。一天，小鬼到保府有事，大哥非常得意，問明了茶房，獨至②坐了包車，往天橋閑逛。走進一家唱大鼓兒的棚子，姑娘又多，地方又小，耳朵裏有得聽，衹離著臺子三尺，更看得清清楚楚，真覺眼福不淺。所唱《四季相思》，嘹喨輕揚，似乎比皮黃高妙，及至唱完收錢，滿掏了一把銅子，毫不吝惜。那班粉頭當然歡迎，內中有個二十左右的，卻嫣然一盼，幾乎把大哥的魂靈兒都勾了去。茶房湊趣，登時請他點戲，大哥不假思索，給他一塊洋錢，吩咐唱《打牙牌》。那臺上姑娘們，均掩口而笑，其實北調之中，並沒有這枝曲子。大哥道："《活捉張三郎》也好。"又沒有。大哥又重點道："《秦雪梅弔孝》。"茶房仍回沒有，他遂摔起脾氣來道："怎麼不會？我在家裏，常聽人唱啊。"鬧了半天，說道："隨便罷。"

（慟塵）

（二十九）

張大哥一邊聽唱，一邊溜著眼珠，往四面打個照會。在滿座衣衫襤

① "翻"字疑爲"糊"字之誤。

② "至"字疑當作"自"。

褸之中，驀地瞧見檯角旁邊一個桌子，坐了一位少年，年紀不上三十來歲，穿一件墨灰色素緞袍子，玄色素緞馬褂，眉宇軒昂，英氣內斂，支頤獨坐，若有所思。忽而門簾掀處，又進來了兩位少年，掌櫃的忙來招呼道："何先生，戚先生，來啦？"張大哥打量一番，一位是三十左右年紀，穿一件淡灰色花緞袍子，玄色花緞馬褂，態度安詳，頭髮漸禿，一望而知爲用心過度的君子。一位是二十多歲年紀，穿一件夾桃灰素緞袍子，玄青外國緞馬褂，風度翩翩，大約是貴家公子。那先來的一位少年，便起身招呼同棹坐下。張大哥心裏奇怪，以爲這等地方，什麼也有上等人來往。不要説張大哥研究不出來，連在下也有些狐疑。你道那三位少年是誰？原來先來的一位就是石天一，他幼年時候也曾學過武，通過文，矩行規步，倒是一位真道學先生。弱冠以後，不知道受了社會何種刺激，便似有隱恨在胸，縱情詩酒，放浪形骸。論他的才具，趕得上《三國志》裏的周瑜、諸葛亮；論他的性情氣度，有肝膽，有作爲，待人接物，如春風風人，夏雨雨人；而胸中主宰，卻又如山岳屹然，任是何人搖不動的，大有尚俠重義，薄聖人而不爲之概。因此交遊徧天下，無人不歡迎他，就是平康中人，也因他溫和真摯，幾乎如張船山夫人所説的，"人盡願爲夫子妾"哩①。後來的兩位，一位姓何，名德三，號滌凡。看他取名號的意思，就有一段香艷歷史在內。原來何滌凡道德高尚，生平是不二色的，不曉得什麼一回事，他就看中一個女樂子。天橋一帶樂子館，共有四家，振華茶園腳色最爲齊全，其中馮鳳喜、鄧金桂、陶采雲，稱爲樂子三傑。滌凡所賞識的，就是馮鳳喜，凡古來形容美人的話頭，他沒有不奉表稱臣，加到鳳喜身上。就是鳳喜吐痰，他也要費盡腦筋，把化學功夫來研究一番。旁人笑他癡，他説："這算什麼呢？就是鳳喜鼓泄下氣，我也覺得香風陣陣，吹入心窩。"其迷可想而

① "盡"，原作"居"，據清張問陶撰《船山詩草》卷五《松筠集·秀水金筠泉孝繼忽告其所親願化作絶世麗姝爲余執箕帚無錫馬雲題燦贈余詩亦有我願來生作君婦祗愁清不到梅花之語戲作二律以謝兩君》改。

知。每逢親戚朋友家宴慶，非鳳喜在座，他就出席不久，桃之夭夭。大家就說他是“鳳鳥不至，河不出圖”，他最怕這兩句話到他耳朵裏，後來想著鳳字，從凡從鳥，鳳鳥不至，不是一個凡字麽，所以他的號就叫做滌凡。又常念道：“鳳兮，鳳兮，何德之衰也！”所以大名叫做何德衰。以爲我姓何的，一見鳳喜，道德便衰弱了，又因爲衰字字面不佳，改做三字。人家問他是什麽意思，他便說道：“從前我是不二色的，現在因爲鳳兮鳳兮，我就二三其德了。”不但爲此，就是他吸紙煙，也要買鳳凰牌、雙喜牌，鳳凰牌沒有，也要把鷄牌來替代，以表他念念不忘的意思。還有一位姓戚的，名鈞，號鈞五，原是本京人氏，人很漂亮，倒是一個少年老成，和樂子館本來很熟，鳳喜叫他做七弔五（□戚弔五同音）。這天，何滌凡約石天一到振華聽樂子，就又拉了戚鈞五同來。各人點了幾齣，正在聽的有味，忽然看見一人拍桌大跳起來。你道此人是誰，卻是本書中鼎鼎大名的張大哥。張大哥爲什麽跳起來呢？

（天石）

（三十）

看官們，要知道張大哥本來拿出一塊洋錢點唱，爲什麽又跳起來拍桌子呢？咳！說到這兒，倒很好笑。因爲石天一等這班風流儒雅之客，忽爾降寵光臨，那姑娘們，天生就多情種子，豈有不芳心流動、媚眼含欣的道理？所以他們一進了門，早把張大哥這樣蠢物，抛到爪哇國去了，不但不高興續下去唱，反胡亂哼哼了幾句，就算完結啦。大哥雖傻，難道這點情形都看不出嗎？況且在家鄉時候，也曾尋過花，問過柳，排場氣概，口說比不上北京，但世事人情，總是一樣，白白花了一塊亮滑滑的洋錢，還沒有聽到五分鐘，憑誰也要作氣。加以那三四個茶房，殷殷勤勤，笑容可掬的，走到天一等面前，低聲下氣，猶如見王爺一般。雙方比較，覺得世態炎涼，顯然判別。而且全樂子館的人，上上下下，均熱轟轟，喜洋洋的特別去逢迎，竟把大哥瞧得半文不值。四面八方一想，登時怒不可遏。那茶房又對臺上喊了一聲道："何大老點《碰碑》。"於是鑼鼓鞺鞳，管絃雜奏，鳳喜、金桂、采雲又都打裹面出來。大哥處此，更惱得不可解已，一把無名火陡高三丈，遂拍桌大鬧起來，搿起袍子，又往腰包裹一□著幾十塊現洋，丁丁當當的亂響，口內□道："我的錢少麽？齣子沒唱完，也不來招呼一聲，豈有此理！這支什麽碑啊碰的，非算我的帳不行。"旁邊坐著一個三十來歲的客人，又鬼鬼祟祟向他□眼色，故意唆使，大約也因爲三禮六點鐘的緣故，真是癩蝦蟆想喫天鵝肉，太不自諒了。那鈞五、滌凡等人，很看不下去，天一更忍無可忍，正待發作，忽然履聲橐橐，走進一位西裝少年，丰姿瀟灑，玉樹亭亭，年紀約莫二十四五歲，一身衣服極其漂亮，從頭至足，絲毫皆修潔可愛。天一忙呼道："痛公來得正好，你看此人，如此咆哮，竟不講公德呢。"痛公問明原因，勃然色變，狠狠的望著張大哥冷笑一下。大哥見機不妙，連叫帶嚷的，搭赸而去，這且不表。卻說成痛公生性頗爲豪爽，幼年受了高尚教育，又是世家子弟，天文測算諸科，研究有素，非但精於西學，筆墨亦大有可觀。足跡半天下，操持謹慎，生平對於愛情二字，不肯浪用，女界中才貌兼備者，莫不以得奉箕帚，爲閨房之榮幸。然痛公青衫淪落，情有所鍾，以故蹉跎至今，尚未授室。雖與天石一交結未久，但彼此一見傾心，便成莫逆，所重在道德，在義氣，而天一賞識其人①，引爲知己。值此風雲變幻，豺狼當道之秋，覺得天下事已不可爲，幾欲下湯卿，謀三副眼淚，英雄肝膽，豪俠心腸，竟無用武之地。癸丑以後，志冷如灰，加以籌安會發生，益復磊塊萬疊，胸中不平之氣，無處發洩，所以纔買笑歌場，消愁香國。這正是：江州司馬，別有傷懷，一曲琵琶，聊憐同病耳。

（慟塵）

---

① "一"字原脱，據上文補。

(三十一)

成痛公嚇走了張大哥，便由石天一介紹，與何滌凡、戚釣五二人相見，彼此道了久仰，遂各坐下。滌凡滿面笑容，向痛公說道："虧的痛翁把這蠢物赶跑了，不然就太褻瀆他哩。"天一道："他是誰啊?"釣五接著道："他心中的他，還有第二人麼?"滌凡道："直道相思了無益，未妨惆悵作清狂。"天一道："我知道你胸中塊壘澆難盡，借著他人作酒杯呢。"痛公是絕頂聰明的人，雖不曉得此中關係，也明白了七八分，向著滌凡道："願天下有情人，都成眷屬。滌翁既然賞識他，我們倒不可不聽一個暢快。"遂點了一枝《快活令》，天一搖頭道："不好，不好。滌翁是一個秋士，滌翁的他又是一個秋孃，兩個秋心合在一處，便是愁愁愁，我們還是聽淒清哀怨的曲子好。"痛公就要了歌扇，看了一看道："剛纔我聽見滌翁說的是相思，就煩唱一支《鴻捎書》罷。"

(天石)

(三十二)

鳳喜掠一掠鬢髮，緩步出來，把兩個瞳人兒，向痛公相了一相。又從天一、釣五面前掠過，直到滌凡那裏，很命釘了一下。拈著衣襟，漸漸低頭下去，輕輕咳嗽，吐了一小口珠圓玉潤、溫香滑膩的痰，唱起來。真是如怨如訴，如泣如慕。大家正聽得出神，忽然一人穿著洋服跑進來道："你們倒在此快活啊，我沒有一處不找到，那曉得在此地呢。"遂拉了天一、痛公，附耳說了幾句，鎮靜之中，很帶著幾分驚惶顏色。天一躊躇了半晌，痛公道："我們且快活了今天，再打算罷。"滌凡也站起來道："余南翁，什麼事鬼鬼祟祟，還不坐下聽唱麼?"南山一邊答應，一邊就望著陶采雲微笑，采雲也微微點頭。於是南山點《文昭闞》，叫采雲唱。鈞五點《昭君出塞》，叫金桂、銀桂合唱。滌凡點《黛玉悲秋》《寶玉探病》，天一點《寡婦上墳》，都叫鳳喜唱。鳳喜唱到《寡婦上墳》，勾起了新愁舊愁，把悽涼哀痛的身世，曲曲折折，婉婉轉轉，都從那鼓板聲中傳出來，又從那珠喉裏邊嚥下去。夕陽在窗，返照過來，那白白的顏色，都被那愁雲鎖住。滌凡早已淚下，衆人也覺黯然。痛公道："抽刀斷水流更流[①]，舉杯消愁愁更愁。我們不聽罷。"給了賞，大家出來。滌凡、鈞五回家不題。南山邀天一、痛公到家便飯，遂一同到了安福胡同。又打電話約了辛一鶴、木子仲等同來，各人相見坐下。南山道："我們當初在這專制魔王之下，設立秘密機關，原想借著笙歌酒色，掩飾惡偵探耳目。現在時機急迫，事不宜遲，諸位有何妙策？"天一道："那天南翁在醉瓊林，大罵籌安會之後，我早知道他們必有暗算，不過秘密機關一層，他們怕未必就知道呢。"南山道："不然，今早統率辦事處有人來告訴我，前幾天據密探報告，有木某、辛某等，在安福胡同暗設機關等語。所以這幾天偵探密佈，異常注意，我看這機關非遷移不可了。"一鶴道："南翁，我們現在進行到什麼地步了？"南山道："天津分機關已設妥了，所有武器都在那裏。此地運的不多，前天又給前門車站抄了些去，經費也預備些了，但是不多。山陝豫隴一帶，也派人接洽過了。就是南方機關太多，又不統一，還沒有人去接洽。"子仲道："我看這樣辦罷，京津一帶，仍歸你們三位主持，我和一鶴，往南方去跑一蹚罷。"天一道："好，你們二位，今天晚車就動身罷。以後通信，寄到天津，倘有急電，可以從某國使館轉，較爲妥密。"南山道："還有一件事，我想運動近畿兵隊，直搗賊巢，以作高屋建瓴之勢，現在已有幾分把握。"痛公道："倒很痛快，不過總要佈置得完全妥當，然後可以萬無一失。"大家都說是，又談到機關遷移，南山道："我已看定儲庫營一所房，倒很僻靜。"大家都贊成。南

① "流更流"，前"流"字疑當作"水"。

山吩咐廚房預備酒菜，說道："今天這一席，就算草草給辛、木二兄祖餞了。"大家入席，又定了許多計畫。到八點半鐘席散，南山、天一、痛公，要送子仲、一鶴上車，子仲、一鶴都道："不必了，此行還以秘密爲是，就此分手，再會罷。"說畢，怱怱而去。

（天石）

（三十三）

一枝筆分不開兩行，寫到這裏，丟了那兒。衹好請看官們耐一耐，待我把書中的張大哥細述出來，庶幾不致寂寞。卻說大哥自樂子館，忍氣吞聲回寓以後，覺得異常懊惱。思來想去，到處喫虧，久聞京中騙子出名，卻不料南方人也會欺狠如是。這一晚無聊之極，沽了四兩白乾兒酒，飲得酩酊大醉。細細把箱子裏洋錢數了一數，還剩有一千四百多塊，大約也很够用了。一宵無話。次日，因爲身上沒有帶錶，遲遲早早，頗不便當。客棧裏兩頓飯，又按時按刻的供給，稍晚一點回來，就沒得喫，反要另外花錢。午後無事可做，問明幾家洋行，閑步而去，轉了幾個灣兒，已到東交民巷一帶。擡頭一看，偌大洋房上，畫了許多鐘錶招牌，玻璃窗裏，光怪陸離的，都是些五金貨物。立在門外，猷看了半天，又不敢進去。再瞧牆壁上，明明寫著鐘錶洋貨首飾等等字樣，方纔放心跨上臺階，用手去推門，偏又推不開，裏邊外國人（接下）

（慟塵）

（三十四）

（接上）扭了一下，大哥始放膽而入。話又聽不懂，衹覺得金碧輝煌，件件耀目。登時有中國夥計，來問他要買什麼，大哥說明了，那人遂拿出十隻錶來，黃的、白的、黑的、藍的、大的、小的，煞是可愛。

大哥眼花一亂，反弄得沒有主意，揣摩許久，問了價錢，頂少也要得四十塊現洋。其實四五元、十幾元的也有，不過這般做交易的，故意冤人罷呢。最後揀了一隻打簧金殼全副銅件的，價洋一百五十八元，付完帳，收了包單、發票，仍由舊路而回。忽想東安市場，祇陪小鬼等逛了一蹦，倒還很有意思，索性再遊玩半天。或者順便買點東西，將來帶家去，給老婆孩子們也好。而且母親年紀也大了，此次出外，更應該買點補品，孝敬孝敬纔是（大哥雖愚，卻還知道孝順。此等人天性純潔，非彼功名利祿之士，良知喪盡者可比。著者自具有深意，不僅以滑稽文字，博世人之莞爾已焉）。於是又邁步而往，兜了幾個圈子，大有山陰道上，目不暇接之概。正走之間，忽見有一個女人，約莫二十多歲，頭上紮了一條素色絲巾，一直垂下來，拖到裙底，輕施淡粉，略點朱唇，頗有幾分姿色。一身灰青衣服，不長不短，不瘦不肥，足下黑漆蠻靴，看將去不過六七八寸。手內提著皮包，一根金練子倒有尺把來長，嬝嬝娉娉，好像大家模樣。大哥目定神呆的，祇管跟著他走，陣陣香風透入鼻子裏來，心坎兒都聞得發癢。那女人徐徐小步，張大哥緩緩相隨。那女人到店裏句當，張大哥卻門外流連，相離不到五尺，似乎被磁石吸住了一般，提心弔膽，鬼頭狗腦的，不忍拋捨。久而久之，那女人也知道了，正跑到那說鼓書、打賣拳、耍刀棒、唱小曲兒的地方，稠人嘈雜之中，且多些下流社會。不知不覺的，忽從那女人身上，掉下一塊手帕來，走了幾步，伸出那雪白白的玉腕，向自己衣襟裏摸了一摸，隨即轉身尋找。張大哥已拾在手裏，笑嗤嗤的站在那兒不動。那女人遂向他秋波一轉，故意害羞似的問道："先生，你撿得了麼?"張大哥恭恭敬敬捧獻過去，那女人謝了一聲，操著本京口音道："先生，勞你駕，這兒的人很不規矩，幸虧遇見你，不然早就搶跑啦。"大哥紅著臉，期期吃吃的問道："不要緊，不要緊。小姐一個人孤身出來，難道沒有陪伴嗎?"那女人笑了一笑道："這不算事，我也是作客。像先生這樣君子，卻不可多得呢。"張大哥聽了此話，如奉聖旨，如被綸音，又大有受寵若驚之態，因即乘此攀談，通了名姓。看官，誰知他這一下子，竟上了大當呢。

（慟塵）

（三十五）

列位知道張大哥上當，到底是什麽一回事？是《繁華夢》裏的仙人跳麽，不是；是《九尾黿》上的紮火囤麽①，也不是。以張大哥之人品無雙，壽頭第一，區區仙人跳、紮火囤，也算不了什麽。天下奇奇怪怪的事，一到張大哥身上，就覺得別開生面，有色有聲。這回上當，不是上什麽當，竟把身子上了典當呢。你想張大哥自從到了北京，除姚大姐重修舊好以外，衹認識一個林鳳仙，還是冷冷淡淡，在醉瓊林一面之後，也沒有去請教過；天橋聽樂子，又弄一個不得下場。今天東安市場，忽然遇見神仙似的一個女子，唱了一劇拾帕返帕的坤劇，不費心機，他便兜搭上來，還送我一頂高帽子，深情脈脈，軟語綿綿，這不是桃花星照了命麽？邪心一動，早把近來所經歷的笑史，丟之九霄雲外，張開血盆似的大嘴，就想把這塊肥白的羊肉，囫圇吞下去。那女子瞧見他這副嘴臉，倒反含羞起來，說一聲“再會”，攔步便走。張大哥（接下）

（三十六）

（接上）那裏肯放鬆，也便緊緊跟著，出了東安市場，走進一條胡同，又拐一個灣，到了小胡同。走不上幾步，那女子就在一家門首站住了，舉起雪白粉嫩的手腕，把門上一個小竹牌一扯，聽見裏邊叮噹叮噹

① “黿”，疑當作“黿”。

的一陣響聲，大約是一個扯鈴。張大哥挺身過去，蹿上階沿，那女子掉過頭來一看，好像心裏發急，說道："這可不可玩的，你趕什麼？"張大哥也覺得魯莽，衹好涎著臉問道："小姐明天上東安市場麼？"那女子點點頭，說道："去去去，你快走罷，裏邊有人出來了。"張大哥返身一溜，躲在那拐灣地方，瞧見那家有人出來開門，那女子斜回粉頸，隨即款款而入。張大哥沒精打彩，獨自歸寓，往牀上一躺，不知胡思亂想些什麼。到了明天，喫過午飯，就一人跑到東安市場老等，這邊看看，那邊望望。好容易盼到天晚，那女子纔姍姍而來，一見了面，又似不曾相識。張大哥湊過去說道："我等慌了，這纔來麼？"那女子似理不理的，輕輕說道："這兒人多嘴雜，再談罷。"遂掉頭不顧，走上樓去，揀一間屋子進去坐下，堂倌泡茶後，遂把門簾放下。張大哥靠著欄杆，張頭探腦想進去，又不敢進去。那女子掀簾一笑，張大哥四顧無人，一闖就闖進去了。這一副齷齪肝腸，淘出許多廢話，百般慰問，那女子衹是不理。張大哥心急了，摸出那昨天所買的一隻打簧金錶，問那女子道："你看好不好？"那女子略一注目，道："好，你藏了罷，不要給翦綹的翦了去。"張大哥笑道："你要用麼？"那女子搖搖頭。張大哥道："你肚子餓麼？我們在這兒用飯罷。"那女子道："也好。"叫堂倌來了酒菜，對酌談心，又復親密起來。喫完飯，那女子要回家，張大哥笑問道："可同去麼？"那女子躊躇了一會，說道："今天家裏人倒都出去了，你坐坐就走，不要多耽擱，惹出事來。"張大哥答應著，按著昨天路程，到那女子家裏。這一進去，就把這臭皮囊押在當鋪了。

（天石）

（三十七）

諸君，何以謂之典當呢？蓋典當者，質人之代名詞也。又何以謂之質人呢？蓋質人者，勒贖之代名詞也。抑又何以謂之勒贖呢？蓋勒贖者，即盜語捆綁抵押是也。然張大哥於客途閑逛之中，邂逅彼美，縱使墮計，何致遽入典當。咳！已前不是說過的麽，天下事無奇不有，誠然，誠然。須知今日之北京社會，實一五大洲絕無僅有之萬惡社會耳。以上海言，牛鬼蛇神之夫，殺人放火之事，固數見不鮮矣，但彼之所以進於此境者，迫於生活程度之高，不得不挺而走險，不得不詐欺取財。至於北京一隅，簡直是毫不足道。官僚既多，氣習又重，且係歷代帝王建都之地，目所見，色色皆富貴爾，耳所聞，聲聲皆淫艷爾。九州四海之士，五方八處之徒，莫不麕集於此，喫要喫好的，穿要穿好的，沒得喫沒得穿，更想喫更想穿，想既想不到，遂乃無中生有，敢作敢爲。總而言之，一句話，皆是官僚多的元故。這一班人，大大小小，差不多都從外省來的，三千五千里道路，成年累月價候補，稍不得意，便是坐喫山空，稍能如意，則又花天酒地。試問舊時代的六科九卿，新民國的三院八部，那裏容得下許多人？求取功名者，如水就溼，如火就燥，還比過江名士，多上幾倍呢。以此之故，賦閒無聊之家，著實不少，社會上有了這無量數之高等流氓，肩不能負擔，手不能提籃，生活之道既窮，於是有異想天開，忍辱賣淫之事。然此等賤業，又有三種分別：一是勾引青年子弟，冶遊郎君，實行私門暗倡之主義，以下等人家爲多。一是式微之族，不得已薦枕於人，專由東城一帶之旅館客棧、茶樓酒肆，介紹而撮合之，且代爲嚴守秘密，亦從無招待入室者，蓋多假巫山於別處耳。一是迫不得已，又顧體面，僅獻色而不賣身，若即若離之際，突下以迅雷不及掩耳之辣手，遂其敲索，否則即捉將官裏去，官知之，無從指其罪證也。此法最毒，名曰打虎，亦即典當政策之一類。張大哥今日所遇，正打虎娘子也，冤哉！

（慟塵）

（三十八）

再表那女子歡迎大哥到家，已是四面埋伏好了，天羅地網般嚴密①，大哥做夢也想不到又落牢籠啊。一進大門，就是一坐院落，朝南五開間，很爲齊整，東西兩廂，也有三間，左首六角門內，大約是廚房了，黄油亮漆，表面上頗像小康之家。一個二十來歲的丫頭，打起簾子，大哥遂□步而入，堂屋一間，收拾得清清楚楚。那女子便讓他到西邊房裏坐下，明窗淨几，不染纖塵，一切陳設，半新半舊的，卻還脱俗。女子略謙虚了幾句，硬跑進套房，唧唧咕咕的，不知對那丫頭説些什麽，换了一身淡藍衣服，方纔花搖柳舞般出來，笑了一笑，衹管對張大哥打量。大哥反覺得不好意思，又不會應酬，想了許久，仍舊無話可説，兩手捧著茶碗，直筆筆的坐著，惟有亂彈腿子。倒是那女子先開口道："我真糊塗極了，還没有請教貴姓呢。"大哥纔擡頭答道："不敢，我姓張，卻比不上姑娘多福啊。"女人聽了不懂，反問道："何以見得多福?"大哥道："難道我這點事兒，都不明白麽?"女人倒愣了一愣，臉上□紅，似乎有些喫驚。大哥還以爲他真個不懂，焉曉得他心中卻懷著鬼胎呢，於是往外一瞧，道："那門牌上，不是明明白白，寫著什麽福嗎?"女人大笑道："哦，張先生你弄錯了，那是'福建鄭寓'四個大字。福建地名，咱們恰姓鄭啊。"大哥又覺没趣，連忙岔話道："唉!我還當做旗人的姓呢。哈哈，尊府没有太太、少爺們，倒很清靜。現在時候已經不早，我還想回寓去一趟。"女人道："幹麽這樣忙，喫點東西去不遲。但是，我們他……"大哥道："他是誰?"女人又笑了一笑，秋波汪汪的，密著嘴兒不答，一種媚態，真有勾魂攝魄的魔力。大哥身歷其境，回頭一張，見旁邊没有人，登時色膽如天，靠近去摟腰一抱，

---

① "網"字原闕，據文義補。

女人反故意裝做怒容，拒之不理。大哥不由分說，拍咚一聲響，隨即跪在地下不起。這時節，曾小鬼剛打保府回京，在客棧裏洗完臉，用了點心，正打聽張大哥到何處去白相。話未說完，忽見茶房帶進一個人來，拿出一封信，又不說是從那兒來的。小鬼接到手裏，知是大哥筆跡，但上面係寫給掌櫃兒的，因問道："爲什麽交給我呢？"

（慟塵）

天石君不日南下，此篇由鄙人間日接續，以饜閲者之雅意可也。

慟塵謹啓

（三十九）

茶房眉頭一縐，答道："曾先生你瞧罷。"小鬼急抽出信來一看，寫的是：

店東家見字：送鑰子一把，請將大皮箱洋錢，快拿一千塊交把來人。下有二百多元，不必再動。切切。立等可也。　張條

小鬼念完，不禁"啊唷"一聲，知道這次亂子，鬧得更大了，因問那送信的道："他在那兒賭的，輸掉這許多錢？"來人回道："咱不知道。你如不放心，跟去得啦。"小鬼不及細說，向他取了鑰子，開了箱子，搜出銀子，拆破包兒，檢點數兒，衹剩下九百幾十塊現洋，暗想："信內說還有一千二百多塊，怎麽不够呀？"尋了半天，竟是空空如也。姑且放著不動，忽忽隨那人而出，拐灣末角，不一會，已到一家門首。那人按著門鈴，裏面就出來一個丫頭，問明白了，纔領著進去。曾小鬼雖然聰明，到此也莫名其故，衹覺鴉鵲無聲，靜悄悄地，沒有動靜。忽聽上房內咳嗽，有人怒叫道："那一位，請進來罷。"小鬼頗爲狐疑，進了西首房間，陡然嚇了一跳。原來張大哥四脚朝天，已捆得和肥豬一般，窗子口坐著一個窈窈窕窕的女人，蓬頭散髮，垂頸哭泣，衣服也撕

破了，桌上盃碗壺碟也摔碎了，玻璃也打破了，狼籍之狀，一言難盡。又有一個三十上下，長著幾根八字鬚的男子，很像武官模樣，一邊指著那女人罵道："下賤貨，臉都給你丟盡了。"一邊回過頭來，怒氣冲冲對曾小鬼說道："你來得好，請問你們客棧裏，怎麽留這等小人？"小鬼覩此情形，早已洞若觀火，因勉強答道："我並不是店東。"說著掏出一張片子來，男子接過去一看，方纔歛了怒容，連忙陪笑道："失敬，失敬。原來是籌安會曾小翁，大約與這姓張的相識了？"大哥見了小鬼，如獲命寶似的狂叫道："小翁，他們做圈套騙我，我是那女人請來的，反說我無故闖入，調戲良家婦女，可真冤枉極啦，你來得正好。"小鬼道："有話好說，大家都是體面人，何苦大動干戈，作這麽一回閒氣呢。"於是寒暄一套，纔知是這男子姓鄭名主，號子宜，前清小官僚，在京候補，並且是武備出身，長篇大道理說了許久。小鬼覺得好笑，本想發作幾句，無如張大哥已落陷穽，大有鐵案如山，不可挽回之勢，憑著三寸不爛之舌，替他們排難解紛，鄭子宜始稍有轉意。正是：人心不古多奸詐，世路而今更險奇。

（慟塵）

（四十）

張大哥上了典當，如何能彀得脫，暫且擱起不題。再說余南山、石天一、成痛公等，自從木子仲、辛一鶴兩公忽忽出京以後，覺得這長安一片土，風聲鶴唳，草木皆兵，恐非英雄展布之地。搬到儲庫營不到兩天，忽傳柴公岳先生已微服而遁（此事已詳載拙著《望帝夢彈詞》中，茲不復贅），正是：猛虎歸林，蛟龍入海。然彼此不及接洽，可算秘密之至了。總之，同爲人民造幸福，同爲國家博共和，固不妨分道揚鑣，各盡天職也。但以此之故，京內更加戒嚴。靜候數日，木、辛兩公，已由東方郵便局送來快信一封，略謂滇中大事布置完畢，目下已到上海，俟與各處同志籌商完備，即行南下，並囑毋庸他去，便通消息云云。當下南山、天一、痛公看完此信，不禁雀躍三百。及至十二月二十六日，果然霹靂一聲，義旗高舉，碧雞金馬間，數千健兒，個個摩拳擦掌，人人視死如歸。於是籌安會中，一班牛鬼蛇精，真嚇得尿屎屁流，魂飛魄散。然而那梁小燕、楊羨子、雷矩直、姜可珠、孫小侯、薛黛珂等帝制罪魁，還是狐假虎威，興妖作祟。什麽紙幣兑換呀，什麽出師征討呀，什麽拘拿黨人呀，什麽報紙造謠呀，胡思亂想，依舊要實行專制，欺罔蒼生。南山、天一二人，冷眼旁觀，頗爲好笑，而痛公年少心熱，偏又把黑幕裏面種種穢惡，宣布到上海各報。這時節，既無庸飲酒澆磊塊，又不必走馬殺憂愁，成天價引領翹首，渴望捷音，平素深居簡出，韜晦藏鋒，尚不致身陷縲絏也。

（慟塵）

（四十一）

有話即長，無話即短。這篇小説，本來爲張大哥而作，所謂春明一夢者，無非大哥之夢，大哥遊北京之夢。因爲曾小鬼在籌安會裏，當了一個小小幹事，所以纔談到時事；又因爲有醉瓊林及樂子館兩段情形，所以纔談到南山、天一、痛公等人①；否則那八十五天的洪憲史，講也講不了許多，而且也不屑縷述，如今又要歸納到這位張大哥身上去了。那天押在典當，幸虧曾小鬼足智多謀，方纔以五百元了結，明知這種買賣本可不理，無如毫無欺財勒索之證據可指，衹好認苦喫，陪罪折本而已。當晚一逕回到寓中，張大哥思前想後，好不傷心人也。飯既不喫，茶又不飲，躺在胡牀上號咷大哭（一哭）。小鬼勸他道："得啦，成事不説，既往不咎，還鬧什麽來。我今天也傷心極啦，雲南又起了亂子，

① "所"字原脱，據上文補。

咱可不是白費心機嗎？咳！大哥，其實你不看報，也不知道這些大勢，但是今天我代你墊了五百塊錢，現在就要還我。那五張鈔票，通同是朋友存在這兒的。我因爲你箱子裏，祇剩有九百多塊洋錢，與你信內所說的數目不對，故此未帶了去。究竟還有二三百元，用到那裏去呢？”大哥連忙往肚兜一摸，忽然又大哭起來（二哭）。小鬼搖搖手道：“咳，咳，咳！怎麽不怕旁人笑話？你又不是小孩子，有話說啊。”大哥嗚嗚咽咽的歎道：“原來我裝在皮包内，擕了出去，預備買金東西給……”小鬼笑道：“呸！還要談他。大約又被扣留了，晦氣，晦氣！早就應該換成票子，多麽便當。來，來，來，我都替你去兑交通鈔票罷。”大哥收了淚，把那九百多塊錢，一齊交給小鬼。繼而往穿衣鏡一瞧，不覺又放聲大哭（三哭）。小鬼並未留意，問道：“又是怎麽回事，值得這樣苦惱？”大哥指著自己肥臉，答道：“毁啦。”小鬼子細一看，笑得肚子都疼，原來半邊黄鬍子，早被那打虎漢子，拔得乾乾淨淨，人不像人，鬼不像鬼。怪不道一回客棧，茶房夥計們，皆指手畫脚的做眼色呢。

（慟塵）

（四十二）

小鬼遂揶揄道：“已經如此，索性剃個光，也好出出風頭。就教姚大姐瞧見了，庶幾多巴結些。”大哥一聽此言，登時又打動心意，霍地跳起來，拉著小鬼就走，說道：“一不做，二不休，還有幾百塊錢，用完了再說。本來這一晌，時悶得太慌①。”小鬼笑道：“你又來了。也罷，陪你去消消遣得啦。大局已鬧到這步田地，總算咱們運氣不佳。”大哥催著道：“快走，快走，到那兒喝酒去。”小鬼道：“你先去，我代

① “時”字疑誤。

你換了鈔票，隨後就到。這勞什子，又重又麻煩，攜帶又不便。”大哥點點頭道：“對，對，對，就這們辦。你可定要去，不能失信的哪。”於是大哥跨上包車，立刻往那二等茶室而去。進了門，龜兒喊了一聲，姚大姐飛也似的迎上前來，剛要賣俏，驀然呆住了不動，好像泥塑的一般。大哥張開手，一把摟住，抱到房間裏，笑道（哭後之第一笑）：“你不認得我，我卻認得你呢。”姚大姐這纔鑽到他懷裏，捏了一下道：“又不知愛上了誰，嫌這幾根黃毛多事，逼你削掉了呢。怪道你長久不來，那曉得……”這句話正打中心病，大哥不待他說完，急掩住他口不放。此時外面有客，姚大姐教回說聽戲去了，而且反輕輕罵道：“短命鬼，誰要你們來打茶圍？喫了這碗飯，真也可憐。”因就不由兒的流下幾滴淚來。大哥不忍，連忙靠著臉兒問道：“又同誰作氣？不中意就不接，何必往苦處想咧。”姚大姐颼的一聲①，拚命的打了他一個耳光，大哥負著痛，還代他拭拭眼淚。姚大姐又撲嗤一笑，口對口兒鬼混了許久，不知幹些什麼，也不知灌些什麼米湯。做書的未曾目見，請看官們想想罷。

（慟塵）

（四十三）

一會兒小鬼忽撞進來，見了他們倆口子這樣上勁，哈天呵地的道：“哦唷！幾天不見，就值得如大高興。大哥，你拿去罷。”說著，將手內一卷兒鈔票，摔到牀上去。大哥正待接收，早被姚大姐搶去了，直急得兩眼亂瞪，氣了說不出半句話來（笑後又氣）。姚大姐狠狠的嚙緊牙齒，歎了一口氣，依舊擲還了他，復又嗚嗚咽咽，倒在枕頭上不理。小鬼道：“何必呢，剛纔那樣不要命的好，一刻兒又變轉過來。親乖乖，

① “姐”字原脱，據上下文補。

得啦，坐起來罷，我有要話對你講。”果然姚大姐信以爲真，小鬼笑道：“那裏有什麽話講，咱們大哥尚未喫飯呢。”大姐道：“好意思，又來敲我的竹槓。”大哥剛要答話，不知黄家弟兄，怎麽就會找到這兒，於是大家規規矩矩，談了幾句正文。大哥也覺得二等窰子頗不雅觀，乘著風頭，遂跟了他們一同出去，忍著餓肚皮，接二連三的，逛了好幾家班子。最後黄八爺一定要他去瞧林鳳仙，偏巧又下了天津，白坐片刻，衹好敗興而出。此時飢火中燒，已經熬受不住，黄氏弟兄走後，順便就在韓家潭西口，聚豐園小酒館子裏，喫了點炒麫。小鬼這兩天，因爲籌安會有摇動之象，一個人魂不附體，也頗無聊，衹好陪著張大哥胡閒亂泥。當夜回到客棧，彼此默默無言，各想各人的心事。在大哥是遊興正濃，尚未領略佳境，白白的花了兩三千塊錢，不上兩個月，僅僅買了一隻金錶，其餘竟不知用到那兒去啦。然而這隻金錶，放在身邊，還沒享用到二十四點鐘，又被那打虎的福建老□去。目下衹賸得四百多元鈔票，客棧裏開銷又大，若不早日還鄉，行將支持不下了。至於曾小鬼，更加一層煩悶，雖説一路進京，全靠著大哥的油潤，但東喫西喝，多少也消耗些。做了二十幾天的帝制走狗，忽然南方又大動干戈，茫茫前路，真有不堪設想之苦。刻下牀頭金盡，阮子囊空，幸虧這九百多塊錢上，一交付，一兑换，討了一百八十餘元的便宜，暫且敷衍過去。依舊有山窮水竭的時候，越思越悶，愈想愈悲，反唱了一齣《賣馬》，以寄其恨。

（慟塵）

（四十四）

此夜無話。次日大早，忽傳有客造訪，名片上寫著“商任，字東俠，京兆宛平人”十個楷字，云是會張大哥的。大哥翻翻眼睛，頗覺奇怪，衹好説請。登時就走進一位四十上下的客人，紫面皮，瘦身段，衣服還清楚，但好像生意人模樣，彼此招呼了幾句，纔知打南邊來的。當即掏出一封書信，大哥接開一看，原來是家報也，略謂：商東俠乃北方皮貨商人，這幾年來，專在張大哥的家鄉做買賣，開了一片鋪子在那縣城內，素常與當地富翁頗有來往。張老太連接到兒子幾封信，倒也放心得下。一天，忽然由郵政局，專差送來一封鷄毛燒角的急信，並標明腳力三百文，急得非同小可，尚以爲大哥兒遭逢不測。那二十多歲的媳婦，猶如禍從天降一般，等不到拆看，早就大哭起來。及至啓閱，大家又覺得發笑，因爲大哥在京，一切用度不够，教老娘趕快再寄三四千塊錢，以備開銷帳目。區區小事，大哥竟如此胡鬧，豈有不令人嚇殺的道理。張老太愛子心疼，又從地窖內挖出若干銀子來，兌換好了，偏偏無從寄去。郵局在城裏，相離百十多里，諸多不便，而且地方褊僻，爲大鉅款，郵局亦沒有這許多印花匯票，一事自然難得了。恰巧這位商老板，又到張家口販貨，好容易託了城裏熟人，煩他帶寄。然而商東俠在附近各縣，皆有交易，一路句當，竟耽擱了一個多月，方纔到京。當下張大哥得了如許財源，直樂得手舞足蹈，莫名所以。曾小鬼站在旁邊，眼睛裏也覺火冒冒的，彷彿發紅，心頭小鹿，砰崩劈拍，一上一下跳個不住。可笑，錢是大哥的，何以他竟這樣起勁啦？財發精神長，實在不錯。正是：山窮水盡疑無路，柳暗花明又一村。想不到昨夜憂愁，今朝快樂。但金錢是害人之物，放在大哥手裏，再加上一個黑煞太虛包人完的曾小鬼，焉能平安無事呢。

（四十五）

附白：近來投稿甚多，此篇自難逐日接續，閱者諒之。

記者誌

其時張大哥急忙問道：“有勞，有勞。但不知銀子現在那裏？”商東俠笑道：“老兄，這三千多塊錢，也有三尺來長，我怎樣好帶在身旁，又怎樣帶得動呢？”大哥道：“是，是，我跟你去拿罷。”恰巧茶房回事，說是什麽姓姚的打來電話。大哥心内明白，連忙三脚兩跨飛奔出去，一會兒，笑嘻嘻的進來，對小鬼搗了個鬼。小鬼詫異道：“他那裏還有電話麽？”大哥道：“他說借著使的，所以不能彀多說，怎麽辦呢？”小鬼道：“自然先陪這位商先生去拿錢。”坐了片刻，遂一同到了大栅欄瑞蚨祥號。原來瑞蚨祥卻有兩家，在北京地方鼎鼎大名，要算是首屈一指咧。所賣的雜貨，如布疋、綢緞、皮毛、香粉、油漆、茶葉，以及日用必需之物，應有盡有①，無一不有。店主人在前清時代，一班中下官僚，差不多在他那兒鑽營門路。因爲這位東家，所交結的客人，不是王公卿相，就是豪貴達官。商東俠與他共帳，每年販到南方去的皮貨，總在這兒經手，而且口外商人，多半投奔此地，所以更易接洽。此次東俠來京，仍舊暫歇瑞蚨祥號，即因爲這種原故。當下東俠交代清楚，絲毫不錯，道謝一番，約定改日再聚。先請小鬼到姚大姐那兒去等候，自己跳上包車，復行拉回客棧，慌慌張張，把一封一封的洋錢，收在箱子裏，鎖好了，又細細察過，這纔趕到茶室。往常一進門，好像冒失鬼似的，沒命亂闖，今天忽然變相，反一搖二擺的，走起官步來了。龜頭夥計們見是熟客，當然不用領道，及至跑近窗下，張大哥靈機一透，隨即輕手躡脚的，從門簾縫兒裏朝内一瞧，不由得勃然大怒，一聲咳嗽。姚大姐推開小鬼，打牀上坐起來，問道：“誰呀？”大哥不做聲，挺身而入，昂昂的衹管冷笑。小鬼也坐了起來，覺有點難以爲情。倒是姚大姐手段高明，反撒嬌賣癡的，棖住大哥駡道：“進來不教人知道，當真明燈亮火的，要想尋我短處嗎？曾大爺是你的朋友，我因爲這幾天快上班子，有許多事同他商議商議，你就值得這樣喫醋麽？”大哥反覺無話可說，心一軟，遂又笑陪不是。小鬼乃乘機進言道：“大哥，我看

① 末“有”字原脱，據文義補。

這二等茶室，也太難堪了。他既情願上班子，咱們何妨代他幫幫忙呢。”

（慟塵）

（未完）①

（原載《民蘇報》1917年1月9、10、11、12、13、14、16、17、18、19、20、21、28、30、31號，2月1、2、3、4、6、7、8、9、10、11、14、15、16、17、18、20、21、22、23、24、25、27號，3月1、3、6、8、10、13、17、23號第七版）

① 按《民蘇報》1917年3月23號之後，不見刊載《春明一夢》續篇，疑未寫完。

玉　碎

一燈如豆，萬種淒涼，因憶“不如歸齋主人”曾一訴其生平之恨史，亟追記之。主人姓黃，美丰儀，翩翩濁世之佳公子也，年三十而猶矜，終其身誓不娶矣。至其所以未婚之故，雖有生花筆，十萬言不能覼縷而罄，慟塵僅敘其大略可也。黃生乏手足，幼失怙恃，性傲岸，不屑仰人，塊鞠自謀，幾無有恤之者。族叔好貨，攫其產而屏之，猶秦越人之相視肥瘠矣。及長，漸有四方志，負笈天涯，得畢業於北方某大學，時纔弱冠耳。癸丑革命失敗，遁跡海上之租界，惟以三寸毛錐博升斗。鄰有豪家，其女曰鵑娘者，亦今之可憐蟲也。父早歿，母又龍鍾。乃兄嗜阿芙蓉，日夕以嫖賭爲事。嫂氏妖媚，所與交遊者，類多蕩婦，羣雌粥粥，似不知天下有羞恥事者。而此一雙夫婦，感情尤不協，朝暮勃谿，家庭無寧日。彼則吞雲吐霧，問柳尋花；此則濮上桑間，偷香解珮。偶或呼盧喝雉，一擲千金，轉瞬之間，蕭條壁立。以是鵑娘處此，生趣毫無，然於憂傷焦卒中，忽與此玉樹亭亭，英姿朗朗之黃生者，解后而定情焉。從此紅袖憐才，青衫慕色，鴛鴦入夢，不羨神仙。噫嘻！勸君莫作同心結，一結同心解不開。自古多情，天年易損，美人才士，安望白頭。此邵飛飛之所以薄命可悲，而張君瑞之所以多愁工病也。夫鵑娘固肄業於滬江某校者，繁華觸目，獨賞黃郎，巨眼垂青，窮措大之幸福不淺矣。時值洪憲時代，鵑娘之兄迫於生計窘困，遂投身袁政府之爪牙部下，充當秘密偵探。隱知乃妹之鍾情於黃生也，頗欲得其人而勒索之，蓋志在金錢，無他目的耳，惟卒以圖詐未遂，陰銜之。會駐滬統軍楊某之走狗名劉某者，偵探黨人之巨□也，且曾得一等文虎章，膺少將選，聞鵑娘國色，思納之。因示意乃兄，誘謂秦晉杲諧，不難得一官半職，供此生之喫著也。兄惑之，則又示意於妹。鵑娘大哭，兄怒，戟指詈曰：“管教汝心中人，行將登斷頭臺矣。”黃生懼，匿不敢出，而鵑娘竟殉焉。嗚乎！此真天地間之一段恨史也。鵑娘瀕死，貽黃生以絕命詞十章，惜已散失。吾友天石哀之，爲弔其人曰：“美人自古多情種，玉碎香消願總違。試聽江南春去夜，鵑魂猶唱不如歸。”

（原載《民蘇報》1917年4月5號第七版，署名慟塵）

不忍言

二分明月中，有景女士者，小字燕娘。父某爲邑中文士，家道小康，繼母馬氏，悍而醜，河東獅不足喻其虐也。燕娘幼聰慧，姿容韶秀，尤好讀書。父愛之，使入某校肄業，馬氏不聽，必欲課以女紅，燕娘難之，常遭斥責，以是家庭間殊乏樂趣。同里董某，舊家子也，艷女美，遂請昏焉。馬氏利其財強，欲許之，乃父則力主不可，怒曰："吾家掌上珠，豈沒字碑所能消受，癩蝦蟆不自諒，亦想喫天鵝肉耶！"顧言雖如斯，而終迫於閫威，莫能卻也。燕娘聆狀，幾痛不欲生，玉瘦花啼，柔腸寸斷。蓋三生石上，早種前因，一縷情絲，固已與戎馬書生，化作春蠶自縛矣。書生蔡姓，歙產也，美丰儀，多才藝。甫髫齡，椿萱即相繼逝世，煢煢罔助，蓬梗飄零，王謝堂前，不來故燕。族叔涎其產，尋瓜分之，舊第式微，誰復過問。爾時科舉始廢，新政萌芽，鄉前輩嘉其慧，命入邑中某校，焚膏繼晷，夕惕朝乾，寒暑三更，以最優等畢業。值省垣創辦武備學校，生遂奮然起曰："大丈夫不得金龜玉笏，亦當投筆從戎。三寸毛錐，安能老死牖下。"於是束裝應試，慨然而行，三捷文場，前茅獨拔，師長重其才，咸刮目遇之，不五載而志遂矣。厥後以體躬孱弱，不克馳驅，某學校耳其名，聘爲掌教，兼充某報主筆，時年纔冠耳。

秦淮金粉，不乏麗姝，名士傾城，偏憐同病。不謂春花秋月，臨水登高，而此一對璧人，竟拈紅豆也。蔡生天涯孤客，鬱鬱寡歡，爲遇燕娘，情牽如藕，靈犀一點，青鳥頻通，解后之奇，寧非佳語①。如使君

① "語"，疑當作"話"。

無婦，羅敷有夫。彩鳳隨鵶，安得琵琶別抱；浮梁茶客，詎容司馬多情。此大錯之所以鑄成，而蜀鳥終恨貽千古也。未幾風雲變幻，革命萌芽，蔡生觸當道之怒，奔走日本，孤懸海外，雁杳魚沉，思美人兮，相思莫寄。惟是海枯石爛，方期破鏡重圓；雨妒風狂，孰意好花易落。燕娘遇人不淑，將賦于歸，遙念蔡郎，望穿秋水。值某女士將有扶桑之行，乃密作瑤箋，託其將去。展轉三月，始達郎邊，一覽之餘，肝腸碎裂，竊念事已至此，安忍蹉跎，憔悴名花，寧禁摧折。但玉人家教甚嚴，校律又防閑惟謹，倉皇通簡，轉啓雌黃，百感紛紜，莫得一策。繼思故友吳君，固與燕娘鄰邇者，丹誠欲寄，舍此末由，立繕雙魚郵故國。吳得書，值燕娘放假歸來，暗囑傭嫗，鄭重傳遞。乃事機未密，遽爲金翁所得，覽此情箋，勃然狂怒，立喚燕娘前，擲書示之曰："噫！勿謂兒膽乃若是之巨，偷香解佩，何顏爲人，若其自裁可耳。"馬氏聆此，乘冷笑曰①："何如？女大十八變，余告汝非一日矣。苟此醜播之於外者，董公子能甘休耶？"燕娘默然，癡立久之，亦強笑曰："庸何傷？古人云：'苟中情之好修兮，何必用乎行媒。'兒自問光明磊落，初無悖禮之舉。董某下流儇薄，一猥瑣之墨屎耳，吾母嗜其銅臭，不惜坑女兒於溷，縱弗爲兒計者，寧不人恥笑②。若蔡郎則詩書舊族，文采風流，又豈彼傖所及。欲兒死耳，胡淩逼爲。"言訖，掩面大哭。翁覩此，躊躇不語，頃之，始太息曰："茲事煞費平章，似此又安能了局。"而馬氏仍申申狂詈言："老奴平素假詡文明，輒谓汝女乃吾家不櫛進士，知書識禮者，今竟何如？"翁聞言，拂衣而起，燕娘亦愴然入。

翌晨，天破曉，翁即興起，蓋展轉籌思，夜未安枕也。甫出，見燕娘臥室洞然大開，愕然，呼之無應者，急入而察之，則羅幃虛掩，人已杳如。嗟此可憐蟲，已悄然遁矣。回顧案端，遺信一，旋展而讀之，

---

① "乘"下疑有脱字。

② "不"下疑有脱字。

文曰：

兒不孝，兒亦不幸，慘家庭非人所能受，弗早避者，又將何如。父愛兒，舐犢情殷，碎身莫報，兒果不死者，終有以慰其天年。惟以吾父慈厚，而乃遘此慘變，兒之罪豈容逭耶。雖然，孤身遠適，弱絮飄零，又豈伶仃女子，所能禁受。使吾母在，則躬逢今日，方將痛惜之不暇，又安釀如斯悲劇。回思及此，能不泫然。要之，處境至此，未即捐軀明志，而尚苟延殘喘者，徒以吾父年邁，暮景難堪，海角天涯，彼人尚在耳。烏乎！兒不德，冒恥遠征，地老天荒，終必守身如玉。兒之心苦矣，父其諒之。言不盡情，伏希珍重。

翁讀竟，涕泗潸然，而馬氏尖峭，益又揶揄不已。翁處此，熟聞其冷語熱嘲，憂憤成疾。雖偵騎四出，遐邇訪尋，而冥冥鴻飛，終如黃鶴。從此家庭詬誶，無有已時，而景翁膝下淒涼，正不知傷心幾許也。讀吾書者，當知燕娘之遁，實非得已。世間苦兒女，內迫於慘惡之家庭，外囿於纏緜之愛網，雖發乎癡情，守以大義，而寸心皎潔，既不見諒於人，勢厄途窮，亦惟有出之於死。然春蠶待老，蠟炬成灰，處境之艱，固有非一死足以了之者。在天願爲比翼鳥，在地願爲連理枝，此燕娘之所以不死而去。蓋此姝心性堅忍異常，落落大方，頗饒有丈夫氣概，故精誠一片，終不以水盡山窮，而無望花明柳暗也。

既出，乃喬裝爲村婦，垢服毀容，頓失廬山真面。曉風殘月，踽踽獨行，歷二日，始抵北鄉某鎮，尋得黎媪所在，即往依之。媪故和厚，燕娘之乳母也，見女至，訝甚，然貪其貨，遂安焉。燕娘初意擬小作句留，再赴日本，亦知窮鄉僻野中，音問梗滯，終非久居之計。惟寄食農家，終日無所事事，自問亦良不忍，於是女紅之餘，間親園藝。然媪固待之厚，雅不欲勞其玉質，而若夫若子，亦以主人視之，洵稱難得。久久①，鄰家婦女稍稍見女者，咸驚爲天人。媪深於世故，則以巧言相飾，或一笑付之，蓋燕娘裙布釵荆，亦宛然一小家碧玉也。

水村山郭，野色怡人，樵唱漁歌，別饒風趣。閒話桑麻之樂，暇視機杼之聲，世外桃源，儼然福壤。惟燕娘煢煢居此②，備極淒清，月夕花晨，往往腸斷。媪敬女，愛護有加，顧個裏愁懷，又豈黄臉婆兒，所能解喻。古詩云："別淚人前不敢揮。"大有此慨。

光陰荏苒，倏忽三月，釵釧之屬，既典質一空，前路茫茫，寧堪設想。況乎扶桑萬里，遠隔重洋，弱質飄零，詎無意外，噫嘻！上念高堂，遙思遊子，芳心一點，能不碎耶。比時村有富豪曰戈老大者，耳女美，謀納之以充後房之寵，蓋竹籬茅舍中，如許麗人，實登徒子久所注意者。矧媪家貧寒，平素無葭莩親，人所共曉，即承爲燕娘乳母，又誰見信。諺云："各人自掃門前雪，不管他家瓦上霜。"

同村土著，半多安分編氓，出作入息，方謀升斗之不遑，春水一池，奚干卿事。惟戈老大則不然，白鴿子自天上飛來，必欲嘗此香臠。一日招媪至，笑謂曰："少年荒唐老年乖，不謂汝家蓬齋，居然作藏嬌金屋。彼姝者，子苟不令小可消受者，能安然作搖錢樹耶？"媪覩狀，舌撟然不能作一語，默念此事關係甚鉅，又烏可草草應命，因笑答曰："哦，大郎誤矣。吾家小姑娘自城內遷來，爲愛鄉間空氣，作養痾計耳，況不久將歸去耶。"戈聆言怒甚，始而施以恫喝，要挾有加，繼則始鼎其言，嬲求不已。媪義不爲動，慨然告別，而乃夫畏，因以勃豀。亡何，惡混十餘人，破門而入，勢洶洶，強橫匪禮喻，臨去，限三日獻女，違者立出首，捉將官裏去。媪色變，頗覺跼蹐，目視女，簌簌淚下。燕娘夷然自若，嫣然謂："區區事，媽媽胡滋懼乃爾。儂久有去志，際此正好行耳。"媪曰："姑姑出身閨閣，髫齡即多病，怯不禁風，

---

① "久久"，疑當作"久之"。

② "燕"字原脱，據上下文補。

此去又將安適？以余度之，兹月中老主人倚閭情殷，當亦量轉，何如送姑娘歸去，徐圖良策。”燕娘泫然曰①：“媽媽知我家慘狀，亦忍作斯言耶？儂一日不見蔡郎者，寧漂泊以死，否則又奚必多此一行。”

嫗愛女，且知其性烈，縱勸亦無益也。有頃，得一策曰：“去此三十里，爲仙女鎮，該處有尼庵，住持者即吾之遠戚，盍暫往相就。目下身無長物，莫名一錢，渡海而東，寧能赤手空拳，插翅飛去。”燕娘知别無他法，然其説，立買棹行，幸值昏夜，無人知者。既至，寒喧畢，嫗乃詭其辭曰：“年來苦水旱，一家數口，幾無以支持，老骨頭偏不死，毋已仍依舊主。主人憐小姐多病，以星家言，今年必皈依三寶，食十方飯，以期解脱，故攜之來，暫借一榻，俟灾星退，當即迎歸。主人現方疾，不久或來探視，幸見諸焉。”言訖，以十金相餽，且曰：“斯戔戔者，姑作香火資，希即哂納。”噫！嫗老且貧，一鄉間之苦人耳。區區數金，在富翁視之，不過太倉一粒，而在躬耕數畝，日操十指以生者，實措之不易，況嫗之得此，尚謀自質庫耶。尼聞言，遲疑不語，有頃始首肯。嫗瀕去，燕娘牽而哭之曰：“媽媽，此德恐今生莫報，惟……”嫗黯然强慰之曰：“毋爾，防爲尼覺，余知之，此行當爲汝自郡城從吳先生處，一探其消息可耳。”

尼名印空，年事在三十左右，十年前墮落風塵，以妖冶故，艷名大噪。後歸丹徒富賈，賈有季常之懼，雌風燄熾，不能相安，尋得其醜行，遣資擯出。秋風紈扇，顧影淒涼，於是剃度空門，以期懺悔。惟楊花水性，寂寞難甘，以李紳力，住持斯庵，心感之，即報以色相。山盟海誓，倒鳳顛鸞，結方外不解之緣，誠所謂皆大歡喜矣。當燕娘初來之候，印空頗疑其倉皇，既思此豸娟娟，未始非我之奇貨，因許之。嗟乎！貪嗔癡愛，五藴未空，似此浮尼，殊傷風化，正不知名門閨秀爲其所誘者，又幾許人哉。慨燕娘以清淨之身，墮穢邪之穴，懵然與俱，又

① “燕”字原脱，據上下文補。

安悉此中底蘊，誠可傷焉。按斯庵屋宇無多，一院中惟前後兩進，及偏廡三五而已。燕娘喜靜，商之尼，闢左廂獨居，糞除灑掃，亦頗幽雅。惟禪堂寂歷，寶相塵封，頂禮修梵，從未一見，日漸久，心甚疑之。蓋尼視暮鼓晨鐘，似非佛門事也，且庵内別無他尼，僅□貪酒好貨之廟祝，及日事炊爨之女僕，以供奔走。印空喜修飾，多秘行，而尤好浪語，夜常不歸。詢之，則以有齋醮對，以是疑之益甚。女僕爲姑蘇人，蕩而黠，鎮日倚門賣俏，與無賴佻㒓。燕娘日處針氈，有如芒刺在背，心怦怦，知險象之不遠也，則挑燈枯坐，血淚涔涔，而天氣漸寒，又不勝翠袖之感。嗟乎！斜陽影裏，征雁聲中，苦雨淒風，柔腸九曲。半年來飄蓬浮梗，飲泣含悲，遙望扶桑，一葦莫渡，相思萬疊，欲寄未由。遊子□□□，亦知蓮子苦心，望穿秋水否？

計自避居於此，屈指三旬，間嘗與印空晤面，彼此皆落落寡合。薰蕕易味，本係天然，而印空惡其冷淡，銜之頗甚，女僕和之，亦漸施其淩虐。烏乎！冤禽有恨，苦海無邊，蔬食菜根，已不堪其淡泊，而況並此麥飯，得之不易耶。然尼且加以譏刺曰："區區十金，尚不給佛前燈火，果十方檀越，皆如此枵腹而來者，吾輩一一款待，不將喝西北風耶！空門内安知千金體裁，樂則安之，苦即去耳，誰係汝家奴婢，輒仰人冷面哉。迄今一月，不聞汝家探慰，自己販桃子（揚俗語，意謂私奔也），猶不知靦，假貞節，安想欺人！"讀者諸君，此一席話，在吾輩聞之，猶覺刺骨，局中人處此，則又奚堪。顧燕娘天性剛傲，耳尼言，痛極罔狀，展轉思維，計惟有舍此而去。越二日，忽得黎媪來書，略謂吳某已南行，蔡郎有書信與否，無從探悉，翁亦以事至白下，未卜何幹云云，讀竟爲之悽絕，於是去志益決。然阮囊羞澀，畢竟何以首途，天下惟阿堵，足以困人，舉目無親，誰爲將伯。毋已，乃密卸手中約指，以與廟祝，斯蓋蔡郎所贈者，質之僅得銀幣四枚。屏當畢，遂白尼辭行，印空阻之曰："脫汝家向予索人，余將何詞以應？姑娘行，余亦不便挽留，惟待汝乳娘來，始好去耳。"

燕娘哂曰："吾師何膽怯乃爾？吾儕私奔女子，寧能污此佛地。"言訖，憤然出。雇舟至京口，旋赴夜輪行，翌午抵滬，資斧亦告罄。同學黄女士秋英掌教於某校，登岸後即趨訪焉，把晤之餘，當即掬衷相示。惟秋英客居於此，未便下榻，而束脩微薄，又不克壯其行色，俾遂東遊，末路伶仃，不得已姑投逆旅。

畫閣珠樓，馬龍車水，繁華歇而良莠匪齊，蓋社會上表面愈文明者，其内幕亦愈黑暗。久居滬瀆，當知此中怪相。兹燕娘以一弱女子，孤身作客，行李蕭條，羣小慕其色，多潛躡之，而魑魅罔兩，牛鬼蛇神，亦莫不顛倒垂涎，謀逞狡獪。半年來，雖瘦比黄花，而憔悴中，仍不減其丰韻也。遊蜂惹蕊，浪蝶拈香，燕娘處境之危，誠非筆墨所能罄。且天寒衣薄，顧影孑然，春水一池，奚憐卿事。所幸秋英慷慨，頗以故友爲念，燕娘德之，而芳心益碎，憂傷過度，不經旬遂病莫能興。秋英聆狀悽然，屢以婉言相慰，擬乘此邀乃父來滬，蓋舐犢情深，未必咎其既往，顧燕娘性至堅忍，雅不欲多此一舉，頻拒卻之。未幾，日見緜惙，旅邸中隱有微詞。秋英知之，頗爲焦灼，而燕娘神經棼亂，夢寐中時作囈語，必欲一渡東瀛，雖死無恨。幸秋英有戚某，爲紅十字會醫院幹事，不得已往謀之，得院長許可，遂移榻於彼。比景翁遠遊歸，得秋英密告，束裝畢，即託故至滬。蓋馬氏蠻悍，日常施其嘲謔，實不可以禮喻①，苟令知之，又啓唇舌，故寧秘之爲妙。翁見女驚喜之餘，淚涔涔奪眶而出。是時燕娘病勢稍殺，方依枕讀小説，猝覩翁，暈然而絕。久之始甦，不禁失聲哭曰："兒不孝，兒實不得已耳。"翁曰："吾兒，汝亦忍矣。兒行後，董氏子無理取鬧，思之令人髮指。汝母且助紂爲虐，洋洋得意，而彼姪亦聞風至，居然以螟蛉自視。余無已，避往白門，家中事惟有聽之而已。噫嘻！吾兒，余行年五十矣，近且就木，一生心力，咸因汝瘏悴。汝生母逝世時，汝年方幼，中饋無主，始有續絃

① "禮"，疑當作"理"。

之舉。兒在家時，余已苦其橫悖，況兒行乎？彼傖知事成畫餅，屢遣人毁婚，而彼貪其貨，行聘金玉，多靳而弗與，似仍非斬釘削鐵之了局也。雖然，汝之心迹，余已曲諒，盍從余歸乎？”燕娘嗚呼而泣，誓志不返，翁愛之，不欲拂其意旨，旋與秋英謀，復入某校肄業。翁遂歸，而馬仍弗知也。

白衣蒼狗，時局倉皇，亡何而鼙鼓紛紜，武昌獨立，金戈鐵馬，羽檄飛馳。於是革命一呼，志士雲集，而風塵淪落之蔡生，遂於此時返國。朝占鵲噪，夕卜燈花，燕娘得遊子歸期，躬往迎迓。既見則十分春色，喜上眉梢，握手河干，羞呈兩頰，滿腔幽怨，至此冰消，而縷縷情絲，反不知從何說起，以故相逢一笑，脈脈無言。惟蔡郎以匈奴未滅，何以家爲，小作句留，怱怱赴鄂。良以千鈞一髮，戎馬倥傯，同志盼望彌殷，安敢作兒女癡情，纏綿自誤。未幾金陵響應，第九鎮敗走雨花臺，兩點金焦，遂爲下遊重鎮。揚州以一水之隔，岌岌其危，某軍長虎視耽耽，居民益驚惶罔措，風聲鶴唳，草木皆兵。數百年樂業安居，人多謹願，而十日屠城之慘，鄉父老歷歷言之，猶覺談虎色變，況丁茲時局①，更不知無情砲火，又將若何，是以紛紛避難者，多資下河。而景翁繫念明珠，乃移家至滬，斯時馬氏見女，慚愕莫名，以阿家翁匿而不告，銜之尤深，然亦無如何也。未久，董以某軍長之呵護，襄惡軍需②，佩劍戎裝，儼然以偉人自命。尋奉公至滬，偵知燕娘蹤跡，貪心復熾，諸於馬③，必欲迎娶爲快。翁難之，家庭間又多詬誶，幸燕娘未雨綢繆，先已投身紅十字會，充當看護，瘡痍滿目之候，姑以國事爲辭，蓋隱示指絕也。惟董固無賴，又兼身□護符，以是強詞要挾，有所恃而不恐。燕娘知難以理論，作書斥之，略謂：“人各有志，不可相

---

① “丁”，原作“工”，據文義改。

② “惡”字疑誤。

③ “諸”上疑有脱字。

強。從前在專制時代，或爲陋俗所囿，今茲共和肇始，凡百刷新，而婚姻一端，尤當以自由解決。大丈夫不患無室，胡必戀戀於我，請即扛消前約①，勿復再提云云。”董得書，憤愧交並，明知美人心坎中，別有所眷，強之終難好合，然臨箸一臠肉，遽爲他人攫去，復何面目向人？何物狂奴，敢爲吾之情敵，苟不鋤而去之者，安得立身天地？默念及茲，而禍機乃伏。

爾時上海製造局既已失守，海軍亦倒戈相從，熱血男兒，咸從事金陵之役。某大帥以軍弁起家，感念舊朝，誓死負固，於是朝陽門外，幕府山頭，礮火漫天，橫飛血肉。而此醉心共和之蔡郎，素持鐵血主義者，至是亦躬臨戰役，冒衝矢石，躍馬前驅，彈雨鎗林中，亦置死生於度外矣。惟大帥率燕魯之健卒，將強悍之蠻兵，晝夜預防，勢頗不弱。故兩軍酣戰中，蔡郎竟飲彈而踣，所幸創傷在臂，尚可回生，但卒以流血過多，僵昏臥於榻者，殆三晝夜。夫豈知孤燈影裏，固有人嘗湯親藥，目擊其呻吟沈痛，日爲之紅淚盈盈耶。然朦朧恍惚中，仿佛有美人在側，看護殷勤，而其玉腕柔荑，亦似撫摩弗輟者。迨醒，藥氣觸人，咳嗽大作，而臨窗把卷之女士，忽聞聲而前也。眼窺之，不禁駭絕，蓋此亭亭之看護婦，實即己之燕娘也，喜極之餘，泫然泣下。燕娘則嫣然一笑，合掌以祝曰：“天乎！儂憂釋矣。畢竟蒼蒼有眼，福我蔡郎。”數語未終，亦不禁感極而慟。斯時四目相對，反覺無言，破鏡重圓，樂溪有涘②，而蔡郎則徐伸兩臂，抱而吻之，曰：“破題兒第一遭，卿勿嗔怒。”

白門光復，還我河山，臥病蔡郎，喜占勿藥。於時石頭城裏，軍隊於林，五色旗飛，又是一番氣象。論功行賞，蔡郎已遊擢參軍，白羽華盔，誠少年之壯事矣。際是美人豪士，按轡偕行，舊地重遊，賞茲豔

① “扛”，疑當作“打”。

② “溪”，疑當作“奚”。

福，而回念青衫落拓，紅袖飄零，事過情遷，恍如一夢。讀吾書者，對此一雙佳耦，其亦心慕而神馳耶！

惟是天魔捉弄，好事難常，孽海迷茫，偏釀慘劇。試思珠聯璧合，古今曾見幾何；才子佳人，造化由來狡猾。以郎才之賣賦，倜儻風流；配妾貌之羞花，溫柔婉淑。似宜天荒地老，留佳話於百年；奚知興盡悲來，怨精禽於千古。值花好月圓之候，正掀波翻浪之時。而不料英爽之蔡郎，魔劫方回，爲宵人暗殺，同志哀其死，卜葬於紫金山下，勒以石，誌其勳業。從此一抔黄土，萬事雲煙，屈死英雄，永貽幽恨，而燕娘之芳心摧裂，更可知焉。嗚呼！泡影曇花，啼痕莫斷；蘭因絮果，舊夢難尋。此天地間之最可傷心，而鬼神聞之，亦當流涕者也。顧燕娘以蔡郎之死，曖昧莫明，一縷癡情，必欲相從地下，繼念兇人兔脱，緝捕徒然，踏破鐵鞋，復仇是要，因即作書至滬，託詞遠遊，實則變服易形，方從事偵探。於是秦淮河畔，揚子江干，無不有此巾幗英雄之蹤跡，而秦樓楚館，酒肆茶寮，亦復爲弋人之獵藪矣。

京口大觀樓臨江而建，粉飾宏都，洵旅館中之巨擘也。一夕，一餐室中有軍官某，著金絲鏡，服狐皮袍，口雪茄，足革履，左擁右抱，笑傲其間。一時履舄紛紜，觥籌交錯，衣香鬢影，酒綠燈紅，大有堂上一呼，階下百諾之概。館主懾其勢，廳給弗暇，而侍者穿梭，亦僅知其爲董大人，雄於資而赫於勢耳。於時回廊曲檻間，乃有一慘綠之委頓風塵者。

顧館中人周旋奔走，半皆逢迎上客，奚問此抑鬱少年，涖兹何謂。然當其來也，逕欲扣闢而入，踟躕有頃，則又趦趄莫進，略窺視，忽點首揚長而去。惟室中人猜拳行令，低唱淺斟，又安料一剎那間，禍生意外。亡何，此皇皇之董大人者，忽焉而玉山頹，酩酊醉矣。侍者推扉入，白廣陵有專弁來，頃竢於外。董聆説詫甚，踉蹌而出，則有一修美之少年，趨前致敬："田軍長有札來，速駕耑返。"董□□□□□□事發，蓋軍中餉糈爲盡，所侵餽者，其數至夥，腰纏萬貫，上官早聞其不法矣，因曰："書安在？"少年即呈而進之，印信煥然，果係幕中手筆，寥寥數語，但命其速返，初未述及何事。如許悶葫蘆，一時竟無從打破，心甚疑焉。觀察少年顔色，覺有異，然醉態模糊，竟未窺破底蘊也。閲畢，盛氣向少年曰："汝名誰，胡曩時未曾覩汝？"少年聞言，色立變，俄頃已復其原狀，應聲答曰："僕名童士，供差剛三日耳，無怪大人不識。"言際，鞠躬唯唯，若不勝其跼蹐者。董曰："夜色已深，如何歸去？明日行當不遲耳。"少年曰："僕乘耑輪來，方檥舟以待。臨行陳先生叮囑至再，謂有要政商榷，宜以今夜歸去。"董曰："吁！吾知矣。毋嘵嘵，其稍待。"曰："諾。"董入，匆匆與諸友別，即戴冠而出。少年提燈前導，行半里許，地漸幽僻，昏黑中幾不辨方向，僅聞江濤澎湃而已。董怒曰："門外即江干，何獨停泊於此？"少年忽卻步而立，手中燈亦同時撲滅，轉身面董曰："咄咄！汝識我否？童士乃董死之謂耳，汝憒憒尚不知耶？"言際出手槍擬之，厲聲叱曰："毋吠，否則立斃汝，亦猶撲鼠耳。余茲有問於汝者，蔡郎之死，其汝所殺乎？速言毋隱。"董處此，觳觫罔狀，囁嚅曰："吾……不敢……吾亦不知。"少年則冷笑曰："狡哉！汝狗耳，喪盡天良，心肝何在？今日狹路相逢，何恧縮無丈夫氣耶？"董聆言，益悚懼無人色，然猶呐呐問曰："先生果爲誰何？余……"少年冷笑曰："淳曩在上海，目灼灼窺於窗隙，彼時當飽爾眼福，今竟忘卻否？"

言際聲音悽楚，悲咽不能成語。有頃始嗚咽曰："汝一市井之流氓耳，浴有滿身銅臭，以利餌劉媪，巧鼓流簧，惑吾繼母，吾旅學，不知此中真相，竟墮奸術。迨吾遁，汝又妄肆雌黄，謗吾不潔。然吾避居滬瀆，猶冀汝知翻悔，而孰謂不然。吾繼母本毫無知識，自受汝紿，家庭勃谿，幾無寧日。吾遺書於汝，可謂詞嚴義正，而汝賊心不改，竟奪吾蔡郎而去。彼時偵察未備，良不欲遽誣無罪，緣汝雖鬼蜮，或不致出此毒手。詎意事能逆料，汝竟使人狙擊，撫心自問，其亦安於衷否？至於吾父，聞耗惋惜頗深，蓋老人器重其才，已非一日，然終以吾母受蠱，終日詆訶，而媒婦登門，又屢唆不已，因是暮年憯惻，邑邑而終。傷哉！吾父乃生我者，蔡郎乃愛我者，試思煢煢弱質，終身所仰賴之人，舍此誰屬？茲汝殺人之巨憝，既戕我知己之蔡郎，復死我高天之慈考，吾雖女子，固非庸庸可比，一腔熱血，安能聽汝自由！天網恢恢，疏而不漏。今得汝，未始非冥冥中英魂呵護。然使汝死於法，毋寧死於吾，蓋吾之刃汝，在汝則罪惡不彰，在吾則引爲大快，取不共戴天之義，即吾父之死，已無活汝之理，矧共和志士，又爲汝所慘斃耶。言止此矣，搖尾乞憐，肖犬狐之賤態，反貽笑於女子。嗟乎！懸崖勒馬，知足常樂，汝果自量者，又安有今日。要知蔡郎雖死，吾奚樂生，汝雖死，吾悲仍在。天長地久，此恨綿綿，汝淪吾於慘境，而亦不免於死。殺人自殺，汝心忍，汝亦愚哉！”言訖，轟然一聲，傖奴立飲彈而仆，而燕娘則鼓掌大笑。從此浮雲野鶴，不知所終，或云落髮深山，或云癡情飲酖。總之，死與不死，其茫茫身世，苦可知焉。後有自紫金山下遊歸者，謂該處農人云，每於中秋前後，必有一焦卒之少年，杯酒紙錢，掃墓而慟，而來時必題字於碣，淚枯始去，嚶嚶啜泣，殆疑爲燕娘云。

（原載《民蘇報》1917年4月6、7、8、10、11、12、13、14、15、17、18、19號第七版，署名慟塵）

天乎兒苦矣

"爸爸，爸爸，我要買泥人，二姊何獨有？阿母將撻之矣。"此一活潑潑地八齡童子所語也。其父不答，抱而吻之者數。俄頃，一垂髫幼女握泥人一筐，奔而出，亟趨至父側，鞿然曰："父乎，母親云今日二月二，阿姊歸來，是否當留之小住？"言未畢，童子忽狂躍曰："二姊，盍與我？"父微笑撚鬚，頻視童子，則聒絮不已，將從若姊手中，奪其心愛之泥人以去也。女懼，返身急入，父始止之曰："杏兒，汝弗與壽郎耶？"壽郎者，童子名也，聞父語，趣前攫之。杏兒逃，壽郎果大哭，踉蹌入內，愬諸母。母命杏兒給之，杏兒亦大哭。母叱曰："癡妮子，曾見有十三四歲女兒，亦學人家討閒氣耶？速取來，勿與若弟爭也。"杏兒怒，悉數擲於地，片片碎矣。壽郎又哭，母無奈，予以墨餅一，乃跳而去焉。亡何又跳回，拍手呼曰："阿姊歸矣。"則一儀容絕代之少婦，冉冉自戶外入，真天人也，然眉態含愁，若不勝其憔悴者，殆傷心人乎？果然涔涔淚下。父遽起，強慰之曰："噫！榴娘曷自苦乃爾？杏兒，速擰一手巾來。"弗應，母冷笑，久之，乃厲聲曰："是真可怪，余未見天下之善哭者如彼姊妹，然杏兒□誂，猶可諒也，今大姑娘已爲人作媳，奈何亦撒嬌耶？俗云：'打扮打扮二月二，家家撐船帶女兒。'女兒歸寧，樂且無既，啜泣胡爲，啜泣胡爲？"榴娘遂報以詞曰："是亦可怪，女兒有傷心事，女兒之命薄，女兒自受之，然不爲骨肉如吾父道者，其訴之塚中人歟？雖然，吾已矣，杏妹妹又將何如？烏乎！壽郎有福，竟不知無母之可悲耳。"僕婢進午餐，榴娘不食，杏兒亦不食，於是此家庭中，索索無生氣。及晡，榴娘偕杏兒出，父聽之，母亦不問。翌日，忽傳有少女二人，投沉於錢塘江上者，屍浮，察之，則此可憐之姊妹花也。殮時，其父於榴娘懷中得一紙，書云：

天乎，兒苦矣！今願與杏妹死以捐其恨。兒固薄命人，不幸而呱呱失恃，又不幸而遇此繼母，抑尤不幸而耦此傖奴，辜負聰明枉讀書。天乎，兒苦矣！至杏妹雖穉，他日亦步我後塵耳。東村盛氏子，年十六而目不識丁，銅臭之夫，安容以污阿妹。天乎，阿妹亦苦矣！

（原載《民蘇報》1917 年 5 月 6 號第七版，署名慟塵）

五、書　啓

致　幾　伊

幾伊兄鉴：

一别經年，渴念極矣。文旌南下，魚雁未通。比來托跡何方，幸速賜示本報編輯部爲荷。

慟塵啓

（原載《民蘇報》1916年8月16號第七版“人事介紹”專欄）

致淑予君

淑予君鑒：

拜讀珠玉，甚感。佳什想頗多，仍希續賜。

慟白

（原載《民蘇報》1916 年 10 月 31 號第七版）

致竹淚老二

竹淚老二鑒：

何近日無尊著見示，豈閣筆耶?

慟白

（原載《民蘇報》1917年5月22號第七版）

慟塵啓事（五則）

（一）

閱本月十五號《民視報》，投稿有《題贈素馨仙子筱四喜集句》十四絕，並署名泊慟園，讀畢齒冷久之。蓋此係鄙人八月前之舊作，且非贈筱四喜者，更不知筱四喜爲何如人，而此君竟抄襲之，抑何嗜痂乃爾。一笑。

（原載《民蘇報》1917 年 1 月 18 號第七版）

（二）

鄙人所著《苦榴花館雜記》，逐日登載敝報，謬承海內大雅，選而錄之，自愧不文，何堪寓目。惟諸君有嗜痂癖者，尚希存列賤名爲荷，蓋一經採入《筆志》，不免貽鄙人以抄襲之嫌疑焉。且近已彙集成篇，行將出版。知我愛我，均希諒之。

（原載《民蘇報》1917 年 2 月 27 號第七版）

（三）

徵求謎語

海內宏達，倘撰有絕妙謎語，能以“慟塵”二字射之者，毋任歡迎，並略備相當報酬，以答雅意。惟須將此紙裁下，依式填寫爲荷。

汪慟塵謹啓

投寄者姓名住址	
謎底	撰　　　　句
慟	
塵	

（原載《民蘇報》1917年3月11號第七版）

（四）

鄙人近日病腦，所著《冤魂淚》彈詞暫停數天，以資休息，閱者諒之。

（原載《民蘇報》1917年5月30號第七版）

（五）

蒼狗白雲，又驚檮杌；城狐社鼠，甘肇厲階。禹甸神州，豈堪破碎。鄙人痛心疾首，倉卒出都，避難津門，不如歸去。以致拙著在剞劂中，未克完全蕆事，而復辟影響所及，印刷局亦匆匆輟業。爰就已梓篇頁，裝訂成書，以副預購諸君之雅意。餘若干言，權且割愛。一俟河山無恙，日月重光，當亟續付手民，貢獻於世。抱歉罔極，諸希諒之。大中華民國六年七月一日汪慟塵倚裝謹白。

（原載《苦榴花館雜記》書末，北京共和印刷局，1917年7月）

淚　書

卿乎，汝嫁耶，汝竟嫁耶，真耶否耶，汝忍心棄我，乃一至於此耶？

卿乎，汝心安耶，汝良心安耶，汝幡然改計，乃如是之速耶，抑何以心如鐵石，終出此最後五分鐘之決斷，以陷我於苦海而不稍憐念耶。烏乎！余心碎矣，余腸斷矣，余之萬縷相思，已寸寸灰矣。古詩有之，人靡不有初，想君能終之。別來歷年歲，舊恩何可期。重新而忘故，君子所尤譏。寄身雖在遠，豈忘君須臾。既厚不爲薄，想君時見思。敢問卿卿，胡以自解。烏乎！忍哉卿也，癡哉我也。侯門一入深如海，從此蕭郎是路人。我恨不化爲鳳蠟，一照卿却扇之顔色；我恨不化爲鸞鏡，一鑑卿畫眉之丰神；又恨不化爲燕子，飛入華堂，一視卿結婚書上之簽字；尤恨不化爲蛺蝶，飛入繡閣，一窺卿鴛鴦帳裏之雙棲。然我雖不能化身，我固知青廬交拜之日，卿之芳心必愉快也。我亦知紅燭高燒之夕，卿之蜜意必婉轉也。嗟嗟！新歡似漆，舊夢如煙。當夫良辰美景，千金一刻之時，又豈知蕭郎乃海天作客，愁臥舟中，正爲卿屈指佳期，而魂斷心驚不止也。彼時狂濤萬丈，風雨終宵，一豆殘燈，忽明忽滅，蓋仿佛神魂飄蕩，身在都門，見玉人睡眼惺忪，偎倚新郎之伴。亡何，卿從余而出，泫然曰："君恕儂，儂實逼處此耳，顧兩載後，可相見也，願毋忘。"余大哭而醒，則南柯一覺也，初不料竟符夢境。悲哉，悲哉。

憶與卿分別以來，奚止一夢。去年二月七日，夢卿罹滅頂，余奮身沒水拯之，迨救起，已香消玉隕矣。七月十二日，又夢已忍辱出閣，始以爲妖夢難憑，未足盡信，然今廼驗矣，豈蒼天示警，一如佛法所謂指點迷津歟。夫夢徵屢見，参以楚歌四面之人事，在稍有慧根者處之，應早早將情絲斬斷，余雖不敏，又何嘗不亟求解脱耶。無如卿之毅力堅定，非朝秦暮楚者流，以心相知，以身相許，余所深信而不敢疑者。證以去夏情形，卿於西山之麓，先黯然謂余曰："近吾父待予竟異疇昔，予不知其何心，然前日有函致予叔，謂予已畢業，成績尚好，獨褦襶，予仍茅塞如故，果何法能使之開者？"余詢曰："然則尊侯乃迫汝嫁耶？"卿曰："何嘗不是，雖然，彼亦不甚滿意於某之行動，至於吾母，則必使吾儕相見，殆亦窮于對付已。"余又詢曰："某之於汝奚若？"卿答曰："噫！彼侏儒耶，彼常以書札嬲予，自予觀之，滿紙皆不通語，沒字碑醜不知恥，毋寧藏拙爲佳。"凡此皆卿所語者，言猶在耳，曾幾何時，而卿竟嫁矣，然則卿亦慣紿余哉。

自民國四年夏七月九日，相偕入都，形影俱隨，朝夕聚處，曲中之意，絃外之音，兩心相印之深，固由於卿之憐才，亦由於我之惜玉。萬生園裏，陶然亭中，卿一則自悲命薄，再則以骨肉視余，余之因憐而愛，因愛而敬，因敬而慕，莫非無端，而風波險阻以後，天涯咫尺，音問隔絕者半年，爾時便大家撒手，豈不了哉。乃忽又聚首津門，重圓舊夢，纏綿夜話之際，卿乘間訴余曰："家人又將於八月迫予，予始終堅持到底，看教予如何去也。"愁人相對，涕泗者久久，詎意好事多磨，風波又起。卿登樓而哭，私以片箋囑小妹致余曰："頃家人以儂與先生私語，非難頗甚。天乎！儂之不幸，竟如是耶。"余詰朝遂念念冒雨而去，臨别，卿之淚痕猶點點被雙頰也，余飲泣登車，魂魄喪失。返都後，旋又得卿一紙，書曰："一别半載，黯然魂銷，願言之私，與日俱積。曩夕本擬與先生剪燭深談，一訴衷曲，而人事相妒，傾吐未能。烏乎！命而如此，奈之何哉……"由此觀之，卿之引余爲知己也，固不僅蘊蓄於中，益且流露於行間字裏，則雖欲急流勇退，勒馬懸崖，又烏可得者。

然卿之一片愛情，尚不止此，蛛絲馬跡，在在難忘。爾時津門再見，卿以家人詬誶之故，獨下樓語余曰：“彼輩殆皆以吾儕二人爲……”一也。余主持筆政，患腦暈，卿間接由校中寄語，命常以冷水沃面，卿之憐余如此，二也。未久，狐鼠盜國，復辟變生，余倉皇避亂津門，卿亦出都返廣，同爲比鄰，卿知之，先移玉枉顧，時余方夜膳，殊赧然，而卿則啓齒慰問：“先生來耶，何不早使儂知也。”眷愛殷殷，至於此極，三也。又憶入都之始，正溽暑，余病卧尊府，卿慨然讓家人曰：“人家身爲旅客，如何便聽他回寓，不如請大夫來，一診治之。”菩薩心腸，令人感泣，四也。西山之遊，趵突名泉，傾卮共飲，尋幽探勝，形跡都忘，卿跨衛而行，余步從，委頓欲踣，卿下騎讓之。午後至碧雲寺，寺有林泉，流澗淙淙，松風謖謖，吾儕擇高與樓齊之石臺而坐，於此乃稍滌征塵。卿探囊出桃紅色之粧匣，對鏡理鬢，侍者以盥器進，反索余面巾而沃洗焉，事畢，飴予口香糖及麪包果品之屬，少選進餐，共案狂笑而食，且預約今日必盡興卺遊方已。此景此情，豈同泛泛，五也。小住未久，余得電，倉卒言歸，卿密以綵繩、繡帕、錦囊、羅襪遺余妹，而別以手織之絲縧二事贈余，蓋所以示情絲縮腰，雙雙纏緜之意，解珮之恩，奚逾於此，六也。卿嫻於音樂，且素精，長夏無事，習吹簫，作《梅花三弄》，而一譜一拍，必就正於余，真不啻小紅低唱之樂，七也。蘭閨膩友，魚雁殷勤，每答瑤箋，必倩余捉筆，卿不見外，故余亦不辭作妝臺牛馬走，八也。卿不喜作葉子戲，某日，忽招余爲之，約僅鬬一牌，以兩番決勝負，二人坐次，爲上下手，有時竟不覺腕相接而指相觸也，卿頻頻一笑付之，横波流盼，儀態萬方，那得不令人顛倒，九也。曩時卿以校中英文爲隨意科，習與否，自主可耳，乃轉以詢余何也。客歲，卿畢業，出其與女友所書蟹行字，浼余月旦，余不知何者爲卿之手跡，但擇其娟秀者褒之，卿粲然而笑，且誇示介弟曰：“何如?”余詢以卿所寫耶，卿頷之，又問余暑後擬續學專科圖畫好乎，抑體育與音樂好乎，此卿之一身事，而何以商於不才，十也。卿乎！凡此種種，皆余所不能忘者。余之矢忠不貳，殫心精慮，欲與卿謀永久之家庭幸福者，正以卿遇余不薄，愛情縷縷，於此中可求而證之耳。

烏乎！恨不相逢未嫁時，余意卿固久有此感也。卿既知相逢無益，雙飛無緣，當初宜一言拒絕，則余亦不致罹此孽海。乃者，卿見余馬齒二十有五而猶矜，屢爲介紹女友，余難之，正所謂“曾經滄海難爲水，除卻巫山不是雲”也。久之，始知卿與女友不睦，前言殆試我耳。卿之用心，如此其細，卿之屬意，斷斷無疑，且嘗謂余曰：“予所遭家庭慘劇，非人所能堪，轉覺讀書生涯不乏樂趣，故寧願常處校中，日夕與同窗侶伴以共此淒涼之歲月耳。若而人者，眈眈垂涎，予一日不畢業，彼一日有何法能討我去者?”以是知卿之脫離母校，轉學都門，棄九仞之功，預新生之列，蓋欲延長歲月，以爲緩嫁地也。然而一番苦志，十載芸窗，仍不免甘心屈就，辱身爲沙吒利奉箕帚，而薦枕衾。可惜，可惜!

人生在世，苟非蕩檢踰閑，違越禮法者，雖有強權，曷能箝制，自由爲天之所賦，神聖且不可侵犯，況不合人道之專制耶！且昏因自由，尤近日法律所恕，卿豈不知？卿知之，何以便甘受縛束？五年前，卿以家庭逼迫太甚，始則刺血灑淚爲文，致書於尊大人，痛詞相拒，繼以一弱女子，間關跋涉，隻身至京邸泣陳，聞者咸相與扼腕，苦心孤詣，步步以禮法自繩，誰不知玉人真守身如玉者。往事如此，至今人猶能道之，然不謂毅力未宏，卒乃作嫁，既有今日，何必當初？故對於卿之父母言，向之違命，則孝道已虧；對於卿之良人言，昔也無情，則婦德已損；而對於卿之自身言，直可謂無自信力矣。更進言之，此日溫嶠下鏡，張敞畫眉，閨房膩語之時，苟如意郎話及當年，問卿卿胡以不嫁，吾不知聰明如卿，亦內疚否也。卿乎！余豈好爲苛論，以傷汝心，第以汝爲巾幗中之佼佼者，當明乎《春秋》責備賢者之義耳。

雖然，吾知卿必有以答我，且將有以自辯曰：“曩者，風波遽起，遐邇皆聞，蜚語流言，僉以與君有琴挑之約，爲名譽計，與其蒙不白之冤，毋寧作隨鴉之鳳，則儂雖抱恨，庶毋貽中冓之羞，君縱含酸，亦可免青蠅之點。”惟余之與卿，始終極光明磊落之致，人言可畏，固能鑠金，然止謗莫如自修，吾儕但精誠相結，總可見諒於人。況屈己從人，甘犧牲正當自由，而忍受精神上之痛苦，是謂能忍，語云：“斯而可忍，孰不可忍。”余殊不取焉。且既恤人言，潔身以私相戀愛爲不足風範，則三四年來，又何必假惺惺婉轉纏緜哉？悲夫！余爲汝殺矣，恨極，恨極。

總之，卿有家矣，此後吾儕更勿須再見，想卿亦不欲見也，爲郎焦卒卻羞郎。回首前塵，等諸夢幻，伉儷之福，正自無涯，余則自傷之，自悲之，自憂憤之，自解慰之，卿不必以余孤棲爲可憐。余此生之幸福，已垂垂而盡，所差堪自壯者，從茲可收拾閒情，鋭意於丈夫事業。歎往昔身似春蠶，心如縶雁，苦相牢縛，日寄感於飛絮落花，末由拯拔，一千二百有餘日，無時無刻，不爲汝擔憂，以故鏡裏容華，漸增顦顇，形銷骨立，已非復張緒當年，能博得美人之擲果矣。烏乎！韶光瞥逝，行屆中年，多少良緣，半爲汝誤。勸君莫作多情客，自古多情損少年。大錯將成，幸爲鎔化，余又安得不感謝卿哉。

夫一千二百有餘日之絮果蘭因，那得便付之流水者。此一段無可奈何之情天小史，自余度之，亦祇得別開生面之一段小說，則一旦揭櫫於世，大可作癡男怨女界之警鐘，未始非當頭棒喝，又未始非好用愛情者之一大榜樣。雖然，若毋慮，余斷不污汝芳名，蓋汝本一冰清玉潔，有才有貌之完人耳。余曩時落筆爲菡娘作不平鳴，余意今之吾儕，亦正相似也。但比較觀察，菡娘之家庭，爲宇宙間最酸心慘目之地獄，而卿之家庭，則美滿和平之天堂。以卿之錦心繡口，洵能利用此美滿和平之天堂，做一番大大事業，如意郎固溫柔可馭，卿何患無吐氣之時。雖云閨房以內，唱和之樂難求，然反之爲絳帳女師，易粧臺，設函丈，南面而擁臯比，亦不愁檀奴不拜倒石榴裙下也。抑須知天下無兩全之事，蒼蒼狡猾，造化弄人，朱淑貞之傷心一流，可爲前鑒。退一步想者，自感天和，矧卿之良人，亦君子而帶有書香氣者，至於才調不逮，則惟有咎諸造物，尚何言。

再退一步設想，即卿果隨余，未必便有甚樂境。何也？余青衫落拓，頻年奔波，到手黄金，半結交風塵豪俠，身無長物，不窮亦窮，更那得許多餘錢，爲開門七件計也。牛衣相對，誰願甘貧，縱不怨余，亦徒自苦。况天涯海角，浪迹萍蹤，人事與國事所驅，幾無日享燕居之福，所謂匈奴未滅，何以家爲，於此見組織家庭，頗不易易。是以爲倡隨故，卿之能及早從伊，未始非亟賞春光，藉娱美景之策。嗟夫！春光不再，美景難追，雙方蹉跎，曷若犧牲片面之爲得也。彼如意郎馴如處女，聞不乏南山二頃之田，進則有丈人峯爲之屏障，退則一粥一飯，毋勞顧慮，卿之猛省，殆以此邪？雖然，四年八月七日之夕，卿以令慈議兒女昏因，首斤斤於資產之故，曾於窗内憤辯曰："怪哉阿母！親事以資產爲斷，豈良田萬畝，能一一吞而食之，以取樂耶？"令慈答云："噫！斯何言歟。富貴在天，父母之主張，寧有錯誤？"卿於是又號泣曰："今阿母又坑人矣！"而翌日卿乃咯血。可見卿之於自身問題，實抱有遇人不淑之恨，亦可見卿之於昏因問題，不屑以銅臭爲前提也。又嘗聞卿之言曰："吾父母以受人恩深，乃不惜以掌珠相許，須知天下圖瓊瑤之報者，豈皆如此。受恩者父母，與我何關，今忍心陷我火坑，可悲孰甚。"又曰："吾父母遽爾許昏，時予方肄業白下，尚垂髫耳，垂髫何知，初如夢寐。予年十八，始稍稍悉其底藴，然身如墮溷，木已成舟，貽恨終天，人道安在。"凡此僉出諸卿口，入乎余耳者。於今回味，言與事非，變化不測，若斯其速，卿曷以語我來？

余識卿之時，知鴛鴦譜業已錯點，而余竟甘罹情網，真昏憒糊塗極矣。如此荒唐，如此孟浪，料世人必不能曲恕，顧何以慧秀如卿，機警如卿，亦始終不醒以棒喝者。余與卿無葭莩之誼，無瓜葛之依，陌路相逢，儘可白眼，又何以私衷密意，消通頻通①，青鳥傳書，黄姑寄簡。

---

① "消通"，疑當作"消息"。

若謂因袁枚與蘇小之關係，固不妨薄愬幽情，作一對道義忘形之友，藉慰知音，則卿乃大謬。以上所舉，是何等事，是何等言，苟非有委身之愛，焉能遽吐。蓋夫婦之事，事之最密切者，而今乃哀訴於人，是何情境，然則可與訴說者，其較良人爲密切可知。況心事屬我，可吐則吐，不可吐則止，他人又胡能相強。人既不能相強，而我乃掬誠吐之，是我之信仰其人，且認其爲最親最愛之知己可知。至若謂所以引爲知己之故，乃視其慷慨豪俠，不失爲崑崙黃衫之流，或可救無告女子於茫茫苦海，則當夫崑崙黃衫，施展妙手，將渡以慈航之時，而何以甘淪九淵，不待其設法拯拔，而驟自溺也？又若謂可與傾訴之人，必能憐我，我而告之，藉伸怨悃，初不必望其爲力，若而此者，直可謂無益之呻，毋寧緘默爲愈。且箇人秘密，白之於蘭閨伴侶，尚且不可，況青年男子乎，況幽會乎？況知此青年男子，猶孑身無家室乎？斯鰥生所大惑而不可解者，卿曷以語我來？

初至都門，爾我僅純粹爲朋友耳，乃卿先流露，託余借哀情小說之至可動人者閱之，又曰："先生，若胡不將我家慘況，一一爲文，以述之楮墨耶？"又卿於咯血之餘，患腦病，間接由令母致意，浼余捉刀。蓋校中以諸生曾參觀全國國貨展覽會，即以此爲題也。當令母傳語之時，極其秘密，且囑勿言於阿叔，斯何情歟。彼時余通宵未寐，篝燈達旦，竭盡心血，勉成長篇，所以報知己者，可云至矣。余以慧眼憐才，復時時加以青睞，遂油然以癡心付卿，不爾，又何至繭絲重縛。後見卿有不作浮萍生，寧爲溝花死之慨，余更屏絕種種良緣，孤棲誓守。半生壯志，爲爾銷磨，事業亦爲爾頓挫，含辛茹苦，未敢雄飛，正以罡風妒雨之秋，放心不下，長安二載，憂患飽經，如影隨形，曷嘗遽捨。袁氏稱帝，身處危城，以至于復辟之禍，風聲鶴唳，草木皆兵，余寧韜光匿迹，護繞卿傍，一片苦心，所爲何事？未幾而權奸代位，余遂賦閑，客館淒清，蹇滯百日，阮囊羞澀，壯士無顏，焦卒京華，終不忍去。此中歲月，總無非以眼淚洗面，憂心如擣，豈非爲卿。而彼方一度請期，余則腸斷一寸，爾叔亦爲情所累，余則盛暑之下，汗涔涔爲之奔走一切，關説請託，排難解紛，卒乃斡旋而玉成其美滿因緣，亦無非爲卿減一分磨難，俾不致有所梗阻，掣肘於家庭中耳。介弟以失學故，進業未能，余乃視如骨肉，朝夕以科學課之，又無非爲卿減一分憂慮。皇天后土，實鑒此心，而卿或不復記憶矣，悲夫！

今也，往事成塵，記憶又奚益者。心力枉抛，莫非償前生宿業，宿業了矣，願來生毋種情根，一誤再誤。慨余生十有二歲而孤，伶仃一身，備嘗苦況，内而同氣有萁豆之煎，外而戚鄰作秦越之視。癸丑以後，更日在淒風苦雨中，與羣魔角戰，喪魂鎩羽，挫折頻仍，覺人生之幸福殆罄。稜稜傲骨，斷梗飄蓬，咄咄書空，胸填磊塊。一肩琴劍，七尺昂藏，衹落得載酒江湖，生涯寂寞，曲高和寡，知己難逢，末路王孫，狂歌當哭。何期白下，邂逅玉人，薄命紅顔，又增惆悵。烏乎！相憐同病，僕本多愁，欲證前因，卿偏抱恨。一則青衫淚滿，途窮日暮之嗟；一則翠袖天寒，玉瘦花啼之感。於是一番相見，一度酸辛，五載追隨，相思永寄，勸君莫結同心結，一結同心解不開。四萬三千八百餘小時中，如醉如癡，直欲化血淚情絲，爲金鈴十萬，而東風無力，花落水流，人妒天磨，奈何徒唤。卿自已矣，僕更蕭條，勞燕分飛，參商永隔，於今回首，正不禁涕泗闌干，仰天呼籲也。昔者，無告如卿，尚能告我，我今無告，惟有吞聲，縱教另繫紅絲，往事已不堪提起，味同含蘗，除非一死方休，若味回甘，直待來生再合。茫茫塵海，明知不乏可人，而紅豆丁香，已種三生石上，況求之今日，多材多藝，傾城傾國如卿卿者，能有幾人？藉曰有之，亦未必溫柔敦厚，如卿之能知我愛我於曩時者。烏乎！慘矣。

然則將從此鰥耶？曰："然。"蓋非此不足以示我之真情耳。吾今且二十有七矣，中年哀樂，業已分明，又胡必以憂傷抑鬱之軀，而組織一強合之家庭，作形式也，煩惱已消受不少，復自尋苦趣何爲。冷被寒衾，儘可捱受，溫柔鄉真箇有幾？天下夫婦，十之九殆怨耦爾，同牀各夢，比比皆然，好事不成雙，雙雙非好事。余意卿之伉儷，或亦有美中不足之憾焉。蓋才力不相敵，性情不相埒者，往往參差，參差之結果，小而勃谿，大則反目，對笨牛而彈瑤瑟，一方面必具此不平之慨，吾人爲清淨計，何需此強爲歡笑之家庭哉。佛氏所謂無人相，亦無我相，是豈易事。妍媸之判，賢愚之分，皆足爲引悲之媒介，但不知卿之家庭何如，或者得韻協之樂，是在卿自受之，自知之矣。然卿亦飽嘗煩惱，此後必有法能博得無上幸福於無可奈何中也，故極願卿之能婉轉處之，亦不得不婉轉處之，否則，又胡必嫁，又胡甘作嫁。總之，清斯濯纓，濁斯濯足，自取之也，毋復怨尤。顧余且不能不爲卿遠慮者，卿之志氣，迥異恒流，處今日蟲肝建策，鼠臂揮戈，致功名富貴，如拾芥之秋，必能教夫聳封侯，方可傲同窗姊妹，方可使下走無辭，亦方可自慰一二，否則，又胡必嫁，又胡甘作嫁。噫嘻！嫁人詎易易哉。

然吾嘗爲卿通盤籌畫，十餘年焚膏繼晷之功，正大可用之以自食其力，卿亦自以研究高等教育，終老學校爲然，素志固未曾回心屈嫁也。余念及此，當又諒卿之苦衷。去歲暑假別後，想家庭逼迫之甚，殆有不堪言述者，父母而外，復有蛾眉鬼蜮，播弄其間，卿性情烈如強項，又不善阿諛承色而周旋之，且步步以禮法自守，不及早至滬上續學，須知通權達變，聖賢尚不以爲苟，況常人乎。邊省某校，聘卿往主持教務，正脫身求全之好機會也，而卿乃不行，羈守樊籠，一味相拒，卒乃狂風暴雨，疾掠而來，迅雷一聲，掩耳勿及，而於是十二月八日（陰曆戊午十一月六日）爲卿卿永遠之紀念，亦鄙人希望斷絕，情場夢醒之時。先是，余在白門，盼卿以消息見示，乃久久隻字俱無，意者風波尚不致驟起，故默默爾。亡何，令嚴偕所寵入都，便道作清涼莫愁之遊，余因得晤於旅邸，始知此行蓋決意爲卿及令叔了婚事也。余詢以卜期何日，答謂自京師訂之，且問余寧垣妝奩以何者爲最佳，若鏡箱鐘盂之屬，需從何處購置，價值幾何，凡此家常瑣屑，乃一一就商於余，殊不知余之肝腸幾寸寸碎裂矣。若庶母又佯哂似得意也者，謂余曰："先生……若近來心事，不更重耶?”山窮水盡之時，又加此冷峭逼人之嘲諷，所謂明知難堪，故使難堪，其陰險刻毒，爲何如者。卿乎！彼積怨於汝母，遂移禍於汝身，而又以杯弓蛇影之故，疑妒及余，於是興妖作祟，推波助瀾，打散鴛鴦，離間骨肉，所以前年十二月十四日（乙卯十一月八日），乃有那一番事勢決裂之慘劇也。噫嘻！在彼則蜚白雌黄，徒逞一己之私快；在此則椎心泣血，竟蒙三面之奇冤。然方謂厥後風波，不致再作，而孰意一之已甚，猶未甘心，射影含沙，摧殘務盡，故直謂吾儕好事，完全爲彼所破壞也，非妄測焉。且事勢決裂之後，不旋踵而卿之良人便追蹤入都，雖表面懇尊甫説項，藉託鷦鷯枝，安知非招之使來，教渠作近水樓臺之監視者。令堂本愛婿甚厚，而壻知岳母與妾如水火，又明知岳母固深以丈人財權，半操之妾手爲恨，乃曲意與庶室慇懃，何也？慇懃之不足，復時時節其所入，假託丈人名義，而寄於岳母，蓋所以爲庶室分憂，亦所以博其歡心，冀婚事能早日得圓滿之解決也。余始猶昧昧，繼見汝夫與彼之蹤踪①太密，且時作耳談，雖疑之，猶以爲家人常態耳。及今回想，乃恍然於牛鬼蛇神之伎倆，正大可畏也。雖然，彼輩用心，亦太覺苦矣。汝庶母之著著破壞，本不足道，而奈何汝夫以堂堂男子，對於不屑屈嫁之聘妻，亦出此狐媚手段，乞憐於他人耶。咄咄！不以情通，而以計娶，正未免令人齒冷，令人齒冷。

去夏京華小住，僅及一旬，雙雙乘摩托車，覽玉泉，遊西山，賞十刹海之風景，載笑載馳，疑人間無此艷福，而不謂別後纔百有餘日，事勢迺如斯之變幻也。尊甫過寧，時在十月，余未幾即連接京中友人報告，謂已諏吉於舊曆十月二十八日，余方在病中，聞此益食不甘味，夜不安枕，精神恍惚，一息奄奄，七尺之軀，覺天地皆窄小而獨不我容，蓋自分去死已一間矣。然而竟不即死，亡何又得一消息，云改期在下月初旬，且謂舊曆十月十二日，尊甫爲完全手續防備翻案計，舊衣新做，

① “蹤踪”疑當作“蹤跡”。

另邀同鄉某某，在某宅寫結婚書，暗中即取消“幼年無知，婚約無效”之條件，但未知雙方果同意否也。據此，則一再遷期，殆由於卿之始終未首肯耳。嗟乎！余諒汝。汝之孤貞操守，亦大可於吾友書中表白矣。夫吾友所言，雖鑿鑿如此，顧余猶癡心而不敢絕望者，即確信卿之毅力，既能堅持七八年之久，當然有成竹在胸，則任他雨妒風狂，未必便聽其摧折。余是時所以不即至都門防護者，亦正恐反增魔障，更陷汝於不堪之苦境耳，而老天無情，又際此顛倒其人事以厄余，余遂有奔走羊城之役。行次滬瀆，忽由久未通訊之某君，寄來快札，展而誦之，禍從天降。蓋謂尊甫確涓吉於舊曆十一月初六日，爲令叔授室，而卿亦于歸，喜事雙雙，同時并舉，且假定西城某旅社爲禮堂云。傷哉！余憤極若狂，幾欲投黃浦江，捐身以殉，顧癡心一片，尚幻想最後之轉機，蠟炬成灰淚始乾，安忍遽殉，況歷來所受危機，匪止此一次已也，或老天萬一憐恤，化險爲夷，加以卿之老算深謀，未必便功虧一簣，是以吞聲飲恨，束裝附海舶南遊。既至粵中，猶日夕翹首燕雲，以待北來之雁帛。七千里外，客館淒清，風雨終宵，不能成夢。想佳人兮雲一端，夢魂幽幽關山難，空牀展轉懷悲酸，銅壺漏盡開金鸞。枕上沈吟，低回欲絕，銷魂艷福，潮上心頭。聽窗外喔喔雞聲，而懷卿之詩，已足成二十餘絕，且將謂鸞牋一束，錄寄紅窗，正不知卿卿莞爾何似也。烏乎！竟大謬不然。一月四日，弔罷黃花崗，歸府正軍書旁午之時，叢牘之中，忽露一柬，視之，則吾友羊公寥寥二十八字之催命符耳。其詞曰：“薄命已歸沙吒利，憐君從此是蕭郎。情場一夢休回首，寄語男兒要自強。”卿乎，卿乎！余休矣，夫復何言。

余素不工詩，以爲詩者乃文人不祥之物，酒後偶作，往往焚去，亦多半不能成章，而投卿之詩，數年來竟不下百首，墨痕淚花，想玉人猶存諸秘篋也。惟《京華回夢詞》及七古一篇，係去歲客羊城所作，未卒業而噩訊已至，遂閣筆輟詠矣，附錄於此，不妨作明日黃花觀。我出一哭，卿付一笑何如。

乍面渾如隔世看，爭知喜極反心酸。人前脈脈無他語，欲訴離情卻也難。(一)

去年分別難爲別，此日重逢似夢中。多少相思言未得，低頭拈帶眼圈紅。(二)

君家骨肉太慇懃，絮語周旋分外親。回首見卿卿悄立，強翻書卷暗愴神。(三)

重重別恨從何說，搜索無端轉淡然。啓齒含羞惟一笑，阿儂愁緒更緜緜。(四)

驚鴻一瞥笑搴簾，招手頻呼阿母前。底事匆匆離我去，原來預備浣塵筵。(五)

珠光寶氣鬬妍華，脂粉何如解語花。此夜上林多減色，一枝穠艷屬兒家。(六)

中庭月白共宵長，橘果分嘗到口香。何必藕絲煩素手，即今佳味已心涼。(七)

明知相見亦徒勞，無法排愁借酒澆。多謝玉人憐醉客，買來冰塊手親調。(八)

玉指玲瓏按玉簫，梅花三弄足魂銷。錦心繡口聰明甚，一拍猶須泥我教。(九)

豪爽居然國士風，談珠唾玉不詞窮。常將豎子嘲螃蟹，縱是橫行腹也空。(十)

芸窗苦讀十三年，毛穎徒將鐵硯穿。莫道清才能詠絮，古來命薄是嬋娟。(十一)

生平恨不是鬚眉，事事由人總可悲。若許功名宜女子，封侯此日亦雄飛。(十二)

柔腸俠骨口懸河，娓娓名言妙理多。我不牢騷卿不吐，相憐一歎奈天何。(十三)

者番形跡怕纏緜，步步隄防意頗悁。費盡思量成畫餅，傾衷吐

曲竟無緣。(十四)

三寸鸞牋問好音，佳期可否共登臨。殷勤小妹傳消息，欲賞名園畏謗深。(十五)

紅豆拈來夢未通，巫山路遠恨千重。含冤好似驚弓鳥，忍把深情錯怪儂。(十六)

搔首躊躇計已空，行看車馬各西東。長安好住奚能久，怨極徒呼碧眼翁。(十七)

忽然籌畫到心頭，名勝何妨結侶遊。磊落不同桑濮約，風光正好莫遲留。(十八)

晨風拂面柳條斜，倩影微欹摩托車。道上遊人偏羡煞，此君何幸近瓊葩。(十九)

比肩真箇太銷魂，平視無端一笑溫。想是白門忘不得，三年前事那堪論。(二十)

曉暾未上怯輕寒，欲著羅衣怕我看。自是大家風範好，矜持轉覺教人難。(廿一)

層巒隱約翠回環，疑在崤函蜀道間。正是搴帷遙指處，香車已到玉泉山。(廿二)

華嚴水月玉峯奇，趵突名泉酌一巵。別有慧心能解意，問郎壁上可題詩。(廿三)

行行更進莫流連，又啓征輪入岫巔。爲問幾生修得到，雙雙尋此好林泉。(廿四)

萬笏千鬟碧聳天，清涼世界隔塵緣。與卿欲誦朝雲句，天女維摩總解禪。(廿五)

不信鴛鴦便是仙，縱然偕老幾何年。癡心欲乞長生術，共隱蓬萊弱水邊。(廿六)

青城紫閣欲淩雲，鳥道羊腸曲曲紛。一步崎嶇一嬌喘，恨無遊屐又拖裙。(廿七)

已上二十七章，僅敘寫至西山之遊而止。七古亦僅得六十句如次：

吁嗟莫問我所思，我所思兮天之涯。天涯邈邈愁雲結，愁雲中有可憐兒。兒家生小在金閨，不逐輕狂柳絮飛。月自團圞春自老，春花秋月本無悲。紅袖添香晝夜讀，守身如玉顔如玉。芳齡正好十三餘，仙尺量才珠百斛。二八輕盈二九嬌，隨親負笈走南朝。吳娃越女風流甚，不及揚州廿四橋。蕙質豈知偏命薄，罡風吹破芙蓉幕。芙蓉幕暖驟驚寒，十萬金鈴齊落索。如許摧殘劇可哀，蜂媒蝶使翾瑤臺。靈芝自是仙人種，寧向塵埃伴草萊。父兮愛汝母育汝，嫁汝奚殊殺汝苦。朱陳衹爲報瓊琚，掌上明珠輕相許。許字由來不許心，狂奴休整合歡衾。冰清懶聽求凰曲，誓隔參商枉委禽。我心匪石今如此，參禪欲作空門子。最是紅顔恨最多，鉛華屏絕無梳洗。青春辜負太淒涼，一度思量一斷腸。忍泣吞聲啼不得，酸辛骨肉似嚴霜。霜寒那管梅花瘦，一池春水任吹皺。憔悴年年衹自傷，拈針畏把鴛鴦繡。背人無語淚空流，箇裏柔情訴也羞。爲是同窗諸姊妹，人人夫婿覓封侯。……

噫嘻！五年來，余癡情爲汝之故，神前燈下，也不知問卜幾回。第一次，四年八月八日，牙牌數得中下下下上上，轉憂成喜，先危後安之兆也。第二次，十月十四日，得中下上上中平，雀屏中選，姻緣成就之兆也（斷詞有“鶯鼓簧舌，抽身免驚”之語，恨未能早悟）。第三次，十六日，得上上上中上上，百事順利之兆也（斷詞曰：“莫嗟顔色改，花信此中探。”初意吾儕好事之成，當在卿花信之年，今卿已二十三而嫁，殊不可解，然卿之生日爲天中節，則已屆花信矣，又不可不服其靈驗也）。第四次，十二月十一日，所得與三次同，奇極。第五次，七年三月二十四日，偕生徒旅行至金山寺，得中上籤，不甚了然。情場顛倒之人，情極則休咎皆卜諸天意，迷信如斯，思之乃不禁失笑，然事後竟有足徵信者。卿嫁後三十有九日，余既歸白下，偕友人冒雪登掃葉樓，又虔誠以此事求籤，得下下，詩云：“不成鄰里不成家（卿夫婦固生小同里也），水泡癡人似落花。若問君恩難得力，到頭畢竟事如麻。”無句不關切，讀之可哭。凡此種種，僉爲卿耳，嘔心泣血，畢竟皆空，惟蒼蒼者天，能知我始終不負汝也。夫我之初衷，又何嘗妄賦好逑者，衹以卿之視余，頗不落寞，故從容畫萬全之策，事事得卿之同情。嚮者致卿之函，不下十數，前年將南歸，自七月十八日至十月四日所作長簡一通，都數萬言，言之盡矣。而卿乃不報一字，所以去夏盛暑，復偷閑至都門面卿，精神之銷耗，金錢之損失，皆所不惜。卿不但無片詞拒絕，抑且嗚咽於西山曲徑中曰：“予一年來苦況，非人所能受……”相別誰知許久，相思不道能深，一夜五更妾夢，千山萬水郎心。於以見卿固未曾忘我也。然今乃嫁矣，可得謂不負余乎？悲夫！出爾反爾，負心否耶？皇天在上，卿自知，卿亦不必爲詞以自解也。余憒憒，余直自殺，余亦不敢再憑此雙眸，以垂青於天下之薄命女子。余雖失意，余不忍怨卿，且加以憐諒，心中目中，依然常有汝玉影在也。余仍祝老天，錫福福汝，賜壽壽汝，且福汝佳婿，壽汝佳婿，尤願汝家庭無反目之時，俾雙雙得百年娛老。今也，汝之父母，正大可開顔，報恩之私，亦可云遂矣。母女翁聟，驩聚一堂，月白風清，正不妨按笛而雅奏《梅花》一曲，以誌溫柔，切莫於暮雲春樹，纏緜旖旎之時，而話及當年豪談快語之前度劉郎，徒棖觸耳。至於我之墨瀋，可一炬焚之，毋惹新郎妬也；原刻角山樓四函，係以重金得來者，不妨仍留供案頭，以助文興；《幽夢影》一冊，楮葉多余之硃筆，亦須焚之；《斷腸吟》二十章，尤須付丙；前年羊城寄汝之橄欖核約指一枚，所以示回甘之意者，亦直可毀棄。乾乾淨淨，不著痕跡，蓋不必紀念，亦毋庸紀念。來生未卜此生休，罷了罷了。

雖然，卿可罷，而余則此生無可罷也，一身而外，在在皆我之傷心紀念。從今而後，有耳當不能聞笛，蓋卿所習也；亦不能聆琴，蓋卿所好也；又不能聽歌，蓋卿所善也；復不能聽鵑啼，蓋卿之悲聲，猶歷歷印腦海也；目不能觀跳舞，蓋卿所嫻也；亦不能見道上汽車，蓋爾我曾並肩駕遊也；又不能覽水彩畫繪，蓋卿所長也；復不能賞眺風景，蓋雙雙嘗徜徉於園林山水中也；且不能覩人家伉儷，同酌金尊，蓋此等幸福，余與卿曾領略也；尤不能觀劇，蓋吾儕嘗有此佳會也；更不能品天下名泉，蓋亦嘗傾巵共飲也。抑猶足觸景傷情，令人有不堪回首者，即頻年遊旅，常附火車，火車固爾我當年人都所共載也。此外則榴花時節，彌足斷腸，燦爛金櫻，紅灼灼似血淚欲滴。卿以重午而誕，乙卯此日，卿二十初度，筵開白下，女友如雲，余隔簾見卿著白練衫，躡粉布蠻靴，潔無塵垢，仰視則髮如玄霜，頰如絳雪。夫玄霜與絳雪者，仙家之上藥也，卿好素，華容婀娜，瀟灑出塵，而命乃太薄，其淩波仙子之後身歟，當時太息之深，不覺爲玉人淚下。此余之所以永久紀念，而未或忘焉。秋海棠軒右，舊植石榴一株，所以卜人事之榮枯者，當令竟不發一花，瘦弱如秋風細柳，焦卒可憐，余朝夕灌而禱之，反見搖落，卿嫁後，更萎絕似衰草矣，斯何兆耶。嗟乎！天涯海角水雲寬，人在吳頭楚尾間。彈徹箜篌難寄恨，海棠深院獨憑欄。故余之觀於殘枝，甚慮汝轉或致疾也。然卿果病者，是卿不忘余，則卿之一片冰心，亦大可表見。然而山長水遠，兩地參商，蝶瘦鰥愁，徒縈夢寐，烏乎慘哉。

多情自古空餘恨，好夢由來最易醒。一入情關，便淪苦境，青衫愧我，紅袖憐卿，中外古今，如出一轍。所以英吉利之文人名查理士李德者，嘗著其小說曰《情路不平》，蓋曾與女優謝慕，結風塵不解之緣，以多愁多病之身，當如玉如花之貌，纏綿悱惻，可泣可歌，而卒乃憂鬱以終，祔葬於香冢之側，生不同衾，死而合穴，以視吾輩之乖離慘別，其艷福厚矣。卿乎！死別已吞聲，生離常惻惻。可憐余心中事，眼中淚，意中人，乃竟如電光石火，一瞥成非，軟語柔情，徒縈想像，溫馨綺麗，刹那皆空，子夜回腸，衹驚魂夢耳。是以良緣已盡，杜宇猶啼，白髮宮人，尚談遺事。卿乎！勿笑余癡，余之癡，正以見卿之薄倖也。卿乎！勿笑余妬，余之妬，正由於卿之錯嫁也。有情人都成眷屬，誰謂然哉。雖然，此皆閑起，余追憶有未能罄者，茲再言之。曩之問卜求神，已如上述，而孰意天示朕兆，尤見數端。橄欖戒指，本製二枚，一以贈卿，一以自御，乃未久而余所御者竟斷裂，此一不吉。卿年二十，故《斷腸詞》成二十章；次歲，《勸卿詞》得二十一律；余馬齒二十有七，《回夢詞》又僅得二十七首而止，卿於是嫁矣，此二不吉。卿欲余代擬別號，因嵌入金字，遂字曰瘦金，卿假期自校中回，猶粲然謝余曰："予書此於黑板，示同學，僉謂佳妙。予甚愛先生之匠心細也。"余初甚樂之，及翻閱典故，始知此二字爲宋徽宗丹青所用之紙名①，舍是則別無出處，徽宗之結局爾爾，千古哀之，此三不吉。有此三不吉，而今果不吉，念之殊慘痛矣。雖然，兆有不吉，人事亦大有不吉者。卿對於慈母，以私恨故，不能以婉轉之色笑，而回其心，故母不恤汝；對於庶母，極偃蹇睥睨之態，故父不愛汝；對於阿叔，既責其自立，又傲視所歡，故叔不直汝；對於介弟，復因其屢學屢輟，常常以文事相難，且嗤之，論及青年，又不勝敗絮其中之慨，而對於弟之同學，尤不屑掛諸齒頰，謂此等太學生徒，尚不及吾儕女子，元龍豪氣，咄咄逼人，故弟不諒汝。噫嘻！母而不恤，父而不愛，叔而不直，弟而不諒，庶母又中傷之，揶揄之，卿乎，汝安得不敗！凡此種種，盍一思之，思之或不以余言爲悖謬也。顧余嘗早慮及此，且諄諄於函中苦諫之矣，而卿總不聽，以致如斯。可見做人難，做女子尤難，做中國之女子難，做中國黑暗家庭之女子，難而又難。然豪爽骾訐，亦人生之美德也，卿能如此，非所謂天真爛縵者歟。余生平亦失於太直，祇勸人，不知自勸，愚哉愚哉。

縷書至此，又欲問卿之將來矣。蜜月已度，亦須爲箇人打算，卿慧心人，將從此徒事中饋，旦夕爲夫子給役耶，衣食胥仰其鼻息耶？服務

① 按宋徽宗趙佶正楷學唐褚遂良、薛稷等，略變其體，筆迹細瘦挺勁而腴潤灑脫，成一家法，自稱"瘦金書"，非紙名，疑此處誤記。

學校，以教育人家兒女耶？抑雙蛾顰斂，愁鎖深閨，而銷此擲梭之歲月耶？前路茫茫，其他之幸福，正無量也，不可不亟自主張。要知未嫁之時，尚有人憐，尚有人惜，而今則落花徒有意，流水自無情。帶雨棠梨，東風管領，鵲巢如壘，燕子休來，春水一池，干卿底事，爲榮爲謝，誰復司香。僕也路人，卿兮禁柳，縱流到御溝紅葉，亦無非明日黄花。名士飄零，情天莫補；美人挫折，恨海難填。對月臨風，惟餘一慟。嗟嗟！羅敷有夫，不比風前之柳；使君無婦，已同劫後之灰。縱今生有日重逢，釵斷豈能求再合；若來世無緣莫會，琴挑何必苦相思。孽海茫茫，誤人不少；情天夢夢，好事靡常。月豈長圓，花兮易落。自古美人多薄命，從來尤物不長生。唐宫七夕之悲，漢殿三更之痛。斷腸詞史，彩鳳隨鴉；泣血宫娥，對牛彈瑟。纔信青衫纔落拓，不爲紅粉不遭磨。一例傷心，同聲墮淚。至若明妃去國，黄昏伴青塚之魂；蔡女辭家，塞上作胡笳之拍。東風無力，徒悼殘紅；望帝有情，空啼蜀道。又乃杜牧清狂，薄倖揚州之恨；蘇公雅調，愴懷都監之娃。緑葉成陰，誰能遣此；孤鴻弔影，未免難堪。而況夜泊潯陽，商婦琵琶之哭；夢疑巫峽，楚王雲雨之愁。紫玉煙消，豈真復活；緑珠樓墜，那可重生。千秋之韻事如斯，無非孽債；萬古之綺談若箇，總是冤家。翻信無才，始邀豔福；惟真俗骨，乃得佳人。聰明本見嫉之媒，文字亦不祥之物。紈心蕙質，枉事傖夫；煮鶴焚琴，偏多惡劇。不平如許，徒唤奈何。夫天地間有才無命之身，余所知，卿所稔者，曷勝僂指。菡娘其一也，菊儂二也，碧姑三也，某爲人所誤四也。不數年後，余意此四箇可憐蟲，將憔悴無當年姿態矣。然不知卿卿將何如者，但預料卿之手腕，必能相夫子而使之揚眉，若翁果加以噢咻，後福緜緜，尤未可與菡娘輩同日而語，卿卿其勉乎哉。

自今以往，余亦不得不努力自勉。五載蹉跎，半爲汝誤，青春不再，能長此碌碌耶。昨日死，今日生，願與卿更新，日新又新，各行其所行而已。卿惠我之瑤箋、絲縧，及面巾、手冊等事，什襲珍藏，不敢棄，不敢付炬，亦不再寓目，然亦不取以示人，你知我知，天知地知，卿釋念可矣。余書至此，已覺無辭可説，天寒風冷，呵涷而書，吐罄肝腸，亦應閣筆。顧餘情嬝嬝，似尚有不妨追述者，再爲卿覼縷言之，願蘭閨人靜之候，一細細回味可也。卿誌之，民國四年七月九日（乙卯五月二十七日）辰六時，吾儕乘馬車，出石頭城，過江，登津浦車矣。此日午後七時許到京，卿下車先返，余則頭暈目眩，汗流浹背，仍留滯月臺間，爲卿等檢點行李。長征至此，辛勤若忠牛馴馬，蓋不忍累汝弱質，使稍嘗風塵之苦也。厥後吾儕乃朝夕相見，茲不聒絮，憶其足以紀念者陳之。十六日，聞卿忽咯血，眩極，急倉皇入城視之，是夜，余不勝身世之感。二十日，令堂言汝常啜泣，問其故不答，視卿則玉容果慘淡也。二十三日，卿午後偕菡娘歸，謂之子亦天地間之傷心人，余頗惋悒。不悲花早落，悲妾似花身，可爲詠矣。二十四日，卿對案支頤而坐，若有所思，趨而察之，則壁間乃余所戲繪之《以介眉壽圖》也，心乃大震。二十六日，卿鬱居寡歡，飲食不進，聞近日衹一餐少許而已，余益惘然。八月二日，余薄醉，且飲且歎，未幾，卿隔簾笑曰："今菡姊在此，聆先生道幼失岵峙之苦，亦不覺傷情悲哽矣。"四日晨，卿等在院中梳洗，香雲五尺，委地若烏絲，纏玉腕數周，蘭麝撲鼻，卿且理且哂謂余曰："先生素工詩，詩可以言志，欲學果何法入門者?"余謝之，卿曰："先生何謙抑乃爾。"於是汝母亦儳言曰："若先生滿腹文章，何不分些許教吾女者?"卿又笑曰："予將投門生帖子矣。"噫！今此語成夢境矣。五日晚，宴卿及家人等於中央公園。七日晚，卿方閱余之遊記，聞令堂言兒女親事，小有口角，遂掩卷而哭，余心酸，亦匆匆歸寓。十一日，令堂與尊甫勃谿，卿處兩難，余極力浼舍親勸解，卿黯然。十五日晚，余在尊府獨酌，令堂爲卿之久久拒嫁故，乃商諸余，其言曰："予屢次勸吾婿另婚，且許以資助粧奩，渠不允，其母亦志在必遂，而吾女乃堅持不嫁，奈何?"時卿正竊聽窗外，余因侃侃爲令堂陳説利害，當以尊重兒女自由爲宜。斯言固本諸良心，而不謂竟因此多一層疑忌。十九日，陪令堂及菡娘、令妹倩姝通宵作葉子戲，卿局外觀，時暗示敵手消息，覩余勝則色然喜，負則鬱然，若彼此直不啻骨肉矣。二十日，卿認爲余戚某夫人義女，某夫人以金約指二枚相報，卿怪余多事，謂哥哥尚客視妹妹耶，然其實此日乃大樂也。二十一日，余忽病，越三日，始稍稍痊可。二十六日，進城，又病於尊廡。次日，不克起牀，歸亦不得，爲延醫事，卿頗焦灼，聞余欲扶疾而去，又力主不可，余至此乃感激五內，益思所以報卿卿矣。二十九日，余勉強能起，乃返寓，瀕行，令堂亟洗浣衾帳，卿愠曰："人家非癆病，不過偶感風寒，那得便沾污衾帳，何如是之莽率耶。"余聞此，飲泣而別。九月二日，卿向余借書數冊，頗欣欣。五日，午後二時許，偕卿及倩姝遊先農壇。六日，令堂於某寺建醮，以語及婚事，對卿有微詞，卿不答，掩袖而泣，時尚在佛堂中也，幸無他人，余乘間婉勸，卿泫然曰："直欲我死耳。"余亦大慟。十四日，卿整理衣物，將入校，向余索簫譜，將用之遊藝會者。二十三日，舊曆中秋，卿偕倩姝歸，余適在喫蟹，乃倩余繪舊式之枕頂花樣，詢之，係他人託倩姝刺繡者，爲畫雙飛圖予之，卿睨余一笑而去，去時，猶密以指指頰，示羞余也。二十五日，星期六，同觀劇於第一舞臺，余以雜誌四冊與卿，媵以新詩二十首，而封裹之，女友欲拆視者，卿假詞拒之，於以見卿之慧心，可謂細矣。十月六日，即舊曆八月二十八日，孔子聖誕節也，與卿遊西直門外之萬生園，進膳於豳風堂側，余倚闌，面荷池而立，卿伏案涕泗答曰："予自身尚不知今生如何歸宿也，奈何！"此景真令人憯惻。古怨詩云："試妾與君淚，兩處滴池水。看取芙蓉花，今年爲誰死。"誦此潸然。十日，雙十節，卿三時進校，囑令母託余代撰文一篇，即前言之參觀記也……

余落筆至此，方手顫墨凍，寒極欲臥之時，又得吾老友羊公一紙書曰："比審又返白門，甚慰甚慰。來書責予不應以寥寥二十八字答覆，冤哉！君不知弟亦情場失意人耳。難言之隱，一例傷心，故不肯多言，將以觸我舊恨也。方舉行大典日，弟不忍往，僅聞婚成攝影時，草草了事，新郎以臂挽玉人，態度極勉強，左右扶持之者，咸同學女友，蓋防其慟而仆也。且其父恐斯日有不測之變，徧邀同鄉者，爲鎮壓計，用心深矣。一月來，伉儷尚篤否，未可知。嗟夫！老友，幻影前塵，何苦提起，願足下努力前途，爲國珍重，天下多美婦人，大丈夫不患無所遇也。足下天性豁達，而才調肝膽，又迥邁恒流，若以此毫無價值之兒女柔情，遽灰壯志，得毋令英雄笑人耶。海外之遊何日，願便中示知。餘不白。弟某拜啓，一月二十日。”余讀此，淚浪浪透巴箋而濕，亦不得不諒汝所受之窘迫矣，但願汝連理枝頭，花開並蒂，朝朝暮暮，我我卿卿，鴻案相莊，月長圓，人長壽耳，然而獨我何堪，獨我何堪，夫吾友羊公之勸解，事後之慰藉也，亦至論也。因憶吾亡友鳳君之警誡，在三載前，苦口諄諄，而余竟不悟，悖謬荒唐，真負我故人於地下矣。卿讀其規諫之辭，可恍然於故人愛我之殷，而料事則非常透徹也。其書曰："奉手書，悉種切，示以腑肺，寄以腹心，厚我厚我。最難消受美人恩，沐誦廻環，半夜無寐，非豔足下也，爲足下慮耳。嘗讀《西廂》‘怎當他臨去秋波那一轉’句，謂雙文無此一轉，君瑞謂有此一轉，而將熱惱、博悲涼者夥矣，疑足下亦類此，今乃知足下不類此，而苦惱則未艾也。夫苦惱者，美滿之梯航，幸福之代價，而有情人所甘心犧牲者也。足下可謂有情人矣，然吉凶成敗，不容不計，辱蒙不棄，請具陳之。使君無婦，羅敷有夫，維鳩維鵲，恕之謂何，此不祥者一。兵貴神速，事宜秘密，多言可畏，孤力無成，此不能者一。勢利富貴，某翁何人，以貧易賤，亦曰平等，此不能者又一。婦人之仁，偶然而已，相女配夫，錯豈敢悔，此不能者又一。且弟向以爲足下與彼姝，已定情矣，始亂終棄，是誠不可，固不妨圖之，某翁必無可如何也。今若此殆矣，事過者情遷，跡疏者意冷，萬一彼姝情意漸移，方針忽變，則彼與足下，原無甚關係，遂無甚關係也，亦宜爲足下者。彼投我報，情也；知難而退，智也；發情止義，禮也。我要成名卿要嫁，豈非兩全之道哉。單相思徒苦惱，雙相思傷懷抱，此不必者一，事有不祥，不能不必者。

願足下詳思猛省，一笑解脫，勿認真也。譬如今日之我，把筆寫信，明日則非此我也；昔日之彼，宜顰宜笑，今日則非此彼也。萬物皆如此，作如此觀可也。天下固有忠臣烈士，明知事不可爲，而之死靡他者，非弟之愚所能知也。”

……二十二日，汝校開運動會，躬往參觀。卿纖手奏鋼琴，頓挫抑揚，如《霓裳羽衣曲》，令人聞之有天上人間之想。會罷，余隨卿返寓，因評論音樂與跳舞之特點，卿詢以與母校相較，琴技孰長？余答曰：“母校以靈活勝，餘音不絕如縷，卿出其所學，以獻之今日，此來賓所以多鼓掌也。”卿嫣然曰：“先生真知音哉！”十一月二十八日，星期，卿見余偕若叔至，笑靨溶溶，令人神往，繼莞爾謂若叔曰：“今日阿父歸，教叔叔須常從先生討論學問也。”余殊自慚，又危懼，蓋此論出諸卿口，太覺親密，且言之匪衹此一次，安得不啓人妒恨乎。十二月二日，余見汝自校中致家人書，信箋係余所常用，而秘密以新詩媵之贈卿卿者，汝家人亦知余有此，又安得不疑及私相授受乎，此亦智者千慮之一失也。余至斯，中心已忐忑弗寧，若天公已隱示警兆矣。十二日，送時計至尊府，適若翁與家人齟齬，余默察詞色頗異，神情亦非常慘沮，亟怏怏歸。而十四日果有意外之奇變，蓋若翁中於飛謗，竟大興問罪之師，責若母以愛婿視余，且有秘密以西裝贈余之說，烏乎冤矣！自此而後，吾儕遂勞燕分飛，不得一面，以明此莫須有之疑獄也，關係斷絕，青鳥音沉，君家亦因此移徙津門，託詞爲避亂而去。是時洪憲稱帝，時局紛擾如麻，余亦噤若寒蟬，又不啻驚弓之鳥，傷情回首，百感蒼茫，魂斷淚枯，呼天莫應，一日十二時，如坐愁城，如淪鬼域，而一念芳譽喪失，總爲不才，誤己誤卿，覺粉骨碎身，亦無以報萬一也。横禍之來，不知何自，苟當時悉仇家爲誰者，吾早挾無情利刃，得其人而甘心矣，苦雨淒風，萬般難受。直至五年七月初，始邂逅令叔於中央公園，二百日之慘霧愁雲，至是纔稍稍融化。第爾我仍無緣覿面，亦不敢通魚雁也，毋已，假借達之，於是十四日得令弟書，其詞云：“別來駒光如駛，轉瞬竟半載餘矣，思念之深，非徒誦彼采三章，可釋然也。但未卜落月停雲，亦尚念鄙人否……”此書純粹係卿之手筆，蓋令弟本不能文，遂託之將吾儕密意耳。次日，令叔來，下榻我處，蓋爲愛情涉訟，乞援於下走故也。吾儕處黑幕久，於此得一線光明，而生機亦漸趨活潑。二十三日，卿又爲幼弟把筆，致一書與余云：“……我想先生能來津過一天半天，我就喜歡了。今年生日寂寞異常，回想先生去年在我家時，多熱鬧好玩，我三思就要哭了……”情詞悱惻，卿殆亦傷感極歟。余心動，不能自已，思量至再，乃決計至津門一行。八月九日，吾儕再見，下車之始，趑趄於卿之戶外，若醜媳謁翁姑然，正不知何以赧赧如此。既推扉入，卿下樓，似欲進慰詞，而余之酸淚，已滴滴注面盂中矣。此夜卿告余所苦，家中又口角，前言之，不再贅述。十一日，飲恨而别。十七日，得卿之惠書。二十日晚，得女友電話，知卿已到京入校。二十一日，託渠以角山樓相贈。二十七日，星期（舊曆丙辰七月二十九日），大雨如注，晤卿於女友處，句留半日，叮嚀訂約而歸。九月十二日，又是中秋，午後三時許，得與卿鬯談於陶然亭上，弔香冢，撫殘碑，欷歔於花神廟前，衰草含愁，斜陽似血，卿黯然答我曰：“儂之家庭，如此慘惡，惟君知之。儂之身世，如此乖厄，惟君知之。是不幸之中，尚幸能有人憐諒，儂視君如骨肉，正以此耳。”者番一别，僅十一月三日午後，於宣武門内遇卿一次。韶光一刹，轉瞬又民國六年四月六日，爲賀汝庶母初度，賓朋雲集中，始得自窗内窺玉容仿佛耳。七月一日，禍起復辟，又得晤於津門，此行未暇作長話也。時若婿常在尊寓，更未敢密通款曲。渠時與令母秘談，卿厭之，故令母乃告余曰：“怪甚。……吾女見某家相公（指汝婿）來，便忿忿似甚麽的，而……”噫！吾儕之危機迫矣。某日，卿含笑問古文以何作爲佳，旋取架上文鈔，教余代選，又以筆授余，命一一圈識之，汝母在側，注目微笑觀動静而已。八月二十六日，汝母來京，又於女友處相晤，聞卿嘗哭訴於慈母懷也，余爾時正岐路彷徨，進退維谷，賦閑終日，幾至發狂。

未幾又中秋矣，若婿邀令慈等，同逛公園，卿不往，卒勉強赴焉，余與令弟另途而去。十月一日，余在尊甫處，伏案觀報紙，卿整容入校，行經窗外，顧余一笑而出，令妹隨之，故意作咳嗽，此景真今生忘不得也。是晚，在令嬸處，若婿亦在，聞明年將決定娶汝，心旌大懾。旋與若婿步月，渠喟然曰：“人生在世，真徒覺煩惱殺也。”余詢之，答曰：“非吾兄所知耳。”卿乎！余自此遂定於十月六日，束裝南下矣。蓋不去則潦倒以死，孰願於齷齪名場，爲五斗米而奴顔折腰者。厥後壯遊滬上，而金陵，而羊城，而鶯江，展轉江湖，而又歸白下。迨至去年八月十日，始因暑假之暇，再入都，與卿謀小聚，而美景無多，以舍間一電之催，復忍淚而訣。烏乎！吾儕乃從此撒手矣，哀哉，哀哉。

回溯識卿之始，在民國三年正、二月間，癸丑、甲寅之交也，一夢五年，都成幻境，而今已矣，追悔何從。此一千八百餘日之大好韶光，嚮使不用於纏綿悱惻之情場，而乃用之於丈夫事業，雖未必鵬飛萬里，摶扶搖而直上青雲，然寶劍金鞍，亦足以請纓爲封侯地矣。一失足成千古恨，世之青年，亦大可以余爲殷鑑哉。顧言雖如斯，問心實無所愧怍，拯救薄命無告之女子，吾鬚眉男兒之責任也，亦人道也。古之英雄豪傑，墨客詞流，誰不願化身作十萬金鈴，以護花爲已任者。除非俗子，忍煮鶴焚琴，果是才人，必憐香惜玉。天命固莫可挽回，人事則不能放棄。婆心有寄，肉眼胡知。出乎至情，止以大義。於斯尚矣，舍此云何。在卿則冰清玉潔之身，微塵不染，在僕則流水落花之感，四大皆空。完汝明珠，晶瑩皎潔；枯余血淚，愁慘淒涼。本極光明，奚容掩飾。雪泥鴻爪，留千秋恨史之痕；絮果蘭因，證五載情場之夢。鐙挑兩夜，筆下萬言。豈堪舊事重提，要博同聲一哭。

民國八年正月二十有三日之夜閣筆於金風楚雨樓

（據手稿及汪保衛抄本整理）

致定華家書（二十八通）

（一）

定華吾兒：

兒乎！兒亦知余於十二日一路歸來之際，悽悽慘慘，踽踽涼涼，其心已片片碎，其淚已滴滴枯乎？

臨別時，天色蒼茫中，父將吻汝誌別，然而父頰已爲淚所染，父又安忍以此重傷兒之心乎？

此數日內，老父已如醉如癡，不知哭過若干次矣。何也？一家七口，三處分離，兒爲吾之最大之靈魂，靈魂又去，老父又安得不悲。

雖然，今後一切之責任，兒較老父爲重。兒宜珍重身體，努力學業，邁步前進，以繼父光。區區別離之情，姑且忍之可也。

最可慘者，前昨雨夕，余於細雨迷濛中，行街頭，茫無是處，眼中淚，天上雨，相與唱和，余亦不自知其孑然此身，究在何所矣。悲夫！

讀兒第一次書，方飲酒，誦兒勸余之句——“功名身外物云云”——淚又下矣。

爾母處，余已有長報告之矣，爾可勿書，以免發生語病。

朱某真荒唐，潤筆依然未取到，可恨！

並且有一惡耗，兒聞之，當更難堪。即歸後次日到部，則知所事又已擱淺。何也？因爲开會時，忽又加入許多老朽（其人並不在川，至今且仍在東南耳），經費既須突增，政府必不通過，職是之故，遂乃緩行。天乎，天乎！命何厄也。

總而言之，余終奮鬥到底耳。

日來天氣大寒，衣單體弱，苦趣彌增，遊子之艱，竟如此也。三十年奔走海內外，此爲第一次真苦。悲夫，悲夫！

功課如不忙，可於暇時，多留心時事及報紙文字，我頗望汝能以筆墨，與社會相見也。

第二次書昨夕收到，保書照填送上，望查收。

此後來函，對於稱呼，上人處須抬頭寫，切記，切記，下款須自稱“長男”。

聞汝生活甚安，令我放心之至。一切一切，此後須時時小心謹慎，勿貽父憂。

自今起，我所致爾之信，均須編號保存，不可遺失。蓋此亦難中紀念，將來傳之子孫，足抵得無窮戒鑒也，記之，記之。

此書作於十九日，因覓保事，今日始能寄汝。

父同言

27.10.21 之午後

（整理者按：此書作於1938年10月21日）

（二）

華兒，吾之寶貝，吾之命：

得兒書，非不欲急復，因中心至苦，所事又了無眉目，故不忍一一直述，以重吾兒之憂耳。各事略言如下：

1. 李款已收到，但打一八扣，止四十金耳。

2. 上月底，欠房金共二個月已，幸再三與教部商量，又得五十，除止付一月租外，尚餘如干，始能敷衍至今日也。

3. 教部支支節節，令人氣索，張、顧非不熱心，力不逮耳。十日前，顧又以文獻復活爲言，蓋謂參政會議已提出，非辦不可。但張言，此事夜長夢多，靠不住，因老輩窮而欲加入者太多，無此閒錢故耳。如是奔走又多次，卒再由二公簽呈部長，部長交次長張道藩酌辦，但候之許久，顧不敢催，張不敢深言，似又閣置無望矣。幸於談話中，吾聞張言“次長久知先生，且云曾見過一面”云云，吾於是乃於本月九日晨，請見道藩，道藩見余頗客氣，談話甚愜，且時以綫煙享余，可知此事必大有望也。果然，昨日下午八、九時，侍者忽以一巨函進，視之，教部聘書也，即聘我爲特約編審，與吳稚暉、盧冀野同一名義，雖俸之多寡不可知，然而謝天謝地，居然達到目的，且不難堪，亦萬分之幸也。雖然，此中亦有天意。何也？近一月來，余曾積兩大陰德，且幫助不少貧苦之士故也。“積善者降之百祥，積不善者降之百殃”，可不畏乎？兒其誌之，吾固萬萬不能傷天害理以自肥也。

酒後夜深，姑且閣筆，先以此告慰吾兒。兒可安心努力讀書矣。

附寄廖某書，此君可厭，兒宜復書止之，措詞如下：

弟已入川中，但因功課忙，家君又時時索閱筆錄，故了無暇晷。兄愛我，甚感，但此一學期中，實無多暇，與人作閒談，尊意已銘之座右。此後不及一一詳答，尚希諒之。

父同手書

廿七年十一月十二日之夜

信封寫法有一定格式。

此後可照余所書，不可大意。

刻下無錢，月底再說，宜姑耐之。

監院國府出入證，已在合川遺失，可向旅館索之。

郗粹哉之侄亦在初三。

劉雲鵠是我老友，爾可代我請安。

（整理者按：此書作於1938年11月12日）

（三）

兒呀：

又是元旦了。

你想，爸爸一個人悽悽慘慘，如何不悲？現在，已無多望，但有二事：

1. 能得一食住安定之所，俾我完成著作。

2. 希望你能萬分臥薪嘗膽，代我出氣……落筆至此，淚如雨下。

你可知道，我又搬進城裏了。趙生之妾太凶惡了，將來慢慢告訴你，我實在受不了氣，衹好忍痛而別呀。現居闕廟街佛來旅館樓上，每日一元。奈何，奈何！青年會尚欠四十金，至今不敢復往矣。我名義雖佳，每月不過百二十元，如何足用。

可是，尚有一件喜事，爾母、函光、二伯，都已有復信來了。附寄一閱，閱後須妥慎保存，以为紀念。你如有暇，大可直接寫信安慰他們，除普通話外，不可亂說，我之薪水多寡，亦不可告知，但須言生活奇昂，所入均不敷支出耳。所恨交通不便，否則我當將爾母等接出來也。

天氣尚不寒，我至今未添一件新棉衣，衹好忍耐。兒呀，身體千萬保重！你冷否，你要棉衣否？聞校中已另發棉衣被等，確否？

汪精衛之去，令人太息，此中恐尚有大原因在也，予何忍言。

可是不幸之至，因爲搬家，竟將爾母、爾姊及二伯之信遺失了也，但其大略如下：

1. 八月十二、三，已由海遷回城內，二伯所接也。但未過數日，潘鑿即被匪焚燒一光。

2. 仍與老二同居，姑母等亦然。東臺已克復矣，縣長已更人。

3. 一切由老二擔負。二、三小子仍入學，函光則在家，二伯且令之誦《四書》《女兒經》等，可歎。

4. 重光識字甚多。

5. 希望我寄錢。

爾如寫信，可寄中堂巷九號（?）二伯轉交或直接均可，但須措詞得體，恭維二伯，教他寬心。我目下實在周轉不靈，如果不爲病，多此一番出入，尚可勉寄幾文，然而祇好姑待之耳。

爾如需款，可來信通知。

來信如在一旬內，可寄關廟街佛來旅館 108 號（改名同慶），如在旬外，可寄由磁器街韓家祠一號旅館吳南收交。

兒呀，一切保重！

阿同手筆

一月六日之午

（整理者按：此書當作於 1939 年 1 月 6 日）

（四）

定兒：

咳！這十三日來，竟得不到你一封平安報告，直令我魂夢不安，眠食不定，心驚肉跳，意想成癡，終日皇皇，不知所可。

前天曾有快信與王剛先生，請他打聽你曾否到校。

昨晚又發一電與孫校長，探問汝之近況，但至此刻，均無復信。

究竟你之近況何如，望速速答復。

此函到時，望即發一回電，不可再誤（我致孫之電，三十一個字，不過二元一角餘耳。一切詳情，另再函稟可也）。

復電如下（14 字，地名作一字算）：

重慶關廟街佛來旅館汪同塵鑒華安

如果有病，要我來照應，亦望於復電告知可也。兒呀！你再不來信報告平安，我將不能安矣。

父字

三月四日之夕

（整理者按：此書當作於 1939 年 3 月 4 日）

（五）

兒乎：

我幼而孤露，壯始成家，育爾至今，又共患難，我所期望於爾者，爾豈不知之，我之愛爾，較愛爾母爲尤切，爾當亦知之。

此番爾以小小大意之故，益以吳生之受託不忠，竟令我擔驚受嚇，一至於此。爾細思之，老父身體多病之日，其何以堪，其何以堪。

此後，兒須懲前毖後，不可再行大意。

爾母等又來函索錢，我已設法寄出四十元矣。爾試猜之，款從何處來，言之殊可笑也。

自兒行後，父以無聊之故，恒至胡君處小酌。某日忽動餘興，試作竹林之遊——牌九——則初次小戰，父以二元資本而做莊，十分鐘內，乃竟獲利十又一元。次日擴大範圍，父又進四十又八。如是第三、四、五、六日，無日不推莊，無日不大勝。可惜六場中，均有他人合股，否則，所入當在三百金上下也。父以運氣太好，而兒又久無信來，因此中心皇皇，益覺不妙。總之，苟非得此意外之接濟，安有餘錢寄家用乎？凡事皆有天命，吾真深深信之矣。

小篆非用心寫之不可，記之，記之。

另函可呈校長（須面呈，不可畏怯）。

父書

28. 3. 9

（整理者按：此書作於1939年3月9日）

（附致校長書）

爲霆吾兄校長侍者：

不奉清光，匆匆半載，兒子歸侍，極贊賢明，遜聽之餘，如何不敬。弟嘗謂，天下第一種德種福之事，莫如正心誠意，教育它人之子弟。二十年來，弟雖爲革命、教育而傾家，然亦因此而往往逢凶化吉，此中消息，非真正世家子，學有修養，如吾與足下者，不足知之。頃者兒子荒唐，久不來信，電詢函問，擾及高明，舐犢之情，知能見諒，還雲既降，心感尤殷。足下如許熱誠，真不知何以報矣。謹先函謝，並惟鑒照不宣。專布，祗承

教禮

弟汪同塵頓首

三月十日

（整理者按：此書當作於1939年3月10日）

(六)

華兒：

兒母之書，令我慘惻。十餘年骨肉相處，一旦遽斂其良人、愛子而去，如何不心痛耶?

父恩固高，母恩尤大，兒不可不時時念茲在茲也。百行孝爲先，能孝之人，必得天佑，事實有證，宜深誌之。

天暴熱，旅社臭蟲、虱子多得可怕，況又西曬，如何可居。現擬它遷，未卜能得到相當屋宇否也。

吾之飲食，幸已如願安定，所恐王宅他遷，又將受苦耳。

刻下之意馬大動，頗思奮鬬，保重身體，余已知之。所可畏者，體質或因此發生變化，然茲已下了決心，勢非由珍重不可。兒之行書，愈寫愈劣，令我煩慮！（行書須注意厚、重，及安排得體，墨萬不可省，筆尖宜用水發大，不可如爾二伯之郊寒島瘦也。）

扁桃腺暑假設法治之，兒須千萬保重。

想喫東西，即買了喫，不可太省。衣服宜常常換洗，免得生病。寄上大洋五元，可節用之。

父手書

四月一日

（整理者按：此書當作於1939年4月1日）

（七）

華兒見字：

此數日來，兒父之腦已昏且碎矣。

三號被炸，係神山口一帶，四號係關街以東之都郵街一帶，慘不可言，受驚亦大，但我終未下地穴耳。

五號全市無水無食，慘痛陰沈，南都所未見也。茶房等人逃走一空，幸而王府多情，將我接過江之南岸，此昨日事也。此間爲紗、麪二廠，王其職員（新由漢口遷來，一切建築，均係重新設造者，空氣環境甚佳，但無居民耳），故能解決食宿。王君之恩不可忘也，記之，記之。

不知教部已遷走否？明後日擬往調查，但交通極苦耳。

棠姑遷來甫半月，所住處即二次被炸之區，幸已逃出，但災後尚未見面。

家中除第一次寄去40外，第二次20，上月底又寄去50，目前或無饑貧之虞。

先行告汝如此，爾可放心。如無錢，可向同學暫借，稍緩即寄錢與爾也。

父手書

五月八日

Address：重慶南岸貓背沱慶新紗廠王歷畊轉交。

（整理者按：此書當作於1939年5月8日）

（八）

華兒如見：

大轟炸，余無恙，昨已致一函，恐遺失，特再告之如此，可放心也。

余暫避居南岸，即與王君一家同住，可感之至，但不能長耳。

今日過江來市探聽消息，則各部奉令於七日以内一律遷出，教部則往青木關（大約在磁器口以上，可查考之）。今後我個人如何寄託，不能想。咳！念之悽然。

寄上五元，可萬萬節省用之。

此函作於棠姑處，今夕仍須返南岸也（函面用王叔惠名者，恐遺失也）。

阿翁手簡

廿八年五月十一日下午

王垚現爲東臺縣長，可喜也。

通信處：

重慶南岸貓背沱慶新紗廠王歷畊先生轉交。

（整理者按：此書作於1939年5月11日）

（九）

華兒：

大轟炸後，曾由南岸寄汝一信，令汝放心，十一日又復匯寄掛號五元，至今均未見來信，何也？兒何一懶至於此也。父又日夕不放心矣，爾知之乎？望速來書，免父懸念。刻下情形極慘，全市如死，機關亦各分散。我實在累不得，祇好姑在南岸，與王君苦度，生活慘痛萬分，自非另覓生路不可。暑假中不知父子能平安聚首否，念之悽然。今日至部，部已遷徙欲空矣。

亂世爲生，真不易也，目下景況，又方弗下五戶之模型矣。不堪細說，再談。錢須節用，來源已不易也。

阿翁

廿八、五、十九

Address：重慶南岸貓背沱慶新紗廠王歷畊先生轉。

（整理者按：此書作於 1939 年 5 月 19 日）

（一〇）

書諭華兒吾愛：

兒去一月矣，兒來二稟，余皆徲復，非故意迂緩，不以吾兒爲念也。一因兒去而中心不忍，情緒難堪，終日懨懨，反覺無從下筆。一因所作計畫（陳處），迄無消息，必欲得一結果，然後舉以示兒，俾兒可放心於父之景況也。

此書有兩大消息，一尚可喜，一極可驚，事出同日十七小時間，所謂乍爲階下囚，又作堂上客，過後思之，猶不覺心有餘痛也。玆分述之。

陳部長立夫復余一函後，又久久閣置，及余再作書探之，則隨又復函曰："頃因總裁電召赴蓉，回渝後當即領教云云。"措辭殊撝謙，知頗具敬意也。如是又候之數日，乃於廿四來書，約於廿七日午後四時，赴部談話。乃二十六日夜半十二時後，忽有不速之客三人叩關入，首問：“先生識吕某乎，今何往乎?”余既答之，則三客之中一黄姓者，乃續言曰：“今吕君之妻，甫自雲南來，尋吕不得，又曾至青年會訪問先生，又不值，遂悵悵回寓。寓之主人以其躁急不安，且因與吕君有舊，故託某等，來此邀請先生，即往一慰之也。”余聞而詫然，急先拒之曰：“異哉！吕固自承無妻室也。且余之與渠，初不過萍水之交，其妻之來，胡與我事，我往又奚謂哉？伊如作急，儘可以電話致江北清華中學伊夫可也，要我何爲……”然而客終不已，情詞殷殷，然非余往不可，且謂旅館距此甚近，稍談即可歸耳。余不得已，因即草草著一夾衫從之去。

兒尚當記憶，吕某爲人之狂鄙。暑假期間，兒以輕其猥薄，嘗數數爲余言之，即余於是人，素亦處以冷淡之態度。兒赴合入校後，渠於某星期日，果來此一次，横衝直闖，竟視我之房間如彼之居宅，所從遊者，又多不三不四之少年。而其友湯某，亦復居然向余借宿，且將衣包置存我室，我外出，竟又居然擅令僕役，啓門而入，就余案上作書，令余晚間，爲彼設一榻云，如此情形，荒謬已極。余乃申斥僕役，並嚴戒今後毋許聽其再行爾爾，同時且將其衣包盥具等事，移置僕室，又於室門書一字條，謂余已因事赴南岸云云。總之，余蓋深厭此輩久矣。自是而後，湯不復來，吕則至此數次，余之態度乃益愈冷而愈峻，終且蒙頭而臥，置之不理，吕亦終於感覺不快，而從此等於絕跡矣。僕人小斐告余：“吕先生臨去，悻然大駡先生不顧交情，我將房間讓與他住，我偶來此，它竟不招待云云。”最可笑者，原挂於此間之時裝美女招牌一紙，彼竟取去，謂須爲校中宿舍補壁云。噫！如許荒唐輕薄兒，何以能爲人師也。烏乎！國難期間之教會中等教育，乃亦竟用如許人乎。

仲尼戒人，以慎取友。《易》云：“無妄之災。”先聖之言，果然應矣，何也？余之取友，不可謂不慎，然而禍生不測，殃及無辜。廿六夜，隨客外出後，所至之處，則赫然衛戍司令部之稽查處，初非所謂某某旅社也。震驚之餘，幾爲昏絕，氣急心躍，不知所云。堅詢再三，黄某發誓自陳，確爲吕無畏事，所謂其妻，亦果在樓上拘留室中也。復詢果爲何事，嚴重乃爾，竟不肯告余。欲發一電話致赤悳，亦不見許，終以處長不及候余，十二時已返私宅。尚幸所謂特務隊長季縷也者，殷勤招待，並以自己之臥具，一一讓余，且陪余閒談至夜半三時許，方始勉强和衣而臥。兒乎！兒試思之，此時此景，爾翁如何禁得起者，雖季某極力安慰，十分殷勤，又何益者。悲夫！交友雖慎，反遭無妄之災，此之謂也。戲劇伍子胥過昭關，一夜鬚髮盡白，而父處此，肝腸真寸寸斷矣。三十年奔走革命，反對帝制，反對軍閥，大難不死，賸此餘生，國破家亡，酸辛入蜀。臣朔不媚，見笑朱儒，而今又無端任人拘攝而至此，萬一果真不幸，而負屈含冤，不明不白以死，我一生清白之名譽，將誰保乎，兒輩今後之生活，又將誰恃乎？一念及兹，故雖身臥隊長之榻，而精神之苦，實無異人間地獄中待決之囚。次日天明起，天寒衣單，冷極欲死。最心急者，午後須與立夫見面，失此機會，又不知何時可以接洽也。幸至十時，處長自寓至，登樓接談之下，始知此一正一副之處長，均黄埔四期生，此案亦果爲吕某事也，蓋欲證知吕爲何如人，及在何處作事，故昨令探員黄某邀余，黄誤時，處長不及待，因有此一宵之高等監禁耳。余既告以與吕相識之由，及兒對是人之觀感，於是處長益禮兒有加，十一時半，乃以專車送余回，此廿七中午事也。吕於是日午後被逮。至廿九之晨，吕忽又至會，闖門而入，一偵探隨之。據云，有劉女士者，由吕介紹於老宋，最近宋常與劉通信，大有非常嫌疑，因此先捕劉，次及余，再拘吕也。吕已經證明無大罪，今須取保釋放，故過余處，借二元錢作回校川資，並交保書與此偵探也。劉如今仍在押，恐非宋被偵查明白，不能出也。此事經十二小時而了，非無妄之災而何？

廿七午後見立夫，相見甚歡，扼要言之。渠極希望從速將甲骨文稿寫出，先行油印若干份，免再遺失，並可派員，代我抄寫。關於生活，彼允先籌若干，接濟我之家用，對我個人亦當設法，但願始終致力甲骨，不必過問政治云云。又對於所需參考書籍，屬我開單，亦當代爲購致，余告以此亦須巨金，彼云“無妨”。總之，立公十分誠悦，雖關於生活問題，尚未言明種種，然以意料之，彼必不食言也。

尚有一事，令人氣悶，即本月十六之夕，余尚在寓，而夏衣西裝褲，及袋中法幣、金錶鍊等，竟被人竊去是也。迄今半月，尚無辦法，青年會又十分刁皮，此亦大大口舌，又須作氣之事也。

茲以須與立公筆談，不能多書，略示兒以近況而已。

交友須慎，尤須和氣，切切記之。字不好不能應世，此爲人在社會中，開門見山之第一大工具，不可不下苦心，努力學之。其它下次再說。又余先後所作之書，兒須一一編號保存，至囑至囑。

此間已寒不可耐矣，合川山上何如?

阿翁手示

廿八年十月卅日之夕

部中無洋紙箱。

報紙已領到二百張，又紅格抄本二本。

兒究須何物，望告我詳細，當即照寄。

（整理者按：此書作於1939年10月30日）

(一一)

廿八年十一月十九日之夕

“不作奴亦不作亡國奴”（圖章，陰文）

書示華兒：

頃閱來稟，甚慰。觀函面書法，似較前稍可，又爲之一喜。但有一最大病根，不可不改。何者？即爾之書法，既毫無筆力，又失之太枯是也。譬如病夫，元氣不足，骨瘦如柴，令人見之，了無快感，是何可者。且嘗聞先大人言，寫字寫不好，由於天分不高，不足責也。但第一要義，精神須丰滿，下筆須肥圓，不如是者，對於自己一生之福澤，亦大有關焉。余生平常記此言，時時懔然在心，不敢忽也。憶吾十五、六時，寫字雖佳，亦嫌輕弱，後來以無法充實，始進而學書金文，然至今一支筆依然泡不開，真此生憾事。茲爲兒思得一法，盍試行之。

1. 寫字時——下筆之初，不求間架好看美觀，先求表見肉感，所謂翰林館閣中，祇須墨大光員是焉。

2. 如果力量真正達不到毫尖，可用二法救助：A. 用中鋒，故意將重心下墜，又故意緩緩書之；B. 紙宜粗，墨宜多，益以中鋒與重力之下壓，當可補救不少。

3. 寫字不可心急，今天精神，祇高興寫十個字，即聚精會神，慢慢寫十個字可也，不可貪多。但每寫一字，務須從容不迫，每下一筆，方弗走“上坡路”，一步一步，穩穩前移，不獨腳下喫重，而轉彎抹角處，尤須應亭則亭，應快則快，如此則所寫筆畫，自然飽滿堅員。

4. 尤有一大秘訣。一爲心理作用，下筆時先須假想：“我是拿破侖、趙子龍一流英雄豪桀，區區毛錐，亦如其兵器，不可與庸夫俗子相比并。”尤須時時處處，表示倔強之態度與精神，曾文正亦嘗如此說也。二是人力的做作，即每一筆畫，如一直，假定它是由各個之點組織而成（如幾何原理），於是寫此一直時，完全注意於點的推移——表示如下：

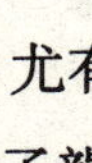

即用筆依 A 完成，如 B 是焉。我寫之金文，所以好象彎彎紐紐者，即利用有力的點之推動與引長之耳。此爲補救輕弱不力之大秘訣，兒可用心學之。

以上論寫字之法，兒如不聽，今生今世，更不多述矣。

又次：吾年三十有一，而始成家，自恨晚已，然今雖四十又八，而精神尚佳。汝亦十六入高中矣，此一時期，正吾兒發奮修養之大關頭也。遠丌二子均不幸荒誤，念之痛心，處此情形，兒之責任，重且大矣，兒知之乎？读書問題尚小，做人立身處世問題是大。兒性醕謹厚重，父甚喜焉，所不足者，也犯著父親脾氣，往往傲忽而輕人。即如談話，人有問，汝往往不答，此大大不可，須知處此朩季，四面皆危機，危機之中，皆忌妒之小人，自今已後，務須時時處處，表示謙和，外圓內方，此之謂也。即使對方是賊，它向我問話，我寧可心裏不快，表面上仍須和顏悅色以與之。吾嘗言：“吾生平得一處世秘訣，可惜知之而不能行，即無論何人，無論想做何事，皆可成功，而其所以失敗者，即中途遇有阻力耳，阻力爲何，亦即由於我不謙和，所召小人之反對與破壞耳。”此乃爲人處世之大大秘訣，願吾兒萬萬思之。

以下皆雜事：

1. 函光來稟及張生書，附此寄閲，兒閲後可知家中近況之一班矣。(函光言“四狗八鱉”，究竟作何解說？我與熊生思之三日，而終不得解，兒如知之，可速速告我。)

2. 立公處，我將參考書單開去後，迄今多日，仍無表示，未免令人灰心。

3. 校中生活清苦，余甚擔心，但願兒千萬忍耐，星日可至市上，多買點好肴饌喫喫。

4. 我想代兒做一件外套，爾現時所著校製外套，長幾何？最好自己用密達尺量一下，自後領圈至小腿（離足跟五寸），究長若干，告我，以便有錢時，先買料子，年假回來再做。

5. 兒果真喜研理化，即用心求之可也。如能在學生時代，發明一二小工藝品，豈不妙哉。理化救窮而救國，文學淘性而滋情，二者且可互相調劑，猶之父初習武，暇仍修文是焉，似均不可廢也，但救窮仍是第一要事耳。

此間忽暖忽寒，我自知保重，飲食亦漸上軌道矣。熊生時來作陪，此人亦少不得也。

紙件另寄。

十一月十九之夕六時父書

“革命自辛亥”（圖章，陽文）

二十日之夕再書。今日有二事：

1. 午後至中宣取薪，竟多得了一百元，大約老葉匆匆忙忙算舛了。

2. 老楚經六中全會議決，改任中央秘書長，宣部則由王世杰接任。

（整理者按：此書作於 1939 年 11 月 19、20 日）

（一二）

廿八、十二、九日

書示華兒：

爾母今日親筆來書，謂近頗畏冷，無裘又無火云云。令我爲之一哭。

爾母又言，極盼爾不時具稟云云，又令我爲之不忍。

兒乎！母子天性，能冷淡之乎？母恩罔極，忍令其日日空想望乎？兒素孝順，余亦嘗令汝常寫信與母，兒竟忘之乎？自今始，爾每月寫二稟代寄，記之，記之。

皇天不負苦心人，立翁昨又送來三百金，今即以二百寄爾母也。

爾之外套，等爾來再做。

立公已指定編輯一人，襄余著述，可見其對此頗知尊重，但其人尚未見面耳。葉處已又去函相商，尚無回言。

（中略）

近來常作小楷否，有進步否，我所指示方法能行之否，行之尚有效否，亦盼細稟知。

爾姊親事，已被我嚴詞斥之矣，爾母亦太不解事，東臺人能做親乎？

夜深矣，今天作書過多，不多寫矣。

廿八年十二月九日晨四時父諭

爾母之函，閱後須妥爲保存。

（整理者按：此書作於1939年12月9日）

（一三）

書示華兒：

一電二稟均已收到，久久不復，知兒必爲之担憂，其實亦自有故也。兒行後，余以心煩過度，又恒夕去宵歸，感冒風露，於是牙痛頰腫，繼以寒熱，如是若干日，苦不堪言。復大之課，亦迄未往授，旋得該校校長及李公書，兼任者，川資例由校供給，食宿亦然，乃於三月廿八乘車前往，熊生夫婦亦從焉。既至，竟直紀念節，例放假，校長、教務長孫先生，及文學系主任陳子展先生等，均已來渝，祇好在旅館等候而已。四月一日，孫、陳歸，相見甚慰，以余之遠來不易，學生又期望甚殷，因之提前暫行上課一次，與諸生晤談二小時。陳云久已知余，且甚欽仰（渠謂係聞之同鄉（長沙）中華總主撰舒新城先生，渠亦東大畢業者也），二年前即擬聘余，且在青年會見余之名字，但以無人介紹，又恐余不屑就，故至今日始如願云云。兒乎，金君雖爲介，此中尚有是因緣，可見人生行道，一切還須賴自己才力及名譽耳。陳對於我之印象如此，是以此番小住，頗見禮兒也。又校中待遇，兼任教授（多半是社會名流）十分優厚，即如飲食，無論中西餐，無論何家飯館，衹需膳後簽字與之，其直不拘多寡，均由校付給，是以我輩到校上課一次，公家耗費亦不在少也。惟校舍係假破廟，餘亦分住民房，散落不齊，百事簡陋（僅租有大樓一坐，作總教室，尚勉強可看耳）。是以專供兼任教授之所謂招待所者，亦至蕭索不堪。黃桷樹，僅與北碚一河之隔鄉村也，幸余已認識該鎮一領袖紳董（已前殆亦土豪之流耳）名王爾昌者，因而其内眷等，亦願盡臨時招待義務，如熊生家也，得此一助，老夫尚不至狼狽。惟該處房屋，多無地枰，濕重可畏，殊礙衛生。如住北碚，生活亦至昂貴，是以今後究住何處，尚未能定也。至於每周來往，辛苦萬分，余之精力，絕難勝任，已承校方關愛，每月僅往一次，去則多住幾天（束脩每時四金，本學期則僅算至六月爲止），多上幾課。以云收入，則不足恃以生活也，然而事在人爲，余自有辦法處之。又近來關於個人活動及位置問題，尚有不少煞費腦筋之應付，玆姑不談，談亦不能盡也，且聽下回分解。

爾母處，余已有極長之函與之，兒能時時去稟問安，固孝道也。

二日自碚歸，因辛勞，又受風寒，忽又復病，病臥三日，今始稍可。然而寒熱不清，双扁桃腺又均發炎，苦痛可歎，此書尚係勉強作也。

兒最關心之事，父無不知，無如天氣奇變，身又常病，朝夕苦悶，固不啻南唐失國之李後主，日以眼淚洗面耳。奈何，奈何（今年心膽更怯，尤怕病，不知是何兆也）！

蚊帳改日設法寄與。關於代人買物一事，余最怕辦，目前自己之事，一切且都不高興，何況它人瑣瑣事乎？

北碚一行用錢多，刻下又在窘鄉，可歎！現正進行加薪，或可如願。

通車事，余已不問，可歎！

王綸（英界，孟德蘭路八十三街（弄）大興里5，又靜安寺路靜安別墅——No. 5）

夜深，手战無力，不能多書，再說。

同諭

廿九年四月六日之夕

附：復大我編之講義，可參閲，但不可使桂某之流，偷學之也。函太重，另包郵寄。

（整理者按：此書當作於1940年4月6日）

（一四）

書示華兒：

曾復一書，諒已寄到。又另寄復大講義，曾收到否？兒可放心，余事事自知謹慎也。

近來余爲生活、工作等事，勉強於種種苦悶之下（將來再說，兹略），努力奮鬭。大略言之，即主座爲人寬大且厚，而左右如張某等，反多看不得，而查問一年之成績也，區區雞肋，竟乃如此，可爲一歎。買書事，陳一再批准，左右則一再拖延。昨晤陳，請求加薪，並面上許多條陳，均見喜納，並承允增加，不知結果如何，故今又去函促之。蚊帳寄上，包裹當較此遲到。暫附二幣（聊試一次，恐有誤，不敢多附），如尚需錢，可再寄也。

父諭

四月十一日

（整理者按：此書當作於1940年4月11日）

（一五）

華兒如見：

余日來身心苦悶，又不啻與兒初來渝市，旁皇青年會時也。先是總務司來函，考詢余之成績，謂：A. 甲骨文青年讀物可曾編就？同時並謂：B. 奉諭派余至北碚教科書編輯委會接洽工作云云。二砲齊開，駭詫萬狀。A事，事前毫無所知，可謂怪事；B事則顯然與我爲難。蓋該會主任爲許心武（亦揚州人，□蘭知己也，十六年曾住我家，河海工大畢業，水利專才，又曾任河南大學校長，立夫手足之一也。其人純粹一書獃，辦事十分認真，不徇絲毫情面，其部下莫不怨之，不知何以今日亦服務於此也），每日須限令各員工作九小時，即李清悚、陳延傑之流，亦須受此桎梏，余又何能爲此五斗米，而折腰於人乎？因此萬分忍耐之餘，分別對付，同時亦提出增薪問題，以相抵制。於是經若干度奔走接洽之下，今日面晤老張，始行決定，薪不加，予亦照舊自由，不受拘束，然而余已十餘日不安寢食矣。

總之立公爲人，尚稱長厚，凡有所請，無不樂從。無如左右如老張之流，天性工妒，多方阻撓，以致立夫所允之事，時時变卦，加薪及自由工作二事，亦即此曹作弄玄虛之證也。即如頃晤老張，解決其事，彼犹借口部長云云，余亦以爲不肯加薪，亦是立夫之意矣。乃悵悵回寓之後，忽見案上有支票一紙，赫然二百金，又係立夫所送。以此證之，可見老張衹工作弄，而其本人，亦尚不知立公之待人厚也。日來正爲爾母及汝之零用爲慮，今得此款雖少，亦不無小補，故已決定以百五十金寄家，餘則爾我分用可也。

至於購買甲骨文參考用書，立公兩度下令，亦被手下反對而打銷，可恨之至！復大又了無此類書籍，奈何，奈何！

關於復大，余已赴彼二次，第二次乃四月下旬，共住七天，上課十五時（连補缺課在內），廿八始反。原定每周六時，因往反太苦，經磋商之下，衹好半之，每月衹往校一次，故束脩月衹四十八金（每時四金），往反川資均由校照付，火食則對於兼任教授特別優待，備有飯券，可隨意在中西餐館進食。同事甚爲推重，學生特別歡迎，各級學生均來旁聽，面子可謂十足，所恨不能常在該校耳。又於黄角樹鎮認識一家首戶王姓，主人土豪之尤，居室甚美，我之一切一切，均由其寡弟媳母女照料，招待之周，感情之協，甚於熊宅，到底女人多熱情也（此事可供吾兒將來交際之參考耳）。渠輩頗望我能移住該處，該處空氣好，生活底飲食、用人等事均如意，茲已決定暑中遷往，但須看復大下學期是否仍蟬聯耳。且待本月中往彼磋商後，再行定之，果能如願，今夏與兒，可大大享一次福矣。然而如此收入，終感不敷，故目下正擬另設計也。

復大教授中，居然有舊日門生（白姓，河大畢業）。又中文系主任陳子展，耳余名已久，謂二年前即擬聘余云云。吳副校長南軒（今當家），亦揚州人，人已老，甚好。此皆可以自慰者也。惟學風壞不可言，八百人中，男五女三，放僻邪侈，賭博淫蕩，幾於無法無天，女生則大半不可說矣。一言蔽之，雙雙公開，儼如桑濮，可爲太息（學生多貴族子弟，且有帶家眷仆婢往讀書者）。

連日辛苦，今勉強乘興復書如此，餘再詳。

蚊帳何以未到，甚可詫異，容往查之。

家信至少每月一次，爾母太苦，爾宜萬萬盡孝。孝爲百善先，能感召天佑，勿以老生常談視之。

廿九年五月三日之夕

同諭

七日補書：

今寄上法幣十五元，除以五元貼服裝費外，餘則可供滋養品之需，或隨意添補物事可也（郵寄乃萬全之法，上次二元，不可爲訓也）。

又有一言，余久蓄而未忍出諸口，何者？即兒已成丁，衣履之屬都敝陋，父竟無此餘力，爲兒壯顔色也，念之，念之，此心殊慘。兒孝而且儉，又不肯向父啓齒，父乃愈覺難堪。兒乎！望兒勿以此戔戔皮毛之飾爲榮辱，爾父二十以前之艱難困苦，痛絕人寰，視兒今日，且不及百之一也。雖然，自今夏始，吾當爲兒一一籌之。兒需何物，應事先早早稟知，俾可從容預籌阿堵物也。

小楷宜作長方形，萬不可扁，記之，記之。髮白乃用心血過度所致，宜稍保重，並常運動，免我擔憂。爾爲長子，患難中責任亦殊不輕也，記之，記之。

（整理者按：此書作於1940年5月3、7日）

（一六）

書示華兒：

今天廿九年五月二十又七日（星期一）也，余以復大課畢，原拟明日反渝，而不意今晨寇飛機又至，分羣而過，延至午後一時許，又合隊來碚，其數殆不下七八十也。始而盤旋，繼而流留不即去，余知不妙，但仍抱定不入地洞之旨，靜坐教授招待所，委之天命而已。乃一轉旬間，投彈如雨下，天崩地蹋，屋倒巖飛，結果則臥室之頂，中彈如瓮窠。余方在堂屋中，甫向後壁退二步，而原立之處，頭上承塵，竟炸一巨洞，幸而不死一也。又在此之先，曾至同門隔院，訪教長孫寒冰兄，迨抵其室外，無端爲院中蜂巢所誘，玩視不即入。未幾，羣機至，又無端而仍歸己室，即在此一轉移間，孫君及遠客何夢五先生，竟皆遇難，結果則孫君俄頃即死，何亦重傷，余幸而不死，二也。天垂暮，事定，本地人民死傷數十，學生殉者亦二人，對河之北碚尤甚。至是痛定思痛，一杯在手之下，轉大哭，校中氣象極慘，決定明早反渝。宵深不眠，又恐吾兒褱念，特先書此示之。觀世音菩薩保佑之恩，及爾母誦佛之誠，又於此可以證矣。兒萬萬保重，勿余慮。此函它日可寄與爾母閱之。餘不贅。

父諭

星期一之夜（五月廿七日?）

（整理者按：此書作於1940年5月27日）

（一七）

書示華兒：

余於五月二十八日，自黄葛鎮寄汝一函，略述廿七之險況，曾收到否？兒上次來書，僅言爾一方面事（即你之避於案下，女生亦免於後門之劫云云），而於廿八之函曾否收到，竟未提及，殊念之也。嗟夫！余在復大，一日三厄而未死，廿八返渝，又當死而未死，而六月十二（即前日）之大轟炸，余又以臨時心驚肉跳，改変初旨，而暫入地室，居然又免於死焉。蓋是日所有宿舍，均已遭蹂躪不堪，余室雖獨幸全，然而當時一切破片，竟滿布全室，余如不去，或立戶外，均必不可免也已。余已將復大及此次情形，撰爲萬言文，送與《大公報》，不知能發表否也。十二之劫，十倍五三四，自長安寺，打鐵街，小什字，羅漢寺（寺已半毁，熊宅尚存），再上而至武庫，而出城，以至川師（兩次被劫），兩路口，上清寺國府處，回而至於張園一帶，無路不災，無街不禍，慘已，慘已。余今後亦知所戒矣，兒可放心。復大已亭課，暑後如蟬聯，必遷至黃葛。兒處如放假，暫時可不必來。我刻下正設法弄錢，預備逃難，一有辦法，即發電，令兒來幫助遷移也。半個月，五次驚，今殊勞倦，特先書此，俾爾寬心。此書可並五月廿八之函，寄與爾母，余無暇再述矣。以後空襲，爾亦宜萬萬保重爲要。

阿翁

廿九年六月十四之夕

事定思之，仍是觀音大士之保佑耳，余臨時燒一炷香，即若有神助。而爾母爲我二人禮佛之誠，亦殊可感也，念之泣下。

（整理者按：此書作於1940年6月14日）

（一八）

巴山浴血中再示：

華兒，華兒乎！余今日真九死一生，對不起菩薩，且對不起祖宗與而母及兒輩也。何者？佛已於昨夜夢中預示，吾朝夕所需之水瓶必破，乃今晨緊急空襲之際，余亦既明知此瓶之必且應劫，而不肯將其移置，復仍固執成見，不入地穴以避之。且當萬方危急之時，心已狂躍不休，徐步至穴，亦尚可及，乃余終項強與厄運抗，僅移就室外樓梯最下級，面對一一〇號之室，昏昏木木而坐焉。而雷霆萬鈞，轟然狂炸之中，亦惟倉卒誦觀音大士佛號以自攝，其實預先一分鐘，如走入地穴，又何至自苦若此。事後思之，總以近來心緒太亂（一因無錢行不得，二恐復大不繼約，如去黄葛，豈不無聊），忿恨交縈，生活難支，精神失序，以致臨危乃如此顛顛到到耳。果也，四面楚歌中，紛紛承塵與灰土之屬，竟齊向首部飛撲，一旹五官迷亂，呼吸幾不克自由。余心境尚明，自分今日必大不得了，是以除合十默念我家救命主觀音大士外，此一刹那間，亦不知更作其它何等之应付已。如是有頃，但覺房屋倒塌聲，門窗器物飛擊聲，均在吾左右。迨一切稍静，急反己室察之，則此一範圍之十個房間，更較本月十二之劫爲尤甚。第一注意之点，厥爲水瓶蓋雖仍懸置原處，如兒所知者，而其中玻膽，果真如夢境所示，胥炸碎矣。奇哉！此事兒可筆記，俾世人知此玄妙之感應也！至於個人損失，因事先早已預備，尚不傷腦經，然而青年會則以良心太喪之故（處處圖發國難財，兒所知之，聞因養閒人太多，不久又擬再增加房租，據說最陋之室，至少亦須增一倍，真可謂心黑透矣），除於本月上旬，已損失貴重機器及用具等事，約直若干萬外，今則門前圖書館、遊泳池一帶樓房，體育部等，均已殘破不堪，電景院方在發財，則完全粉碎矣。至於宿舍，亦如百孔千瘡，斷非短期之力，所能修繕如元狀也。又若全市，則自上月下旬被空襲已來，愈鬧愈凶，愈毁愈大，所謂無街不破，無處不災，足以喻其況矣。而重要機關，自國府以至各院部會，幸而免者寥寥，王侯第宅，如楚傖、立夫……諸公所居，亦都破壞，小百姓更不必說已。慘哉，慘哉！生計尤大不得了，油條、饅首，均須一角錢，如何可過日子，吾昔所常言之某種局勢，或終不能免乎？已矣，已矣！不忍深言。水電都斷絕，今天更辛苦異常，夜已深，不能多寫。恐兒繫念，急先書此慰之。

父書

廿九年六月廿六日之夜

平安　廿九、六、廿六

函光已有稟來，所言與對兒說者方弗。兒前後諸函，亦均已收到，稍俟數日，即寄錢來也。父窮，令兒亦喫苦，念之可哭。此事可否由兒稟知爾母，自行斟酌定之。

（整理者按：此書作於1940年6月26日）

（一九）

書示華兒：

昨復一函，並告以廿六之險，知必已達到。

茲有一事，爲兒所樂聞，即頃已得復大陳子展書，請余移住黃角。蓋下學朞且增三小旹課也，措辭甚恭，尚不失面子，因此煩悶已消去一半，並可放心決意準備遷居至黃之手續矣。彼處已約定四間屋，獨院，一排新式平房，妙極，家具全。本是土豪王爾昌先生新建之書舍，因敬余，不要租金，情願招待，其它一切要人，碰它丁子多矣，張道藩亦然，且居然向余商借，可恨！但暑中三個月用度不足，非籌借不可，一有辦法，即行動身，兒刻下且在校靜候可也。此間已同末日，萬不可來（個人喫苦飯，即須二元一天，不得了）。熊生已代爲謀得一事，月入可一二百（即在陸子冬公司，通惠依然打官司也），擬亦向它設法也。匆匆書此，餘不贅。錢稍候即寄，如急，可暫向劉公借之。

你如寫信回家，可令其不必再寫致熊生處（上次即由罗漢寺轉交，幾乎遺失，最好暫如舊，或稍待之。並問它前寄（由魯轉者）一百廿金，曾收到否。又須告以“此間暑中無錢，宜請二兄代墊，但如果特別收入到手，當即再寄云云”。

天太炎，事又多，時又少，稿紙隨後取到即寄。暑中可多寫字，切切！

廿九年六月廿九日之夕

（整理者按：此書作於1940年6月29日）

（二〇）

巴市警報解除後書示華兒見之：

來書收到，知兒已開始度暑假也，所陳志願及各節甚是，甚是。年來兒之思想學業，均頗孟晉，余殊喜慰。天下大勢，以及一切民生已然如此，除却大官自行覺悟，別無辦法，有之，即吾所常言，百姓奮起，自行解決是也。至於個人學業，及前途之選擇，乃目下真正大事，容俟居鄉，腦經清楚後，再與兒細細計之。吾以爲最近急務，宜仍用心寫字，吾對兒始終不放心者，祇爲此耳。兒最孝順，想能遵此行之。兒乎！兒知不久即爲吾家遭難之三年紀念乎？我父子奮鬭至今，總算漸趨安定，何也？吾在月內，必遷黄葛，從此或可望能入佳境也。長安不可再居，昨至城内外一帶視察，傷痍滿目，爲之駭然。生活如此逼人，青年會又窮凶極惡，再度加租以重金，不去何爲？日日轟炸，如此之慘，不去何爲？但吾之所以一再遲遲者，須籌三個月粮，免在黄葛被人笑話也。熊生已到差，喜之不盡，且殊感余之恩，因此吾已向之啓齒，渠亦未嘗拒也。蓋吾擬向中央社會部文藝獎助委員會請求千元之貸金，但一切手續，急不能辦，不得不先向熊生商借，俾先往黄葛求安靜也。刻下熊二娶親，大約不久即可有眉目矣。家信久未復，爾可寫一詳函告之，萬一百廿元不能久支，可暫向二伯商借，熊生款如到手，即當再寄。又兒需内衣，不妨在合川物色，否則待至黄葛再辦，彼處有西成衣也，但皮鞋必已破舊，無論如何，須在合購之，此間直十一、二元，但不知兒之尺寸，不能代辦。錢如無著，可暫向劉公借之，我遷黃接汝時，自當寄款，並償還之也。此宜早辦，不可遲，恐一旦接汝，來不及耳，但萬一不便，黃鎮亦可買到。總之新到一地，衣冠不可太敝，致令人笑爾。今寄汝十金，隨便用之可也，此亦寅喫卯糧之所省，可爲一歎。但有一事可喜，即最近中央大會（秘密舉行者），已議以十萬人，令鐵軍主腦，率往越中助法人是也，所聞如此，宜勿亂言。落筆至此，又降一場大雨，可慰也。專此示諭，餘再詳，並望兒及旹保重。

阿翁手書

曾寫一文，題曰《碚黃痛憶與復大哀聲》，寄與大公主人，但不知曾否收到，又曾否發表，可注意查閱，我已不閱《大公報》多日矣。

廿九年七月五日

（整理者按：此書作於 1940 年 7 月 5 日）

（二一）

（上闕）

聞前日轟炸合川，四門起火，頗爲擔憂，兒無恙否？念之，念之。

熊生之款已送來，但尚待孫若亮將藥送來，方可動身赴黃也，然預計至遲當不出下月（八月）初旬。今又寄匯十金，備置補衣物。合川方面，皮鞋如不易購致，可併將行李挈來此間（乘舟較省），親向渝市物色。然後幫助余料理一切，一同啓行，亦佳事也。但來早無謂，如非來不可，則本月底動身前來可也。余今又牙痛，極苦，夜不成眠，匆匆書此諭之。

阿翁

廿九年七月廿五之晨六時

（整理者按：此書作於1940年7月25日）

（二二）

書示華兒：

九日大轟炸，余無恙也。本會除宿舍若有天助外，其餘均已成一片焦土。燒彈初落於食堂，如果當旹有沙包，而自來水又暢流不斷，亦不至爾爾已。辦公室大樓僅半小時即毀，相距二、三丈間，風勢如迎向宿舍，不堪問矣。

日來生活益苦，不堪細言。

噫！一喜之後，偏有一憂。家中已由蘇省府補助三百（但不知止此一次，抑每月如此，待去函問之），正函至之間，而復大之書亦至，則下學期一切緊縮，兼課者最受景響，我之鐘點，竟食前言，而改爲二小時也。聞訊之下，苦恨萬分，不去則一切用物，已先後送去不少，如去則未免難堪。茲正苦思應付辦法，一時當不能成行，兒以爲應如何對付者，盍便陳之。

恐兒遠慮，匆此示知，餘再詳。

父書

八月十二之晨

兒可爲我誦大士佛號千遍求之。

（整理者按：此書當作於 1940 年 8 月 12 日）

（二三）

八月廿四日

九死一生中書示華兒：

二十日之難，不堪言狀，四面狂炎，風助火威之中，幸賴衛戍特務營衛士們臨時聽命，將我一切物事安全搬出，否則更不得了。

是夜與戴營長同宿山王廟旅社，全城除陝西街外，皆成一片焦土，傷哉。

廿一晨起，衹好下鄉至鵞公巖暫住，然而它家城內兩處產業，亦均蕩然無存（羅漢寺在內），蓋天意耳。

今已勉強榨出百五十元，預備明晨入城，後天乘舟赴碚，碚之地址如下：

北碚對岸黃角樹（由挑夫送至河干，隨時有小舟可渡，大約單送三、四角，爾可告以到復大，它們即知，登岸上正街，街上即復大，爾可教門房老馮，派人帶爾至王爾昌先生家。但我動身之先，必定打電與爾，爾未接我電，暫且勿動，一接我電，可即赴碚相會）。最要之事，爾可立刻寫信，告知爾母放心，並告以四事：

一、函光來函報告，實秋介紹津貼之款已經收到一事，余已知之。但須問明並令速速復我，此款是僅此一次乎，抑每月如此乎？如果僅是一次，我將繼續去函要求，請其按月接濟。

二、我身心太苦，又無暇，並非不常寫信致家也。

三、大火大災中，余幸仍無恙，但不日即往北碚矣。

四、今後暫停寫信，須俟我們遷定告知後，再行來信。

心煩意亂，一切不安慘痛之至。多少事須與兒細談，多少苦亦非兒不能慰也。望即準備行李，餘再談。

阿翁諭
鷺公巖
廿四午後

（整理者按：此書當作於1940年8月24日）

（二四）

書示華兒：

兒乎！父今已淪入地獄矣。

十六動身，十七夕到，甫至王宅，即遭白眼，一飯未終，即受小王之辱，且不承認師生之誼，因急移寓客舍，房金八元八角，慘痛終夜。

次日勉強入城，借寓劉醫佐軒處，然此亦梟鷙小人，又無餘地。除借附近浴室宿一夕外，以後則權在劉處閣帆牀，天明即撤，又寒冷，苦不堪言，遂病。

廿三至今，又移居大江東旅社（字水街下之吉升街，朝天門上下坡處），每日六元，飯在外，勉強在劉家寄食，然主人貪狠，明日恐不能去也。

吾難過之極，部中借得百五十金，又餘小半。立公仍在蓉未歸，真運不佳也。

如此漂泊，如何得了，參政失敗，久在意中。江蘇由王懋功（棟臣）代理，亦實秋同學同事也，餘無所聞。

金常見（在對門），亦無辦法。其内弟褚漢雛亦在此，承約我爲其父幫忙，係川康建設期成會之視察，但須往萬縣，且時時須至川東各縣視察，我不能任此勞役也，衹好謝之。褚辦一紙廠，本可請我，但年內不能成立，又是遠水不接近火。天乎！

兒可不必來信，因仍須另覓枝棲故也。

但舊恙則已大好……（中略）……或亦天佑之耳。

今天病稍愈，特作此書，慰兒遠念。

父字

十二月廿六號之夕

臨時通訊處：字水街下吉升街中央發行準備委員會金秘書長轉。（此可保無失落。）

（整理者按：此書當作於1940年12月26日）

（二五）

廿八與兒一函，想已寄到，恐未達，爰再示之：

余寓字水街大江通旅社四樓，至今已十四日矣，每日租金六、七元，真不得了。所幸借薪一月，向褚君借百金，又得一外快百五十金，刻下尚能支持。火食則天天打遊擊，大都劉醫處每日一頓，丁士杰先生處一頓。丁公爲真正老黨人，長厚萬分，曾在京寓盤桓，故至契。此公曾任粵漢、平漢兩路局長，但仍貧耳。亞山兄亦自萬縣來，同住一室，尚不寂寞。但至今仍未見到立夫，真氣悶也。教部除津貼二十外，又有新頒救濟費每月四十（以前係十五，自十月份改爲四十，今向之索取，非來此不能知有此事也）。

余精神尚好，較黃角開心，但亦衹好姑混光陰，不堪細細想也。

此間天氣甚暖，可謂天幫窮人。

兒萬萬保重。如有信來，可寄：下陝西街新三十號丁純蓀先生轉。

但須封固，以免被人拆視。

夜深書此，餘再談。

内附 5 $ 。

父諭

卅年一月四號之夜

（整理者按：此書作於 1941 年 1 月 4 日）

（二六）

書示華兒：

兩書均悉，非不報也，心苦境劣，不忍作書，令吾兒心不安也。

運氣太壞，除夕前一日，借得百五十金（二月份），偏於飯店遺失五十，幾於不能過年，尚復何說。

立夫始終未見，非他不見我，機會少，且擬另回乡也，但一切優待，偏又與機緣相左，衹好再待。

生活苦不堪言，午喫麫，夕則寄食丁家，等於討飯，無可奈何。

日内無錢，稍俟當設法寄與，兒勿悲觀，爸爸心裏更難受也。

昌汾之徒頗得勢，任和聲自大庾來（任縣長），言之極詳，並言上饶甚好，宜往依之，但無錢，行不得，又奈何，我想終須去耳。

家中宜不時作書請安，並慰之，我實不能下筆。

需錢用，可設法多借，我必儘量代還，可大胆對付，勿畏。

客棧已由陶處長令打七折，每日四元六，房間甚大且美，又暖和。此間各旅舍，皆無此便宜房也，但終不能長久支持，目下且欠租不少已。

恐兒記念，先復書如此，餘再說。

來稟仍由丁宅轉可也，但需封妥。

天寒，望兒萬萬保重。

阿爺手書

正月四日夕（一月卅日）

（整理者按：此書當作於1941年1月30日）

（二七）

卅年二月七日書示華兒：

來此五十日，不知所爲何事，而旅館租金，已耗去二百五、六十元矣，恨恨。

萬千忍耐之下，五日之夕，始會到立翁。它固頭疼，我亦意憤，寒暄而後，開口第一句，它便問曰："我看你天天過三十晚上。"我曰："然也，自始至終，即無日不爲此難堪也。"於是理直氣壯之下，索性與它算賬，結果則我固忘形，它尤失態。彼乃於抓耳撈腮之下，答应如次：

A. 立刻予我三百金，臨時接濟。

B. 對於生活費，擬稍俟增加，或另設法。

其餘談話，將來再說。

此款除開支欠租三之一，還賬六之一外，所餘僅半。今先寄爾三十，俾解目前之厄，然而我終覺對不起兒也。

刻下擬俟與梁寒操、許士英會晤之後，再定進止。如果不成，祇好東下，依顧、朱去矣。

家中想又餓死，無錢可寄，奈何。

茲收一可愛之小學生謝风超，此子從丁純蓀先生學武術，甚聰隽也。其父亦蜀中名士，曾作縣令，茲在合川以上三五十里許之泥溪鎮，辦一水力紗廠，不日遷往常住，余已爲兒先容，將來可前往依之。此公極長厚，其夫人亦平靜如爾母，且好客，不似川中刻薄鬼也。但有一事，須幫它兒忙，即其兒想入爾校（曾在初中一年級），不知刻下可有機會，又如何進行方達目的，望兒立刻告余。此一事關係甚大，兒將來就近須住它家，且或可得到相當之照应也。

此間一二月後，即不能再居，殊令人損悶。

丁亞山移居我寓，果然又發老脾氣，處處刮人皮，事事偷人機。海校已停辦，它更作急，故利心更熾。余代它暗中看相，恐亦不得善終，幸昨已下萬縣去矣。

劉雲老處，萬萬小心敷衍，以免失一照应之人。

將來如東下，行李等事，不能多帶，除隨身衣物外，擬留與吾兒。行路真大難也，但目下尚不談到耳。

千萬學小字，練行書，此爲余時時不放心者，記之，記之。

對於二弟，亦望時時寫信教導，爾母處亦時時問安，我心已傷，且抱愧，不敢作書寄家矣。

阿翁手書

校中圖書如有《經籍纂詁》，望爲我設法借之。

（整理者按：此書作於 1941 年 2 月 7 日）

（二八）

余致書於兒，余心中實至感痛苦：

1. 此四個月來，用錢如潑水，四面舉債，天天過年關。

2. 中飯買了喫，夕則打遊擊，又費車錢，欲步行，又無氣力。

3. 房金七折後，每月仍須130，再加小帳，是150也。

4. 自己不得了，兒也不能顧，家中骨肉，更不能設想，何以爲人。

5. 其它一切……

本月十號，幸而振委會發表每月補助二百（無名義，是秘密費也），但是每月月終不易如期領取，至少須再過二十天，如何有濟。

今正向梁寒操商量，如能再弄二百，即切實定局。

胡庶華曾面約湘大，可爲我設一講坐，但衹能送120。因八百學生中，習工農者太多，文科衹有十人，而教授已有七個，真笑話也。但辰溪生活低，米僅十七元，它說，個人月有六十元，便可喫肉喫酒。然而路遠難往，川資即須六百元，奈何。

今且寄上十金，可憐太少了。然而我是一刻不能無錢的，萬萬對不起吾兒，稍過幾天，再零零碎碎寄罷，爸爸並非不憐念你者。

家書怕寫，兒可將振會事告之。一俟生計大定，家中用費，當即按月照寄。

頭昏腦悶，不能再寫，已矣。此示華兒。

爸爸手書

三月十八之午

（整理者按：此書當作於1941年3月18日）

（據原件及汪保衛抄本整理）

簡李培天

簡雲南民政所長李君培天

廿八、五、廿四於巴市南岸貓背沱山中

厚之吾兄所長閣下：

不奉光塵，匆匆數載。比聞文化學院門人吳生來述，知執事受訓中央，曾蒞巴市。方擬期藉謀一面，而忽以倭機疊次轟炸之故，交通梗阻，全市騷然，奔命不遑，公私俱廢。處茲浩劫，度台從負方面之責，或當反旆滇中。交臂失之，此之謂已，緣慳一見，悶損何如。嗟夫！邦難至茲，疆土日削，貴省以金馬碧雞之瑞，爲養精抗戰之源，三戶亡秦，仔肩至重，公權民政，藩寄非輕。蕭留侯坐鎮關中，足食足兵，成劉季非常之業，勛銘竹帛，千古美之。閣下爲民族宜勞，視茲又何以異也，風聞盛治，百拜欽之。

弟往隨孑民蔡公，卸職監察院後，感於奔走廿餘年，建樹毫無，德功未立，書生強項，又苦逢迎。且因自束髮受書，即從事金石籀篆之學，歷久未輟，薄有所知。近年殷墟龜甲獸骨，發見日夥，研究其文字者，人愈衆而謬解愈多。此爲中華五千年真正文明之胚胎，意義偉大，與夫包涵太古史料之豐富，至可驚人。惜自羅振玉氏師心妄解於前，三十年來，海內外學者，幾十九不得其門而入，邪說惑世，深可慨焉。弟於此道，又薄有所知，於是一朝掛冠，便攻此學。數載以來，忘餐廢寢以求之，預計二十六年之冬，全部便能畢業（蓋甲骨文字先後出土者，已逾二千，學者所知，不及小半，小半之內，誤解尤多，合而言之，四十年來，當代學者真正考知而不謬者，至多止四之一耳。不才於此，一方既考定前人所不知，一方又校正他人之譌謬，幸邀天助，得其鑰焉，闓矣寶山，居然洞啓，十年心血，消耗不虛，雖起許尗重君，竊謂亦不能與鯫生抗也）。而不意國難發生，日趨嚴重，閣筆未久，危及南都，蘇臺失陷後，不得已而盡棄都中薄產，一肩行李，匆匆挈妻子北歸（即蘇之江北東臺縣也）。兵荒馬亂中，不特桃潭小築中，萬卷圖書，廿箱金石，一一都付之敵手，即挈以同行之一箱文件，如《甲骨文字正解》全稿，以及三十年來，各方收集之種種有關考古之資料，與夫世所未見之龜甲獸骨若干片（片片皆刻有“尚未發見之新文字”，某國人曾出資十萬向我購取，卒以事關國粹，及個人著述之參考，未肯與之），亦均於倉荒行旅間，遺失盡罄。他如個人未經付刊之一切中外著述，及詩文雜稿，甚至中山先生暨其它先輩名流，有關信史之手跡，因此而同歸浩劫者，更不忍屈指數焉。總而言之，弟所損失於斯難者，其質其量，已非金錢之價值所能估計，即雖令同塵更歷百年而不死，斯種種者，亦終如《廣陵散曲》，不可復得而集矣。烏乎！天喪斯文，天忌吾業，所遭如此，更向何處哭耶……

至於個人，則自前歲之杪，避命江北，爲寇所圍，處處荆榛，幾難倖免。去年六月，始挈得一總角子，犯大難，冒萬險，匆匆自賊中脫圍而出，展轉二月，始達漢臯。雖黨國同志，故舊門生，慰問殷勤，如登樂土，顧終以辛勞過度，抱憤難堪，觸目瘡痍，徒增悲憫，我躬藐藐，又厄狂痾。中央念不才疲鬱之深，又感於區區個人著述之損失，不啻即國家文化之傷殘，於是聘致同調若干人，如吳先生稚暉、盧君冀野輩，俾於教部整理戰區文化事宜，不才亦此中一份子也。中午無俚，受彔無功，遷寓渝城，忽又半載。雖仰賴中央供給，不難詩酒自娛，然而國破家亡，妻離子散（山妻四子，至今仍困處蘇省江北之濱海僻壤也），大江東去，悵望徒悲。失地日多，撫髀徒喟，衆生焦卒，束手徒憐，力薄心長，口緘意痗，詩情酒興，固不如前，逆旅蒼涼，更無消遣，以言文化，則不出國門一步，尚何整理之可言。賸水殘山，徒見宗邦之板蕩，尸位於此，豈不無聊。惟所治甲骨之學，竊謂於國家文化，粗有貢獻，賈直之偉，不朽可期。雖全稿已喪失無餘，精萃亦不容復得，顧所考釋，及先後校正之千餘文字，皆十年來，滴滴腦血辛苦抽索之結晶。心印既深，尚能默記，頃於客裏，追錄頗多，今後所需，端爲解說，所謂重起爐灶，另須撰稿是焉。總之，縱教禹鼎分崩，獨有斯文難滅。蓋五千年來，我祖黄帝偉大文明之真跡，以及唐虞夏商先民社會，一切見象與史料，聖賢經傳所不可考者，惟於此甲骨文字可以知焉。易言喻之，人類宇宙間，任何文明，皆不足與之頡頏。國步艱危至此，黨國前輩，與夫海内文字之交，而猶殷殷垂念，期望不才亟完成其業者，良有以焉。惟此關國家非常之文獻，絕非普通著作，可以率爾操觚者可比。弟客居渝市以來，迫於種種環境之不良，屢思息慮凝神，竟此未成之業，而終日腦昏意亂，事實又不許爲之。兹略陳所苦如次：

1. 渝市蝸居，非讀書治學之地。

2. 囂塵擾攘中，社交人事，戰訊時艱，色色聲聲，令人昏醉，雖欲執筆，不可能焉。

3. 逃亡之後，孑然一身，此事所需參考圖書，巴市竟無法可致，求之滬上，郵寄又杳不可期。

4. 各大學散處各方，即有參考之資，取閱又多所不便。

5. 比經寇機轟炸，市上固十室九空，官署亦分別疏散，個人居此，飲食猶難，雀唳風聲，徒然自苦，留兹治學，不亦妄乎。

誠如上述，悶損可知，再四思維，不如他去。因念故交良友，多已南征，珂里好山河，正今日讀書講學之最佳處也。以云氣候，聞亦清明，海内名流，又多僑集，欣投治下，莫不如歸。際兹烽火蔓延，天下已無乾淨土，顧我家山破碎，桃潭又付劫餘灰，悽望神洲，此身何寄，昆湖猶潔，吾其飲乎。惟思張儉出亡，必有東萊之主；陳蕃不禮，誰知徐孺之賢。所忻舊比汪倫，嘗交李白，公爲郡主，諒許攀龍，萬里相投，矧非落魄，使君念舊，於意如何？弟弱冠好事，委身同盟，三十餘年奔走四方，精力已預用殆盡。至於目下，彌不堪勞，江湖愈老愈寒心，此之謂已。私衷所望，誠能於使君帡幪之下，獲得竹籬茅舍一區，俾一主一僕，稍寧喘息之餘，然後閉戶著書，賡續未竟之業。庶幾我民族祖宗，與夫倉沮二史，苦心刱造之書契文明，不幸自周代以後，屢因人事詭更，支離破碎之故，而終乃聽其埋沒，至於三千年之久者，匪徒碩果之僅存，彌目□光之煥發，則他日一編行世，其有益於中華文獻與學術教育者，僅言其量，滄海又何足比乎。

——甲骨文學價值之弘，關係之巨，絕非區區楮墨所能形容。前已言之，止因三十年來，海內學者十九都不得其門而入，以窺其妙焉。於是巧說衺辭，滋爲謬解，著書愈夥，真理愈乖，天下之人，於此亦視若無足輕重矣。興念及此，感慨係之——譬如"臧"字，《前漢書》多用爲藏字，許氏《說文》則訓曰"善也"，一切經傳，或用爲臧獲字，訓曰"奴也"，又或用爲臧否字，亦訓曰"善也"。由此以觀，斯一字已兼三義，而動詞、名詞、形容詞皆可用之，矛盾紛歧，一至於此，倉聖造字，有斯理乎？然而兩三千年以來，所謂通儒碩學，莫不相承其謬，而誤用之也——諸如此類，其字究竟應作何書法，考其意義，究竟又當以何者爲是乎？一言蔽之，則又非研究甲骨之文，莫能辨也。甲骨文學之關係與價值，有如是者，吾人能淺視之乎？區區個人之私願如斯，未知閣下能慨爲居停主人，以成其志否。雲天在望，恨不能飛，握管神馳，如依左右，相思至切，不覺辭繁，所期離亂之音，能入高明之聽。閣下如因其所請，而一笑許之，則吾家桃水雖深，終不及故人情重矣。寸心千里結，雁足一書傳。專布微忱，統希亮察，南風有便，幸惠好音。並惟萬萬爲國珍重。

與雲南民政所長李培天
廿八、五、廿四，貓背沱山中

（整理者按：此書作於1939年5月24日）

（據手稿及汪保衛抄本整理）

致葉楚傖（三通）

（一）與中央宣傳部長葉楚傖先生

廿八年六月二日

楚傖先生部長執事：

南都奉教後，涕淚山河，又是一年去也。比憂國難，彌念公劬，朗朗光儀，想當勝昔，九如天保，茲用禱之。同自東南寇圍中，挈其一子，倉皇脱險出後，作客巴山，瞬經十月。入蜀之始，嘗候起居，兩刺一書，想登記室，審公不暇，由是止焉，受教之誠，終無易也。

武漢未陷之際，此間同文同志，鑒於抗戰期中，文化教育，胥不可廢，赴難之士，尤不可閒。又因安陽已失，殷墟甲骨，彌益可珍，向所搜羅，尤須整理，而海内外考古之士，專心致力之事，曰書契學者，經文緯史，關係至弘，四十年來，偏多誤解。同於此事，薄有所知，於是諸君子采及芻蕘，謬爲推薦，中樞養士，復許濫竽，由是而同乃見聘爲教部特約編輯。受命以來，忽又八月。區區本意，以舊日南都所成之稿，雖已同歸浩劫，言之固至可傷心，然既遷處後方，於此或不難重撰。乃一經籌慮之下，則所需參考之甲骨，以及有關斯學之一切圖書，匪惟不易搜羅，抑且無從借閲。至向所考釋一千餘字，區區腦海，雖印殘痕，離亂之餘，究難全記。益以茲爲考據，不比空談，説解之言，必徵且信，旁稽博引，用事頗繁，牽涉重重，安能盡憶。若許資料，皆宜備焉，（前歲之夏，記曾爲先生約略言之。）茲既難求，豈容臆斷。白之主政，徒喚奈何。因之半載以來，同之濫廁於斯，自問亦終爲有名無實之冗員而已。

夫國家養士，館餐雖不計閒人，樗櫟如臣，雞肋僅免於枵腹。顧戔戔薄俸，亦係民膏，飲水思源，何能不報。況當此萬方多難，司農仰屋之時，邦命如絲，人皆有責。匹夫聞義，已多赴敵而成仁，我輩何人，安可無功而受祿。思維至此，寢饋胥慙，私疚神明，彌難自已，委身報國，實所深蘄，更念生平碌碌，建樹毫無，廿餘年奔走西南，追隨前烈，革命不死，儌倖已多。今茲國破家亡，妻離子散，餘生至此，何必瓦全。矧當全國動員，胥應以身作則，勞力固義無反顧，勞心亦分所當爲。先我前驅，多士已早拼血肉；埋頭苦幹，藐躬又何畏艱難。止憐不是軍人，深憾難爲戰士。如可愚魯之資，精誠如是，寄生無補，至死終慚。夫公爲幹國元勳，諒已儲才於夾袋；僕比焦頭爛額，敢猶獻醜於龍門。惟因無妄之災，未竟立言之志。飄萍至此，已憐舊業之難修；伴食無聊，方敢請纓而自效。蓋僕於殷墟甲骨之學致力久矣。民國二十年，冠掛蘭臺而後，復感於雕蟲小技之不足立，半生亡命之無所成，於是發憤之餘，彌攻此學。拾遺補闕，竟若前知；正謬匡譌，每疑天助。管窺之測，亦足驚人，全稿之成，衹差十一，甘貧有待，非無故焉。豈知邦難猝臨，危都欲陷，倉皇避命，自顧不遑，萬卷圖書，皆淪浩劫，多年著述，亦與偕亡。烏乎！天喪斯文，胡爲此酷，功虧一簣，徒喚奈何。從茲揮淚無言，吞聲赴難。清風兩袖，行李一肩。萬里迢迢，孤懷落落。徒比相如之作客，敢言巴里之無才。於是挾策而來，吹竽而止。名雖食祿，實則棲閒。此真爛頭焦額，靦然食肉，除卻徙薪曲突，曷以爲情。前已有言，我終含愧，比觀盛業，益覺汗顏。嗟夫！同志少年多老大，餘生何意復艱難。風雨同舟，慷慨共命。死而後已，復何言哉。徒慙伴食，公爲達者，何以教之。

（整理者按：此書作於1939年6月2日）

（二）再致楚傖

廿八年八月二十日（陰曆七月初六）

楚公前輩同志：

兩辱手教，承不棄，始終以推轂不肖爲己任，私中自忖，毋限悪慚。際兹危急之秋，念國事鞅掌如公，昕夕劬勞，已無暇晷，而同乃謬以區區個人之私，數斁左右，左右縱不見怪，同亦深自知其不恭且妄矣。雖然，老驥伏櫪，志在千里，一閒如此，情何以堪。矧因崔俸之微，恒短書生之氣。所謂長安居未易，臣朔腹常枵。同之處境，今誠似矣。復念妻兒五口，及若干年相從患難之人，至今猶深陷寇圍，苟延生命於蘇北海濱不毛之地，親朋寥落，生計蕭條，衣食艱難，言之可哭。去年此日，同挈大兒冒險脱寇圍而出，臨别之頃，僅與六十餘金，而入川忽忽經年，始終竟未能接濟，遂至飢寒并迫，庚癸頻呼，舉室嗷嗷，徒增慘惻。嗟夫！人莫不有其親也。同以早歲奔走亡命之故，行年三十有一，而始克成家。內子氏倪，望江巨族，來歸而後，所蓄奩資至巨①，亦以不才從事革命與教育之故，消耗一空。其人之良，固無論已，此事吾社同志類多知之，嘗謂阿同之婦，初無負於黨國也。惟嫁得黔婁，已教不幸。如是而停辛望革命成功，宁苦望夫聳登龍之後。可憐乾拙，竟負坤劬。冷落銜官，依然措大。難酬淑德，徒愧我心。方期埋首立言，成千古名山之業；抽閒粥字，補四時中饋之須。庶幾憂患之餘，稍亯林泉之樂。而不意有情伉儷，命薄如絲，無妄之災，又丁國難。由是而倉皇避命，顛沛流離，骨肉窮途，一至於此。同雖邀幸脱圍而出，此心又何以安乎。嗟夫！患難夫妻，倫常父子，坐視不救，何以

① “奩資”下，原稿有“近十萬”三字，後刪去。

爲人，清夜撫膺，誠堪痛死。又頃由滬濱轉來家報，知内人等四面楚歌，述之彌慘。蓋蘇北瀕海之區，寇匪縱横，虎倀四伏，地方無賴之輩，又恒以危辭恫喝，迫令寓書愚父子，促即東歸，威脅之餘，繼之利誘，處境之險，不可苟延。三復來書，五中如割。人生到此，天道寧論。烏乎！

秋風拂眼淚難乾，不堪回首念家山。身無長物惟青衫，質錢沽酒徒增慚。吁嗟乎！此情此景言不得，高山流水對君彈。

口號一章，聊當一哭，公爲長者，諒亦憮然。總之，爲今之計，一方擬稍壯客中之顔色，一方擬解脱家室於寇圍，如是則妻子不致爲虜俘，骨肉不致爲餓殍，進可安心以報國，退能寧志而立言。二難不紓，有生亦死。亟甚倒懸之危，難忍須臾；情因見愛之深，爰陳梗槩。狂躁不恭之處，惟故人一一恕之。

二十八年八月二十日致葉楚傖

（整理者按：此書作於1939年8月20日）

（三）三致葉楚傖

廿八、九、六

楚公左右：

國破家亡，逼人窘困，流浪至此，寇難彌深，市儈貪殘，又加壓迫，百物昂貴，剥削萬端，一月之資，僅敷旬日。處境至此，雖欲不向人說窮，亦不可得已，何況舉家骨肉，又復嗷嗷待哺於萬里以外之重重寇圍中乎？如許艱難，即英雄豪傑之士，亦且爲之氣短。今舉以訴諸他人，他人或笑其不武，然竊知閣下聞之，關褱寄慨之餘，必不作秦越人之相視態也。

記前此一再向左右嘵嘵，凡所抒陳，罔不基於吾人四十年前之舊道德也。蓋以公爲古道中人，又爲重重關係之同志與同鄉，是以陳述之詞，實萬萬不可越此舊有之道德也。又往日公長省政，僕未嘗干以一人一事，由此以證，可見今之一再呼援，實亦迫於萬萬不得已耳。因念曩者，籌安會中人，誘我以大貴，我不受也；陳炯明輩誘我以重貲，我不受也；北伐之頃，孫傳芳氏又令其爪牙，吾蘇之高朔、沈同午諸人，許我十五萬金，約勿復至滬參贊革命，我不獨不受，而又毅然棄其妻子，及辛苦所刱之中學，隻身去寧，公開與東南三省諸同志，領導黨員，實行革命之大計畫也；及謬司監察院記室，致富之機會，源源而來，然終之掛冠之日，囊中亦止存一月之俸耳。諸如此類，至今知者，猶竊笑其愚。蓋僅以個人之利益言之，誠哉下走之愚，殊爲一家老小生計方面之大大失策也。如果三十年來，稍爲一家生計設想，則時至今日，僕與一妻五子，又何至流離顛沛，大不得了，陷於如此之絕境也哉。是以中心愧恨之餘，忽以“令弟敬持轉達高誼，遽爾贈我以百金”之故，除已堅持不敢拜命外，一路歸來之頃，益以日方正午，驕陽逼人，區區方寸之裏，實不自覺其爲辣爲酸，爲苦爲痛，抑爲萬千利刃，萬千芒針，一一以刺其藏府也。

何以言之？曰：先生亦爲窮官，際兹憂患日深，公私交困之日，先生此舉，不能不令我感極而自傷故也。嗟夫！窮裏光陰，忽忽又十餘日矣。此十餘日中，日日爲此事自訟，意者：先生對於不肖之不肯拜惠，將益勃然怒矣。果爾，區區一片心，又向何處表白之者。先生美意，僕深知之，僕個人以及目前妻子嗷嗷之誠有待於如許之接濟，僕又何嘗不深自審之。然而窮官之錢之不可受，正吾人區區良心方面正義之直覺也，先生安可責之？總之，區區素志，前已抒述盡矣，兹再贅述其略：即在如此艱難抗戰之局面之下，有才必須報國，國亦不可棄才，此一義也；救窮必須做事，受彔亦須有功，此二義也。頗聞前此公所許於上月初旬即可發表之事，似係大部之編撰（?），乃在公主政之下，而竟忽不成，雖原因不敢探詢，然以意度之，不外二點：（甲）爲用人行政方面，主事者不可言宣之困難；（乙）爲僧多粥少關係，謀事者尚存排擠之陰謀。是則甲點果然，僕當仰體我公主政之苦心，再俟機會可也。否則時勢如此，環境如此，是直逼人上梁山泊矣。烏乎！我輩以人格爲重，寧死又何肯失節，所思滔滔懷才之士，萬一亦感於浮雲蔽日之工①，卒爲生計所迫驅，相率而廢然以去，夫豈抗戰前途之幸福也乎？興念及茲，不寒而慄，公爲智者，於意云何？

（整理者按：此書作於1939年9月6日）

（據手稿及汪保衛抄本整理）

① “工”，疑當作“上”。

六、譯　作

天潢綺語

英國 W. Cowll 原著

“余終不謂斯事而能引人之興味者。”吾祖母之爲斯言，蓋其生平所遭之恐怖，常津津道之，今茲吾儕復嬲其再述也。渠以兒輩繞膝，聒絮不已，旋持衣間佩帶，掩面而喟曰：“距今六十年前，余方爲十三齡之幼女，吾父送余至巴黎聖約瑟非修道院肄業。一則操習法語，一則師其儀容，且梵修於彼，兼能堅其信仰也。寺中諸尼，頗垂青眼。蓋自聖瑪加奈帝以來，戈爾登之蘇格蘭舊族，咸崇天主教，而余則非系中人也。惟時寺中尚有一妙齡之女郎，名曼茄蘭蒂克來非林，亦如余之就學於彼者。余愛之，引爲膩友。後吾父至巴黎視予，遂詢彼爲何人。余曰：‘渠爲南克夏爾郡大公韋弗來德克來非林之女公子，寇立夫登產也。’吾父曰：‘若然，吾當知之。黛曼果此姝，戎裝佩劍，冠以峨峨之冕，任誰見之，鮮有不目爲皇儲者。’余曰：‘吾父，其查利太子耶？’曰：‘誠然。尚有誰似者？乃父威弗來德大公，尚加姆司二世之公主。渠與儲君，當係中表，丰姿與之酷肖，洵能易笄而冠者。’吾父之爲此語，余意曼茄蘭蒂必能耳聞，且滋不樂。天下事，至能干其惱怒者，莫若隱溯其世系。蓋其特性，殊與流俗相反。雖金枝玉葉，演自天潢而已，則深以爲恥。故其對於皇族，頗示落落。乃父殫心精慮，方與當今皇儲隱啓暗潮，而尤不以爲可也。渠嘗太息言曰：‘今上喬治，實一殘忍之梟桀，而貴邑皇帝，又係愚騃之夫。然以儂度之，無寧爲梟桀。梟桀者，固能懾之以威，而愚騃者，則任何利器，咸不足以動之也。’有時渠之談吐舉動，絕不類巾幗中人，殊饒有豪俠肝膽，百折不撓之毅力，且賦有高尚奇偉之天性焉。渠能摹效高貴之麥德（女尼之領袖院長也），碩德之神父，而於教習跳舞之皤叟，憂傷焦卒之丹蒙代侯妃，尤能師而肖之。侯妃厲於寺中，所居之寢室，與其他之法蘭西貴婦，無所區別。渠所嫁者，爲德蘭摩尼（法采邑）勳族之領袖，年事之富，殊弗相敵，所賴以生活者，即其祖遺之厚產，在妃視之，洵非長久生計。以是遂來巴黎，長日枯守寺中，實不堪其寂寞，旋與諸尼分處，另於多米林克，自營精舍，然從其所居，固能憑眺院內之園景也。渠之足迹，幾遍全球，友之者，咸樂與交際。蓋寺律不尚苛刻，而麥德又爲其戚鄰也。羣徒修業於斯，終日無所事事，而同伴之婦女，多半爲靜修計，且來去靡定。惟妃則喜與少艾爲友，月下燈前，每引吾輩數人，團坐小飲，而對於曼茄蘭蒂，尤其親暱。亡何，余年十八矣，曼茄蘭蒂或較予稍長。一夕，吾儕二人咸爲侯妃邀去，同作葉子之戲，蓋破其岑寂也。際此良會，吾儕正入其廳事，瞥見一青年紳士，坐於其旁，亭亭玉樹，丰采炫人。而尤足奇者，則其如畫之眉目，殆與曼茄蘭蒂逼肖，豈孿生手足耶。至是，侯妃遂爲吾儕介紹其人曰："斯即吾之表兄李伯綸也。"余呆然視之者甚久，少頃，亦自覺顏赧。少年爲侯妃之中表，當可相信，蓋亦出自波蘭皇家之一脈也。雖然，渠之真名，乃爲查利·愛德華·歐來司地·魯意士·菲立伯·開希摩①，而吾儕愛國黨中人，則呼之曰'威爾斯之太子'，大不列顛嗣位之儲君耳。際斯，余忽憶及曩時之謠傳，謂儲君嘗有時至聖約瑟非修道院，與丹蒙代侯妃覿面，此種幽會，對於丹蒙代世子及其輕年曼妙之細君，實爲愛情冷淡之原因云云。蓋蜚白雌黃，每每傳來寺內也。據余言之，余於斯事，初無絲毫之介意。當吾儕之入室也，彼二人者，初無驚惶跼蹐之態，侃侃而談，間亦與吾輩絮語，惟儲君則有時凝睇曼茄蘭蒂，或爲之神移耳。有頃，渠之視線，不期與曼茄蘭蒂接觸，因猝然問曰：'馬丹，幸恕唐

① 《民蘇報》本此下有云："（按歐俗定名，純然與中國不同，貴胄中往往襲先德諱號，爲己之姓氏，不足異也。）"

突，卿亦自知其玉貌，殆與鯫生仿佛耶？’曼茄蘭蒂立暈映於頰，顏赬矣。然余則知其中心所縈思者，固欲知此少年爲何如人耳。妃乃答言曰：‘誠然。汝與馬丹神情宛肖，殆皆英吉利之血統也。’余意妃之所料者，殆以爲英國血族，別衍一支於外，固皆夫子與陽虎者。斯時，吾儕圍坐而語，旋作葉子之戲，兼待保姆來此，護吾儕歸去。緣吾儕修業於斯，平日間雖寺中園囿，亦不令孑然玩賞。亡何，樓下短戶，忽轟然而闢，旋聞橐橐履聲，已登梯次。妃聆音，驚而號曰：‘吾夫至乎！’言際，秋水盈盈，頻視太子，櫻唇立爲之慘白。儲君曰：‘吾妹幸毋慮，吾輩決不於此爲難，渠亦不敢遽戕爾我也。’妃則嬌啼曰：‘渠必然，渠必然！渠以妒忌故，幾瘋矣。爲儂之莊嚴，及汝之生命計，速……速備之。’倉卒間，芳心撩亂，不惜出其下策。戶後有複室一，立推儲君而入，斯處蓋臥室也。繡闥既闔，即趨入廳事。乃夫昂然頎瘦，方在中年，性堅忍，且極強毅，在法蘭西帝國中，固一卓卓之劍術家。渠入時，面色灰白，雙眸灼灼如火，環矚廳事四隅，突詰曰：‘馬丹，汝之情人安在？’妃慘然號曰：‘儂無情人。’余察妃之眼色，料其必隱臥室中，別無曲戶，且當時寺觀建築，窗間咸密布鐵網。丹蒙代奸笑曰：‘我來巴黎，確聞有一種美談，謂儲君查利太子，方與吾妻同餐。噫！似此情形，吾妻臥榻之旁，殆亦容其鼾睡矣。’言畢，踏步而前，立趨妃之臥室。乃斯時忽發生一可異之事，蓋曼茄蘭蒂方啜唇作口笛也。此怒如烈焰之壯士，立注目視之，上下頻察。有頃，遽鞠躬致敬曰：‘殿下飾此婦人之假面具者，非今之一次矣。’曼茄蘭蒂曰：‘先生，儂不解汝言何謂，儂固英吉利之上流閨秀曼茄蘭蒂耳。’言際，洵用法語，頗效有意大利之尾音，一若儲君所常操者。丹蒙代曰：‘斯誠有損殿下之價值，要知歐洲大陸，固無不目汝爲勇士者。’曼茄蘭蒂奮身而起，立問曰：‘麥歇（法語也①，即英語密司忒，德語漢爾之義），

① “法語也”，《民蘇報》本作“先生之謂”。

然則汝將要我以何事者?’曰:‘衹數分鐘之談話耳,且不必假園中言之也。’曰:‘先生,汝其瘋耶。當知此女郎者,乃曼茄蘭蒂·克來非林郡主,英吉利之貴媛耳。’曰:‘上次殿下曾化粧爲婦人,固自承謂愛爾蘭之女使蓓丹伯克者。’且言且趨至壁次①,旋從劍鞘中出匕首二,面之曰:‘殿下亦願擇之否?’曼茄蘭蒂毅然取其一,立引丹蒙代鞠躬而出,娉娉嫋嫋,疾步而前。身受貴族教育之名姝,乃有如許舉止,斯亦奇矣。渠於梯次,卸其所衣之外套,繼以法語作堅誠婉妙之誓詞,則尤奇也。俄頃,二人已至園内,余則匍匐蛇行,躡蹤於後,心旌搖搖,觳觫萬狀。丹蒙代問曰:‘殿下知之,吾輩尋常決鬭,殊毋須布之于衆,汝果以爲可者,即於茲角之。至於吾妻芳名,誠不必牽涉此劇。’曼茄蘭蒂揚聲而呼曰:‘汝欲面此清淨實刹,以濺其血耶?’曰:‘噫!余幾忘矣,吾儕其稍遠至彼茂叢中可也。’二人并肩而行,漸隱入深處。儲君乘斯不備,自臥室立躍而逝。侯妃當戶佇立,遙矚郡主之行徑,而余仍追隨於後。皓月之下,曼茄蘭蒂面丹蒙代而立,瓠犀微露,嫣然抗謂曰:‘預備!’丹蒙代堅守弗動,竊窺美人態度,凜若天神,握劍之姿勢,尤令人不寒而慄,因亦以預備報之。曼茄蘭蒂則又莞爾警之曰:‘試衛!’于是一躍而前,霜刃交矣,刹那間,美人劍環,忽震落於地,手中利器,旋亦離腕而墜,血漬殷殷,遂狼籍於柔荑玉指矣。丹蒙代目瞪口呆,反爲之失色。余意墮劍之時,必飲敵人鋒鏑,目覩危狀,不禁恐極而號。惟曼茄蘭蒂,初未號啼示怯,且伺敵至靜,笑靨溶溶,依然嬌媚也。丹蒙代本一慷慨豪俠之士,雅不欲乘人之危,視此手無寸鐵之角士,且慰之曰:‘麥歇,汝劍墮矣,拾之可也。豈月華皎潔,炫耀汝目耶?抑汝之劍術未精,荒疏已久耶?’曼茄蘭蒂曰:‘儂素未習此。’丹蒙代驚詫曰:‘曩未習耶?’曰:‘先生,誠然。按吾英風俗,輕年閨媛,咸無學此者,即肄業於修道院,亦不應教以擊杖。誠

① “次”字,原漫漶不清,據《民蘇報》本補。

哉！斯亦恨事也。’丹蒙代不期而號曰：‘然則汝魔果爲誰者？’曼茄蘭蒂創勢痛極，幾不能聲，至是則慘然曰：‘曩曾語汝者，儂爲曼茄蘭蒂·克來非林郡主，英吉利之貴媛耳。’丹蒙代聆詞，立趨而凝視之，則姣好之玉貌，雪潔之冰肌，柔荑之素腕，固洵非巾幗而冠裳者。詳察之餘，始釋疑會，不禁慨然曰：‘可憐哉！一弱質耳。’繼見其已膺重創，則淒然太息曰：‘僕傷汝矣，奈何？’蓋丹蒙代固不媿豪俠之士也。曼茄蘭蒂曰：‘微傷耳。’言際，則以頭巾掩腕。丹蒙代乃驚詢曰：‘然則何爲而僞飾耶？’曼茄蘭蒂表其詫異之態，坦然答之曰：‘僞飾耶？先生，儂莫明汝之宗旨。儂之爲儂，固曾語汝矣，餘弗敢知。’丹蒙代則仍詳其究竟曰：‘然以聲音丰貌而觀，汝非儲君者，究爲何人？’曰：‘儲君乎？豈麥歇誤會，必以儂爲舅氏子查利太子歟？’曰：‘其汝表兄耶？’曰：‘誠然。皇帝加姆司二世爲儂之外祖，麥歇又何疑者？’曰：‘否，安敢不信。卿之勇俠，良不媿天潢世胄。馬丹，汝之表兄，今又安在？’曰：‘先生，誠告汝，儂實不知其蹤跡。麥德語儂，謂上禮拜間，渠與碩德神父，咸勾留於羅馬。儂其再詢麥德可否？’丹蒙代爽然曰：‘不必。僕謂此舉，殊無如何之必要。馬丹芳字，其能再示鄙人否？’曼茄蘭蒂立舉而告之。至是，丹蒙代五體投地矣，因即貢其諛詞曰：‘卿之才情肝膽，綺麗容華，自是天上神仙，應享人間佳譽。惟華胄中青年吉士，配此玉人，是又不得不妒而羨之也。’吾親愛之兒乎，余言此，余滋悲矣。蓋此傾國佳人，後竟嫁於章色來胡同某律師之子，僅一普通平民，名葛彬士耳。好花易落，能不慨然！”

（原載《小說時報》，第26期，1916年1月1日，署名譯者汪慟塵；又載《民蘇報》1916年10月21、22、24、25、26號第七版，署名濮威爾氏著，慟譯，文字略異。今據前者整理）

波蘭之黨人[①]

英國法學博士施考脫南氏著

歐洲俄羅斯西陲華沙省，有著名之監獄，曰巴威克者。建築宏廓，陰慘怖人。辦公室亦幽寂無生氣，室軒敞，四周咸位以木凳，光滑無墊，壁間懸先聖圖畫，與夫俄皇貴胄之肖影。屋隅置寫字檯一張，案卷纍纍，紛紜錯亂。叢牘之上，置伯郎林手鎗一柄，閃然觸目。據案而坐者，爲一身著制服之獄官，方讀其小說也。亡何，履聲雜遝，橐橐而來，室中岑寂，爲之忽破，蓋階次已有人至矣。獄官聆聲燥灼甚，擲書歎曰："又墮茲囹圄哉。"言際，殘忍之色，映現於面，復太息曰："來者非長縶而何?"斯時警察數輩，已縛五人而至。

獄官以若輩突來，初未得有報告，即推坐而起，遽詢其警長，曰："豈羣犬已弋獲耶?"答曰："誠然。諸囚一致皆捕之於某秘窟者。因官中接有匿名信件，指爲波蘭社會黨人故耳。"蓋党中分子，在俄屬波蘭之當道視之，不啻萬惡無赦之罪犯。此五人中，一爲青年博士，甫於大學卒業。一爲豐姿曼妙之女郎，年方二九，少年之未昏妻也。一爲某著名律師之女，年事稍長，即其閨中良伴。其餘二人，方在求學時代，偶以登門造訪，亦罹不幸。羣犯畢集於斯，狀至恬靜，察其儀表，固皆上流人物。獄官聞說，慎然而起，徐行至彼輩之前，從銀匣中，出紙煙一，然而吸之，沉思其情，頗覺鄭重，兩手置衣袋中，炯炯雙眸，默測五人之顏色。有頃，面警長曰："軍曹，吾儕其謹慎將事，須嚴鞫狗奴

---

① "波蘭之黨人"上，《民蘇報》本有引題"俄國監獄慘史"六字，《小說大觀》本無。

之真相如何。此一對女郎，幸付我，毋牽累也。”言際，返身至案側，立取手鎗而詳察之，驕縱之態，露於眼簾。蓋示其子彈纍纍，固非虛備者。旋即納入衣囊，昂然面衆。先謂輕年之女郎曰：“依理而言，汝固滿臉頑皮之貍奴耳。”言時，張手而前，勢將摟抱。女聞言，卻步而立，持其溫柔莊穆之態度，婉轉啼曰：“先生幸恕儂！此種舉動，儂誠引爲大謬。法律云：‘審求婦女之虛實者，惟牢獄中服務之女員，始能爲之。’”獄官冷笑曰：“親愛……親愛之姑娘乎，汝意此中員吏，其所注意者，僅如一針之微，任汝取捨耶?”女仍持其自由，侃然抗辯曰：“先生幸自重，毋爲小人流。儂所愿也。”曰：“誠然，吾當踐之。吾固爲君子，奈何不能親汝頰者？吾愛，其報我以吻乎？幸即——否則——”言未既，威淫之態，咄咄逼人。女情極立抗，呼曰“止”。其堅強不屈之毅力，任誰見之，斷不以此豔如桃李之美人，能具茲氣概者。獄官伸其兩臂，將近而挽之，以親其頰，且岸然戲之曰：“吾儕姑試之也可。”際斯，忽聞毆嚷之聲，發自室隅。蓋少年爲警察搜索，怒不可遏，騰身避之，奮躍而脫，旋即伸其巨掌，迎而擊之。獄官未備，立踣於地，既仆，以痛楚故，極力狂號。迨掙起，一目已紅腫如豆。至斯，愧憤交并，遂捨此悲哽之女郎。然尚力自矯飾，從容面仇家而立，默然出手鎗，向之猛擊。彈再發，少年應聲而仆，血泊殷殷，斃於女郎之側，亦可憐哉。室中人目擊慘狀，咸如感電而懾，即警察亦然。獄官獨夷然令曰：“其與諸狗俱出。”言畢，據案而坐，取巨牘一，走筆疾書，以判諸囚之狂悖，復於卷缘批之曰：“餘四人者，當特別監守。余將耑詳總督，罪其凶暴云云。”書訖，徐以手帕揉目，抽身而起，至死屍側，以足踐之曰：“此犬亦牽去可也。”回顧女郎，玉容慘淡，焦卒無人色，則柔聲慰之曰：“親人，蓋爲汝耳。今夕良宵，爾我豈能虛度。余所希望者，自茲以往，當不致惱人如斯，再生其他之窒礙矣。”未幾，即有獄卒數人，舁屍而去。掃除之頃，遙聞號慟之音，響遏雲表。蓋此中幾無時不有鎗彈之聲，驚人耳鼓。此種酷法，一若桎梏之徒，分應享受。司獄之官，恣睢暴厲，兇殘無人道，無辜赤子，犧牲於此輩之憎惡者，不知凡幾。幽幽慘獄，初無樂觀之可言，痛哭哀呼，悲歌自挽者，蓋以數千計。路人過此，雖鐵石心腸，亦爲之太息，悽然悲，莫忍去，甚至有同聲欷歔，不禁潸然淚下者。

按斯獄之建，由來已久，種種虐政，間有當道者力欲挽回，然相習成風，終不可得。監守者爲數至夥，巡邏偵察，跬步不離。犯人中凡有抗喉而歌者，即不得其鑿證，亦不難任意羅織，生命寶貴，至斯則等於草菅。無量數之哀鴻，苟干此禁例，偶語籲天，當不惜立致於死，幕中冤獄，聞者寒心。而典獄官之爲人，尤較羣吏爲酷，呼號愈慘者，愈樂聞之。即如目前流血之少年，死狀之憫，雖係渠所手刃，亦復淡然視之，毫無愷惻。渠意不幸而戕者，爲數甚夥，即屈枉而死，初不過等於螻蟻耳。惟斯日飽此一掌，覺痛不可遏，隨向袋中摸索，得小鏡鏡之，覺病腫之目，厥狀頗劇，蓋受此巨創，眼官當毀殘無疑。渠爲司獄之長官，又握斯處之全權，撫躬自念，竟見辱於空手赤拳之狂犬，且毀其面部，忿恨交集，熱血奔騰。雖少年飲彈而斃，足可洩忿，然僅予一死，又奚足蔽其餘辜。即以毆官而論，已足死其同黨，暗自忖度，究將假以何詞，付此羣狗於法？其縊之耶，抑鎗斃之耶？默念之際，羣囚悲歎之音，又震耳而起，滾滾思潮，因以抑遏。

亡何，庭外鎗聲，爆裂而發。數秒鐘後，哀號啜泣之歌，相繼並作，淒涼惋悒，聆之勃然。旋奮身躍立①，蹀躞不已，雖力欲掩耳，避此悲唱之餘音而不可得。有頃，景象稍寂，乃啓戶而出，一詢其究竟。旋得報告，謂獄卒某，正在柵外巡哨，瞥見某號男犯，方由窗隙間，與對牢之女郎密作啞語，情狀秘異，究詰無從，以意度之，殆表示少年博士已經鎗斃者。此種舉動，實大干厲禁。獄卒察其情，遂舉鎗擊之，彈甫發，即洞胸而過。按斯人之死，殊出意外，當其禁錮於斯，耳之所

① “奮身”下，原衍一“身”字，據《小說大觀》本删。

聞，目之所擊，雖所受之恐怖，初與羣囚無異，然又安料無意中，亦作飲彈之的耶！該犯瀕死，猶回首面同窨者，奮聲狂呼，驚楚之音，甚於慘哭，且曰：“上帝乎！迎窗之美人兮，胡然而天也，從茲永隔幽明，再不能與之相見矣。噫嘻！余但覺眼花腸斷，心悸神搖，竟不知一刹那中，室內何如斯昏黑也。”言未終，仆地而斃。如許慘劇，在獄卒視之，洵可謂熱心供職。獄官聆狀，嘉其勤，頗滋愉悦，蓋以爲懲一儆百，方足濟事。遂乃號召員役，齊集廣場中，俾犯人之縶於斯者，躬聆其辦法。獄官揚聲岸立，對衆而令曰：“愛及摩夫爲汝曹之同役，渠於軍人之天職，愛國之義務，應如何矢忠履行，茲已有所表示，良不失高貴之模範哉。”言際，回首面愛及摩夫曰：“茲於公衆之前，謹以皇帝陛下之名義，賜汝盧布五枚，以示獎勵。願皇帝萬歲！”羣衆亦和之曰：“祝吾皇萬歲！”於時芸芸之可憐蟲，不幸而身處縲絏者，目此慘狀，咸於鐵柵中喃喃而詈，果上帝庇佑，一旦恢復其自由，誓當折箭報讐，殲此萬惡之代表，庶幾光天化日之下，不復再有暴舉焉。愛及摩夫被此無上之褒寵，樂極欲狂，領獎後，立奔赴餐室，措貲置酒，飲長官之福澤，兼以自壽。羣吏蜂聚一室，咸譽而頌之。愛及摩夫遂宣言曰：“諸君思之，吾人輸忠王事，希望邀功，亦猶彼儕之冀圖革命耳。燦然黄金，唾手而得，雖云天貺，實亦得之非易，豈偶然耶！”

獄官逡巡入室，躑躅沉思。眼部被創，深心恨之，實引爲不幸。然喪心病狂，必欲籌思良策，以博女郎之曲從。惟娟娟此豸，唐突惱人，冷若冰霜，知不可犯，雖彼可惡之少年，固與之有白首之約者，而今則情人死矣，又何如耶。默念及茲，壁間電鈴，忽丁當而作，立持聽筒於耳，凝神聽之。旋聞聲曰：“喂。”音至熟悉，似有所命令然，且聲浪之來，一若先行表示，待察其無誤，而後可以接言者。獄官揚聲報之，筒中始回詢曰：“汝爲巴威克監獄長否？”曰：“然。汝爲誰？”其詞莊嚴，凜然有自大之概。繼聞答曰：“余乃華沙之警察長耳。”獄官聆此，旋又改其音調，肅然而諾曰：“先生，有何委命？”音吐柔怡，酷肖賈人夥而周旋其顧客者。電話又續言曰："請汝注意，汝其聽之否?"曰："唯唯，謹聆教。"曰："兩禮拜前，禁於汝處之兇犯十二人，即波蘭社會黨徒，係由吾親解者。"曰："先生，誠然，僕記之甚晰。"曰："其囚於十六號耶?"曰："是，即幽縶於彼。"曰："現經軍事裁判所議決，已處以死罪。即於今夜，在砲臺中行刑。"曰："先生，斯余之本願也。"曰："汝遇事精敏，其將彼輩名姓，詳細開列，目下千鈞一髮，稍有訛誤，關係匪淺。他姑弗論，茲事試慎重預防，一切手續，要皆出之秘密，否則輿論沸騰，又將惹人注意。余意極不贊成鎗決，蓋隆隆之聲，倘令羣囚聞之，當感觸而慟。"曰："是爲正當辦法，頗佳。"獄官答此，默念警察長之爲人，素稱剛果，而何以對於茲事，獨異其素狀?抑對於羣囚淒楚，又何以矜憐乃爾?旋又聞其詞曰："約於今夜一時，當有囚車一輛，遣赴汝處，並佐以十二人之衛隊。吾司獄長乎，彼時鮑烏六夫大佐，將有執行之公文畀汝，示以成律。翌晨，汝當惠然肯臨，貢我以詳細之報告。"曰："先生，此下走分內事，理當然耳。"曰："抑仍有囑於汝者。余於此事，尚有緊要原因，以期解釋，此中真相，待晤面時，再行語汝。至於提取犯人，則仍循乎慣例，幸毋孟浪。中尉，汝試誌之。以汝任事謹慎，一切皆託汝無疑。再見!"獄官返其聽筒，且報之曰："先生其放心可也。"言畢奸笑不已，蓋以如斯處治，方足慰其病目。然叛徒多矣，其將登斷頭臺，飲伍伯刃，而自投網羅者，寧止十二人而已。因自慶曰："畢竟今之時代，尚有天道在焉。"

讀此篇者，當知俄羅斯之專制政策，實爲構造萬惡之罪魔，革命號呼，尚不惜摧殘同種，況茲波蘭志士，已淪爲亡國奴耶！青年烈士，鐵血男兒，既不幸而墮於叢棘之中，羅鉗冤誣，安能盡憑證據，矧虎胥狼吏，將視此爲邀功致富之捷徑耶。然威權在握，似亦不能疏忽，獄官以行刑地點，相距至遥，果一一而施以酷刑，未免增人困憊，若僅予鎗斃，則又安愜本懷。第羣囚日夕號呼，殊慘耳目，迅予一死，轉覺痛快，惜未處以淩遲，不無拂意耳。

譯者按：巴威克監獄，在全球世界上，直不啻恐怖之鬼窟也。罪人不幸流於西比利亞一帶者，雪地冰天，尚有生還之希望，而一經囚繫於此，則待死而已，種種淩虐，罄竹難書，即我國監獄之黑暗，當亦較善於此。惟當軸者對於黨人之偵探，雖法網嚴密，而革命健兒，仍不惜流其鐵血，與之搏戰，故俄羅斯之軍警，直爲內亂而設. 其所訂法律，亦無非黨人之罪狀耳。茲以此獄而論，捕而待決者，日必數起。故每值午夜，必有囚車來此，提取死犯，每次三五人，或七八人不等，往往好夢方回，驚悸而覺，而獄卒預防騷亂，則以釋放紿之，且和顔悦色，故謂“自茲而後，汝輩當永享自由”。噫！自由乎，蓋幻想耳。其實不如此云云者，則其餘雖飲刃較遲，殆不免狐兔之悲，因以滋變。此種辦法，不動聲色以行之，見慣司空，已成常例。迨乎犯人登車，車門則嚴扃，木輪轆轆，展轉而行，逕載至華沙砲壘中，亦即著名之希泰的拉也。佈置既畢，則引之俱出，驅入一特別廣場，四肢嚴縛，面部以巨帛裹之。於是矢忠不貳之軍士，一如愛及摩夫之成法，命中而擊，大都以手鎗施之，此行刑之手續也，可憐哉！諸囚至是，大夢方醒，始知“自由”二字，實即犧牲之代名詞耳。然俄頃間，遂乃溘然長逝，斯即決犯之情形，而華沙警察長所謂慣例者也，亦可傷焉。讀吾書者，既知此中之大概，則斯案之結果，茲再述之。

獄官奉諭後，立選獄卒十二人，預事一切，並告以斯夕行刑，其各靜俟。若輩本同鷹犬，服役於此，其應盡之職務，不過如斯。故上官之命令，雖寥寥數言，亦衹唯唯受教。蓋專制國之奴隸，本無所謂自由也。

夜將半矣，獄内之鐘聲，鏘然驚夢時，囚車一輛，繞以鐵欄，大佐戎裝跨馬，率警察十二人，護之而至。值此宵深人靜，萬籟無譁，惟獄官住室中，燈光如豆，陰風慘淡，夜色淒涼，鐵鍊郎當，聞之淚下。斯夕獄官委頓，較甚於常，雖提犯之手續，布置已完，然以警察長重託於前，不得不兢兢以待。亡何，聞剝啄聲，知來使至矣，立呼曰：“試人。”言際，舉眸而矚，其喋血如飴之伯郎林，仍在案側。斯蓋每日所需，屢顧之，亦習慣也。於時應聲而入者，爲大佐鮑烏六夫，想即警察長之密使。察其貌，固一精敏活潑、丰儀韶秀之少年，年事約在三十左右，勳章金綬，輝煌於制服間，燦爛炫人，似足以表其才能，確係有功於政府者，而雙眸朗朗，氣宇軒昂，尤足令人起敬。左手持紙夾一，中爲判狀及公文之屬，並載明十二人，即由其押護。獄官肅然起立，依陸軍之典禮，趨前致敬，以盡屬僚之儀節焉。大佐昂然入室，徐點首報之，此種答禮，似不屑與之鞠躬也，驕慢極矣。獄官移椅而前，曰：“先生，祈稍坐。”答曰：“謝汝。吾意光陰寶貴，殊難逗留。汝當知之，吾所干於汝者，茲事當速期完結，毋作無謂之稽延，以悞要職。”彬彬委婉，言之至爲得體。獄官聆言，即取案上黑冊，應聲答曰：“謹如命。”大佐許之曰：“甚佳。茲爲判決之主文，此十二人者，即依此執行，其善錄之於冊，余即預備引渡，毋稍忽焉。”曰：“甚是。”曰：“余之衛隊極佳，惟不知彼輩蠢奴，其能俯首就命，不與吾儕抵抗否？想波人之性質，汝當熟悉。”曰：“先生，余知之。彼輩皆犬耳。”曰：“如斯甚妙，幸毋嘵嘵。吾之隨從，人各手鎗一柄足矣。”曰：“誠然。”曰：“一切手續，均齊備耶？”曰：“尚未。有二人者，已於今日鎗斃。”曰：“惡！斯何言哉。總督意旨，雅不欲於獄中執法，始於砲臺中行之。”曰：“先生，僕滋慮焉，惟以余被毆辱，始出此耳。”曰：“吁！有是哉。然無論若何，自當姑待。翌晨汝其面白警長，茲且從速進行，毋再緩忽。”大佐之爲斯言，錯亂無倫次。然獄官惶然於衷，見其詞色嚴厲，頗形跼蹐，故亦不覺。

商榷既定，相將出辦公室，庭際偕從之警兵，及獄中之軍卒，咸舉手致敬。大佐遂下令曰：“上刺刀。”階下肅然立，即荷槍成隊。惟時月華皎潔，與警士之刀鋒，光芒并耀，健兒鵠立，氣象森嚴。大佐乃詔之曰：“十二人成雙行，分列車側可也。”又謂獄官曰：“手鎗何在？”答曰：“少頃，當可取至。”曰：“噫！請諭若曹，毋懈玩乃爾。吾觀此處行事，無不怠惰可笑。”言時，其音甚厲，一若煩不可耐者。獄官囁嚅以答曰：“先生幸恕余，余滋愧矣。”未幾，一兵士挾手鎗十二枝，疾步而至。大佐從冊中，出收據一幣與之，然後親自檢閱，知皆實以子彈者，遂分而給之。既畢，謂獄官曰：“中尉，幸即提犯。”曰：“如命。”大佐出雪茄一，然而吸之，因即踱於廊次。亡何，鐐銬之聲，郎當而近。斯諸囚者，四周咸圍以軍吏，觳觫之狀，頗引人憐。大佐令立正畢，隨轉身向車門而立。羣犯囚首喪面，慘淡無人色，魚貫登車，悚然默坐。惟末後而入者，甫舉足，瞥見衛隊中之一人，猝狂呼曰：“善哉！上帝鑒諸，彼非同儕之同黨葉安乎？吾儕不幸，竟爲此叛徒所賣。噫嘻！汝不惜玷辱良知，甘飲吾儕鐵血，直無心肝之小人耳。”警察聞言，爲之色變，然尚力自矯鎮，故作不知。大佐目此，冷然出手鎗，向該犯而擊，然黑暗中，未能命中，彈丸飛越，不期觸石而墜。迨擬舉槍再發，忽又易其意旨，厲聲叱之曰：“汝狗耳！余未能斃汝，則汝儕螻蟻，仍應死於伍伯無疑。然果抗喉再吠者，當立殺汝，亦猶撲鼠耳。”囚聆言，垂首不語。既入，一一檢而察之，知無訛誤，大佐乃問曰：“其蔵事耶？扃之可也。”言際，則又詳察鎖孔，以防兔脫①。未幾，則有一獄吏趨前，手黑冊一。按例提取人犯，必有照會，經獄官簽押後，當遣書吏一人，伴羣囚俱往，斯人即典守此職者。車將發，渠乃一躍而登，與御人并坐，而此司命之黑冊，仍緊持焉。旋聞獄官呼曰：“啓門。”於是一隊衛兵，遂護此囚車而去。逆料獄內羣囚，始聞槍聲一震，必疑斯夜中，又將有人慘死，則悲歌太息，殆又觸景而興。

獄官自羣衆去後，惝怳不寧，面若死灰，彷彿階下囚之躬聆罪狀者。然回念瀕行之時，大佐之舉動，凜凜無私，則亦狐疑立釋，因唧唧自謂曰：“彼犬狂吠之候，大佐舉槍擊之，敏捷從容，頗類獵人射兔，不無可異。臨去車門應嚴扃，而在渠視之，似因此慘狀而訝，何也？”

① “脱”字原脱，據《小說大觀》本補。

默念有頃，夜色漸闌，遂亦返身入室，立取涼水少許，以滌其目。

長夜漫漫，車聲轆轆，警兵護之行，徐向華沙而發。車過處，途人目擊此象，多有撫頸自危者，又豈僅懷抱隱憂，或虞他日之不測否。惟時有馬車一輛，中坐豔裝濃飾之麗姝二人，殆由劇場中歸去者。馬蹄得得，急駛如風，相值之際，車中一女郎，將其所攜花球遙擲於此。似茲妙舉，在書吏見之，深滋厭惡，面御人曰："彼姝者子，乃敢擲花球於羣犬耶？是誠可疑，輕狂如斯，法當鎗斃。果吾爲汝者，早停轡而捕之矣。"御人不答，蓋信其大言不慚，殊無濟也。書吏見此，則揚聲詫異曰："吾語汝未聞耶？若不見茲舉之可怪否？"御人指鞭如故，落落答之曰："誠然，斯可怪也……"書吏機警，立已察其顏色，因詰云："噫！吾語汝，試觀此方向誤矣。今當左轉，然後再向右而趨。"御人曰："否！何誤之有？瞬息即至。余之取道於茲，即爲此耳。"書吏疑團莫釋，久之，乃豬號曰："余了然矣。"至是，御者遂侃侃絮語曰："斯直禽獸之行耳，然否？"曰："吾謂多數民人當作此想，即以吾而論，亦表同意。蓋此輩惡奴，毫無法紀，目擊其同歸於盡，殊饒興味。惟不知汝意云何，其漠不介意否？"曰："否。吾殊淡然。凡人作事，固有時出諸逆料，汝其以爲然耶？"曰："信然。汝喻此，而何以假道於斯，是又廢解。"曰："吾友，毋耿耿，汝其寬懷。我御汝，當不背道，胡懼爲？汝有煙耶？"言際，探諸袋，出精製煙捲二，洵上品也。獄官接而受之，曰："謝汝。"燃畢，則以火柴付之，彼此默然，惟狂吸耳。有頃，書吏又問之曰："余謂汝煙何奇郁乃爾？"曰："或然。"曰："誠語汝，余吸此，如饮醇醪一甕。"曰："吾青年之友乎，汝亦愚矣。"曰："汝斥我耶？余縱溺職，汝又何敢言我愚者。"御人聆此，憤然報之曰："蠢才！緘爾笨口。"書吏曰："余口笨，然耶？敢問汝輩厮卒，又有何價值者？"御人不答，迅突奮拳痛擊。書吏未防，遂自車箱而墜，無何僵矣。至是車亦停止，衛隊趨而察之，知暈逝，遂即施以手銬，屍軟如蟬蛻，衆乃舁之而登，仍扶置御人之側。大佐忽鳴笛作異響，聲二發，突有皮篷車六輛，駕以雙馬，疾馳而至。其來也，以方位測之，一若分道而進。既止，警察一躍而入，每車坐二人。大佐横槍跨馬，刹那間，并此載囚之大車，得得轔轔，倉皇向曠野而去。約二十分鐘之頃，抵一森林。大佐下令曰："止。"全隊遂停轡不發。復令曰："汝十二人，分守兩側，毋忽。"車門既啓，警察乃如命排立。大佐向囚車而呼曰："試出。"瞬息，羣囚從容而下。大佐握手槍二，慷慨告羣囚曰："脱汝儕愚妄，不幸而聲張喧嚣，以觸巡警之注意者，則吾當立斃其人①。試聽之，自兹以往，汝輩咸自由。"苦海無邊，幸登彼岸。善哉！斯時景况，其愉快爲何如耶？於是一隊警察，各出其攜來應用之器件，爲之釋其手銬。車中固藏有平民之衣服者，羣囚及警察，咸易而著之。每人予以護照一紙，火車通行券一張②，並資斧少許。屏當訖，大佐乃諭衆曰："同胞，毋勾留，光陰至寶貴也。其各乘馬車，分赴車站，陸續而往，切不可蜂聚一處，以滋人疑。願上帝福汝，諸君其珍重焉。"囚得釋③，感恩罔極，一一趨前握手，而親吻之。夜色蒼茫中，各駕車電掣風馳，倏忽而逝。留與囚車俱者，惟麻木之書吏，與夫犯衣刑具，及軍裝之屬耳。衆既遁，大佐冷然而笑，目察書吏，偃臥僵然，呼聲方鼾作也。遂從膽瓶中，傾流質少許，注入其口，繼乃取其黑册，而以一紙條納之，仍悄然置渠側。隨又抱入車内，嚴鍵之鑰，即藏其袋裹。句當畢，然雪茄一，噙而吸之，四顧寂然，始攬轡上馬，目擊此狀，頗覺軒渠，於是掩口胡盧，蕭蕭而去。行際，猶太息曰："請看今日之城中，竟是誰家之天下。"

翌晨，檽色甫分，獄官已興起，涖辦公室，較平時獨早。病目痛腫愈烈，焦灼異常，醜狀難堪，勢必須面謁警長，然狼狽之態，苟爲署中

---

① "則"，原作"者"，據《小説大觀》本改。

② "火車"，原作"車火"，據《小説大觀》本乙正。

③ "囚"，原作"曰"，據《小説大觀》本改。

人所見，將又滋其嘲笑。繼念此重要之黑冊，關係至巨，舉眸四矚，竟不在案端。因亟按鈴傳話，一獄卒鞠躬而入，獄官乃詢之曰："几上之黑牘安在?"曰："長官，僕弗知之。"曰："速趣此昏醉不省之書吏來。"曰："渠未轉耳。"獄官駭然曰："何謂?"曰："僕所言者，渠昨宵未歸來也。"獄官勃然，申申自詈曰："試捕而囚之。"言際，據坐遐思，頗欲科以重律，且非酷不可，似此疏忽，將何如而儆其惰耶。躁怒之餘，奮然起，逡巡室內。久之，書吏返矣，果不期模糊大醉。警察二，掖之而行，黑冊尚懸於肘間，踉蹌之狀，至極可怖。獄官忿叱曰："汝酒鬼耳！昨宵未歸，究勾留於何處者?"曰："先生，余不自知，衹覺病乏，一若幻夢也者。幸恕余。"獄官不察，回顧警察曰："其即下之於獄。"言訖，甫待啓冊，獄吏又進其詞曰："先生，余憂甚，先生……惟……"獄官叱之曰："犬！速出。"於是警察乃推之而去。於是獄官乃展閱矣，目灼灼，不稍轉瞬，凝察有頃，忽長歎曰："吾其夢乎，抑癇乎?"蓋此殺人流血之鬼籍中，陡發現一紙書，至可駭異。其文曰：

> 茲接到巴威克監獄中著名之英雄十二人，以後尚希見教。
>
> 波蘭社會黨啓

獄官閱畢，立躍至電話前，呼曰："警察長!"情迫不及待，趣狂號曰："噲！余爲巴威克獄官，茲欲與警察長談話。"旋得回音曰："余即警察長，汝需何事?"曰："即關於尊諭之罪犯十二人。"曰："汝言何謂?"獄官答曰："敝獄有波蘭黨人十二名，日昨電話中，曾蒙訓示者。"曰："余不知耳，誰曾有電話致汝者? 汝其來此面白可也。再見!"結果如斯，獄官始恍然悟，不禁爲之魄散。方知所謂公文也，判狀也，警隊也，大佐也，以及其他之一切證據，殆皆黨人爲之。至是，此兇殘橫暴、助紂爲虐之獄官，頹然枯坐，嗒焉若喪，目眩心灰，惟兩手掩面而已。

慟塵曰：余譯此竟，不禁掩卷而歎，拍案而呼，又不禁哀發於中，悲生於內。良以類垣圮廈①，獨木難支，家國興亡，匹夫有責。覩河山之易色，雖悔無從；鑒兄弟之鬩墻，要知禦侮。是故男兒熱血，造時勢於未然；豪傑孤懷，應滄桑之趨向。公私判別，上下相親。賴衆志以成城，戒操戈於同室。臥薪嘗膽，毋事蠻觸之爭；秣馬整兵，或解邱墟之慘。否則薰心利祿，狐媚一人；結黨逢迎，蠅營羣小。罔計陸沈之禍，安逃社屋之嗟。邦也無存，身兮何保。噬臍弗及，敵愾胡功。此所優強劣弱之秋，而不容夢死醉生之誤也。噫嘻！英奴印度，日滅高麗，東亞風雲，茲姑莫敘。即以波蘭而論，其國也何如，其覆也何如？未亡之先，士大夫之紕繆何如，丕變何如？既亡以後，俄羅斯之對待何如，虐遇何如？男兒熱血，恢復之難何如？豪傑孤懷，舉義之艱何如？吾人試反念我國，當亦哀發於中，悲生於內。吾人試靜觀此史，又能不掩卷而歎，拍案而呼耶？龜鑑於人，他山攻我。斯篇之述，豈作小說言哉。民國五年春識於宣南之鵑聲雁影樓。

（原載《小說大觀》第5集，1916年3月，署名慟塵；又載《民蘇報》1916年12月13、14、16、17、19、20、21、22、23、24、27、28、29、30號，1917年1月6、7號第七版，署名慟譯，文字略異。今據後者整理）

① “類”，疑當作“頽”。

虛無黨之鐵血

［俄國］薩原氏（R. SAIRUI）原著

俄國革命醖釀已二百餘年，最近以歐戰之故，貧民無所得食，嘯聚鼓噪，黨人乘之，霹靂一聲，遂有此推翻政府之雄舉。我國人聞之，莫不歎其魄力之偉大，而不知其志士仁人，固灑許多熱血，斷許多頭顱，始成今日之果，非偶然拾得也。爰取舊譯《虛無黨之鐵血》一篇梓出，以餉國人。雖明日黃花，無當於事，然亦足見該黨之價值矣。元敘不刪，所以示前者譯此之本意也。丁巳初春，東臺汪慟塵識於京師《民蘇報》社。

讀者諸君，須知雄跨歐亞兩洲之俄羅斯，實爲二十世紀中專制之惡魔，而亦極無人道之野蠻政府也。在上者恣睢暴厲，視此獨夫之權利，有若神聖不可侵犯，而其助桀爲虐之爪牙，尤不惜草菅人命，以圖邀功。平民喪失自由，不得不挺而走險，而革命之慘劇興焉。惟是螳螂之臂，不足當車，則惟有改變方針，實行暗殺。此又虛無黨之所由起也。自是而後，專從事於博浪之錐，其手段高妙，無一不使人駭，使人快，使人歆羡，使人崇拜。西諺有之：彼俄皇者，雖爲歐東亞北之主人翁，顧握有海陸軍全權外，實難與親側之臣，安居無患，一旦身離紫府，尤難免危險之虞。（THE CZAR OF RUSSIA，ALTHOUGH HE IS THE LORD OF THE EASTERN HALF OF EUROPE AND THE NORTHERN HALF OF ASIA，BESIDES BEING MASTER OF A HUGE ARMY AND A LARGE FLEET，CANNOT LIVE IN PEACE AND SAFETY WITH HIS OWN SUBJECTS，AND CANNOT LEAVE HIS OWN PALACE WITHOUT FEAR.）

則虛無黨影響之深，於此可見。梁任公亦云："俄羅斯何以有虛無黨？曰：革命主義之結果也。昔之虛無黨，何以一變爲今之虛無黨？曰：革命主義不能實行之結果也。"誠哉言乎！要知今之時代，有國者萬無專制虐民，而可以久安長治之理。雖遠若英德，近若日本，亦君主政體，然不過表面上之虛稱，察其精神，實與共和無異。蓋聚人成家，積家爲國，元首與民，實猶皮毛之傅。邦之大計，豈獨斷獨爲，所能行耶？而況芸芸黔首，今昔不同，文化日興，則社會之思想，亦隨之俱進。故專制必變爲共和，此乃世界進化之公理，無可倖免者。茲篇所記，乃俄國虛無黨人殲仇之小史，其中官吏之淫酷，羅織之慘惡，字字酸悽，可驚可泣。而英雄鐵血，兒女柔腸，或悱惻而纏綿，或悲歌而慷慨，令人閱之，大有易水蕭蕭，壯士心雄之慨。書爲千九百零一年，虛無黨卓拔志士薩原所自述，該黨事實，昭然可考。惟向未刊有專冊，此友人丁子亞山採自《美利堅歷史叢報》，從該邦寄來者，感其意，因亟譯之，以饗我國人。他山之石，可以攻玉，願我國人，幸勿以小說目之。民國四年冬十二月杪，譯者序於都門之苦榴花館。

余嘗聞支那留學生之言曰："予何不幸而生此世界，抑又何不幸而淪爲老大中國之國民耶。"噫嘻！人生而不知有生之可樂，祖國之可愛，其遇哀，其情尤可悲矣。雖然，此君之爲言，未免太過。蓋以支那政治而論，彼滿洲人操握全權，二百年來，尚無不德之舉。所積恨於心者，不過種族問題耳。若返而按之，吾國（俄羅斯）則階級之制，貧富之差，相去懸絕，無辜小民，求粒食乃不可得，而彼儕憑高位，握大權，飫肥甘，御輕煖，置田廬，長子孫，聲歌酒色，無所不爲，視同胞蔑如也。而所號爲皇皇貴族者，尤以馬牛平民，維持專制爲唯一之目的。世人僅知波蘭、猶太之遺民不堪塗炭，又安料吾儕黔首，亦罹同一之虐政耶。我輩革命志士，痛怨日深，遂不惜以無量血肉，與此萬惡不赦之獨夫（俄皇）挑戰。嗟乎！余老矣，憂患餘生，頽唐且病，劫灰如縷，安望復然。然回念四十年中，入虎穴，採於菟，千辛萬苦，九死一生，益以妻兒殉難，骨肉流離，追昔撫今，不禁爲之狂慟。所幸者，深讎已復，賊子嘗刑，地下之靈，諒亦瞑目。比來羈身海外，顧影凄涼，雖日與美邦人士，詩酒流連，而觸景傷懷，倍增感慨。近以好友之請，強話前蹤，不得不勉提精神，一記生平之慘狀，有心人讀此，當知我虛無黨之健將，固非漫無價值者可比。即彼沙（沙者俄皇之稱）閱之，或亦悚然知懼也。

余述斯篇，不可不先敘吾黨之歷史。自十七世紀初葉，革命事業，始行發軔。迨至今日，已歷三大變遷，曰“文學革命時代”（自十七世紀初至一八六三年），曰“遊說煽動時代”（一八六四至一八七七），曰“暗殺恐怖時代”（一八七八至近時）。此二百年中，白衣蒼狗，成敗靡常，可喜之事固多，可悲之事亦復不少。論可喜，則吾黨志士，舉義者二十八次，謀弒獨夫者十二次，奸吏之飲彈而死者百數十人。論可悲，則一八七七年以前，民賊流志士之血者，黨獄數十次，人數千百計，而志士流民賊之血者，不得一度，不得一人。然大丈夫視死如歸，雖鼎鑊當前，不能奪其志也。爲人民造幸福，正吾儕分內事，前仆後繼，夫復何尤！惟無量數之女郎，亦隨此潮流，而玉碎珠沉，香消骨化，是可悲耳！

聖彼得堡有裁判所之書記佐治海者，一委瑣齷齪之小人也。雖位居末職，似非吾黨之敵，然爲政府效忠走狗之一，故吾人亦欲得而甘心焉。某次亞羅爵邸開跳舞會，余妹紐芬瑟與焉。佐見余妹而豔之，微露輕薄狀。蓋佐雅善修飾，對於女子，尤能曲意殷勤，以他人處此，未嘗不表歡迎。惟余妹惡其爲民賊，始終以冷面向之，不與交一言。時余方肄業大學，兼充《人權報》主筆，該報亦革黨機關，以言論和平，官中人初不注意。一日，佐突欵關過訪，余厭之，閉門弗納。翌日，余偕余妹出遊，行間，忽與彼傖遇，不獲已，姑與周旋。渠強欲至余家，拒之不得，始與同返。坐定，佐笑謂予曰：“比閱大著，欽佩之至，但言論激烈，殊非今日所宜。近聞革黨女魁蘇斐亞（SOPHIA）等，發布三大綱領，政府早已偵知而密捕之。足下所撰之文，不無與黨綱脗合之處，爲君策似應……”余聆言，殊爲驚訝。良以政府近狀，對於吾輩舉動，偵察甚嚴。前月間，遊學於瑞士條尼希大學之男女若干人，偶有嫌疑，即迫令返國，此一證也。茲佐治海忽以此說進，危險可知。且余之主筆於此，乃秘密的行爲，初無知者，而彼竟察知之，尤爲可慮。抑余與彼素乏過從之私，今忽冒昧來謁，必非無故。爾時余心中雖轆轤不定，然猶能強制其神經，淡淡言曰：“竟有是耶？余實茫然不自知。”時余妹在側，聞之，遂攙言曰：“嘻，怪哉！文人賣賦，冀獲一飽，此事之最平淡者。未知誰何饒舌，勞君見疑，亦可詫矣。”佐冷笑曰：“姑娘妙語，煞可動人。惟鯫生此來，以愛卿故，不忍見令兄獲咎，故敢爾爾。”紐芬瑟勃然變色，大聲言曰：“尤奇！君何人，動曰愛我，儂大惑，不解所謂。”余知彼傖奸險，初不可以挑釁，遂目止之。佐反夷然，離座而起，目灼灼然，顧紐芬瑟而言曰：“卿誠天人，前次跳舞之佳，真個令人羨殺。僕之來此，雖爲令兄而效命，然此中尚具有微意，姑娘當熟思之。須知公私二者，不能兼顧，國事爲一事，愛情又爲一事。倘姑娘以爲不可，則此案發覺，僕亦無從挽回矣。”復向余言曰：“薩原君乎！汝慧人，幸一衡茲事之輕重，令妹……”其下乃囁嚅不言。蓋佐治海胸懷叵測，竟欲藉此恫喝，以冀余妹之許婚。余思其鬼蜮之伎倆，不覺髮指，以嚴詞斥之。佐慚阻，嗒訕而去。從茲仇恨一結，而慘劇乃開幕矣。

越五日，忽有警察數十人，蜂擁至《人權報》社，拘編輯瑪尼牙以去，索余之投稿不得，則嚴刑鞫之，瑪尼牙堅不吐實。蓋稿署余之別名，付梓後即丙其原紙，故無從究詰。余以此徼幸獲免，而該報竟被永遠封禁。次歲爲千八百七十五年，余方二十四。是時革命之聲浪日高，勃勃蓬蓬，勢張甚，惟事機不密，爲政府發覺，黨員被捕者，共男女七百七十人，余友尼古拉亦在其列。裁判所開庭審訊，佐治海爲陪審，知尼古拉與余交好，且同爲《人權報》館員也，則使尼誣余。尼不承，下之於獄。蓋欲巧詞周内，以實我罪，其用心誠險毒哉！會獄卒某與尼爲葭莩親，尼不忍見余罹禍，作書付獄卒，夤夜致余。余得書懼，乘宵而遁。余妹孑身無依，乃移寓姑母家。緣余父去世已久，母亦早年物化也。姑氏年已六旬，所夫爲大學教習，即卓卓有名之著作家康得羅司博士是也。桑榆晚景，尚嗟伯道無兒，故視余兄妹二人，不啻己出。余妹得此，可謂得所依歸。余行後之翌日，天破曉，緹騎四出，大索黨人。至余處，室空無人，則亦置之。余從此遂漂泊天涯，賦有家歸未得矣。

烏呼！余自尼古拉一函之囑，匆匆與吾妹别，地北天南，魚沉雁杳久矣。一日，有友人忽以余妹罹禍之消息見告。據云余遁後半月，值耶穌聖誕節，薄暮之際，紐芬瑟偕吾姑母憑樓遠眺，雪雨溟濛中，忽聞馬蹄得得，有車一輛，急駛而過，瞬息復緩轡轉來。紐芬瑟俯首下窺，見車中人非他，佐治海也，不禁失聲而踣，惴懼終宵，不能自已。翌午，户外剝啄聲甚急。啓之，則一摩托卡停止階次，一著制服軍弁，手持書一，云須面白夫人。姑氏納之，知爲康德羅司所使，書云：

> 晨間爲紐芬瑟事，特商之至友陸軍大佐路希俄先生。蒙渠許可，深願吾姪來此，其女公子亦表歡迎。掃榻以待，可暫避此數日，以免意外之虞。茲特遣人前迓，其即束裝就道可也。該地距余家僅數里，頗幽静。余以校中有課，不及歸送。來人謹慎，毋多慮焉。康德羅司白。

吾妹閱之喜甚，姑氏亦慫恿之，略摒擋即行。既至，則一鷹準濃髯之軍官，年事約四十許，降堦迎入。室沉黑，空氣至惡劣。坐甫定，軍官笑謂曰："密斯大佳……"吾妹旋致意曰："感路希俄先生盛意。"軍官撚鬚不語，突屏風後履聲橐橐，一人鼓掌而前，視之，佐治海也。紐芬瑟大駭，知墮奸計，不禁狂號。佐作色冷語曰："我之紐芬瑟乎？誰速汝至此者。雖然，既來之，則安之。此爲裁判長島谷先生，慕卿久矣。今夕何夕，能不謝我冰人。”紐芬瑟叱曰：“止！……日昨偶爲若見，不意乃設此陷穽以害儂，若亦險哉！”佐曰：“令兄既遁，汝亦何必潛蹤，我非噬人者，而密斯乃畏之若此，殆前生無香火緣耶。”言際，島谷趨前，將欲握余妹之手而吻之。余妹騰身而起，欲奪門出，門已嚴扃。島谷又作軟語慰余妹曰：“卿乃天上之安琪兒，吾不忍以令兄故，致汝於法。果不以鄙人爲陋，請與鄙人聯爲姻好，則薩原罪名，亦可稍減，一舉兩得，豈不妙耶。”紐芬瑟處此窘境，幾慟極而哭，顧天性剛傲，雅不欲示弱，默然有頃，始答曰：“汝之用心誠苦矣。雖然，不得吾姑丈康德羅司之證明者，則亦有死而已。”島谷曰：“可。”以目示佐。佐入約數分鐘，扶康德羅司至，踉蹌瑟縮，如被重刑，老淚盈頰，泫然謂紐芬瑟曰：“虐法如山，余實難禁，不得已致書誆汝，汝爲薩原計，寧辱而從之。余老矣，奚惜一死，特恐於薩原不利，絕汝家香火，故出此下策。況此處監制甚嚴，求死亦不獲耶。紐芬瑟……吾愛……吾可憐之小鳥乎！老人不悞汝，汝姑曲意從之。將來得便，復仇有日。余……”言未畢，氣竭而斃。紐芬瑟覩此慘狀，痛不欲生，憤極之餘，伸掌批佐頰。佐亦老羞成怒，出手鎗相向。島谷力奪其鎗，偕余妹出，命二僕舁姑夫之屍去。而禁錮余妹，類籠中鸚鵡，以冀得最後之允許。余妹謀逸不可，圖死不能，然終不爲屈。島谷計窮，因毒撻之。越兩日，創劇而絕。嗟乎！余妹之死狀，固有如是其慘者。雖告我者，未悉周詳與否，然僅此亦足使人肝腸寸斷矣。威滛殘酷，一至於此。此余輩所以切齒於余國官吏，咸欲食其肉而寢處其皮也。

余最初革命思想，本不甚富，自余妹慘死後，遂一變而加劇。嘗膽臥薪，困心横慮，欲得佐治海而甘心者，非一朝一夕矣。顧聖彼得堡之警察，機警異常，而政府偵探，又具有通天之手段，苟一不慎，禍即隨之。計惟有含悲忍性，以靜待時機。惟余書至此，當爲讀者諸君，一述余逃亡後之經歷。余離京城，茫茫無定所，雖火車四達，未敢附之以行。晝伏夜動，往往失道，餓不得食，惟掬泉水飲之，日暮天昏，始就農家一飽，如此者凡十有餘日。後至保加卡慈村，始訪得同黨某君，即往依之。惟某君亦僕僕奔走，不常厥居，又曷可久。亟以二十四小時之久，學其化裝術，仍匍匐而就道，最後至華沙。華沙去俄京遠，爲余輩同志與波蘭社會黨人叢聚之所。賴某君介紹，得見實行派之黨魁愛秘先生。風塵淪落之我，乃得一托足之場，在此蟄伏者計歲餘。千八百七十七年六月，邂逅中忽遇亨愷女士。女士爲余妹膩友，小別已三載矣，客路相逢，悲喜交集。然女士昔日固芳姿玉質也，今茲已瘦比黃花。余異之，亟詢近況。女士黯然曰："君亦識卑員醫生否?"余曰："識之。聞已與密斯有婚約。然乎，否耶?"亨愷歎曰："傷哉！殆矣。"余大驚，急問曰："斯言何謂?"亨愷嗚咽言曰："彼以去歲莫斯科警察官被刺之嫌疑，爲奸細告發，與其黨五十人同時見捕。今已流往西比利亞，冰天雪窖中，安有生還之望。判之者爲彼得堡府尹德利波夫，此傖威權在握，儂力薄，圖刺未能，且搜索甚嚴，不得不隻身遠避。聞令妹紐芬瑟亦無辜見殺，儂尤哀之。彼裁判長島治，方與德利波夫，舒暇自得，計其運命，當亦不久告終。惟紐芬瑟之死，傳爲裁判所書記所陷，未知確否?"余曰："誠然。"遂覼縷述之。談次，窗外忽作異響，側耳聽之，又忽寂然矣。余曰："此非佳兆，盍速去諸。"亨愷色變，低語曰："昨夜有男子二人，密議於某旅館，被警察偵知，拘縶而去。此地黨員太衆，殊難藏身。莫斯科偵察稍懈，不如暫且赴彼，徐圖良策。"余曰："然。"晚餐畢，乃偕出。時夜已半，天寒風冷，行人甚稀。余輩踉蹌而前，微覺身後有尾之者，迨回顧，則又不見。再行則足音又發於身後，心中慄慄，惟有倉皇力奔。亨愷則觳觫罔狀。余曰："毋恐，斯處距余寓匪遙，至則無恙矣。"既抵寓，即匆匆易裝，啓後戶，示亨愷以僻徑，亨愷遂去。余則自隧道中悄然而遁，從此一別，又不知此豔如桃李之弱質，結果如何。次年正月，德利波夫忽爲一女子名沙利者所殺，是否即爲亨愷，不得而知。緣余黨分子多，機關部又遍散各處，從事於暗殺者，行蹤秘甚，每一事發，無由確知爲誰。第一般宗旨，咸以戕賊民賊，爲人民謀幸福，此則殊途同歸耳。

（未完）①

（原載《寸心雜誌》第四期，1917年4月10日，署名慟塵譯述）

① 按《寸心雜誌》第五、六期（1917年5月10日、7月10日）未續載《虛無黨之鐵血》譯文。

七、外　編

中秋有感戲與篤夫慟塵聯句

惱人最是月圓時（慟），月自團圞人獨否（篤）。今夕平分天上秋，秋風吹散鴛鴦偶。

（原載《民蘇報》1916年9月14號第七版，署名周天石）

綠蘿別墅隨筆

杜鄉漁隱遺著　慟塵刪潤

陸地行舟

吾邑西六十里，有黎城鎮者，即古黎王城也。其西北七十里，曰張公鋪，屬天長縣，南去六合之竹鎮約五十里。乙巳二月①，該鋪居民忽見平地中，擁數十官艦，帆檣篙櫓，無不具備，船首戈殳梃戟，羽旗大纛之類，森然羅布。行時迅疾如飛，村中好事者盡力追之，皆不能及。尋察所經處，則叢草偃伏，枝葉摧殘，蹂躪紛紜，儼然舟跡。家晉州公撫軍後過張公鋪②，聞村人所白如此，亦奇聞焉。

嚴晴秋③

鎮江嚴桂馨，字晴秋。鄉試夜，忽有一女子奪其卷。嚴曰："吾與汝素未謀面，何冒昧乃爾?"女曰："嚴某非爾父耶? 余爲爾家婢，汝父私之，擬納爲妾不果，終被汝母淩虐以死。今汝父絕跡場屋，余不取償於爾，將誰索耶?"嚴曰："此家君事耳，嬲余胡爲? 第余初入闈，即登藍榜，家人不信有汝事，必責余粗率，俟歸白可乎?"女曰："緣

① "二月"，清杜鄉漁隱撰《野叟閒譚·陸地行舟》作"二月二日"。

② "晉州公"，"公"字原脱，據清杜鄉漁隱撰《野叟閒譚·陸地行舟》補。按《野叟閒譚》原文作："村人具揭於撫軍。家晉州公過張公鋪，聞其說。"

③ "秋"，原作"詩"，據清杜鄉漁隱撰《野叟閒譚·嚴晴秋》改。

爾今科必捷，故來。”嚴曰：“令我不中，於報怨則得矣，然爲汝計者，究有奚益？盍聽予說，使家人設木主，春秋致奠，改葬汝柩於先人墓側，何如？”女曰：“果如是，我又何求！”晴秋遂指天自誓①，揭曉後竟獲售焉。此劉曼卿太姻伯，親見其自述者。

駱文忠公

駱文忠公督川十年，其歿也，僅餘三千金。蓋二十年前，物破紙緘，固未嘗一動，家無眷屬，惟一弱孫侍疾。病篤，將軍某耑往省視，公已不能語，第見案上置茶盞一，既碎且穢，榻前陳舊袍服五六件②，爲供裝殮者。某捲袖扶公起坐，則臂瘦於柴，裘敝露肘③，連呼公不應。自視己手，如翡翠玉圈、碧璽搬指，殆值數千金，不覺淚下如雨。既殮，爲大哭數次始出。公之儉也如此。

飛血

嘉定某姓女，幼字劉某，吉期已定，劉忽病卒，遺言令蚤改嫁④。女聞之，悲慟絕食，欲過門守節，父母不許，百計防之。稍懈，取菜刀自刎死，項無點血。時劉姓方停棺建醮，夜將半，腥風過處，雨點驟飄入，燭之則新棺灑徧，皆血也⑤。計其時，正女刎頸之夕。兩家親戚乃議合厝，並請旌建坊，以表其節。真奇蹟哉！惜此中有不詳處，錄之

① “天”，清杜鄉漁隱撰《野叟閒譚·嚴晴秋》作“天日”。
② “陳”，清杜鄉漁隱撰《野叟閒譚·駱文忠公》作“横陳”。
③ “露”，清杜鄉漁隱撰《野叟閒譚·駱文忠公》作“袖露”。
④ “令”，清杜鄉漁隱撰《野叟閒譚·飛血》作“令女”。
⑤ “血”，清杜鄉漁隱撰《野叟閒譚·飛血》作“血點”。

待考。

硬 肉

錢張氏者，興化縣周家垛人，自三十二歲守節撫孤，玆年已七十矣。子三，長坤，次震，三兑，皆授室分爨，輪月供養。時值除夕前一日，居長子家，令媳蒸肉祀神①，媳不應，次早方煮，堅不可食②。媳曰："我家肉硬，可往二房度歲。"二媳辭曰："尚未屆期，須明日來。"無已，姑往依兑。三媳聞之，迎入備食以進，兑擲碗，轉詈其多事，且毆之。氏大哭而去，憤極，投牛江死③。即夕雷電大作，將三子及長次兩媳，提至江邊④，三媳知姑死⑤，跪哭不止。氏旋蘇，子媳皆斃，三媳得終養焉。次正呂祖乩筆，猶判此，告人爲戒。道光十八年事。

鼠食貓

幼往族叔家，見欄杆下臥一貓，老而肥，擊之不動，缺一耳。問之，叔曰："是貓已老，食必以碗喂之。某日家人方臥，突來一巨鼠嚙其耳，貓忍痛呻吟不輟。比開戶，鼠已遁去，而貓之一耳盡矣。"噫！貓之壯也，羣鼠懾之，及其老也，不惟不畏，而反欺侮。雞食蜈蚣，蜈蚣亦食雞，天道好還，大率如此。

慟塵曰：余讀此，深有感於人事矣。貓殄鼠，所以爲一室除害，鼠銜之，竟乘其危而報怨。小人之於君子也，又何獨不然。

---

① "蒸"，清杜鄉漁隱撰《野叟閒譚·硬肉》作"煮"。

② "堅"，清杜鄉漁隱撰《野叟閒譚·硬肉》作"硬"。

③ "江"，原作"汪"，據清杜鄉漁隱撰《野叟閒譚·硬肉》改。

④ "江"，原作"汪"，據清杜鄉漁隱撰《野叟閒譚·硬肉》改。

⑤ "三"，原作"二"，據清杜鄉漁隱撰《野叟閒譚·硬肉》改。

雷　文

家適菴叔祖嘗云：咸豐癸丑夏間，偶寓陶家林，見雷擊一死牛，背上火燒成文，曰："一隻虎李過，十一世爲牛身。"乾隆年間，又有買白魚一尾者，去鱗後，腹上有赤字曰："秦將白起妻。"

科場舞弊

浙江某生，家奇寒，工舉業，文名籍甚，每一藝出，紙貴洛陽，故年未及冠，門下士已實繁有徒。某科應試畢，友人某，將其原稿攜去，且許必捷。及榜發，名落孫山①，同人共相扼腕。迨闈墨出，元作即生文也，惟籍貫與姓名不同耳。某悻然持闈墨告之，生閱畢，心殊忐忑，自忖一行檢舉，必興大獄，而於以伏法者，當不知幾許人焉。遂詭詞以對曰："拙作劣，前者所示之稿，係鄰號某生文，僞話己作，聊以塞責耳。"同人頷之。越數日，相約訪解元，買舟以往。至則賀客盈門，冠蓋輻湊，燈紅酒綠，肴蔌紛陳。生周旋其間，不動聲色，迨賓散，獨留不去。解元知其異，長跪以請，生即覼縷言之。解元曰："闈中三藝，出自房考之手，不知其他。"遂偕謁房師，詢其顛末。房師恧然變色曰："僕代作首藝時，握管搆思，終日不成一字。偶繙一卷，見其筆意高超，文心靜穆，遂抄呈薦，不意竟裒然首選也，爲之奈何?"生曰："僕非禍君者，若有所圖，不至此矣。"時房考方任某邑司馬，感激涕零，延居署內，厚贈書籍金帛而返。解元家資甚巨，約八十萬金②，終鮮兄弟，有妹一人，與生年相若，房考乃爲之作伐。解元復半產與之，

① "孫"字原脱，據清杜鄉漁隱撰《野叟閒譚·科場舞弊》補。

② "八十"，清杜鄉漁隱撰《野叟閒譚·科場舞弊》作"八十餘"。

自以文理觕陋，因從生讀。下科，生仍獲解，連捷成進士，入詞林①。此馬紹亭同年爲余言者，惜生之姓氏，不復記憶矣。

林四娘

閩陳寶鑰以海上納款來，本朝（指清代）許以監司用，順治辛丑年，分守濟南道。道署乃前代衡藩府第，衡王嗜聲伎，豪華冠一時。庚辰，濟南破，身死之，有姬林四娘者，殉於眢井②。壬寅春某日，陳燕居，旁午，一婢衣青羅衫，搴幕而入，傳語云："林四娘至。"俄頃，有美婦人，年可十八九，修髮如雲，頂上作螺髻，其後則垂髾覆肩，衣赭袍，上加金繡，錦半臂，腰繫赤綃帨，左右懸雙劍，著朱色蠻靴。入室，與寶鑰分賓主坐，曰："奴乃衡王姬也，家世河南，姓林，行四，宮中遂以林四娘呼之。國破主亡，遂乃投井完節。茲欲暫治菲酌，以宴嘉賓，而彼黍離離，不堪入目，素仰使君慷慨，尚乞假我皇堂，幸勿以幽明見異也。"陳駭愕，噤不能答。薄暮客集，強陳入座，間有相識者，大半皆閩人。肴果紛陳，珍饈羅列，席豐味美，履舄交盈。酒闌③，四娘揮毫賦詩，落紙數千言，不假搆思，瞬息而就。鐘鳴漏盡，衆皆鳥獸散，而四娘亦辭。自此朝夕過從，久漸與內眷款洽，陳疑釋，而終不及亂焉。一日，忽攜二婢來，有離別狀，告陳曰："奴將入終南山矣，特蒞此與使君話訣。惟故宮蕭瑟，不能無人，茲存一婢守此，祈善御之。"言畢，賦詩誌別而去，不知所終。婢留伴，始猶常至，不半載亦杳如黃鶴。山東李五鹿曾手記其事，故述之。

---

① "詞林"，清杜鄉漁隱撰《野叟閒譚·科場舞弊》作"翰林"。

② "眢"，原作"宧"，據清杜鄉漁隱撰《野叟閒譚·林四娘》改。

③ "闌"，清杜鄉漁隱撰《野叟閒譚·林四娘》作"未闌"。

先中……中

甘泉曹霞屏太史，名煒。丙子典試山左，於八月十九日三鼓，閲一卷，不佳，擯之，滅燭就寢，展轉不能成寐。忽聞几案間錚錚有聲，一若文房器皿，互相撞擊者然。疑有故，呼僕掌燈，取前所棄卷閲之，猶不愜意，遂掩之復臥。甫交睫，案上之聲又作，漸近榻畔，大有踢翻淨桶，捶碎便壺之勢。聽其自然，則其聲愈大，疑懼交集。仍取前卷，反覆誦讀，把玩再三，終不合式，怒曰："任爾作祟，決不能入吾彀中。"因仍擁被而寢。言未已，似有人揭其被，而曳其足者，大驚失色，曰："先中……中！"由是寂然。考生姓名，不復記憶。此太史親爲少棠家母舅言之者。

投水婦

解某，廣東嘉應州孝廉，家貧，授徒爲業。某科，與三人聯袂北上，舟泊秦郵，偕一士登岸閒眺。時當薄暮，忽有一孕婦號泣而來，察其狀，似欲投河者。解急止之，問其故，婦曰："夫欠官項繫獄，妾賣身贖之，今雖釋而妾將失節，不得已尋短見耳。"問負若干，曰："銀三十二兩。"解曰："毋爾，請姑待之。"遂謂同遊者曰："我等各出八金，則事諧矣。"衆欣然應允①。及返舟，與其餘二人議，答曰："江湖誆騙甚多，縱使傾囊，恐亦應酬不暇。"堅不與，同遊者亦聞言意沮，解慨然倒篋，得三十二金付之。俄頃，其夫與偕來，叩謝大德，問解姓氏里居而去。解資斧罄，遂僱船南下，同舟者共非笑之。至家病足，十六年跬步不出。比瘳，復會試，首場之夕，聞鄰號哭聲甚哀，視之係一

① "衆"，清杜鄉漁隱撰《野叟閒譚·投水婦》作"同遊者"。

少年，詢其故，曰："吾母以恩人未報，望我之成立甚殷，今卷又污墨，奈何？"問恩人爲誰，曰："廣東解某也。"解曰："吾是矣，但不知有何薄德，及於汝母？"少年詰其名及居址，一一不爽，泫然伏地，覼縷告之。遂以全篇奉贈，方知即投水婦所孕之子也。少年另作三藝，草草完卷，幸墨迹尚淡，未登藍榜，榜發竟同捷。

趙某

江都趙某，貧家子也，幼不喜讀書，而酷好拳棍，長遂工於技擊，以勇力聞於鄉。性極凶鷙，所爲多不軌，無賴子爭來相附[①]，黨羽日衆，以販私鹽爲業，毋敢攖其怒者，橫行一方，人皆側目。同郡李生與之交，初頗相善，繼見其所爲不法，因漸疏遠，趙遂銜之。先是李妻某氏，饒有姿首，趙過訪，見而悅之，既絶交，知李柔懦無能，因糾衆往劫，得婦即揚帆而去。舟至中流，婦知不免，急投於河，順流而下，漂浮十餘里，至仙女鎮卡次，爲水中擋木所阻，關役見而撈救，已昏不知人。灌醒，關吏得其情，大怒，即買舟詣李生所，令其呈控。李畏趙勢[②]，不敢訴。吏慫恿之曰："汝但作詞，邑令處吾有至友，汝狀入，必能伸理。"李然之。果飭差提趙，衆膽怯，無敢往者，事將中寢。適是時趙因販私拒捕，傷毀多人，鹽局稟於都轉[③]，都轉亦飭縣弋緝。令召役促其往捕，衆曰："趙某武藝頗佳，其徒十餘人，又多亡命，打草驚蛇，我輩恐非其敵。如必欲致之，非陳某去不可。"問陳何人，曰："陳居某處，素以頭拳著名，勇力更勝於趙，手下亦不弱。然是讀書人，恐不肯多事，或以重賞餌之，尚可應命。"令延陳至，告以故，且謂如獲趙，當以五百金爲謝。陳好貨，不暇思索，遽諾之。歸選徒衆中

① "子"，清杜鄉漁隱撰《野叟閒譚·趙某》作"子弟"。

② "李"字原置於"勢"下，據清杜鄉漁隱撰《野叟閒譚·趙某》乙正。

③ "鹽"，清杜鄉漁隱撰《野叟閒譚·趙某》作"監"。

材藝最優者以行，惟素不識趙，因令李生同往作眼線。蹤至仙女鎮，值趙出就浴，隨身護衛者二十餘人，陳率衆趨至，狙伺之。有頃趙出，李指而示之。趙見陳，問曰："君從何來，豈來擒吾耶？然吾與君無嫌，何必頓傷和氣？"陳不答，乘其無備，一頭撞之而倒，趙仆不能復起，其徒往救，亦爲陳衆擊走，遂縛之以歸。案結，論趙如律論罪。陳領賞回，以三百金分給手下，餘則自取焉。閱數日，陳方假寐，忽見趙至，乃叱之曰："汝已伏法，來此何爲？"趙曰："吾罪誠不可逭，然應死於官，不應死於汝也。況汝以五百金索吾之命，安能不取償耶？"言畢，忿然入室，迨驚醒，已報生子矣。心知其故，抱嬰娩而告之曰："趙某，余雖因汝得五百金，然入我橐者，衹五之二耳。汝既來索，余亦無法，惟自今日始，凡汝所用，余均一一誌之，完汝此數，何如？"嬰點首會意。由是果餌衣藥等費，皆記之於帳。光陰荏苒，子已七歲，一日正嬉戲，陳至，謂之曰："汝勿貪玩，頃爲汝核算，區區二百金，行將告罄，僅餘一千餘文，可以去矣。"子聞言，瞋目視陳，不發一語，久之，大叫一聲而絕。

雷震

家伊山叔嘗言，同治元年壬戌四月初五日，疾風狂雨中，一雷迅發，聲如裂石，及雨霽，無異也。次日，佃李三，由大莊基來告曰："昨日有兩異事。"詰之，曰："先是甲失一雞，被乙盜去。乙夫婦往田播種，甲徑入乙家尋之，見門後羽毛狼籍，啓釜則雞在其中。甲怒，取竈上器，盛雞以歸，憤猶未洩，復往抱其牀上兒，投釜而去。乙婦歸，將饁田食，視兒失，覓之，已斃釜裏，一時情急，遽投河以死。乙俟婦久不至，飢腸轆轆，負鋤奔回，比覩狀，隨亦自沈。有頃，天變色，霹靂一聲，甲夫婦並子俱擊死，火燒三匝，皮肉焦爛如灰。又後村一新産婦，親串饋豬肚肺一具，婦烹之，啖食殆盡。姑欲分其甘也，則取所生胎衣，煮而進之曰：‘僅餘此，當以奉姑。’味劣，姑未食。俄而雷電自前莊來，直撲婦室，婦忙取淨桶覆首，雷奮擊，人桶二者，俱成齏粉。而雷神爲穢氣所觸，久墜不去，鄉人懼，輿至寺中。神端坐，身如金鐵，龍額雞嘴，左持椎，右執斧，威猛逼人，目光炯炯，若有所覷。後一夕大雨，遂不復見。”

炙　鵝

張某家巨富，嗜羊肝，縛羊破腹，取其肝入廚，肝登俎，羊啼聲未絕也。又常取厚甎，炙通紅，以鐵籠置其上，而執肥鵝置籠中，鐵籠架邊，置椒、薑、醬、醋二三盞。鵝跳鳴甎上，炙掌凝脂，厚二寸許，渴極，飲醬醋，羽毛脱盡乃斃①。取其掌炒食之，鵝身枯裂如柴，則棄之，因火所偪，膏精皆聚於二掌上也。向聞唐張易之兄弟嘗啖此，不圖余親見之。後張某援例爲潼關衛，被議賠巨萬，今聞其闔院百餘人，已盡食井水矣。

慟塵曰：余幼聞家人言，吾鄉西溪鎮亦有炙鵝掌者，食法略同。鵝聲素宏，每鳴，鄰人多聞之失色，蓋哀號甚慘，不忍卒聽也。後其家被火，老幼皆灼死無噍類，豈惡忤天和耶。

盱眙某甲

盱眙某甲與某乙，均貧家子也，生同里，幼同塾，長同習賈於淮安。業既成，均各婚娶，仍同執事於店。甲誠而乙黠，然兩小無猜，彼此照拂，甚相得也。店規，同事每年許回家一月。一歲，甲乙皆思歸省，乙以家中有事，謀於甲，讓其先歸，甲頷之，乙欣然束裝。瀕行，

① “羽”，原作“水”，據清杜鄉漁隱撰《野叟閒譚·張某》改。

謂甲曰："此行當過君家，如有府報，當作寄書郵也。"甲果有函托寄①，受之就道。時值新秋，殘暑未退，登途數日，始抵故鄉。迎水柴門，即甲之居處也，遂先款關投札。適甲妻在棚下摘豆，不虞乙之驟至，舉手時，衫袖疊，腋有瘢如掌大②，旁有黑痣數點，爲乙所窺見，甲妻未之知也。乙以書付之，立談三四語即去。逾月，乙還至店，視甲而笑。甲疑之，慰勞之餘，因詢及寄書事。乙曰："已面交矣。至尊府時，夕陽已墜，承阿嫂意雅愛，留與共語，未忍相拂。回思爾我至厚，不能不以相告。"甲正色曰："交好多年，何得相戲?"乙亦莊答曰："誰戲爾?爾妻腋下有瘢痕，旁有黑痣，然乎?"甲信之，赧然而退。乙覩狀，以其易愚，隱笑不置。越數日，甲走市，陰購昆刀一柄，亦告假歸。途次，自恨所託非人，搆此大辱，舟中無事，即磨刀霍霍，欲得妻而甘心焉。離家里許，停橈不進，迨月上，始放棹，歸則雙扉嚴扃，妻已睡熟。甲執刀叩門，聞室内有應者，即舉刀相待，意欲及鋒而試。及戶啓，迎刃劈去，見一人影仆地。入則門閉如故，不禁愕然，心旌搖搖，不知適纔所殺，果爲誰何。怒頓息，重復剝啄良久，妻始執火而出，甲藏刀於後，舉燈照地，杳焉無人，連稱怪事。相與入室，坐定不暇他詢，急問乙來寄書事，妻縷述在豆棚下情形，甲始釋然，知爲乙所誣。妻見其神色有異，叩之，具以告，並出刀相示，彼此大痛。正悲苦間，忽舉首見堂前所奉大士像，胸際有刀痕一縷，因悉神所默佑。未幾，乙竟癲焉。

棘闈題句

同治甲子川闈中③，張生以頭觸牆流血死，自言於府試寓中淫一

---

① "函"，清杜鄉漁隱撰《野叟閒譚·盱眙某甲》作"書"。

② "腋"，清杜鄉漁隱撰《野叟閒譚·盱眙某甲》作"腋下"。

③ "川"，清杜鄉漁隱撰《野叟閒譚·棘闈題句》作"四川"。

女，今來索命，且言家世積德，當得館選，由知府仕至禮部尚書，今盡削矣。女有詩十首，好事者爭傳之。詩曰：

錯認冤家是夙因，嗚乎一别已三春。而今場屋仍相會，郎貌依稀認不真。

憶君攜妾入羅幃，妾道親言不可違。君約終身爲配偶，隨將六禮聘儂歸。

誰識君心異妾心，妾心原未暫忘君。君歸一載將心負，視妾猶如陌路人。

門前鼓樂閙喧譁，問是誰家嫁女娃。婢道去年張秀士，而今又娶郭三家。

妾聞此語恨吞聲，自悔當年枉失真。衹待月明人靜後，青絲一幅了餘生。

君居陽世妾居陰，恩愛成仇似海深。衹道陰陽成永訣①，誰知矮屋又相親。

今歲巡神赫更威，妾求方許入秋闈。七千號舍人多少，歷歷尋君遍揭幃。

東邊九號與君逢，爲訪君容慘妾容。昔日見儂猶恨晚，如何今日轉愁儂。

已從蒿地結鴛鴦，妾亦何心索命償。衹爲冥王深惱恨，命奴親取薄情郎。

君今隨妾入黄泉，漫道君愁妾亦憐。昔日濃情成底事，好姻緣是惡姻緣。

道光庚子，南闈某生，首場被貼，卷面題集唐絕句云："重檐複道曲欄斜，遥指紅樓是妾家。燕子不來春又晚，隔牆閒煞碧桃花。"此爲女鬼詩無疑矣。又某科江南闈中，有一生題詩於卷面云："沈冤地下已

① "衹"，原作"君"，據清杜鄉漁隱撰《野叟閒譚·棘闈題句》改。

三秋，矮屋相逢詎肯休。憐我孤魂常露宿，恨君巧語賣風流。蟾宫已隔何須問，鴛被雖溫莫蓋羞。祇好破瓜難折桂，待卿泉下勿淹留。”又在牆上書數語云：“予曾污一閨女，因予不至其處，抑鬱而死。今日謄錄二篇將終，忽疲倦昏迷，女掀幃入，卷爲墨污。因作詩一首，不知女子所作，亦不知予之所作，錄出以戒同人。”又乙酉科寒字九號，一生自書絕句於號板云：“薄采慈姑吟怨句，漫將益母寄相思。臨行互剪羅衫袖，珍重啼痕好護持。”又書：“冤家已到，速速自裁。我死得好苦！惟其如此，所以如此，早知如此，悔不如此。”又一生卷面書云：“春風簾下花初麗，秋月樓頭夜正長。”未完卷而出。又一生卷上書云：“迢迢萬里爲何因，祇爲高堂有老親。寄語三江諸舊友，休將戲笑認爲真。”又一生卷面書云：“千里來觀上國光，卷中旋被火油傷。半生祇爲淫三婦，七試誰憐貼五場。信是紅顔爲鬼蜮，悔從黑夜結鴛鴦①。而今敬告青雲士，休道殘花艷且香。”此道光甲午科，湖南寶慶某生事，汪凝夫先生分校楚南，曾記之於《警枕錄》。

書喬古村先生事

吾邑喬古村先生，聖任侍御之父也。家貲巨富，鄉居業農。一日入城，道旁見一包袱，内有黄金書信數事，知爲遺物，因以亂草覆之，坐竢不去。未幾一騎來，駛行甚急，翁曰：“行路人，何皇遽乃爾？”騎弗顧，得得而過，追呼之，亦不及。有頃復至，翁謂曰：“得毋失物耶？”騎止，叩翁前，翁曰：“所失何物？”騎者一一言之，俱不謬，翁起，出袱與之，且問其故。答曰：“吾主以事忤當道，逮繫孥屬，將以此致某相國，或可贖命，區區阿堵，生死所關。今感翁大恩，願分半以報。”翁笑曰：“吾若欲此，寧取其半乎？”辭不受，問姓名居處，亦不

① “結”，清杜鄉漁隱撰《野叟閒譚·棘闈題句》作“絶”。

告，惟曰：“子行矣，毋以我誤大事也。”使者泥首而去。後聞其主人已釋①，旋以憤懣死。時翁已兩子，俱各三十餘歲，夫人年五旬，忽覺有娠，翁虞老弱，與女商買墮胎丸，令服之，竟無效，再服亦然。賈曰：“吾售此無虚驗者，今必貴胎無疑。”翁復購丹以進，將煎成藥，竈忽爲犬踏碎，乃止。及產，翁坐庭前，見前騎突至，後隨衣冠者一人，長揚直入，翁隨之，倏不見。亡何，家人報曰：“生子矣。”即侍御也。生時，兩手各執一丸而出。後官翰林，仕至侍御。明末直道不行，乞病旋里。子萊，以康熙宏博科，登詞苑，官侍讀學士。孫崇烈，亦入翰林，至今科第不絕。

方孺人傳②

孺人姓方氏，安徽人。父績學早世，母氏金，嘗刲臂和藥愈夫，夫歿，遺腹生孺人。幼習勤勞，事母盡孝。長歸歙鹽運司知事程君，爲繼室。程先娶王氏，生子浩，及長次兩女。攜家至皖，爲人理禺莢，旋悼亡。續娶孺人，生子坤，及三四女。其佐鹺業也，節儉而不苛刻，精明而仍渾厚，人奉爲法，内助之力居多。下世時，子女皆幼，孺人忍死撫孤，綜理家政。子就外傅，天黎明即起，治水漿，爲之櫛沐飲食，次即爲諸女梳洗，米鹽瑣屑，無不躬親。日暮，則篝燈督子讀書，別燃燈課女針黹，恒深夜不寐。子有過失，不事嚴譴，惟哀詞導之曰：“兒曹無父，若不自立，其將何爲？”聲淚俱悲，必子悔改而後已。其撫前室子女，教養兼至，一如所生，尤恒情所難也。程君歿後數年，鹺業爲人所敗，家計多艱，而故鄉廬舍什物，又爲人所有，歸亦非易。然以眷念桑

① “後聞”，原作“人後聞”，據清杜鄉漁隱撰《野叟閒譚·書喬古村先生事》删“人”字。

② “傳”，原作“侍”，據清杜鄉漁隱撰《野叟閒譚·方孺人傳》改。

梓，故決計於嘉慶九年冬，挈子女回歙。夫與王孺人，舊厝於皖，亦扶之還鄉。凡閲十年，婚嫁方畢，經營締造，備歷勤劬矣。程君歿時，方束裝旋里，求二親葬地，先一日，遽病終，孺人慟記之。道光八年，山水大漲，孺人聞耗，恐舅姑棺之歿於水也①，疾驟作，昏瞢殆斃，移時始甦。亟命子往覓，則厝之上遊，兩棺在焉，或以逆水而上，疑有訛誤，驗題字乃信。孺人即典質稱貸，得地合葬，孝思始慰。徽俗女子晚嫁者，年歲或不實。當孺人之在室也，舅氏金君愛其賢淑，嚴爲相攸，遇才望異人，而其姻族有不類者，亦不與締姻。後以程君志行高潔，乃許配之，時孺人年已三十矣。越六年而寡，以節孝著，例不得旌，或以短于歸之年齡請者，孺人流涕曰："吾不減齒適人，忍以夫死爲邀恩地乎?"卒不許。於戲！孺人誠賢母哉。古聞人由賢母之教，以立名者，多不勝紀。余識浩、坤二君於揚州，揚故繁華地，而其昆弟言動，皆篤實可敬，衣冠樸素，古道及人，蓋不爲習俗所染，而克自樹立者，非賢母之教，有以成之耶。其子若孫，皆秀發成器，他日顯榮，正未可量，又孺人之賢所宜致也，余故樂爲之傳焉。

銀手釧

黄陂縣王姓子，將弱冠，讀書里中。以從朋輩博，負錢十餘串，不敢歸，而索逋者甚急，乃就其岳母借貸，蓋幼時締婚，而尚未娶者。岳母愛壻②，取衣服數件，令付典質。其女憐不足③，陰以銀釧藏其中，而王不知也。持往典肆，肆内司事，問衣中更何有，王曰無之。時邑有

① "孺人聞耗恐舅姑棺之歿於水也"，清杜鄉漁隱撰《野叟閒譚·方孺人傳》作"孺人猝聞舅姑棺逝於水"。

② "母"字原脱，據清杜鄉漁隱撰《野叟閒譚·銀手圈》補。

③ "其"字原脱，據清杜鄉漁隱撰《野叟閒譚·銀手圈》補。

王提督者，出征越南，家被贼劫逾巨萬[①]，案未獲，其失單中有銀釧等物。因疑之，執送官。三木苛求，遂誣服，旋死於獄。女聞耗慟極，逕詣縣自呈顛末，即於堂上自刎死。縣官詿誤，其詳則未之聞也。因憶蜀內江縣有世族王姓女，幼字富室鄧某。女體素豐，腹便便，鄉里不無竊語。謠傳至鄧，鄧羞忿鳴之官，並賂求退婚。邑令王某傳女質，俾入內室，令夫人及穩婆驗之，皆曰胎也。父兄被辱，歸怨女不置，女請再控，誓必辨明，從之。及復訊，女立堂上，慷慨辯陳，聲色俱厲，暗解袒裼，出利刃，力剖小腹。吏趨救不及，殷殷血泊中，腑臟橫流，並無所謂胎也。官駴愕，離座遽起，父兄恨極，攀左右袖，令至屍前視驗。官悸無人色，支吾退堂，遂被嚴譴，流口外，追贓查抄。鄧破產，穩婆瘐死獄中。女得旌表，並爲之建坊焉。

遵義宰

蜀東王某，以翰林散館，銓貴州遵義縣，五官百骸，蓋無處不鐫有太史公三字者。黎公簡堂督學黔中，黔亂，道梗不能進，乃僑寓於渝，貧苦未可言狀。亂少定，按試遵義。王以前輩禮倨之，供張草草，公忍之。試畢歲暮，院署中換窗紙，寫楹聯，將作度歲計。王持《學政全書》，與爭於庭，公無奈去之。王遣悍僕阻於西門，搜其上下行李，凡係遵義物，一無所攜。會大風雪，公及從役，顛倒泥濘中，力疾行五百里，至烏江度除夕。試既竣，以編脩署貴州布政使。明年，署貴州巡撫，乃以他事中王，罷官去，妻子流離死。嗟乎！王道不外人情，未有出乎常理[②]，以爲廉悍者。且翰苑儀注，不過以詞林清班，未便爲部曹統屬，故彼此以前後輩禮之，所以示親敬之意，至乃恃尊淩慢，則謬甚矣。

① “贼”，原作“數”，據清杜鄉漁隱撰《野叟閒譚·銀手圈》改。

② “常理”，清杜鄉漁隱撰《野叟閒譚·遵義宰》作“人情”。

笑孝廉

庚辰會試禮闈，内有廣東舉人王某，其洋煙具爲别號篡去，大詈曰："凡我號中，誰非孝廉？今乃盜我煙具，其廉安在？且將我煙具盜去，其孝安在？"聞者皆絕倒。

玉虚宫怪

古歙吴汝祥新婚半載，遂館處州縉雲縣張某家。邑有玉虚宫，古名縉雲山，山有軒轅遺跡，及翔鸞駐鶴、天池鼎湖、丹井珠巖諸勝。唐天寶戊子，改仙都山；宋治平乙未，始改今名。吴與其羽客周某善，朝夕過從，縱談玄理，甚相得也。一旦，思歸情迫，耿耿不寐，因於薄暮造訪。周適他出，徘徊庭際，頗覺無聊，遂題一闋於空院壁間而去。越日復往，見有和之者，詢諸周，周不知也，心甚疑焉。即夕有二八麗人，娉婷而至，戲曰："吴郎才子，乍幸辱臨，得瞻藻翰，妾偶效颦，望乞賜教。"後頻至，唱和成冊。周見吴，訝有妖氣，詰之，吴以實告。隨於空院中掘之①，得骷髏一具②，焚之，後亦無異。

煙筒毒蟲

先大父嘗言，家方伯公諱士達，宰黟縣、南陵、霍山，有政聲，凡興義塾、修芍塘諸善舉，無不厲精圖治。攝鳳潁道篆時，某甲於合巹之夕，偶取壁間久懸之水煙筒吸之，忽端坐若假寐狀③，迨伴娘促眠，視

① "隨"，清杜鄉漁隱撰《野叟閒譚·玉虚宫怪》作"周"。

② "骷"，原作"兮"，據清杜鄉漁隱撰《野叟閒譚·玉虚宫怪》改。

③ "忽端坐"，清杜鄉漁隱撰《野叟閒譚·水煙筒》作"端坐"。

之已肢冷氣絕。翁姑疑新婦有外遇，以毒殺，訟於官。官莫能直，煅煉成獄，申詳道憲，將論罪矣。方伯公閱卷，未敢遽信，遂親提訊究。案集時，新婦縶鐵索，郎當過市，著麻衣練裙，舉止頗閒雅。書生某遇諸途，心殊異之，尋其崖略，旁人即舉而述之。書生欣然曰①："微吾，新婦殆矣。"遂走陳方伯公，言某書所載，水煙筒周歲不用，則其蟲生焉，形似曲蚓而小，且必雌雄成對，其毒最厲。後取煙筒煎之②，果有其一，新婦之冤始雪。

荷包

江南有二家，一貧一富，同日嫁女，富者適王姓，貧者適李姓。既出，相逢於途。里俗以喜輿對面爲不祥，必須開門拂拭。簾啓，貧女痛哭，問之，因言夫家更窮，將來何以生活，命薄如此，是以悲耳。富女憐惜，即取袖中銀荷包一隻贈之，勸慰而別。貧女于歸後，見壻勤儉，因出荷包銀，約三四十兩，與爲資本，操籌握算，子母權衡，十數年擁貲巨萬。迨賊陷江南，李遷寓六合，王罹亂亦逃至斯處③。時李方生子，雇乳母王婦育之。王來數月，見堂上供一木龕，李夫婦二人，日夕焚香禮拜，心疑之。乘隙啓視，則其中所藏，固己手所繡之荷包，當年出閣時，途次贈貧女者也。撫昔思今，不勝式微之慨，終朝啜泣，未便明言，李怪而詢之，因自述前事。李大驚，雙雙叩謝，即分家產之半，與王爲業。後六合失守，不知二姓何徙。孫鶴笙先生家六合，故知其詳。余聞述此，爰即走筆記之。

---

① "欣然"，清杜鄉漁隱撰《野叟閒譚·水煙筒》作"欣欣然"。

② "煎"，清杜鄉漁隱撰《野叟閒譚·水煙筒》作"用火煎"。

③ "罹"，原作"羅"，據文義改。

龍 鬬①

喬疑菴先生曰：界首某村夫云，乙巳七月初三日，暴風大作，一龍從空墜下，潛入界首湖。湖波陡起，瀰湃汹湧，若有物與龍鬬者，雷電交攻，湖水半赤。俄頃，復有一龍自雲下，與前龍夾輔。湖忽中裂，鄉人環覩，見底有一物，狀如牛，素體肉角，二龍挾之而上。同日有人自高沙來，適見大中丞親觀水災，烈風駭浪，勢若山崩。城西巨津，浮屍蔽水，命人記數，約一千七百有零，其餘葬身魚腹者尚無算。又有會稽勞某，自山左至，云是日山東大風，拔木揚沙，傷人甚衆，亂雲中，忽見二女子，一持燈籠於前②，一握箒掃於後，問之天文家，皆言彗星見象。又謂是日者，陝西大風，雨雹狀如石子，傷人萬餘，傾民舍八百餘間。而遼東境內，亦以暴風故，城垣圮陷，死亡甚多。不謂一日中，天變如此，其龍鬬所致耶。

池中金

太原趙生，巨家子也，襲祖□廕，入成均。康熙某科，將赴試京兆，偶逛僧寺中，見對院有遊客先寓焉。明日過之，詰邦族，云係洛陽鄭生，來探友，事竣將去。趙覷其爽豁，遽投契，便邀同居，鄭欣然諾，移榻就之。晨夕抵掌談，才識淹博，趙歎不及，甚敬禮之，因訂爲金蘭之好。趙齒長，弟之，遊輒與偕，頗極萍水之樂。趙素侈，賓從雜沓，鄭初不謂然，密告曰："盈虛消長，瞬息異形。凡事當有節，富不可恃。兄所結都非佳士，尚其擇而慎之。"趙笑曰："弟何迂也。交遊

① "龍鬬"二字原脱，據清杜鄉漁隱撰《野叟閒譚·龍鬬》補。

② "一"字原脱，據清杜鄉漁隱撰《野叟閒譚·龍鬬》補。

衆，惡能一一辨臧否？若以貧爲患，余曾埋金十萬於某池中，何憂落魄？顧此事甚密，妻孥不知也，宜秘之。”鄭曰：“如此便佳。”亡何，試期迫①，趙欲與俱。鄭辭曰：“客外久，老母懸切，實不及伴矣。會合靡定，前途幸珍重之。”及登車，揮涕各別。居數載，鄭苦憶趙，束裝再往。比至則門已扃錮，大駭，詢諸鄰里②，云趙死都下，門客某與盜通，事發誣及居停，家被籍沒，妻孥止尼庵，封其宅，將變價抵售。問值幾何，曰三千金足矣。鄭急至庵，趙妻大痛，愬所苦。鄭曰：“已知，勿復言。今柩安在？”曰：“未返也。”曰：“我能反之。兒何往？”曰：“傭未歸也。”曰：“我能教讀之。日食何從來？”曰：“十指力也。”曰：“我能任之。”傾橐出巨資以付③，曰：“無苦。需數月④，我必返。”遂去。至洛，鬻廬產，得金三千入官，反其宅，徙居之，迎趙妻子至，潔正室舍之。於是整書齋，課趙子，親詣都，反旅櫬，痛哭葬之，耗費乃至鉅。子感德，勤學弗輟，不數歲入庠，才名譟一邑。鄭喜曰：“金有主矣。”集母子於池上，告曰：“中有金十萬，而父所埋。向之不白，以而未樹立，懼外侮也。今聲重宮牆，無虞累矣。發之，業可復。”母子驚愕不信，鄭令竭水掘之，果得數十甕⑤，白鏹盈焉，核之，符十萬數。母子感激，願與均。鄭曰：“此汝家物，我何與？”趙妻答曰：“不然。寒門不幸，家產蕩無存，微叔力，安得此？叔弗取，予寡母孤兒，曷敢獨據？”子曰：“金爲父金，叔不納，屋爲叔屋，姪亦不居。”鄭峻拒不得已，僅受三千金，償屋值焉。翌日告别，母子苦留，繼以泣，不聽，竟辭去。趙氏得巨產，頓復舊觀。其族趙永年嘗附予舟，爲言其顛末如此。

---

① “期”字原闕，據清杜鄉漁隱撰《野叟閒譚·池金》補。

② “諸鄰”，原作“鄰諸”，據清杜鄉漁隱撰《野叟閒譚·池金》乙正。

③ “巨資”，清杜鄉漁隱撰《野叟閒譚·池金》作“金”。

④ “月”，清杜鄉漁隱撰《野叟閒譚·池金》作“日”。

⑤ “數十”，清杜鄉漁隱撰《野叟閒譚·池金》作“十”。

慟塵曰：趙生以富家，不慎交遊，卒至身死客途，宵人蠱禍，妻子顛沛，嗟賦式微，放蕩忘形，安足稱道。然其於茫茫塵海中，獨能識鄭之爲人，傾心接納，卓巨之見，又豈庸常所能及耶？至於鄭生者，矜孤恤寡，仗義輸財，俠骨慈腸，自足千古。士貴知己，於此見之。

明　姑

吳兎牀山人，匿居海濱之小桐溪，好讀書，喜交遊，四方賢士大夫，每過從，必觴詠連日。夫人魏氏，性婉淑，中饋怡然，客至頗備禮遇。既而膺重疾，繇慫牀第間，欲爲山人置妾，以供巾櫛之需。山人固未之許，而其家人，亦無不感主母之賢且病，謀□以慰之而代其勞者①。時平湖有良家女，頗慧秀，早年喪母，父落魄，不事生理，欲以女爲人妾，冀得厚資，而女實未知，操織以助餐如故。會山人家人以他事適平湖，訪知女善，遂與乃父謀，以重金相許，父諾之，即欲載女以去。女有難色，初頗拒，已而歎曰："父有命，敢不從乎？"既至，值山人客遊餘杭，家人以告主母。主母大悦，厚其禮而納之別室，山人歸，始言其故。山人眙愕良久，喟然曰："孰爲我謀者？老夫年六十一矣，有子有孫，胡爲作孽。雖然，若本良家女，既入我門，我不納，將安歸？歸之而復賣，將終爲人妾，且疑爲見棄之流，吾不忍也。"遂受爲義女，名之曰明姑。姑者，浙西方言未字之稱謂。山人有女，已適人，召之歸，使同寢處。姑事主母惟謹，母心喜，病亦稍愈。海鹽有魏氏子，名善士，美而文，山人之内戚也。至是山人乃慨然曰："我爲義女擇壻，頗難其選，今捨魏子，尚誰屬耶？"商榷定，即備匳具嫁之。既成昏，遠近無不賀者，蓋欣明姑之得所歸，而重山人之義爲不可及也。高風所播，至有以引鍾離瑾事擬之，陳子鱣曰："不然，鍾離之

① "謀"下字漫漶不清，似作"所"。

舉，猶人所易，山人之事，屬人所難。”是可記也，遂述之。山人名騫。

李 令

李君名炯，字澹成，世爲蘇州人。父逢春早卒，母顧太孺人，教子嚴，每課君夜讀，紡織聲相和達旦。君既冠，補元和諸生。乾隆元年，以五經舉於鄉，十七年成進士。居數載，授廣東茂名知縣[①]，以慈惠爲政，自奉薄，不敢苛民。嘗題其堂柱云：“窮秀才做官，何必十分受用；活菩薩出世，不過一點良心。”士民誦之。每聽訟，平心察理，未嘗用一暴刑。縣有重獄，或牽連一二十人者，君案驗多縱捨，所羈囚才一二人而已。所轄黃塘，在山谷間，暴雨水溢，居民多死者。水退，請上官發棺銀收殮，有續報者，太守難其請，君捐俸益之。間或流離無歸，則爲構竹屋，賑粥活之。初，紹興沈生佐君刑幕，以通賄，婉詞辭去。及是客府署，挾前隙，屢中傷之，因此以不勝任勒罷，改授教官。去之日，士民執香送者，踵錯於道。最奇有瞽者百餘人，製布袍以獻，君服而見之，瞽曰：“貧不能得錦，恐弗當公意。”君曰：“衣之矣，豈敢賤耶!”瞽趨前捫之，大喜。舟過梅菉鎮，商賈張彩棚，設鼓樂，餞君於道，進三爵，復上百金爲壽，君卻之。已而輿君行，偏歷鎮中，曰：“公去矣，俾黎庶一拜識也。”既歸不復出，卜居靈巖山下，野服翛然[②]，終其身未嘗謁官府，時與及門諸子，遨遊山水間。晚遷寓城中，卒，年七十有一。

彭氏曰：自君罷官後，更數年，粵人之至蘇者，輒道君善政不去口，以是知君之能其職也。縣有胥吏李棟者，詐其鄉人牛，事發，痛杖之，責償其值。將解組，棟數來候君起居，君曰：“得毋怨我乎?”答

---

① “知”字原脱，據清李桓撰《國朝耆獻類徵》初編卷二三七《李炯》補。

② “翛”，原作“儕”，據清李桓撰《國朝耆獻類徵》初編卷二三七《李炯》改。

曰：“身自犯法，何敢怨公!”烏乎！即觀棟之感化①，足以概其餘焉。故曰：“斯民也，三代之所以直道而行也。”不其然與。

小孝子

李維煌，字裕光，江南寶山人。生十歲而父歿。方父疾時，日夕籲天，進湯藥，必先嘗。父死，哀慕逾常兒，三年不離柩，人呼之曰小孝子。家赤貧，無以養母，乃棄舉子業，支持門庭，得力求甘旨進母前，而自食藜藿。母偵知，呼與共食，則長齋淡泊以慰之。母病喉，醫不能療，孝子復禱天三晝夜，母夢道者授以鍼，曰：“以汝子故，爲汝治之。”汗浹背愈②。又嘗患背瘡，大夫言當用艾灸，恐母不勝痛，先自試，輒大疼，乃止。稽顙北辰③，願減己壽以益母，尋亦獲痊。雍正十年七月④，海上颶風大作，孝子所居江灣，距海不二十里，水至，屋將圮，負母匿避几下，俄居鄰俱毁⑤，而孝子宅獨存，卒奉母以免。孝子有弟，爲亡叔後，幼多疾，廢業，孝子輒分財與之。弟歿，撫諸孤，爲之昏嫁，迎嬸至⑥，共養焉。其從兄錫秦巡撫西粤，欲招孝子行，堅辭曰：“吾安能有一日違老母哉。”遂謝之。先是孝子喪父，逾年祖又病逝，兩世孤露，數年無以營葬。常布衣屏居，亦不與燕會⑦，或勸之⑧，

① “感化”，清李桓撰《國朝耆獻類徵》初編卷二三七《李烔》作“於君”。

② “愈”，清李元度纂《國朝先正事略》卷五七《李孝子事略》作“而愈”。

③ “稽顙”，清李元度纂《國朝先正事略》卷五七《李孝子事略》作“夜稽顙”。

④ “十年”，清袁枚撰《小倉山房文集》卷二七《李孝子傳》作“七年”。

⑤ “居鄰”，清李元度纂《國朝先正事略》卷五七《李孝子事略》作“鄰屋”。

⑥ “嬸”，清李元度纂《國朝先正事略》卷五七《李孝子事略》作“叔母”。

⑦ “與”，原作“與與”，據清李元度纂《國朝先正事略》卷五七《李孝子事略》删一“與”字。

⑧ “或”，清李元度纂《國朝先正事略》卷五七《李孝子事略》作“人或”。

輒流涕曰："禮，不葬不釋絰[①]。吾有慟於中也，安忍苟娱。"及卜地□浦，隆冬大冰雪，手運灰土，僵臥垂絕。有匠人過之，爇薪溫其體，灌以湯乃甦。軀素羸，竟以是病劇，將卒，屬二子善事祖母，奉母手大慟，泣盈頰，瞪目而亡[②]。

芝庭氏曰：《記》云："順乎親有道，反諸身不誠，不順乎親矣。"吾觀李孝子之事，何其誠哉！古之孝者，或泉涌於陸，或魚躍於冰，或哭竹而筍生，或廬墓而烏集。義由天發，物非外來，援古證今，事同一軌。或者不察，以報施之或爽，疑天道之無凴，彼亦嘗反諸身否耶？

孝女碑

方孝女者，莆田人也，世居白社，徙金橋。父瀾，禮部儀制司郎中，卒於京。孝女幼失母，終鮮兄弟，時年十四，日夕哀號。其叔爲扶櫬南歸，渡揚子江，中流舟覆，孝女與庶母同舟，遽呼榜人往救，並許以宦橐相酬。風濤洶湧，人各自顧不暇，孝女仰天哭，遂投水死。三日，抱父棺而出，泊於南岸，聞者皆感歎之。夫曹娥抱父屍，年亦二七，方女所行，大與相類，而顯晦乃各有不同。蓋曹娥當年，尚有爲之改葬，爲之碑記，蔡邕又爲之題銘，而江水無情，亦得以名傳千古。若孝女行事，乃在前明，代遠年湮，不復知其葬地，喪亂後煙飛灰冷，竟與腐草同衰，不亦大可悼惜。丙申歲，先秋崖公自福州來莆田，聞其事，掩卷太息，因作《莆田方孝女碑》，曰：

---

① "不葬"，原脱"不"字，據清李元度纂《國朝先正事略》卷五七《李孝子事略》補。

② "瞪目"二字原漫漶不清，據清李元度纂《國朝先正事略》卷五七《李孝子事略》補。

峨峨莆陽，山環水帶。右繞蘭溪，左横寧海。壺公據前，□嵒殿後。篤生孝女，巍峨華胄。鍾秀白社，隨宦燕山。怙恃追依，昆季中艱。幼而失乳，哀煢弱質。聲不出閨，行不履閾。蕙茝孕性，珪璋礪躬。昊天不弔，蹈善反凶。彼峙云亡，扶櫬南下。路入長江，風濤亘野。湍流覆舟，浪折雙檣。人各自救，遑恤□父。泣盡繼血，身赴中流。入水三日，抱櫬沙洲。至誠感神，天成孝女。迄今莆中，稱名無汝。汝生何年，汝卒何日。身死名湮，百年太息。我適來閩，載筆銘賢。歲爲丙申，日爲上元。

慟塵按：白田朱秋崖先生，清初人，與王漁洋同時，且至厚，生平行狀，尚待考查①。余於丙辰春，從京師郡館中，得其遺著一冊，都詩數百首，皆阮亭昆仲手評，同閱者尚有汪苕文及其他諸名士，是先生之文章學術，爲當世之泰斗也無疑。方孝女得先生爲之傳，自足千古矣。删錄至此，故綴數語誌之。

女奴景

女奴景，贅夫柴乙，咸從陳午亭之京師。乙病，景輿以歸，及家而乙死。既瘗，時泣墳旁。一日，有虎銜豕來，孰睨景，景哭極哀，初不覺也。樵人遙見，呼景，景近虎尺許，虎卒不害之。其家人好貨，屢逼景嫁，不從，則朝夕虐遇之。居如是者二年，鄰人多代爲惋惜，謂當以告主家，即陳氏也。景曰："吾居主家久，主人嘗不預外事，區區小故，安得以相累耶?"諸柴聞此，僉匈匈，將環伺而奪之。景懼，乘夜奔，道遇虎當路，趨過其側，虎臥如故焉。及抵邑門，坐守至遲旦，城

① 按朱克生（1631—1679），字國楨，號秋厓，江蘇寶應人，國子監生，曾從兄之燕之閩，多歷名山大川，詩名甚著，著有《明代寶應人物志》《秋厓集》等。

啓，逕赴縣號訴，邑令哀其狀，提諸柴至，數而箠之。亡何，令巡行境中，景又遮道訴，令復拘而撻之。惟官愈責者，爲禍乃愈毒，種種慘酷，景死可待焉。繼念亡夫歿時，言“主家遇我厚，我死不能報帡幪之德，心甚恨之”，吾今寡苦難存，且日又與凶徒爲伍，縱不死者，辱亦有之，於是攜子女以去。子六歲，女九齡，匍匐隨行，終日涕泣於道，沿途乞食，夜宿荒林古刹中。走京師，五閱月而達，計程二千里。所歷多峻嶺大川，川潦方盛於秋，深及腰腹，每涉水，先負一兒抵岸，繼再返負其他，瀕於險者，蓋匪止一次矣，母子之艱難如此。至之日，午亭頗驚異，既聞所陳，不禁喟然浩歎。眷屬及左右僕婢，亦無不感而義之，甚至有泫然泣下者。噫嘻！女奴一微者耳，名義所不責，而獨能卓然自立，使人感動如此，此豈非出於至性者耶？夫自古以來，忠孝節烈之行，往往存於椎魯僕婢間。至義足以馴猛獸，誠足以濟死生，吾知百世之下，將有聞此而興起者，故傳其事，庸以告末俗之士大夫焉。

老姐姐

閩吳甲流寓金陵上新河，本宦家子，幼失怙恃，家道中落，貧無以自存。母素有一婢，極賢淑，以主人止有此一孤，且藐然無所就也，誓志不他適。獨肩撫育之任，賃敝屋居之，衣食之資，惟十指是賴。吳因以老姐姐稱之。六齡，令就外傅讀，夜則篝燈自課。煢煢相依①，處屢空之境，晏如也。逮吳成立，喜繪事，而苦無力從師。每過裝潢所，見壁上丹青，輒心領神會，流連忘返，歸則遐思而摹寫之，人物山水，各擅其長，遂賣畫以自給。囊稍裕，必市魚肉歸，以半供老姐姐，而老姐姐反留以供吳。問其故，婉辭曰：“予不慣肉食，汝勞心學畫，飫之當更妙傳神，視予餐尤樂也。”婺源胡上舍日照，與吳居密邇，數相過

① “煢煢”，下“煢”字原脱，據清甘熙撰《白下瑣言》卷七補。

從，仰其節誼，恒厚助之。道光辛卯歲，老姐姐卒，享年僅五十耳。吁！世之安樂與共，而患難輒視若秦越者，鬚眉中比比然也。茲老姐姐，以一臧獲之流，既葆其真，復完其義，以視尋常之貞節於親戚骨肉間者，事彌奇，心彌苦矣。

朱紅

朱紅，揚州人，某科進士，爲廣西河池州，因事伏法。有舊僕湯某者，一日行過其墓，見朱如生前，駭極。朱語曰："勿怖，我知汝可信，故以事相干。余妾及幼子，近已流落，煩汝傳語，若能守，則某壁中，尚有質券二，貸之可得數十金，足以南旋。不然，可速令再醮，汝即以此物，挈吾子回揚，若負心，當殛汝。"言訖不見，湯驚絕，久之始甦。後如言索之，果得二票，因送朱子南歸，妾亦不嫁。

白昂

明季，白司寇昂掌部時，一總戎失律當殺，乃餽金請救，白受之而斡旋偶遲，竟棄市。後夫人臨娩，忽見總戎入内，甫叱呼，已報生子。及長，狂而騃，聞碎碗聲，愛逾絲竹。即日市窰器，擲之以爲樂。又購飛金（即金箔紙）數百兩，從塔上散之，風颺金舞片片，如胡蝶淩虚，閃映日華，照耀原野，見者咸誇爲奇觀。一日，門客某獻木棉盆景，誑之曰："此西洋牡丹也。"詢其值，甚貴，立以百金與之。不數年，家貲蕩盡，子遂窮餓而死。

外史氏曰：因果之類此者，比比皆是。司寇之過，過在救遲，尚屬無心之失，彼世之受人重餽，而有意誤人者，其食報又當何如。

跳　羊

《白下瑣言》載劍閣唐黼卿先生，官江蘇垂三十年，所在多善政。著有《宦遊紀事》一卷①，偶閱所記丁酉科分校之事甚異。其詳曰：道光丁酉科江南鄉試，再與分校②，所居左經房，與同鄉王立齋比鄰。一日，立齋忽喘息來，謂予曰："君所閱有羊字號卷耶？可速檢呈。"予詢其故，則曰："此卷當得元。"問何以知之，曰："頃神疲，隱几假寐，恍惚過君門，庭戶一新，巍然若大廟。既入，聞櫃內有聲甚厲，驀然一羊跳出，龍變化之象也③。想元卷必爲君得之。"余亟翻查薦卷底簿，果有羊字號卷，已先日呈進，然猶疑信參半。及填榜拆封，解元爲江陰鄭守庭名經，果即余房羊字號卷也，乃共歎夢兆之奇。

冥遊記

南昌羅翁，年四十有二，死三日復甦。述及閻君對簿，謂其平生積惡，指不勝書，惟完人眷屬一事，上感天和，足以挽蓋前愆，宜增壽一紀，即令速放還陽。蓋羅翁向業米市，一士欠米錢十千，病適垂危，無賴子勸其賣妻自給，士果寄妻尼庵。無賴子又慫恿羅翁曰："聞某欠汝帳，其妻方待售寺中，曷圖之?"羅往探果然，心殊不忍，遂趨士家，而詰責之曰："若何出此下策?"曰："鄙人貧病交加，實迫於不得已□。"羅曰："茶爐藥竈，全仗爾婦調和，遽爾生離，尚何瘳望？且汝

---

① "著有宦遊紀事一卷"，原作"舊有宦遊紀事一則"，據清甘熙撰《白下瑣言》卷一〇改。

② "再"，清甘熙撰《白下瑣言》卷一〇作"予再"。

③ "龍"，清甘熙撰《白下瑣言》卷一〇作"飛龍"。

負不多，伉儷在少年，還期生育爲綿嗣計，胡一愚至斯？”士聞言，淚涔涔下，羅即令其妻返，並厚贈錢米歸之。病尋愈，夫婦力作，連舉三子，骨肉之賴以保全者，皆羅之力焉。羅壽至八十餘，精神矍鑠，常對人道冥遊事，絲毫不隱。報應之當如此，可不鑒哉。

山口胡某丈學，年四十餘，病死復活。自言見冥殿上長短對聯，多不記憶，惟門首聯云：“除仙佛不到，雖夫子也來。”旁設几案，判官查簿籍，勘驗至慎。胡跪案側，見己姓名下，注功過兩端，其善者三，一盡孝，二不二色，三勉強爲善，應至某年壽終云云。官謂有此三善，該□壽以報。從此益恐懼修□。屆期，備酒筵，會親友，坐以俟之，竟無恙。逾七年，無疾而逝。即孝廉胡鼎之父。迄今其子孫姻眷，猶能舉而言之。

陳□學鶴年，館於竹竿里程氏家。有從學黄克昌者，居羊市橋。晚歸，見一人執木牌，似隸卒逮人狀，尾其後，回顧倏不見。既歸，三更忽暴卒，及旦復甦。言至冥府時，羅跪堦下者數百人，唱名及己，堂上忽詫曰：“誤矣。”責使者送之歸。並代謄鬼籍一冊，皆瘟死中人也。間有相識者，秘不敢告，及期果病亡。此壬辰五月事。

井中美人

楊八鬻水爲業，一日立井邊，俯視良久，欲縱身入，衆挽之歸。越日，忽不知所往，家人徧覓，至城之東南隅一穴中，見有藍布衣半角，飄露於外，曳之出，果係楊也，神思昏亂，喃喃作囈語曰：“飲酒方歡，爾輩乃大殺風景，可惜可惜。”既扶歸，飲以薑湯等物，信宿乃醒。叩其故，答曰：“前於井次汲，水中一美婦人，紅衣翠裳，笑而招我，頓覺神迷，便欲相就，幸賴汝等救之。昨晚偶溺穴邊，又遇彼殷勤邀往。余睨之，神采煥發，儀態萬方，正踟躕間，婦遽前牽袂，遂隨之入，廊舍輝華，儼然洞府。婦捲簾，就地設席，入室取四簋，佐以銀壺，殽饌鮮芳，溫柔勸酌，偎坐余膝，玉體輕盈，摟其腰，細纔一捻。乃纏綿之際，婦忽外視而愕，旋推余起，曰：‘去休，多事者來矣，殊敗人興。’殆即汝等尋我時也。”噫！出於井，入於坎阱也，黿也，危哉微哉。

慟塵曰：天下好色之徒，沈溺於溫柔鄉裏者，往往莫救。當夫金迷紙醉，何不作井中觀耶。

章藻功

武林章藻功定績，癸未庶常，性輕狂，而又好多事。爲諸生時，喜弄筆墨，鄉人多畏之。有陳永興者，擁巨貲，以買油爲業，歿後入鄉賢祠，搢紳往拜，其家人必厚贈金帛，獨章往無所獲，心甚嗛之。適海寇黃明投誠爲浙藩，章與厚，私相串謀，遣胥役若干人，手鋃鐺至祠中，鎖木主而出。後黃敗，所列罪款，竟牽涉此事，因革職，章亦反坐。蟄伏久，頗懷憤憤，會查某爲少宗伯，章作書與之，並薦其子磨勘，蓋子亦孝廉也。未幾，科場事發，查繫獄，章又使子攻擊。不謂查抄中，薦函達御覽，世宗惡其猾，並摘磨勘事爲棘闈大弊，特下詔逮之①，杖四十，枷死，其子則褫革，流廣西。

朱稚圭先生軼事

九江朱稚圭先生次琦，中道光丁酉本省鄉試，丁未成進士，以即用知縣，需次山西。咸豐元年，委署襄陵縣知縣，到任多異蹟，名傾一時。有繫囚趙三不稜，巨盜也，護縣薛經歷將卸篆，輒挈命犯王申保等，越獄逸去。薛憂懣，須先生至以相屬，先生謝病，三日不至，益急

① “下詔逮之”，清董潮纂《東皋雜鈔》卷二作“逮下詔獄”。

不知所爲。趙三不稜黨衆，亦意尹且病，未視事，弗戒也。然先生早出重貲，購知其所欲適，亟假平陽郡捕，前半夕疾馳百餘里，至曲沃郭南以俟。趙三不稜羣就酒家飲，坐未定，役前持之，奪刃格拒①，顛數人墜地，忽樓上下百炬齊明，則赫然襄陵縣燈也，迺驚惶失措，伏地就縛。比邑人迎先生，先生已尺組縶原盜入矣，遠近咸以爲神②。

畢秋帆愛才之篤

畢秋帆制府，爲乾隆朝名臣，風流倜儻，愛才若命，士有一技之長，無不羅致，故時有孟嘗君之目。相傳有王仲瞿者，制府門下士也。制府寵姬某氏，姿容婉娟，才情佳麗，詩筆頗與王相近，遂使作女弟子，傳遞詩詞，兩情漸洽，密有文君之約，而未得其便。適制府壽誕，內外演劇，百戲並作，姬乃乘間，訂王逾花園後垣逸。次日，侍者報制府，制府笑曰："吾今竟爲裴晉公矣。"即作書並千金，遣紀綱馳贈之，略云："某女遺隨足下，僕早有作合心。所不預言者，緣此女學未大成，欲其精進而後成之。不意巫山神女，竟自投楚王矣，其識見亦屬非凡，僕當順其情，以遂好逑佳話。但不別而行，妙手空空，腰纏何藉，未免累及君子。故遣下走餽金，伏冀哂存，所有足下行囊，與某女衣飾，俱檢點附上。"二人得書，事出意外，慚愧悲感，再拜申謝而去，聞者咸目爲佳話云。

京師鐵匠

鹽城某好女，已字黃某。一日病死，忽起坐，作京師男子音曰：

---

① "奪"，原作"奮"，據《小說新報》1918 年第 10 期載天亶《花萼樓隨筆》改。

② "咸"，《小說新報》1918 年第 10 期載天亶《花萼樓隨筆》作"咸驚"。

"我前生與此女有仇。"因戟手唾駡，連呼索命。俄又作蘇音男子，極力排解，且呼其家人至前，爲言："汝女夙係舟子。此人乃京師鐵匠，積銀數十兩，買棹歸里，中途爲舟子所害，墮水死，尋之十餘年，今始見。但此事尚可轉圜。"因問女已適人未，則以許婚黄某對。點首云："果爾，宜訴諸本縣城隍，予以冥鏹數千，當然依允。惟女既有夫，宜須即日遣嫁，留於家，匠必復至也。"父母諾之，女遂活，至今無恙。

姚廷清案

黔陽周南坪職四川司主藁時，蜀有擅殺案，因爭執，拂堂官意，遂疾之。壬午春闈揭曉，有浙人而幕於黔中之姚廷清者①，冒籍得中，抵京後，未拜同鄉，及聊捷徧謁，皆弗納。殿試有日矣，聞南坪寓貴州西館，不由閽者告，直入寢所，固求印結。南坪頷之，因集同鄉京官，共議其事。先白曰："姚固由鄉試來也，桑梓中既無人攻訐，吾輩若反對，獨敗其已成之名，殊屬可惜。且縱使見黜，不復更補黔人，何如玉成其美。"座中水部宋某云："令彼出三百金，修理會館足矣。"衆弗可，南坪亦默然置之。農部某與西曹某某，皆含憤而散。南坪曰："吾先有禮於衆矣，姑行之，不妨徐圖善後。"遂召姚而與之結。時某甲好事，因有烏孝廉力獵之故，即使胞弟名清者，赴都察院具控，交刑部審辯。查核中，清又以姚賄南坪五百金爲辭，再行誣訴。堂官修前隙，奏請革職嚴訊，二十日卒無端倪。覆詳，堂官不許，嚴刑鍛鍊，使姚以捐金三百修館之說冤南坪，姚不忍，堅拂承認，顧三木難禁，乃妄供。隨

① "姚廷清"，原作"姚清廷"，據本則標題乙正。按朱保炯等纂《明清進士題名碑錄索引》，清道光二年壬午恩科（1822）第三甲進士有姚廷清其人；又顧廷龍主編《清代硃卷集成》第七册載姚氏道光壬午恩科會試硃卷，云"中式第一百二十八名姚廷清貴州貴築縣籍浙江慈谿縣人"。

提南坪鞫之，歷三日不能成讞，法窮，又拘南坪兄到案。兄度勢，知堂官故意周内，萬無伸理，因語弟曰："彼所求者，不過欲奪爾職耳。一官敝屣，又何堪受此折磨。"南坪悟，遂俯首誣服。覆奏曰："周某係管理會館之人，此項銀兩入手，雖非顯然侵蝕，然亦不應挪用。前已奏請革職，似毋庸議罪云云。"於是斯案乃結。清以惡詐未遂，幾興大獄，獄定，殊覺無聊，甫出都即歸，死於道。兄某亦歿於京師①，奴妾背逃，資產蕩罄。承審官以他案坐贓，謫西口，身亡異域。其後烏孝廉補縣令，西曹某授知府，旋皆同時革職。未幾而興是獄者，晚年亦頗蹭蹬，報施之速，竟有如斯。

畫眉籠

峪河鎮王氏婦，年二十許，染病數月。一夕，忽昏迷不醒，惟噥噥似訴曰："余乃畫眉籠，被人殺死，已十二日。可唤我兒至，爲予報仇。"如是者剌剌不休。其夫知有異，邀地保共諦聽之，語復如故。蓋畫眉籠者，一六十八歲之老伎也，子年知命，以母耄猶不能安於室，諫之弗聽，乃避居薄壁鎮，與分爨焉。地保得其情，奔告若子，並招往探視。至則雙扉已鎖，破門入，母果赤身死，横臥血泊中，唇頷已腐爛過半。地方官輕騎往驗，但見被褥箱籠之屬，席捲一空。窗次存水餑餑數枚，尚係冬至餘食，北俗冬節必飯此，故知之。繼察屍右腿有鐵傷兩處，其爲人謀殺無疑。逮訊近鄰，則亦孤屋一所，兇手既逸，姑懸重賞捕之。越七日，弋獲孫祥其人，鞫之，直認不諱。據供，年三十五歲，本村人，素推小車爲業，十年前與老伎通，至今不絕。某日以窘故，向貸兩千錢不許，是夜同宿，再向告借，終拒之，因啓詬誶，憤極，乃縊殺之。案破，論如律。伎老矣，而猶如此淫薄，聞者多奇之。

① "於"下衍一"於"字，據文義删。

青羊皮

黔陽周石藩宰輝縣時，西關外有以路斃報者。驗之，裸體無寸縷，手足亦無傷痕，惟項際一布繩，繞纏數匝，胸後作活結，縊印不深，色亦非紅非紫。傳詰街坊鄰右，無有知其人者。幕友婁君曰："以赤身論，當作盜案詳報，若僅云縊殺，則緝凶而已。"周曰："此案可疑，安忍令死者賫恨。"於是懸賞通緝，自詣城隍廟宿齋凡三夜，毫無所兆而回。時周子隨侍在署，忽趨告曰："昨夢有人呼男，似云'林縣'二字者再，毋乃兇犯即林縣人耶？蓉帆三叔現宰該邑，曷屬查之，以察驗否。"周然之，立繕札往。半月後，漏將三下，衙外人聲鼎沸，喧傳正凶獲矣，當即振衣出，升堡訊問。犯名馮玉，供稱死者爲陳清，同爲林縣人，乞食至此。陳患瘧，初尚獲視，日久綿惙頓困，乘病縊之，所貪者僅其衣服。又問就之由役，答云："丐有黃乙者，素見陳清有青羊皮一張，及爲馮玉所得，竊疑之，因誘得其實。"繼詢馮玉何以不即遠去，曰："已出修武矣，忽念陳清曾安葬否，故又旋而探之，遂被逮。"

桐縣童

桐梓令吳敬森，山東人，與黔陽周石藩交。某次因案來郡，住楊家客寓，其幕友劉君亦與周厚，周與吳適宴於遵義縣署，署鼓後各返。次日，周謁吳，吳呼怪事，云："昨晚歸來，甫入門，聞擊搏聲甚厲，疑誰與劉君鬬也。推扉視之，則劉在臥室中，揮拳如雨，足亦上下飛揚，捺之使言，嗒焉若失。固詰其究竟，則曰：'某氏率其女，將與我爲難也。'"先是，桐邑有童生某甲，贅於岳家，飲食衣服，皆仰給於彼，以故婦有驕色。雖生女已三歲，而反目之事，則常時聞之。一日，閫威大作，生恚甚，持鋤柄擊之死，其女泣呼①，並一擊而斃。吳公壯其氣②，且以其爲寒士也，頗加憐恤，與劉謀，思有以開脱之，稍從末減。劉正繕稿，而冤魂竟不相恕如此③。是以歎人命至重，律案難誣，劉君以一念好生，且受鬼譴，況以私臟出入者乎。

秦易堂逸事

秦易堂學士劍泉，生平學行，足爲一鄉之望。有養女二，本宦家子，式微後，塊鞠失所，學士聞而傷之，遂撫爲己女。及成人，爲之擇壻。一字六合姜君士冠，嘉慶庚午順天舉人，官浙江龍遊縣知縣。一適江夏陳公鑾爲繼室，嘉慶庚辰探花，官江蘇巡撫。許字時，皆未達也。學士之盛德巨眼，至今猶傳爲美談。

香臘鋪主

六合吳某，售香臘爲業，設肆於金陵之石板橋。負鄰人武弁錢千餘緡，未償而弁死，吳竟沒之。無何，生一孫，強有力。吳鍾愛之，恣其所欲。年十二，殤於痘。臨死，呼吳謂之曰："而識我乎哉？我非而孫也。"復高聲大唱曰："頭插野雞毛，身穿大紅袍。若問名和姓，家住石板橋。"乃知武弁後身也。

① "女"下原衍一"婦"字，據《小說新報》1918年第10期載天亶《花萼樓隨筆》刪。

② "吳公"，《小說新報》1918年第10期載天亶《花萼樓隨筆》作"吳"。

③ "而冤魂竟不相恕如此"，《小說新報》1918年第10期載天亶《花萼樓隨筆》作"而冤鬼至矣。自後周勸吳照例施行，始得無事"。

書馬烈女事

蘇子幼清客武昌，得江夏馬烈女事。女父爲牙儈，與李某者同居，父死弟稚，母即贅李爲夫。李固無賴子，見女姿首美，而且長也，屢挑之。女怒，以母故，無如何，時獨背人憤泣。夜與弟寢，必扃戶，雖盛夏，不敢輒浴。已而熱甚，李佯遠出，女使弟偵知之，乃具浴，闔門方解衣，李猝至，排闥逼之。女大呼，母與弟奔救，李遁。女恨極，愧欲覓死，母百端譬解。女泣曰："不幸爲女人，乃令男子偪辱，如是何生爲?"因即絕粒。母嚴守視之，且曰："兒且食矣。"信之，怠而寢。女縫其裹衣，開門赴水死。江流迅疾，屍倚岸屹立不動，於是鄉里嗟歎，相率赴郡言狀。郡下諸縣，曾某攝武昌篆，懼以人命爲累，不深究，反掠治母若弟，令無言強姦事[①]。讞上，案乃解[②]。久之，母慚愧死，弟孱弱，流落他方，而李則逍遙如故。女棺漂泊江上，邑諸生醵錢葬之，時在康熙乙未之夏[③]。

幼清曰：武昌秀才陶初田，投予《弔馬烈女詩》一卷[④]。予既得其實，爲言於大吏，以事在去歲，置不省。予讀其讞詞曰："女與李以小故口角，女性剛，含憤死。但褻衣上下皆縫[⑤]，疑或有別情，俟獲李再究治之。"噫！此何等事，而乃以口角二字，輕輕抹煞其寧死不辱之苦心，吾歎女冤終不白矣。即其母不復以私情掩女大節，彼靦然爲吏者，

① "強姦"，清陶貞一撰《陶退菴先生集》卷上《書馬烈女事》作"排闥"。

② "案乃解"，清陶貞一撰《陶退菴先生集》卷上《書馬烈女事》作"事盡解"。

③ "時"，清陶貞一撰《陶退菴先生集》卷上《書馬烈女事》作"烈女死"。"乙未"，清王椷撰《秋燈叢話》卷一八《烈女渡》作"癸未"。

④ "詩"，原作"事"，據清陶貞一撰《陶退菴先生集》卷上《書馬烈女事》改。

⑤ "褻衣上下"，清陶貞一撰《陶退菴先生集》卷上《書馬烈女事》作"女身上下服"。

獨何心歟。且其疑有别情，則亦未嘗不洞見委曲，特以懼累故，草草結案耳。今李某固倘佯市上也，遣一卒取之，頃刻而獄具矣，奈何竟置不問耶？天下節烈之行，掩覆於墨吏之手者，以此推之，正不知凡幾矣。余既書烈女事，因憶前者江南學使某公[1]，於察舉節婦一事，任胥吏貪緣爲奸，致書規之[2]，略言："學使之責，在於維持風化，而旌節者，尤朝廷大典，政教所係。至窮簷匹婦，衣食弗給，手口卒瘏，樂死而靡他者[3]，尤爲難得。衹此區區旌典[4]，差足慰酬[5]，若使富厚者先之，孤寒者置之，則是更千百年而後，終無表章之日也。惟留意加察，思所宜先。"書去不答。嗚乎！以詞臣司學校，不能矢志激揚，而反以朝廷旌典爲市，彼風塵俗吏，有案牘牽連之慮者，又曷怪哉。（見常熟陶貞一《退庵文集》。）

鮀直

熊熙照云，吉安富戶萬某，貪取重利，日以謀人財產爲懷。近村鮀子龔甲，有良田數十畝，曾因訟累，屢以膏地質之，將過半矣。旁觀者特諭之曰："爾訟已久，萬某貸爾錢，貪爾業也。倘纏訟不休，家產蕩罄，舉室將餓餠矣。"龔乃痛加悔悟，自念生計維艱，深恨萬某之謀，傾己產也，誓殺之以洩忿。一日，萬他出，龔攜刀於橋畔守之，良久不至，旋思殺人者必償命，是重取咎也，不如罷之。毋何，萬果來，

① "前者"，清陶貞一撰《退庵文藁》卷七《書馬烈女事》作"康熙甲午"。

② "致書"，清陶貞一撰《陶退菴先生集》卷上《書馬烈女事》作"余致書"。

③ "樂"，清陶貞一撰《陶退菴先生集》卷上《書馬烈女事》作"勤"，《退庵文藁》卷七《書馬烈女事》改"勤"作"之"。

④ "旌典"，清陶貞一撰《陶退菴先生集》卷上《書馬烈女事》作"旌門之典"。

⑤ "慰酬"下，清陶貞一撰《陶退菴先生集》卷上《書馬烈女事》有"爲一日光寵"五字，《退庵文藁》卷七《書馬烈女事》删此五字。

詢曰："汝待此何爲?"不能答，乃各行而回。是夜，龔夢中覺背痛甚劇，晨起而躬忽直矣，舉家驚異，獨龔知天之勸善也如斯。同夕，萬某之子，背輒疼曲不能直，一時傳爲笑柄。來觀者衆，咸謂天之報施，有令人不可思議者。萬羞慙無地，悔愧交集，急思所以挽回之。乃備酒置肉，邀龔甲至，舉觴謂之曰："君之躬，昔鮀而今直，余之子，昔直而今鮀，殆余貪利之所感召也，胡敢怨尤。似此靦擁厚貲，雖多奚益。所有君之原產，一併歸還，曩欠質金，茲亦不敢相索，君其勿辭。"龔推讓再三，萬卒強令領去。是夕，萬子忽寒熱大作，汗涔涔如雨下，腰背亦酸楚萬分，晨起披衣，不復如昨之痀僂矣。乃歎天之善善惡惡，因人而施，真如響斯應也，可不戒哉。

王封翁

封翁王氏，諱瑤楨，吾邑增生。家故舊族，早劬於學，性平恕，不立奇，見者渾然莫測其量。幼居父喪，柴瘠立，弔者率驚感泣下。坦懷應物，持之數十年，無賢智之過。嘗客海陵，鄰有已字女，未嫁而壻久於外，音問罕通。母苦貧，不能虛待，遂鬻女爲巨室小星。臨別，牽裾情哀，抱哭於道，路人見此，咸各佇足欷歔。公過側，進謂："若女爲妾願乎？即壻歸，終貧甘否？"母泫然曰："女願爲妾，則不哭，哭則能甘貧。老身垂死之人，豈忍出此？特饑餓無相恤者，寧能坐以待斃耶？承君子下詢，當亦末奈何也。"語未畢，女忽掩面嗚咽，向公曰："妾志堅，雖死不辱。"公乃毅然責媒氏，曉以女已字人，不可爲妾，吾今贖以歸母，俾完骨肉，否則鳴諸官，不汝貸也。於是搜檢篋衣，質諸典庫，倉卒間得錢七十五串，償之。比壻歸，迎女成室，且生子，泣感公德弗衰，同里亦稱善不置。公笑曰："此何足言德，孟子所謂不忍人之心，吾亦秉斯義耳。"又戚氏婦，夫死，貧不能活。公曰："當賙之。不然，婦失節，遺腹子不保，且絕嗣矣。"恤之。未幾，生一男。

公又嘗以有節婦窮無子，爲之擇族中之優秀者立爲後，並資以巨金。羣曰公義也，不得以異姓避嫌。時又貞女者，夫死不再字，將往守節，舅姑以貧不能養爲辭。公奮然起曰："吾倡之，何如？"遂首先捐助，女之親族，皆感而解囊。凡公所爲，率多類此。然公實清寒，故人多義之，蓋以公不恡財，且好行其德也。道光辛卯大水，明年壬辰飢，一日，公飲鄉人，舉觴愀然曰："吾儕縱酒，彼轉溝壑者奈何？"遂共議醵錢，聞而助者甚衆，所活至數萬，皆公之力焉。不久，公子凱泰舉進士，授編修，官至浙閩總督。知者謂盛德之報，信然。

枕下函

陳某少年英發，十七入邑庠，才名大起，羣謂此家寧馨兒，行取青紫如拾芥矣。道光丙午，館於歸安吳姓之拜石山房，主賓甚相得。時值歲闌，擇於臘望解館，忽前數日迫欲歸家，吳又蕉封翁走送之，見其神色沮喪，疑爲病，於是具舟送歸。既返，危坐不語，終日常面牆而泣。時年纔逾冠，以家貧，聘而未娶，人咸解慰之。一夕出門，漏三下未轉，家人驚疑甚，四處覓之。尋至青銅門，守者曰："頃有一士人，忽忽而來，急欲啓關。予不應，即解懷中囊，擲於地，曰：'速開毋遲，要錢幾何，隨意數取可也。'遂拔關出。斯時諒行未遠耳。"索囊驗之信，旋出郊訪之，毫無蹤跡。歸視其衾枕，淚痕猶濕，檢之，於枕下得一函，先慰父弟，末云："十七年前口過，不可活也。"家人頗悲慟，乃雇船沿城河尋之，後果得之青銅橋下，屍起面色如生。然以十七年前而論，陳僅齠齔耳，所謂口過者，究何故耶。

紀　雷

陳壘，泰州人，幼貧困，好狀貌。隣叟王爲善，異而養之如子，尋妻焉。壘長好博，多與匪人伍。爲善切戒之，令服勞田畝，且歲責其秷秸之所入。一日，壘醉，相觸忤，刺殺兩牛而逃，遂投旗。旗主移牒州守，勾其妻。爲善哀而控，弗察也，因大慟曰："我之望於壘者，久且遠也。一旦夫婦俱背去，孤負我，傷心哉。"聞者皆太息弗輟。予家人有事海陵，目擊其狀，時在丙申之秋末也。丁酉三月，予再補官，奉太宜人入都。舟行至張秋之北河，風雨大作，有電光數十道，從水面接天排曳而來，聲如萬馬奔突。俄聞霹靂一聲，家人報曰："二號船桅劈矣。"出艙視之，桅間一線，白直如弦。少頃，舟人驚呼雷擊殺一人，即陳壘也。二號船爲余堂官少宰佟公所御，佟有隨從七，共載一艙中，壘與焉。雷擊時，六人咸見，驚仆許久始甦，乃相告曰："此人新投我旗，常謂負養父恩，心殊不安。今果獲斯報也。"遂棄其屍於岸，以暴示之。

余生者，會稽人，有母老，一子而幼。己酉元日，夢神人與語曰："汝今□必遭雷擊。"生每以告人，謂夢耳，何足憑。至五月朔，又夢神人曰："二十日當擊汝矣。"生乃懼，亦不敢白母，但經營家事，爲稚子善其後。尋念曰："吾母生我，蓋爲終養計也。今何以爲心?"又恐母之見其斃於雷而傷也，先於十九日詣素所與厚之友人處，告以故，再拜而託其母焉。次日別，將往大善寺中，時已有雷隱隱，友挽留之不得。急至寺，寺僧有誦《法華經》者，生求一卷持之，登塔至第四層，雷漸逼，乃捧經置頂而跪。見電光中，有神命之曰："汝應死，緣有一念及母，故寬赦之。若其傳語世人，勿得隱諱。"已而奪其經，安置塔裏，奮擊之。其友遙望悲泣，趨塔視之，則生已僵仆於地，半面劃然而黑，鬚髮皆焦，徐甦，歷歷告其友。越人驚相傳語，謂余生以一念逭天誅也，而寺僧則謂是法華神力云。予以庚子秋渡錢塘，謁李周二倪四先生祠，晤會稽太守張禹木，禹木告以此事，曰："天之所重，在孝行也。"既而下榻於平君瀫水家，聆其所述尤詳，將致余生更詢之，值余有金華之行不果。

壬子夏六月，予客廣陵。二十八日，烈風雷雨，準提寺正殿既搆，未有垣墉，大匠駱亨，恐其飄搖也，升於梁，維之以繩焉。突有硫黄煙氣，裹繞於榱棟間，駱叫曰："我持齋學善，豈殛我乎!"下有一行路人，年可二十許，避雨來見之，急趨出，至一樹傍。傍又有一小兒，約八九歲，雷霆追擊之，災及枝幹。童先死，頂上一孔如錐，避雨之少年，同時僵仆，舁回其家，尋亦死。見者咸詫之，曰兩人俱少，不知其何以致罹慘殛也。

慟塵按：原文有眉休氏書後一篇，以冗長，故略之未錄。惟篇末小註，謂從高郵孫氏文集錄入，則此則是否爲朱氏之手筆也，不得而知。

汪文端公軼事

汪廷珍，字玉粲，江蘇山陽人。其先自歙縣來徙，世傳忠厚。至公曾祖堯仙公，治家勤儉，貲産遂豐。公光禄公仁厚誠篤，性不與人校，所析産爲族人併，未嘗與爭。尤好施與，人有急，乞貸罔不應，逋負者不忍責其償。生五女，最後乃舉公。方在襁褓中，有謀奪公産者，乘盛暑納涼庭院，暗中飛瓦礫擊之，誤中公妣程太夫人，傷臂及踝，公得無恙。或覘知其人，以告。其人後遭患難，太夫人卹之如常，人怪之，太夫人曰："吾兒倘冥冥中有獲持之者，吾何爲仇擲礫人，今衹覺其可憐耳。"太夫人生長膴厚，未習操作。堯仙公歿，家漸落，光禄公疾不起，含殮後，家徒四壁立。自是縫紉、井臼、澣濯之事，一身任之。天寒水冷，指皸□，晝則炊汲，夜則爲人針黹，以所得值供薪米，嘗漏下四十刻不寐。孤兒讀書，老母縫裳，老屋一燈，寒風砭骨，往往相對泣下。值歲凶歉，日或一食。從師里塾，歸至家，或終日不得食，太夫人慮其妨學，又不忍其枵腹，視典質所得，不足具薪米，則買餅餌食之。忍飢者月常數日。嘗憶某歲，歲除無米，使僕索逋城外，抵暮歸，無所得，母子各飲茗一甌，嘗鹽菜數莖就臥。及補弟子員，娶李氏婦，婦賢淑，摒擋一切善事。遇益蹇，爲諸生十年，鄉試報罷者四。丙午中鄉科，己酉捷南宫，殿試恩拔第二。既授職史館，迎太夫人入都就養。尋試翰詹二等第四名，擢授侍讀，不兩月，復拜司成之命。俸入稍優，可少豐羞膳，具裘葛，然太夫人布衣垢敝，食無兼味，日戒家人曰："吾兒狷介，自少而然。即使外任封疆，内登臺輔，亦不能豐殖財賄，當習儉爲患難計也。"公十二歲喪父，讀書守分，取友端，臨財廉，行己有恥，正色立朝，不棘不阿。性儉約，督學安徽時，赴金陵錄遺才，事訖，故人造謁，公方痁作，木榻上一被一枕，不旋紿帷。或問公不避公孫布被之譏乎①，公笑曰："不曲學阿世，布被何妨?"公貌古樸，而宅心醇粹，與人交，胸有涇渭，口無臧否，生平不敢作刻薄事，遇横逆能忍受，貪冒諂諛之事，有不忍爲。子二，長報原，次報閏。孫三，曾孫一。公之治家也，常戒子孫以人情由儉入奢易，由奢入儉難，慎毋暴殄天物。公居官，食不過蔬肉二味，奉使嚴絕供張，後先如一轍，皆太夫人教也。

林文忠公

道光十九年，林文忠公奉命來粤，專辦洋務。旋奉總督兩廣命，因燒鴉片，開兵端。洋人勢洶洶，泊兵輪數艘於外海，文忠選善泅者夜伏於水，以大鐵釘洞其底，船沉死者半。又一日，洋人瞥見冠草帽兵數千浮水上，疑向善泅者，鎗炮雨下，匝日而火藥罄，兵不稍卻，洋人退。後細訪聞，始知文忠偵知，洋人由外洋運火藥數萬斤來，即購溺器草帽各五千，以草帽繫溺器，夜半密使人由上流沈於水，洋人見而發揮，著彈即沈，隨沈即浮，遂罄其火藥。忽一日，洋人大兵輪十數艘，屯炮百十鐏，突進海口，聲攻省城。城中兵餉均絀，居人震恐，文武畢集請

① "公"字原脱，據姚永樸著《舊聞隨筆》卷二《汪文端公》補。

示，文忠曰："無慮，吾所躊躇者，惟尠大將耳。"越日，文忠乘輿出衙，見□乞丐肥而白，文忠曰："此天賜大將也。"輿行推轂禮，俾率兵數千，旌旗五色，紮省城之對山。先是洋人兵輪，方首向城攻擊，至是轉向對山，鎗炮聲如雷，乞丐遁。文忠先已選精兵，突上小戰輪，俟洋人攻擊對山時，以斧去其舵，船不能動，遂殲焉。洋人自是不敢窺省，桓遠泊香港，相持半月許。文忠知洋兵頭性淫，選粵東所謂鹹水妹美而豔者，乘小舟僞售水果，泊近兵輪，兵頭果登其舟，艙底力士出縛之，駛船而飛，洋兵追之，一路漁船兵伏擊，遂囚兵頭於督署，此一事也。河南海幢寺爲粵省大刹，地宏敞，僧千餘，皆著名巨盜，力敵百人，官兵不敢捕。文忠知之，□縣牌假匝月，僞至寺中養病。主僧尤渠魁，日趨陪侍文忠，延醫診視，一一目覩。將起病，與主僧遊大殿，忽蹙額曰："如此大刹，何朽爛爲?"以工程浩大對，且求一言光佛地。文忠遂作函百數十帖，用印封致各府廳州縣，囑曰："每一處派僧徒七八人，持我印函去，可得千金助。"主僧欣然從之。起病日，例有三營兵迎接，主僧送出，文忠命參將某，擒而斬於廟門外。先是，文忠發密函告各府州縣，如有僧人持印函索助者，皆巨盜，以計斬之無忽，故各黨羽亦分薙於各屬，不煩一兵，不折一矢，數十年巨患，平於一旦，居人快之，此又一事也。二事聞於張晴舫師。師所親某，在文忠幕，故言之詳，惜師不能記其日月。當時淺見者，以開釁議文忠，而不審其時，度其勢，徒以耳食議人，抑何可笑。今東省之禦內安外，竟何如哉。

夢　異

寶應陳五爲家叔祖持籌算，曾見其尊翁，云少爲縣役，初婚時，以室無他人與居，暑夜閉外戶，置竹牀於樹下，裸而臥，斜披新白布巾，以備拭汗。夢出北門，至某豆腐店，小立移時，店主人素所識也。門內有喧譁，問之，曰："新來一婦人。"陳因入視，見少婦裸臥室中，數人圍之。陳心怪欲出，一蹶而寤，身已爲豕矣，臥豕母懷中，羣豕爭索乳。陳憤恨，以頭入母腹，母力憊，遂壓斃。陳夢覺時，曙色迷蒙，急走訪之。店人起磨豆，陳入視豕欄，果產數豚已斃，其一項以下斜生白毛，如披巾狀，因買瘞之。陳大悔悟，自此辭役，茹素終身，家頗豐裕。時翁年已六十有奇，猶雄偉如常人。今陳五已宿草離離矣。

滇南盜案

湖北熊蓉塘觀察，署雲南臬司任內，有一盜案囚，贈發省委員劉通判源長朱提二百，託劉以所盜赤金百兩爲臬司籌，熊改供詞就輕典，督撫兩院定讞入告。熊卸事後，史繩之中丞接篆，循例□囚過堂時[①]，仍照舊供，直認不諱。史深錯愕，隨稟上峰，將案平反，斷以大辟。囚知之，以罪有應得，死不足恤，惟念老母在堂，無以爲養，即以所賄之金，爲老母生後之計，託劉白熊退金。熊不忍捨，謀於門生孝廉某。孝廉思金已入橐，萬無退理，案已平反，萬無生理，所慮者惟其母一人耳，若置之死地，誰發其伏，誰擿其奸哉。因授以計，誑之曰："史大人膽最怯，伊母即說：'前任熊大人已活我子，史大人若反前案，老身祇得拚命，有死而已。'人命至重，史心至慈，若因此而改輕，可保無恙。"囚母如其言，仰藥往，號哭咆哮，匆爲通，救灌無人，因而斃命。囚處決後，越日，劉所居牆外，□□有聲，初以爲鄰右所爲，逾刻，聲至窗外。時星河在天，月明如晝，自起尋覓。死突來[②]，猙獰可怖，且曰："我死固分所應得，何又益之以我母也。"劉以賄金由我，退金亦由我，熊執意未允，我不得任咎。況主其計者某孝廉，從其計者熊觀察。我之朱提具在也，如其數市冥鏹以歸之，不敢稍有沾潤，爾當

① "例"下字漫漶不清，疑作"提"。

② "死"字疑誤。

我宥矣。囚唯唯而退。孝廉某，五華書院高材生也，肄業五華，歷有年所，恂恂長者，尺步繩趨，人咸欽①。一日，午餐方畢，寒疾大作，狂奔衝突，不可遏阻，惟向在院諸生，哀懇求救而已。問其故，亦不答，失措倉皇，語無倫次。同人憫之，迭相環守，達旦不眠。次晨至暮，猶是也。晚間忽委頓，高枕而臥，方以病愈，可保無慮，防衛稍疏。次晨覘之，鵠立書案之左，週身鮮血淋漓，衣爲之濕，已自殤矣，頭皮相連者，不及一寸。同人始則大譁，繼則戰慄，有知其隱者，爲之扼腕太息，且言險律難逃，莫不咋舌。時熊觀察方榮升貴州方伯，將赴新任，興高采烈。入署未十日，瘡發於頸，潰爛而死。疾革時，猶連呼曰："我不應，我不應。"此先岳通奉公官滇南景東同知，目覩其事，爲余言者②。

菜蟲藥

乾隆五十九年，予自滇入蜀，道出嘉州，聞途人猶嘖嘖語姚方伯宰犍爲時，雪婦冤事。婦忘其姓，待年夫家，夫出負販，姑遇之無恩，小姑尤狡獪，數恃母淩之。一日互訐，小姑不勝，憤甚，乃以菜蟲藥置粥中毒嫂，姑不知也，啜之，諸竅沸血暴卒。小姑詭甚，轉以誣嫂，衆信之，前任某令亦信之，案已定。一如莅任，獨疑之，請於制府，展限覆訊，研鞫兼旬，迄無端倪。乃置獮城隍廟中，屏人，令兩女同室，使人竊聽之，亦不流露。至第三夜，夜將半，一如假寐隱几神旁。二囚爭折既久，疲倦欲臥，惝恍間，木偶起立，勢將撲人，小姑大驚曰："休矣，不敢矯矣。藥實儂置，然毒嫂，非毒母也。母自啜之，傷哉！"蓋方伯於幕後置人，故推神而起，小兒女畏鬼，真情遂畢獻。許君元仲曾

---

① 此處疑有脫誤。

② "余"，原作"奈"，據文義改。

有樂府紀其事云。

瞿氏女

瞿某爲善，已歷十五世，簪纓不乏。育女，甫落地，忽呱呱若解嗤者然。僉曰："異哉！若兒弗泣，竟笑耶?"即應曰："我幸入善門，樂正未艾，哭奚爲?"皆大驚曰："怪怪，盍殺之?"即搖首求止曰："弗爾，吾自有夙因，爲福汝家。汝家行善迄今，降祥弗及，何妖魅能生?"衆雖頷其言，而竊疑反常，然亦弗忍殺之。長而極慧，四德俱全，惟不識字。有謂之者曰："生富貴家，不識字，人將陋之。"曰："我女子，用不著。"曰："不識字，誰要汝，衹怕用不著。"女笑曰："果如這等說，我卻用得著矣。"咸弗解其說。未幾，適楊氏子隨征，歿於王事，家綦貧，難自立。旋接楊遺訓曰："某與吾至善，當善事之。"女置之。既而又接楊血字云："善事之說，弗言而喻矣，亦惟藉以養孤。孤立汝死，古未嘗無行之者，效之未始不全汝節也。"女又置之。某至，欲易女節，以爲事無不可諧者。女若罔聞然，曰："汝夫遺訓，汝固知之。"弗答。曰："後復有血字，想都見之矣。"仍弗答。某怒曰："聾耶，抑啞耶?"對曰："所言遺書血字，我婦人實弗識字，不知其中云何，故弗答。"曰："大家子有不識字者耶？其中無非勸汝嫁耳。"女變色起曰："大家子衹曉得忠臣不事二主，烈女不嫁二夫，其他非所聞。"遂絕髮毀容爲誓，某知不能強，乃去。女父夢神曰："汝家猶有餘殃，今汝女弗惑於姦宄，爲楊氏守節，餘殃悉皆剷削矣。楊氏有孤，善撫之。"女父覺，訪知其事，招女歸。撫孤長，成進士，慷慨有父志。當貧不自立，易節撫孤，失在幾微，行或有之，而女竟不爲此也，大可風焉。然其人定勝天，亦十五世積善所至耳。

法老老

《章氏文謄》曰：吾於部舅氏家，得義僕一人，曰宋法，明決有膽略。嘗犯死以脫主於難，人高其義，以老老稱之。先是，有匪人造逆詞，詭托朝奏，無知者傳之筆，賈崔以示，舅曰：“妄也。”麾之。適周姓人袖以去，無何大獄起，自兩廣沿及荆襄江左右，漸至於銅，由周以及部，部固可以崔爲鉀者也。時各省洶洶，誅首惡不得，逮繫頗多。舅素尚意氣，以爲止之自我，亦足以安天下。言於官，官駭而周代供及崔，官不之信，白於上官，訊有日矣。於是老老奮然流涕言曰：“吾聞獄之疑者，必刑訊。主書生也，峻法求之，死矣。脫銳然自誣，是自求死矣，今日之事危矣。”遂自白於官，曰：“禍由小人。”鞫之，如周之供。木交於脛者三，骨肉靡爛，矢口不移，終以疑讞解蘇獄，度必死。舅憐之，終欲自承。老老曰：“主承之，與奴承，疑信之别也。疑則死在身，信則禍在族。且主之死，謂之伏法，伏法者無名。奴之死謂之就義，奈何惜奴一死，而不成奴以義名乎？況死與不死未可知，急則亂，亂則交死，主其無庸。”會首惡伏辜，餘得矜免。既還，主人禮之，弗受，曰：“生爲主生，死爲主死，分耳。”終其身，無一言及前事者。老老剛而信。吾父叔嘗言，諸舅共試事寓齋，夕晡後坐談移時，老老各具燈檠於案，呼曰：“讀書作文，非談笑時也。”各歛聲而退。歲大飢，邦令劉公勘災其鄉，不以保甲申報爲據，曰：“爲我召法老老來。”來則以其言爲進退，稱平允。由是縉紳士大夫，無不呼之爲法老老云。

（原載《民蘇報》1916年8月17號，9月26、27、28、29號，10月4、5、6、7、8、10、12、13、14、17、18、19、20、21、22、24、25、26、27、28、29、31號，11月1、2、3、4、5、7、8、9、10、11、12、14、15、16、17、18、21、23、24號第七版）

鵑聲雁影樓拾翠

紅花埠題壁（《餘墨偶談》）

曩在春明，於友人處，見有謝韻芳女史絕命書一紙①，詞甚委曲，不甚記憶。大致韻芳爲王公子詩婢，自受春風一度，蚌竟含珠，大婦從而媒孽之，逼歸厮養，謝致書乞歸，爲鄰兒誤落，中有“三日不來，以阿芙蓉從事”之語。書爲宣南坊某會館人撿拾，抄貼各巷②，尋其居址，都人士率能言之。嗣在山東紅花埠逆旅，見有天壤王郎題壁五絕，詩意與書詞吻合，殆即薄情之王公子。詩云：

漫將容貌擬朝雲，才調原堪媲左芬。記得斷腸詞句好，陶然亭麓一孤墳。

果然天壤有王郎，此語回思卻亦當。我自負卿復何語，不應飛語聽妻房。

華牋尺幅意千重，絮語叨叨說惱儂。卿事盡教厮養誤，至今遺恨阿芙蓉。

傷心悔恨忽交加，一誤何堪又再差。死後春蠶猶有子，不知今去落誰家。

倏然驀地浪濤生，倉卒驅車出鳳城。劉媪不來卿不死，疑團終古不分明。

---

① “見”字原脱，據清孫橒撰《餘墨偶談》初集卷四《紅花埠題壁》補。

② “抄”字原脱，據清孫橒撰《餘墨偶談》初集卷四《紅花埠題壁》補。

按詩意，謝已飲藥死，王郎始悟，似此負心人，顧安得虬髯公①，攫之爲下酒物哉。

碧桃小傳（流沙）

日本國於東海中，島嶼環列，棋布星羅，風景優美，名於世界，以故多產彼姝。

彼姝之美，而以東京、大坂間爲最。

尤生者，蜀產而籍黔者也，貌極委瑣，而以佻達聞於鄉里。乙巳之冬，出仁懷川，溯江而東，問學於日京。初至時，以格於語言，不得肆其桑間濮上之污習，常歎曰："彼姝之子，棄我如遺。安能鬱鬱久居此哉，行當還海上尋樂耳。"

丙午之春，天晴氣和，櫻花盛開，士女如雲，未免有情，誰能遣此，生於是幾憊矣。適某君遊大阪，偕之行，既至，某日偕某君以書付郵，歸時，分道而行。生乘興而遊，樂而忘返，薄暮乃大驚，以未嫻日語，而又不識塗徑故也。乃書住址於名刺後，詢諸道旁老嫗，嫗憐其爲異國人，遂躬爲鄉導，送生歸寓。生感謝之，嫗復索紙，以所居示生，乞枉駕焉，生諾之。翌日，生乘車往訪嫗家，小屋數楹，古樸可愛，門前柳櫻數株，紅綠競芳。既至，嫗跪迎於門，入戶，席間先有一彼姝在焉。生斜睨之，覺其清艷娉婷，翹然絕俗。髻束牡丹，花簪芍藥。眉含笑而不輕，眼流情而不媚。粉面凝脂，丹唇點絳。飄飄兩袂，新成飛燕之粧；脈脈無言，神似洛妃之逸。身體苗條，濃纖合度。生目爲眩，舉止失措。嫗前爲生介紹曰："是乃吾甥碧桃，適從塾中歸，來省老身耳。"女與生筆譚，自言父乃文學士，究心中國文學，曾遊西蜀，昨年物故，遺姊弟二人，言及吾國時勢，憤懣不可名狀。吾見其筆譚中有

① "顧"字原脱，據清孙樗撰《餘墨偶談》初集卷四《紅花埠題壁》補。

曰："華夷之分，肇自孔氏，復仇義舉，《春秋》大之。貴國文人學士，動言尊經，而於先聖微言大義，則置之不屑道，間有奇傑異材，質的於光復，則又曲高和寡。吾雖東邦弱女，亦不能不爲中國前途懼也，君富於春秋，幸好自爲之。"女語時，生時以目橫挑之，女不爲動。自是生常往來女家，而兩人之情日密矣，無何，遂與定情。生屢致書，促行婚禮，女報之曰："君辱留敝國，苟欲專精於學，雖七八年，妾亦樂俟。矧屈指學成之日，猶非重耳返國之年，胡急急爲也。君幸珍重前途，以盡無窮之責，勿以妾爲念。"女善屬吾國詩文，《詠彭澤柳》云："三徑時荒路更遙，潯陽松菊向人高。歸來檢點門前柳，莫爲東風便折腰。"《百丈歌頭》云："莫向阿儂唱我詩，阿儂應悔渡江遲。頻年五兩瀟瀟意，此是蕭郎寄命絲。"頗傳誦一時。後生狎邪無度，爲同學所不齒，歸東京。女憤生之不德，絕粒以死，遺生書曰："尤郎尤郎，妾餌於君之甘言，托君以終身，一年於茲矣，而今已矣。妾所以托身於君者，非冀君之富貴，乃憫中國之阽危，女權之不振，欲從君歸去，相助爲理，期補於萬一耳，而今已矣。君不自愛，以個人而辱及宗國，妾爲君羞，欲與君絕，而此身亦已許君，誓不二字，日夜自思，唯有死之一法。此箋入覽之日，妾已深入黃泉矣，君如改過自新，則妾雖死猶生也①。"生得書，怏怏不樂，遂歸，不知所終，而碧桃之義烈，流馨永矣。

徐安生

徐安生，姑蘇人，海寧陳太學妾也，美丰容，善書畫。偶於河橋步月，邂逅少年陳生，遂與定情。已而太學偵知，獲陳生，將鳴之官，而陳生兄弟相率奪生，竟斃太學。隣里執詣御史，御史憐之，許安爲尼，

① "猶生"，《月月小說》第二十二號（1908 年 10 月）載流沙《碧桃小傳》作"猶勝於生"。

以謝前罪。安涕泣，堅欲嫁陳，御史怒，論罪如律。燈下乃草《永訣詩》若干首，並爲書以别陳云："愧妾靡姿，沐君過寵。小星是託，皦日爲盟。方嗟未了塵緣，罔意遽成幻泡。固死生之有數，即悲切其何裨。況八還已悟，無還三昧，應知不昧。宿根既淨，幽壤皆怡。獨是瓊玖未酬，一段精誠不泯。無由執手，尤切傷心。聊識短章，代爲永訣。不得踵韓娘之題葉，或可效蕭氏之遺環。淚與情俱，語隨氣盡。千祈自玉，萬勿余珍。"

周四兒

常德遊擊女四兒，父周克敦，從軍戰洪楊，師次北門，一戰城陷，師殲過半。四兒年十五，美而孝，聞敗耗，恐父不免。時城以外百里皆流血，城見據於李秀成，四兒欲覓屍而無從出城，哭甚哀。家有嫗謂之曰："出城易耳。女故蓄髮，僞髮軍可也。"四兒以爲然，易服雜髮軍出城，覓屍而不獲，不禁復哭。秀成有裨將李某，聞聲知爲女，僞爲無覺者，挈入城，夜將狎之，女不可，以死自全。李佯怒曰："我天平天國十王也，女而從也，則妃矣。今弗願，吾豈相強者，女其無悔哉。"言已凜然，命幽别室，而使人間求其家世既詳。僞爲斬俘者，以夜呼人名，每唱輒有人應曰"棄市也"，繼呼周克敦，則又曰"棄市也"。四兒大駭，奔視之，果見有著遊擊服者，爲二皂所挾，劊手從其後。奔出室，跪爲父求免，李怒曰："彼即汝父乎？然則死矣。"使人呼曰："速斬周克敦。"女哀曰："王如教赦父眚①，餘生唯王所命。"叩頭流涕，意甚悱惻。李僞爲沈吟，或進曰："王曷貸其一死，使自贖乎？"李搖首曰："無需彼也，縱斯可矣。"少頃，即有人反命曰："縱使逸矣，周克敦感王不以膏兵，使小臣代奏，願以女四兒供宫闈之役。"李目四

① "教赦"，挹芬女史編纂《名閨奇媛集》載闕名《周四兒》作"赦"。

兒，四兒嫣笑報之，遂污焉。一日，四兒晝寢，聞人言曰："十王有急檄。"驚而覺，見李力拆檄封，俄頓足曰："王困於曾、胡矣，可若何?"聲未已，復有人馳告曰："得之傳聞，十王敗走平江，方收合餘燼，形勢惡也。"李即忽忽率數騎去，逾時而歸，戒士卒曰："楊將軍命治軍實，早晚徵發矣。"四兒察言，知李爲僞王，賄左右使言往事，前覆得盡發。夜懷刃，乘閒刺李腹，旋自刃，覺而救之，李氣猶未絕，而四兒死矣。

張漢英（鈍庵）

漢英字惠芬，醴陵張雲齋女。雲齋無男，一女愛逾切，誨讀甚勤。漢英姿惠敏，稍讀即能窺大義。笄年適同縣李發羣，發羣父故名孝廉李青藩，家範嚴，子婦紡績，無得與外事。當是時，國人震於瓜分之慘禍，當道務規歐化①，以爲男女宜共勤國事，遴選女生遊學。而縣中知書宜選者，莫如漢英，遂肄業長沙女校，既留學日本，發羣旋亦自往日本留學。清光緒三十二年冬，萍醴革命事起，發羣適自日本歸。道滬上，遇其縣人楊卓林，方謀炸甕江督端方，以爲聲援，發羣與偕行被執，卓林不屈死，發羣下獄。漢英聞之②，孑身渡海，視發羣獄中，訴江督端方，乞以身代夫③。時發羣方病，因言夫病劇，即有瘐死，獄不得鞫，徒枉法無益，不如得代有所歸。端方故嘗巡撫湖南，漢英渡日本，其所籍送，故漢英得以門生見，因留與語具食。漢英臨食，悲泣不能動箸，左右皆爲掩涕，語頗聞端方，乃稍移發羣監，弛其桎梏，趣漢英赴日本。漢英自是數往返江海間，且學且省夫④，備歷窮苦。又二

---

① "當道"，挹芬女史編纂《名閨奇媛集》載鈍庵《張漢英》作"事事"。

② "之"字原闕，據挹芬女史編纂《名閨奇媛集》載鈍庵《張漢英》補。

③ "夫"字原誤置"時"下，據挹芬女史編纂《名閨奇媛集》載鈍庵《張漢英》乙正。

④ "學"字原漫漶不清，據挹芬女史編纂《名閨奇媛集》載鈍庵《張漢英》補。

年，清帝崩，嗣子溥儀即位爲皇帝，大赦天下，顧黨獄無赦。漢英比傅條例，卒得有力者爲之請，遂以明年八月，出發羣於獄，而心力彌殫矣。民國二年秋七月，發羣復以事攖死江寧，漢英四年夏五月病咯血死，年四十四，庶子一。

論曰：烈女貴殉夫，漢英之乞代夫獄也，雖詭變，至知事無可爲，輟食哭泣，豈非發於至誠哉。自女權說昌，深閨弱質，張脈僨興，而漢英亦以爭女子參政，爲世詬病。《詩》曰："誰生厲階，至今爲梗。"夫固有所受之也。漢英負豪氣，好談辯，多大言，亦娟爲歌詩流世間，及創興女學，嘗箸勞焉，要其論議，純駁閒見，故特取其近道者，著於篇。

可英

津門奧界，有高入雲表之紅磚屋一幢，周可百步，室無多人，一對少年夫婦外，傒婢一二①，及司閽一老者而已。男官於京師某部，不詳其姓氏里居，女則晨挾革製書囊出，殘照樓角，始見其珊珊挾書歸。鄰人第知此女授課於女校，他非所詳，早出晚歸以爲常，男則土曜返津，伉儷倡和無間言，絕不聞詬誶事。去年國慶日②，忽傳此女仰藥死，知者咸懷疑團莫能釋。殯之日，執紼者寥落，鄰人感歎其末路可憐。越數日，少年將盡室以行，好事者乘年事稍長之傒婢，搬運什物時詢之，婢隱不宣，詰之再，始露其略曰："主婦曾勸主人勿官，主人弗之許，謂再商量。死之前一日，夫婦二人，一言不合，反唇相譏，主人拂袖出門，乘京津快車去。詰朝灑掃房屋時，已過午，房門猶未闢，吾因就窗隙中覘之，主婦擁衾臥，呼之不聞聲，破門入，僵且冰矣。因電主人歸，草草殮之，不見主人有何傷感。吾傷主婦遇，哭之慟，然亦無如

① "一"字原闕，據挹芬女史編纂《名閨奇媛集》載闕名《可英》補。

② "去年"，挹芬女史編纂《名閨奇媛集》載闕名《可英》作"四年"。

何。此革囊爲主婦朝夕所攜，吾覩物思人，向主人索之來，將爲吾主婦之紀念品矣。”言時啓其囊，書籍厚而薄者，無慮十數冊，中有薛濤箋一，略有百餘字。鄰人向婢索，婢允之，僅提革囊而去。嗣有聞之者求此箋，書法端秀，略云：

以清白躬，作請願臣。愛憎不常，香巢不妨他築；心志不壹，高官何必再營。煢煢一身，無可陳訴，家庭困苦，來日大艱，國事如斯，生又何益。諷勸不從，請從此辭入九原，遲君地下。翠兒可使則使之，否則憑君遣嫁。予不忍目擊家庭慘象，與夫君之身敗名裂，故殉身於今日。君不悟亦聽之，希寵邀恩亦聽之，妻肖花亦聽之。吾與死期近，不暇嘵嘵與辯。可英瀕死哀音。

自此書傳播，聞者哀而敬之，其節操，其顧慮，洵超羣邁俗，其識見亦有大過人者。推書中言辭，少年似洪憲朝重臣，而又並有外遇者；“諷勸不從”云云，蓋俊婢所述，死前日伉儷反目時情形。蓋其一身既遭不幸，又不忍令所天靦覥事僞朝，兩不如意事，萃於一時，故不得不死。殉於情固可憫，乃殉於國慶雙十節，其烈何如。嗚呼！可英不死矣。

玉　蓮

陳生，餘姚人，美姿容，早失怙。母章氏，工詩文。生資聰慧，幼承母教，才品兼優，聞者皆嘖嘖羨之。年十九，締約於同邑余氏女①，女名玉蓮，冰肌瑩潔，粉額垂青，嬝嬝娜娜，一姣好處子也。時方十三齡，與生共讀，兩小無猜，日相嬉戲。及長，遂各遠嫌，握手言歡，不復如前矣。待秦晉一締，則天涯咫尺，如隔重雲。旋生負笈遠方，東望故園，客懷渺渺，蒹葭秋水，時繫離情。忽惡耗飛來，生母仙逝，生匍

① “締約”，《小說新報》1918 年第 10 期載天亶《花萼樓隨筆》作“締婚”，“余氏女”作“余氏”。

伏奔喪回籍，哀毀過甚，形消骨立。因經營窀穸，安葬畢，又遭回祿之虐，脂膏無餘，可憐焦土。於是一貧如洗，甑上積塵，爐中乏炭，惟有仰屋咨嗟而已。一日，有持書者至，賀生曰："高材得棲身所矣。"生拆視之，則某宅聘就西賓耳。涸轍之中，得此一勺水，亦可以暫活，乃往就之。玉蓮父聞生遭逢厄舛，視人落井，不援之以手，反投以石，乃揚言於衆曰："生家徒四壁，西席僅足以餬口，何能養及妻孥，吾女不慣簞粥老也，請其另擇。"生初聞而錯愕[①]，繼大怒，遇人便言，至於髮指[②]，謂彈冠按劍，白衣蒼狗，必無好報。後女家竟爲綠林俠客所劫，女父誣生同謀，訴於邑宰，拘生下獄，酷刑備至，生終叫屈不承，致案懸未結。一夜，生悶坐囹圄中，感歎身世，不覺泣下，乃曲肱假寐，見二巨人排扉入，謂生曰："爾勿懼，吾等乃神也。女父殊可恨，已促其壽，玉蓮終歸爾有，但稍遲耳。"言畢，霾風一轉，忽不之見[③]。生驚寤，則天已曙矣，謂此夢甚奇，惟不知能如言否。已而忽一人掩入，淚痕洗面，細審之，則玉蓮也[④]。女與生相顧慘沮，哽咽不忍言。久之，生驚問女所自來[⑤]，女曰："妾今不避物議，貿然面君，君苟能諒微衷，不以前愆爲恨，則妾已有救君之法，今已賄通獄卒，魚更三躍，君當不翼而飛矣。"並以青蚨數千付生，曰："此妾歷年所蓄積，今罄以遺君，他日直上青雲，幸勿忘苦命人也。"語畢[⑥]，欷嘘去。生感且泣，是夜果出獄，於是遍遊四方，後仕於某邑。而女父物故，已一載矣，女正伶仃無依，生急歸迎娶焉。

---

① "錯愕"，原作"愕愕"，據《小說新報》1918年第10期載天亶《花萼樓隨筆》改。

② "於"字原脱，據《小說新報》1918年第10期載天亶《花萼樓隨筆》補。

③ "之"字原脱，據《小說新報》1918年第10期載天亶《花萼樓隨筆》補。

④ "也"，原作"語"，據《小說新報》1918年第10期載天亶《花萼樓隨筆》改。

⑤ "所"字原漫漶不清，據《小說新報》1918年第10期載天亶《花萼樓隨筆》補。

⑥ "語"，原作"也"，據《小說新報》1918年第10期載天亶《花萼樓隨筆》改。

紅姑娘

紅姑娘，女盜也，出沒山東、河南間，而無定處。周某者，江南人，清光緒初孝廉，某年應禮部試，途過河南，宿彰德旅店，晚至田間閒步。河南平坦無山坡，居民多種麥，時春日，麥苗方盛，一碧無際，一女子提竹筐行來，著淡紅衫子，風致翩然，麥草高與肩齊，紅綠相間，圖畫不如。周視久之，意不能捨，尾行三四里，天已暮，女回首問曰："日暮矣，將往何許?"周急切不知所對，漫應曰："往劉家莊，迷途，敢問娘子?"蓋實無其地也。女曰："劉家莊耶?問此人可矣。"擲筐中布裹與之，發而視之，人頭也，大驚，不知所措，而女已逝矣。急棄去人頭，遁歸，行至半夜，不得宿處，匿破屋竟夜。明日遇樵者，問以途，始得返。然昨夜所遇，不敢告人，猶惴惴畏禍。入室，門未啓，行囊已失，怒詰主人，曰："不可返也。君不聞紅姑娘乎?其劫人財物也，不必破扉，即殺人，亦無敢追究，況此區區乎?"周不信。明日，箱篋忽自來，檢物一無所失，益一書，曰："與汝戲耳。獃書生，刦之可憐，昨夜人頭，去之何許矣?"周閱竟，始信主人言，而知昨所遇即紅姑娘，幸免於禍，竊自喜，遂束裝行。後與人言，或有知紅姑娘者，曰："君幸矣。遇紅姑娘者十九死，君獨免，獃之力也。"又曰：紅姓洪，以好著紅衣，故人呼爲紅姑娘云①。

捕盜女子

林密山深，風高月黑，固萑苻嘯聚藪也。有時出而胠篋，爲害閭閻，刦其資財，戕厥性命，釀成巨讞。受害之家，牘陳官府，拖累多

① 紅姑娘事見徐珂編撰《清稗類鈔·盜賊類》之《遇紅姑娘者十九死》。

人，黑索郎當，囚繫滿獄。雖偵騎四出，而渠魁杳然，以致隸捕籍者，常因是獲咎，甚且身受敲撲，血肉狼藉，扶杖始行，猶未能謝此仔肩也。嘗見魯境有一老叟，鬚髮全白，目閃爍有光，精神似矍鑠，佯若憊甚者。每於白晝間，馭獨輪小車，載一少女，其行絕速，電掣風馳不啻也。車中之少女，貌雖豔如桃李，而顏實凜若冰霜，且具工愁善病態，若重有憂憤者，亦未見其足履地，手持物也。途人或執而問之，叟代笑曰："余家向住黔中，途以身老病廢，儲無擔石，四壁蕭然，弗能自生活，偕弱息覓食於四方，良非得已。"道旁聚觀者如堵牆，或與之食則食，不與亦不索，與之錢，受之而弗辭。如是數年，市中人見之亦稔矣，但以廢女子呼之，然不知其居止何所，並其姓焉。少女之於叟，相依爲命，宛如父女，未嘗斯須離。一日，值泰山廟香會，叟御少女往。蓋是鄉風俗，居人必於是日赴廟，拈香祈禱於東嶽神前，以故紅男綠女，咸詣神座膜拜，求神庇佑，遊玩者每相屬於道，連袂成帷，揮汗如雨，習以爲常。忽中有一人，控白顛超乘而前，方顧盼自雄，揚揚意甚得，一回眸間，瞥覩老叟，驚惶失措。叟亦睇視良久，曰："是也。"遂捨車，不交一語，互相搏擊翻騰，移時，騎者勢不敵，棄馬躍登屋。斯時，女即矍然起，曰："勢難作壁上觀。"旋下車，出雙刀，白如練，縱身登屋，矯捷便利，身輕若猿猱。勢將及之，其人又聳避簷脊，少女躡蹤追而上屋，瓦悉碎如齏粉。其人不克遁，反身與少女鬬，少女乘間以刀揮其足，足傷而墮。女急躍下，與叟共縛之，反接其臂，載車上。女牽馬偕行，詣邑宰署，自陳爲黔中捕役，女父母以大盜逋逃，懸案數載，悉罹罪坐獄中，遂奮然訪捕，至是始獲，叟其眼線也。邑令廉得其情，以文遞送之黔中，案乃結。魯人有知其事者，咸稱之爲奇女子云。

貞　妓（報癖）

鏡湖貞妓菊花，率其撫女，以清音延客。客半屬幕府戚友，至則款以菊茗，饈非珍，弗之獻。其舉止之莊，談吐之雅，酬應之工，無與比倫者，以致枇杷門下，車馬如雲。山陰李令，有戚顧某，襄理案牘，署距菊家甚邇。顧本慘綠少年，每際無聊，輒喜平章風月，耳菊名，亟偕數友造訪，一見傾心。有是偷閑時往，藉以娛情，無何，水乳交融，竟矢白頭之約矣。適李賦閑，顧出所餘俸金，約二百之譜，盡畀菊，遂寢食於其家。踰年，菊倩舊好，薦之當道，司會計事。數閲月，返菊居，則衣冠襤褸，身外無長物，菊招待如舊。嗣又托薦各署，瀕行時，爲整行裝，籌旅費，凡力所能爲者，悉摒擋不辭勞瘁。顧每返，裘敝金盡，如是者不下六七次，菊待之均如初，顏不稍易。久之，李復宰山陰，顧仍入署襄助。間一歲，李登彈簡，復入菊家棲焉。笥餘鶉結衣一，落魄如前，以食以衣，均菊出篋金以應。計居菊所，歲星綦周矣，突弗豫，延二載餘，菊待湯藥，日未刻離。迨病革，即語菊曰："累卿多矣，負卿尤甚。如不測，請以桐棺七尺，蔽余軀骸，結再世姻緣可也。"菊揮淚應曰："君毋慮，彼蒼必相吉人。倘有意外事，喪葬當勉圖之。"越日逝，菊哭之哀，遣人覓良材，費不貲，集工師於其家監製焉。附於身者，凡衣衾冠履，悉購新綾爲之。殯之日，以榛爲笄，擊心躃踴①，命其撫女，亦服三升布，若親女焉。從兹燕子樓頭，永閟春色，柏舟誓守，未亡人憔悴堪傷，而前此之獵艷王孫，憐香公子，均無術一覩菊娘之芳範矣。

張藩（唐蘊湘女士）

張女士名藩，粵人也。當民國四年三月間，中日交涉事起，政府一力主讓，各省民心大憤，而尤以湘人、粵人爲最，湘人首倡抵制日貨，粵人繼以開會演說。張女士時正母喪將除，聞之，毅然投一緘寄演說

① "躃踴"，《小說月報》1908 年第 9 期載報癖《崇泠廬隨筆》作"爵踊"。

會，云："藩亦國民一份子，何敢躬自菲薄，而厚責於人。惟以管蠡之見，爲今之計，宜實力提倡道德教育，人心風俗，庶可挽回；次當提倡工業教育，使人民咸有常業，各致力於工商，則爭私者少，而身家自裕。環顧今日國中人心，上焉者匿光韜晦，深懷消極之念，下焉者鴆毒宴安，務爲苟且之計，至於招權競利，比比皆然。以此立國於列強競爭之世，烏可爲國乎？藩一介伶仃弱女子，既無叔伯，終鮮兄弟，向之不克以身許國者，徒以老母在耳。今母氏既逝，喪葬粗畢，哀毀之餘，自恨此身無補國家，竊懷漆室憂國之心，而慕汨羅殉國之義，爰懷石自沈吳淞口外。臨死書此，冀有以喚起國人，則雖死猶生，尤望我父老兄弟姊妹，致身教育，務有以救將死之人心，則死且不朽。抑藩所以如此者，非敢釣名也，身且不恤，名於何有。嗚咽哀鳴，急不擇言，惟希公鑒。張藩絕筆，民國四年三月二日。"

某旗女①

旗人某氏女者，父爲驍騎校，夫婦老而無子，且家赤貧，恃女針黹以養，縫澣湢廚之事，悉一身兼之。女略識文字，有暇則聚隣童，教以識字，藉博升合資。時咸豐初年也，一日，禁中選秀女期屆，女名在籍中，聞報，抱父母慟哭，念己入宮，父母老無依，且展轉死溝壑，欲奉親以遁者數矣。故事，無問官民家女，既當選，則以官監守之，慮其遁也。女既不克脫，不得已，屆期隨往②，排班候駕於坤寧宮門外，時天甫黎明也。是時金陵甫失守，羽書絡繹至，上憂勞旰食，每樞臣入見，議戰守事，輒至日昃乃退。民家女初入宮禁，已戰栗不自勝，又俟駕久，罷倚不能耐，重以飢渴交迫，相向飲泣。監者叱之曰："聖駕行且

① "旗"，原作"旅"，據李定夷纂《女界寶》第四集《某旗女》改。

② "隨往"，李定夷纂《女界寶》第四集《某旗女》作"隨衆往"。

至，何敢若此，不畏鞭笞耶?”衆聞言，愈戰懼欲絕。女勃然起，厲聲語監者曰:“去室家，辭父母，以入宮禁，果當選，即終身幽閉①，不復見其親。生離死別，爭此晷刻，人孰無情，安得不涕泣。吾死且不畏，況鞭笞乎?且赭寇起粤嶠間，不數載悉長江而有之，今遂陷金陵，天下已失其半。天子不能求將帥之臣，汲汲謀戰守，以遏賊鋒，保祖宗大業，而尤留情女色②，強攫民家女，幽之宮禁中，俾終身不獲見天日，以縱己一日之欲，而棄宗社於不顧，行見寇氛迫宮闕，九廟不血食也。吾死且不畏③，況鞭笞乎?”監者大驚，急掩其口，而上適退朝，御輦已至前矣。因共縛其手，牽詣上前，抑之跪，女尤倔強④，不肯屈膝。初女所言，上已微聞之，至是復笑問其故，女仍侃侃然奏如前語，上欣然喜曰:“此真奇女子也。”亟命釋其綁，令引入宮中，朝見皇后。時某邸方喪偶，謀續娶，以女指婚焉，而罷所選秀女，使皆寧其家。

萬彩雲

萬彩雲，江西人。初生時，有彩雲覆其屋上。其父見之，曰:“若爲男子，必非常人，惜其女也。”長隨父入滇南，家於臨安，美而豔。土官普明聲見而悅之，娶以爲小妻，與其室異地而處，生子曰小普。彩雲有機智，未幾，普氏之權，盡歸掌握。明聲死，小普嗣，剛很淫亂。而彩雲亦多淫行，常蓄美男子數十人，以次入侍，小不當意輒殺之。有沙氏子，土司後也，彩雲悅其魁梧，寵之專房。一日，彩雲早起他出，沙子尚臥帳中，小普潛入室内，刺殺之，彩雲哭之，如喪伉儷。後又得

① “終身”，原作“身修身”，據李定夷纂《女界寶》第四集《某旗女》改。

② “尤”，李定夷纂《女界寶》第四集《某旗女》作“猶”。

③ “吾”字原脱，據李定夷纂《女界寶》第四集《某旗女》補。

④ “尤”，李定夷纂《女界寶》第四集《某旗女》作“猶”。

定洲，寵過前沙。定洲生於貧賤，然有權略，知書。時小普已死，普氏之業遂歸定洲，後乘亂，逐沐天波而踞滇省，彩雲助之也。彩雲亦人妖矣①。

某女郎之癡情

美國前任總統羅斯福，生平最深於情。嘗於晚餐會中，與其舊友，談西部曠原之生趣。其友曰："君居嚣塵都市，諒非所樂。況西部爲君發祥地，君胡勿往遊乎?"羅笑而不答，惟以目注視其夫人。其友尚未喻意，繼語曰："吾言當愜君意。"羅又不答。座中一少婦曰："君全未解羅君之意。"其友瞠目曰："何故?"少婦曰："君何獨不爲羅夫人一思?"其友豁然大悟，乃相與歎羅氏伉儷之篤。羅氏爲大總統時，有紐約女郎，名克洛維亞者，忽仰藥而死，死後得其餘書曰："妾之骸骨，乞大總統羅君付之火葬，此外更無所求於大總統。"羅氏聞之，竟莫名其妙，自謂生平殊不識此女郎，而以身後之事相付託，實堪詫怪。久之，乃憶得少時居達古達，嘗與此女郎共坐馬車，遨遊一次，女郎遂鍾情於羅氏，卒以人事牽率，未遂婚媾。羅氏既娶於他氏，已忘此女郎久矣，然女郎作繭自縛，終以情死，羅雖英雄，得勿自悔其薄倖乎。

阿　鳳

阿鳳，本隴西世家。父某，爲儀徵諸生。紅羊之亂，挈眷逃亡至江西，聞族黨某令宰鄱陽，往投之，屈節爲稿案。未幾，令去任，流寓吳州，無嗣，惟阿鳳隨以自遣。然阿鳳生小聰慧，五歲時，教識字②，強

① 萬彩雲事見清劉獻廷撰《廣陽雜記》卷四。

② "教"，陳肇援纂輯《憶芬樓可談集》卷下《阿鳳》作"教之"。

記過人。年十二，已能作七言絶句①，愛之如掌珠。父嗜阿芙蓉，不善治生業，自令去後，所遇益嗇，卒以貧病客死。其母無以自贍，不獲已遂下堂，鳳亦隨之。甫一稔，母又以瘵卒，鳳遂不相容於假父，爲鬻於田氏，遂從其姓。田故潯陽商婦，十年前頗負艷名，蓄二雛，皆以鳳名，長曰金鳳，次曰玉鳳，並有聲於教坊，金鳳已爲琅琊量珠聘去，田思再得一麗質以充其數。繼得阿鳳，大喜，爲更名曰喜鳳，日教歌曲。鳳故識字，敏悟②，每度曲必索院本正之，抑揚節奏③，務合宫徵而後快，故當時有一聲河滿，雙淚俱下之譽。而身小玲瓏，雙翹纖不盈握，貌僅中人，不喜穠妝，蛾眉淡掃，丰韻别饒。既有虬髯賈見而稱賞，欲以千緡爲鳳梳攏。田利多金，備極逢迎，而鳳則惟愁眉雙鎖，意頗不許。田強之，不可，至於鞭撻，徧體鱗傷，仍不肯俯順。田益怒，以巨緡反縶其臂，閉置下廁。事爲虬髯賈聞，嘉其志，不欲強之，反多方慰藉，重出資飾其妝奩，於是鳳甚德之，而終不及他。

時有夢雲者，固揚州杜牧也，爲吳州太守紀室，耳鳳名，特訪之。時值新秋，夢雲衣白袷，手攜扇頭，上書兩當軒《绮怀》詩。鳳把玩良久，長吟不已，有疑義處，輒挽夢雲解釋之。讀至“綠珠往日愁無價④，碧玉而今幸有郎⑤”之句，頻目送夢雲，其意若有屬焉。於是蓮花幕下，時來問字之車；桃葉渡前，密訂尋春之約。夢雲固工繪事，爲蘸胭脂寫蟢子鳳仙圖贈之，並題云：“喜向花前結網絲，鳳仙秋艷訂新知。何期選夢西窗下，總是揚州覺後詩。”鳳和之云：“親裁吳絹繡衰絲，一縷心懷許共知。秋色清於春色好，焚香先賦定情詩。”時嘉興張公束榷鄱陽⑥，見而稱之，用素紙界烏絲，親書二詩，籠以碧紗，傳誦

① “七言”，陳肇援纂輯《憶芬樓可談集》卷下《阿鳳》作“五七言”。
② “敏悟”，陳肇援纂輯《憶芬樓可談集》卷下《阿鳳》作“且敏悟”。
③ “節奏”，原作“奏節”，據陳肇援纂輯《憶芬樓可談集》卷下《阿鳳》乙正。
④ “愁”，清黄景仁撰《兩當軒集》卷一一《綺懷》之五作“酬”。
⑤ “而今幸有郎”，清黄景仁撰《兩當軒集》卷一一《綺懷》之五作“於今抱有郎”。
⑥ “張公束”，陳肇援纂輯《憶芬樓可談集》卷下《阿鳳》作“張公束先生”。

吳州。一日，夢雲讌客於玉簫仙館（即公束先生題鳳所居），鳳忽心病，不能久侍，稍坐即去，夢雲疑有他遇，客散，悻悻歸。次晚①，鳳柬以詩云："昨宵底事去怱怱，蠟炬纔燒一寸紅。休惱人前迴避早，須憐心病去伸慵②。愁藏芥子三千滿，夢許巫山十二通。歡似萍花儂似絮，何堪漂泊對西風③。"

鳳自交夢雲，又得公束爲之題倡，名噪一時，涎之者遂益多。自是鳳獨鍾情於夢雲，待他客殊冷落。田雖銜之，又不敢遽言，乃誘鳳遊蘇臺。至九江，強迫應客，鳳屢以病謝，田更恨之。適有祁門茶儈汪姓，欲謀簉室，田以多金賄媒通說，得五百番，聽御阿鳳去。當田之誘阿鳳出也，謀甚秘，夢雲固茫然。後至其家，見妝閣陳設依舊，獨不見鳳，詢諸房嫗，詭言隨阿母赴鄉省親，彌月當歸，夢雲信之不疑。久之，漸有同伴洩其謀於夢雲，夢雲始恍然悟爲田氏所賣，又爲房嫗愚也，一憤成疾，幾至不起，然世無黄衫客，亦徒付無可奈何而已。越三年，夢雲移硯柴桑，有舊遊祁門程商，袖尺素至，夢雲啓視之，乃阿鳳寄書，附和東門留別詩。書云：

鳳前世孽根，今生薄命，復何尤怨。如絲雨細④，似豆燈孤，悽涼相向，不知尚在人間也。傳誦東門留別詩四首，有觸愁思。曾記去年此時，典釵市酒，乞賦記實詩三十首，誓水盟心，言猶在耳。詎恨阿母無情，誘人遠嫁，琵琶出塞，竟不能生入玉門關矣。鳳此生不能再奉先生，舊贈詩畫，珍襲箱中，倘一旦物化，流落凡間，爲人作踐，更加鳳罪，一併緘封寄還，祈收藏之。倘春明秋晦，念及舊遊，可然信香，默呼小名，便當神往。和詩述事不盡，

① "晚"，陳肇援纂輯《憶芬樓可談集》卷下《阿鳳》作"晨"。

② "去"，陳肇援纂輯《憶芬樓可談集》卷下《阿鳳》作"欠"。

③ "何"字原脱，據陳肇援纂輯《憶芬樓可談集》卷下《阿鳳》補。

④ "雨細"，原作"如雨"，據陳肇援纂輯《憶芬樓可談集》卷下《阿鳳》改。按李定夷纂《女界寶》第六集《阿鳳》作"細雨"。

聊抒積思，此後筆硯都焚，不復再事吟詠矣。君詩固佳，期在必傳，但每易成讖，亦宜少作。秋風多厲，珍重不宣。

詩云：

寂寞黄昏清爽晨，怕將前事説津津。瑶箋重疊增行色，碧玉微羞屬別人。覽鏡不無今夕感①，連環豈結再生因。繭絲更甚樊籠縛，妾是春蠶未死身。

金釵鈿盒兩相分，七夕盟香枉自焚②。深夜不眠愁看月，此生無分夢爲雲。三年前約須原我，心事思量總負君。屏卻鉛華毀容面，衣裳早已戒香薰。

昨夜相逢記夢魂，誰將凡鳥擅題門。胸吞雲夢多奇氣，淚溼潯陽舊漬痕。梁落香泥思去燕，土埋羅襪感文鴛。妾心衹有郎心鑒，清沁寒泉寫竹孫③。

其懊儂情懷，溢於言外。白香山有句云："天長地久有時盡，此恨綿綿無盡期。"吾爲兩人誦之。

劉蘭姑

浙江劉霞仙，夙有文名，羣目爲小才子。家素封，有子女各一，子尚幼，女已十齡，名蘭姑，慧而能讀，目下十行，不數年，十三經已畢業矣。且能文工詩，雖其父亦不能改易之，因大喜曰："此吾家不櫛進士也。"益愛之。欲擇良匹，有問名者，女輒不願，母因年尚幼，故緩之。女在閨中課餘，則與乳媼相處，乳媼故聶隱娘妙手空空之流，悉以

① "今夕"，李定夷纂《女界寶》第六集《阿鳳》作"今昔"。

② "盟香"，陳肇援纂輯《憶芬樓可談集》卷下《阿鳳》作"盟書"。

③ "寫"，陳肇援纂輯《憶芬樓可談集》卷下《阿鳳》、李定夷纂《女界寶》第六集《阿鳳》作"瀉"。

伎授女，相得甚歡，刻不忍離，而母弟未之知也。無何媪別去①，女無聊特甚，日以教弟讀書爲消遣計。會邑中大疫，死人無算，父亦卒，女哭極聲嘶，幾欲身殉。繼思母老弟幼，侍養無人，遂忍痛經營喪事。葬畢，忽想入非非，不甘雌伏，竟易男裝，家人視之，固一翩翩美少年也。遂立志下帷，宵旰攻苦。服闋②，即遄至京，納監入闈，中順天第六名孝廉。明年聯捷成進士，殿散知縣，以先班授四川某縣。女於此時，居然雄飛矣，遂迎母弟來署奉養焉。服官數載，有吏治，頗著政聲。惟同官中有私議女者，某令何項無結喉，鬚無根蒂也。一日，川督公子有事過縣，讌於署，賓主酬應甚歡。飲至中夜，公子乘醉嘲之曰："大令正當壯年，即不圓舊鏡，復不覓新歡，春風秋月，等閑虛度，豈百里侯，將終作鰥夫耶？"女微笑頷之。筵散，公子欲乘隙窮其變相，故不寢。女政事繁多，酬應辛勞，頗覺疲乏，酒亦微醉，欹棹少寐。公子喜機之可乘，遂起，甫近玉體，女驚覺，遽騰一足，公子顛出數尺外，因用力太猛，不期靴落，連鉤露焉。女大怒，叱曰："無賴子，如此唐突，當死。乃公自髫齡至服官，浮沉宦海十二年，不圖今日竟爲豎子窺破，夫復何言。然我爲官清正，報國撫民，官箴凜凜，亦可謂巾幗中之鬚眉矣。至若曹，因人碌碌，借父庇蔭，遂夜郎自大，以強權窺我隱私，雖玉貌翩翩，誠鬚眉而不若巾幗者，是賤丈夫，實負此弁也。"言已，立捽之去。公子即歸，具述於其父，以他案而劾其官，擬遣媒妁聘爲婦③。女怒曰："彼邉伎兒，輕薄無行，好儹人事，豈我偶哉。"

① "媪"，原作"嫗"，據挹芬女史編纂《名閨奇媛集》載闕名《劉蘭姑》、徐九香編《近五十年見聞錄》卷八《劉蘭姑》及上文改。

② "闋"字原闕，據挹芬女史編纂《名閨奇媛集》載闕名《劉蘭姑》、徐九香編《近五十年見聞錄》卷八《劉蘭姑》補。

③ "妁"字原爲墨丁，據挹芬女史編纂《名閨奇媛集》載闕名《劉蘭姑》、徐九香編《近五十年見聞錄》卷八《劉蘭姑》補。

解組日，入告母曰："兒已免官，謂奉還鄉里，視弟成名[①]，以娛暮年可乎?"遂買舟南下，瀕行，士民焚香走送者數萬人，無不頌仁君也。船出巴山，溪水甚惡。一夕至峽，猿啼鶴唳，淒人心脾。女驚起，卜之曰："此處有謀我者。"急呼母弟婢媪咸起，囑閉窗坐，勿語。已則短衣，握鐵針一把，猱升桅杆頂，左右瞻眺。忽有呼嘯來者，雙槳如飛，既近，一盜萬聲曰："劉使君昔嚴待我輩，不稍垂憐，今滿載歸，須當秋色平分，賜我萬金，否則血我刃。"女曰："可，正擬犒爾等，有膽者親自來接。"其母弟在艙底，聞言戰欲死。旋覺有盜過舟，緣桅而升，忽聞哀呼一聲，砰然落水中，此後則聲又相繼，頃刻間，顛落水中已十餘盜矣，餘盜始懼，各鳥獸散。女乃下艙，慰其母曰："鼠賊已除，前皆坦途，從此可高枕無憂。"母問何術得脱此險，則曰："此無他，以逸待勞之法也[②]。已身登桅頂，賊喜得之而甘心，必仰面銜刀，手援足蟠而上。待近，驀以雙針釘其目，後來盜不知進者何以顛落，則繼上，復釘之，此皆昔日乳媪所授之要訣也。"於是一家歡欣，而女獨灑淚憶乳媪不置。既抵錢塘，始露雲鬟，反女服，且置田宅於西湖上，終日奉母泛舟於天光雲影間，尋六橋勝蹟。女於此時，優遊泉石，又爲林下士矣。母勸之嫁，不允，因矜其志，轉幸守貞可長聚也，聽之。弟璜亦善讀，瞬遊邑庠，又領鄉捷，即爲取名家女，以娛高堂。而女則長齋繡佛，焚修極勤，暇則奉侍老母，親承色笑而已。後母病終，女縗服，同弟夫婦，送葬畢，仍易男裝，其弟問之，笑而不答。迨歸，車聲轔轔，至半途，已失阿姊所在，大駭，愴怛無措，即遣人四出偵尋，蹤跡杳然。後有鄉人歸自山西，云於五臺山曾一見之云。

---

① "弟"字原脱，據挹芬女史編纂《名閨奇媛集》載闕名《劉蘭姑》、徐九香編《近五十年見聞錄》卷八《劉蘭姑》補。

② "之"字原脱，據挹芬女史編纂《名閨奇媛集》載闕名《劉蘭姑》、徐九香編《近五十年見聞錄》卷八《劉蘭姑》補。

江楚香

山西靈石縣楊氏，巨族也，以豪富名。在京師開設當鋪七十餘所，京中人呼之爲當楊。墨林太守尤以俠著，慷慨慕義，揮手千金無少吝，甚喜接納寒士，有廣廈大庇之意。稍具一長者，吹噓倍至，弗靳齒頰，以是所至皆有名士與之遊。墨林偶遊於趙，假館何太史舍，距數里有樗園，頗有泉石之勝，流連至夏，遂避暑其中。時其地有良家女江楚香者，國色也，其父以拳棒名家，爲西客保鏢①，馳騁南北，無與敵者，後以勞頓咯血死，僅存一母。家貧族小，絕無昆仲可依，日食惟仰給十指。顧趙地女紅殊賤，購者頗稀，幾至饘粥不繼，至是願貶節爲人簉室，然必求素有俠名者，方許結同心，偃蹇數夫，率不當女意。何有友江仲蓮茂材，與女同姓而居相近，稔知女明麗婉淑，閭里中鮮與之匹，屢繩其美於楊②，請繫紅絲。何亦以爲然，楊笑曰："諾。"納采布幣，遂定情焉。卻扇之夕，圓姿替月，潤臉羞花，大逾所望，寵之專房。及冬，京師故人，以書來招，遂束裝北行，江姬亦相從俱往。

方楊至趙時，篋中攜十萬金，僕馬衆都，行李煊赫，在趙又羅購諸珍異。有劇盜李虎，聞之垂涎，屢欲瞰隙探丸，以趙城邏守嚴，慮不得脱，不敢遽發，及是糾黨伺於途。一日，楊行程未半，諸盜猝從林中出，甫聞鳴鏑聲，則一車夫已隕於轅下③。盜揚聲謂楊僕曰："敢抗者，以車夫例。"衆僕瑟縮無人色，忽車中搴簾叱曰："鼠輩敢爾！"從容啓鏡匳，取一弓，僅數寸許，連發九彈，殺九賊。諸盜錯愕相顧，曰："何得有江老家法？"姬曰："我固江某女也。汝等欲俱死，可來前④，

① "西"，原作"血"，據清王韜撰《遯窟讕言》卷一《江楚香》改。

② "屢繩"，原作"繩屢"，據清王韜撰《遯窟讕言》卷一《江楚香》乙正。

③ "一車夫"，原作"軍夫"，據清王韜撰《遯窟讕言》卷一《江楚香》改。

④ "前"字原脱，據清王韜撰《遯窟讕言》卷一《江楚香》補。

否則速去。”李虎躍馬先遁，諸盜皆奔。楊曰：“不料卿一旖旎女子，而具搏虎手段如是，前者輕相汝矣。”由是寵愛愈深。居京久之，江姬母死，請即葬於都外近山，繼卜穴於極樂峯，姬親往視葬，一去不返。逾月侍婢回，呈遺緘一函，内皆作永訣語①，謂此後當入山修道，不復處人間矣。楊閲之，悲惘欲絶，以爲畢生恨事。

杏兒

薛杏兒，雲間產也。雲間朱孽兒有《杏兒曲》以紀其事，繫以序，言杏兒生世尤詳，因並錄之，以貽爲事者：

杏兒薛姓，本小家女，微時愛好天然，豔名噪里閭。及笄，嫁某氏子，卒以不相能，歌離鸞之曲焉。遂歸依父，父老無資，乃操神女生涯，藉以自活，且供甘旨。今春暮，余薢茩綺筵，雖年及花信，而容光照人，不減雛年風味也。此後屢屢相見，但覺其憔悴無歡，蓋中於恨者深矣。有時露其端倪，似身世之感，真落紅顔薄命之詮。因作是曲以慰之，匪敢好事爾。

曲曰：

風蘇雨膩江南春，杏花熳爛擅天真。春歸又被東皇遣，亂粉零香孕玉人。玉人舊在龍潭住，嬌小聰明年十五。簪花臨水妬鴛鴦，鬥草依闌罵鸚鵡。藕絲衫子綠羅裳，學畫蛾眉試額黄。底事愁春偷下淚，笑倒花前姊妹行。姊妹本來不解事，浪言調笑幾羞死。阿儂心事有誰知，狂煞東鄰輕薄子。一朝彩鳳竟隨鴉，幾許黄金貢阿爺。那比文姬終去國，卻教巫女墮人家。個郎佻健無天性②，虐粉

① “内”，清王韜撰《遯窟讕言》卷一《江楚香》作“青絲千縷書中”。

② “無”字原脱，據朱璽（鴛雛）撰《杏兒曲》（載柳亞子主編《南社詩集》第一册之四九）補。

揉香真薄倖。一曲離鸞可奈何，抛殘紅淚心灰冷。此時阿母已歸仙，弱質零丁絕可憐。除卻生涯爲夢外，養親那得纏頭錢。忍痛含羞張豔幟，綺筵使酒無人識。疑雲疑雨夢因緣，相逢好個華胥客（某君）。坐调嬌鳥亂春愁，一掬胭脂羞復羞。昨夜腰支消幾許，自障寶鏡對梳頭。妝成小立羅衫重，隔簾蛺舞芳心湧①。客來苦勸莫悲傷，湘君自是多情種②（鵷雛）。茶香酒煖各低徊，亭林端的爲卿來（荃孫）。狂煞季鷹老詩史（雲林），吴牋三百爲卿裁。更有雲間楊萬里③（寄父），新詞細界烏絲紙。绛雲俊遇意如何（景蘧），解識春風心上事。最憐僕也傷心人，抱月飄煙似有情。恩深怨重各相訴，甘負青樓涉足名。虎魄催斟花影夕，輕顰淺醉嬌顔色。人間綺孽自三生，何當相守妝臺側。

春蓮（澄宇）

春蓮者，平江小家女，忘其氏，美而豔。岳州故軍門姚某駐平時，置充簉室，偕還岳，姬妾滿庭，燕鶯難處。姚故有華舍二，一距城東約十里，一在城内，與某校鄰。於是移春蓮城居，姚或日至，或旬一二至焉。紀元前七年，春蓮偶遊後園，園與某校僅界一短垣，垣之半又係瓦製錢眼欞。有沈生者，瞥見春蓮，魂爲之醉，於戚家詢知春蓮名。一日，瞰春蓮步園，媚聲呼之，春蓮霞暈於頰，生因巧致殷勤，春蓮意爲動，遂亦由欞贈之帕。姚舍司閽者，係生近村叟。越日，生袖帕趨之，

① “蛺”，原作“蝴”，據朱璽（鵷雛）撰《杏兒曲》（載柳亞子主編《南社詩集》第一冊之四九）改。

② “自是”，原作“自事是”，據朱璽（鵷雛）撰《杏兒曲》（載柳亞子主編《南社詩集》第一冊之四九）删“事”字。

③ “萬里”，原作“萬萬”，據朱璽（鵷雛）撰《杏兒曲》（載柳亞子主編《南社詩集》第一冊之四九）改。

咯以金，因述欲見某夫人意，叟有難色，強之入白，果遭嚴斥。叟方誚怨，生急裂帕之半付之，再促入，則春蓮見帕，知來者生也，遂見之，諭叟秘其事，相暱二載。姚復居春蓮於軍次，生雖恨之，念亦漸絕。一日，春蓮遣心腹弁召生，生乃弗敢諾，示之鐲，始忽忽隨弁去。及晤春蓮，近有假母家於東市，是時方省假母也。居無何，姚令返，春蓮以雷池難越也，日讁於室，懾以死，姚不得已大歸之。當其將發也，明月方滿，洞庭之船，大風忽卷扇山之浪。春蓮固恨此行促迫，未與生握手別，因慫某走校告生，生即呼輿，輿春蓮至市，假戚家寓焉。於是或鼓瑟作君山遊，或載酒攬鶚亭勝。流水行雲，湖面儷鴛鴦之侶；春草碧色，山腰多翡翠之衿。信可樂也。一日，生由某校至春蓮廨，則主人告以姚軍門已飭弁勇，偪某夫人解纜去矣。生疾奔江干，已無及，買瓜艇尾追南津港不遇，直至黃河灣，春蓮始由船牖見生，招與艤敘，比翼醴交，一朝遐別，悲戀之情，匪可言殫。越三祀，生畢某校業，覆試省垣，行經某樓牕下，仰見春蓮，相視微笑。後探悉春蓮歸後，已字捐局某委，嚮見春蓮處，即某委廨也。生於是假納粟名往謁，談次朗操岳音，頃之果有簾隙窺客者，春蓮也。茶畢興辭，固請主人弗多送。主人返，有婢候客，示生昔所裂帕，且言主婦將於某日時焚香玉泉山。生如期往候，先與主持周旋，優給茶值，半晌，果於士女雜遝間，見春蓮攜婢輿而至。香祝事訖，生向住持言："某夫人乃吾姻亞，欲一登樓隨喜可乎?"住持遂導之樓上淨室，軟語喁喁，叢林牕綠，垂簾脈脈，古刹樓青。然自是春蓮不再遇，蕭郎終路人。

（原載《民蘇報》1916 年 11 月 25、26、28 號，12 月 1、2、3、5、6、7、8、9、10、12、14、24、27、28 號，1917 年 1 月 18、19 號，2 月 6、22 號，3 月 31 號第七版，署名慟輯）

閨怨集

某氏女

浙婦某氏，育一女嬌好，喜弄翰墨。婦傭於某巨室，挈其女偕。巨室子瞰女美，啗婦八百金，欲亂之，持以商女。女曰："母得其巨金，即嫁之可也，胡亂爲?"婦強之，女無奈從焉。人侍巨室子將一月，復遣之出，仍依母而居，自是鬱鬱，若有所思。會有梁某者，擬納妾，婦欲以女嫁之，女不可，曰："從一而終，女子之道也。且母已得人八百金，是兒已報母矣，而必使兒再適人，非兒志也。"婦曰："癡兒，世烏有踰牆穴隙，而爲之守節者?"女曰："兒非踰牆穴隙之流，當日既奉母命，兒即爲夫已氏之婦。彼既亂而棄之，是彼之不義耳，兒顧不可以不貞。"婦怒，強迫之，不俟女之首肯，即使媒說合。梁親來相女，見而大悅。浙俗，凡買妾者，說既定，必使女親受定金，女有不樂嫁其人者，可卻而勿受。至是梁出定金，女含涕受之。嫁之夕，梁細察其舉止，疑非處女，遂別室居之。凡娶婦買妾，皆以不貞爲大戒，洞房之夕，審其非處女者，明日即逐之，此亦浙俗也。

梁故長者，故不爲強暴之行，僅處以別室，使他妾偵之確，乃進而謂之曰："吾將經商他出，汝宜暫歸寧，俟吾返，再商所以取汝者。且汝終身事，當自好爲之，吾不爾責也。"女聞言大哭曰："君今之君子也，妾不敢怨君，所苦者妾命耳。君猶記妾受定日耶?淚盈雙睫，君未之察也。生命不猶，實逼處此，妾知所感矣。雖然，君既行此大德後，能賜妾以百金否?"梁曰："是不難，將去可也。"女曰："毋然，俟妾去後，當使妾母來拜領也。”入室作書，懷之出，叩首別梁曰：“妾行矣，荷君子厚恩，所以銜結者，當期於來世。”遂行。返家，見母不作一語，長跪而泣，泣已，突出短刃自刎死，婦大驚，號救不及，搜其身①，得遺書曰：“兩負不貞名，所以靦然人世者，期有諒我者耳，今已矣。指點黄泉，或幽居之可託；淒涼碧血，問憑弔以何人。撒手一朝，傷心千古，兒固不敢有所怨也。梁君，君子也，既委曲全兒面目，復慷慨助我金錢。兒死，母當赴告，必有所贈，爲兒喪葬費。此兒生前乞得之恩，不欲更以不潔之遺骸累母也。”婦得書，持以哭赴於梁。梁大駭，頓首歎惜，厚治其喪，終身引爲憾事云。

何女士

斯篇原名《墜淚碑》，係癡鴛君所作。茲爲易其題，所以示別於小説體也。慟塵附識。

自來最足爲有情人悼者，莫怨女曠夫若也。近世婚姻自由，遠邁古俗，不謂進化時代，男女間障礙較多，以神聖之愛情，父母聞之，鮮有不遭磨折者，此傷心人引之所當痛哭者也。閲者讀我《墜淚碑》，當勿以墜淚碑而墜淚可矣。

某日余晨起，方盥畢，隱約聞哭泣聲哀，即啓關出戶，往探之，蓋比鄰何姓家，其女某逝世耳。嗚呼哀哉！女年適及笄，父母愛之，不啻掌珠，貌似可人，幼而慧，且解吟詩，曾卒業於某女校。同里沈某者豔之，且曰妻之而非何姓女者誓不娶，其令人之景仰有如此者。一日，沈某遇女於途，笑且呼曰：“姊暮矣，將何之？”女曰：“歸校已耳。”時女猶未卒業於某女校也。

① “身”字原脱，據《滑稽時報》第二期（1915年）載失名《血中花》補。

沈某菈家，語其父母，欲徵執柯者爲紹介而妻何氏女，備述女才貌，其父母可之。不日，果倩媒婆某來何姓家，備述沈某富有，且景仰之忱，女父母亦可之，而女未知也。女有表弟徐某者，英姿皎皎，才識超人，較之同里沈某，固不啻相遜天壤也。且多情，而與女善，放假歸，輒共嬉戲，日居月諸，心心相印，殊不知其早已私約白頭矣。孤燈寂寂，壁間蟲聲唧唧，此何時，此秋月夜也，徐郎方據案作他日留學預辦。俄聞叩門聲，亟啓之，則徐郎同學友也。徐郎延之入，意甚款洽，且言不日欲適外洋留學，苦無儔侶，友亦以欲往留學對，惟以起程期迫，不識君能如期否也，徐郎頷之。

越日，友復來，語徐郎曰："明日爲起程期，君欲往者，亟事預備可矣。"翌晨，徐郎辭於父母，父母以言詞相慰藉。嘻！人生離別，莫大恨事。閲者試設身處地，權作徐郎，權作何姓女，其悲傷當何如哉。小説《雁聲》有云："讀書未竟十年志，還作環海萬里身。"當可爲徐郎詠也。夕陽在山，飛鳥休巢，萬籟岑寂間，遙聞鈴聲響處，則城西某女校休息時間也。時有一郵役執書一，直入女校門，其書蓋致何姓女，徐郎書也。女亟閲讀之，其書曰："愛卿鑒：僕今日與友某君相約起程，暫適他國遊學。"女讀至此，半晌復讀曰："僕此去，以卿在校故，致僕不得面相慰藉，爲可悵耳。卿達人，聞僕遠行，務勿以時繫念。他年歸來，重踐舊約，樂何如之。僕非薄倖郎，豈忍與卿遼隔哉，爲學問計，不可以不與卿暫作數稔别耳。紙有限而情無限，卿鑒，諸願加餐。"女神思恍忽，如不知所之者旬餘。星期歸家，其母語曰："汝年漸長，要知爲人之婦，非家居之易易也。近來學堂習氣，重自由婚，余最非之，是蓋無異於淫奔耳。鄰有沈某者，家多金，余已爲汝配矣，汝爲彼婦，當享用之不盡也。"女聞言，益復不知其所之，且思事既如此，多言亦徒費口舌，惟日望徐郎歸來已耳。

容易秋風，相思紅豆，盍歸乎來，好事已成恨事矣。時女愁眉未展，正盼徐郎歸也。駒光迅速，城西某女校屆第一次畢業期矣，人皆欣欣，而女獨憔悴。女畢業後，自思已無生人趣味，憂鬱致疾，惟一息懨懨而已。有時復自忖曰："徐郎乎！妾固薄命，天下美婦人正復不少。今妾已矣，願天祐君，毋因妾而中止其志願也。"女有婢字巧雲，與女甚得，女自思病已難起，設徐郎來，亦不能白其顛苦始末，遂強書一函，囑付婢曰："徐郎來時，務以此書致之。"婢唯唯，女自後復越月餘而玉逝，嗚呼慘矣！

後徐郎歸，其婢以書致之。徐郎閱其書曰：

> 某哥愛鑒：妾不自量，以貽君羞。妾父母爲妾擇配，姑息爲懷，獨不以妾爲終身計耶，傷哉！自君別後，妾憂鬱致病，盼君歸來，而君竟不果。君今歸矣，妾則逝矣，哀哉！願君毋以情累，前程靡漫，務努力自愛。妾蓋薄命，君勿以妾爲念。

閱竟，昏迷不省人事。及蘇，欲以隻雞盂飯，奠之荒邱間，惟三尺桐棺，深埋黃土，及豎有一何姓某女士墓碑而已。此情此景，徐郎對之，能無慨然，遂墜淚曰："死而有知，其幾何離，其無知，悲不幾時，而不悲者無窮期矣。"徐郎歸亦得疾，果不數年而卒。

史韻琴（蔭吾著）

韻琴姓史，江南吳門人也。父嘗爲茸郡太守，年逾知命，無丈夫子，因日禱於神，是歲始舉一女，名韻琴。生而慧絕，能解人意。年十載，秋水爲神，瓊瑤作骨，見者詫爲公孫復出也。善讀書，兼工繡刺，凡名人遺墨，一經過目，無不深印腦蒂，未嘗或忘。父母鍾愛如珍，相與喜曰："此吾家掃眉才子也。使今日若廷試女士，則孝廉、賢書之徽號，取之易如拾芥耳。"越數年，父卒，虧庫金數千兩，無以償，其母將祖先遺產納於官，不足，復曲質釵簪得數百金，持以去，始得免。韻琴與母遂流落茸中，無計可歸矣，自操作針黹，僅供衣食。歲冬，其母以家境零落，鬱鬱成疾，韻琴侍奉湯藥，未嘗一夕御衣。及沒，家僅四壁，不能成禮，仰天號泣，不進飲食凡二日，後幸鄰某貸以百金，始得殯葬。歷年餘，鄰某欲追所貸金，不得償，某怒，因誘韻琴曰：“滬濱有巨室某氏，欲聘繡女，汝其願往，可得酬以償也。”韻琴聞之，欣然願往。孰知既抵滬北，入其室，則見野鴛高唱，鰥魚往來，驚疑之間，鴇母前來迎接，問姓問字，假意殷懃。斯時也，韻琴初知娼家，愁腸一轉，猝然倒地，良久乃醒，痛詈鄰某之姦詐，誓不欲生，龜鴇羣鴛，再三勸解，始寢其事。居數月，假母強款客，韻琴不應，固強之，乃自忖曰：“既入青樓，亦不妨假此面目相英雄，否則徒受鞭撻，無益於身也。”時韻琴年僅十五，風鬟霧鬢，妙麗天然，院中名校書，無一能望其項背，故繡閣中之足音，無片時靜。惟韻琴性高潔，第以詩文酬倡和，未嘗或薦枕席。有強之，韻琴正色曰：“吾操業已賤至此，豈尚敢污我身耶?”而遇富貴子弟，尤不加以目，是以譽之者半，而毀之者亦半也。韻琴入院二載，所見者皆紈袴薄倖之輩，未能得意中人，心頗鬱鬱，嘗仰天歎曰：“茫茫四海，豈少鍾情之奇男子哉。”遂懨懨欲病。

一日，有一貧儒詣門，乞助二十金，將赴文會。鴇厲聲叱之，儒曰：“素聞韻娘慷慨，故來求助，今視若此，殆人虛語耳。”時韻琴在內，聞之殊異，出顧之，雖藍縷草履，而眉目清秀，弈弈動人，滿口求助，而舉止不類貧者。韻琴支頤私語曰：“彼豈來戲我者耶?”遂拔釵擲於貧儒，曰：“入都考試，念廿金恐不足，與其再向人索借，毋寧儂處並將去也。”儒大喜，納之，不謝去。越數日，有少年自稱王某者，投刺訪韻琴，及見，諦視之，確肖曩者乞金之貧儒也。韻琴自忖曰：“彼固來戲我者，苟前不慎，幾失鍾情之士矣。”乃襝袵前曰：“君非前日戲我者耶? 種種得罪，幸勿見罪。”王笑而示以所贈之釵，悉還之曰：“僕聞芳名已久，故特來一戲，今見卿行尤過譽，願得訂交也。”居數日，情意益篤，韻琴視生亦爲非常物，因自誓不復他適。一日，生戲之曰：“卿其許吾，亦云幸矣。惟此去文會，一旦名落孫山，僕亦無顔再來見卿矣。”韻琴曰：“儂已許君，終身可誓，雖君不歸，願圖樂於九泉可耳。然君胸藏萬卷，必不至是。”王生含笑而別，旬餘後抵京師，因試期未及，逆旅於都，朝暮攻讀，以希功名之成就也。而韻琴獨守空閨，閉門謝客，情腸百轉，玉容清瘦，月餘，病不能起，雖欲寄語王生，無由可達。嗚呼！鴛鴦兩隔，欲斷寸腸，此情此景，其何能堪，吾不知遠渡之王生，其能念及韻琴之心中事乎。又閱數日，韻琴病將不起，一夕，忽然發咳，嘔血升許，羣鴛視之，則亭亭玉立之韻琴，早已香消而玉碎矣，假母乃爲之禮葬①。未幾，王生來滬，始知其事，則兩頰淚湧，傷痛既絕，既而念及雙親在堂，卒不得死，自是遂終身不復娶云。

卯青（陸挽沈著）

卯青者，東洲女士也。自幼失怙恃，無兄弟姊妹，家中雖有良田數頃，然其諸伯叔父，欺其幼而無知，遂將家產分析一空。可憐弱女零丁，遭此不幸，是則雖有伯叔，猶之無也，遂奔依母舅家。舅氏睦氏，亦郡中望族，目覩此景，殊覺惻怛，特以卯青家事，未便置喙，使人招之來，並謂之曰：“吾不忍吾妹與妹丈之骨血，而使爾如此，以後除有家事涉爾外，處吾家，與爾諸姊妹兄弟，嬉戲操作，隨爾之意，如何?”卯青此時年已二六，天姿捷敏，品性溫良，聆舅氏之言，喜不自勝，回思在家之苦，不覺淚珠盈眶，又感激舅氏撫養之恩，則又念及無父母鮮兄弟，伯叔欺待之苦象矣。嗟乎！人誰無情，喜怒哀樂，各用其情以表之，使男子豈當此苦，況又兒女多情者乎。由是得常居舅氏家，惟性靜，不事戲嬉，一切操作，皆勤勉不稍惰。舅氏喜其賢，屢稱道之曰：“此兒固有吾妹之遺風也，彼父母九泉之下，亦可以稍慰矣。”韶華不居，日月難留，卯青已十三歲。其家中伯叔，既以此女爲累目物，今舅氏撫養之，則歡欣無狀，一年之中，未嘗使人來訊問，視若無矣，

---

① “母”，原作“舟”，據《滑稽時報》第四期（1915年）載蔭吾《韻琴小史》改。

忍人之心，有如是也。

睦氏有一子，名士三，長卯青一歲。在家塾攻書，天性聰明，儀表俊秀，課餘之暇，每與其表妹嬉戲，情投意合，彼此如同兄妹。其年，舅氏使卯青與士三同學，於是二人朝夕攻書，能文常驚其長老。卯青與士三同居之日愈多①，而其所鍾之情愈厚，少年人知識漸開，世事漸了，共私誓鴛鴦之好，訂偕老之期。逾年，士三入邑中高小學校，距家百里。臨行之日，束裝將就道，告辭時，卯青私語士三曰："男兒立志維堅，將來顯親揚名，吾與有榮焉，慎勿以兒情纍累也。在外非家中可比，朝朝起居，須保重爲要。"士三意戀戀，卯青曰："速行速行，勿遲遲也。"士三遂告別，行就道。如是除家中有事外，一歲常兩歸。士三在學名列頗前，卯青聞之竊喜。士三年十六，畢業於高小校。明年，赴上海某中學肄業②，即此一行，而卯青極大之哀痛，風潮起矣。卯青已逾笄，雖私許士三，而表面觀之，尚未字人也。以卯青伯叔父之情形，更不問卯青之生活，將何論乎許人與否，費一番之大周折乎。於是士三之父，急急爲其執柯，配於里中程某之子。卯青雖明知其不可，而又不能出諸口舌，惟終夜長泣而已，積憂成疾，藥石難攻，士三在申從事學問，未之知也。暑假歸，覩卯青之容，大有今昔二人之異，春初桃紅玉面，雙頰豐肥，今者色枯肉消，憂眉雙鎖。叩其故，蓋姻緣中斷，月老無靈，親愛之卯青，已於春間，其父許於他人矣。士三聞之，若霹靂當頭③，禍從天降，轉喜爲哀，變笑成哭④，兩兩嗚咽，不能作一語，

---

① "士"字原脱，據《滑稽時報》第四期（1915年）載陸挽沈《恨海秋天》補。

② "某"，原作"案"，據《滑稽時報》第四期（1915年）載陸挽沈《恨海秋天》改。

③ "之卯青已於春間其父許於他人矣士三聞之若"十九字原脱，據《滑稽時報》第四期（1915年）載陸挽沈《恨海秋天》補。

④ "哭"，原作"尖"，據《滑稽時報》第四期（1915年）載陸挽沈《恨海秋天》改。

事雖無可奈何，然彼二人之心，未嘗一刻反印也。未幾，時值中夏，炎暑蒸人，卯青胸抱愁魔，今見士三，又更增其莫可言之哀念，比之幼時，更爲苦也，奄奄一息，孅孅弱軀，竟於是憂病重以香消玉碎，情始情終。而士三則呼天無應①，愴地無及，啞口難開，鬱憤何洩，惟含淚藏憂，中夜臥寐間，憑弔芳魂而已。

秋梧閣②（劍魂著）

秋梧閣固大家女，不幸淪落於煙花者也。父某，浙之紹與人，儒而醫，醫而官，以太守總辦臺灣官醫局。當甲午之役，夫人殉於難，女士年十歲，有弟三，隨父奔逃於海上。居數載，囊空漸不給。維時女士年尚幼，然早受家庭教育，三從五德，無不灌匯於胸中。當此流離之際，仍以色笑博父歡，撫弟若慈母，輒勸父向同鄉乞資，暫作歸計，家雖無恆產，較異地漂流，或易於設法也。父始不納，蓋其意似無顏見江東父老者。後衣食更不給，復經女士勸之再三，不得已用女言，正欲圖歸，而病又作矣。嗚呼！破窗夜雨，孤館燈昏，一簞破衾，病者呻吟之聲，儼若刀錐之刺心者。然此時女士之柔腸，已分碎寸裂，欲哭而無淚矣，然而猶吞聲飲泣，不忍老父添愁，朝夕侍榻側，經月未嘗解帶。噫！女士之孝，亦足以感天矣。雖然，病之去來，要亦關乎人事，未有不藥而病自愈者。

女士言念及此，自計圖謀，匪特無力爲父延醫藥，即諸弟饑啼寒泣之聲，亦時與耳鼓相交接。女士至此，不得已露首求援於同鄉張某。張某者，奸狡勢利之小人也，好貨財，愛漁色。久涎女容，曾遣媒說諸

① “則”，原作“別”，據《滑稽時報》第四期（1915 年）載陸挽沈《恨海秋天》改。

② “秋梧閣”，《滑稽時報》第一期（1915 年）載劍魂《秋梧閣傳》作“秋梧閣傳”。

父，父卑其爲人，因拒之。時女士亦稍有所聞，兹者赧顔奔泣其門，固爲一點孝思充塞於胸中，誰復顧此一身耶。張遇此隙，大喜，慨然以二百金假之。女士攜歸，爲父延醫藥，爲弟逐飢寒。不一月，父果愈，訊及病中事，女遂以此告。父歎曰："吾誤汝矣。彼奸吝者，視黄白物如生命，予故卑之。今慨以此光亮亮之二百金假汝，非憐余一家，實有所爲也，謂予不信，且觀其後。"言畢，淚涔涔下。女士聞之，若不以爲然者，反以温語解慰。按女士之伶敏，未嘗不料及此，無如當老父一病奄奄，幼弟嗷嗷待哺之時，安能惜此一身，而坐視其死耶？故不得已而思及此着，今尚不忍形諸顔色，致老父病後加愁也，然而心已碎矣。越數日，張果差人索借貸，商緩不可。後差人進妾女之意，父怒而不顧，女士恐有他變，膝立父前，羞泣而言曰："父乎，父乎！兒不忍惜吾一身，而使老父憂也。蓋兒向彼借貸之日，早已料及此矣。吾父愛我，還請全兒一點孝心①，舍了兒罷。"言畢，淚下如注。父終不忍，張既不遂，遂訟於官。適有同鄉邱姓者，出金爲之了事，並濟以衣食之資。父感其情，遂以女士妻之。嗚呼！女士之磨劫，遂從此日甚一日矣。

蓋邱亦無賴子，實亦爲謀女色也。既婚，僦居於海上者三載，貧漸不給，遂攜女歸。入室，方知其爲有妻者焉，女士亦無可如何，衹有悲咽而已。然事大婦，猶恭謹盡禮，未嘗冒犯顔色。邱之大婦，本小家女，性悍，初見女士事事盡禮，無從發作，久則漸起醋波，河東一聲，籐荆齊下，飢不與食，寒不與衣，此時女士之悲苦，卒有不堪言狀者。明年，產一女，婦益妒，逐不容，寒夜逐諸門外。鄰人見而憐之，囑邱私賃别室，邱畏大婦，不敢顧，且朝夕在博場乞頭爲生涯，幾若乞丐，力亦不能顧。後族中爲之他徙，囑女士以針綫度日，然邱一家之生活，猶賴女士纖纖之十指也。如是者又二年。女士每謂邱曰："男子終日不

① "一點"，《滑稽時報》第一期（1915年）載劍魂《秋梧閣傳》作"區區一點"。

事，專賴女子而得衣食，殆非長策，君宜急圖上進。苟如此，非特妾無出頭之日，即君一家之凍餒，亦將有不堪設想者矣。”勸之再三，邱始往外圖事，未數月，歿於江右。婦益恨，欲出之，女士聞而不飲不食者數日，里人憐其苦，乃爲之通信與其父。時父業醫於海上，已娶一再醮婦，並有前夫女十六歲。父得信赴紹興，以二百金贖回，遂攜女士同甥女歸。女士事繼母若親生，待外妹如同胞，替母操井臼，課弟習書算。居二載，足未嘗越雷池一步，以爲從此可以消磨此生之歲月矣。孰料苦海方平，而愁雲又起，其父一病，竟溘然而長逝也。女士暈絕者再，悲號之聲，震動天地。

喪未終，繼母遂謂女士曰：“爾父死矣，一家七八口，豈能坐以待斃耶？嗣後之衣食，汝與爾妹爲之可也。”女士泣曰：“我固能針綫，亦不過略補柴米。第不知阿妹曾習過否也？”母叱曰：“癡兒，針线之微資，安能濟一家之衣食。吾今之意，是欲汝與爾妹應門戶也。”女士聞言大慟，欲死者幾次，然卒不忍棄諸幼弟，祇得與母約法三章，強從慈命，遂徙居於法界之八仙橋，而張艷幟焉。蓋女士之心，亦祇有舍此一身，以報父母之情，故賣笑之資，悉爲諸弟謀生業，餘則蓄爲父母營葬之用。嗚呼！卒不使父母抱憾於九泉之下①，亦可謂孝矣，豈可以尋常妓女視之也耶。女士名不傳，能書算，工吟詠，有“傷心有弟皆柔弱，屈指無人託死生”、“空把詩書遺子女，重施脂粉泣爺娘”、“祇爲爺娘拚白骨，豈因兒女惜紅顏”等句。其詞之哀，其才之長，俱是餘事，即一生之心迹，亦可以窺見一班矣。予故爲之傳。

賽淥江傳（傳鈍根）

賽淥江者，醴陵女，不知誰氏，少隨母淪落爲土倡，以色傾一縣，

① “卒不使”，《滑稽時報》第一期（1915年）載劍魂《秋梧閣傳》作“女士卒不使”。

故名。某生者，新舉於鄉，文名籍甚。女故有才藝，通書記，見生相與慕悦，要之白首。久之，生有桂林之行，將行，謂女曰："吾有婦在室，又行急，不能汝攜，姑俟之，必謀取汝。"女諾，生遂行。時女母已死，不復有所迫，乃爲閉門計，賃居一複室，深自避匿。遊客罕覯其面，以是家益落，恃鬻簌飾衣服自給。念生遠涉，不常有書至，每自傷哭泣①，或常數月病，至於憂愁憤鬱，但日飲酒爲醉忘而已，雖鄰嫗素與往來，莫聞其語也。會生亦落拓，人或短女於生，勸生且絕慮，自是生書益不至。女自分見棄，不復欲事人，益耽飲，一釂率盡汾酒二斤，病益劇。適有生舊僕，將之生所，告於女，許爲通其意。女以爲難，然不無萬一冀生迎己，乃以綠染薑，鹽漬而曝乾之，爲大裹，使僕雜生家物以進。生得之果疑，問僕，僕曰："此曬綠薑也。"生悟爲女所爲，急馳書至，未至而女死，死之日移寄戚家②，貧無餘物。某少年爲醵十金，斂葬之。遺一女，大類某生，旋亦夭死。

論曰：余喜徵鄉國舊聞，以爲賤如倡盜，容有可紀，而當世士大夫，或不與焉。若此女者，雖失身卑賤，抑於時論，然能以一死許所知，甘棄絕而不變，一節足取，其猶異夫人人之所爲歟。

梅孃

梅孃賈姓，由拳之赤黑人也。父業米，三旬逝世，母氏濟陽，兼備四德，毓孕時，爲梅花時節，故以阿梅稱之。阿梅之名，婢媼不敢呼之，呼以梅孃。梅孃生而聰慧，母愛若珍。及笄，姿容麗絕，芙蓉爲

---

① "傷哭"，原作"哭傷"，據姚鵷雛、朱鴛雛著《二雛餘墨·言詮第一·賽淥江》乙正，徐珂撰《清稗類鈔·娼妓類·賽淥江悦某孝廉》作"傷而"。

② "之"字原脱，據姚鵷雛、朱鴛雛著《二雛餘墨·言詮第一·賽淥江》、徐珂編撰《清稗類鈔·娼妓類·賽淥江悦某孝廉》補。

肌，瓊瑤作骨，明眸皓齒，桃頰柳腰，月宫仙女不能擬其麗，渡江桃蕊難以喻其嬌，嬝嬝婷婷，竟有金陵諸釵之概①。性尤愛花，凡幽客月季之屬，靡不手植小盆，排列牆腰天井間，春葩秋艷，麗若雲錦。每當花晨月夕，散步草地，臨風舒嘯一曲，珠喉如黄鶯之初囀，花岡石畔，餘音嫋嫋不絕，閒情逸致，彬彬焉巾幗之士也。梅孃既天姿艷絕，更具冰雪聰明。年十五，已學十三經，學策論，揮毫洋洋萬言。授以韻學，又朗朗上口，半月即工詩賦，風流爾雅。又善六法，凡里間勝景，一經寓目，輒深印腦蒂，繪紙天然。一時芳名大震，親戚莫不爭納聘幣，然女母選擇甚苛，無一當者，僉婉言辭絕，轉背喜曰："此吾家掃眉才子是也。射雀當擇富第終，勿諾寒門，累汝終身繡食耳。"而梅孃嘗閲列女遺傳，志獨不然，莊然答曰："女子當備四德，終弗爲紈袴郎作玩具。富貴利達，人生一夢，浮若雲煙。彼節女列婦，雖居蒿門寒第，而道德品性，大足以光揚門楣也。"氏異其言，由此愛之尤鐘。

新春良辰，清風拂拂，奇花馥郁，佳木葱蘢。閨中女士，興異平日，時而整襟踏青，歌春遊之曲，時而花間高讀，學李白之遊。鳥聲聒噪，香氣濛濛，廣寒宫中，桃源洞裏，恐無此雅人深致也。一日，梅孃清晨初起，覽鏡修容，緑楊春恨，正適憐我憐鄉之秋。忽也擲器歎曰："吾何事以寶貴之光陰，加諸修飾，甘爲少年郎作玩具乎？况容顔爲父母遺體，安忍以脂粉掃拭，藏去廬山真面目，自今而往，吾當勿入斯愚矣。"自是梅孃不施膏沐，不御鉛華，淡掃娥眉，自成馨逸，而天然碧玉光，艷更倍於曩日。距賈數十戶，有甄生者，儒家裔也。面若冠玉，唇似塗硃，目光眉彩，弈弈動人。家擁巨資，文名震里，父亦早逝，母愛之頗鍾。生年十六，性倜儻，好讀書，一閲即深印勿忘，一時親友爲大器②。問凰盈門，而生選色頗苛，故尚爲無妻之牧豎。一日，清風微

① "概"，原作"慨"，據文義改。

② "親友"下疑有脱文。

吹，天雲四合，生獨坐無聊，頓起賞春之志，正冠拭履，欲作北里一遊。將離市，遙見一垂髫麗者，斜倚窗頭，爲陽春所映著，既近，諦視之，淡裝服素，恍若天仙。彼此視綫一接，幾如膠結不可解，兩心相照，灼灼留情，含羞目對，難通問訊，吾不知一對玉人，如何心猿意馬也。俄頃，一婢來女側，見生即去，而女亦蘧然離焉。生悵悵，遂返，具以告母。母慰之曰："此迺賈氏梅孃，若得此婦，亦兒身之幸也。"翌日，央媒下說，女母亦諾，遂定□納禮。自是生之心中腦中，遂有一梅孃芳影在①，然而梅孃夢裏，亦未嘗不時現甄生。

歲月飛渡，疾如流星，雙眸一閃，已閱三春。百金聘禮，冬以爲期，生母殷殷預爲佈置，蓋距結婚之日五六月矣。月圓數轉，已入金天，一日中秋之節，家家歡敘，生過飲狂樂，頭發劇疾，寒熱交作，昏不知人，雖盧醫絡繹，進湯入藥，難希少愈。如是者旬餘，又轉爲瘧疾，及期，時輒身顫不止，既去，淚珠熒熒，自嗟薄命而已。一月以來，肌骨損瘦，形神憔悴，飲食日以減，言語日以低。噫！曩者之強肌健骨，弈弈如冠玉，今則轉輾牀褥，日就銷削矣。

蘆花翦雪，菊蕊含霜，風淒露冷，閨女愁濃。梅孃既聞生疾，事事無心，孤影對月，滿腹愁腸，長吁短歎，淚珠瑩瑩，一般憂鬱，吾恐勝於甄生萬萬。既而梅孃高枕自忖，意欲親往生家侍奉湯藥。蓋多情女子，恒作癡想，亦未可爲非人情也。翌日告母，母以尚未于歸，恐受鄰閭口舌，故慰言拒之，惟許以代赴問訊，女亦難違母命，唯唯而退。自是梅孃兀坐空閨，恒以生病爲愁，名花困雨，皎月藏雲，旬日之間，容光頓減。噫！亦云慘矣。

風木聲淒，雪山容老。甄生臥牀二月，骨細如薪，枕邊淚痕，未嘗或息。兩家日盼其瘳，孰知瘧鬼作劇，總不離牀，識者咸以爲不起矣。一夕，病愈甚，昏迷中輒呼梅孃不止，勢將難起。少醒，掙扎握母手而

① "孃"字原闕，據上下文補。

言曰："骨肉無多，形單影隻，今又不幸，將中道夭折，不能侍母以終，兒心安忍。然而人生在世，一夢而已，願母勿以兒爲念。"言至此，語不成聲，雙眸停轉。嗚呼！秋蟲唧唧，願作厭世之客；夜漏寂寂，已入長睡之鄉。而多才多情之美少年，竟一旦別世而去，吾不禁爲之涕泣。

驚信傳來，山崩鶴淚。梅孃獨泣空閨，寸腸欲斷。時而頰湧淚珠，欲效湘娥之夢；時而心頭鹿鹿，欲絕錦瑟之年。李氏再三勸解，事方得息。嗚呼！時乎，命乎？此情此景，其何能堪。自是梅孃夜夢生來，見其掩面啼泣，問之輒浩歎不答而去。生終於去歲冬月，而梅孃則至今猶在，年二十一矣，誓終身不復適人。衣不飾，鬢不花，淡然有韻，如幽蘭在空谷也。影梧聞之，惋惜不已，敢支拙筆，爰記其實。鍾情之士，盍乘春風秋月之餘，而卒讀吾書乎？

蘇慧蘭

湖郡潘生，名羽虞，號梅庵。少孤貧，弱冠入郡庠，尚未締姻，然勤學，美丰容，閨閣見者爭好之。館於吳門劉氏，書齋後故有小園。一日，春雨初晴，生讀倦，呼館僮啓後扉，步至園中。水複山重，洞宇幽邃，數轉見東北一帶，朱欄迴互，欄外杏花正開，彌望如雪，下臨一池，橋上有亭翼然。生將往憩，忽聞簷馬丁東，望見樓閣參差，湧現樹杪。折而西，至其處，有海棠兩株，當風亂颭，其上雲窗霧閣，傑搆俯臨。徘徊間，聞樓中吟聲，細細諦聽，乃"他生縱有浮萍遇，正恐相逢不識君"二語，哀怨殆不忍聽，生不覺失聲長歎。無何，風動簾開，一人倚欄凝睇，明艷無雙，而眉鎖遠山，淚瑩粉腱①，正如帶雨梨花。

① "瑩"字原闕，據清朱翊清撰《埋憂集》卷一《潘生傳》補。

生乍見魂銷，既而恍然曰：“是非蘇家慧蘭姊乎[①]，何以來此?”女點首曰：“哦，是矣。”遂下延生入[②]，問訊已，備述飄零之狀。蓋女本住郡城蘇家巷，爲生從嫂之娟，字竟蘭。嫁後隨夫遊幕山左，前年夫病沒，始攜柩歸。自幼與生頗狎，今别已六年矣。生因問：“姊家尚有何人?”女曰：“有叔舅，去年攜眷入京，近亦聞已沒。家中止有老姑，長洲衛氏，族姓又少，故僦居於此[③]。”言畢涕泗交頤。生遂移坐近前，爲之拭淚。女豔然曰：“甫相見，奈何無半語相憐，而輕薄若是。”生起謝，女始歡笑[④]，徐問：“阿姊無恙，兄何時至此?”生縷述近狀，且曰：“使君尚猶無婦，姊將焉寘此?”女默然良久[⑤]。女送之門，小語曰：“此後課暇，勿吝玉趾也。”生諾之，悵然別去。

是夕女就枕，輾轉不寐，殘月既上，朦朧睡去。夢生來，就榻溫存，女不復自持，遂相歡好，醒時覺繡袴猶沾濕也。曙後勉起理粧，支頤獨坐，殆難爲懷。忽女僕報生至，女出迎，笑曰：“兄可謂有尾生之信矣。”生曰：“得覯芳姿，死且不惜，所恨文君未許相從耳。”女不禁赬發於頰，暈若緋桃，生神魂顛倒，遽握其手。女卻之曰：“郎勿爾，如僕輩來，奈何?”生嬲不已，女乃請卜以夜，生始釋手而歸。漏既下，生潛啓後扉出[⑥]。至女所，則院門半掩，窗中金釭熒然，惟見女於几上攤書癡坐。遂入，女瞥見，驚喜起立。生直前擁抱，女正色拒曰：“薄命之人，如風前孤燕，漂泊無依。昨自瞻儀宇，知非久居廡下者[⑦]，

---

① “慧蘭姊”，清朱翊清撰《埋憂集》卷一《潘生傳》作“蘭姊”。

② “延生入”，原作“延入入”，據清朱翊清撰《埋憂集》卷一《潘生傳》改。

③ “僦”字原闕，據清朱翊清撰《埋憂集》卷一《潘生傳》補。

④ “始”字原脱，據清朱翊清撰《埋憂集》卷一《潘生傳》補。

⑤ “良久”下，清朱翊清撰《埋憂集》卷一《潘生傳》有“女僕擎杯茗至啜畢落日已在簾鉤生起”十六字。

⑥ “啓”字原脱，據清朱翊清撰《埋憂集》卷一《潘生傳》補。

⑦ “廡”，原作“廄”，據清朱翊清撰《埋憂集》卷一《潘生傳》改。

況蒙眷注，願締白頭，但須俟老母終天，然後可議。若曰始亂之，終棄之，則逐水之桃花，妾不忍爲此態也。”生聞言，遂擕女至月中，共矢鸞盟。誓畢，女促之起，生長跪不起，曰：“自蒙允約，半日之别，如閲小年。若必俟老母天年，恐文園先已渴死也。”女近曳之曰：“癡郎，何情急乃爾。”相將就寢，殢雨尤雲，倍極狎褻。雞甫唱即起，女爲整衣曰：“此身已屬君矣，他日勿以秋扇捐也。”生曰：“世豈有薄倖潘安仁哉①。”鄭重而别。

自是往來②，常無虚夕。然生常憂貧，是年又下第，女百計慰解，至於拔釵搜篋，曾無倦容。其後將赴試，又慮無以爲家③，女知之，竭力搜索，以資其行。將發，生往話别。夜半，女先起，取生衣爲之裝綿。生臥視之，微吟曰：“蓄意多添綫，含情更著綿。”女目視生良久，淒然淚下④。（唐僖宗嘗命宫人製戰袍，以賜將士。一邊將得袍，中有詩云“蓄意多添綫，含情更著綿。今生已過也，願結後生緣”云云，邊將即以上之。帝問宫中誰爲此詩者，一宫女伏地請死，帝笑曰：“吾爲汝了今生緣。”即以此女與之。）生自悔失言，急起攬女於懷，極意慰解乃已。明日遂發。迨榜發獲雋，是時女之姑已前没矣，聞捷音，竊幸好事可諧，引領以望其至。久之，聞生已就婚郡中某氏，女未信。明年春，生以計偕過蘇州，辭别館主，而足音終杳。自是始絶望，後半年，抑鬱成疾，卒。臨卒，大呼“此仇必報”者再，年纔二十三。後生捷南宫，選部郎。逾年，差人至湖接家眷回，詢其僕，乃知紅蘭久已委露，歎息而已，然自此恒忽忽不樂。一夕，醉臥方酣，忽見女披髮握刀，顔色慘變，自中庭疾趨入，舉刃當胸直刺，生痛極，大叫而寤。家

① “有薄倖”，原作“有有浦倖”，據清朱翊清撰《埋憂集》卷一《潘生傳》改。
② “來”字原脱，據清朱翊清撰《埋憂集》卷一《潘生傳》補。
③ “家”字原脱，據清朱翊清撰《埋憂集》卷一《潘生傳》補。
④ “淚”，清朱翊清撰《埋憂集》卷一《潘生傳》作“泣”。

人俱驚起視之，生以手捧心，反側呻吟不止。家人將往延醫，生不許，爲述惡夢所由，曰：“吾疾不可爲也。”令預備身後事。翌日，將卒，口占一絕云：“衹知好夢欲求真，豈料翻成惡夢因。到此回頭知已晚，好留孽鏡贈同人。”此事其戚某出京後，爲余言之。

香 兒

閩南門外，山水之著者，爲南臺山及馬尾江。山挹水光，水收山色，四時景物，盡致極妍。若以秋日泛舟江上，則鴛鴦摘水，欲儗花飛舟楫，迴波渾疑天碎。遠山卻堪入畫，近樹了無棲煙。潺湲江水，自成別調新聲；旖旎秋光，分付蘭槳桂楫。縱有不解之憂思，亦且一洗都盡。倘方賞心樂事，挾美妓，載醇醪，紅紅斟酒，素素掎歌，以與是江相周旋，則揚州不足道矣。且昔日揚州之所以得名，有畫舫耳。今昔情殊，所謂揚州畫舫者，雖屢見於詩人詞客之字裏行間，亦若老去宮嬪談舊時恩寵，未如馬尾江不有揚州之名，而舉揚州之實也。馬江多妓舫，妓行半曲蹄人種，實奴族。曲蹄之者，以其足與恒人異也。是族不享平等待遇，浮家泛宅，不得陸居，亦不能在陸經營事業，所恃以爲生者，江中之魚蝦耳。然人種近水者秀，曲蹄婦女皆美，因生事之難，利婦女之美，故是族十女九娼。由是江上之風流韻事，不時播爲美談。憶余少時，從兄渡江至馬江船廠，覩一事頗怪。先是，余等於洲邊呼船（洲邊即江沿），忽中流一畫舫中，有女子投江，及撈獲，香魂已散。女甚美，爲年不過十六七，翠減紅消，花飛玉碎，漫說豔如桃李，今看冷若冰霜。一時江上泛舟客子，莫不憑艙憑檻，而致其憑弔，余亦惘然。顧無情流水過匆匆，未幾而舟抵馬尾船廠，彼美胡爲舍生欲死，真相遂無由知。歸舟有同載者，爲余言其事，始知女蓋殉情者。女名香兒，佚其姓。年十三爲妓，慧黠可愛。十四能歌，奏曲別有會心，□園子弟所不及，馳譽蘭臺，時人目以花魁。有楊某者，眷之特甚。楊是時年甫弱冠，以衿未青，且家境綦貧，雖愛之而不敢有他望。香兒忽自白求援，楊喜不自勝，誓以必娶。女求信，楊以一紈扇予之，女亦以繡巾相贈，並出濳蓄資楊。是年楊秀才及第，秋闈再捷，女方以知人自負，使召楊謀嫁娶。楊紿之曰："吾家貧不辦，將奈何?"女解雙條脫授楊，楊持去，期以年終完娶。其實楊未第時，頗有意於女，及既第，意氣自豪，且慮娶異種爲室，騰笑顯者，遂別贅貴家女。得耗，不食竟日，翌晨投死。死時年纔十七，尚未遣金刀破瓜字也。

按斯篇原名《紈扇記》，王無爲君所撰。曲蹄婦女，即蛋人之一種耳（見余《苦榴花館雜記》)。噫嘻！余輯此，不禁喟然歎曰："世間負心人薄情如楊某者多矣，安得一一捉而殺之。至于香兒，以小家碧玉，不幸而操此賤業，又不幸而殉此傖奴。愚固可悲，義則可重，吾思情天恨海中，有此一段慘史，雖欲使讀者不哭，又豈能耶。"

慟塵附言

（原載《民蘇報》1916年12月29、30、31號，1月6、7、9、10、11、12、13、14、16、17、20、28、30、31號，2月8、10、11號第七版，署名慟輯；4月3號第七版，署名慟塵輯）

霓裳艷影坤伶部之小傳

仲華撰　慟塵贊

鬚生門

恩曉峯

恩曉峯，京師內城人，或曰旗籍。夫姜某，亦劇界中之巨擘。其先本世家焉，曉峯幼讀書，有一字半解之譽，酷好聽戲，不惜心領而神會之，故於名伶所長，咸能默悟。及長，遂獻藝梨園，唱工摹譚派，間有孫、汪之餘音，鎔冶於衷，居然自樹一幟。加以字斟句酌，不欲草率炫人，故檀板聲中，詞情俱妙，舉止大雅，恰合鬚生臺步之佳，猶其餘事。所演以三斬一碰爲最，他若《戲迷傳》《硃砂志》《探母》《罵曹》等劇，亦生平傑作焉。

慟塵贊曰：今之言舊劇之角色者，首重鬚生。鬚生之難，難在腔調，激揚則高山流水，蒼勁則裂帛碎金，而尤須悠潤自然，無徐疾不濟之弊。此吾友袁退生所謂中風正格，最足陶淑情性者是焉。即此一端求之，男伶中尚不可多得，而不謂恩曉峯以一女子，竟能得其三昧，豈不難哉。

李桂芬

李桂芬，年十五，山西人，原姓李。父君實，舊爲小販商，率妻女至京師，會逢兵亂，燕市成墟，因之失業，烽煙雖息，生計已窮。時女纔七齡耳，弱息伶仃，行將不育。適爲曲師邱某所聞，以其聰慧可造也，囑鄰嫗介紹，願收爲弟子，且供以衣食資，遂訂七年之約，而女於是乎入梨園焉。女貌秀而聲朗，宜於老生，師即傳此衣缽。顧女雖學戲，然雅好讀書，所居與私塾爲鄰，堅請就傅，師從之。甫年餘，便略解字義，劇本之習見者，類能了然，口誦心唯，必有得而後更易，其不肯盲從而信也如斯。抑尤有可取者，則其天性純孝，事父母未嘗不盡歡。前年師以病歿，哭之哀，服斬衰以報。師有母，老而龍鍾，女善視之，一如師在。人有贊其德者，乃歎曰："父母生我，師成我，則生養死葬，皆我分內事，何德云乎哉。"噫！此李桂芬三字之所以鵠起於時也。其拿手戲以《黃金臺》《二進宮》《捉放曹》等劇爲最，每劇報出，京津人士之爭先恐後者，咸以座滿爲憂，其見重於社會也若此。

慟塵贊曰：余讀楊子所論，感慨深焉。第鄙尤以爲難能者，乃以如許妙齡，初不必習知禮義，而何以克盡厥孝，一至於此。矧感報師德，又豈尋常女子所可及哉。吾是以知蓬門巾幗中，竟有化人心而風末俗者矣。

老旦門

尚俊卿

俊卿尚姓，乳名蓉兒，字逸娟，年十八。世隸漢軍旂，伯父某爲前清顯官，父亦以武職官閩之三山，或云爲都統，不可考焉。俊卿甫十二即失怙，伯父不相憐恤，遂流爲優伶，蓋非其所得已也。家貧母老，嗟賦式微，常年得資，悉以供甘旨，且明其志曰："能養吾母者吾婿之。"聞友人謂俊卿幼讀書，十歲能文，尤耽嗜吟詠，偶填詞曲，頗得龔定庵之餘韻，才與德洵可謂兼全者焉。近日京中坤伶，多推重花衫，老旦一門，幾如鳳毛麟角。蓋端莊靜肅之餘，尤貴聲色腔音格調，儼然自成一家。演此者往往引爲難事，升堂入室，罕見其人。俊卿幼時酷愛龔雲甫所演，神追心慕，故做工作派，頗能描而摹之。而其舉止動静，在在有大家風①，丰韻天然，儀容綽約，遂蓬頭麤服，不能減其麗都。都門士大夫稱爲坤伶老旦之泰斗，洵非虚譽。能戲甚多，無不膾炙人口，時時表露者，《弔金龜》《行路》《訓子》《孟母擇鄰》《滑油山》《打龍袍》諸劇，而《漂母飯信》一劇，尤爲生平傑作，惟不輕易演也。

慟塵贊曰：名花萎約，焦卒風塵；王謝堂空，飄零燕子。步歌臺而度曲，博菽水以娛親。此固弱質之所以傷心，亦女兒之不幸事也。而況才高詠絮，家庭有煮豆之悲；貌應羞花，覥靦作霓裳之舞。斯誠惋惜，能不欷歔。若尚俊卿處境之艱，正同此慨，然以其知名於世也，又不禁爲之幸焉。

陳娡嫺

陳娡嫺，字蕙琴，又名小賢，現年十四歲，直隸宛平人。父文俊，伯文啓，及叔小菊仙，皆居京師，而以伶爲業者也。娡嫺八齡即學爲戲，歌喉合拍，清越繞梁。伯耳之，頗驚其慧，慨然曰："將來光大吾門，必屬此子，兹當以衣鉢傳之。且吾家習曲三代，皆科家選，至予始劬苦成名，今此兒天賦聰明，吾不復能限制之矣。"民國元年，京師梨園弛禁，因是演劇者乃有坤伶，而娡嫺之現身於歌舞臺榭間，亦自是始。初出時，年僅九齡，乃以老旦露頭角。如《目蓮救母》《釣金龜》《徐母罵曹》《藥茶記》《孟母擇鄰》《孝義節》等劇，咸得文啓心傳，都門評劇家特贈爲皮簧博士，其藝蓋可知焉。且篤於天性，事母能以孝聞。嘗應天津下天仙（戲館名）之聘，值夜演，化粧時忽得老母病耗，不待畢，即起遄回，侍醫藥惟謹，衣不解帶，目不交睫者，凡七晝夜。

① "風"下疑有脱字。

夫以幼齡女子，純孝若此，而又出諸伶界，良足尚焉。嘗學花旦於田桂鳳，及劉喜奎之師還陽草，故於《頂花磚》《鐵弓緣》《善寶莊》《打櫻桃》諸劇，偶一演唱，頗受社會歡迎。間去小丑、老生等角，亦能惟妙惟肖，謂之多材多藝，誰曰不宜。

慟塵贊曰：北地胭脂，每多美德，而小家碧玉之以性情聲色，見聞於世者，尤不乏人。若歌娃陳䖞嫻，似乎近之。然知之者，僅目爲坤伶界之完璧，而詞人墨客，初未有重其孝也，斯可慽焉。

（原載《民蘇報》1917 年 4 月 6、7、8、10 號第七版）

八、附　錄

先夫汪君同塵事略

先夫姓汪氏，名家材，字同塵。兄弟三人，君最幼。先世歙縣人，後遷東臺，遂著籍焉。

先夫幼聰穎，異於常兒，先舅孝廉公甚鍾愛之。年六歲，出就外傅，讀書過目成誦，塾師亦驚異焉。年十一，先舅棄養，哀毁愈恒。年十六，考入東臺師範學校肄業。年十八，考入南洋海軍學校肄業（斯校原名南洋水師學校，後改此名）。辛亥光復，畢業海校，回里辦自衛團，維持地方秩序。民國元年，轉入煙臺海軍學校肄業。時袁世凱秉政，解散國會，捕戮黨人，先夫因列名黨籍，蜷伏煙臺。既而得石蘅青先生之召，由校請假，北赴京津，接洽海軍歸民黨事。事洩，爲校所聞，禁其續學，遂回寧，與袁康侯、韓少侯諸君，爲詩酒之會，旋任鍾英中學及南京第一中學英、國、算教員。歲乙卯，北遊舊都，擔任《民蘇報》筆政。丙辰之春，袁世凱稱帝①，先夫集遺山詩，成七絕四十章，名《帝京詞》，又著《望帝夢彈詞》一篇，揭載報章，以譏刺之，時論大快，認爲敢言。

丁巳之秋，復辟軍興，凡對民党記者，多所不利，先夫伏處津門，以避鋒刃，旋返南京，任暨南學校教員。己未九月，南遊爪哇，任泗水華僑中華學校校長，對於華僑狀況及教育事業，時加注意，因著有《南洋華僑與教育》一書，以記其實。庚申之秋，先夫由爪哇回國，應南京正誼中學之聘，擔任教務主任，及河海工程學校教員。學生中有陳超、張世希諸君，則隨夫入粤，考入黄埔軍校第一期，爲高材生，北

① “袁”字原闕，據《東臺汪氏族譜》本補。

伐諸役，諸君頗著戰績焉。惟此四、五年間，先夫在寧，或從事教育，或奔走革命，中間一入閩粤，參李協和將軍戎幕，識張岳軍先生於粤中，並與歐陽滄生、周干城、朱實秋、曾效先、丁國忠諸同志，時相接洽。

甲子之春，駐粤海軍指揮盛延祺同志，與先夫爲同學友，函招其至廈門，擔任海軍司令部祕書長，並與之籌劃一切。不意事露機敗，盛指揮殉難於汕頭，先夫倖免。自是乃慨歎吾國海軍之不克有爲，遂回南京，專心辦理教育，爲百年樹人之計，創辦兩江民立中學於南京。丙寅之秋，國軍北伐，先夫與蔡孑民、褚慧僧、沈衡山諸先生，組織“蘇浙皖三省聯合會”於上海，代表東南民意，與北伐軍相呼應，卒北伐軍收復南京，夫乃隨軍進城。丁卯春，大學院長蔡元培先生，組織華僑教育委員會於首都，閱夫所著之《南洋華僑與教育》一書，深爲歎賞，因聘夫爲華僑教育委員會委員，故對華僑教育潛心研究，因著有《扶助華僑教育計劃書》一冊，迨後中央推進華僑教育事業，大都以此爲參考。

先夫夙習海軍，對於吾國海軍之積弊及改革，甚爲關心。丁卯秋，歐陽滄生同志，有鑒於閩、魯、奉三系海軍不能相謀，思籌統一中國海軍辦法，上陳中樞，特與先夫商榷，當由代擬關於海軍之報告，及整頓海軍計劃書一通，條目凡九，文凡萬餘言，上諸國府代主席胡公，深蒙嘉許，惜未能見諸實施。迨蔡先生任監察院長，委夫爲祕書。時張岳軍先生任軍政部兵工署長，並邀夫爲該署祕書，因已任院職，不克兼顧，辭退。歲庚午，于先生右任繼任監察院長，聘夫爲該院設計委員，任職未久，乃因病退職家居，整理舊作，並專心研究甲骨文字，頗有闡明。

歲丁丑，“七七事變”發生，上海淪陷，南京在岌岌危卵中，先夫乃於古曆冬月，倉猝間率家人遄返東臺故里。戊寅三月，縣城淪陷，避亂小海，旅居匝月，曰：“丈夫志在報國，何能鬱鬱居此。”因攜長子齊中，跋涉長途，前往重慶，充任復旦大學講席。夫身雖在渝，而時以子女讀書爲念，每次來書，均詢及兒女讀書進度。

三十年五月三日（即辛巳年陰曆四月八日）上午十一時，敵機空襲重慶，夫時寓張家花園四十九號，以猝不及避，遭難殞命。嗚呼傷矣！時長子齊中，近在合川，聞變至重慶奔喪，迭來家書，祕不發喪，誠恐有傷家人之心。近得旅川同鄉來訊，始徵確耗，而先夫之亡，迄今已一年餘矣。歲月悠悠，夢魂渺渺。嗚呼傷哉！

戊寅之秋，先夫瀕行，顧世英曰："此次西行，當本其所學，以報國家，庶盡人民天職，汝在鄉教養子女，以慰予懷。齊家治國，本屬一貫，將來國家復興，自可團聚一堂，以享太平之樂，他日相見，當有期也。"此語如在目前。不圖生離，竟成死別，人生慘痛，寧有過於斯者。回憶曩年，世英爲其佐抄著作之時，昕夕相從，質疑問難，爾時志趣，至足樂也。而今形單影隻，欲語無從，滋足悲矣。

先夫秉性澹定，雅癖林泉，故在首都戶部街曾建住宅一區，有亭園花木之盛，顏曰"桃潭小築"（又名"苦榴花館"），曰："吾將以此老焉。"孰意有志而未逮也。

至先夫對昆季間，益爲友愛，其長兄幹廷，中年殂逝，先夫①……

生平著有《同塵文存》四卷，《詩存》四卷，《苦榴花館叢著》六卷，《苦榴花館褉誌》一卷，《甲骨文字考證》四卷。其翻譯之書，有《苦榴花館譯叢》四卷，積稿盈尺，未及付印，殊可憾也。

夫生清光緒壬辰年八月初九日，沒於民國三十年五月三日（即陰曆四月初八日），卒年五十。子三，長齊中（字定華），隨先夫往渝，現讀書國立中央大學；次齊正；三齊和，肄業東臺縣立中學高中班。女二，齊昌，齊平。世英不敏，謹就先夫生平事略，敢告於當代君子之

① "先夫"下，原稿殘闕，《東臺汪氏族譜》本無"至先夫對昆季間，益爲友愛，其長兄幹廷，中年殂逝，先夫"數句。

前，藉以表其報國之志云爾。伏惟矜鑒。

未亡人汪倪世英泣述

民國三十一年八月述

（據稿本、汪保衛抄本及汪國璠主編《東臺汪氏族譜·藝文》選錄倪世英《先夫汪君同塵事略》整理）

汪同塵傳

汪同塵 Wang Tongchen（1891—1941）原名家財，又名慟塵，江蘇東臺人。生於 1891 年（清光緒十七年）。清舉人。南京南洋水師學堂畢業，中國同盟會成員。1914 年起任《民蘇報》主筆，後到南京河海工程學校、南京正誼中學、南京第一中學等校任語文、英文教員。1919 年赴南洋。1921 年回南京正誼中學主管教務。1928 年被聘爲華僑教育委員會委員。1929 年被蔡元培聘爲監察院首席秘書。1938 年赴四川，並受聘於教育部，任編輯委員會特約編輯，兼任復旦大學古文字學教授。1941 年 5 月 3 日日機轟炸重慶時遇難。著有《甲骨文字正解》十萬字，抗戰初期在鎮江遺竊。

（劉國銘主編：《中國國民黨百年人物全書》，北京：團結出版社，2005 年，上冊，第 731 頁）

汪同塵傳

汪同塵（1891—1941）江蘇東臺人。早年入讀江南水師學堂並參加同盟會，秘密從事革命活動。辛亥革命後去北京，先後參與海軍革新派活動和任《民蘇報》主筆，宣傳反帝倒袁。後在南京河海工程專門學校和南京第一中學任語文教師，並赴廈門協助李烈鈞推進護法運動。1919 年赴南洋爪哇，任泗水華文中學校長。1921 年回國，先後在南京創辦正誼中學、兩江民立中學並任校長。1926 年在上海協同沈鈞儒組織蘇浙皖聯合會，反對軍閥孫傳芳的統治。1928 年應蔡元培邀聘任國民政府大學院華僑教育委員會委員，後任監察院首席秘書兼設計委員。抗日戰爭期間曾受教育部聘，任編輯委員會特約編輯，並兼任北碚復旦大學古文字學教授。著有《甲骨文字正解》（毀於戰亂）、《南洋華僑與教育》《中國五千年文化之光》等著作。

（江蘇省地方志編纂委員會編：《江蘇省志 · 僑務志》，南京：江蘇人民出版社，2007 年，第二章《歸僑僑眷及港澳同胞眷屬》，附錄一《已故僑界人士暨歸僑先烈傳略》，第 116—117 頁）

汪同塵傳

汪同塵（1891—1941），原名汪家材，又名慟塵，東臺市區人，清末舉人，民國後以從事教育事業和古文字研究著名。

汪同塵早年喪父，家境清貧，然天資穎慧，過目成誦，少年即承家教，又得其師丹徒劉鐵雲（鶚）先生（清末著名小說家，名著《老殘遊記》的作者）的悉心指導，熟諳許慎《說文解字》及諸文字學著作。青少年時期汪同塵即胸懷大志，痛感清廷政治腐敗，列強入侵，國弱民貧，常中夜興歎，欲獻身於民族解放事業。爲求經世致用之學，汪隻身離鄉，以優異成績考入南京南洋水師學堂，學習海軍專業。從學期間，汪加入孫中山先生所創建的同盟會，積極從事革命活動。畢業不久，辛亥革命爆發，汪旋赴北京參與海軍革新派活動。1914 年至 1915 年汪任北京《民蘇報》主筆。他才華橫溢，文筆恣肆，以輿論反帝倒袁，與蔡鍔等著名人士時有過從。

北洋軍閥統治期間，汪同塵幾受袁世凱之害，乃南下南京，先後任國立暨南學校、河海工程學校、南京第一中學等校國文教師。1919 年至 1920 年汪去南洋（印度尼西亞），在爪哇泗水中華學校任校長，1921 年又回南京，創辦正誼中學，主管教務，並親自授課。1924 年至 1926 年汪在南京主籌兩江民立中學，任校長，親授多種課程。1926 年冬，他與沈鈞儒先生在滬組織蘇浙皖聯合會，反對軍閥孫傳芳。1927 年，兩江民立中學被迫停辦。1928 年受蔡元培先生之聘，汪任華僑教育委員會委員。1929 年，蔡元培先生就任監察院長，聘請他爲首席秘書兼設計委員。

1931 年春，汪同塵因不滿蔣介石對內壓制民主、對外屈膝退讓的政策，辭去了監察院職務。從此他閉門著述，不涉政界，潛心於甲骨文研究。他廣泛搜集當時已發現的甲骨文字，逐字考證，探本索源，常爲一字之剖析，通宵達旦，累月始解，終於 1937 年完成《甲骨文字正解》一書，正謀付印，因抗日戰爭爆發，而未能如願。是年夏，日本學者來我國參觀全國美術展覽會，見汪以甲骨文所書琴條和所作題跋，爲之歎服，遂向國民黨政要要求拜訪汪同塵並觀覽他所藏二萬餘卷圖書及字畫碑帖，並聘汪去日本主講甲骨文字。因國難當頭，汪託辭拒絕。南京淪陷前，汪同塵返回故里。車至鎮江，行囊遭竊，所著《甲骨文字正解》手稿及全部珍藏之金石、甲骨、古籍珍本等，均喪失一空。他頓足捶胸，痛不欲生，其後蟄居東臺故里。聞南京大屠殺的慘訊，睹難民家破人亡的悲苦，汪滿懷憂憤，鬱鬱寡歡。不久，因日軍進逼，東臺行將淪陷。他深知難以隱姓埋名，不願委身事敵，就帶著長子，精簡行裝突圍，輾轉小海、白駒，由興化赴滬，再西上，經武漢入川。長子就學合川，汪同塵孤居渝城，悲家憂國，每念及多年心血之作，一旦付諸東流，常歎息以致潸然淚下。後來，汪經友好相勸，強抑悲痛，重理舊作，幸虧他博聞強記，費三年之功，又恢復原作之貌。此書對我國甲骨文字的研究具有重要參考價值。居渝期間，汪受聘於教育部，任編輯委員會特約編輯，並兼任北碚復旦大學古文字學教授。

1941 年 5 月 3 日，日機轟炸重慶，汪同塵不幸罹難，時年僅 50 歲。他再次全力以赴恢復的學術專著《甲骨文字正解》及其它手稿又均毀於戰火。

汪同塵一生著述甚多，惜劫餘之存稿未能及時整理。現所知者有《苦榴花館筆記》，此書對於蔡鍔、小鳳仙軼事記載較詳，彌足珍貴，國內大圖書館中尚有館藏。還有《南洋華僑與教育》《含英咀華》《詩文雜感遺稿》等。避居重慶時，汪曾作《中國五千年文化之光》《“碚黄”痛憶與“復大”哀聲》，二文原稿尚存。

（鹽城市地方志辦公室：《鹽城人物志》，南京：江蘇教育出版社，1991 年，第 94—96 頁）

汪同塵傳

汪同塵（1891—1941），名家材，又名慟塵，字同塵，東臺城人。早年喪父，家境清貧，然天資聰慧，過目成誦。青年時，以優異成績考入南京江南水師學堂。在校期間參加同盟會，秘密從事革命活動。畢業後，正值辛亥革命爆發，他便赴北京參與海軍革新派活動，民國3—4年，任《民蘇報》主筆，以輿論反帝倒袁，與蔡鍔等著名人士過從甚密。爲逃避袁世凱的迫害乃南下南京，先後擔任河海工程專門學校、南京第一中學國文教師。民國6年春，爲支持孫中山在廣東組織軍政府反對北洋軍閥，曾親赴廈門協助李烈鈞開展護法運動。民國8年，去印度尼西亞任爪哇泗水中學校長。民國10年回南京創辦正誼中學，主管教務。民國13—15年，主辦兩江民立中學，任校長。民國15年冬，與沈鈞儒在滬組織蘇浙皖聯合會，反對軍閥孫傳芳的統治。民國17年，應蔡元培之聘，任華僑教育會委員，後任監察院首席秘書兼設計委員。民國20年因不滿蔣介石對外屈膝退讓，對內壓制民主，憤然辭去監察院任職，閉門潛心研究甲骨文。民國26年完成數十萬言《甲骨文字正解》。日軍侵華戰爭爆發，南京淪陷前，攜家屬回歸故里，車至鎮江行囊遭竊，所著《甲骨文字正解》手稿及珍藏之金石、甲骨、古籍珍本等，損失一空，他頓足捶胸，痛不欲生。東臺淪陷前夕，汪深知難以韜光晦跡，遂攜長子輾轉西上四川。長子就學合川，汪同塵受聘於教育部，任編輯委員會特約編輯，兼任北碚復旦大學古文字學教授。民國30年5月，日機轟炸重慶，汪不幸罹難。再次撰著的《甲骨文字正解》及其他手稿亦同歸於盡。汪同塵一生著作甚多，有《苦榴花館筆記》《南洋華僑與教育》《含英咀華》《詩文雜感遺稿》《中國五千年文化之光》等。

（東臺市地方志編纂委員會編：《東臺市志》，南京：江蘇科學技術出版社，1994年，第三十五篇《人物》，第一章《名人傳》，第978—979頁）

汪同塵先生傳略

卷 輝

汪同塵（1891—1941），原名家材，又字慟塵，東臺本城人。以教育家、古文字學家著名。他是清末舉人、東臺著名學者汪濟（作舟）的幼子。

同塵先生早年喪父，家境清貧。天資穎慧，過目成誦。少時即承家教，得其師丹徒劉鐵雲先生悉心指導，熟諳許慎《說文解字》，其古文字學方面的功力與成就實肇端於此。先生青少年時期即胸懷大志，痛感清廷政治腐敗，列強入侵，國弱民貧。常中夜興歎，憤求經世致用之學，遂離鄉，考入南京南洋水師學堂。從學期間思想進步，毅然加入孫中山先生所創建之同盟會，積極從事革命活動。畢業未久，值辛亥革命爆發，先生旋赴北京，參與海軍革新派活動。1914 年至 1915 年任北京《民蘇報》主筆。先生才華橫溢，文筆恣肆，以輿論反帝倒袁，與蔡鍔等著名人士過從甚密，幾遭袁世凱之害，乃南下南京。先後任國立暨南學校、河海工程學校、南京第一中學等校國文、英文譯學講席。1919 年至 1920 年去南洋（印度尼西亞），任爪哇泗水中華學校校長。1921 年又回南京，創辦正誼中學，主管教務並親自授課。1924 年至 1926 年在南京主籌兩江民立中學，任校長。1926 年冬，先生響應南方軍政府號召，與沈鈞儒先生在滬組織蘇浙皖聯合會，反對軍閥孫傳芳反動統治。1927 年，兩江民立中學校舍被進駐南京之軍隊駐紮，校具設備受損停辦。1928 年，受蔡元培先生之聘，任華僑教育委員會委員。1929 年至 1931 年，蔡元培先生出任監察院長，先生遂受聘爲首席秘書，兼任設計委員。1931 年春，蔡先生與同塵先生均反對蔣介石政府對日投降、對内鎮壓的政策，且同情和支持愛國人士、學生進步運動，相繼辭去監察院職務。

先生剛正不阿，義無反顧，從此閉門著述，不涉政界，潛心於甲骨文研究。1937年，完成《甲骨文字正解》一書，凡數十萬言。正謀付印，值抗日戰爭爆發，未果。是年夏，日本學者來我國參觀全國美術展覽，見先生以甲骨文所書琴條等作品，爲之歎服，後經國民黨某要人輾轉介紹拜訪先生，並披覽先生所藏圖書字畫碑帖。先生因國難當頭拒絶赴日講學之聘。南京淪陷前，攜家遄歸故里。車次鎮江，行囊遭竊，所著《甲骨文字正解》手稿及全部珍藏之金石、甲骨、古籍珍善本等，均喪失一空。先生頓足捶胸，痛不欲生。蟄居東臺鄉間，聞南京大屠殺之慘訊，睹難民家破流亡之悲苦，滿懷憂憤，鬱鬱寡歡。不久，日寇進逼，東臺行將淪陷。先生深知難以韜光晦跡，又義無委身事敵之理，遂攜長子簡裝突圍，輾轉小海、白駒等地，由興化赴滬，再經武漢入川。入川後先生長子就學合川，先生孤居渝城，憂國悲家，每念前事，常欷歔至於泣下。經同鄉友好相勸，勉抑悲痛，重理商卜。幸先生博聞强記，僅費三年之功，又成稿矣。在渝期間，先生受聘於教育部，任編輯委員會特約編輯，並兼任北碚復旦大學古文字學教授。

1941年5月3日，日機轟炸重慶，先生不幸罹難，時年僅五十。先生再次全力所撰之學術專著《甲骨文字正解》等手稿又焚於戰火，悲乎！

先生著述甚多，惜未及整理。現所知者有《苦榴花館筆記》一種。1983年4月6日《北京晚報》載文稱此書於蔡鍔與小鳳仙軼事記載較詳，彌足珍貴。

先生在南洋時，著有《南洋華僑與教育》一書，可供從事僑教工作者之參考。又有詩文雜感一函，凡四冊，先生後人正在整理中。

先生《甲骨文字正解》手稿雖焚，所幸者尚有片紙殘稿藏於篋底。先生治學嚴謹，一絲不苟，收集當時已發現之甲骨文字，逐字考證，探本溯源。先生常爲一字之剖析，通宵達旦，累月始解。如此書能整理問世，當可與王國維、羅振玉諸前輩著作方駕並驅，對我國甲骨文之研究必具重要之參考價值。先生客居渝城時，曾作《中國五千年文化之光》一文，約萬餘言，概述治甲骨文之經過、學術觀點及研究簡況。1940年6月，先生所撰《“碚黃”痛憶與“復大”哀聲》爲記錄渝城人民及復旦大學師生在敵機狂轟濫炸中遭難之報告文學，曾載當時之《大公報》。

先生在寧辦學時，致力於培養人才。親自登臺授課，教學態度認真，旁徵博引，闡幽發微，時有新解，故深受學生歡迎，一時蜚聲教壇。先生教學不忘革命，1917年間爲支持孫中山先生在廣東組織軍政府反對北洋軍閥，曾親赴廈門協助李烈鈞開展護法運動，積極從事革命活動。先生還親自遴選學生，送往廣州黃埔軍校，以支持孫中山先生的革命軍事活動。先生愛才若渴，多方禮聘有真才實學之士充實師資隊伍；學生中有清貧不能繳納學費者，先生均准予免費或貸款相助就學。先生以作育人才爲懷，青年學生中有共產黨員者，先生亦有所覺察，常嘉其言行而暗庇護之。學生中有李昌芬者，參加革命活動後，爲宜興暴動之組織者，事敗後被捕就義。先生聞耗，有逾喪子之痛。

先生不慕功名，殫精竭慮，以教育和治學爲己任。1931年隨蔡元培先生憤離監察院後，多次拒絕當權者之聘請，寧以典當告貸度日，決不同流合污，玷辱人格。

先生一生光明磊落、耿介孤高，愛國熱腸發於内中，浩然正氣溢於行動。其出處大節，昭然在人耳目，簡述梗概，所以示久遠也。

（原載南京師範大學圖書館、中文系資料室編：《文教資料簡報》，1984年7、8期合刊，第133—136頁）

汪同塵先生傳略

汪涵光　汪定華

汪同塵（1891—1941），原名汪家材，又名慟塵，東臺本城人，爲清末舉人、東臺著名學者汪濟（作舟）之幼子。民國後，從事教育事業，以教育家、古文字學家著名。

同塵先生早年喪父，家境清貧，然天資穎慧，過目成誦，少年即承家教，又得其師丹徒劉鐵雲（鶚）先生悉心指導，熟諳許慎《說文解字》及諸文字學著作，其文字學方面的功力與成就實肇端於此。先生青少年時期即胸懷大志，痛感清廷政治腐敗，列強入侵，國弱民貧，常中夜興歎，欲獻身於民族解放事業，求經世致用之學，遂隻身離鄉，以優異成績考入南京南洋水師學堂，刻苦學習海軍專業。從學期間，思想進步。毅然加入孫中山先生所創建之同盟會，積極從事革命活動。畢業未久，值辛亥革命爆發，先生旋赴北京參與海軍革新派活動。1914 年至 1915 年任北京《民蘇報》主筆，先生才華橫溢，文筆恣肆，以輿論反帝倒袁，與蔡鍔等著名人士時有過從。

北洋軍閥統治期間，先生幾受袁世凱之害，乃南下南京，先後任國立暨南學校、河海工程學校、南京第一中學等校國文、譯文講席。1919 年至 1920 年去南洋（印度尼西亞），任爪哇泗水中華學校校長。1921 年又回南京，創辦正誼中學，主管教務，並親自授課。1924 年至 1926 年在南京主籌兩江民立中學，任校長，親授多種課程。1926 年冬，先生響應南方軍政府號召，與沈鈞儒先生在滬組織蘇浙皖聯合會，反對軍閥孫傳芳反動統治。1927 年，兩江民立中學校舍，被軍隊駐紮，校具設備受損停辦。1928 年，因先生熟悉南洋華僑教育事業，受大學院長蔡元培先生之聘，任華僑教育委員會委員。1929 年至 1931 年，蔡元培先生就任監察院長，聘先生爲首席秘書，兼設計委員。1931 年春，蔡先生與同塵先生均因反對蔣介石政府對日不抵抗，對內鎮壓民主，且因同情和支持愛國人士及學生進步運動，相繼辭去監察院職務。

先生剛正不阿，義無反顧，從此閉門著述，不涉政界，潛心於甲骨文研究。1937 年，先生完成《甲骨文字正解》一書，凡數十萬言，正謀付印，值抗日戰爭爆發而未果。是年夏，日本國某學者來我國參觀全國美術展覽會，見先生以甲骨文所書琴條及其所作題跋，爲之歎服，因由該邦外交人員，轉託國民黨某巨公介紹拜訪先生，並觀覽先生所藏二萬餘卷圖書及其他的字畫碑帖，終乃示意願聘往日本國主講甲骨文字。先生因國難當頭，遂託辭峻拒之。南京淪陷前，先生攜家遄歸故里。車次鎮江，行囊遭竊，所著《甲骨文字正解》手稿及全部珍藏之金石、甲骨、古籍珍本等，均喪失一空。先生頓足捶胸，痛不欲生。其後蟄居東臺故里時，聞南京大屠殺之慘訊，睹難民家破流亡之悲苦，滿懷憂憤，鬱鬱寡歡。未幾，因日寇進逼，東臺行將淪陷。先生深知難以韜光晦跡，又義無委身事敵之理，遂攜長子，簡行裝突圍，輾轉經小海、白駒等地，由興化赴滬，再西上經武漢入川。其時，先生長子就學合川，先生孤居渝城，悲家憂國，每念及多年心血之作，一旦付諸東流，常欷歔至於泣下。經同鄉友好相勸，勉抑悲痛，重理商卜。幸先生博聞強記，僅費三年之功，又恢復原作之貌。居渝期間，先生受聘於教育部，任編輯委員會特約編輯，並兼任北碚復旦大學古文字學教授。

1941 年 5 月 3 日，日機轟炸重慶，先生不幸罹難，時年僅五十。尤不幸者，先生再次全力以赴之學術專著《甲骨文字正解》及其他手稿又均歸於盡，此誠學術界之一大損失。

先生青年時代在北京辦《民蘇報》時，著述甚多。先生結婚頗晚，去世時子女年齡尚幼，劫餘之存稿未能及時整理，現所知者有《苦榴花館筆記》一種，搜羅資料頗豐。1983 年 4 月 6 日《北京晚報》載文稱道此書於蔡鍔、小鳳仙軼事記載較詳，彌足珍貴。國內大圖書館中尚有館藏。

先生在南洋教學之餘，對我國在彼土之教育事業曾作過一番調查研究，著有《南洋華僑與教育》一書，至今仍可供從事僑教工作者之參考。與此同時，尚有《含英咀華》詩文雜感遺稿一函，凡四冊，其中雋言、掌故資料頗豐。現亦由後裔保存，並正在整理中。

先生治學嚴謹，一絲不苟，《甲骨文字正解》手稿，收集當時已發現甲骨文字，逐字考證，探本溯源，常爲一字之剖析，通宵達旦，累月始解。若此書能問世，當可與王國維、羅振玉諸前輩著作并駕齊驅，對我國甲骨文之研究必具重要之參考價值。先生生前常以甲骨文字作條幅、對聯，書贈親友，今已罕見。先生客居渝城時，曾作《中國五千年文化之光》一文，約萬餘言，概述治甲骨文之經過、學術觀點及研究簡況。1940 年 6 月，先生撰寫《“碚黃”痛憶與“復大”哀聲》一文，亦約萬餘言，爲記錄敵機轟炸及復旦大學遭難之報告文學，曾載《大公報》。二文原稿現均由後人保存。

先生在寧辦學時，致力於培養人才，親自登臺授課，教學態度認真，旁徵博引，闡幽發微，時有新解，故深受學生歡迎，一時蜚聲教壇。先生教學不忘革命，1917 年間，爲支持孫中山先生在廣東組織軍政府反對北洋軍閥，曾親赴廈門協助李烈鈞開展護法運動，積極工作。先生還親自遴選學生，送往廣州黃埔軍校，以支持孫中山先生的革命軍事活動。故舊門生中，成爲知名人士者甚衆。然先生不慕功名，殫精竭慮，以教育治學爲己任。1931 年隨蔡元培先生憤離監察院後，杜門治學，多次拒絕當權者之聘請，寧以典當告貸度日，決不同流合污，玷辱人格。先生愛才若渴，多方禮聘有真才實學之士，充實師資隊伍，門生中有清貧不能繳納學費者，先生均准予免費或貸款相助就學。先生以作育人才爲懷，青年學生中有共產黨員者，先生亦有所覺察，常嘉其言行而暗庇護之。學生中有李昌芬者，參加革命活動後，爲宜興暴動之組織者，事敗後被捕就義，先生聞耗，有逾喪子之痛。

先生一生光明磊落，耿介孤高，愛國熱忱發於內中，浩然正氣溢於行動。其出處大節，昭然在人耳目。簡述梗概，所以示久遠也。

編者說明：汪涵光爲同塵先生長女，南京師範大學語音學講師；汪定華爲同塵先生長子，北京核能工程研究設計院副總工程師。

（原載中國人民政治協商會議江蘇省東臺縣委員會文史資料研究委員會編輯出版：《東臺文史資料》，第一輯，1984年，第64—67頁）

汪同塵先生傳略

汪涵光　汪　華　汪國璠

汪同塵（1891—1941年），原名汪家材，又名慟塵，東臺本城人，清末舉人、東臺著名學者汪濟（作舟）之幼子，從事教育學、古文字學學者。

同塵先生幼時天資穎慧，閱家中藏書，得其父教誨，熟讀許慎《說文解字》等文字學著作，爲後來專攻文字學打下了一定的基礎。先生青年時期就有遠大的抱負，他痛感清廷政治腐敗，列強入侵，國弱民貧，欲獻身於民族振興事業，求經世致用之學，富國強兵。遂隻身離鄉，以優異成績考入南京南洋水師學堂，刻苦學習海軍技術。在校時思想進步，加入了孫中山先生所創建的同盟會，秘密從事反對清廷封建統治、反帝國主義的愛國民主活動。畢業不久，值辛亥革命爆發，他立赴北京參與海軍革新派活動。先生才華橫溢，文筆極佳。1914年至1915年任北京《民蘇報》主筆，以輿論力量反帝倒袁，與蔡鍔等著名人士友善。

北洋軍閥統治北京期間，先生在北京的革命活動受限制，回到南京後，在南京河海工程學校、南京正誼中學、南京第一中學等校任教語文、英語等課。1919年至1920年，去南洋（印度尼西亞）任爪哇泗水中華學校校長。1921年又回南京，在正誼中學主管教務。1924年至1926年在南京主籌兩江民立中學，任校長，並授多種課程。1926年冬，國民黨廣州南方軍政府號召北伐，他起而響應，與沈鈞儒先生在滬組織蘇浙皖聯合會，反對軍閥孫傳芳反動統治。1928年國民黨在南京定都後，蔡元培任大學院長（即後來的中央研究院），因先生熟悉南洋華僑教育事業，聘他爲華僑教育委員會委員。1929 年至 1931 年，蔡元培先生就任國民黨政府監察院院長，聘先生爲首席秘書。1931 年春，蔡先生與同塵先生均因反對蔣介石的國民黨政府對日不抵抗，對內鎮壓民主的反動政策，同情和支持愛國人士及學生抗日救亡的進步運動，相繼辭去監察院職務。

先生剛正不阿，義無反顧。從此，閉門著述，不涉政界，潛心於甲骨文研究。至 1937 年，他所作《甲骨文字正解》一書初稿十萬言，已告完成，正謀付印之際，值日本帝國主義向我華東、華北大舉進犯。南京淪陷前，先生攜家逃歸故里，車經鎮江，不料行囊遭竊，先生所作《甲骨文字正解》手稿及全部珍藏之金石、甲骨、古籍珍善本等，均喪失一空。兵荒馬亂，尋覓無蹤。先生蟄居東臺故里，聽聞南京淪陷後大屠殺的慘況，痛感流民國亡家破之苦，滿懷憂憤，鬱鬱寡歡。不久，因日寇進逼，東臺亦將淪陷。先生因名聞海內，難以隱藏，又不願屈節事敵，遂攜長子一人突圍，輾轉經小海、白駒等地，由興化赴滬，再經武漢入川。其時先生長子就學合川，先生孤居渝城，思家每念及多年心血之作，付諸東流，痛不欲生。經同鄉友好相勸，勉抑悲痛，重理斯文。幸先生博聞強記，費三年之功，多憑記憶，逐步恢復了原作之貌。在渝期間，先生還受聘於教育部，任編輯委員會特約編輯，並兼任北碚復旦大學古文字學教授。

1941 年 5 月 3 日，日機轟炸重慶，先生不幸遇難，時年僅五十。在這次轟炸中，他再次全力以赴的學術專著《甲骨文字正解》手稿也同歸於盡，誠爲學術界的一大損失。

先生青年時代在北京辦《民蘇報》時，文章著述甚多。因先生結婚較晚，遇難時子女年幼無知，存稿藏書被炸被竊，至今尚缺乏整理。現所知者有《苦榴花館筆記》一種，搜羅資料頗豐。1983 年 4 月 6 日《北京晚報》尚有人撰文，稱道此書對蔡鍔與小鳳仙軼事記載較詳，彌足珍貴。國內大圖書館中有館藏。

先生在南洋教學之餘，對我國在彼土之教育事業進行過調查研究，著有《南洋華僑與教育》一書，至今仍可供從事僑教工作者參考。

先生治學態度嚴謹，一絲不苟，《甲骨文字正解》手稿，收集當時已發現之甲骨文字，逐字考證，追根溯源，常爲一字之剖析，通宵達旦，累月始解，可惜此書未能問世。他生前常以甲骨文字作條幅、對聯，書贈親友，今已罕見。先生客居渝城，曾作《中國五千年文化之光》一文，約萬餘言，概述本人治甲骨文之經過、學術觀點及研究簡況，原稿現由後人保存。

先生在寧辦學時，致力於培養人才，親自登臺授課，教學態度認真，旁徵博引，闡幽發微，啓示頗多，深受學生歡迎，蜚聲當時教育界。先生教學不忘革命，1917 年間爲支持孫中山先生在廣東組織軍政府反對北洋軍閥，曾親赴廈門協助李烈鈞開展護法運動，積極從事革命活動。他還親自遴選學生，送往廣州黄埔軍校，以支持孫中山先生的革命軍事活動。故舊門生中，有成爲知名人士者甚衆。然先生不慕功名，以教育和治學爲已任，奔走呼號，不遺餘力。1931 年隨蔡元培先生憤離監察院後，杜門治學，多次拒絕當權者之請，寧願靠賣文甚至借債維持生計，決不同流合污，玷辱人格。先生愛才若渴，多方禮聘有真才實學之人充實師資隊伍，門生中有清貧不能繳納學費者，先生均免費或貸其金。先生更愛惜、保護進步的學生，青年學生中有共産黨員者，先生雖有所覺察，嘉其言行而暗護之。如學生李昌芬，參加革命活動後，組織了宜興暴動，事敗後被捕就義。先生聞訊後，痛逾喪子。

（大豐縣政協供稿）

（原載中國人民政治協商會議江蘇省鹽城市委員會文史資料研究委員會編輯出版：《鹽城文史資料選輯》，第二輯，1984 年，第 146—149 頁）

汪家材傳

十世　家材　作舟公幼子。字同塵，一字慟塵。少失怙恃，家道衰落，飽受苦難，家中庭院植有榴樹一株，又自號“苦榴花館主”。清光緒十八年（1892）生，1941 年 5 月 3 日，日軍飛機對重慶大轟炸時罹難，年僅 50 歲。著名教育家、古文字學家。

同塵公少有大志，痛感清廷政治腐敗，國家積貧積弱，無力抗拒列強入侵，冀望走富國強兵之路，考入南京南洋水師學堂，學習海軍專業。在校期間，即秘密加入孫中山所創建的同盟會，從事革命活動。畢業後，辛亥革命爆發，赴北京參與海軍革新派活動。曾任北京《民蘇報》主筆，以輿論倒袁。北洋軍閥統治期間，受到迫害，回南京從事教育工作。創辦正誼中學、兩江民立中學。潛心研究甲骨文，完成《甲骨文字正解》書稿。1937 年日軍進逼南京。同塵公攜全家回東臺老家避難。1938 年 3 月 25 日東臺城淪陷前，攜長子齊中，輾轉入川，受聘於教育部，任教科書編輯委員會特約編輯，並兼任北碚復旦大學古文字學教授。

同塵公學識淵博，才華橫溢，著述甚多，大部分未能出版。僅有《苦榴花館雜記》二卷行世。現由其外孫鄭宇健教授搜羅遺文，正在編輯《汪同塵文存》一書，近期公開出版。有關同塵公生平業績，《東臺市志》“人物”978—979 頁有詳細介紹（江蘇科學技術出版社 1994 年 7 月第一版）。

（原載汪國璠主編《東臺汪氏族譜·汪氏（頤壽堂）世系分表》，第 59—60 頁）

汪同塵先生年表簡編

汪齊正編撰　汪保衛校補

先生先世歙縣人，明末清初因避戰亂，遷江蘇東臺，遂著籍。先生早年參加同盟會，奔走革命，倡導民權，興辦教育，培育人才，並潛心研究先秦文字金石甲骨等，著作甚豐。

先生生於清光緒十八年（1892），民國三十年（1941）5月3日日軍轟炸重慶不幸罹難，享年五十歲。

清光緒十八年（1892）

8月9日，先生出生於東臺縣城，爲清末舉人、著名學者汪濟（字作舟）之幼子。取名家材，又名慟塵。

光緒二十二年（1896）

先生師從乃父同年舉人丹徒劉鶚（字鐵雲），熟諳許慎《說文解字》等，奠立國學基礎。

光緒三十三年（1907）

先生時年十六歲，考入東臺師範學校。

光緒三十五年（1909）

先生考入南洋海軍學校（原名南洋水師學校），期間加入孫中山創建之同盟會。

民國元年（1912）

先生轉入煙臺海軍學校，旋因袁世凱秉政，解散國會，捕戮黨人，乃赴京津參與海軍革新派活動。

民國五年（1916）

袁世凱稱帝，先生發表《帝京詞》，集元遺山詩成七絕四十章，又著《望帝夢彈詞》等，揭載報章，時論大快。

先生任北京《民蘇報》主筆，以輿論反帝倒袁，與蔡鍔等過從甚密，幾遭迫害。期間著述頗多，有《苦榴花館筆記》一種，叙述蔡與小鳳仙事較詳。

民國六年（1917）

復辟軍興，先生避處津門。旋返南京，任國立暨南學校、河海工程學校、南京第一中學等校國文、英文教席。期間爲支持孫中山反對北洋軍閥，曾赴廈門協助李烈鈞開展護法運動。

民國八年（1919）

先生應爪哇華僑之聘，赴南洋（印尼）任泗水中學校長，期間著有《南洋華僑與教育》一書。

民國十年（1921）

先生返回南京，主持南京正誼中學教務，並任河海工程學校教席。

民國十一年（1922）

年初，先生在南京與望江名門之女倪世英完婚。

民國十三年（1924）

先生創辦兩江民立中學，並任校長。至民國十六年（1927），因軍閥孫傳芳軍隊進駐，校舍等被毁而停辦。

此數年間，先生致力教育，培育人才，並遴選優秀人材如陳超、張世希等，親自伴入粵中，考入黄埔軍校一期，後在北伐諸役中頗著戰功。

青年學生中有共産黨員者，先生有所覺察後，常嘉其言行而暗庇護之。有李昌芬君，參加宜興暴動之組織，事敗後就義，先生聞耗，有逾喪子之痛。

民國十四年（1925）

上海發生五卅運動，南京大、中學師生應援集會。先生時爲南京集會、遊行副總指揮，登臺演講，慷慨陳辭，組織並帶領師生，沿中山北路遊行示威至下關。

民國十五年（1926）

先生受國民黨中央和皖省黨部密令，通過學生徐鵬遠，成功策反河南混成旅起義，歷經千辛萬苦，率領該旅與淮上軍至長沙，移交北伐軍總政治部主任鄧演達，隨即以該旅和淮上軍爲基礎，組建北伐軍第三十三軍，由柏文蔚任軍長。

先生響應南方軍政府號召，與蔡元培、沈鈞儒、褚慧僧諸人，組織蘇浙皖三省聯合會，代表東南民意，反對軍閥孫傳芳統治，與北伐軍相呼應，並隨軍收復南京。

民國十六年（1927）

年初，先生與葉楚滄、胡霖（字政之）晤聚漢臯，暢議國是。

大學院院長蔡元培組織華僑教育委員會，聘先生爲委員。

民國十八年（1929）

蔡元培出任監察院院長，聘先生爲首席秘書。期間，婉辭軍政部兵工署署長張羣聘約。

是年國民政府舉行孫中山奉安大典，先生爲負責招待政界代表的幹事之一。

民國二十年（1931）

于右任繼任監察院院長，聘先生爲該院設計委員。

先生任職未久，以“九一八”事變以來，不滿政府對日投降對內鎮壓政策，同情支持愛國人士和學生進步運動，辭去監察院職務。自此閉門著述，不涉政界，潛心於甲骨文之研究。

民國二十六年（1937）

先生《甲骨文字正解》一書脱稿，正謀付印，值抗日戰爭爆發而未果。

是年，日本學者來我國參觀全國美術展覽，見先生所書甲骨文琴條等，經政府要員輾轉介紹拜訪先生，並披覽所藏之部份圖書字畫碑帖金石，爲之歎服不已，欲以重金聘赴日本講學，先生以國難當頭拒絕之。

南京淪陷前夕，先生攜家遄歸故里，車次鎮江碼頭，秩序大亂，所攜之書稿及全部珍藏之金石、甲骨、古籍珍善本等，均喪失一空，先生頓足捶胸，痛不欲生。

民國二十七年（1938）

年初，東臺行將淪陷，先生知難韜光養晦，乃攜長子定華簡裝突圍，經興化赴滬，經武漢入川。

先生應復旦大學教務長孫寒冰，中文系主任陳子展之邀，受聘爲復大教授。

先生應邀晤教育部次長張道藩，受聘爲教育部特約編審，同期受聘者有吳稚暉、盧冀野等。

民國二十八年（1939）

十月間，先生應教育部部長陳立夫約晤，陳氏敦請先生從速將甲骨文稿寫出。

民國二十九年（1940）

6月，先生撰寫《“碚黃”痛憶與“復大”哀聲》一文，爲記錄重慶北碚及復大師生在敵機狂轟濫炸中遭難之報告文學，曾載當時之《大公報》。

期間先生曾作《中國五千年文化之光》等文，概述治甲骨文之經過、學術觀點及研究簡況。

民國三十年（1941）

先生獨居渝城（長子汪華入讀合川國中），重理商卜。幸先生博聞強記，費三年之功，《甲骨文字正解》書稿復成。

5月3日上午11時，日機空襲重慶，先生不幸罹難於張家花園四十九號。先生再次全力所著之學術手稿等，一併焚於一旦。

兩江民立中學校長汪同塵檔案（三件）

（一）

省長公署批

批兩江民立中學校長汪同塵（第一三八〇號　五月四日）

呈爲續請撥給房屋，借作校舍由

呈悉。查第一工場織科停辦之後，原有房屋充作該校舍，自無不可。惟該處基地本非省有，一部份房屋原向豐公祠租用，每年照繳租金。現在該校既欲接續租用，仰分別向旗民生計處及第一工場議定租用辦法，並租金數目，再行呈候核定施行可也。此批。

（原載《江蘇實業月誌》，第七十五期，1925年6月，公文，第9頁）

（二）

省長公署批

批兩江民立中學校長汪同塵（第一五四五號　五月十九日）

呈爲租借校舍業已議定辦法，請核准備案由

呈及合同均悉。查該處房屋，既據稱已與第一工場、旗民生計處協商妥洽，訂立正式合同，自可准予承租。惟合同內開：第一工場自承租後歷年自建房屋及掃拾修理費用，另單開明，由民立中學撥還第一工場。究竟各款共計若干，何時撥還第一工場，未據聲明。事關省款，應將數目及撥還辦法，會同第一工場訂定呈報，再行核奪。除令行第一工場外，仰即遵照。此批。

（原載《江蘇實業月誌》，第七十五期，1925 年 6 月，公文，第 11 頁）

（三）

省長公署批

批兩江民立中學校校長汪同塵（九月二日）

呈爲案懸待決，請求明予處分由

呈悉。查復成橋第一工場織科房屋，係向旗民生計處永租，且訂有契約，呈經本署備案，約中載明原舊房屋僅十二間，則其餘房屋均爲第一工場所添建。照約，如工場遷移，所有場中前後添建新舊房屋及修理等，均應會商辦法，呈請本署核奪。今並未經過此項手續，是第一工場承租之契約並未解除，旗民生計處轉租之權尚未取得也。該校長對於此中原委亦當明白，否則前送合同，何以經第一工場場長會同簽字？蓋該屋之產權在旗民生計處，對於第一工場，未經按約履行以前，不能單獨處分，而第一工場又係實業廳主管，不經該廳之核准，場長亦不能擅自作主，此本署前批之所以飭令逕呈實業廳核辦也。至准予承租與批准承租，截然兩事，不能牽混，譬之民間租屋，准予承租僅表示願租之意，在租約未定以前，雙方均可自由取消。今該校長認定准予承租爲非租不可，實屬誤會，特再明白批示，仰即知照。此批。

（原載《江蘇實業月誌》，第一期，1926 年 1 月，批令，第 20—21 頁）

汪倪世英呈南京市長馬超俊文

汪倪世英呈

（1946年1月16日）

竊民家在京戶部街五號之房屋被日軍拆毀，所有動產被日軍劫掠一空，氏夫汪同塵在渝被日機濫炸殞命，家破人亡，實深慘痛，業於卅四年十月卅日陳明事實及損失情形，請求日方按照所受之損害賠在案，茲將房屋及傢俱、衣服、書籍、字畫、古玩等所受之損失，開具估價清單一冊，仰祈鈞長鑒核，俯准令飭日方照數賠償，以重人權物權，而恤遺族孤孀，實爲德便。謹呈

南京特別市政府市長馬

計附呈損失估價清冊一份（略）

具呈人：汪倪世英

現年四十七歲

原籍：安徽望江

現籍：江蘇東臺

原住南京戶部街五號

現寓本京太平路文昌巷文壽里四號翟寓內

中華民國三十五年一月十六日

［南京市檔案館 1003－17－26］

（原載張建寧等編：《南京大屠殺案市民呈文》（張憲文主編《南京大屠殺史料集》23），南京：江蘇人民出版社、鳳凰出版社，2006年，第599頁）

星源公參加辛亥革命光復東臺

今年正逢辛亥革命一百周年。辛亥革命推翻了清朝260餘年的統治，結束了2000多年的封建帝制，石破天驚，是歷史盛事。星源公是光復東臺的領軍人物，功莫大焉，被公推爲主計課長，後改爲財政長，主政全縣財政金融。

關於辛亥革命光復東臺，市政協《東臺文史資料》（第一輯）陳蒼石、萬東冠兩先生所撰《東臺光復始末》（第9—13頁）、《東臺市志》第三十五篇第一章《名人傳·楊葆寅》中對辛亥光復東臺已有記敘，避免重複，不再贅述。

據新發現的史料，將星源公組織學生自衛團維持地方秩序事績補充如下：

辛亥年9月23日（1911年11月13日），在楊葆寅、丁立棠、汪淮、鮑燾等組織領導下，東臺宣佈光復。11月23日，揚州都督徐寶山在泰州將叛亂擾民的清軍頭目劉鳳朝逮捕，解押至東臺正法，主持地方紳商代表開會，正式成立東臺縣民政公署，公推一批地方官員，地方秩序開始轉好。但仍有地方宵小爲非作歹，搶劫商店，嚇得商家不敢開門營業，市面冷清。

時星源公堂侄汪同塵從南京南洋海軍學校畢業回鄉，見家鄉光復後秩序不好，主動請纓出面維持秩序。星源公大喜，即全權委派他召集回鄉的軍校在籍學生，如周干城、朱華、丁國忠等，集中城内食宿，進行操練，發給制服、新式槍支，名曰“東臺學生自衛團”，每日上、下午兩次到街上巡邏。這批學生思想進步，有的已秘密加入同盟會，在校訓練有素，少年英俊，軍容整肅。汪同塵手持明晃晃指揮刀領隊，令行禁止，口號震天，市民耳目一新。宵小望而生畏，再也不敢擾民滋事。城內社會秩序安定，商店開門，商人也敢進城貿易，出現共和新政的局面。星源這一新招，受到讚譽。

（據吳佛緣、錢藝五、汪洪等口述資料）

（原載汪國璠主編《東臺汪氏族譜·家族遺聞軼事》，第135—136頁）

憶汪丈

段熙仲

熙仲1925年肄業金陵大學時，上海發生五卅運動，在寧大、中學師生聞電憤起響應，有南京大、中學師生應援集會，得識東臺學者汪丈。時先生主持正誼中學，膺選教師代表，大學代表有王伯秋先生，熙則爲金大學生代表。開會時，汪丈慷慨陳辭，羣情鼓舞。言爲心聲，今六十年矣，猶彷佛想見老輩伉爽激昂，如在目前也。

1956年來南京師範學院教學，同仁治現代漢語主講語音之學適爲先生令嫒函光女士。中郎有女，勤勤懇懇教學，多年來不僅能讀父書，且汲汲於整理汪丈遺著。熙仲得見專門學者，身歿之後，遺書散失，可爲太息者多矣。今拜讀傳略，敬誌管見。

1984年3月熙仲奉題，時年八十有六

（原載南京師範大學圖書館、中文系資料室編：《文教資料簡報》，1984年7、8期合刊，第138頁）

憶同塵先生片斷

沈德昭

病榻寂寥，僅追憶片斷，依枕走筆，聊作一芹之獻，異日有興，當續爲之。老朽，庸人也！自少而壯而老，每有所作，不輕示人，茲篇所記，鄙陋堪哂，幸爲我斧正之。

1979. 3. 17

《苦榴花館筆記》係易順鼎署簽，夏寅官作序。夏，師姑丈也，清代翰令。序中有“……聲音笑貌，酷似作舟……吁！作舟有子矣！”作舟，師父也。《筆記》在京師印，南京銷行本由我經手。當時，師寄來預約券一百張，分售後，收款匯京。歷兩閱月，未見書至，購券人紛紛質詢，不堪其擾。及書來，始息。此中種種，余未使師知。及師來寧，頗有所聞，因笑撫余肩曰“‘平生道義兼師友’，可爲我兩人詠矣！”

當年一女師校址在馬府街，距余家僅數十步，余每日往訪。一日黃昏，我在女師教師宿舍與蔡松雲、胡小石、鄭曉滄、李仲乾歡飲賦詩，師忽飄然來，添座更酌，興致甚豪。余適攜有《苦榴花館筆記》在案上，余因請題。師慨然伏案，於扉頁上奮筆疾書，頃刻俱滿。有“冠蓋京華，獨感憔悴……風雪一身，飄泊白門，滿眼悠悠，竟無有館我者。有之，惟沈某某”之句。最後有“可憐一樣階前種，流爲人間當草看……”蓋惜我之落拓不遇也！

師主編京《民蘇報》時，寄我一詩云：“心爲掏杵筆如耕，笑我茫茫作麼生。賣賦燈殘眠未得，推窗月白已三更。"① 寫報館編輯生涯，維妙維肖。

記得老師因避袁禍來寧，當時衹穿一件中裝長衫，別無他物。我招待他住在我家弓箭坊大書房裏。師既下榻余家，咄咄書空，寂寞寡歡。一日余適臥病，仲兄偕師買醉於釣魚巷歌妓鳳卿處。鳳卿嫣然，席上歌揚州"十盃酒"，音調淒楚。師醉大哭，即席寫詩云："者番浪跡又重陵，座上何又識鳳卿？一曲鵾弦淪落恨，江州司馬獨傷情！"歸與余述，悵惘久之。

(原載南京師範大學圖書館、中文系資料室編：《文教資料簡報》，1984年7、8期合刊，第139—140頁)

① 按《民蘇報》1916年11月30號第七版載慟塵《自嘲》詩云："春寒料峭筆猶耕，笑我勞勞作麼生。賣賦鐙殘眠未得，推窗月白已三更。"與此詩略相仿佛。

悼念汪同塵前輩兼述二三往事

金成生

兩位汪同塵

予少時嘗肄業江蘇省立第四師範學校，東培王先生講授文字學，是以得粗識許氏說及六書大意，其後負笈無錫美專，暨上海新華藝術大學，專攻書畫金石。丁丑年，拙作入選教育部舉辦之第二次全國美展，因得以隨時觀摩當時名流作品，其中有汪同塵書甲骨文一幀，勁健挺拔，功力湛深。緣吾四師同學中高余一班者，亦有名汪同塵其人，初以爲必係此人無疑。第不知時隔不久，其所作何以進步神速如是，私衷竊敬佩之。

忽忽數十寒暑，歷經浩劫，槁木死灰，萬念俱息，然於文學藝事，難忘積習，仍不時賴以排遣。甲子秋，友人邱公渠告予，以其芳鄰南師大汪涵光老師之尊人同塵先生，畢生致力殷虛書契文字，遺著甚夥，亟待整理出版，聞之不禁雀躍，深慶先生有後，克紹厥學，正擬往訪，以足疾不果行。

同年冬，邱君復以南師大出版之《文學資料》總一五一期見示，拜讀一過，爽然若失。同學汪君，不過長予三五歲，汪先生生於辛卯，當長予廿年，雖作品在同一屆美展中展出，誼當爲鄉前輩，姓名雖雷同，碻屬兩人矣。①

---

① 按 1937 年教育部第二次全國美術展覽會之甲骨文作品，即同塵先生所書，後收入《現代書畫集》（《教育部第二次全國美術展覽會專集》第二種，上海：商務印書館，1937 年），題名“甲骨文琴條集詩一首”。此甲骨文琴條之作者，並非金先生同學之另一位汪同塵先生者。美展中似無兩位汪同塵書兩幅甲骨文作品之事，金先生言“雖作品在同一届美展中展出”云云，似不確切。

忝附門牆

先生曾在寧辦正誼中學，地址在四條巷北口之南。予家居三條巷之北，兒時嘗遊其地，學校坐北朝南，門前地勢寬廣，門側左右有圓形石刻各一，雕工精細，入内，教室軒敞。余以稚齡，不足以入中學，嘗遊其地，亦可謂忝附門牆者矣。使先生地下有知，亦當爲之莞爾。

痛悼重慶五三死難同胞

抗日戰爭期間，辛巳五月三日，陪都重慶遭敵機肆虐，死傷無慮若干萬人，先生亦不幸罹難。時余同客渝，寄寓兩路口之桂花園，翌日專往街頭憑弔，陳屍累累，慘不忍覩。惜當時不知先生亦在，否則當鞠躬祭奠，以慰亡靈。痛哉！

獻 詩

壬戌秋，爲日本投降三十七周年，紀念日，曾作七言絕句六章，以抒悲憤。放翁曾有“王師北定中原日，家祭毋忘告乃翁”之句，亟爲先生獻之，藉以告慰先生之靈（詩另錄）。

涵光先生斧正

甲子臘月除夕前一晚鐙下草於金陵東城老屋

壬戌之秋，七月既望，適爲日本戰敗投降之三十七周年。晨起兀坐，撫今思昔，感觸萬端，因賦小詩，用抒悲憤。

去國第一

濁酒重把舊夢溫，
新詩寫罷付兒孫。
傷心四十年前事，
扶老將雛去國門。

許國第二

抛卻鄉園安樂地，
流亡何處向天涯。
大仇未報敢辭死，
正是男兒許國時。

流離第三

愛國心同鐵石堅，
流離顛沛路千千。
爲填東海師精衛，
不計辛酸不計年。

捷報第四

爆竹雷鳴乏酒酤，
人傳捷報坐歡呼。
八年多少還鄉夢，

勝利今宵夢應無。

進入第五

屍横鍾阜人煙絕，
血滿秦淮水不流。
“進入”居然一筆過，
荒墳萬鬼哭啁啾。

珍惜第六

好花如錦復如荼，
珍惜神州風景殊。
一寸河山一寸血，
得來費幾許頭顱。

甲子除夕前一日，石城翁金成生重録於東城老屋鐙下，時已夜深，秉燭不寐，伏櫪老驥，未免有髀肉復生之感。

即請

涵光先生正耳

未是艸

（據原件及汪涵光女史釋文整理）

崢嶸歲月不堪憶　盛世熱望家族興

汪齊和口述　汪保衛恭錄

［國璠敬按］定基三叔爲傳奇人物，英俊睿智，博聞強記，有幸福童年。日軍南京大屠殺前，全家逃回老家，飽經磨難，少年早熟。在上海迎來解放，成長爲國營大企業領導骨幹，多次被評爲優秀黨員。正報國有門，大展宏圖之際，惜因工作勞累，雙目失明。離崗後，先生直面人生，發揮其精通多種外語之長，熱情義務輔導青少年學外語，積極參與社會公益活動，奉獻愛心，在社區有口碑。先生生於憂患，晚年幸福，寄希望族中多出英才，振興中華，人格魅力，感人至深。茲將先生《八旬簡憶》節選，以饗族人。

我 1930 年 6 月 12 日生於南京戶部街的和光里桃潭小築。父親家材（字同塵）、母親倪世英，按照家族輩份排行，取名齊和，字定基。我上面有姊姊涵光，大哥齊中（字定華）、二哥齊正（字定遠），妹妹重光，1935 年纔出生。這些名字無不蘊含著中華文化傳統、儒家、道家思想的精髓，寄托著先人對子孫的厚望。家齊國治天下平，是孔子的治國理念，也是我們這個古老家族的人生追求。祖父濟公（字作舟）青年時就愛讀老（子）莊（子）著作，精通《易經》。他欣賞《老子》“和其光，同其塵”的名句，將父親的字取“同塵”，希望他戒驕戒躁，處世不露鋒芒，含蓄內斂。父親也將祖先的家訓體現在我們兄弟姊妹五個人的名和字中，結合自然，用心良苦。父親雖生於東臺名門望族，書香之家，少時即爲孤哀子，睿智早熟，十七八歲就外出闖蕩，參加辛亥革命、輿論倒袁（世凱）、北伐大革命，中年纔在南京定居，從事教育。他在南京城南買了房子，平房，一般化，但花園卻很大。我們兄弟姊妹們常在裏面嬉戲種花，有歡樂幸福的童年。1936年秋季，我在太平路南京市立第一試驗小學就讀，各方面堪稱一流。1937年秋，南京開始喫緊，日本飛機不時空襲。學校教學生如何疏散躲飛機。警笛聲、高射炮聲、市民奔逃聲，打破往日的寧靜。1937年冬，日寇從上海步步進逼，南京淪陷前夕，父親率全家老幼八口，棄家向故鄉東臺方向倉促出逃。此行衹帶全家必要衣服，捨棄了家中全部資產，包括父親多年珍藏的大量古董文物及數萬冊中外圖書（中有古籍善本），臨行前父親在書房留下字條寫明："別的東西都可拿走，但請保留這些書籍。"此行最大的損失，卻是父親隨身的一隻木箱，箱中存有他最珍貴的積十多年心血寫成，尚未及出版的數萬字的《甲骨文字正解》手稿，若干正待研究破解的甲骨及金文以及孫中山、黄興書信等民主革命的重要文物。在鎮江車站雇人代拎此箱時，竟被當做金銀財寶，乘亂盜走。爲此父親捶胸頓足，痛不欲生。到江邊時，衹見江水茫茫，岸邊已無船可渡，幸遇父親的一名老學生，時任當地駐軍營長，鳴槍攔下江中正揚帆航行的一艘大船，同時搭救了走投無路的正要與全家投江的太倉汪姓中醫一家同往東臺。船行江中時，定遠二哥不慎落水。寬闊的江面僅有一葉小舟，舟上夫婦倆心好，雙槳如飛，奮力趕來，及時救起，拒收報酬。

船抵東臺後，投奔中堂巷九號二伯楨甫公。伯父上海法政大學畢業後，曾任江西高院法官，回家後，爲家鄉著名律師。伯父家中當時有伯母袁氏桂和，齊信、齊恭兩個堂姊，還有伯父多年隨從，獨身的族叔汪洪等五人，同住的還有大姑母汪家梅（邢汪氏）及養女菊華，女傭美英等共八口（大姑父邢子湘曾在江西任郵政局長，暴病身亡）。我們一家來到後，驟增至十六口人，給伯父增加了壓力和困難。伯父所租房屋有前後二進，後進爲樓房，前進有寬闊大廳及較大的院落，比較寬敞。

由於一路勞頓驚嚇，原體弱多病的外祖母倪慶氏抵東臺，不數日便客死異鄉。外祖母係安徽望江縣（現屬安慶市）名門望族，旗人官宦後裔。母親倪世英早年喪父，是他們唯一的遺腹女，族中曾有人任清廷駐外使節。

日軍向東臺逼近，全家又繼續往黃海之濱的潘家鏊、小海等地轉移。在潘鏊鎮親眼見到地主土豪私設牢房，隨意槍殺所懷疑的農民。一天深夜我們弟兄爲了逃避綁架，設法將被反鎖的大門移開後，頂著凜冽刺骨的寒風，在茫茫曠野中，慌不擇路奔逃。

在陳氏莊園避難時，曾在莊中私塾就讀。塾師是一位秀才老夫子，曾在我們大楷簿上的空隙處寫了一句寶塔詩“薄，紙薄，秋雲薄，人心更薄”，印象很深。看來他也是飽感世態炎涼的失意文人。他以拔火療法，一舉治癒我遷移不愈的腰部疱疹，這段私塾生活是值得回憶的。在該莊還曾有趣的見到，驕縱任性的地主少爺，由二名家丁護送上學時，在半路竟要家丁用擔架擡過小橋。

臺城淪陷前，父親攜定華大哥繞道小海、興化、武漢等地，追隨國府輾轉入川。母親則帶著我們四人仍回臺城，在伯父家中棲身。我和定遠二哥到富莊巷女子小學就讀。女校校長沈登宜，女教師有戈寶經（著名俄文翻譯家戈寶權之妹）等。

1940年冬臺城淪陷輟學，我們在家中補習、自學，曾師從族祖湘綸公及東臺才子李寶善等，補習主要課程。

淪陷前，日機轟炸頻繁，警報不斷，有時祇能躲在鋪上棉被的方桌下，或是躲進附近的防空壕中。中堂巷曾二度被炸。一位同學之母，每遇警報，驚嚇得趕忙將在院中晾曬的馬桶拎回房中坐上。僅有的一次喫魚湯麵，警報突起，祇能放下碗筷逃離，此後很久，仍常爲此惋惜不已。因當年生活特苦，日常以粗糧充饑，有時斷炊，八年中很少接觸葷腥。

淪陷後，則是在敵人鐵蹄下過著準亡國奴的屈辱生活，日寇可以隨時持槍沖入民宅，搜查盤問，老百姓祇能低頭哈腰地敷衍。有一個頑皮的少年一次惹惱了日寇，被追逐到河邊後跳入河中，竟被亂槍打死，父母撫屍痛哭，圍觀百姓無不義憤填膺。

1941年夏，從同學家長處首次得悉父親在重慶日機大轟炸中罹難的噩耗，我和二哥受到莫大的震動，回家後又不敢聲張，喪魂失魄，神情恍惚，家人以爲生了大病。伯父從親友處得知後，也不敢明告母親。母親事後逐漸隱約感覺到，但我們大家都把悲痛強忍在心裏，都不敢公開提及或在一起宣洩悲痛，祇怕對母親的刺激太大。無聲的哀傷乃是最大的哀傷，這樣也就造成或加重了以後長期的精神壓抑和性格憂鬱，影響終生。每次聽到母親獨自低吟"天長地久有時盡，此恨綿綿無絕期"詩，總要引起心中深深哀傷和共鳴。

至此，因斷絕了父親處的經濟來源，全家陷於衣食維艱的更大困境。在二伯父的關懷和扶助下，病弱的母親懷著巨大的悲痛和對數千里外長子的思念和擔憂，含辛茹苦，承擔起哺育四個子女的重擔。她曾帶著年幼的重光妹到農村小學教書糊口。

國仇家恨，也激勵我們學習更加自覺、勤奮。總是從家中和親友處找來各種書籍閱讀，如《史記》《三國志》《資治通鑑》等史書，乃至明清及現代小說，都曾似懂非懂貪婪地閱讀。白天偷藏一些燈油，夜晚在兩根燈芯的油燈下，安靜地讀書，樂此不疲。在書法方面除了正楷外，還練習過隸書、篆書、草書等，也練過金石篆刻，又練過二胡、簫、笛等樂器，雖然無所成就，也算有所涉獵。

1942年夏，二伯父帶我們投考在非淪陷區辦的東臺縣高中，均被同時錄取。校長馬廣才、教師晁思伯又幫母親向縣府申請到烈屬優撫待遇，解決了讀書和喫飯兩大問題。爲了躲避日寇的掃蕩，學校在趙家莊、湖北口、溱潼等地輾轉遷移，有時化裝貧民躲在農民家中。儘管這樣，仍曾二度有過正面驚險遭遇。曾有同學被逮捕後，遭到日憲兵隊酷刑，由家人以重金贖出。

我們在農村牆壁上看到"攘外必先安內"的大標語，但同時我們又親身見過日、僞、頑及地主武裝聯合對付共産黨遊擊隊，並對傷員進行挖眼刺殺的殘酷場面。

1945 年夏，我和二哥同時以名列前茅的成績，由東臺高中部畢業。畢業後，二哥與朱元培一起投奔江南國統區求學，另二位同學因計劃改變，沒有同路，竟在江南某縣被僞軍謀財滅口所害。我因年輕體弱，未準同行，後被邀到杭家堡私塾習教英語等，和一群既是學生又是朋友的少年相處，很是愉快。雖說束脩不多，但家長供應的伙食較好，同時也置辦了幾件新衣。當時家裏窮得連換洗衣服也沒有。因農村缺醫少藥，我所喜愛的一位年僅十歲的少年竟在一夜間被流行霍亂奪走了生命，我很爲之惋惜。

同年八月抗戰勝利後，二伯陪母親回到離開八年的南京，4.5 畝的家園已蕩然無存，僅剩下 1.7 畝的一方池塘。據悉南京淪陷後，敵僞接連幾天用卡車將我們家中財物全部搬走，其後又被附近貧民進一步洗劫。空曠的場地曾被警察局做訓練操場，但後門外大火瓦巷 30 號桃潭里的一處有 150 平方的父親創辦的兩江民立中學校舍，因被房客及平民佔用，未遭劫難。母親等就棲身此地，處理變賣了桃潭小築的地産，還清戰前典押的債務。

我與涵姊、重妹於 1946 年夏返寧，與華、遠哥等團聚，但此時我們卻失去了敬愛的父親、慈祥的外祖母、可愛的家園及無價的珍貴文物。日寇侵華浩劫中，家破人亡之深仇大恨，子孫後代，切不可忘。此後，從故鄉及內地先後有多批親友來此投靠借住棲身，全靠母親勉力維持，當時家中別無收入，加以投資失利，積蓄消耗很快，所幸我們讀書都是公費。

……（整理者按：中略）

保衛兒多年來幫我讀了不少書刊，近年來又熱心於整理、破譯祖父的遺著，與宇健外甥等籌劃《汪同塵文存》出版事宜，以了卻我輩心願，告慰先父在天之靈。

……（整理者按：下略）

（原載汪國璠主編《東臺汪氏族譜·藝文》，第172—183頁）

汪同塵與高二適的友誼

王炳毅

提到高二適先生，不少人都知道他是自具藝術個性的書法家，又是功底深厚的文史專家，他於80代初辭世。他曾爲晉代書聖王羲之《蘭亭序帖》之真僞與郭沫若爭論、打筆墨官司。在毛主席寫批語干預後，高二適的文章纔得以公開發表……而與他是同鄉又是多年至交的甲骨文字專家汪同塵的事蹟，就鮮爲人知了。高汪兩人的友誼亦是過去沒有披露過的。

汪同塵，原名家材，東臺人。1891年生，清末舉人汪濟之子，幼年隨父教讀。父親思想開明，這對他當然會有影響。他於1908年考人南京的江南水師學堂，與周作人是同學，和周作人之兄周樹人（魯迅）也時有往來。他在校就加入同盟會。汪同塵生性耿介、待人誠懇，重情義，自20年代後期至30年代初，他多次幫助高二適。那時，高二適已安家於南京，卻無固定收人。他除了苦讀古書，鑽研學問，主要是向章士釗先生主辦的《甲寅》月刊投稿。稿酬甚少，故而生活清苦，但仍志趣高尚。

而汪同塵在南京已有些名氣。故而，他的經濟較寬裕，常派人給高二適送去米、麵、豬肉等，也資助他一些現金，以安排家人生活或購古書碑帖。倆人常一塊研討學問，南京的國學圖書館和清涼山掃葉樓是他倆常去之地。1935年，國民黨元老、書畫名家陳樹人主持中央僑委會。汪同塵知該機關職員薪水高，工作又清閒，遂徵得高二適同意，爲他引薦，讓高二適當上職員，搞文書抄寫等，月薪大洋120元，維持五口人之家當不成問題。汪同塵慘淡經營五年，寫成十餘萬字的《甲骨文字正解》書稿，但未出版已遇上抗戰爆發。南京陷入日寇魔掌後，汪同塵攜書稿等到鎮江，打算經鎮江北渡，返回東臺老家躲避戰亂，沒料到書稿遭竊，這對他是一沉重打擊。他於 1938 年輾轉入川，孤居重慶，重新研究甲骨文字，並受聘於教育部，任編委會特約編輯，還兼任復旦大學古文字學教授。1941 年 5 月 3 日，日機轟炸重慶，汪同塵不幸遇難，享年 50 歲。高二適驚聞噩耗，哀痛無比，特賦詩悼念。

（原載《鹽城晚報》1996 年 12 月 13 日）

簡介汪同塵先生甲骨文的治學思想

光　華

甲骨文字學家汪同塵先生已去世四十三年了。先生是在大後方的敵機狂轟濫炸之下殉難的，他半生從事的巨作《甲骨文字正解》手稿亦與先生同歸於盡。這實在是我國學術界之損失。意外的是先生故居篋底留有一份普及性的報告手稿《中國五千年文化之光》。從這份遺稿中可看到先生研究甲骨文的經過及治學思想的梗概。爲了抉發先生治學之幽光，筆者不揣翦陋，特將拜閱先生遺稿的心得，公諸同好，期望借此得到海內博雅之匡正。

先生甲骨文研究的主要觀點是：

一、他認爲研究甲骨文字不能濫用六書，古人造字之初更無諧聲之說。“周代以前有無‘六書’是爲疑案，據余觀察，並不難知。所謂諧聲，初無此制，斯而弗察，必不能通。”多年來，海內治甲骨文的學者多奉六書爲金科玉律，用以考訂古代文字，因而錯誤甚多，先生舉羅振玉之誤例（以[illegible]（貴）作“鍰”）説明之。先生明確地指出“所謂諧聲，初無此制”，這可能是我國古文字學研究方面較早提出的一個論點。筆者認爲，這個見解是合乎文字學發展的歷史規律的。

二、研究甲骨文字不能拘泥於許慎《説文》。

先生對許慎的《説文解字》一書研究頗深，他自幼即受教其先人作舟公，後又得劉鐵雲先生之悉心指導。他認爲，許書所收的八九千字都是根據的秦小篆，字形已經變異，很多原始文字已無從揣測。因此，《説文》就很難作爲研究甲骨文可靠的唯一工具。研究甲骨文可以根據許書，但不能拘泥於許書。他認爲，過去不少甲骨文學者拘泥於引證許書，動輒牽就許書之言以爲斷論，是造成多年來甲骨文考證錯誤較多的重要原因之一。反之，他認爲研究甲骨文卻可據以補充和修正許慎的某些解釋和考證文字之變遷，所謂“清文字之源流，明篆隸之變亂”，就是這個意思。

三、“一字一形，一形一義”，乃古文創制之定律。先生準此以攻甲文，費時達十年之久（1927—1937），迎刃而解者已不下一二千字。這個數字已超過當時全國所收甲文總數的一半以上。

先生認爲羅振玉、商承祚二君所著《殷墟文字類篇》考釋之七八百文①，舛誤甚多，其中又往往將多數形體不同之文歸納一條，並定爲一字。先生博聞強記，抗戰期間，客居渝城，在四壁蕭條之陋屋，簡單之字典亦不可得的情況下，全然憑記憶列舉此類誤例多項，可見其熟諳程度。

以上三點，僅爲筆者閱讀先生遺著《中國五千年文化之光》一稿後的幾點初步體會。先生在該文中還舉了幾個甲骨文字的考證結果，並說明其對古籍與文字考據補正的積極作用和意義。

時至今日，中國的甲骨文研究已有較大發展，但願通過這篇短文的簡介，能使現代甲骨學研究者對先生治學的觀點有所瞭解，有助於這項領域的研究工作進一步拓深加廣。先生《甲骨文字正解》已不存人間，先生對甲骨文研究的簡況能爲世人所知，先生當含笑於九泉矣！

1984 年 3 月 29 日完稿

（原載南京師範大學圖書館、中文系資料室編：《文教資料簡報》，1984 年 7、8 期合刊，第 136—138 頁）

① 按羅振玉、商承祚著作名爲《殷虛文字類編》。

外 二 種

震齋雜說

東臺汪作舟先生濟遺著

編纂說明

汪濟（1866—1902），字作舟，江蘇東臺人，汪同塵之父。清光緒十四年（1888）舉人。好學博聞，尤精《易》學，又工詩文，有《周易卦本反對圖說》①《吳疆域圖志》《震齋雜說》《八角磨盤吟》《震齋集》等著作。

《震齋雜說》一卷，清光緒二十四年（1898）刻本，一册，版心鐫“震齋叢書”，東臺汪氏族人收藏。今據以整理。按書後原有《八角磨盤吟》一卷，詩三十首，已收入《震齋集》。

---

① 《周易卦本反對圖說》一卷，清光緒二十四年（1898）刻本，一册，版心鐫“震齋叢書”，藏中國國家圖書館古籍館。

目 錄

說至誠仁義　庚寅

《易》曰："立天之道，曰陰與陽；立地之道，曰柔與剛；立人之道，曰仁與義。"是以仁配柔與陰，爲坤之順；義配剛與陽，爲乾之健也。坤耦，故仁之字，从二人；乾奇，故義之字，从羊我。故曰：仁者，人也，法在愛人，而不在愛我；義者，我也，法在正我，而不在正人。（董子。）而觀其會通，則仁以生義，義以成仁。故曰：義者，藝之分，仁之節也；仁者，義之本，順之體也。（《禮運》。）孟子曰："仁，人心也；義，人路也。"體用本末，於焉章矣。明乎此，則操存擴充之功，乃可得而言。仁義，性也。性不可見，可驗者情。仁之情爲好，義之情爲惡。人莫不有好惡之情，而率乖好惡之用。如是則不愛人而愛我者，有之；不正我而正人者，有之。愛我而不正我，則凡可以逞我之欲者，無不爲也；正人而不愛人，則凡所以拂人之性者，何不出也。是則好惡無節於內，知誘於外，不能反躬，而天理滅矣。天理滅，則其情性與人殊，而其違禽獸不遠矣。是故君子之學，在於反身而誠。所謂反身者，惟仁是好，法在愛人，而不在愛我；惟不仁是惡，法在正我，而不在正人。所謂反身而誠者，好仁當如好好色，無以尚之；惡不仁當如惡惡臭，不使不仁加乎其身。好惡，情也。好仁惡不仁，則情而性矣；好仁如好好色，惡不仁如惡惡臭，則性而天矣。如此者，施之於父子，而父子有親；施之於兄弟，而長幼有序；施之於朋友，而朋友有信；施之於君臣，而君臣有義。推之四海，達之天下，則無一夫一婦，不被其澤；無一民一物，不得其所也。此其道實造端於夫婦。夫婦者，陰陽之端，剛柔之體，仁義之本。物有本末，事有終始。行遠必自邇，登高必自卑，未有薄於居室，而厚於天下國家者也。夫體乾，不得坤之柔氣以和之，則亢龍之悔生矣，故夫當致一以存仁。婦體坤，不得乾之剛氣以和之，則龍戰之道窮矣，故婦當致一以存義。夫存仁則亨，婦存義則貞。仁義交，亨貞合，則天地設位，而易行乎其中矣。是故聖人之作易也，始於乾坤咸恒；王化之行也，本於《關雎》。《關雎》者，發乎情，止乎禮義，所以風天下而正夫婦也，故用之鄉人焉，用之邦國焉。關關，和聲也。雎鳩，王雎也。王雎之鳥，雌雄情意至，然而有別。情意至，仁也；有別，義也。是蓋聖人知周乎萬物，道濟乎天下，知聖道王道之胥原於此也。故曰：《關雎》云世衰教微，縱慾者放僻邪侈以爲樂，其究也，淫亂之禍，被於家國；絕情者清淨寂滅以爲教，其究也，殘賊之害，中於人心。不出乎此，必入乎彼，故君子之道尠矣。然則後之學者，欲講明乎仁義，舍《關雎》何以哉？其在《易》之咸卦曰："咸，感也。柔上而剛下，二氣感應以相與。止而說，男下女，是以亨，利貞，取女吉也。天地感而萬物化生，聖人感人心而天下和平，觀其所感，而天下萬物之情可見矣①。"百姓日用而不知，故終爲愚夫愚婦；聖人觀其會通，故明於庶物，察於人倫。然則咸之止，正我也，義也；咸之說，愛人也，仁也。必如咸之止，方可謂誠義；必如咸之說，方可謂誠仁也。

《序卦》曰："有天地然後有萬物，有萬物然後有男女，有男女然後有夫婦，有夫婦然後有父子，有父子然後有君臣，有君臣然後有上下，有上下然後禮義有所錯。夫婦之道不可以不久也，故受之以《恒》。恒者，久也。"至誠無息之義也。"不息則久，久則徵，徵則悠遠，悠遠則博厚，博厚則高明。博厚所以載物也，高明所以覆物也，悠久所以成物也。博厚配地，高明配天，悠久無疆。如此者，不見而章，不動而變，無爲而成。"故曰：生人之命，立於仁義；仁義之道，光大於至誠。至誠，仁義之道，原於天地，著於咸恒，權輿於《關雎》。大哉！聖人之道，斯其至矣。

① "天下"，《易》咸卦《彖傳》作"天地"。

說命性情 庚寅

天地者，萬物之上下也。天數五，地數六，六爲天節，五爲地制，五六者，天地之中合也。天以甲乙丙丁戊己庚辛壬癸十干布員化，地以子丑寅卯辰巳午未申酉戌亥十二支呈方能。十合爲五，甲己土，乙庚金，丙辛水，丁壬木，戊癸火，謂之五運，而曆數起焉。十二合爲六，子午少陰君火，丑未太陰濕土，寅申少陽相火，卯酉陽明燥金，辰戌太陽寒水，巳亥厥陰風木，謂之六氣，而律數權焉。天氣下降，地氣上騰，中和氣以爲人。於是天干五運，化爲五藏，以成五性；地支六氣，化爲六府，以布六情；中央元氣，化爲一心，以繫大命。性陽氣，謂之五德，甲己信，乙庚義，丙辛智，丁壬仁，戊癸禮，清明者天也；情陰氣，謂之六欲，子申好，午寅惡，巳酉喜，亥卯怒，戌丑哀，辰未樂，濁厚者地也。五藏：脾應甲己土，爲信；肝應乙庚金，爲義；腎應丙辛水，爲智；膽應丁壬木，爲仁；肺應戊癸火，爲禮。形而上者，謂之道也。六府：膻中應子午少陰君火，胃應寅申少陽相火，爲好惡；大腸應丑未太陰濕土，小腸應辰戌太陽寒水，爲哀樂；三焦應巳亥厥陰風木，旁光應卯酉陽明燥金，爲喜怒。形而下者，謂之器也。心中央元氣，謂之明命，統性情，貫道器，徹上下。通天地者，人也。天地不得相失也，情性不得相離也，大命不得息絕也。天地交而物生，情性合而命凝，大命凝而成真。藏體陽而用陰，府之守也，主內；府體陰而用陽，藏之使也，主外；心體無而用有，兼陰陽，合內外，藏府之君也。故情好動而偏外，內歛於性，情善矣；性好靜而偏內，外達於情，性善矣；心或動或靜，可內可外，中立不倚，周流無滯，心善矣。拘執乖戾，非性非也；內蔽於法，而不從情，則性非矣。放僻邪侈，非情非也；外引於象，而弗歸性，則情非矣。出入惛亂，非心非也；性蔽於法，情引於象，倚靜倚動，而不反其中，則心非矣。是故聖人以性節情，而不爲象亂；以情達性，而不爲法蒙；心守真常，用性情，而不爲性情累。如是則無情非性，無性非情，中正和平，官府清寧，此之謂陰陽合德。天地之道，十干加臨十二支成六十，其法皆一乘六。天予人一性，皆六情奉之；人一性發見，皆六情成之。天非地不成，性非情不達也。六氣司天、在泉分上下，皆五運居中，地之不可以僭天，情之不能不命於性也。運氣偏勝，皆爲災病。六情不可失度，五性亦不可太過不及也，此其權皆操之於心也。

上古之時，火食未開，民皆渾噩沖穆，呼吸陰陽，棲元食母，情性合抱而不相離，藏府寧固而不搖奪，故皆神聖至真，與道合符，壽同天地，無有終極。當此之時，其鬼不靈，非無靈也。至道包含宇宙，牢籠萬類，先天而天弗違，後天而奉天時，天且弗違，而况於鬼神乎？降及中古，嗜欲日開，鑽木取火，以爲飲食，火食入咽，炎烈灼蒸，六府沸騰，五藏霾蒙，情馳於外，逐物而動，不能反己，天理滅矣。於是鬼神司權，天嚮五福，地威六極。修性者通五藏之理，則上達，天錫五福焉；縱情者快六府之欲，則下達，地畀六極焉。然且機詐日出，凶惡滋多，札瘥災祲，無時不有，蓋去至道之時遠矣。於是古皇憂之，上法天，下法地，中合人，作中禮以節人之情，作和樂以達人之性。禮節樂和，性通情復命凝矣。又慮其弗可久可大也，於是探其原於《易》，以達之天下後世。其道在於通陰陽，通陰陽在於秉太一。太一，命也；陰陽，性情也。性情藏於藏府，命系於心。心，北辰也；五藏，五方五帝座也；六府，六宗也。周天經緯度分，管轄於北辰；人身藏府經絡，統系於心。北辰不動，而五運六氣順其化；人心無爲，則五藏六府得其理。北辰動，則天地壞矣；人心放，則藏府殆矣。是故帝者之道，在於法太一；聖賢之學，在於收放心，其揆一也。故曰：心者，天皇大帝耀魄寶，神明出焉；膽者，蒼精之帝靈威仰，浩氣出焉；肺者，赤精之帝赤熛怒，照察出焉；脾者，黄精之帝含樞紐，思慮出焉；肝者，白精之帝白招拒，剛斷出焉；腎者，黑精之帝汁光紀，威儀出焉；膻中者火府，其神祝融，政事出焉；胃者穀府，其神后稷，生機出焉；大腸者土府，其神后土，濁物出焉；小腸者水府，其神元冥，水道出焉；三焦者木府，其神句芒，氣化出焉；旁光者金府，其神蓐收，津液出焉。主明則臣安，主不明則臣危，凡十一官皆聽命於心也。仁則生，不仁則亡，凡十一藏皆取決於膽也。故至聖之道，立心之神，奮膽之氣，布肺之明，運脾之思，執肝之斷，作腎之儀，則五德聚而天文彰矣。由是而好惡不失，則無陰淫寒疾、陽淫熱疾；哀樂不失，則無晦淫惑疾、明淫心疾；喜怒不失，則無風淫末疾、雨淫腹疾，則六欲平而地理順矣。天文彰，則耳目鼻口四肢皆安其位，而發精光矣。地理順，則視聽語默動静皆合乎道，而可法則矣。

故曰：言有宗，事有君。天地之間，陰陽之數，盈千萬而不可勝窮也，大要歸於五六。五六之變，又不可究極也，其終在於一本，本一則無不一矣。故曰："天得一以清，地得一以寧，神得一以靈，谷得一以盈，萬物得一以生，侯王得一以爲天下貞。"得其一，則萬事畢矣，是故聖人抱一以爲天下式。若伊尹之戒太甲也，作《咸有一德》。一，中也；五六，兩端也。執其兩，用其中，天下之能事畢矣。故堯之命舜曰："允執其中。"一也，中也，皆誠也。天地非誠不立，性情非誠不通，聖功王道，誠而已。孔子曰："吾道一以貫之。"又曰："中庸之爲德也，其至矣乎！"《繫辭》曰："《易》有太極，是生兩儀，兩儀生四象，四象生八卦，八卦定吉凶，吉凶生大業。"至誠之謂也。

説心身合德　辛卯

乾坤變化，乾爲命、心、知，坤爲體、性、意。清明元莫，一無方所，心之神也；藏府官骸，各有物則，性之理也。體性感動，見象於心，在天成象也；心知周遍，流形爲意，在地成形也。率（讀如“堯舜率天下以仁”之“率”）性之謂道，乾統天而資始也；知致而後意誠，坤承天而資生也。《大學》始致知，乾知大始也，始條理者，智之事也；《中庸》終盡性，坤化成物也，終條理者，聖之事也。是故聖人象心以畫乾，法身以畫坤。乾易知，以大生；坤簡能，以廣生。廣大配天地，生生之謂易。天地設位，而易行乎其中矣；心身相合，而生德無窮矣。八卦者，心之象也；三百八十四爻者，性之理也。健順動入、止説麗陷者神一，氣之變化也；進退存亡、吉凶消長者理二，體之分殊也。是故聖人象心之神以立象，法性之理以重爻。象之用在作樂，爻之法在行禮。樂擬形容，健順動入、止説麗陷者，樂之戶；禮觀會通，進退存亡、吉凶消長者，禮之門。成象之謂乾，聖人作樂象天，所以治心也，故大樂必易，“樂云樂云，鐘鼓云乎哉?”爻法之謂坤，聖人制禮法地，所以治身也，故大禮必簡，“禮云禮云，玉帛云乎哉?”

樂，心也；禮，身也。心不可斯須去身，故聖人作和樂，安心於身，以得其正；身不可斯須失心，故聖人制中禮，束身於心，以存其誠。樂極和，禮極順。和順積中，英華發外，清明在躬，氣志如神，故禮樂不可斯須去身。心之聲爲言，言有節謂之音。“德音秩秩”，有聲之樂也；“夙夜基命宥密”，無聲之樂也。身之分爲體，體有則謂之儀。“威儀抑抑”，有體之禮也；“威儀棣棣”，無體之禮也。禮樂至於無聲無體。“《詩》曰：‘予懷明德，不大聲以色。’子曰：‘聲色之於以化民，末也。’《詩》曰‘德輶如毛’，毛猶有倫。‘上天之載，無聲無臭’，至矣！”是以聖人之立教也，始於謹言慎行。謹言以修樂，所以養心也；慎行以修禮，所以治身也。仁近於樂，言由仁所以修樂；義近於禮，行由義所以修禮。言由仁以達樂，則言寡尤；行由義以盡禮，則行寡悔。“言寡尤，行寡悔，祿在其中矣。”子曰：“言行，君子之樞機也。樞機之發，榮辱之主也。言行，君子之所以動天地也，可不慎乎？”《詩》曰：“假樂君子，顯顯令德。宜民宜人，受祿於天。保右命之，自天申之。”又曰：“威儀抑抑，德音秩秩。無怨無惡，率由羣匹。受福無疆，四方之綱。”故大德者必受命。然則心身者，乾坤也；象爻者，心身之情狀也；性命者，乾坤之數也；神幾者，性命之用也；知意者，神幾之感也；言行者，知意之著也；仁義者，言行之則也；禮樂者，仁義之極也。心身二物，乾坤其根，象爻其圖，兆於性命，章於神幾，竅於知意，形於言行，生之者仁義，成之者禮樂。《易》曰：“昔者聖人之作易也，將以順性命之理。是以立天之道，曰陰與陽；立地之道，曰柔與剛；立人之道，曰仁與義。兼三才而兩之，故易六畫而成卦；分陰分陽，迭用柔剛，故易六位而成章。”《象》曰：“雷出地奮，豫。先王以作樂崇德，殷薦之上帝，以配祖考。”《繫辭》曰：“聖人有以見天下之動，而觀其會通，以行其典禮；繫辭焉，以斷其吉凶，是故謂之爻。”又曰：“以言者尚其辭，以動者尚其變。”又曰：“君子安其身而後動，易其心而後語，定其交而後求。（交者，身心之交也。乾坤交合，極中之道，淳和未分之氣也。）君子修此三（一生二，二生三，三生萬物）者，故全（乾一坤二，一二合爲三，即太極是也。太極元氣，含三而爲一）也。”《春秋》：韓宣子聘魯，觀《易象》《春秋》，曰：“周禮盡在魯矣。”然則《易》，禮樂之書也。乾坤，心身二物，禮樂之本；象爻，心身二用，禮樂之經。禮中樂和，心（乾一）身（坤二）合（一二合爲三）德（太極是也，謂之玄德）之教，《易》其備矣。

震齋集

東臺汪作舟先生濟遺著

編纂說明

汪濟撰《震齋集》二卷，收入邑人袁承業輯印《東臺先哲遺書》，清宣統二年（1910）起陸續鉛印本，藏東臺市志辦公室[①]，但限於條件，暫時未能寓目。

1916 年汪同塵任北京《民蘇報》主筆時，曾於該報 1916 年 8 月 24 號至 10 月 13 號，刊載汪濟《震齋集·詩類》，爲《震齋集》的另一種版本，今據以整理。又據汪國璠主編《東臺汪氏族譜·藝文》輯補詩一首。另外，將吉城撰《汪先生作舟墓誌銘》，李詳撰《汪作舟傳》《與汪作舟孝廉書》，及汪國璠主編《東臺汪氏族譜》中的《汪濟傳》附錄於後，供讀者參考。

① 陽海清編撰：《中國叢書廣錄》，武漢：湖北人民出版社，1999 年，上冊，第 237 頁；柯愈春：《清人詩文集總目提要》，北京：北京古籍出版社，2001 年，第 1954 頁。

目 錄

震　齋　集

范堤晚眺

野鳥見人影，驚飛入林間。急風勁流水，落日寒遠山。黃葉自榮瘁，白雲相往還。遠村莫煙散，吐卻月一灣。

溱潼晚泊

舟行晝已昏，岸樹稚爭宿。清風湖上來，柔櫓敢相續。四顧寂無人，湖水茫茫白。遠渡含蒼煙，漁燈波心浴。

靜中有悟

我身非是有，何況身以外。順逆與恩仇，於我本無礙。放下一切心，靜中觀自在。

（原載《民蘇報》1916年8月24號第七版）

代張籍答韓退之用原韻

李杜去千載，遙遙昏夜長。瓦缶聲么響，凫鏞見毀傷。圓靈與方祇，崇卑孰能量。烏魂射兔魄，卯酉正相望。混沌鑿竅死，元珠沈冥茫。夢駕發彩石，搥鼓飄鯨航。飛廉掀赤岸，大江欲飛揚。蛟鼉駕白馬，轟崖奔雷硠。倏潔皎月上，闌郁乎波涼。李詩即此境，一讀十日僵。入秦弔杜老，輕軨雲中翔。太行亘西北，千廛貢琳瑯。珪琮錯璋琥，烏瓜焉能將。筆靈吞羲馭，幽巖鬱金茫。攀蓮叩天閽，翹足眇八荒。夔峽水漸刃，啼猱悽斷腸。此境即杜境，恍悟灌醍漿。感子刺鴛綺，如獲織女襄。山水有中路，歧途胡自忙。吸露別倏羽，隨君相頡頏。

（原載《民蘇報》1916年8月25號第七版）

寄袁淡生

朱草生崑崙，因風香八極。上有鸞鳳翔，下有蛟龍蟄。膏車往來之，煙雲橫漠北。太息故里閭，莽莽叢荆棘。荃蓀雹霰摧，芹芷蛕螟蝕。牡菊吝黃華，何以爲餐食。宵夢仙娥招，芴靈生雲翼。簫韶懸圃鏗，旌旆瑤池集。玉椀擷金莖，寶甕分丹汁。醍醐滌肺腸，芳馨化呼吸。

鴟吻嚇腐鼠，蟻陳闘羴羊。槁壤飫饉饑，蠙篙實飽鳳凰①。嗜好各有適，焉能分低昂。朝墩蒸戶牖②，盥漱披衣裳。曝階朝蠹簡，陝社驅兕觥。馳雲踰杲日，太虛兩相忘。九淵赤龍動，雷電胚金芒。千界斂粒粟，圓辰運寸衡（讀杭音）。丹爐團堇葶，春風萬丈長。守中先塞兌，嚴扃天地房。

（原載《民蘇報》1916年8月26號第七版）

---

① “蠙篙實”三字疑有衍誤。

② “墩”，疑當作“暾”。

送儲大返溱潼（有序）

儲子師豫，字子喻，海陵溱潼人也。善書能詩，好飲酒，性頗豪邁，亦布衣中之矯矯者。數年前來東亭，依人作賈，近與同伴不合，辭去。瀕行告予曰：“某家有薄田數十畝，足給八口衣食。今某弟招予歸耕，田園之樂，殊勝風塵中仰人鼻息也。”予嘉其志，因作此歌送之。

男兒當爲黄鵠，一舉沖九天。否則山林之樂，亦足終餘年。安能寄人屋簷下，致使庸夫俗子得以淩英賢。海陵狂士發大笑，拂衣歸臥湖水邊。有手當弄書與酒，有力當務桑與田。役身籌算已可恥，況復鬼蜮掣肘持威權。我聞此言擊節賞，當時卓識君爲先。君不見文種沼吳屬鏤賜，范蠡快泛空江船。又不見唐臣遯世自貿易，遨遊之樂方神仙。古來賢哲盡如此，身丁濁世何不然。君今歸去脫羈縛，棣華爛漫春風鮮。我猶日居月諸研考紙，大鵬束翮龍潛淵。英雄有志務須就，努力且各爭先鞭。俟予他年破壁走雷雨，開筵揖爾共醉春花前。

（原載《民蘇報》1916年8月27號第七版）

春曉曲

天街日出微風送，千門萬戶春陽動。嬌鶯啼暖杏林煙，金閨不醒遼西夢。日上紗窗夢暗驚，隔牆又送賣花聲。侍兒鉤起流蘇帳，睡態由來畫不成。蓉被生煙雪肌瑩，宜愁宜喜還宜病。暖風吹起海棠花，人在妝臺花在鏡。不知何事但生愁，折得宜男怕上頭。妝罷和衣還一覺，金盤照遍十三樓。

（原載《民蘇報》1916年8月29號第七版）

短歌行

水清無魚，古人所歎。胡獨慕高潔，不知行路難。衡門之水吾所安，閬風之高接雲端。上有千樹青琅玕，採而食之耐歲寒。風洌洌，雲漫漫，欲往從之無羽翰。

晚食可以當肉，安步可以當車。清淨貞正以自娱，王曰士節何其愚。黄金白璧安用諸，真人天際其仙乎。今非戰國更窳汗，先生之風何可無。

羣蠅逐臭，衆蟻趨膻。何鰥獨之衰朽，猶耽耽於貨泉。君不見鄉里小兒購撲滿，日積月累堆金錢。一朝瓶滿擊以拳，泥耶錢耶散可憐。

（原載《民蘇報》1916年8月30號第七版）

四君詠

陳星南，真豪傑。通古今，爭氣節。融融冶春，閑門絕塵①。左圖右史，獨對古人。紙上古人不可即，振衣走向郊原覓。心齋祠與野人墳，敬謁瓣香如不及。先生亦何豪，起舞不知霜天高。先生亦何烈，尚論忠義目眥裂。先生之學又何精而宏，千秋治亂笑談中。吁嗟乎！讀書如公世所無，不求文字動當途。願公遍振道人鐸，喚醒書中醉夢夫。

劉昧儒，真儒者，今之士人弗及也。操毛錐，作制藝，先生宛似儲中子。弄詞賦，笑淵雲，先生又似吳穀人。制藝詞賦何足數，先生之學不在今而在古。讀朱子之《近思》，玩劉公之《人譜》。骨重神寒，幽谷芳蘭。客有來者，先整衣冠。不整衣冠不敢見，先生之人金心而鐵

① “閑”，疑當作“閉”。

面。吁嗟乎！先生凜冽如秋霜，先生妙論春風香。世無先生安所仰，我願先生之壽南山長。

袁淡生，人中龍。酒酣拔劍仰天嘯，浩氣化爲雙白虹。我將求之古人中，賢哲與君無一同。我將求之今人内，萬一仿佛無儕輩。問君之志竟如何，鯤鵬天外難描摹。描摹恐不類，我爲君取譬。譬若同登岱宗山，直躋絕頂出塵寰。曈曈曉日升滄海，天下江山一望間。

夏虎臣，真嬌嬌，金在中兮玉爲表，翩翩濁世美少年，高才不數安仁賢。有時與君言抱負，君之豪氣江海注。有時與君言詩文，妙談不測如夏雲。有時與君言史事，抗懷乃在兩漢際。有時與君言國家，兩手□□□□□。吁嗟[①]！少年如君能有幾，如君何難博科第。我知科第非君意，意在千秋與萬世。

（原載《民蘇報》1916年8月31號，9月1號第七版）

范堤晚眺

縱步上高原，蒼茫雲水昏。鍾鳴煙外寺，犬吠月中村。漁唱碧天暮，樵歸黄葉喧。隔溪燈火暗，約略見柴門。

新秋對月有懷

秋色已如此，那堪月更明。刀環前度恨，鏡影昨宵情。關塞連天静，江河徹底清。誰家愁不慣，玉笛又飛聲。

① “嗟”下疑脱“乎”字。

泊港口

煙水浩無際，四圍秋氣澄。涼風叢蟹斷，新月淡漁燈。戍鼓驚浮梗，歸舟識采菱。宵深聞早雁，鄉思又加增。

（原載《民蘇報》1916年9月2號第七版）

儀徵舟中晚眺

寒鴉樹杪集，回願景蒼然①。風定炊煙直，江清皓月圓。林高低野屋，波大小漁船。回望碧雲合，家園各一天。

舟至揚州回次五臺山

莽莽五臺山，孤營一水環。角聲江月苦，旗影夕陽殷。一旅今屏障，扁舟此往還。詩書不得志，我亦願弓灣。

暮秋送別

楓荻墮秋霜，悲秋正斷腸。那堪送良友，又上舊河梁。目極碧天遠，心隨流水長。孤舟泊何處，樹杪已斜陽。

（原載《民蘇報》1916年9月3號第七版）

---

① “願”，疑當作“顧”。

十月十三夜步月至北關橋

一白入塵霧，舉頭寒月明。恒星垂野闊，遠水接天平。煙樹淡無際，巢鴉寒有聲。高歌衹自適，那願俗人驚。

出遊遇大雪

滕六忽作怒，蒼蒼天地愁。胡風橫馬首，大雪壓山頭。古樹狂如舞，寒溪凍不流。休嗟行亍彳，江上未歸舟。

（原載《民蘇報》1916 年 9 月 5 號第七版）

立春後一日

春意透帷被，晨興氣爽然。霞蒸香徑露，日動依窗煙。簷雀歡聲脆，瓶花笑態研。倚闌閒啜茗，心入堯舜前。

歲暮感懷

昆弟誰分任，高堂力已殫。名惟求己立，淚恥向人彈。慮遠同心少，家貧百事難。所欣根節固，風雪不爲寒。

送夏虎臣北行

少小忘形跡，中年判路歧。送君兼送別，相望更相思。南浦春波漾，東風碧草滋。迢迢帝京路，何日是歸期。

此別又千里，重逢須隔年。樽前淮海月，衣上范堤煙。元白同三徑，琴書共一船。功名意中事，衹恐話滄田。

學會勞提倡，匆匆又遠行。路歧諸弟子，談道一先生。舊雨今分袂，新詩當報瓊。何時三百盞，再醉鄭康成。

（原載《民蘇報》1916年9月6號第七版）

題八妹《求福居詩鈔》

妝閣憐嬌小，婀娜具慧心。字依慈母問，詩學阿兄吟。清晝閒評弈，薰風試鼓琴。名媛詞在否（昔年妹曾借予《歷代名媛詞鈔》），諷誦嗣清音。

送　春

來何親近去何賒，望斷青郊路幾叉。可共斜陽棲古樹，好隨芳草遍天涯。催歸杜宇皆成夢，開到荼蘼不是花。歸去相思倍難遣，碧闌干外月初斜。

（原載《民蘇報》1916年9月7號第七版）

秋柳和星沅三兄韻

不堪搖落又今朝，記否前番緑萬條。陶令歸來應白眼，小蠻老去尚纖腰。馬嘶衰草斜陽渡，人立西風白板橋。別有離愁消不得，芙蓉江上送歸橈。

秋感

山不生雲海不流，更從何處起煩憂。棠因含露紅成淚，荻爲悲秋白上頭。孤雁啣蘆煙水闊，寒螿抱葉雨風愁。迷津果有回篷者，月夜先登百尺樓。

薄暮訪雷塘

亂蟲鳴處訪雷塘，路入松楸野徑長。螢火何知悲帝子，鳥聲猶是怨蕭娘。笙歌曾此延明月，宮殿而今剩夕陽。獨有隨堤未磨滅，行人猶自問垂楊。

（原載《民蘇報》1916年9月8號第七版）

城河秋望

朔風莽莽走河流，縱目乾坤萬里秋。日落平沙滄海遠，雲包大地亂山稠。白榆塞外人吹管，黃葉聲中客倚樓。而我登高亦惆悵，長安雁杳不知愁。

讀野史見建文出亡事書後

休言高帝早知幾，紅匣僧鞋計已微。滄海無家龍竟困，石城雖險燕能飛。葛藟過庇嗟何及，瓜蔓苛求事亦非。當日若遵周旦例，孤臣豈至哭麻衣。

（原載《民蘇報》1916年9月9號第七版）

無 題

無端情緒又今朝，豈是閒愁酒可澆。金屋藏花春寂寂，紅樓隔雨夜迢迢。不應蟾窟能偷藥，敢信龍宮尚贈綃。玉杵一枝欣已得，且乘孤棹過藍橋。

石頭城憑眺有感

萬里長江下大荒，英雄藉此固金湯。都矜天塹兵難度，詎料歡場國易亡。流水空成天下險，青山轉笑六朝忙。我來欲問興亡事，城堞無言對夕陽。

（原載《民蘇報》1916年9月10號第七版）

丁亥春遊上海作

蚌彩蒸天日不紅，鰲車匝地鬪豐隆。麝樓籠月三霄霧，蜃市嘘雲百丈虹。七寶堆螺眸眩電，千然嘈鳳耳生風。霓旌霞帔羣仙會，不信蓬萊在海東。

牀上口占

新秋雨過便生涼，枕簟清安熱漸忘。睡味濃於初中酒，詩情甜似靜聞香。朝看雲物心俱遠，夜課兒書興更長。卻喜山妻知節候，消閒補綴舊友裳①。

頻年箋注困蟲魚，慚愧徒勞問字車。天下漸知崇學校，英才何患老耕漁。年豐預喜餱糧賤，世治深憂德業疏。幾輩鵬摶幾蠖屈，看來萬事不如書。

（原載《民蘇報》1916年9月14號第七版）

古琴

當年彈曲者，於此契形神。絃柱今如昨，知音無古人。

古鏡

堅白宛如月，千載難磷緇。美人惜黃土，何處辨妍媸。

古劍

不辨何人佩，鋒餘血跡深。將軍今老矣，風雨自龍吟。

古印

苔花封鎖處，篆畫辨難明。祇道今無用，當年將相爭。

（原載《民蘇報》1916年9月15號第七版）

① “友”，疑當作“衣”。

雨 夜

夜雨柝聲濕，風窗燈影寒。此時人靜坐，古井息波瀾。

舟行口占

悠悠流水送浮槎，兩岸垂楊噪亂鴉。忘卻舟行三十里，依窗猶數白蘋花。

晚臥即事

船艙門閉如入甕，惟聞江濤聲澒洞。朝來舟子鬧開船，一篙點破家鄉夢。

家君畏六閘之險遂即遵陸時秋陽甚酷轉不如舟行安穩感而作此

車行宛似入薰籠，萬里無雲火傘紅。始悟風波未爲惡，損人最是熱場中。

（原載《民蘇報》1916年9月17號第七版）

自金陵回舟中口占

龍幡虎踞石城開①，此地遨遊亦壯哉。祇惜青山攜不得，扁舟逕過

① “幡”，疑當作“蟠”。

大江來。

連日苦雨家人咸怨占此慰之

杜陵屋破不云奇，范釜塵生亦有之。莫把愁心怨風雨，老天終有放晴時。

（原載《民蘇報》1916 年 9 月 19 號第七版）

睡　覺

朱軒四歌敞玻璃，繡榻鋪茵玉枕低。睡覺不知明月上，任他花影自東西。

春　夜

碧窗風定篆煙添，繡幕沉沉睡味甜。明月也如人意懶，夜深纔上水晶簾。

海濱春望

平原莽莽幾人家，白草黃沙一望賒。莫道海濱桃李少，春風處處結鹽花。

（原載《民蘇報》1916 年 9 月 20 號第七版）

醉吟六章

大澤深山一氣通，兔烏日日轉西東。情田灌酒三千斛，種出蓮花萬丈紅。

年來金碧團龍虎，火急丹傷性轉迷。悟得西來真實意，歡場大笑醉如泥。

一氣纏綿感自天，漫云遊戲與姻緣。吾家況有家風在，潭水桃花泛酒船。

醉到歡場大有情，情田花果一時生。恨無馬足生雲法，同踏崑崙頂上行。

袖中自有芒三尺，不向花前創嫩芽。留待峨眉山下去，驅除豺虎種桃花。

十二萬年無此樂，一刹那頃有餘歡。旁人漫道如泥醉，朗朗青天走玉盤。

（原載《民蘇報》1916年9月21號第七版）

贈姬人物（二首）

光搖六幅瀟湘水，色吐三春楊柳絲。裁作帷裳護卿體，願卿珍重好腰肢。

麝薰金粉南朝艷，狸染胭脂北地粧。和作淡紅香白色，願卿珍重好容光。

寄袁淡生（二首）

奔走高堂奉酒卮，故人此際正天涯。燕山夜月滄溟日，不是男兒得意時。

滾滾塵沙隔帝畿，汀洲花鳥鬥芳菲。鯤鵬方有圖南志，不逐征鴻嚮北飛。

（原載《民蘇報》1916年9月22號第七版）

二月十九夜玩月

良夜三更月在林，小時光景宛堪尋。如何此際看明月，不是當年對月心。

讀《莊子》

鯤鵬變化學天機，南北分明說坎離。本是卜商高弟子，當年傳《易》又何疑。

（原載《民蘇報》1916年9月23號第七版）

志學會示諸子

絳帳談經事不羣，果然天未喪斯文。紫陽集註康成論，願共心香一瓣薰。

秋懷雜感（四首）

風清月白滿庭秋，珠箔銀屏淡欲流。何處涼颸送蘭麝，有人花下夜梳頭。

簷角涼生鐵馬鳴，鏦錚齊作戰場聲。深閨想到盧龍塞，極目關山萬里情。

水閣延涼月正中，檀牙輕按唱金風。不知銀漢紅牆裏，可有芳心一樣同。

仙娥從不解多愁，強被人傳說女牛。大自在天真解脱，得回相見便忘憂。

（原載《民蘇報》1916年9月24號第七版）

八角磨盤吟①

元默執徐之歲，圉且之月，僑寓東郊，閉門卻埽，人蹟罕至。禮佛之暇②，隨意坐臥，因得遊心空妙，元覽萬彙天倪之動，弗克自禁，聲之於詩，得三十章。始於初十日，成於二十二日，爰取北澗禪師偈云“六月一日後，八角磨盤空裏走”之趣，命之曰《八角磨盤吟》。

昨夜薰風入悄帷，畫堂春去不多時。花磚塵輭貍奴懶③，藻井泥皴燕子癡。繡帶磨瑩陳琥珀，金缸乾驟舊胭脂。眼中可意分明遠，一掬珍珠待贈誰。

明堂閣道接崑崙，來往雲軿五色輪。元圃花齊三島秀，瑤池水泛四時春。穆皇漫騁庚方馭，武帝空延甲帳神。我有仙梯誰解上，掌中金塔不生塵。

碧水丹山似夢中，小園又見玉桃紅。雀屏虛隱庚天月，龍珮長吟子

① “吟”下，原有“東臺汪濟作舟甫”七字，今刪。又《民蘇報》本“吟”下有“（并序）”二字。

② “禮佛之暇”四字，《民蘇報》本作“□□□□”。

③ “塵”，《民蘇報》本作“壘”。

夜風。懺業有經仍譯貝，鍊精無鼎漫搥銅。年年溽暑炎曦節，長憶元邱六六宮。

地軸天關未是長，畫樓咫尺隔銀潢。三更繩雨飄萌葛，一抹鱗雲罥海棠。絳帳棲神甘守黑，青銅照影懶勻黃。琅玕夾膝分明在，接座何時繡榻旁。

元圃丹邱各一天，扶桑東望渺如煙。吹簫帝子家何處，拍板仙人去幾年。鸞鳳在塵誰解豢，蛟螭失水不成眠。瀛洲碧眼青虬客，忍見蓮花墮蒜田。

朱門卻埽儼重關，坐看雲煙起博山。魚鑰不開金屈戌，犀椎立解玉連環。花研晶碗誇丹鳳，鳥放雕籠剩白鷴。疏雨過庭渾未覺，添衣半臂賴雙鬟。

簫管鈞天事有無，綠紗窗影月模糊。素懷休御招涼玉，赤手常摩記事珠。不礙搔頭巢翡翠，可堪如意碎珊瑚。悶來鼓棹空江上，隱隱山城唱鷓鴣。

架上猶函赤界書，天衢望杳五雲車①。羅襦漬麝臨風解，寶髻盤鴉映月梳。金椀研砂餐蜥蜴，銀塘開鏡照芙蕖。昨宵小婢憑池戲，網得龍梭賽鯉魚。

紗幮驚醒寺樓鐘，五兩三銖手自縫。金縷織裙難化蝶，波黎製鏡不成龍。硯中潭水深千尺，屏上蓬山莽萬重。誦遍《洞元經》一卷，媧皇石畔長芙蓉。

晝屏列炬燦珠缸，花綴金釵十二雙。月魄裁成宮禁樣，雲和吹出洞天腔。蚌盤麟脯千人擘，鼉鼎龍文百斛扛。回首大羅空裏事，三星歷歷瞰南窗。

歌舞璇宮願已非，上清新賜五銖衣。樑邊藻綴鴛鴦戲，鏡裏花開蛺蝶飛。粧閣如城常禁夜，靈臺匪石漫支機。十年不到天臺路，洞口蟠桃

① “望杳”，《民蘇報》本作“空望”。

幾樹肥。

飽食遨遊萬物齊，委蛇罔象自多迷。天池泱莽舒鵬背，路寢雕鏤困馬蹄。信有井鼃嘲海鼈，未聞斥鷃勝醯鷄。堂坳泛芥茫茫去，直到崑崙弱水西。

迸碎珍珠一串喉，雲璈嘈雜錦箜篌。脣邊桃顆仙人藥，步底蓮花太乙舟。翠羽流霞開壽域，金猊噴霧結神樓。阿房當日秦皇帝，何事鞭山海上頭。

靈文秘册話長生，汞虎鉛龍九鼎烹。銀甕丹邱盛玉醴，銅盤碧漢擢金莖。黄庭内景符書甲，元牝神功夜守庚。爭似三車離火宅，滿裝珍寶任遊行。

金經梵唄懺蓮龕，龍鉢隨時現彩曇。中酒常疑天尺五，看花何止月初三。山房桃熟憐瓜苦，水閣茶香勝蔗甘。八角磨盤空裏走，此禪須向熱中參。

檢點山莊與水亭，開筵好唱玉瓏玲。風來蝙蝠穿珠箔，雨過蜒蚰上錦屏。虚室乍生今日白，夜燈猶是小時青。陳編已化菩提火，不用囊紗聚萬螢。

笞虎鞭龍有幾家，新來機上織雲霞。春臺不種金燈草，夏屋常開玉蘂花。釜未生魚堪煮石，門非羅雀漫懸車。中庭夜夜雙星會，笑煞河源遠泛槎。

何須鳩鵲駕雲橋，自有通天杖一條。珠閣朝涼書貝葉，瑤窗夜靜織鮫綃。郎君新贈龍皮扇，侍女偷吹鳳翼簫。爲愛青棠堪釀酒，藥欄都不種芭蕉。

珠戶華燈百和薰，金牀結彩布氤氲。枕施連理來仙蝶，帳掩流蘇隔夜蚊。瑤簟龍鬚盤𠀤字，錦衾翠羽織迴文。巫山不似銀河苦，暮暮朝朝行雨雲。

莊嚴七寶琢新巢，窗電楣霞面面交。珠珮夜光憐熠燿，裳披雲錦陋蠨蛸。晶瓶香溢葡萄顆，鈿盒春含荳蔻苞。五鳳華車雙雀舫，看花遊遍洛陽郊。

庭花萬朶布重階，門外溪聲雜亂蛙。架上臨餘飛白帖，篋中閒煞踏青鞋。蕉衫卻垢何須澣，棐几來塵取次揩。一炷爐香煙裊裊，撥灰聊拔鳳頭釵。

煙雲幾點見蓬萊，駭浪驚濤吼怒雷。白馬載將飛練去，赤龍啣出彩珠來。鮫人戈甲重重列，蜃氣樓臺面面開。一葉蒼茫何處所，飲瓢且酌碧螺杯。

法水蓮池淨六根，妙參要共善才論。高山畢竟千盤上，大海何妨一口吞。自有金鼇迴地軸，不須丹鳳叫天閽。烏飛兔走休惆悵，認取元珠眼底存。

橐籥吹噓未是難，鴻爐須識此心丹。鼎傳禹殿圖形古，鏡出秦宮照膽寒。獸解觸邪欽獬豸，草能指佞勝芝蘭。大圜本是精金鑄，莫作清虛七寶看。

圜中歲月日滔滔，多事當年作大撓。河水無心隨地曲，巫山有路接天高。竹符何止通千里，寶剎居然現一毫。北海翱翔洵太苦，雲中若士笑盧敖。

山家鎮日在煙蘿，何用持籌更枕戈。寶樹長生如意子，清樽休唱懊儂歌。青氊依舊須還我，鐵硯磨穿不羨他。機織七襄猶未就，雲霞滿目敢停梭。

憑誰覺路引金繩，優鉢曇花得未曾。弱水惟應雲作楫，崇山祇有月爲燈。道成靈府初三夜，佛在浮圖第八層。世界大千開正眼，曈曈曉日震方升。

衣中珠粒漫推尋，日月跳丸無古今。鋤草須開當下眼，看花要見小時心。三年檗水生雙璧，一曲薰風抵萬金。地作大輿天作蓋，何須林密更山深。

匡牀石枕簟痕纖，夢覺蘧蘧睡味甜。爽氣常生雲母扇，炎飈不度水晶簾。茶煎古井辭瓜李，飯製清風謝醬鹽。佳節今朝徵會慶，佛前香瓣幾回添。

千重碧澗萬重巖，百丈丹梯接聖凡。天府嘉禾隨處種，情田香草不曾芟。高堂兕酒殷勤勸，遠道魚書鄭重緘。五色筆花開爛熳，金錢試卜喜占咸。

（清光緒二十四年（1898）刻本，附《震齋雜說》書後；又載《民蘇報》1916年9月27、28、29、30號，10月1、3、4、5、6、7、8、10、12、13號第七版。今據前者整理）

謁吳野人程雲家墓

兩位詩人共一丘，行人遙指說風流。我來拂拭殘碑讀，《黃葉》聲中客倚樓。

（原載汪國璠主編《東臺汪氏族譜·藝文》，目錄題名作《謁吳嘉紀·程雲家墓》。汪國璠按：我在南京師範學院中文系讀書，二叔祖楨甫公手書此詩贈我。據云錄自作舟公《震齋詩集》。吳、程生前好友。吳去世時，家貧無以葬，由雲家經理後事。程去世後，其子遵遺言將其葬於吳墓之側。《黃葉》爲吳名詩，唱和者衆。其意在書齋中常誦《黃葉》諸詩，懷念吳野人。國璠謹識。2010年春月。）

［附錄一］汪先生作舟墓誌銘①

吉　城

作舟汪君既卒之八年，其孤子家榦，奉丹徒陳祺壽所爲狀乞銘。余交君久，居嘗用道義切劘，於義不當默。按狀，君諱濟，字作舟，別字震齋，泰州東臺人。曾祖士煜②，祖墀，太學生，國子監主簿③。父永鈴，優行附生，中書科中書④。君幼抱瑰偉，涉獵佛氏說，發爲詞章⑤。已乃知汎濫之無歸也，襍覽之足以害道也，於是芟華復朴，梯程朱許鄭義理考據之學，上溯洙泗，成一家言。瑞安黄先生體芳，長沙王先生先謙，先後督學江蘇，咸嘖嘖歎君異才，檄肄業江含南菁書院。書院故吳中文學淵藪，一時方聞博覽之士，若丹徒陳慶年、鹽城陳玉樹、泰州袁衔，靡不聞聲景赴，爭識君恐後。君益以其時，沈思冥索，昕誦夕纂，期一當發舒。光緒歲戊子，應江南鄉試，中式舉人。明年會試不第，家居侍養，課生徒講學，都八九年。會丁太公憂，服闋，再至京師，挑授教諭不就。君於是渡黄河，涉汶泗，禮至聖林廟，拓遺象以歸。所著書益雄深，變化不可方物，似《老》《墨》《莊》《列》《韓非》《呂覽》，史遷、班固、淮南王書，而君亦自是不復出矣。天方將災，遽隕哲士。

① “作舟”二字原闕，據《東臺汪氏族譜》本補。又“墓誌銘”下，原稿有“家大人命代”五字，《東臺汪氏族譜》本末有“清宣統二年吉榮泰奉家大人命代撰”十五字。

② “士煜”，原作“某”，據《東臺汪氏族譜》本改。

③ “主簿”，《東臺汪氏族譜》本作“典簿”。

④ “優行附生中書科中書”，《東臺汪氏族譜》本作“優貢生，保舉訓導”。

⑤ “發”，《東臺汪氏族譜》本作“喜”。

其平生蓄蘊，上不能施之朝廷，次亦不獲著績鄉里，即僅欲以中壽，儲名山之藏，而亦竟不可得。吾於是歎天之生才之難，爲世運悼之①，又不獨於君致私痛已也。君生於同治五年②，卒於光緒二十八年，春秋三十有七。所爲書《震齋集》六卷等③，弆於家。配丁氏。子三，家楨，家幹，家材。女二，家梅，家棠④。銘曰：

海之濱，汪宗居。世蘊文，君廓諸。舉乙科，漸通衢。棄銅墨，歸劬書。古持今，一持萬，君庶殆，爲雅儒。

（據稿本及汪國璠主編《東臺汪氏族譜·藝文》選錄吉城《汪先生作舟墓誌銘》整理）

① “悼之”，《東臺汪氏族譜》本作“惜惋”。
② “五年”，原作“某年”，據《東臺汪氏族譜》本改。
③ “震齋集六卷等”，原作“若干卷”，據《東臺汪氏族譜》本改。
④ “女二家梅家棠”六字原闕，據《東臺汪氏族譜》本補。

［附錄二］汪作舟傳

李　詳

汪濟字作舟，東臺人，光緒戊子舉人。歿於壬寅七月，年三十餘。有一妾，逃去，子資諸友爲活。當乙酉丙戌間，長沙王益吾先生督學江蘇，循瑞安黄侍郎故事，牒致八郡人士，肄業南菁書院，濟與焉。及先生觀風揚州，拔濟第一。濟爲人俶詭不羈，好壬遁軌革家言，與余輩集，出視其手，焚焚有光浮起掌上，如佛圖澄之技，不能究其所致，濟亦閟而不言。戊子正月，袁君淡生置酒邸舍，座客爲李極軒星南、盧希侶求古、高星仲爾庚、袁季枚鑣、夏虎臣寅官、顧石孫碩，其次則余與濟也。時鄭州決口未堵，羣屬濟占一課，濟曰："無害。"後果然。濟與淡生、虎臣同舉。自是不相聞者八九年，微聞濟居鄉里，與羣小往來，棲遲偃仰，學不復進，又溺於道佛符籙，有時超然遐想，復好聲色。人世溷濁，衆趨避之不暇，濟獨沉浮其間，自以爲樂。其文詞瑋麗俊發，爲同輩冠，皭然泥滓，殆首自來，適季世風會錮之，而遽摧抑至死，不獲使濟折節改事，卒致於學，此可爲痛惜也。濟死時，頗爲忌者所快。余謂：此讀書種子，懲其猖狂妄行，凡有誣詬率加之濟，持之不得其平，濟雖死目不瞑矣。余特表而出之，爲好學者勸。濟所著有《易□□》及《八角磨盤吟》，已刻。其《與妹書》，體摹明遠，而奇麗不及，然亦學洪卷葹之上者，向藏其稿，今失去。

論曰：人之好尚，無賢不肖，必有氣類相賞，際時而動，迫則應之，以洩奇藴。濟涉形家言，適其舉主順德李公文田，用"相其陰陽、觀其流泉"發題，濟以是獲售。後謁李，極言羅經須懸觀方準，李撫掌歎服。時與黄先生以周同見，黄爲李公庚午浙闈所取士，顧謂黄曰：

“君與我共有此門生，此奇士也，宜善視之。”嗚呼！濟受知李公，幸矣！及身不耦，奚恤哉！

（原載李詳著：《李審言文集》，李稚甫編校，南京：江蘇古籍出版社，1989 年，第 942—943 頁）

［附錄三］與汪作舟孝廉書

李　詳

別離雲雨，荏苒六年，霑接風流，劣如轉瞬。泥蟠天飛，咸藉聲譽；鷹揚虎視，各據方隅。幸有淡生，時通問訊，握手數見，致慰遠離。虎臣振跡霄漢，近厠貴遊。長安遠於日邊，河曲輟其悲激。雖撫塵有舊，而飾牘無因。晨暮相思，引領若失。每念足下，懷抱奇偉，雅志奮迅。窮朔輅之奥妙，範任沈之軌則。學甄毖緯，東漢儒林之傳；藻奮龍鸞，南朝詞人之筆。東平公幹，自信偏人；琅邪伯輿，當爲情死。拔地直上，冥桐高而無枝；談天有口，懸河注而不竭。王安豐之巖電，胡毋國之鋸屑。茂先善說《史》《漢》，陳思驚若天人。標奇領異，兼而有之。綢繆情素，若在疇昔，一淹歲晷，浩隔川原。竹林名士，間闊河内之遊；剡溪故人，屢阻山陰之興。思君悱惻，愁予飄飖。橐筆淮陰，秣馬楚壤。形景留滯，緜歷嚴暄。日嘗周覽郊曠，憑弔往昔。訪射陽之故城，過枚皋之舊里。釣臺左次，寒流古今。清口斜界，廢壘銷沒。爲之諏野父，訊亭公。錯顧茫昧，啁笑雜互。胸次抑塞，若梗柴棘，徘徊臨水，阻其將歸。羈旅傷春，極其遠目，俯仰身世，亹亹過中。循歧欲泣，默傷子居之魂；聞絃輒警，詎假更羸之射。悼《大雅》之不作，憫小己之多怨。流波行雲，曾無止息；嘯儔命侶，復多軫念。悠然東望，輒思得與足下，抑揚論議，商榷雅俗。要言妙道，灑練神明。高睨大談，鍼起沈痼。鬱鬱不遂，感何可言。孟諏今歲曾挹來賓，因悉足下繞端木之墠鬻，擁東方之細君。研桑心計，高柔愛玩。贍智閒情，足爲懽抃。昔者迦陵填詞，驚鴻旁列；豹人媵妾，烹魚雅擅。洞庭賈客（鈕匪石），精掔汶長之書；檇李市隱（周青士），横分竹垞之席。先民可作，舉無多讓。所恨遠隔，不克登堂平視，監河獻喻，一助嘔噱耳。道路僻左，相見爲難，惟藉書疏往來，通其軫念。子懷故宇，吾輕舊鄉。白雲在天，青眼未墜。亦知仲悌遠適，慨念稽生，侯光長謠。思彼高子，黃壚之遊，易成疇昔。惠而好我，瑤華莫虛，鴻雁若通，遲尋涯涘。

（原載《文藝雜誌》（上海），第十期，1914 年，第 11—13 頁）

［附錄四］汪濟傳

九世　濟　雲閣公幼子。字作舟，號震齋（1866—1902）。學者，詩人。江陰南菁書院長友班肄業。清光緒十四年戊子（1888）科舉人，江南鄉試中35名亞魁。其摯友吉城《日記》記載："作舟（農曆）十月初八日由江陰乘輪船赴江寧鹿鳴宴。"當年與堂妹婿夏寅官同行至江寧，同榜中舉。越二年（光緒十六年），又與夏寅官結伴北上，參加京城會試。夏寅官中庚寅科進士，授翰林院庶吉士，後升任編修。（民國初，夏兩任北洋政府國會衆議院議員，一任肅政廳肅政史，成東臺地方最大紳董。）夏高中後留京參政。作舟"會試不第，家居侍養，課生徒講學，都八九年。會丁太公憂。服闋，再至京師，挑授教諭不就。君於是渡黄河，涉汶泗，禮至聖（孔子）林廟，拓遺象以歸。"（吉城《汪作舟墓誌銘》文稿）光緒二十二年（1896）創辦"三賢書院"培養人才。

作舟公家學淵源，天資早慧，博覽羣書，涉獵儒、釋、道，對訓詁考據之學亦有研究。最大成就爲研究《周易》。學者李詳（審言）讚揚他"好學博聞，尤精《易》學。""瑞安黄先生體芳，長沙王先生先謙，先後督學江蘇，咸皆歎君異才。"著有《周易事》《周易發微》《周易卦本反對圖説》《震齋集》（二卷）等行世。光緒二十八年壬寅（1902）七月東臺瘟疫流行，染疫而卒，時年37歲。儒林震惜。

（原載汪國璠主編《東臺汪氏族譜·汪氏（頤壽堂）世系分表》，第58—59頁）

讀同塵先生文集書後

鄭宇健

世上本不存在純客觀的閲讀，最多衹存在主觀上力求客觀的閲讀。或者説，閲讀者不僅意識到自己的身份視野可能帶來的局限，而且試圖通過某種方法減低其影響，從而儘量達致某種相對客觀的閲讀狀態。至於説這種狀態是否一定好，即是否必然好過衹認主觀感受、衹在乎從閲讀中獲得最多感悟或最大快感的閲讀狀態，這並非我此刻關心的問題。

作爲同塵先生的後人（外孫），也作爲此文集的主要策劃者，我在閲讀這部即將送交出版社的、近四十萬字的文稿時的心情，難以言表。此文集所收的作品有一大半我也是最近纔初次閲讀（作爲其主要來源的同塵先生主筆的民國初年的《民蘇報》，也是近兩年纔找到），其餘部分的手稿因保存於各親屬家中，自20世纪80年代初開始就有機會陸續讀到，恍然已三十餘年！作爲其手稿的一個有心無心的讀者，我也從一個初生牛犢似的大學生變成了一位壽逾外公（他遇難時亦不過五十歲）教書近廿年的哲學學者。同一篇什，不同年齡段讀起來，其況味和理解似大不同，此即開篇所以提到客觀閲讀的原因之一。另一個原因則來自剛剛提到的讀者身份問題，就像任何人在讀情人寫給自己的情書時感覺不可能與讀別人之間的情書一樣那樣，閲讀血親先人的作品，你很難擺脱一種與己息息相關之感。這還不是一般意義上的情感共鳴，而是某種超越文字內容的下意識的認同。法國解釋學大師利科（Paul Ricoeur）曾有言，對任何文本均可採取兩種相反的閲讀姿態，一種是同情式的理解，另一種是懷疑式的理解，而且兩種理解常常是難分軒輊或對错的。這是就原本地位抽離的讀者如何切入文本的角度選擇而言的，但對於一開始就幾乎注定要采取同情式理解的讀者來說，基於懷疑（或批判）角度所可能獲得的（另一種）理解也就很難成爲一個選項。或許由於我的職業習慣，在我本能的同情式閱讀同塵文集的基調背景下，經常試圖跳出這個背景而摹想一個陌生的、乃至挑剔的局外人會如何閱讀這同一套作品。我以下的感想正是在這兩套眼光交替作用下的產物，但願有助於讀者稍稍走近那顆閃耀在近一個世紀風雲變幻背後的文化心靈。

展讀同塵先生文稿，最常映入眼簾的一個字恐怕非“慟”莫屬了。他將自己的字“同塵”寫成“慟塵”（尤其是早年任《民蘇報》主筆時期），甚或衹以一“慟”字代之，無論緣起，實具莫大的象徵意味。縱觀其坎坷顛沛的一生，若要選一字來概括，還有比“慟”字更形象更準確的嗎？幼年失怙、青年失愛、中年失名山之作，以至軀體與心膏同罹於難，壯志與才情皆化灰煙，七十載以下仍令思者爲之長慟不已！

我是一個徹底的無神論者，不可能相信宿命、先兆、預示之類的東西，衹能說從事後角度觀之，他的遭際、情懷和文字，彷彿冥冥中始終貫穿著一種與“慟”難分難解的因緣。常言道，性格決定命運，但我以爲更大更重要的決定因素應該用“生不逢時”來概括。若同塵先生晚出生七八十年，哪怕是同樣的性格，必不會有同樣的命和運！故其最可慟者，實为至情之人生於邦國多難之世，內憂外患交相摧逼，不但魂牽夢繞之學術使命無以達成，念茲在茲之骨肉妻小千里睽隔，就連日用餐宿身家性命亦朝不保夕！此不獨同塵先生一人爲然，舉國滔滔之飢民餓殍，屠城或空襲下之屍橫遍野，在在見證其“生不逢時”之不誣。

但是，我更想說的，是同塵先生這一代文人常爲人所忽視的“生逢其時”的那一面。什麼意義上可以說成長於清末民初的讀書人生逢其時，而且是真正千載難逢、魯殿靈光般的文化時代？一言以蔽之，他們（不管其當時是否意識得到）是自甲骨文問世以來三千多年綿延不斷的偉大文字傳統之光照耀下的“最後的貴族”。當我低吟著少年慟塵汪洋恣肆、豪氣逼人的華美詩章時，繚繞在耳畔的遠不止是他或感歎或針砭的情境内容，而更是那遐接《詩經》《楚辭》邇引乃父乃師的一脈相承的宮商韻律。在此，我並不想（也無力）斷評同塵先生較之同代文人在古詩乃至所有文言作品造詣上的境界高低。我唯一想表達的是，對於那一代人像行雲流水般自然平常的文字和語感，對於我們（也許還包括我父母輩的一代人）卻像久旱甘霖般的稀奇珍貴，甚至遙不可及！尤其對我们這一拨“文革”前後成長的初不識繁體字、後又赧於外文無家庭背景的新時期讀書人而言，面對同塵先生這樣的文字，而且是他跟我們年齡相差無幾時寫下的文字，能不汗顔乎？若想到同代人中真能汗顔者（即能體認到其間差距者）亦屬寥寥時，則更覺無地自容……不過，我現在卻以爲，更好的解釋與其說是後代無能或退化而毋寧說是同塵先生那一代人生逢其時——躬逢了一個華夏三千年未有之大變局下雖歐風東漸但漢文未衰的文化大時代！

政治經濟上的積弱積貧，未必意味著文字文學的即刻凋敝，反而正因著中西文化全方位史無前例的碰撞激盪，以至存亡繼絕的文化危機意識，而令從小浸潤於悠遠深厚之文学絪蘊中的聰慧敏感的心靈，開出讓吾等後人驚歎不已的奇葩碩果。念及於此，我先前爲同塵先生終遭家破人亡所發的生不逢時之歎，又稍爲他在短短二三十年間取得的文字和學術成就而艷羡其生逢其時之情所沖淡。一則以悲，一則以欣；斯命之蹇，斯文之幸，幸兮不幸兮？非當事人所能擇也，亦非回顧者所能遽判。此爲吾之感想一。

感想二涉及的問題也不局限於同塵先生這一個例，雖说這是我讀其文字時數縈腦際、揮之不去的一個問題。那就是，文字作品雖爲個人所寫，其生命（當其被讀者激活或延續時）卻顯然超越了作者個人有限（常常是短暫）的生命。這看似一個平凡到不值一提的淺顯問題，其實不然。姑不論一般人不太關心的“人造物的生命究竟是什么”這類哲學式疑問，我感興趣的是更具體的“一種生命憑著什麼去超越另一種生命”這一問題。具體地説，同塵先生幾乎所有的非虛構作品帶給我的皆是形形色色活靈活現如見其人如聞其聲般的面貌情境，它們虽不是小説所直接描畫的場景或對話，但在呈現一栩栩如生之心靈的意義上絲毫不遜於小説（或今日的影視畫面）。此如，在其長逾兩萬言的寫給新嫁於他人的前戀人之書信《淚書》中，讀者看到的雖不是連貫的故事，也不可能有説書人角度的鋪墊介紹（顯然收信人早知相關的背景而無需寫信人重述），但卻是一顆如此曲折幽隱、憐忿交加、猜疑不甘與自慰寬恕互相糾纏的真實心靈，其中透露的獨特生命訊息攜之以火山噴發式的絢爛詩句，形未害質，理不壓情。與此訊息對應的，衹能是曾歷刻骨之愛而深淪嚙心之痛的生命，但此一文字生命卻不隨同塵先生的韶華飄逝或撒手人寰而泯滅，它不單此刻（就如卅年前初讀時那樣）在我的胸腔悸動，百代以下亦會在這個或那個有緣讀者的心中灼燒。是什麽讓此生命不斷煥發其獨一無二且前後連貫的生命力？顯然，血緣紐帶並非必需，但一切生命皆需紐帶，一切情感皆需媒介。同塵先生親身所感所抒的情感離不開他駕馭自如的文字，通過文字或準文字的紐帶他所邂逅的那段長達數年的愛情纔會蓄其淒美蘊其惆悵，後世讀者通過同一文字紐帶纔能再現此淒美惆悵，而未至混同於別種文字所傳遞之別種淒美惆悵。故而，文字紐帶實乃精神紐帶，精神紐帶方爲超越個體性命之不二法門。

推而廣之，文字紐帶所傳遞的精神不限於特定個體的（或高尚或卑瑣或豐沛或單薄的）某時某地的心態情感。作爲公共而普適的符號媒介，也作爲歷時而積淀的語義結晶或載體，文字系統傳遞著種族文化所特有的精神形態及其歷程。甲骨文乃炎黃子孫所能上溯的最早的文字系統，其所涵容的先民集體文化創造的智慧及所從出的地理與物產的訊息，是打開源遠流長、舉世無雙的漢文化之奧秘的關鍵鎖鑰。同塵先生畢生所注心血最多歷時最久的事業，正是爲草創未久的甲骨文研究作出其獨特的貢獻，也是伴隨他生命最後十多年矻矻以求的夢想、寄託和殤痛之源。其二次重著、惜未完成的手稿想必亦是唯一同他一起步人黃泉的精神伴侶！可見，文字之於同塵，其價值其關聯，遠非止於求知問學之工具，亦非止於口誅筆伐、紀遊唱和、傳播教化之利器，它更是安身立命之本、畢生追求之的。他與文字的不解之緣，甚至可以說超出他本人所意識到的，或在具體文字中已然表達的。他一生的多半不由自主的生命軌跡，乃至其出生前的家學背景，及與父親好友劉鐵雲的私塾師生緣，在在昭示著那一脈或隱或彰、綿延不絕、最終上通上古甲骨書契、下接自稟斐然文采的文字之緣。吾非佛徒，不信業因輪回，此處“緣”者無他，文字紐帶加之遺傳（生物的和文化的）和環境（地理的和歷史的）所編織、塑造的精神紐帶及其連通可能性是也。是爲感想二。

感想三來自同塵先生在《民蘇報》的“餘墨”（每日短評）中所寫的一則文字（一五七）：“中國人之第一件大病，曰狂。是己而非人，自矜也；厚於己而薄於人，自尊也；知有己而不知有人，自私也。凡此皆病狂所致。抑尤足怪者，即俗諺所謂‘水纔到脚便想浮’耳。噫嘻！鄙哉。”這第一句話所言極是，至少在我數十年間接觸到的文人學士中此言尤不虛。才情越高者，狂態越易外露，顯然這並不意味著外表不狂（甚至故作謙遜）者内心必不狂。至於說狂的表現形式是否正是或應含是己非人、厚己薄人和有己無人，我不敢肯定。一般意義上的自私自利，似乎遠比狂要普遍；自我中心、不自量力也未必都出自狂。但我最感興趣的問題卻是，除了普遍人性或心理中難免的以己爲重外，有沒有中國文化所特有的“病狂”？如果有的話，它與主流文人傳統中的精英意識及其教化、養成方式有無內在聯繫？從現象上觀察，對別人之狂十分敏感者大多自己也（或更）狂。反躬自問，在這一点上我不僅不例外，而且病狂頗深且長期不自察。若從中國漫長的專制歷史角度分析，無論皇權還是道統，衹能定於一尊或唯我獨尊，相應的文化心理上就難免出現“求大同”或唯大一統是尚的集體傾向；而個體性專制權威人格不僅體現在從“成王敗寇”到“稱霸文壇”的形形色色的江湖地位的爭奪上，而且也體現在“文人相輕”、“孤芳自賞”、“孤傲不群”的士大夫清高心態上。從伯夷叔齊到竹林七賢，從《世說新語》之品藻人物到後“文革”新詩潮文化熱中登高一呼、應者雲集的思想領袖們的龍虎榜，其间數不盡的風流人物，姑不論其文化造詣和實質貢獻，單就“病狂”這一點而論，殊少例外也。同塵先生二十多歲即以如椽大筆點評天下大事臧否政客文人，從前述利科同情閱讀的視角看，自然仰其天縱奇才，但若從懷疑閱讀的視角看，或許也不難見其“狂”，或者說他對“狂”作爲文化特質的洞見也適用於自己。

文化心理意義上的“狂”未必屬於道德上的貶義詞。更有學術意義的進路似乎是視其爲具某種理論解釋力的中性描述詞。這種狂傲不羈常常是文學創新、思想发軔的源動力，其他條件合適的話它有助於轉化成不囿成說、突破樊籬的真成果；但其弊往往在於易大而化之，籠而統之，對需作按部就班嚴謹分析的東西相對容易忽視。中國傳統上文、史、哲不分，從好處講，是不失其間相輔相成的整體關聯性，任何一個飽讀詩書之士均已會通現代人文科學的多學科概要或精華；從壞處講，是很難獨立地開出系統而成熟的、解釋力不斷擴大的理論。劉勰的《文心雕龍》堪稱中國有史以來最早也是最精密的文學批評巨著，“體大而慮周”；劉勰不僅把他之前全部的書都當成文學書來看，而且其全著的行文本身就是一篇韻藻並茂、讀之令人心旌搖蕩的文學作品。記得剛讀理工科大學時，臨睡前常讀一節鏗鏘有致的《文心雕龍》，似浴甘泉，做功課造成的疲憊與煩悶立時消散！所以當時對其才華和識見佩服得五體投地。數年後開始讀現當代西方美學理論時，纔驚訝地發現原來理論解釋的天地可以如此之寬廣，有效解釋則需要如此精細之概念辨析。

今再讀同塵先生《中國五千年文化之光》（本文集中唯一一篇包含甲骨文研究例示的學術性文章），除了感慨於他在流離失所無書可考的抗戰歲月，單憑記憶就能嫻熟地列舉和分析三四十個重要和有爭議的甲骨文字，且其獨到發現所涉之字在當今出版的代表性甲骨文字典中尚付闕如；該文正文十二節用宏取要，高屋建瓴，令人讀之有“登泰山而小天下”之慨，且讓我有恍讀《文心雕龍》新作之感。但若以現代學術論文的規範繩之，似祇有作爲特注的最後兩節（即上述舉證甲骨文字的那部分）纔庶幾近之。我這樣說完全不牽涉該論文的實質性內容，唯一想借《文心雕龍》和同塵先生此文來作類比說明的不過是一直覺性的猜想，或者說有待檢驗的關於文化特性的經驗假說：中國文人／人文傳統之核心（不妨簡稱爲“文心”）是文學，但同時又是歷史、又是哲學，亦即文學並非祇是用來記載歷史、表達哲思的工具，而更是構成哲學歷史內容本身或其最本質部分的先決條件；這一“文心”之形成是與漢語作爲人類語言系統中獨一無二的以書面文字規範和統一日常語言（方言口語）的文字傳統的系統特徵分不開的。如果這一假說成立的话，則一系列中國文化的顯著特點均不難獲得順理成章的解釋。司馬遷的《史記》是歷史還是文學？是两者的雜糅，還是既爲歷史又爲文學，抑或因爲歷史而爲文學？章學誠《文史通義》中著名的“六經皆史”說難道祇是把哲學和文學典籍簡化還原爲歷史？對中國文人文化影响深巨的隋唐以來的科舉制以文取士（按今日的劃分，即祇考文科）的傳統作爲制度選擇難道祇是某種歷史的偶然？遠的不說，自有科舉以來這一千四百多年，中國社會從政治經濟到文化修養，無論在朝在野，無論居廟堂之高還是委茅篷之陋，讀書人從來就沒逃離過這一統而悠遠的“文心”，此即所謂安身立命或人之爲人的終極所在。海德格尔說“語言是存在之家”，我要說，就中國文人而言，文字纔是存在之家。不是工具意義上的符號，而是文化肌體中流淌著的血脈！用同塵先生的話說，“文字一道，其與立國之關係，猶人身之血脈然”（《餘墨》八一）。每個文人從人生理想、政治抱負，到待人接物、戀愛交友，以至感知環境、觀察自然的方式，在在無不滲透著“文心”。文心即道心、即天心（自然宇宙之理）、即天道人心，它是一統的（仍區別於對原本雜多分殊之物的統一）、不可分割的、觸類旁通一通百通的。由是，強調悟性、慧根、內省功夫亦就順理成章；修養不等於由外而內的輸入或無中生有的移植，而是創造合宜的條件讓內在一直就有的種子或潛力生長勃發。

從一個熟悉當代科學思維或方法論的批評者角度，上述關於“文心”體用的種種表述或許仍不乏可議可疑之處。不過，我這裹感興趣的並非學理真僞，也非文明比較。而是在解釋和描述意義上，對“文心”這一根本的文化特徵（也是同塵先生所強調的甲骨文體用之偉大及其與中華民族文化的內在關係）作一速寫式的粗描，並對它與前述文化性格意義上的“狂”之間的可能聯繫，作出某種達致最佳解釋的推測。

感想四源於另一則同塵先生在《餘墨》（一一七）中的文字。

“人生在世，上壽不過百年，尋常僅半之。即以此五十寒暑而論，十年就養，十年求學，十年涉世，夢夢碌碌，徒悲消磨。及至而立以後，苟得意而致身青雲也，則大好春光，業已辜負，韶華不再，回首何堪。一念及茲，功名利祿之心，渙然冰釋，彼爭逐於富貴場中者，又何其愚耶。噫嘻！勸君莫惜金縷衣，勸君須惜少年時。”

寫下這段文字的年僅廿五歲的“少年”恐怕不會算到自己正衹有“五十寒暑”的命。但他顯然已萌發了後來（四十歲後）斷然遁跡官場、閉門著述的鴻鵠之志，誓將太易消磨的個人生命融入到與“文心”有關的某種更弘大悠久的生命之中。同時，值得一提的頗有趣的一點是，他相信即便於而立之年能在富貴場中致身青雲者，其實業已韶華不再，業已辜負了人生大好的春光；而此青春少年時光則是任何功名利祿都無法比擬無法換取的！

理論上講，每個青春已逝（姑不拘泥卅歲是否劃界年齡）的人在回首往事的那一刻都不難體會那不再的韶華是多麼的可貴和無價；但落到現實層面，我敢打賭，絕大多數非少年人，即便再給他十年、廿年少年時光，他也一樣會“夢夢碌碌”，在各種各樣或不可抗拒或美麗自欺的理由下再次不知不覺地消磨掉！而對那些尚未步出（即仍處“首次”）少年時的、令中老年人艷羡不已的真少年們來說，就有更多的理由、甚至毫無理由（無需理由）地去消磨消耗掉那無價的大好春光；若有意識到的理由，一般會是“我誓要在三十或四十前超過某某成功人士（如李嘉誠、劉德華之類）”。此即以無價的韶華去換取有價的功利，以被羡者的身份去追逐羡慕者！人生悖論，無過於此。像同塵先生以廿五歲韶華之身已然憬悟“而立後”功成名就之虛妄者，能有幾人？至於同塵先生在其特定的時代境遇下究竟以何種方式或在多大程度上靠著這種（但願不是轉瞬而逝的）憬悟而得以擺脱上述人生悖論，我難下判斷——也許文集的讀者會有他自己的洞見。

哲學中的悖論未必無解，但悖論的價值一般大於任何可能的對它的解答。人生中的悖論離不開時間的不可逆，或者説離不開生命的有限性與意識內容的某種無限性之間的碰撞或照面。我以五十歲的韶華不再之身，有感於近一個世紀前一個廿五歲的風華絕代文心爛漫的少年的文字，而且從身體因果上説，無此少年即無我之軀（當然亦無我之感）——這是一種何等奇妙、何等弔詭的關聯！

既爲有感而發之作，自不求學理之全，但求情暢意通。關於情、意、時間交織而成的人生悖論，恐怕沒有比李商隱《錦瑟》一詩之首尾四句更能顯其深致幽婉的了：“錦瑟無端五十弦，一弦一柱思華年……此情可待成追憶，衹是當時已惘然！”

同塵先生在天如有靈，想必亦會惘然於其塵世生命中如許可憶可歎可慟可眷戀的時光，之所以惘然是因爲它們不再“可待”——因爲在天國的永恒無盡的時間中追憶就是一切、追憶已然到時！但是，我更願相信，這些在人間絕不停駐的塵世時光，在天國的光輝沐浴中將不再卑微、不再不堪回首，也不再可悲可慟。同塵先生的美妙文心已將原来的“爲塵而慟”轉化成“和光同塵”——“同塵”之称謂，豈非一語成識？且是天上人間合二爲一之識！

我的無神論的天國就是超然的文心，是同塵先人和無數其他先人貢獻其中且由之永遠與我們同在的浩蕩文心。

在結束此文之前，作爲本文集的策劃者，對所有貢獻者還有一番由衷的感謝要表達。

首先，在我長輩親戚中，同塵先生的長女汪涵光，與此文集的出版有最直接的淵源關係。早在20世纪80年代初，當時任教於南京師大中文系的涵光女士就一手促成了最終發表在《文教資料》上的紀念汪同塵專輯。因是之故，同塵先生塵封多年的部分手稿，以及80年代尚健在的、曾與之有舊的老先生們的怀念文字纔得見天日，成爲本文集中吉光片羽之作。此專輯亦成爲家族中後來愈益關注其他可能尚存的同塵先生手稿的出版價值這種共同意識的催化劑。

同塵先生的長子汪華，是唯一了解父親抗戰寓渝期間生活和奮鬥的親人，從文集中收入的近卅封家書（全爲入川後父子之間的兩地通信）可清楚地看到倆人間的無微不至的深情。汪華與汪涵光合寫的汪同塵傳略部分地反映了他關於父親的一些記憶，十分可惜的是他未能活到本文集出版之日，否則他或許是最爲之感到欣慰、並對相關細節提供最多反饋的人。

我的二舅汪齊正、三舅汪齊和抗戰初期年尚幼，故未隨父入川，而與姊妹（我母親汪重光年最幼，僅三歲）、母親留在了東臺鄉下，一起熬過了七八年艱難困苦的歲月，收在文集中的三舅“崢嶸歲月不堪憶”一文對這段歲月有著生動傳神的描述。我母親自有記憶以來最深刻的童年印象，就是餓著肚子跟著媽媽走村串鄉，靠教點書混口飯喫。從母親那裏知道的外婆，是極度隱忍而內斂的淑人，一切苦痛衹會往肚裏咽，同塵先生在與大兒的家書中亦多次提及其母之苦痛。

我的三個舅舅雖無一從文（在各自工程專業上均頗有建樹或成

就），但或因遺傳父稟，皆儒雅有文質。外形上二舅最肖外公，且字跡遒勁有乃父遺風。文集中的年譜他主動擔綱，又仔細披閱家書手稿，幫助辨認難識之字。凡涉文集編纂事項，費心出謀，不遺餘力，難一一盡述。

三舅對本文集出版之關鍵作用，若要用一個詞來形容的話，恐怕非“靈魂人物”莫屬。從產生最初出文集的意向，中經摸索操作的途徑、尋找什麽類型的出版社，到遇上障礙停頓，曙光再現，直到萬事俱備衹欠東風等等全過程的每一環節每一步，可以說都離不開他的關心操心、鼓勵督促。三舅年僅卅歲就不幸因雙目失明而病退在家，倏然已半個世紀矣。其間與命運搏斗的過程兹不贅述，但由此練就的思慮周詳的過人本領，及全心全意忘我以赴的性格特點，都令他成爲推動本文集出版的精神引擎。因一直同住一地的緣故，我母親與三舅過從較密事事相商，對本文集的關心自不例外。總之，若無這老一輩人對本文集的支持和期待，它就不可能在此刻問世。我自己最大的心願是想看到我母親大姨舅舅們透過書香油墨形成的文字穿越通道，觸摸其父遙遠而又切近的文心，重溫血濃於水、邈陰陽而難隔的骨肉親情。

幫助實現這一心願的同輩人中不能不提的是三舅之子汪保衛。多年來他一直爲父讀書讀報，近年更爲同塵先生手稿的整理破譯投注了大量時間精力，並謄抄出幾乎所有破譯後的手稿，爲後續電子版的輸入和正式編輯校注提供了寶貴的幫助。至於各地親屬之間與文集相關事宜的通訊聯絡、與社會相關人士機構的接洽、最新網絡信息的檢索查詢，皆賴他親力親爲，無法盡述。同輩親屬中還有好幾位多年來始終身體力行地支持協助，亦不能盡述。

東臺老家的親戚汪國璠先生，不僅主編汪氏族譜，且一直爲與同塵先生著作有關的事宜出謀劃策，近更以行動不便之身，爲尋覓搶救同塵父作舟先生珍貴遺作《震齋雜說》（現已收入本文集的附錄）而操勞奔波。情濃意厚，令我們感激不盡！

讓所有人有意外驚喜的是，本文集封面上的書名由現年一百零七歲的語言學界泰斗周有光老先生題簽。此中原含一則佳話：周老的父親周葆貽先生早在1917年就與同塵先生結下過一段文字妙緣，包括當年出版的《苦榴花館雜記》的扉頁題詩中就有葆貽先生的兩首絕句。當我兩月前爲文集題簽事輾轉聯繫到周老之子周曉平先生時，也沒想到其後父子倆竟會爲書名題簽作數日嘗試（因周老手抖，第一日所寫自覺不太滿意），且給我們寄來數稿供選。吾等感佩之情，難以言表！我這裏衹想說，當讀者同時看到即將面世的中華書局《苦榴花館雜記》增訂版和本文集，一定會爲這段千載難逢的跨百年、跨兩代的文字奇緣而感歎！

最後，也是最需要感謝（也是唯有我纔能借此機會作一正式感謝）的人，就是本文集的主編趙燦鵬博士。他是我能想到的適合擔此任的最佳人選，這不衹是因爲我們之間亦師亦友的關係，而更是因爲他在文史哲方面紮實的功底（文學碩士、史學博士、哲學博士）和學術積累，以及治學嚴謹熱誠忘我的工作精神。若無燦鵬及其編輯團隊一年多來最大限度地擠出業餘時間爲本文集所付出的無數辛勞（還不算之前兩三年全球範圍内爲搜尋查訪同塵已刊舊著所作的奔波、嘗試），它在近期的面世（以及《苦榴花館雜記》增訂版的出版）是不可能的。我想，此二書的出版，正如三舅汪齊和在其文中所言，應足可告慰同塵先生的在天之靈。

2012年12月8日
於香港嶺南大學哲學系

編後記

同塵先生是著名的革命家、學者、詩人、作家、翻譯家、教育家、書法家和報人。他閱歷豐富，見聞廣博，學識湛深，文采精美，身後留下了豐碩的著作，是現代中國文化遺產的重要組成部分。

整理出版同塵先生的劫餘遺著，是汪氏家族幾代人的共同心願。同塵先生文集的出版，體現了汪氏族人堅定團結的意志和數十年持續不懈的努力。其中同塵先生外孫、業師鄭宇健博士，籌畫此事多年，付出了辛勤的勞動，是本書面世關鍵的推動者。

2002年夏天，我辭去上海圖書館歷史文獻中心的職務和工作，將赴香港嶺南大學哲學系攻讀哲學博士學位。入學前兩月，適逢鄭師來上海訪問，約我在外灘新天地見面。是日下午，鄭師談興甚濃，因我之前曾經研讀先秦兩漢歷史，於甲骨金文稍有所知，言次乃談及其外祖父同塵先生，曾任復旦大學古文字學教授，著有釋讀甲骨文字專著等等，給我留下了深刻的印象。此後在港三年學習期間，師弟論學之際，鄭師每每稱道同塵先生之學問文章，逸興遄飛，令人懷想無限。

2006年初，我從嶺南大學畢業回到廣州，進入暨南大學華僑華人研究所工作，兩年後調入古籍研究所，專心從事中國古代史與歷史文獻學研究。2009年清明節，鄭師偕家人來省城探親，和我會面時，正式提出同塵先生遺著的整理事宜，並命我承當此一工作。雖然手頭已有多項重要的文獻整理研究項目，沒有多餘的時間精力可以勻出，而且自己學識有限，實在不足以擔負此一工作，然而有感於同塵先生的文學創作與學術成就，被歲月之塵遮蔽而不彰，我仍然懷著忐忑不安的心情，接受了這項任務。在將近四年之中，我祇有見縫插針，儘可能擠出一些零碎時間，斷斷續續地從事同龘先生已刊和未刊著作的搜集整理。現在這項工作初步完成，可以向所有關心同龘先生著作出版事宜的汪氏族人，以及學界師友們交卷了。

在同龘先生文集編纂工作開展之前，同龘先生長女汪涵光女史，曾選錄整理同龘先生部分遺作，刊載於南京師範大學圖書館、中文系資料室編《文教資料簡報》1984 年 7、8 期合刊；同龘先生文孫汪保衛先生，曾將同龘先生大部分手稿清抄成冊，這些都爲我們的整理工作打下了良好的基礎。本書工作委員會各位委員，分別給予我們以不同程度的支持、指導和幫助，謹致謝忱！

本書編輯委員會由十二位委員組成，中國社會科學院近代史研究所圖書館劉佳先生，與暨南大學中國古代史專業研究生岳拯士同學，共同承擔了北京《民蘇報》刊載同龘先生著作的錄入與初校工作；暨南大學中國古代史專業研究生楊玉秋、李善磊、王其良、田翼、李耀國、尚小康、林澤、胡中凱等八位同學，負責同龘先生其他已刊、未刊著作的錄入與初校工作；岳拯士同學還承擔了同龘先生之父作舟先生撰《震齋雜說》《震齋集》二種著作的錄入與初校工作；汪保衛先生審讀了文集部分初稿；最後由我復校並編纂全書。由於我們的學識與時間都很不足，整理工作中必定有許多錯誤，希望能夠獲得讀者的批評指正。

本書编纂過程中，我们還獲得了國家圖書館顧犇先生，中國社會科學院近代史研究所虞和平教授，南京許樹錚先生，東南大學黄宏先生、項迎女士伉儷，復旦大學吳格教授、楊光輝教授，上海教育出版社段學儉博士、徐川山先生，上海師範大學徐時儀教授，中山大學黄靜愚博士，華南師範大學謝放教授、白于藍教授，暨南大學劉增合教授、陳志平教授等師長朋友的鼎力相助，謹此致以衷心的感謝！

著名語言文字學家周有光先生，以百七高齡，慨允揮翰題簽，本書因之生色增輝，盛情可感。有光先生尊翁葆貽先生，曾與同龘先生共許詩文知音，締結有一段文字妙緣，百年前同龘先生著作《苦榴花館雜記》出版，書首即有葆貽先生題詩二章。有光先生哲嗣曉平先生，幫助我們和有光先生聯繫，並關注與支持文集的整理編纂工作。三世高誼，令人讚歎，堪稱人世間的佳話!

我們還要向促成本書順利出版的國家圖書館出版社領導，表示誠摯的謝意!

趙燦鵬

2012 年 12 月 12 日

於暨南大學古籍研究所